中国古籍中有关泰国资料汇编

黄重言 余定邦 编著

东方文化集成
季羡林 创始主编
东南亚文化编

北京大学出版社
PEKING UNIVERSITY PRESS

图书在版编目(CIP)数据

中国古籍中有关泰国资料汇编/黄重言,余定邦编著.—北京:北京大学出版社,2016.1

(东方文化集成)

ISBN 978-7-301-26045-6

Ⅰ.①中… Ⅱ.①黄… ②余… Ⅲ.①泰国—古代史—史料 Ⅳ.①K336.2

中国版本图书馆CIP数据核字(2015)第158865号

书 名	中国古籍中有关泰国资料汇编
	ZHONGGUO GUJI ZHONG YOUGUAN TAIGUO ZILIAO HUIBIAN
著作责任者	黄重言 余定邦 编著
责任编辑	刘 虹
标准书号	ISBN 978-7-301-26045-6
出版发行	北京大学出版社
地 址	北京市海淀区成府路205号 100871
网 址	http://www.pup.cn 新浪微博:@北京大学出版社
电子信箱	pkupress_yan@qq.com
电 话	邮购部 62752015 发行部 62750672 编辑部 62759634
印 刷 者	北京大学印刷厂
经 销 者	新华书店
	720毫米×1020毫米 16开本 30.75印张 650千字
	2016年1月第1版 2016年1月第1次印刷
定 价	92.00元

未经许可,不得以任何方式复制或抄袭本书之部分或全部内容。
版权所有,侵权必究
举报电话:010-62752024 电子信箱:fd@pup.pku.edu.cn
图书如有印装质量问题,请与出版部联系,电话:010-62756370

"东方文化集成"编辑委员会

创始主编　季羡林

名誉总顾问　林祥雄　炎黄国际文化协会会长
　　　　　　　　　　　　北京大学东方学研究院研究教授

名誉顾问

杜德桥　英国大学汉语研究所所长、教授
冉云华　加拿大麦克斯特大学教授
饶宗颐　香港中文大学教授
谭　中　印度尼赫鲁大学院汉语系主任、教授
池田大作　日本创价学会名誉会长 北京大学名誉教授
王庚武　新加坡东亚政治经济研究所所长、教授 前香港大学校长
马悦然　瑞典皇家科学院院士、教授 诺贝尔奖瑞典文化学院评审委员会委员
杜维明　美国哈佛大学教授 哈佛燕京学社前主任 北京大学研究教授
安乐哲　美国夏威夷大学教授
罗亚娜　斯洛文尼亚卢布亚纳大学汉学系主任、教授 欧洲中国哲学研究会会长

特别顾问　陈嘉厚　张殿英

顾　问（按姓氏笔画为序）

王　镛　叶奕良　卢蔚秋　刘　烜　孙承熙　仲跻昆　李中华
李　谋　吴同瑞　张广达　张岂之　张光璘　姚秉彦　赵常庆
梁立基　袁行霈　麻子英　黄宝生　楼宇烈

主　编　张玉安　唐孟生　严绍璗　王邦维

"东方文化集成"分编主编
东方文化综合研究编
孟昭毅　郁龙余　侯传文
中华文化编
张帆
日本文化编
严绍璗　王新生

朝鲜、韩国、蒙国文化编
李先汉　金景一　陈岗龙
东南亚文化编
裴晓睿　罗　杰
南亚文化编
薛克翘　魏丽明
伊朗、阿富汗文化编
王一丹　张　敏
西亚北非文化编
赵国忠　吴冰冰　林丰民
中亚文化编
吴宏伟
古代东方文化编
拱玉书　李　政
编辑部成员
主　任　唐孟生
副主任　李　政　林丰民　魏丽明
秘　书　樊津芳

"东方文化集成"总序

季羡林

我们正处在一个新的"世纪末"中。所谓"世纪"和"世纪末",本来是人为地创造出来的。非若大自然中的春、夏、秋、冬,秩序井然,不可更易,而且每岁皆然,决不失信。"世纪"则不同,没有耶稣,何来"世纪"?没有"世纪",何来"世纪末"? 道理极明白易懂。然而一旦创造了出来,它就产生了影响,就有了威力。上一个"世纪末",19世纪的"世纪末",在西方文学艺术等意识形态领域中就出现过许多怪异现象,甚至有了"世纪末病"这样的名词,这是众所周知的事实,无待辩论与争论。

当前这一个"世纪末"怎样呢?

我看也不例外。世界上许多国家和地区都出现了政治方面天翻地覆的变化,不能不令人感到吃惊。就是在意识形态领域内,也不平静。文化或文明的辩论或争论就很突出。平常时候,人们非不关心文化问题,只是时机似乎没到,争论不算激烈。而今一到世纪之末,人们非常敏感起来,似乎是憬然醒悟,于是东西各国的文人学士讨论文化的兴趣突然浓烈起来,写的文章和开的会议突然多了起来。许多不同的意见,如悬河泄水,滔滔不绝,五光十色,纷然杂陈。这样就形成了所谓"文化热"。

在这一股难以抗御的"文化热"中,我以孤陋寡闻的"野狐"之身,虽无意随喜,却实已被卷入其中。我是一个有话不说辄如骨鲠在喉的人,在许多会议上,在许多文章中,大放厥词,多次谈到我对文化,特别是东方文化与西方文化的联系,以及东方文化在未来的新世纪中所起的作用和所占的地位等等的看法。颇引起了一些不同的反响。

为说明问题计,现无妨把我个人对文化和与文化有关的一些问题的看法简要加以阐述。我认为,在过去若干千年的人类历史上,民族和国家,不论大小久暂,几乎都在广义的文化方面作出了自己的贡献。这些贡献大小不同,性质不同,内容不同,影响不同,深浅不同,长短不同:

但其为贡献则一也。人类的文化宝库是众多的民族或国家共同建造成的。使用一个文绉绉的术语,就是"文化多元主义"。主张世界上只有一个民族创造了文化,是法西斯分子的话,为我们所不能取。

文化有一个很突出的特点,就是,文化一旦产生,立即向外扩散,也就是我们常说的"文化交流"。文化决不独占山头,进行割据,从而称王称霸,自以为"老子天下第一",世袭珍藏,把自己孤立起来。文化是"天下为公"的。不管肤色,不择远近,传播扩散。人类到了今天,之所以能随时进步,对大自然,对社会,对自己内心认识得越来越深入细致,为自己谋的福利越来越大,重要原因之一就是文化交流。

文化虽然千差万殊,各有各的特点;但却又能形成体系。特点相同、相似或相近的文化,组成了一个体系。据我个人的分法,纷纭复杂的文化,根据其共同之点,共可分为四个体系:中国文化体系,印度文化体系,阿拉伯伊斯兰文化体系,自古希腊、罗马一直到今天欧美的文化体系。再扩而大之,全人类文化又可以分为两大文化体系:前三者共同组成东方文化体系,后一者为西方文化体系。人类并没有创造出第三个大文化体系。

东西两大文化体系有其共同点,也有不同之处。既然同为文化,当然有其共同点,兹不具论。其不同之处则亦颇显著。其最基本的差异的根源,我认为就在于思维方式之不同。东方主综合,西方主分析,倘若仔细推究,这种差异在在有所表现,不论是在人文社会科学中,还是在理工学科中。我这个观点曾招致不少的争论。赞成者有之,否定者有之,想同我商榷者有之,持保留意见者亦有之。我总觉得,许多人(包括我自己在内)对东西方文化了解研究得都还不够深透,有的人连我的想法了解得也还不够全面,不够实事求是,却唯争论是尚,所以我一概置之不答。

有人也许认为,我和我们这种对文化和东西文化差异的看法,是当代或近代的产物。我自己过去就有过这种看法。实则不然。法国伊朗学者阿里·玛扎海里所著《丝绸之路》这一部巨著中有许多关于中国古代发明创造的论述,大多数为我们所不知。我在这里不详细介绍。我只引几段古代波斯人和阿拉伯人论述中国文化和希腊文化的话:

由扎希兹转载的一种萨珊王朝(226—Ca.640年)的说法是:"希腊人除了理论之外从未创造过任何东西。他们未传授过任何艺术。中国人则相反。他们确实传授了所有的工艺,但他们确实没有任何科学理论。"(329页)

羡林按：最后一句话不符合事实，中国也是有理论的。这就等于黑格尔说：中国没有哲学。完全是隔膜的外行话。书中还说：

在萨珊王朝之后，费尔多西、赛利比和比鲁尼等人都把丝绸织物、钢、砂浆、泥浆的发现一股脑儿地归于耶摩和耶摩赛德。但我们对于丝织物和钢刀的中国起源论坚信不疑。对于诸如泥浆——水泥等其余问题，它们有99%的可能性也是起源于中国。我们这样一来就可以理解安息——萨珊——阿拉伯——土库曼语中一句话的重大意义："希腊人只有一只眼睛，唯有中国人才有两只眼睛。"约萨法·巴尔巴罗于1471年和1474年在波斯就曾听到过这样的说法。他同时还听说过这样一句学问深奥的表达形式："希腊人仅懂得理论，唯有中国人才拥有技术。"（376页）

关于一只眼睛和两只眼睛的说法，我还要补充一点：其他人同样也介绍了另外一种说法，它无疑是起源于摩尼教：

"除了以他们的两只眼睛观察一切的中国人和仅以一只眼睛观察的希腊人之外，其他的所有民族都是瞎子。"（329页）

我之所以这样不厌其烦地引这许多话，绝不是因为外国人夸中国人有两只眼睛而沾沾自喜，睥睨一切。令我感兴趣的是，在这样漫长的时间以前，在波斯和阿拉伯地区就有了这样的说法。我们今天不能不佩服他们观察的细致与深刻，一下子就说到点子上。除了说中国没有理论我不能同意之外，别的意见我是完全同意的。在当时的世界上，确实只是中国和希腊有显著、突出、辉煌的文化。现在中国那一小撮言必称希腊的学者们或什么"者们"，可以憬然醒悟了。

但是这也还不是令我最感兴趣的问题。我最浓烈的兴奋点在于，正如我在上面所说的那样，畅谈东西文化之分，极富于近现代的摩登色彩。波斯和阿拉伯传说都证明：东西文化之分的说法，古已有之，于今为烈而已。其次，令我感到欣慰的是，文化的东西二分法，我并非始作俑者，古代的"老外"已先我言之矣。令我更感到欣慰的是我讲的东西方思维方式是东西文化的基础。波斯和阿拉伯古代的说法，我认为完全证实了我的看法。分析出理论，综合出技术，难道不是这样子吗？

时至今日，古希腊连那一只眼睛也早已闭上，欧洲国家继承并发扬了古希腊辉煌的文化，使欧洲文化光照寰宇。工业革命以后，技术也跟了上来，普天之下，莫非欧风。欧美人昏昏然陶醉于自己的胜利之中，以"天之骄子"自命，好像有了两三只眼睛。但他们完全忘记了历史，忽视了当前的危机。而中国呢，则在长时期内，由于内因和外因的缘故，似乎把两只眼睛都已闭上。古代灿烂文化不绝如缕。初则骄横自大,如清初诸帝那样,继则震于西方的船坚炮利,同样昏昏然拜倒在西方的什么裙下,一直到了今天,微有苏醒之意,正在奋发图强中。

从上面谈到的历史事实中,我得出了一个结论:上下五千年,纵横十万里,东西文化的变迁是"三十年河东,三十年河西"。这本来是两句老生常谈,是老百姓的话,并不是我的发明创造。我提出来说明东西文化的关系,国内外都有赞成者,国内外也有反对者,甚至激烈反对者。我窃以为这两句话只说明了一个事实。中国古代哲学讲变易,佛家讲无常,连辩证法也讲事物时时都在变化中。大自然、人类社会和人类内心,无不证明这两句话的正确。我不过捡来利用而已。《三国演义》开宗明义就说:"话说天下大势,分久必合,合久必分。"说的不也就是这个浅显的道理吗?

可是东西方都有人昧于这个浅显的道理。特别是在西方,颇有人在有意识或无意识中,觉得自己的辉煌文化会万岁千秋地辉煌下去的。中国追随者也大有人在。他们根本没有意识到,文化也像世间的万事万物一样,不会永驻的,也是有一个诞生、发展、成长、衰竭、消逝的过程的。

但是,中国有一句俗话:是非自在人心。人是能够辨是非,明事理的。以自己的文化自傲的西方人也不例外。在第一次世界大战以前,西方这种人简直如凤毛麟角。一战爆发,惊醒了某一些有识之士。事实上在一战爆发前,就有人有了预感。德国学者奥斯瓦尔德·斯宾格尔(Oswald Spengler)在1911年就预感到世界大战迫在眉睫。后来大战果然爆发。从1917年起,斯宾格尔就开始写《西方的没落》。书一出版,立即洛阳纸贵。他的基本想法是:文化都可以分为四个阶段:一、青春,二、生长,三、成熟,四、衰败。尽管他的推论方法,收集资料,还难免有主观唯心的色彩。但是,他毕竟有这一份勇气,有这一份睿智,敢预言当时如日中天的,他认为在世界历史上八个文化中唯一还有活力的文化也会"没落"。我们不能不对他表示敬意。美中不足的是,他还没有认识到东方文化和西方文化的存在和交流关系。(参阅齐世荣等译《西方的没落》上、下册,商务印书馆,1995年)

在西方,继斯宾格尔而起的是英国历史学家汤因比(Arnold J.Toynbee,1889—1975)。他自称是受到了前者的影响。二人同样反对"欧洲中心主义",是他们有先见卓识之处。汤因比继承了斯宾格尔的意见,认为文化——他称之为"文明"——都有生长一直到灭亡的过程。他把人类历史上的文明分为21种,有时又分为26种。这些意见都表述在他的巨著《历史研究》中(1934—1961年),共12卷。他比斯宾格尔高明之处,是引入东方文化的讨论。到了70年代,他同日本社会活动家池田大作对话时,更进一步加以发挥,寄希望于东方文化。(参阅《展望二十一世纪》,国际文化出版公司,1985年)

我并不认为,斯宾格尔和汤因比——继他们之后欧美一些国家还有一批哲学家和历史学家、社会学家赞成他们的意见,我在这里不具引——等的看法都百分之百正确。但在举世昏昏,特别是欧美人昏昏的情况下,唯独他们闪耀出一点灵光,是十分难能可贵的。他们的看法从大体上来看,我认为是正确的。如果借用上面提到的古代波斯和阿拉伯人的说法,我就想说:希腊人及其后代的那一只眼睛,后来逐渐变成了两只眼睛;可物极必反,现在快要闭上了。中国人的两只眼睛,闭上了一阵,现在又要睁开了。

闭上眼睛的欧美人士,绝大多数一点也不了解东方,而且压根儿也没有了解的愿望。我最近多次听人说到,西方至今还有人认为中国人还缠小脚,拖辫子,抽大烟,养小老婆。甚至连文人学士还有不知道鲁迅为何许人者。在这样地球越变越小,信息爆炸的时代,西方之"文明人"竟还如此昏聩,真不能不令人大为惊异。反观我们中国,情况恰恰相反。欧美的一切,我们几乎都加以崇拜。汉堡包、肯德基、比萨饼,甚至莫须有的加州牛肉面,只要加一个洋字,立即产生大魅力,群众趋之若鹜。连起名字,有的都带有点洋味。个人名字与店铺名字,莫不皆然。至于化妆品,外国进口的本来就多。中国自造的也多冠以洋名,以广招徕。爱国之士,无不痛心疾首,谴责这种崇洋媚外的风气和行为。然而,从一分为二的观点上来看,也有其有利的一面。孙子说:"知己知彼,百战不殆。"专就东西而论,现在的情况是,我们对西方几乎是了若指掌,而西方对东方则如上面所说的那样,是一团漆黑。将来一旦有事,哪一方面占有利条件和地位,昭如日月矣。

对西方的文化,鲁迅先生曾主张"拿来主义"。这个主义至今也没有过时。过去我们拿来,今天我们仍然拿来,只要拿得不过头,不把西方文化的糟粕和垃圾一并拿来,就是好事,就会对我们国家的建设有利。但是,根据我上面讲的情况,我觉得,今天,在拿来主义的同时,我们应该提倡"送去主义",而且应该定为重点。为了全体人类的福利,为了全体人类的未来,我们有义务要送去的,但我们决不会把糟粕和垃圾送给西方。不管他们接受,还是不接受,我们总是要送的。《诗经·大雅》

说:"投我以桃,报之以李。"西方文化给人类带来了一些好处。我们中国人,我们东方人,是懂得感恩图报的民族。我们决不会白吃白拿。

那么,报些什么东西呢?送去些什么东西呢?送去的一定是我们东方文化中的精华。送去要有针对性,针对的就是我在上面提到的那一个西方文化产生的"危机"。光说"危机",过于抽象。具体地说,应该说是"弊端"。近几百年以来,西方文化产生的弊端颇多,举其大者,如环境污染、大气污染、臭氧层破坏、生态平衡破坏、物种灭绝、人口爆炸、新疾病丛生、淡水资源匮乏等等。此等弊端,如不纠正,则人类前途岌岌可危。弊端产生的根源,与西方文化的分析的思维方式有紧密联系。西方对为人类提供生存所需的大自然分析不息,穷追不息,提出了"征服自然"的口号。"天何言哉!"然而"天"——大自然却是能惩罚的,惩罚的结果就产生了上述诸种弊端。

拯救之方,我认为是有的,这就是"改弦更张""改恶向善",而这一点只有东方文化能做到。东方文化的基本思维方式是综合,表现在哲学上就是"天人合一",张载的《西铭》是一篇表现"天人合一"思想最精辟的文章:"乾称父,坤称母,予兹藐焉,乃混然中处。故天地之塞吾其体,天地之帅吾其性。民吾同胞,物吾与也。"(下略)印度哲学中的"梵我一如",也表达了同样的思想。总之,东方文化主张人与大自然是朋友,不是敌人,不能讲什么"征服"。只有在了解大自然,热爱大自然的条件下,才能伸手向大自然索取人类衣、食、住、行所需要的一切。也只有这样,人类的前途才有保障。

我们要送给西方的就是这种我们文化中的精华。这就是我们"送去主义"的重要内容。

我们的"李"送了出去,接受不接受呢?实际上,我们还没有正式地送,大规模地送。连我们东方人自己,其中当然包括中国人,还不知道,还不承认自己的这种宝贝,我们盲目追随西方,也同样向自然界开过战,我们也同样有那一些弊端,立即要求西方接受,不也太过分了吗?不过,倘若稍稍留意,人们就会发现,现在世界各国,不管出于什么动机,也不管是根据什么哲学,注意到上述弊端而又力求改变的人越来越多了。今年《日本经济新闻》刊载了高木韧生的文章,说21世纪科研重点将是"人类生存战略"。这的确是见道之言。我体会,这里所说的"科研"包括文理两个方面。作者把科研提高到"人类生存"这个高度来看,不能不谓之有先见之明,应该受到我们大家的最高的赞扬。至于惊呼人口爆炸的文章,慨叹新疾病产生的议论,让人警惕环境污染、臭氧层破坏、生态平衡的破坏、淡水资源的匮乏等等的号召,几乎天天可见。人类变得聪明起来了,人类前途不是漆黑一片了。我想,世界各国每一个有心人,无不为之欢欣鼓舞。我这一个望九之年的耄耋老人,也为之手舞足蹈了。

我在上面刺刺不休说了那么多话,画龙点睛,不出一点:我曾在一次国际学术讨论会上说过一篇短话,题目叫做"只有东方文化能够拯救人类"。我在上面说的千言万语,其核心就是这一句短短的话。至于已经来到我们门前的21世纪究竟是什么样子?西方文化究竟如何演变?东方文化究竟能起什么具体的不是空洞的作用?人类的前途究竟何去何从?所有这一切问题,都有待于历史发展的进程来加以证明。从前我读过一个近视眼猜匾的笑话。现在新的一个世纪还没有来临,匾还没有挂出来,上面有什么字,我们还不能知道。不管自诩眼睛多么好,看得多么远,在这一块尚未挂出来的匾前,我们都是近视眼。

在这样的情况下,我认为,我们最重要的任务就是学习,就是了解。我们责怪西方不了解东方文化,不了解东方,不了解中国,难道我们自己就了解吗?如果是一个诚实的人,他就应该坦率地承认,我们中国人自己也并不全了解中国,并不全了解东方,并不全了解东方文化。实在说,这是一出无声的悲剧。

了解的唯一途径就是学习,而学习首先必须有资料。对我们知识分子来说,学习资料首先是文字,也就是书籍。环顾当今世界,在"欧洲中心论"还有市场的情况下,在西方某一些人还昏昏然没有睁开眼睛的时候,有关东方的书籍,极少极少。有之,亦多有偏见,不能客观。西方如此,东方也不例外。即使我们有学习的愿望,也是欲学无书。当然,东方各国的情况不尽相同,各国刊出书籍的多寡也不尽相同。但总之是很少的。有的小一点的国家,简直形同空白。有个别东方国家几乎毫无人知,它们的存在在一团迷雾中,若明若暗,似有似无。这也是一出无声的悲剧。

就是为了这个缘故,我们这一批人不自量力——或者更明确地说是认真"量"过了自己的"力",倡议编纂这一套巨大空前的"东方文化集成"。虽然,我们目前的队伍,由于历史造成的原因,还不是太大;我们的基础还不是太雄厚;但是,我们相信主观能动性。我们想"挽狂澜于既倒",我们决非徒托空言。世界人民、东方人民、中国人民的需要,是我们的动力。东方人民和西方人民的相互了解,是我们的愿望。东方人民和西方人民越来越变得聪明,是我们的追求。我们老、中、青三结合，而对著作的要求则是高水平的。我们希望，能通过这个活动，既提高了中国对东方文化的研究水平，又能培养出一批学有专长的人才，收得一举两得之效。

我们既反对"欧洲中心主义"，我们反对民族歧视；但我们也并不张扬"东方中心主义"。如果说到或者想到，在21世纪东方文化将首领风骚的话，那也是出于我们对历史发展的观察与预见，并不出于什么"主义"。本着这种精神，我们对东方几十个国家一视同仁。国家不论大小，人口不论多寡，历史不论久暂，地位不论轻重，我们都平等对待，决不抬高与贬低，拜倒与歧视。每一个东方国家都在我们丛书中占有地位。但国家毕竟不同，资料毕竟多寡悬殊。我们也无法强求统一。有的国家占的篇幅多一点，有的少一点。这是实事求是，与歧视毫无关联。我们虔诚希望，在即将来临的21世纪中，中国的两只眼睛都能睁开，而且睁得大大的，明亮而睿智。西方的一只眼睛能变成两只，也同样睁开，而且睁得大大的，明亮而且睿智。世界上各个民族也都有了两只眼睛，都要睁得大大的，明亮而且睿智。我们共同学习，努力互相了解。我们坚决相信，只要能做到这一步，人类会越来越能相互了解，世界和平越来越成为可能，人类的日子会越来越好过，不管还需要多么长的时间，人类有朝一日总会共同进入太平盛世，共同进入大同之域。

1996年3月20日

序

泰国位于中南半岛中部,是我国的近邻。从明代开始,我国古籍称这个国家为暹罗。至20世纪30年代末期,暹罗才改称泰国(英文译名由Siam改为Thailand)。中泰两国有着悠久的友好交往的历史。汉代到清代的中国古籍留下了大量的关于古代泰国和中泰交往的历史记录,这是我们今天研究泰国古代史、中泰关系史珍贵的历史资料。

早在汉代,湄南河流域和马来半岛北部已成为中印两大文明古国交通联系的桥梁。《汉书·地理志》记述的从徐闻、合浦出发到南印度黄支国的汉使行程,就途经湄南河流域和马来半岛北部一带。在汉代,我国古籍还记述在湄南河流域有一个古国称金邻(金陈)。三国时代,朱应、康泰出使扶南,留下珍贵的历史记载,加深了中国人民对金邻(金陈)国的认识。

在南北朝时期,中国古籍出现了湄南河流域和马来半岛北部古国遣使"朝贡"的记载,这些古国有狼牙修(郎迦戍)、盘盘、投和(头和、堕和罗、堕罗钵底)、赤土(有学者认为赤土位于苏门答腊)、哥罗、哥罗舍分、参半等。

到了宋代,由于航海和造船技术的进步和对外贸易的发展,我国古籍有关泰国境内的古国的记述更加具体,内容更丰富了。有学者认为,《诸蕃志》所记的古国中,真里富、登流眉、茸里、罗斛和浔番均在今天泰国境内。据史籍所记,登流眉是一个盛产沉香的国家,与宋朝有密切的贸易联系。真里富、罗斛多次遣使来"朝贡",贸易关系也很密切,《宋史》《宋会要》等书有详细的记述。

到了元代,中泰交往进入了一个新阶段。现今泰国北部、中部、南部的古国都与我国有密切的交往,中国古籍有关这些古国的记述,有助于我们弄清泰国历史一些疑难问题。在北部,同中国有交往的古国有女王国(哈里本柴)和八百媳妇国(兰那王国)。在中部和南部,同中国有交往的古国有暹国、速古台、速龙探、奔奚里和罗斛等国。速古台,就是素可泰的异译。速古台与暹国都遣使向元朝"朝贡",说明泰国古代的暹国不是素可泰。

在明代,中泰的友好交往出现新的高潮。明朝和阿瑜陀耶王朝之间使者往来频繁,从1370年到1482年,明朝先后22次遣使出访暹罗;从1371年到1643年,阿瑜陀耶王朝先后共114次遣使来华(其中109次为暹罗国王遣使,5次为王子以及国王"女兄"遣使)。从《明实录》有关暹罗遣使"朝贡"的记载中,我们还可以看到阿瑜陀耶王朝权力斗争的蛛丝马迹。明代郑和七下"西洋",其中有4次到过暹罗。为了便于沟通和往来,明朝在"四夷馆"里设立了暹罗馆。明朝继续保持与古国八百媳妇的友好交往,在"四夷馆"里也设立了八百馆。相互之间的密切交往,促进了两国的经济文化交流,明朝官员还四次酝酿过与暹罗进行军事合作。

清代中泰交往也非常密切,清朝政府与泰国的阿瑜陀耶王朝、吞武里王朝、曼谷王朝都有密切的友好交往。16世纪,缅甸的东吁王朝发动多次对暹罗的战争,并在1564年、1569年两次攻陷暹罗京城阿瑜陀耶城。从1569至1584年,暹罗遭到缅甸长达15年的统治。暹罗摆脱缅甸人的统治后,为了取得外交上的支持和贸易方面的利益,阿瑜陀耶王朝希望与清朝建立密切的关系。从1664年到1766年的102年间,暹罗的阿瑜陀耶王朝共16次遣使来华"朝贡"。1749年,清高宗亲书"炎服屏藩"匾额赠送给暹罗国王。在朝贡贸易中,清朝政府给予暹罗优惠待遇。从1724年开始,暹罗米大量运入广东和福建。中泰之间的官方、民间贸易都有较大的发展。值得注意的是,民间贸易多为华人经营,行走于中泰两国港口之间的商船几乎全由华人管驾。

1767年,缅甸雍籍牙王朝的军队攻陷阿瑜陀耶城。暹罗的华人将军郑信带领暹罗人民开展复国斗争,创建了吞武里王朝。到1776年,缅军全部被逐出暹罗领土。当时,中国官员对暹罗的情况还不甚了解,所以乾隆年间的对缅甸的战争中,有人提出过联暹攻缅的建议。郑信多次遣使来华,请求册封和开展贸易。尽管由于种种原因清朝政府没有册封郑信,但清朝与吞武里王朝之间的贸易关系还是很密切的。清朝政府多次满足吞武里王朝的要求,允许来华的暹罗商船采购特许的货物运回暹罗。

1782年,阿瑜陀耶城发生骚乱,郑信派将军披耶汕前往镇压。披耶汕到了阿瑜陀耶城后倒戈,带兵向吞武里发动进攻。吞武里兵力空虚,披耶汕的军队攻入吞武里,郑信被迫退位,入寺为僧。得知吞武里事变的暹罗将军昭披耶却克里要他的侄子呵叻太守到吞武里控制局势,囚禁披耶汕。接着他从柬埔寨前线赶回吞武里,下令杀死郑信,自立为王,创建了曼谷王朝。为了取得清朝政府的承认,昭披耶却克里(拉玛一世)自报是郑信的儿子,还给自己起了一个汉化的名字郑华,宣称要遵循"三年一贡"的旧例,遣使到清廷"朝贡"。1787年,清朝正式册封郑华为暹罗国王。

曼谷王朝与清朝之间的交往是非常密切的。从1782年到1852年的70年间,暹罗共35次遣使来华。拉玛二世(郑佛)、拉玛三世(郑福)和拉玛四世(郑明)受到清朝政府的册封。1828年,清朝军队平定了南疆暴乱,俘获首恶张格尔,粉碎英国殖民者侵略我西北边疆的阴谋。1829年,曼谷王朝遣使向清朝政府表示祝贺。在曼谷王朝和清朝的共同努力下,中泰之间的贸易仍有较大的发展,在泰的华侨为此作出贡献。虽然在1852年以后朝贡活动停止了,中泰之间近代的外交关系也未能随之建立起来,但两国官员仍有接触,有中国官员到暹罗,也有暹罗官员到中国来。在中法战争期间,还有中国官员提出过联合暹罗进攻在西贡的法军的设想。这个时期访暹的中国官员的著作,加深了中国人民对暹罗的认识。19世纪90年代,英法在暹罗进行激烈争夺,中国官员和报刊关注法国殖民者在暹罗的侵略活动,关注在民族危机情况下拉玛五世在暹罗进行的自上而下的改革。

本书是集汉代到清代的142种古籍中有关泰国的资料汇编而成,并对涉及的部分人名和古地名作简单注释。我们相信,本书的出版,对研究泰国史和中泰关系史会有帮助。对一些古地名,学术界有不同的看法,而且研究工作还在不断深入。由于编注者学术水平的限制,书中的注释会有错误,敬希专家和读者指正。

除《中国古籍中有关泰国资料汇编》之外,我们还编了《中国古籍中有关菲律宾资料汇编》《中国古籍中有关缅甸资料汇编》《中国古籍中有关新加坡马来西亚资料汇编》等一系列的书。其中《中国古籍中有关泰国资料汇编》引用的文献,凡原著中有参考价值的脚注,均用括号()录入正文。错别字则予以更正,用括号()注在错别字之后;遗漏的个别字予以补正,用括号〔〕注在遗漏之处,均不另作注释。本书所辑文献,凡录自正史的,均采用中华书局点校本。其他文献有点校本者,均以新点校本为据。其中个别地方我们认为标点不当者,则予以改动。我们还编了"地名索引""引用书目"附在书后,供读者查阅。

本书由中山大学东南亚研究所主编,由黄重言、余定邦负责收集和编注。本书完稿后,为使本书能及早出版,钱江博士曾提供协助,对此我们表示感谢。本书能出版面世,我们要感谢梁志明教授的推荐,感谢"东方文化集成"编委会张殿英教授、梁立基教授的大力支持。"东方文化集成"编辑部的樊津芳老师和北京大学出版社的编辑为本书的出版做了许多具体细致的工作,在此谨致谢意。

作者

2014年12月

目 录

第一章　唐代以前中国古籍有关泰国的记述 ·················1
 一、《汉书》···1
 二、《水经注》·······································2
 三、《梁书》···2
 四、《陈书》···4
 五、《隋书》···5
 六、《旧唐书》·······································7
 七、《新唐书》·······································8
 八、《通典》··10
 九、《岭表录异》····································13
 十、《艺文类聚》····································13
 十一、《大唐西域记》································13
 十二、《大唐西域求法高僧传》························14
 十三、《南海寄归内法传》····························14

第二章　宋代中国古籍有关泰国的记述 ···················16
 一、《宋史》··16
 二、《宋会要辑稿》··································17
 三、《太平御览》····································19
 四、《玉海》··20
 五、《册府元龟》····································20
 六、《岭外代答》····································21
 七、《诸蕃志》······································22
 八、《云麓漫钞》····································23
 九、《文昌杂录》····································23

十、《桂海虞衡志》……………………………………………23
　　十一、《攻媿集》……………………………………………24

第三章　元代中国古籍有关暹罗的记述……………………………25
　　一、《元史》…………………………………………………25
　　二、《新元史》………………………………………………28
　　三、《元风雅》………………………………………………29
　　四、《真腊风土记》…………………………………………29
　　五、《岛夷志略》……………………………………………30
　　六、《异域志》………………………………………………33
　　七、《大德南海志》…………………………………………34

第四章　元代以前中国古籍有关八百媳妇的记述…………………35
　　一、《蛮书》…………………………………………………35
　　二、《元史》…………………………………………………35
　　三、《新元史》………………………………………………41
　　四、《招捕总录》……………………………………………42

第五章　明代中国古籍有关暹罗的记述……………………………44
　　一、《明史》…………………………………………………44
　　二、《明实录》………………………………………………59
　　三、《国榷》…………………………………………………98
　　四、《明会典》………………………………………………100
　　五、《明会要》………………………………………………102
　　六、《续文献通考》…………………………………………103
　　七、《瀛涯胜览》……………………………………………104
　　八、《星槎胜览》……………………………………………106
　　九、《菽园杂记》……………………………………………106
　　十、《皇明记略》……………………………………………107
　　十一、《西洋朝贡典录》……………………………………108
　　十二、《海语》………………………………………………109
　　十三、《筹海图编》…………………………………………112
　　十四、《皇明四夷考》………………………………………113

十五、《咸宾录》……………………………………………114
十六、《东西洋考》…………………………………………117
十七、《皇明象胥录》………………………………………123
十八、《殊域周咨录》………………………………………126
十九、《名山藏》……………………………………………131
二十、《万历野获编》………………………………………132
二十一、《四夷广记》………………………………………133
二十二、《图书编》…………………………………………137
二十三、《寰宇通志》………………………………………139
二十四、《皇舆考》…………………………………………140
二十五、《裔乘》……………………………………………140
二十六、《三才图会》………………………………………141
二十七、《岭海舆图》………………………………………142
二十八、《荒徼通考》………………………………………142
二十九、《广志绎》…………………………………………142
三十、《广舆记》……………………………………………143
三十一、《四夷馆考》………………………………………143
三十二、《增定馆则》………………………………………147
三十三、《鸿猷录》…………………………………………151
三十四、《本草纲目》………………………………………151
三十五、《野记》……………………………………………152
三十六、《五杂俎》…………………………………………152
三十七、《罪惟录》…………………………………………153
三十八、《天下郡国利病书》………………………………154

第六章　明清中国古籍有关八百媳妇的记述……………155
一、《明史》…………………………………………………155
二、《明实录》………………………………………………158
三、《国榷》…………………………………………………173
四、《明会典》………………………………………………174
五、《大明一统志》…………………………………………175
六、《云南志（正德）》……………………………………175
七、《云南通志（万历）》…………………………………176

八、《滇志》··176
九、《殊域周咨录》······································176
十、《咸宾录》··177
十一、《四夷馆考》······································178
十二、《增定馆则》······································178
十三、《寰宇通志》······································180
十四、《全边略纪》······································180
十五、《蛮司合志》······································180
十六、《驭交记》··181
十七、《越峤书》··181
十八、《读史方舆纪要》·································183
十九、《滇考》··184
二十、《滇系》··185
二十一、《荒徼通考》···································186

第七章 清代中国古籍有关暹罗的记述·············187
一、《清史稿》··187
二、《清实录》··204
三、《明清史料》··262
四、《清朝通典》··314
五、《续通志》··315
六、《续文献通考》······································315
七、《清朝文献通考》···································316
八、《清朝续文献通考》·································321
九、《清会典》··326
十、《大清会典事例》···································329
十一、《嘉庆重修一统志》·······························345
十二、《皇清职贡图》···································346
十三、《史料旬刊》······································347
十四、《清代外交史料》·································352
十五、《清季外交史料》·································363
十六、《清宣统朝外交史料》·····························365
十七、《续修南海县志》·································366

十八、《广东新语》……366
十九、《粤海关志》……369
二十、《粤道贡国说》……386
二十一、《海国闻见录》……387
二十二、《海　录》……389
二十三、《圣武记》……392
二十四、《海国图志》……395
二十五、《瀛环志略》……398
二十六、《澳门纪略》……399
二十七、《癸巳类稿》……400
二十八、《八纮译史》……400
二十九、《广阳杂记》……400
三十、《海上纪略》……401
三十一、《粤东市舶论》……401
三十二、《国朝柔远记》……402
三十三、《随使法国记》……402
三十四、《伦敦与巴黎日记》……403
三十五、《南行记》……403
三十六、《弢园文录外编》……404
三十七、《郑观应集》……404
三十八、《岑襄勤公奏稿》……419
三十九、《出使英法俄国日记》……420
四十、《张文襄公全集》……421
四十一、《三洲日记》……421
四十二、《中外述游》……423
四十三、《出使美日秘日记》……424
四十四、《出使英法义比四国日记》……428
四十五、《滇缅划界图说》……435
四十六、《李鸿章历聘欧美记》……436
四十七、《欧洲十一国游记二种》……436
四十八、《考察政治日记》……436
四十九、《暹罗考》……437
五十、《暹罗考略》……437

五十一、《暹罗政要》……………………………………………438

五十二、《暹罗近事末议》……………………………………440

五十三、《海国公余辑录》……………………………………440

五十四、《海国公余杂著》……………………………………441

五十五、《五洲属国纪略》……………………………………442

五十六、《五洲括地歌》………………………………………444

五十七、《五大洲百一十国秘笈》……………………………444

五十八、《中外大事汇记》……………………………………445

五十九、《云南通志》…………………………………………448

附录一 地名索引………………………………………………449

附录二 引用书目………………………………………………467

第一章

唐代以前中国古籍有关泰国的记述

一、《汉　书》

　　自日南①障塞、徐闻、合浦船行可五月,有都元国②;又船行可四月,有邑卢没国③;又船行可二十余日,有谌离国④;步行可十余日,有夫甘都卢国⑤。自夫甘都卢国船行可二月余,有黄支国⑥,民俗略与珠厓相类。其州广大,户口多,多异物,自武帝以来皆献见。有译长,属黄门,与应募者俱入海市明珠、璧流离、奇石异物,赍黄金杂缯而往。所至国皆禀食为耦,蛮夷贾船,转送致之。亦利交易,剽杀人。又苦逢风波溺死,不者数年来还。大珠至围二寸以下。平帝元始中,王莽辅政,欲耀威德,厚遗黄支王,令遣使献生犀牛。自黄支船行可八月,到皮宗⑦;船行可二月,到日南、象林⑧界云。黄支之南,有已程不国⑨,汉之译使自此还矣。

　　(班固:《汉书》,卷二八下,地理志,中华书局,1962年版,页1671)

---

① 日南,西汉郡名。辖地在今越南中部地区。
② 都元国,古国名。故地在今马来半岛克拉(Kra)地峡一带。
③ 邑卢没国,古国名。故地在今泰国南部曼谷(Bangkok)湾附近;一说在今缅甸的勃固(Pegu)等地区。
④ 谌离国,古国名。故地在今泰国西岸的佛统(Nakhon Pathom)等地;一说在今缅甸南部地区。
⑤ 夫甘都卢国,古国名。故地在今缅甸伊洛瓦底江中下游地区。
⑥ 黄支国,古国名。故地在今印度的康契普腊姆(Conjevaram)一带。
⑦ 皮宗,古地名。故地在马来半岛西南岸外的皮散(Pisang)岛;一说在苏门答腊东岸英得腊其利(Indragiri)河口外的皮散岛。
⑧ 象林,西汉日南郡所属县,辖境在今越南的广南一带。
⑨ 已程不国,古国名。故地在今斯里兰卡(Sri-Lanka)。

二、《水经注》

竺枝《扶南记》曰：林阳国①去金陈国②，步道二千里，车马行，无水道。举国事佛，有一道人，命过烧葬，烧之数千束樵，故坐火中，乃更著石室中，从来六十余年，尸如故，不朽，竺枝目见之。

(郦道元：《水经注》，卷一，四部丛刊本，页17)

三、《梁　书》

(天监十四年)九月癸亥，狼牙修国③遣使献方物。

(姚思廉：《梁书》，卷二，中华书局，1973年版，页55)

(中大通元年)十二月丁巳，盘盘国④遣使献方物。

(同上书，卷三，页74)

(中大通三年九月)戊寅，狼牙修国奉表献方物。

(同上书，卷三，页75)

(中大通四年)夏四月壬申，盘盘国遣使献方物。

(同上书，卷三，页76)

(中大通五年九月)甲寅，盘盘国遣使献方物。

(同上书，卷三，页78)

(大同六年八月)辛未，盘盘国遣使献方物。

(同上书，卷三，页84)

---

① 林阳国，古国名。故地在今泰国西部地区，一说在今缅甸东南部地区。
② 金陈国，古国名，亦即金邻国。故地在今泰国的佛统一带，或认为在叻丕(Ratburi)一带。
③ 狼牙修国，古国名。故地包括今泰国的洛坤(Nakhon Srithamarat)、北大年(Patani)、宋卡(Songkhla)至马来西亚的吉打(Kedah)一带。
④ 盘盘国，古国名。故地在今泰国的万伦(Bandon)湾一带；或谓在克拉地峡一带。

(大宝二年九月)已亥,盘盘国献驯象。

(同上书,卷五,页117)

(扶南王)盘况年九十余乃死,立中子盘盘,以国事委其大将范蔓。盘盘立三年死,国人共举蔓为王。蔓勇健有权略,复以兵威攻伐旁国,咸服属之,自号扶南大王。乃治作大船,穷涨海①,攻屈都昆②、九稚③、典孙④等十余国,开地五六千里。次当伐金隣国⑤,蔓遇疾,遣太子金生代行。

(同上书,卷五四,页788)

(扶南王范寻)其后王憍陈如,本天竺婆罗门也。有神语曰"应王扶南"。憍陈如心悦,南至盘盘,扶南人闻之,举国欣戴,迎而立焉。复改制度,用天竺法。

(同上书,卷五四,页789)

盘盘国,宋文帝元嘉,孝武孝建、大明中,并遣使贡献。大通元年,其王使使奉表曰:"扬州阎浮提震旦天子,万善庄严,一切恭敬,犹如天净无云,明耀满目,天子身心清净,亦复如是。道俗济济,并蒙圣王光化,济度一切,永作舟航,臣闻之庆善。我等至诚敬礼常胜天子足下,稽首问讯。今奉薄献,愿垂哀受。"中大通元年五月,累遣使贡牙像及佛塔,并献沉檀等香数十种。六年八月,复使送菩提国⑥真舍利及画塔,并献菩提树叶、詹糖等香。

(同上书,卷五四,页793)

狼牙修国,在南海中。其界东西三十日行,南北二十日行,去广州二万四千里。土气物产,与扶南略同,偏多筏沉婆律香等。其俗男女皆袒而被髪,以古贝为干缦。其王及贵臣乃加云霞布复胛,以金绳为络

---

① 涨海,即今南中国海。也有学者认为,此处的涨海应为暹罗湾。
② 屈都昆,古国名。故地在今马来半岛北部;一说在今苏门答腊岛东北部。
③ 九稚,古国名,故地在今马来半岛的克拉地峡一带。
④ 典逊,古国名,亦作顿逊。故地在今缅甸的丹那沙林(Tenasserim)地区。
⑤ 金隣国,即金邻国、金陈国,见前注。
⑥ 菩提国,泛指今印度、斯里兰卡等佛教国家。

带,金环贯耳。女子则被布,以璎珞绕身。其国累砖为城,重门楼阁。王出乘象,有幡毦旗鼓,罩白盖,兵卫甚设。国人说,立国以来四百余年,后嗣衰弱,王族有贤者,国人归之。王闻知,乃加囚执,其锁无故自断,王以为神,因不敢害,乃斥逐出境,遂奔天竺,天竺妻以长女。俄而狼牙王死,大臣迎还为王。二十余年死,子婆伽达多立。天监十四年,遣使阿撒多奉表曰:"大吉天子足下:离淫怒痴,哀愍众生,慈心无量。端严相好,身光明朗,如水中月,普照十方。眉间白毫,其白如雪,其色照曜,亦如月光。诸天善神之所供养,以垂正法宝,梵行众增,庄严都邑。城阁高峻,如乾陀①山。楼观罗列,道途平正。人民炽盛,快乐安稳。著种种衣,犹如天服。于一切国,为极尊胜。天王愍念群生,民人安乐,慈心深广,律仪清净,正法化治,供养三宝,名称宣扬,布满世界,百姓乐见,如月初生。譬如梵王,世界之主,人天一切,莫不归依。敬礼大吉天子足下,犹如现前,忝承先业,庆嘉无量。今遣使问讯大意。欲自往,复畏大海风波不达。今奉薄献,愿大家曲垂领纳。"

(同上书,卷五四,页795—796)

四、《陈 书》

(光大二年九月)景午,狼牙修国遣使献方物。

(姚思廉:《陈书》,卷四,中华书局,1972年版,页69)

(太建三年五月)辛亥,……盘盘等国并遣使献方物。

(同上书,卷五,页80)

(至德元年)十二月景辰,头和国②遣使献方物。

(同上书,卷六,页110)

(至德二年十一月)壬申,盘盘国遣使献方物。

(同上书,卷六,页111)

---

① 乾陀,疑为乾陀利之略。乾陀利,古国名,亦作干陀利、斤陀利。故地在今马来半岛西岸,有学者认为吉打别称Kadaram即为其对音;一说在苏门答腊岛的巨港(Palembang)。

② 头和国,古国名,亦即投和国。故地在今泰国湄南(Me Nam)河下游地区,即古国堕罗钵底(Dvaravati)一名的省译。

五、《隋　书》

（大业四年三月）壬戌，……赤土①、……遣使贡方物。
（大业四年三月）丙寅，遣屯田主事常骏使赤土，致罗刹②。

（魏征等撰：《隋书》，卷三，中华书局，1973年版，页71）

（大业五年二月）辛丑，赤土国遣使贡方物。

（同上书，卷三，页72）

（大业六年六月）辛卯，……赤土并遣使贡方物。

（同上书，卷三，页75）

　　赤土国，扶南③之别种也。在南海中，水行百余日而达所都。土色多赤，因以为号。东波罗刺国④，西婆罗娑国⑤，南诃罗旦国⑥，北拒大海，地方数千里。其王姓瞿昙氏，名利富多塞，不知有国近远。称其父释王位出家为道，传位于利富多塞，在位十六年矣。有三妻，并邻国王之女也。居僧祇城⑦，有门三重，相去各百许步。每门图画飞仙、仙人、菩萨之像，县金花铃毦，妇女数十人，或奏乐，或捧金花。又饰四妇人，容饰如佛塔边金刚力士之状，夹门而立。门外者持兵仗，门内者执白拂。夹道垂素网，缀花。王宫诸屋悉是重阁，北户，北面而坐。坐三重之榻。衣朝霞布，冠金花冠，垂杂宝璎珞。四女子立侍，左右兵卫百余人。王榻后作一木龛，以金银五香木杂钿之。龛后悬一金光焰，夹榻又树二金镜，镜前并陈金甕，甕前各有金香炉。当前置一金伏牛，牛前树壹宝盖，盖左右皆有宝扇。婆罗门等数百人，东西重行，相向而坐。其官有萨陀迦罗一人，陀拏达义二人，迦利密迦三人，共掌政事；俱罗末帝一人，掌

---

① 赤土，古国名。故地在马来半岛，今泰国的宋卡、北大年一带。
② 罗刹，古国名。故地众说不一，有在今越南南部、马来西亚的吉兰丹、菲律宾的苏禄诸说。
③ 扶南，古国名。故地在今印度支那半岛，领土包括今柬埔寨、老挝南部、越南南部等地。
④ 波罗刺国，古国名。故地在今婆罗洲（Borneo），即加里曼丹岛。
⑤ 婆罗娑国，古国名。故地在今苏门答腊岛西岸的巴鲁斯（Barus）。
⑥ 诃罗旦国，故地在今苏门答腊岛南部。
⑦ 僧祇城，古地名。故地在今泰国的宋卡。宋卡，其梵文名作Singora，意为狮子座，故亦称师子城。

刑法。每城置那邪迦一人，钵帝十人。

其俗等皆穿耳剪发，无跪拜之礼。以香油涂身。其俗敬佛，尤重婆罗门。妇人作髻于项后。男女通以朝霞、朝云杂色布为衣。豪富之室，恣意华靡，唯金锁非王赐不得服用。每婚嫁，择吉日，女家先期五日，作乐饮酒，父执女手以授婿，七日乃配焉。既娶则分财别居，唯幼子与父同居。父母兄弟死则剔发素服，就水上构竹木为棚，棚内积薪，以尸置上。烧香建幡，吹蠡击鼓以送之，纵火焚薪，遂落于水。贵贱皆同。唯国王烧讫，收灰贮以金瓶，藏于庙屋。冬夏常温，雨多霁少，种植无时，特宜稻、穄、白豆、黑麻，自余物产多同于交阯。以甘蔗作酒，杂以紫瓜根。酒色黄赤，味亦香美。亦名椰浆为酒。

炀帝即位，募能通绝域者。大业三年，屯田主事常骏、虞部主事王君政等请使赤土。帝大悦，赐骏等帛各百匹、时服一袭而遣。赍物五千段，以赐赤土王。其年十月，骏等自南海郡乘舟，昼夜二旬，每值便风。至焦石山①而过，东南泊陵伽钵拔多洲②，西与林邑③相对，上有神祠焉。又南行，至师子石④，自是岛屿连接。又行二三日，西望见狼牙须国⑤之山，于是南达鸡笼岛⑥，至于赤土之界。其王遣婆罗门鸠摩罗以船三十艘来迎，吹蠡击鼓，以乐隋使。进金锁以缆骏船。月余，至其都，王遣其子那邪迦请与骏等礼见。先遣人送金盘，贮香花并镜镊，金合二枚，贮香油，金瓶八枚，贮香水，白叠布四条，以拟供使者盥洗。其日未时，那邪迦又将象二头，持孔雀盖以迎使人，并致金花、金盘以藉诏函。男女百人奏蠡鼓，婆罗门二人导路，至王宫。骏等奉诏书上阁，王以下皆坐。宣诏讫，引骏等坐，奏天竺乐。事毕，骏等还馆，又遣婆罗门就馆送食，以草叶为盘，其大方丈。因谓骏曰："今是大国中人，非复赤土国矣。饮食疏薄，愿为大国意而食之。"后数日，请骏等入宴，仪卫导从如初见之礼。王前设两床，床上并设草叶盘，方一丈五尺，上有黄白紫赤

---

① 焦石山，古地名。故地在今越南中部海岸之外，或指岘港（Da Nang）角；一说指占婆（Champa）岛。

② 陵伽钵拔多洲，古地名。故地在今越南中部沿岸一带，一说指归仁（Qui Nhon）港，一说指华列拉角。

③ 林邑，古国名。故地在今越南中部地区。

④ 师子石，古地名。故地在今越南东南部海岸外，或指卡特威克（Catwick）群岛中的一岛。

⑤ 狼牙须国，即狼牙修国之异译。

⑥ 鸡笼岛，古地名。一说在今马来半岛东岸外，指今泰国春蓬（Chumphon）海外的 KoRang Kai。

四色之饼,牛、羊、鱼、鳖、猪、蠵瑁之肉百余品。延骏升床,从者坐于地席,各以金锺置酒,女乐迭奏,礼遗甚厚。寻遣那邪迦随骏贡方物,并献金芙蓉冠、龙脑香。以铸金为多罗叶,隐起成文以为表,金函封之,令婆罗门以香花奏蠡鼓而送之。既入海,见绿鱼群飞水上。浮海十余日,至林邑东南,并山而行。其海水阔千余步,色黄气腥,舟行一日不绝,云是大鱼粪也。循海北岸,达于交阯。骏以六年春与那邪迦于弘农谒①,帝大悦,赐骏等物二百段,俱授秉义尉,那邪迦等官赏各有差。

(同上书,卷八二,页1833—1835)

其国(真腊国)与参半②、朱江③二国和亲。

(同上书,卷八二,页1836)

六、《旧唐书》

婆利国④,在林邑东南海中洲上。其地延袤数千里,自交州⑤南渡海,经林邑、扶南、赤土、丹丹⑥数国乃至焉。

(刘昫等撰:《旧唐书》,卷一九七,中华书局,1975年版,页5270)

盘盘国,在林邑西南海曲中,北与林邑隔小海,自交州船行四十日乃至。其国与狼牙修国为邻,人皆学婆罗门书,甚敬佛法。贞观九年,遣使来朝,贡方物。

(同上书,卷一九七,页5271)

水真腊国⑦,其境东西南北约员八百里,东至奔陀浪州⑧,西至堕罗

---

① 弘农,郡名,治所在今河南灵宝县南。
② 参半,古国名,故地在今泰国清迈(Chang Mai)一带。
③ 朱江,骠国的别称,故地在今缅甸。
④ 婆利国,古国名。故地在今婆罗洲,即今加里曼丹岛。一说在今印度尼西亚巴厘(Bali)岛。
⑤ 交州,古地名。自汉代以来,交州辖地大小不一。唐代时,交州故地在今越南北部的河内一带。
⑥ 丹丹,古国名。故地在今马来西亚的吉兰丹(Kelantan)一带。
⑦ 水真腊国,古国名。故地在今柬埔寨南部及今越南南圻地区。
⑧ 奔陀浪州,古地名。故地在今越南中圻南境的藩朗(Phanrang)一带。

钵底国①,南至小海②,北即陆真腊③。

(同上书,卷一九七,页5272)

陀洹国④,在林邑西南大海中,东南与堕和罗⑤接,去交趾三月余日行。宾服于堕和罗。

(同上书,卷一九七,页5272)

堕和罗国,南与盘盘、北与迦罗舍佛⑥,东与真腊⑦接,西邻大海。去广州五月日行。贞观十二年,其王遣使贡方物。二十三年,又遣使献象牙、火珠,请赐好马,诏许之。

(同上书,卷一九七,页5273)

七、《新唐书》

盘盘,在南海曲,北距环王⑧,限少海,与狼牙修接,自交州海行四十日乃至。王曰杨粟翙。其民濒水居,比木为栅,石为矢镞。王坐金龙大榻,诸大人见王,交手抱肩以踞。其臣曰勃郎索滥、曰昆仑帝也、曰昆仑勃和、曰昆仑勃谛索甘,亦曰古龙。古龙者,昆仑音近耳。在外曰那延,犹中国刺史也。有佛道士祠,僧食肉,不饮酒,道士谓为贪,不食酒肉。贞观中,再遣使朝。

(盘盘)其东南有哥罗,一曰个罗,亦曰哥罗富沙罗⑨。王姓矢利波罗,名米失钵罗。累石为城,楼阙宫室茨以草。州二十四。其兵有弓矢稍殳,以孔雀羽饰蘽。每战,以百象为一队,一象百人,鞍若槛,四人执

---

① 堕罗钵底国,古国名,亦即头和或投和。故地在今泰国湄南河下游,都城为佛统。

② 小海,指今暹罗湾。

③ 陆真腊,古国名。故地在今柬埔寨大部及今老挝南部。

④ 陀洹国,古国名,亦陀桓国。故地在今缅甸东南部的土瓦(Tavoy)一带。

⑤ 堕和罗,又称堕罗钵底国。

⑥ 迦罗舍佛,古国名,《新唐书》作迦罗舍弗,亦作哥罗舍分。故地在今泰国的叻丕;或认为在泰国西北部。

⑦ 真腊,古国名。故地在今柬埔寨及今越南南部、老挝南部地区。曾分裂为水真腊、陆真腊两国,后重新统一,仍称真腊。

⑧ 环王,古国名。中国史籍亦称林邑、占城。本国自称占婆(Champa)。故地在今越南中部一带。

⑨ 哥罗,古国名,个罗、哥罗富沙系同名异译。故地在今马来半岛的克拉地峡一带。

弓矟在中。赋率输银二铢。无丝纻,惟古贝。畜多牛少马。非有官不束发。凡嫁娶,纳槟榔为礼,多至二百盘。妇已嫁,从夫姓。乐有琵琶、横笛、铜钹、铁鼓、蠡。死者焚之,取烬贮金罂沈之海。①

(欧阳修、宋祁撰:《新唐书》,卷二二二下,
中华书局,1975年版,页6300)

文单②西北属国曰参半,武德八年使者来。

(同上书,卷二二二下,页6302)

贞观中,(诃陵)与堕和罗、堕婆登③皆遣使者入贡,太宗以玺诏优答。堕和罗丐良马,帝与之。

(同上书,卷二二二下,页6302)

堕和罗,亦曰独和罗,南距盘盘,北迦罗舍弗,西属海,东真腊。自广州行五月乃至。国多美犀,世谓堕和罗犀。有二属国,曰昙陵④、陀洹。

昙陵在海洲中。陀洹,一曰耨陀洹,在环王西南海中,与堕和罗接,自交州行九十日乃至。王姓察失利,名婆那,字婆末。无蚕桑,有稻、麦、麻豆。畜有白象、牛、羊、猪。俗喜楼居,谓为干栏。以白氎、朝霞布为衣。亲丧,在室不食,燔尸已,则剔发浴于池,然后食。贞观时,并遣使者再入朝,又献婆律膏;白鹦鹉,首有十红毛,齐于翅。因丐马、铜钟,帝与之。

(同上书,卷二二二下,页6303)

投和,在真腊南,自广州西南海行百日乃至。王姓投和罗,名脯邪迄遥。官有朝请将军、功曹、主簿、赞理、赞府,分领国事。分州、郡、县三等。州有参军,郡有金威将军,县有城,有局,长官得选僚属自助。民居率楼阁,画壁。王宿卫百人,衣朝霞,耳金钗,金鋋被颈,宝饰革履。

---

① 《太平寰宇记》卷一七六哥罗国条与本条同,另还记载说:"自唐天宝初至乾元中,并来朝贡。"

② 文单,古国名,即陆真腊国,都城在今老挝万象(Vientiane)。

③ 堕婆登,古国名,一说在马来半岛北部克拉地峡一带;一说在今苏门答腊岛。

④ 昙陵,古国名,有学者认为即单马令之异译,指今泰国的洛坤;一说在今缅甸丹那沙林地区;一说在泰国碧武里的万林(Ban Laen)。

频盗者死,次穿耳及颊而鬋其发,盗铸者截手。无赋税,民以地多少自输。王以农商自业。银作钱,类榆荚。民乘象及马,无鞍鞯,绳穿颊御之。亲丧,断发为孝,焚尸敛灰于罂,沈之水。贞观中,遣使以黄金函内表,并献方物。

(同上书,卷二二二下,页6304)

又有哥罗舍分①、修罗分②、甘毕③三国贡方物。甘毕在南海上,东距环王;王名旃陀越摩,有胜兵五千。哥罗舍分者,在南海南,东堕和罗。修罗分者,在海北,东距真腊,其风俗大略相类,有君长,皆栅郛。二国胜兵二万,甘毕才五千。

(同上书,卷二二二下,页6304—6305)

八、《通　典》

哥罗国,汉时闻焉。在槃槃东南,亦曰哥罗富沙罗国。云其王姓矢利婆罗,名米矢钵罗。其理城累石为之,城有楼阙,门有禁卫,宫室覆之以草。国有二十四州而无县。庭列仪仗,有纛,以孔雀羽饰焉。兵器有弓箭、刀矟、皮甲,征伐皆乘象。一队有象百头,每象有百人卫之。象鞍有钩栏,其中有四人,一人执矟,一人执弓矢,一人执殳,一人执刀。赋税人出银一铢。国无蚕丝麻纻,唯出古贝布。畜有牛少马。其俗,非有官者,不得上发裹头。又嫁娶,初问婚,惟以槟榔为礼,多者至二百盘。成婚之时,唯以黄金为财,多者至二百两。妇人嫁讫,则从夫姓。音乐有琵琶、横笛、铜钹、铁鼓、簧,吹蠡击鼓。死亡则焚尸,盛以金罂,沈之大海。

(杜佑:《通典》,卷一八八,商务印书馆,1935年版,页1007)

狼牙修国,梁时通焉。在南海中,其界东西三十日,南北二十日行,北去广州二万四千里。其土气物产与扶南略同,偏多筿沉婆律等香。其俗男女皆袒而披发,以古贝布为干缦,其王及贵臣乃加云霞布覆髀,以金绳为络带,金环贯耳。女子则披布,以璎珞绕身。其国累砖为城,

---

① 哥罗舍分,古国名。故地一说在今泰国西部的叻丕;一说在今泰国西北部。
② 修罗分,古国名。故地或在今泰国东南岸地区,今地待考。
③ 甘毕,古国名。故地或谓在今苏门答腊岛。

重门楼阁。王出乘象，有幡旄旗鼓，罩白盖，兵卫甚设，（梁）武帝天监中，遣使献方物。其使云，立国以来四百馀年。

（同上书，卷一八八，页1009）

槃槃国①，梁时通焉。在南海大洲中，北与林邑隔小海，自交州船行四十日至其国。其王曰杨栗翟，栗翟父子曰杨德武，以上无得而纪。百姓多缘水而居，国无城，皆竖木为栅。王坐金龙床，每坐，诸大人皆两手交抱肩而踞。又其国多婆罗门，自天竺来，就王乞财物，王甚重之。其大臣曰勃郎索滥，次曰昆仑帝也，次曰昆仑勃和，次曰昆仑勃帝索甘。且其言昆仑，古龙声相近，故或有谓为古龙者。其在外城者曰那延，犹中夏刺史、县令。其矢多以石为镞，稍则以铁为刃。有僧尼寺十所，僧尼读佛经，皆食肉而不饮酒。亦有道士寺一所，道士不食酒肉，读阿修罗王经，其国不甚重之。俗皆呼僧为比邱，呼道士为贪。隋大业中亦遣使朝贡。

（同上书，卷一八八，页1009）

赤土国，隋时通焉，扶南之别种也。直崖州之南，渡海水行，便风十余日经鸡笼岛至其国。所都土色多赤，以为号。东波罗剌国，西罗婆〔娑〕国，南诃罗旦国，北拒大海，地方数千里。

王姓瞿昙氏，名利富多塞，不知有国远近，居僧祇城，亦曰狮子城。有门三重，相去各百许步。王宫诸屋悉是重阁，北面而坐三重榻。衣朝霞布，冠金花冠，垂杂宝璎珞。王榻后作一木龛，以金银五香木杂钿之。龛后悬一金光焰，远视如项后。其官萨陀伽罗一人，陀拏达义二人，迦利密迦三人，共掌政事。俱罗末帝一人常刑法。每城置那耶迦一人，钵帝一人。

其俗皆穿耳剪发，无跪拜之礼。以香油涂身，俗敬佛，尤重婆罗门。妇人作髻于项后，男女通以朝霞、朝云杂色布衣。豪富之室，恣意华靡，唯金锁非王赐不得服用。冬夏常温，雨多霁少，种植无时，特宜稻、穄、白豆、黑麻。自余物产，多同于交趾。以甘蔗作酒，杂以紫瓜根。戏有双六鸡卜。冬至之日，影直在下，夏至日影在南，户皆北向。炀帝时，募能通绝域。大业三年，屯田主事常骏、虞部主事王君政等应召。骏等自南海郡乘舟，昼夜二旬，每值便风，至焦石山而过，东南泊陵

---

① 槃槃国，系盘盘国的异译。

伽钵拔多洲，西与林邑相对，上有神祠焉。又南行至师子石，是岛屿连接。又行二三日，西见狼牙修国之山，于是南达鸡笼岛，至于赤土之界，月余至其国都。

骏等奉诏书上阁，王以下至皆坐。宣诏讫，引骏等入宴。王前设两床，上并设草叶盘，方丈五尺，上有黄白紫赤四色之饼，牛羊鱼鳖猪𤥨珺之肉百余品。延骏升床，从者坐于地席。及还，遣那耶迦随骏贡方物。既入海，见绿鱼群飞水上。浮海十余日至林邑，东南并山而行。其海水阔千余步，色黄气腥，舟行十日不绝，云是大鱼粪也。循海北岸连于交趾。六年，却还到中国焉。

（同上书，卷一八八，页1009—1010）

投和国，隋时闻焉。在海南大洲中，真腊之南。自广州西南水行百日至其国。王姓投和罗，名脯邪乞遥，理数城。覆屋以瓦，并为阁而居，屋壁皆以彩画之。城内皆王宫室，城外人居可万余家。王宿卫之士百余人。每临朝，则衣朝霞，冠金冠，耳挂金环，颈挂金涎衣，足履宝装皮履。官属有朝请将军总理国政，又有参军、功曹、主簿、城局、金威将军、赞理、赞府等官分理文武。又有州及郡县。州有参军，郡有金威将军，具有城局，为其长官。初至，各选官僚助理政事。刑法，盗贼重者死，轻者穿耳及鼻，并钻鬓，私铸银钱者截腕。国无赋税，俱随意供奉，无多少之限。多以农商为业。国人乘象及马，一国之中，马不过千匹。又无鞍辔，唯以绳穿颊为之节制。音乐则吹蠡击鼓，死丧则祠祀哭泣，又焚尸，以瓮盛之，沉于水中。若父母之丧，则截发为孝。其国市六所，贸易皆用银钱，小如榆荚。有佛道，有学校，文字与中夏不同。讯其耆老云王无姓，名齐仗摩。其屋以草覆之，王所坐塔，园似佛塔，以金饰之。门皆东开，坐亦东向。大唐贞观遣使奉表，以金函盛之。又献金榼、金锁、宝带、犀象、海狗等数十品。

（同上书，卷一八八，页1010）

陀洹国，在堕和罗西北。大唐贞观中遣使献鹦鹉，毛羽皓素，头上有红色数十茎，与翅齐。

（同上书，卷一八八，页1011）

哥罗舍分在南海之南，其国地接堕和罗国，胜兵二万人。其王满越伽摩,大唐显庆五年遣朝贡。①

(同上书,卷一八八,页1011)

九、《岭表录异》

又有堕罗②犀,犀中最大,一株有重七八斤者,云是牯犀。额上有心花,多是撒豆班,色深者堪为铧具,班散而浅者,即治为盘碟器皿之类。

(刘恂:《岭表录异》,卷中,广东人民出版社,1983年版,页23)

十、《艺文类聚》

扶南传曰:金阵国③,入四月便雨,六月乃止,少有晴日。

(欧阳询:《艺文类聚》,卷二,中华书局,1965年版,页32—33)

十一、《大唐西域记》

(三摩呾吒国④)从此东北大海滨山谷中有室利差呾罗国⑤。次东南大海隅有迦摩浪迦国⑥。次东有堕罗钵底国。次东有伊赏那补罗国⑦。次东有摩诃瞻波国⑧,即此云林邑是也。次西南有阎摩那洲国⑨。凡此六国,山川道阻,不入其境,然风俗壤界,声问可知。

(玄奘撰,章巽校点:《大唐西域记》,卷十,
上海人民出版社,1977年版,页234)

---

① 《太平寰宇记》卷一七七,哥罗舍分国条还记载说:"唐显庆五年,其使发本国,至龙翔二年五月到京朝贡。"
② 堕罗,即堕罗钵底的简称。
③ 金阵国,系金陈国或金邻国之误。
④ 三摩呾吒国,印度古国名。故地在今孟加拉湾恒河口东部一带。
⑤ 室利差呾罗国,故地在今缅甸的卑谬(Prome)一带。此处泛指以卑谬为都城的骠国。
⑥ 迦摩浪迦国,故地在今缅甸南部的勃固(Pegu)一带;或指今泰国的叻丕。
⑦ 伊赏那补罗国,一般认为系真腊王都伊奢那城(Isanapura)的音译。此处泛指真腊国。
⑧ 摩诃瞻波国,瞻波为占婆之异译,摩诃瞻波即大占婆,指占婆国,亦即林邑国。
⑨ 阎摩那洲国,故地一说在中南半岛;一说在今印度尼西亚的爪哇岛或苏门答腊岛。

十二、《大唐西域求法高僧传》

义朗律师者,益州成都人也。善闲律典,兼解瑜伽。发自长安,弥历江汉。与同州僧智岸,并弟一人名义玄,年始弱冠,知钦正理,颇闲内典,尤善文笔。思瞻圣迹,遂与弟俱游。秀季良昆,递相携带,鹡鸰①存念,鱼水敦怀。既至乌雷②,同附商舶。挂百丈,陵万波,越舸扶南,缀缆郎迦戍③。蒙郎迦戍国王待以上宾之礼。智岸遇疾,于此而亡。朗公既怀死别之恨,与弟附舶向师子洲④,披求异典,顶礼佛牙,渐之西国⑤。

（义净:《大唐西域求法高僧传》,卷上,
中华书局,1988年校注本,页72—73）

大乘灯禅师者,爱州人也。梵名莫诃夜那钵地已波(唐云大乘灯),幼随父母泛舶往杜和罗钵底国⑥。

（同上书,卷上,页88）

十三、《南海寄归内法传》

从那烂陀⑦东行五百驿,皆名东裔,乃至尽穷,有大黑山⑧,计当土蕃⑨南畔。传云是蜀川西南行可一月余,便达斯岭。次此南畔,逼近海涯,有室利察呾罗国⑩。次东南有郎迦戍国,次东有杜和钵底国,次东极至临邑国⑪,并悉极遵三宝,多有持戒之人,乞食杜多是其国法。西方见

---

① 鹡鸰,鸟名,亦作"脊令"。"鹡鸰存念"一句表喻兄弟互相关怀。典故出自《诗经·小雅·常棣》:"脊令在原,兄弟急难。"言脊令失所,飞鸣求其同类。

② 乌雷,古海港名。故地在今广西钦州东南。

③ 郎迦戍,即狼牙修的异译。

④ 师子洲,指今斯里兰卡;或指苏门答腊岛的巨港。

⑤ 西国,或泛指印度。

⑥ 社和罗钵底国,系杜和罗钵底国之误。杜和罗钵底即杜和钵底,均系堕罗钵底之异译。故地在今泰国湄南河下游地区的佛统一带。

⑦ 那烂陀,古寺院名,系古代印度摩揭陀国王舍城的著名寺院,在今比哈尔邦巴特那东南的巴腊贡(Baragaon)。

⑧ 大黑山,即今缅甸西南部的阿拉干山脉,是古代从中国西南边境天竺道上重要山岭。

⑨ 土蕃,即吐蕃,中国古代藏族政权,公元7世纪至9世纪时在青藏高原建立。

⑩ 室利察呾罗国,即室利差呾罗国,见前注。

⑪ 临邑国,即林邑国。

有,实异常伦。

(义净:《南海寄归内法传》,卷一,中华书局,1995年校注本,页12)

　　西方药味与东夏不同,互有互无,事非一概。且如人参、茯苓、当归、远志、乌头、附子、麻黄、细辛,若斯之流,神州上药。察问西国,咸不见有。西方则多足诃黎勒,北道则时有郁金香,西边乃阿魏丰饶。南海则少出龙脑,三种豆蔻皆在杜和罗①,两色丁香咸生堀沦国②。

(同上书,卷三,页153)

---

① 杜和罗,即堕和罗。
② 堀沦国,故地在今印度尼西亚的马鲁古(Maluku)群岛。

第二章

宋代中国古籍有关泰国的记述

一、《宋史》

（绍兴）二十五年十一月辛未，罗斛国①贡驯象。

（脱脱等撰：《宋史》，卷三一，中华书局，1977年版，页583）

（嘉泰）元年，是岁，真里富国②献驯象二。

（同上书，卷三八，页731）

（开禧）元年，是岁，真里富国献瑞象。

（同上书，卷三八，页739）

井澳之败，宜中③欲奉王走占城，乃先如占城谕意，度事不可为，遂不反。二王累使召之，终不至。至元十九年，大军伐占城，宜中走暹④，后殁于暹。

（同上书，卷四一八，页12532）

---

① 罗斛国，古国名。宋代至元代初期我国载籍记述的罗斛国，是建都于今泰国华富里（Lopbury）的孟人国家。

② 真里富，故地在今泰国的叻武里（Ratchaburi）一带。

③ 陈宜中，浙江永嘉人，南宋末年左丞相，是宋代流落东南亚职位最高的官员。

④ 暹，古国名，指十三到十四世纪的泰国境内的素可泰王国，首都在今泰国的素可泰（Sukhothai），元代史籍称它为速古台。也有学者认为，暹不是素可泰，而是在今素攀（Suphan Buri）一带。

（真腊）其属邑有真里富，在西南隅，东南接波斯兰①，西南与登流眉②为邻。所部有六十余聚落。庆元六年，其国主立二十年矣，遣使奉表贡方物及驯象二。诏优其报赐，以海道远涉，后毋再入贡。

(同上书，卷四八九，页14087)

丹流眉国，东至占腊③五十程，南至罗越④水路十五程，西至西天⑤三十五程，北至程良⑥六十程，东北至罗斛二十五程，东南至阇婆⑦四十五程，西南至程若⑧十五程……东北至广州一百三十五程。

(同上书，卷四八九，页14099)

二、《宋会要辑稿》

政和五年八月八日，礼部言："福建路提举市舶司状：'本路昨自兴复市舶，已于泉州置来远驿，及已差人前去罗斛、占城国说谕招纳，许今将宝货前来投进外，今相度欲乞诸蕃国贡奉使、副判官首领，所至州军，并用妓乐迎送，许乘轮或马至知通或监司客位，俟相见罢，赴客位上马，其余应干约束事件，并乞依蕃蛮入贡条例施行。'本部寻下鸿胪寺勘会。据本寺契勘，福建路市舶司依崇宁二年二月六日朝旨，纳纳到占城、罗斛二国前来进奉，内占城先累赴阙进奉，系是广州解发，福建路市舶申到。外有罗斛国，自来不曾入贡，市舶司自合依政和令，询问其国远近、大小、强弱与已入贡何国为比，奏本部勘会。今来本司并未曾勘会施行。"诏依本司所申，其礼部并不勘当，郎官降一官，人吏降一资。

(徐松：《宋会要辑稿》，册一九七，中华书局，1957年版，页7750)

嘉定九年七月二十日，真里富国，不知立国始于何年。其国在西南

---

① 波斯兰，故地一说在今柬埔寨的唝吥省，一说在今泰国的春武里(Chomburi)。
② 登流眉，又称丹流眉，故地在今泰国洛坤一带，一说在今泰国的碧武里(Phatchaburi)一带。
③ 占腊，即真腊的异译。
④ 罗越，古国名。故地在今马来西亚的柔佛(Johore)一带。
⑤ 西天，泛指印度。
⑥ 程良，故地在今泰国北部泰缅交界地区。
⑦ 阇婆，古国名。宋代载籍所记的阇婆，多数泛指爪哇岛。
⑧ 程若，一说指今泰国的董里(Trang)，一说指缅甸的墨吉(Mergui)。

隅,东南接波斯兰,西南与登流眉为邻。所管聚落六十余处,土产象牙、犀角、土蜡、降真、番油、粗香、荳蔻、乌纹木等。其主所居,效佛殿,皆用金器,唐朝红绵为幕。国主所服,以白为尊,帐用白罗销金。官僚朝见,俛首合掌以为至礼。帐盖用乾红为之,其次用茜红,又其次用红斑,其下用青。凡有移文,黑皮为册,白粉成书。其聚落处各有主管,官僚所用惟银器,并以花绢为幕。俗好佛法,凡有不平之讼,则往灵验寺对饮佛水,平安者为实,疾病者为虚。民所乐者,绯红罗绢、瓦器而已。博易衣食,皆用碎铅(其所用绯红罗绢、瓦器之类,皆本朝商舶赍到彼博易)。欲至中国者,自其国放洋,五日抵波斯兰,次昆仑洋①,经真腊国,数日至宾达椰国②,数日至占城界。十日过洋,傍东南有石塘,名曰万里③。其洋或深或浅,水急礁多,舟覆,溺者十七八,绝无山岸。方抵交趾界,五日至钦、廉州,皆计顺风为则(谓顺风者,全在夏汛一季,南风可到。若回国,须俟冬季北风,捨是则莫能致也)。

庆元六年八月十四日,庆元府言,真里富国主摩罗巴甘勿丁恩斯里房麋蛰立二十年,遣其使上殿官时罗跛智毛檐勿卢等赍表(其表系金打卷子,国主亲书黑字)贡瑞象二及方物(象牙二十株,犀角五十株,土布四十条),诏本府以礼馆待,方物令人管押前来,其象留于稳便处饲养,别听指挥(纲首蒲德修言,自今年三月离岸,五月二十二日从本国海口放洋,幸遇南风,昼夜行舟,六十日到定海县)。十月一日宰执进呈次,上曰:真里富国金表已见之,甚可笑。止是金打小卷子,又于木皮上别写一卷,其状屈曲皆不可晓,盛书螺钿匣子又折一足,弊陋之甚,内有数斤缥帛。此必海上小国,如一小洲之类。谢深甫等奏,番字一体绝类琴谱,竟不知所言何事。方欲下庆元府令译而来,上曰:可令译来。既而,本府言蒲德修等并译语人吴文蔚将金表章辨译表文所有木皮番字一轴,据蒲德修等译语即系金表章副本,意一同。恐大朝难辨识金表字文,本国又令南早国④人书写番字,参合辨照,至是奏上焉。十五日,诏令学士院回答勅书,并支给红绯罗绢一千匹,绯缥绢二百匹等第回赐本国进奉人发遣回国。其瓦器令应元府收买给赐。同日,诏沿海制置司津发真里富国瑞象二赴行在。

---

① 昆仑洋,指今越南南部海岸外昆仑岛(Condore)附近的海域。
② 宾达椰国,应为宾达椰国,即宾瞳龙国,故地在越南藩朗一带。
③ 万里石塘,指我国的西沙群岛。
④ 南早国,"早",原文如此,恐为误字。

嘉泰二年九月十二日，真里富国进瑞象二只及兜罗绵一十段，象衣大布二条。诏令沿海制置司津发赴行在，仍令馳坊差军兵二人前去同行管押。

开禧元年八月二十三日，真里富国进献瑞象一只，象牙二枝，犀角十枝，诏令庆元府以礼馆待本国所遣官，取所进表并象牙犀角差人管押前来，仍询问表文如系番书就行仔细辨译，及约计所进物价，申尚书省以凭支降回赐。所进象，令沿海制置司计置津发赴行在。译表文云："悉哩摩稀陀罗跋啰吽小心消息，心下意重。知有大朝，日日瞻望。新州①进大朝，新欲差一将安竺南旁哼啰，差出来同大朝纲首拜问消息，回文转新州，已知大朝来去。今差一将出来，不敢空手，有雄象一头，象牙一对，共重九十二斤，犀角一十只，共重一十一斤，尽进奉大朝，望乞回消息。意要欲知大朝年年进奉不绝，十月间可发回文。差到人四月初九日出港，分付去行在进奏。院相公悉哩摩稀陀罗跋啰吽送纳。"既而，本府言已照庆元六年例支给木麵酒馆待番官外，所进象在海遭风，大浪摆损四脚，兼伏热不食水草，身死。所是象牙并表文、黄封印记，差人管押投进。诏令学士院回答勅书，赐红绵缬罗一百匹，红绵缬绢一百匹。仍更给降绯缬绢五十匹，赐所遣来人，令本府等第支散，以礼馆待，发遣回归。仍责委纲首说谕本国所遣官；海道远涉，今后免行入贡。

（同上书，册一九七，页7763—7764）

高宗绍兴二十五年十一月二十九日，罗斛国贡驯象。

（同上书，册一九九，页7863）

三、《太平御览》

《扶南传》曰：金陈国，入四月便雨，六月乃止，少有晴日，六月不雨常晴，岁岁如此。

（李昉等撰：《太平御览》，卷一一，中华书局，1960年版，页57）

《异物志》曰：金隣一名金陈，去扶南可二千余里，地出银，人民多好猎大象，生得乘骑，死则取其牙齿。

---

① 新州，为占城的首都。故地在今越南安仁北面的阇盘（Cha Ban）。

《外国传》曰：从扶南西去金陈，二千余里到金陈。

(同上书，卷七九〇，页3502)

四、《玉 海》

今秘阁图画有占城、三佛齐①、罗斛、交阯职贡图各一，真腊职贡图二，外国入贡图一。

(王应麟：《玉海》，卷一五三，嘉庆丙寅江宁藩署刻本，页36)

蕃夷奉朝贡者四十二国：
真宗朝：丹流眉……
高宗朝：……罗斛……
中兴以来：……真里富……

(同上书，卷一五三，页36—37)

丹流眉，未尝至中国。咸平四年七月壬申，遣使贡方物。

(同上书，卷一五四，页30)

(绍兴)二十五年十一月二十九日，真腊、罗斛贡象二。
庆元六年，真里富国贡象。

(同上书，卷一五四，页33)

五、《册府元龟》

参半国在真腊西南千余里，城临大海，土地下湿。

(王钦若等编：《册府元龟》，卷九五七，中华书局，1960年版，页11259)

---

① 三佛齐，古国名。故地在今印度尼西亚的苏门答腊岛，其都城在今之巨港，后迁至占卑(Jambi)。

贞观十二年六月,独和罗国①遣使贡方物。南方荒外昆仑②之类也。

（同上书,卷九七〇,页11398）

贞观十四年五月,……独和罗……并遣使贡方物。

（同上书,卷九七〇,页11399）

贞观十七年闰六月,堕和罗国遣使献方物。

（同上书,卷九七〇,页11399）

贞观十七年,是年,陁洹国③遣使来朝。

（同上书,卷九七〇,页11399）

贞观二十一年三月,陁洹国献白鹦鹉。

（同上书,卷九七〇,页11400）

贞观二十三年,二月,堕和罗国遣使献象牙、火珠。
永徽二年十月,陁洹国遣使来献。

（同上书,卷九七〇,页11401）

六、《岭外代答》

真腊国,远于占城而近于诸蕃,其旁有窊里国④、西棚国⑤、三泊国⑥、

---

① 独和罗国,是堕和罗国的异译。
② 昆仑（崑崙）,一般泛指中南半岛南部和马来群岛的居民或国家,此处是指该地区之居民。
③ 陁洹国,即陀洹国。
④ 窊里国,故地一说在今缅甸东南岸的墨吉;一说在今柬埔寨或泰国。
⑤ 西棚国,故地一说在今泰国中南部的素攀（Suphan或Suphanburi）;一说在今柬埔寨北部;一说在泰国北碧府的猛信大城。
⑥ 三泊国,又作三泺,故地在今柬埔寨的桔井省的三坡（Sambor）一带。一说系占婆碑文、吉蔑碑文中Syan的对音,应指暹罗,即今泰国。有泰国学者认为,故地应在今泰国猜纳府的汕武里古城。

麻兰国①、登流眉国、第辣达国②，……最产名香，登流眉所产为绝奇，诸蕃国香所不及也。

（周去非：《岭外代答》，卷二，丛书集成初编本，页21）

沈香来自诸蕃国者，真腊为上，占城次之。真腊种类固多，以登流眉所产香，气味馨郁，胜于诸蕃。……沈水者，但可入药饵，……海南黎母山峒中，亦名土沈香，少大块，……海南自难得，省民以一牛于黎峒博香一担归，自差择得沈水，十不一二。顷时香价与白金等，故客不贩，而宦游者亦不能多买，中州但用广州舶上蕃香耳。唯登流眉者，可相颉颃。

（同上书，卷七，页71）

七、《诸蕃志》

真腊接占城之南，东至海，西至蒲甘③，南至加罗希④，……登流眉、波斯兰、罗斛、三泺⑤、真里富……皆其属国也。……其国南接三佛齐属国之加罗希。

（赵汝适：《诸蕃志》中华书局，1956年冯承钧校注本，页7—8）

登流眉国，在真腊之西，地主椎髻簪花，肩红蔽白，朝日登场。初无殿宇，饮食以葵叶为椀，不施匕箸，掬而食之。有山曰无弄⑥，释迦涅槃示化铜象在焉。产白荳蔻、笺沉速香、黄蜡、紫矿之属。

（同上书，页10）

凌牙斯加国⑦，自单马令⑧风帆六昼夜可到，亦有陆程，地主缠缦跣

---

① 麻兰国，或谓在今柬埔寨的马德望省南部。
② 第辣达，一说在今泰国东南岸的达叻（Trat）；一说在今泰国的信武里（Sing Buri）。
③ 蒲甘，古国名。指九至十三世纪存在于缅甸的蒲甘（Pagan）王朝。
④ 加罗希，古国名。故地在马来半岛东北岸，即今泰国的斜仔（亦译猜也Chaiya）一带。
⑤ 三泺，即三泊。
⑥ 无弄山，在今泰国的洛坤，或指銮山（Luang）。
⑦ 凌牙斯加国，古国名。故地在今泰国北大年一带。或谓即狼牙修的同名异译。
⑧ 单马令，古国名。故地一说在今泰国的洛坤；一说在今马来西亚的彭亨州。

足,国人剪发,亦缠缦。地产象牙、犀角、速暂香、生香、脑子,蕃商兴贩用酒、米、荷池、缬绢、瓷器等为货,各先以此等物准金银,然后打博,如酒一瓫,准银一两,准金二钱。米二瓫,准银一两,十瓫准金一两之类。岁贡三佛齐国。

(同上书,页17)

八、《云麓漫钞》

福建市舶司常到诸国舶船

真腊(亦名真里富)、三泊、缘洋①、登流眉、西棚、罗斛、蒲甘国则有金颜香等……如上诸国,多不见史传,惟市舶司有之。

(赵彦卫:《云麓漫钞》,卷五,丛书集成初编本,页152)

九、《文昌杂录》

主客所掌诸番:……南方十有五:其一曰交趾,本南越之地,唐交州总管也。……其十曰丹流眉,在真腊西。

(庞元英:《文昌杂录》,卷一,中华书局,1958年版,页2—3)

十、《桂海虞衡志》

沉水香,上品出海南黎峒,一名土沉香,……中州人士,但用广州舶上占城、真腊等香,近年又贵丁流眉②来者。余试之,乃不及海南中下品。舶香往往腥烈,不甚腥者意味又短,带木性,尾烟必焦。

(范成大:《桂海虞衡志》,广西人民出版社,1986年校注本,页28)

---

① 缘洋,亦作绿洋,或疑是绿洋之误。《诸蕃志》《西洋朝贡典录》等史籍均作绿洋。故地在今柬埔寨,或在越南南部,今地待考;一说在今泰国的梭桃邑(Satahip)东南岸。

② 丁流眉,即登流眉、丹流眉的异译。

十一、《攻媿集》

乾道元年,岁大歉,饥民麇至,分处寺观,发廪振救,多所全活。真里富大商死于城下,囊赍巨万,吏请没入。王①曰:"远人不幸至此,忍因以为利乎。"为具棺敛,属其徒护丧以归。明年,金人致谢曰:"吾国贵近亡没,尚藉其家,今见中国仁政,不胜感慕,遂除藉没之例矣。"来者且言,死商之家尽捐所归之赀,建三浮屠,绘王像以祈寿。岛夷传闻,无不感悦。至今其国人以琛贡至,犹问王安否。

(楼钥:《攻媿集》,卷八六,文渊阁四库全书本,页4—5,皇伯祖太师崇宪靖王(赵伯圭)行状)

---

① 崇宪靖王赵伯圭,当时官明州知州。

第三章

元代中国古籍有关暹罗的记述

一、《元　史》

（至元十六年十二月）丙申，敕枢密、翰林院官，就中书省与唆都议招收海外诸番事。

（宋濂：《元史》，卷十，中华书局，1976年版，页217）

（至元十六年十二月）丁酉……诏谕海内海外诸番国主。

（同上书，卷十，页218）

（至元十九年六月）已亥，命何子志为管军万户，使暹国①。

（同上书，卷十二，页244）

（至元二十六年闰十月）辛丑，罗斛、女人②二国遣使来贡方物。

（同上书，卷十三，页327）

（至元二十八年十月）癸未，罗斛国王遣使上表，以金书字，仍贡黄金、象齿、丹顶鹤、五色鹦鹉、翠毛、犀角、笃缛、龙脑等物。

（同上书，卷十六，页351）

（至元二十九年十月）甲辰……广东道宣慰司遣人以暹国主所上金册诣京师。

（同上书，卷十七，页367）

---

① 有学者认为此处暹国，是陈宜中到过的暹国，位于今泰国素攀一带。
② 女人国，即《岭外代答》所记的在"阇婆之东"的女人国，故地当在今印度尼西亚的苏拉威西一带。

（至元三十年四月）甲寅，诏遣使招谕暹国。

（同上书，卷十七，页372）

（至元三十一年六月）庚寅，必察不里城①敢木丁②遣使来贡。

（同上书，卷十八，页384）

（至元三十一年七月）甲戌……诏招谕暹国王敢木丁来朝，或有故，则令其子弟及陪臣入质。

（同上书，卷十八，页386）

（元贞二年十二月）癸亥……赐……罗斛来朝人衣。

（同上书，卷十九，页408）

（大德元年四月）壬寅……赐暹国、罗斛来朝者衣服有差。

（同上书，卷十九，页411）

（大德）三年春正月癸未朔，暹番、没剌由③、罗斛诸国各以方物来贡。赐暹番世子虎符。

（同上书，卷二十，页425）

（大德三年五月）丙申……海南速古台④、速龙探⑤、奔奚里⑥诸番以虎、象及桫罗木舟来贡。

（同上书，卷二十，页427）

---

① 必察不里城，故地在今泰国的佛丕（Phetchaburi）。
② 敢木丁，人名，是否指素可泰王朝的第三代王蓝摩甘亨（Rama Khanbeng, 1275—1317），待考。
③ 没剌由，即木剌由的异译，泛指东南亚的马来人或其国家。此处系指马来半岛之马来人国家。
④ 速古台，即素可泰（Sukhothai）。
⑤ 速龙探，故地或在今泰国西南部的万伦（Ban Don），即素叻他尼（Surat Thani）的省译。
⑥ 奔奚里，故地或在今泰国的攀武里（Pranburi）一带。

（大德四年六月）甲子……暹国、蘸八①等国二十二人来朝。赐衣遣之。

(同上书，卷二十，页431)

（延祐元年三月）癸卯，暹国王遣其臣爱耽入贡。

(同上书，卷二五，页564)

（延祐）六年春正月丁巳朔，暹国遣使奉表来贡方物。

(同上书，卷二六，页587)

（至治）三年春正月癸巳朔，暹国及……各遣使来贡。

(同上书，卷二八，页627)

朝议兴兵讨暹国、罗斛……诸国②，迦鲁纳答思奏："此皆蕞尔之国，纵得之，何益？兴兵徒残民命，莫若遣使谕以祸福，不服而攻，未晚也。"帝纳其言，命岳剌也奴、帖灭等往使，降者二十余国。

(同上书，卷一三四，页3260—3261)

（至元）十九年十月，朝廷以占城国主孛由补剌者吾曩岁遣使来朝，称臣内属，遂命右丞唆都等即其地立省以抚安之。既而其子补的专国，负固弗服，万户何子志、千户皇甫傑使暹国，宣慰使尤永贤、亚兰等使马八儿国③，舟经占城，皆被执，故遣兵征之。

(同上书，卷二一〇，页4660—4661)

（至元二十年正月二十三日）是日，（占城）又杀何子志、皇甫傑等百余人。

(同上书，卷二一〇，页4662)

暹国，当成宗元贞元年，进金字表，欲朝廷遣使至其国。比其表至，已先遣使，盖彼未知之也。赐来使素金符佩之，使急追诏使同往。以暹

---

① 蘸八，即占婆之异译，故地在今越南的中南部。
② 议讨暹国、罗斛诸国之事，原文未记时间，但记事在至元二十四年之前，可能是至元十九年六月遣使暹国以前之事。
③ 马八儿国，故地在今印度的马拉巴尔（Malabar）海岸一带。

人与麻里予儿①旧相雠杀,至是皆归顺,有旨谕暹人:"勿伤麻里予儿,以践尔言。"

大德三年,暹国主上言,其父在位时,朝廷尝赐鞍辔、白马及金缕衣,乞循旧例以赐。帝以丞相完泽答剌罕言"彼小国而赐以马,恐其邻忻都辈讥议朝廷",仍赐金缕衣,不赐以马。

(同上书,卷二一〇,页4664)

二、《新元史》

暹与罗斛,古之扶南国也②。暹国北与云南徼外八百媳妇③接壤,东界安南,西北距缅国。罗斛在暹之南,滨大海。暹土瘠,不宜稼穑;罗斛地平衍,种多获,暹人仰给焉。有大河自暹达于罗斛东南入海,每夏有黄水自海港涨入内河,农民乘时櫂舟播种,苗随水以渐而长,水尺苗亦尺,水退苗熟。有播植,无耕耘,故谷丰而贱。

《晋书》:扶南国西去林邑三千余里,在海大湾中,其境广袤三千里,人以耕种为务,一岁种,三岁获是也。历晋、宋、齐、梁、隋、唐,屡通贡献,后分为暹、罗斛二国。世祖至元二十六年,罗斛遣使入贡。成宗元贞初,暹国进金叶表。暹人与麻里予儿旧相仇杀,至是皆归顺。英宗至治三年,暹国来入贡。惠宗至正间,暹始降于罗斛,因合为暹罗国。暹罗南境斗入大海中,形如箕舌,延袤约三千里,远出占城、真腊之西南,隔海相望,成一大湾云。

(柯劭忞:《新元史》,卷二五二,暹罗条,开明书店版,页7076)

---

① 麻里予儿,泛指马来人或其国家。此处是指马来半岛南部的马来人,可能指马六甲(Malacca)或柔佛(Johore)的马来人。

② 扶南古国,其属地包括今泰国一部分,主要领地不在今泰国境内。暹与罗斛即古之扶南国之说不确。

③ 八百媳妇,古国名,亦简称八百。故地在今泰国西北部的清迈(Chiang mai)至清莱(Chiang Rai)、昌盛(Chiang Sen)一带。

三、《元风雅》
暹国回使歌　王尚志

暹，赤眉遗种①，天历初尝遣使入贡。今天子嗣位，继进金字表章、九尾龟一，象、孔雀、鹦鹉各二。朝廷以马十匹赐其国王，授使者武略将军、顺昌知州。使者钱唐②人。江东罗傲作歌，仆遂和之。

江东先生远叩门，口诵暹国回使歌。高秋夜静客不寐，歌辞激列声滂沱。东南岛夷三百六，大者只数暹与倭③。暹人云是赤眉种，自昔奔窜来海阿。先皇在位历五载，风清孤屿无扬波。方今圣代沾德化，继进壤贡朝鸾和。紫金为泥写凤表，灵龟驯象悬鸣珂。彤廷怀远何所赐？黄骊白骆兼青骢。卉裳使者钱唐客，能以朔易通南讹。遥授将军领州牧，拜舞两颊生微涡。楼船归指西洋路，向国夜夜瞻星河。金鸡啁哳火龙出，三山宫阙高嵯峨。番阳驿吏亲为说，今年回使重经过。先生作歌既有以，却念黎獠频惊吪。田横乘传嗟已矣，徐市求仙□尔詑。岂如暹国效忠义，勋名万世同不磨。

（蒋易：《元风雅》，卷二二，宛委别藏钞本，页8—9）

四、《真腊风土记》

（真腊）其国北抵占城半月路，西南距暹罗④半月程……

（周达观：《真腊风土记》，总叙，中华书局，1981年校注本，页16）

其国中虽自织布，暹罗及占城皆有来者，往往以来自西洋者为上，以其精巧而细美故也。

（同上书，服饰，页76）

---

① 赤眉遗种，赤眉指西汉末年参加农民起义的起义军，因用赤色染眉作标识，故称"赤眉军"。所谓赤眉遗种指其为赤眉军后裔。暹即赤眉遗种之说不确。
② 钱唐，即钱塘，在今浙江省杭州以西。
③ 倭，泛指日本。
④ 暹罗，1349年暹与罗斛合并后，中国元代以后史籍初称暹罗斛，后简称暹罗，指十四世纪中叶以后的阿瑜陀耶王国。《真腊风土记》成书于二国合并前，不可能称暹罗，应为暹国之误，是明代人抄刻时误植。下同。

国中语言，自成音声，虽近而占城、暹人，皆不通话说。

（同上书，语言，页112）

土人皆不事蚕桑，妇人亦不晓针线缝补之事，仅能织木绵布而已。……

近年暹人来居，却以蚕桑为业。桑种蚕种，皆自暹中来。亦无麻苧，惟有络麻。暹人却以丝自织皂绫衣著，暹妇却能缝补。土人打布损破，皆倩其补之。

（同上书，蚕桑，页163—164）

军马亦是裸体跣足，右手执标枪，左手执战牌，别无所谓弓箭、砲石、甲胄之属。传闻与暹人相攻，皆驱百姓使战，往往亦别无智略谋画。

（同上书，军事，页181）

五、《岛夷志略》

戎[①]

山绕溪环，部落坦夷，田畬连成片，土膏腴。气候不正，春夏苦雨。俗陋，男女方头，儿生之后，以木板四方夹之，二周后，去其板。四季祝发，以布缦绕身。

以椰水浸秫米，半月方成酒，味极苦辣而味长。二月海榴结实，复酿榴实酒，味甘酸，宜解渴。地产白荳蔻、象牙、翠毛、黄蜡、木绵纱。贸易之货，用铜、漆器、青白花碗、磁壶、瓶、花银、紫烧珠、巫仑布[②]之属。

（汪大渊：《岛夷志略》，中华书局，1981年校释本，页106）

罗斛

山形如城郭，白石峭厉。其田平衍而多稼，暹人仰之。气候常暖如春。风俗劲悍。男女椎髻，白布缠头，穿长布衫。每有议刑法钱谷出入之事，并决之于妇人，其志量常过于男子。

煮海为盐，酿秫米为酒。有酋长。法以趴子代钱，流通行使，每一

---

① 戎，故地在今马来半岛东岸，指今泰国的春蓬（Chumphon），该地亦称Jumbara，戎即其省称Chum或Jum的译音。

② 巫仑，据本书爪哇条所载，应位于爪哇岛上。

万准中统钞二十四两,甚便民。

此地产罗斛香,味极清远,亚于沉香。次苏木、犀角、象牙、翠羽、黄蜡。货用青器、花印布、金、锡、海南槟榔□、贝子。

次曰弥勒佛①,曰忽南圭②,曰善司坂③,曰苏刺司坪④,曰吉顿力⑤。地无所产,用附于此。

(同上书,页114)

东冲古剌⑥

巉崿丰林,下临淡港⑦,外堞为之限界。田美谷秀,气候骤热,雨下则微冷。风俗轻剽。男女断发,红手帕缠头,穿黄绵布短衫,系越里布⑧。凡有人丧亡者,不焚化,聚其骨撒于海中,谓之种植法,使子孙复有生意。持孝之人,斋戒数月而后已。

民不善煮海为盐,酿蔗浆为酒。有酋长。地产沙金、黄蜡、粗降真香、龟筒、沉香。贸易之货,用花银、盐、青白花碗、大小水埕、青缎、铜鼎之属。

(同上书,页120)

针 路⑨

自马军山⑩水路,由麻来墳⑪至此地,则山多卤股,田下等,少耕植。民种薯及胡蘆、西瓜,兼采海螺、螃蛤、虾食之。内坪下小溪,有鱼蟹极美。民间临溪每一举网,辄食数日而有馀。气候差热。俗恶。男女以红绵布缠头,皂缦系身。

民煮海为盐,织竹丝布为业。有酋长。地产芎蕉。贝子通暹准钱使

---

① 弥勒佛,一说在今泰国的佛统;一说在今泰国的叻武里。
② 忽南圭,一说在今缅甸的墨吉;一说在泰国的巴蜀(Prachuapkhirikhan);一说在泰国暖武里府的挽瓜(Bang Grui)。
③ 善司板,在今泰国尖竹汶,该地古名(hatabun)。
④ 苏剌司坪,一说在泰国的万伦(Ban Don);一说是泰国猜纳府的汕武里城(Sankhaburi)。
⑤ 吉顿力,一说是越南的富国岛;一说泰国的信武里一带,即《岭外代答》中的第辣挞。
⑥ 东冲古剌,即泰国的宋卡。
⑦ 淡港,即宋卡港。
⑧ 越里,地在今越南中部的广溪一带,越里布为越里所产的布。
⑨ 针路,地名,指丹那沙林地区的丹荖(Mergui)。
⑩ 马军山,在克拉地峡以北,今泰国的帕克强(Pakchevn)。
⑪ 麻来墳,地名,指帕克强河下游的Malebun。

用。贸易之货,用铜条、铁鼎、铜珠、五色烧珠、大小埕、花布、鼓、青布之属。

(同上书,页126)

暹

自新门台①入港,外山崎岖,内岭深邃。土瘠,不宜耕种,谷米岁仰罗斛。气候不正。俗尚侵掠。每他国乱,辄驾百十艘以沙糊满载,舍生而往,务在必取。近年七十馀艘来侵单马锡②,攻打城池,一月不下。本处闭关而守,不敢与争。遇爪哇使臣经过,暹人闻之乃遁,遂掠昔里而归。至正已丑夏五月,降于罗斛③。

凡人死,则灌水银以养其身。男女衣着与罗斛同。仍以𧴩子权钱使用。

地产苏木、花锡、大风子、象牙、翠羽。贸易之货,用硝珠、水银、青布、铜铁之属。

(同上书,页154—155)

龙牙犀角④

峰顶内平而外耸,民环居之,如蚁附坡。厥田下等。气候半热。俗厚。男女椎髻,齿白,系麻逸布⑤。俗以结亲为重。亲戚之长者一日不见面,必携酒持物以问劳之。为长夜之饮,不见其醉。

民煮海为盐,酿秫为酒。有酋长。地产沈香,冠于诸番。次鹤顶、降真、蜜糖、黄熟香头。贸易之货,用土印布、八都剌布、青白花碗之属。

(同上书,页181)

---

① 新门台,指今泰国湄南河口的北榄(Paknam)一带。该地亦名沙没巴干(Samut Prakan),新门台即其译名。

② 单马锡,指新加坡,新加坡古名Tamasak。或泛指新加坡及柔佛一带。

③ 有学者认为,汪大渊撰《岛夷志略》于至正九年(1349)冬,距其回国已九年,不可能记1349年暹降于罗斛之事,疑"至正已丑"为"至元已卯(1339)"之误。如此说成立,"(暹)降于罗斛"可能为"暹降罗斛(华富里)"之误。关于暹降于罗斛,又有泰国学者认为,罗斛控制濒海港口和广大冲积平原地区,实力超过暹国,暹国同罗斛联姻,1344年与暹联姻的罗斛王子继位,称乌通王,1349年,暹王去世,他的女婿乌通王继位为暹王,两国合并。

④ 龙牙犀角,在泰国北大年一带,是其古名Iengkasuka的音译。

⑤ 麻逸布,指麻逸所产布,麻逸在今菲律宾的民都洛(Mindoro)岛。

⑥ 苏门傍,即苏门邦,指今泰国的素攀一带。

苏门傍⑥

山如屏而石峭,中有窝藏平坦。地瘠田少,多种麦而食。气候常暖。俗鄙薄,藉他番以足其食,赖商贾以资其国。男女披长发,短衫为衣,系斯吉丹布②。

煮海为盐。有酋长。地产翠羽、苏木、黄蜡、槟榔。贸易之货,用白糖、巫仑布、绸绢衣、花色宣绢、涂油、大小水埕之属。涂油出于东埕③涂中,熬晒而成。

(同上书,页184—185)

六、《异域志》

暹罗国④

国在海中,民多作商尚利,其名姓皆以中国儒名称呼。其俗男子皆割阴嵌八宝,人方以女妻之。海中有一岛,岛中之树其花鬚一匙二箸,状如黑漆,人用之饮食,其油腻不能污,若搅茶则化。

(周致中:《异域志》,卷上,中华书局,1981年版,页23)

登流眉国

真腊之属郡,椎髻,缠帛蔽身。每朝番王出座,名曰登场,众番皆拜罢同座,交手抱两膊为礼。

(同上书,卷下,页49)

---

⑥ 苏门傍,即苏门邦,指今泰国的素攀一带。
② 斯吉丹即苏吉丹,在今印度尼西亚爪哇岛中部;斯吉丹布泛指爪哇产布。
③ 东埕,一说在今泰国的素攀;一说在爪哇岛。涂油或谓即石油,涂指含有石油之土。
④ 暹罗国,元人有关海外著述,时有错将朝鲜古国新罗作暹罗之误,《异域志》即其一例。本条目"海中有一岛"及以下之文,采自唐代段成式的《酉阳杂俎·境异》,段书系指新罗,而非暹罗,周书显系误植。另外,所谓"其名姓皆以中国儒名称呼",亦不合暹罗国情,却与新罗吻合。条目中唯一可参考一是"其俗男子皆割阴嵌八宝,人方以女妻之"的记述,明代初期的著述《瀛涯胜览》《星槎胜览》的暹罗条均有类似记载,但未知是费信、马欢等人亲自目睹,或是传抄前人传说,姑录之备考。

七、《大德南海志》

真腊国管：
真里富、登流眉、蒲甘①、茸里②。
罗斛国

暹国管：
上水③、速孤底④。

（陈大震等撰：《大德南海志》，卷七，广州史志丛书本，广东人民出版社，1991年版，页46）

---

① 此处记蒲甘为真腊的属国不确。
② 茸里，有泰国学者认为茸里即后来的阿瑜陀耶。
③ 上水，有泰国学者认为上水的故地在猜纳府的汕武里古城。
④ 速孤底，为素可泰的异译。

第四章

元代以前中国古籍有关八百媳妇的记述

一、《蛮　书》①

女王国②去蛮③界镇南节度三十余日程。其国去骥州④一十日程，往往与骥州百姓交易。蛮贼曾将二万人伐其国，被女王药箭射之，〔十〕⑤不存一。蛮贼乃回。

（樊绰：《蛮书》，卷十，中华书局，1962年，
向达校注本，页244—245）

二、《元　史》

至元二十九年八月戊午。诏不敦、忙兀秃鲁迷失以军征八百媳妇国。

（宋濂：《元史》，卷一七，中华书局，1976年版页366）

至元二十九年十二月庚寅。中书省臣言："……金齿⑥适当忙兀秃

---

① 《蛮书》，唐代樊绰撰，自定名为《蛮志》，宋代以后则有《蛮书》《云南志》等书名。近年出版该书的校注本，有向达的《蛮书校注》和赵吕甫的《云南志校释》（中国社会科学出版社1985年版）。可互相印证。
② 女王国，一说在今泰国北部的南奔、南邦、清迈一带；一说即后来的八百媳妇国，在清迈一带。亦有谓在今老挝与越南北部交界一带。
③ 蛮，此处专指当时云南地区的南诏政权。
④ 骥州，今在越南义静省的荣市一带。
⑤ 此处之"十"字，据赵吕甫《云南志校释》补正。
⑥ 金齿，古族名，分布于今云南西部，主要为傣族先民。元代的金齿指金齿族人或其聚居的地区，区内设宣慰司，辖地在今云南省的保山一带。

鲁迷失出征军马之冲,资其刍粮,立为木来府。"

(同上书,卷一七,页368)

元贞二年十二月戊戌。立彻里军民总管府①。云南行省臣言:"大彻里地与八百媳妇犬牙相错,今大彻里胡念已降,小彻里复占扼地利,多相杀掠。胡念遣其弟胡伦乞别置一司,择通习蛮夷情状者为之帅,招其来附,以为进取之地。"诏复立蒙样刚等甸军民官。

(同上书,卷一九,页407)

大德元年九月甲子。八百媳妇叛,寇彻里,遣也先不花将兵讨之。

(同上书,卷一九,页413)

大德四年十二月癸巳。遣刘深、合剌带、郑祐将兵二万人征八百媳妇,仍敕云南省每军十人给马五匹,不足则补之以牛。

(同上书,卷二〇,页433)

大德五年春正月庚戌。给征八百媳妇军钞,总计九万二千余锭。

(同上书,卷二〇,页433)

大德五年二月己卯。以刘深、合剌带并为中书右丞,郑祐为参知政事,皆佩虎符。……丁亥。立征八百媳妇万户府二,设万户四员,发四川、云南囚徒从军。

(同上书,卷二〇,页433—434)

大德五年四月壬午。调云南军征八百媳妇。

(同上书,卷二〇,页434)

大德五年五月壬戌。云南土官宋隆济叛。时刘深将兵由顺元②入云南,云南右丞月忽难调民供馈,隆济因绐其众曰:"官军征发汝等,将尽剪发黥面为兵,身死行阵,妻子为虏。"众惑其言,遂叛。丙寅。诏云

---

① 彻里,即车里,亦作撤里或车厘,故地在今云南省西双版纳一带。彻里军民总管府,治所在今云南省景洪。

② 顺元,指元时设置的顺元路,辖今贵州省的贵阳一带,有顺元路安抚司,治所在贵阳。

南行省自愿征八百媳妇者二千人,人给贝子六十索。

（同上书,卷二〇,页435）

大德五年秋七月癸丑。命云南省分蒙古射士征八百媳妇。

（同上书,卷二〇,页436）

大德五年八月甲戌。遣薛超兀而等将兵征金齿诸国。时征缅师还①,为金齿所遮,士多战死。又接连八百媳妇诸蛮,相效不输税赋,贼杀官吏,故皆征之。

（同上书,卷二〇,页437）

大德六年二月丙戌。罢征八百媳妇右丞刘深等官,收其符印、驿券。

（同上书,卷二〇,页440）

大德七年三月乙巳。以征八百媳妇丧师,诛刘深,笞合剌带、郑祐,罢云南征缅分省。

（同上书,卷二一,页450）

至大三年春正月壬寅。诏谕八百媳妇,遣云南行省右丞算只儿威招抚之。

（同上书,卷二三,页521）

至大四年五月癸酉。八百媳妇蛮与大、小彻里蛮寇边,命云南王及右丞阿忽台议兵讨之。

（同上书,卷二四,页542）

皇庆元年八月辛卯。敕云南省右丞阿忽台等,领蒙古军从云南王讨八百媳妇蛮。

（同上书,卷二四,页553）

皇庆元年九月戊戌。罢征八百媳妇蛮、大小彻里蛮,以玺书招谕

---

① 缅,指取代缅甸蒲甘王朝的掸族政权。大德四年,元朝出兵征缅,围攻木连城,翌年,以天气炎热,师劳无功而撤回云南;一说元军将领受贿撤兵。

之。辛丑。……八百媳妇蛮、大小彻里蛮献驯象及方物。

(同上书,卷二四,页553)

延祐二年冬十月癸卯。八百媳妇蛮遣使献驯象二,赐以币帛。

(同上书,卷二五,页571)

泰定三年五月甲寅。八百媳妇蛮招南通遣其子招三听奉方物来朝。

(同上书,卷三〇,页669)

泰定三年秋七月己未。八百媳妇蛮招南通遣使来献驯象、方物。

(同上书,卷三〇,页671)

泰定四年二月庚寅。八百媳妇蛮酋招南通来献方物。

(同上书,卷三〇,页677)

泰定四年秋七月戊午。谋粘路土官赛丘罗招谕八百媳妇蛮招三斤来降,银沙罗土官散怯遮杀赛丘罗,敕云南王遣人谕之。

(同上书 卷三〇,页680)

泰定四年闰九月甲午。八百媳妇蛮请官守。置蒙庆宣慰司①都元帅府及木安、孟杰二府于其地,以同知乌撒宣慰司②事你出公、土官招南通并为宣慰司都元帅,招谕人米德为同知宣慰司事副元帅,南通之子招三斤知木安府,侄混盆知孟杰府,仍赐钞、币各有差。

(同上书,卷三〇,页682)

致和元年五月己巳。八百媳妇蛮遣子哀招献驯象。

(同上书,卷三〇,页686)

致和元年十一月癸酉。八百媳妇国使者昭哀……各以方物来贡。

(同上书,卷三二,页720)

---

① 蒙庆宣慰司,辖境在今泰国西北部的昌盛一带,治所在昌盛。
② 乌撒宣慰司,辖境在今贵州省威宁、赫章一带,治所在威宁。

天历二年二月辛丑。……八百媳妇……咸来贡方物。

(同上书,卷三三,页730)

至顺二年五月己丑。置八百等处宣慰司都元帅府,以土官昭练为宣慰使都元帅。……又置……者线、蒙庆甸、银沙罗等甸并为军民府,秩从四品。

(同上书,卷三五,页785)

彻里军民总管府,大德中置。(大德中,云南省言:"大彻里地与八百媳妇犬牙相错,势均力敌。今大彻里胡念已降,小彻里復控扼地利,多相杀掠,胡念日与相拒,不得离,遣其弟胡伦入朝,指画地形,乞别立彻里军民宣抚司,择通习蛮夷情状者为之帅,招其来附,以为进取之地。"乃立彻里军民总管府。)

(同上书,卷六一,页1463—1464)

步鲁合答,蒙古弘吉剌氏。……(至元)二十一年,命统蒙古探马赤军千人从征金齿蛮,平之。……又从征八百媳妇国,至车厘,车厘者,其酋长所居也①。诸王阔阔命步鲁合答将游骑三百往招之降,不听,进兵攻之,都镇抚侯正死焉。步鲁合答毁其北门木,遂入其寨,其地悉平。

(同上书,卷一三二,页3207—3208)

大德五年,征(哈剌䚟②)入见,擢资德大夫、云南行省右丞,偕刘深征八百媳妇国。至顺元,宋龙济②等叛,丧师而还,深诛,哈剌歹③亦以罪废。

(同上书,卷一三二,页3217)

(张弘纲)从右丞刘深征八百媳妇国,师次八番④,与叛蛮宋隆济等力战而殁。

(同上书,卷一六五,页3868)

---

① 车厘,即车里或彻里,见前注。车厘即酋长所居之说有误,车里不属八百媳妇国。
② 宋龙济,即宋隆济。
③ 哈剌䚟、哈剌歹、合剌带均系同一人。《元史》中时有同一人而前后异写之误。
④ 八番,指元代时住于今贵州省惠水一带的少数民族,总称八番,即罗番、程番、金石番、卧龙番、大小龙番、洪番、方番、(包括卢番)、韦番,设有八番军民宣慰使司。

(大德)六年,(陈天祥)升江南行合御史中丞,上章论征西南夷事,曰:

"兵有不得已而不已者,亦有得已而不已者。惟能得已则已,可使兵力永强,以备不得已而不已之用,是之谓善用兵者也。去岁,行省右丞刘深远征八百媳妇国,此乃得已而不已之兵也。彼荒裔小邦,远在云南之西南又数千里,其地为僻陋无用之地,人皆顽愚无知。取之不足以为利,不取不足以为害。

"深欺上罔下,帅兵伐之,经过八番,纵横自恣,恃其威力,虐害居民,中途变生,所在皆叛。深既不能制乱,反为乱众所制,军中乏粮,人自相食,计穷势蹙,仓黄退走,土兵随击,以致大败。深弃众奔逃,仅以身免,丧兵十八九,弃地千余里。朝廷再发陕西、河南、江西、湖广四省诸军,使刘二霸都总督,以图收复叛地。湖北、湖南大起丁夫,运送军粮,至播州①交纳,其正夫与担负自己粮食者,通计二十余万。正当农时,兴此大役,驱愁苦之人往回数千里中,何事不有。或所负之米尽到,固为幸矣。然数万之军,止仰今次一运之米,自此以后,又当如何?

"比闻西征败卒及其将校,颇知西南远夷之地,重山複岭,陡涧深林,竹木丛茂,皆有长刺。军行径路在于其间,窄处仅容一人一骑,上如登天,下如入井,贼若乘险邀击,我军虽众,亦难施为也。又其毒雾烟瘴之气,皆能伤人,群蛮既知大军将至,若皆清野远遁,阻其要害,以老我师,或进不得前,旁无所掠,士卒饥馁,疫病死亡,将有不战自困之势,不可不为深虑也。

"且自征伐倭国、占城、交趾、爪哇、缅国以来,近三十年,未尝见有尺土一民内属之益,计其所费钱财,死损军数,可胜言哉!去岁西征,及今此举,亦復何异。前鉴不远,非难见也。军劳民扰,未见休期,只深一人,是其祸本。

"又闻八番罗国之人,向为征西之军扰害,损弃生业,相继逃叛,怨深入于骨髓,皆欲得其肉而分食之。人心皆恶,天意亦憎,惟须上承天意,下顺民心,早正深之罪,续下明诏,示彼一方以圣朝数十年抚养之恩,仍谕自今再无远征之役。以此招之,自有相续归顺之日,使其官民上下,皆知未须远劳王师,与区区小丑争一旦之胜负也。……

"为今之计,宜且驻兵近境,使其水路远近得通,或用盐引茶引,或用实钞,多增米价,和市军粮。但法令严明,官不失信,可使米船蔽江而

---

① 播州,故地在今贵州省遵义县一带,元时设置播州军民宣抚使,治所在遵义。

上,军自足食,民亦不扰,内安根本,外固边陲。以我之镇静,御彼之猖狂,布恩以柔其心,畜威以制其力,期之以久,渐次服之。此王者之师,万全之利也。若谓业已如此,欲罢不能,亦当虑其关系之大,审详成败,算定而行。彼溪洞诸蛮,各有种类,今之相聚者,皆乌合之徒,必无久能同心敌我之理。但急之则相救,缓之则相疑,以计使之互相雠怨,待彼有可乘之隙,我有可动之时,徐命诸军数道俱进。服从者恩之以仁,拒敌者威之以武,恩威相济,功乃易成。若舍恩任威,以蹈深之复辙,恐他日之患,有甚于今日也。"

不报,遂谢病去。

七年,召拜集贤大学士,商议中书省事。

(同上书,卷一六八,页3948—3950)

三、《新元史》

八百媳妇者,夷名景迈。世传其长有妻八百,各领一寨,故名。自古不通中国。世祖中统初,命将征之,不能达而还。后遣使招徕,置八百大甸军民宣慰司。又有大、小彻里,本古产里……又名车里,后讹为彻里云。其地在元江①南,与八百媳妇犬牙相错。……大德元年,八百媳妇叛,寇彻里,遣野老不花②讨之,不克。四年,用云南右丞刘深计,发兵二万,立征八百媳妇万户府二,出四川、云南囚徒从军,人给贝子六十索。深等将兵取道顺元路,调民供给。土官宋隆济给其众曰:"官军征发汝等,将尽剪发黥面为兵,身死行阵,妻子为奴,势所必至。"众惑其言,遂反。深復胁水西③土官之妻蛇节出金三千两、马三千匹,蛇节不能堪,联结隆济,率苗、狫、紫江诸蛮围深穷谷中,攻破杨黄寨,杀掠甚众。朝命陕西平章也速带尔、湖广平章刘国杰将兵合讨之,大败隆济兵于墨特川,其兄子顺元路同知阿重缚之来献,蛇节亦乞降,并斩之。深坐弃市。……武宗至大二年,八百媳妇与大、小彻里作乱,威远州土官谷保夺据木罗甸,遣云南右丞算只尔威④招之,私受谷保贿,竟以败还。仁宗皇庆初,八百媳妇再寇边,帝降诏招抚之,始献驯象、白象,继遣其子招三听来朝。时大彻里哀用亦遣贡使七十五人诣阙,赐袭帽、靴袜有

---

① 元江,在云南省南部,元至之中,立元江万户府,明改为元江府。
② 野老不花,人名,《元史》作也先不花。
③ 水西,土司名,辖境在今贵州省西北部乌江上游的鸭池河以西地区。
④ 算只尔威,人名,《元史》作算只儿威。

差。……(泰定)四年,八百媳妇请官守,置蒙庆宣慰司都元帅及木安、孟杰二府于其地。文宗嗣位,八百媳妇使者昭哀入贡。

其地东至老挝,南至波勒①蛮,西至大吉剌②,北至孟艮③府,自姚关东南行五十程,至其国。有南格剌山④,下有河,南属八百,北属车里,平川数千里,幅员广远。其产巨象、安息、白檀诸香。民皆僰种,⑤刺花样于眉目间,雕题也。好佛恶杀,每村立一寺,每寺建塔,约以万计。有敌人来侵,不得已举兵应之,得其仇即止,俗名慈悲国也。

(柯劭忞:《新元史》,卷二五二,开明书店版,页7076)

四、《招捕总录》

大德元年,八百媳妇国与胡弄攻胡伦,又侵缅国,车里告急,命云南省以二千或三千人往救。

二年,以八百媳妇国为小车里胡弄所诱,以兵五万与梦胡龙甸土官及大车里胡念之子汉纲争地相杀,又令其部曲混干以十万人侵蒙样等,云南省乞以二万人征之。

四年,梁王上言,请自讨贼。朝议调湖广、江西、河南、陕西、江浙五省军二万人,命前荆湖、占城行省左丞刘深等率以征。既而道经顺元,土官宋隆济作乱,道路不通,官军死伤,深领军回,不果征。

至大四年,云南省上言:"八百媳妇、大小车里作乱,蒲蛮⑥阿娄银僭平章都元帅,七十城门土官缅察犯临安⑦、建水,普定路⑧土官的谋害迁调官吏,似此蜂起,数年不息,乞进讨。"朝廷命赍诏招之。

皇庆二年,云南省命傉难甸达鲁花赤法忽剌丁等领元招出八百媳妇部曲乃爱乃温、官哀官吾、恰尼哀当吾、化儿阿吾、阿散阿哀等往其地。

---

① 波勒,在今泰国北部,指帕府(Phrae)一带。泰国学者认为,波勒是POKLENG的音译,是素可泰王系祖先的泰族部落名称。
② 大吉剌,疑是大古剌之误。大古剌指当时在今缅甸南部勃固(Pogu)地区的白古王国。本书所云:八百媳妇"西至大吉剌",地域过宽,应以《明一统志》所记:"西至木邦宣慰使司界",较为准确。
③ 孟艮,在今缅甸东部,府治在今景栋(KengTong)一带。
④ 南格剌山,今地待考。
⑤ 僰,古族名,与今云南省的白族有密切的族缘关系,元明时期亦称僰人为白人。白族主要在今云南省大理一带,与泰族、傣族有明显区别。所谓"民皆僰种"之说不确。
⑥ 蒲蛮,即蒲人,明清史籍泛称云南的布朗族、崩龙族为蒲人。
⑦ 临安,指临安路,辖境在今云南省红河哈尼族、彝族自治州一带,治所在建水。
⑧ 普定路,在今贵州省西部普定县一带。

延祐元年正月,至其境木肯寨①。其蛮酋浑乞滥妻南贡弄使火头乃要弄来迎诏至寨,立栅围使者,问来故,答之。又曰:"赍来圣旨有何说?"使者言:"未开读,不敢言,俟见浑乞滥言之。"乃要还报。既又来致南贡弄之言曰:"使臣有何说,可告我。前此使者至我寨即回。"法忽剌丁等不可。二月十三日,浑乞滥遣子南通来见。使者言:"行省先遣胡知事招尔等,尔等遣乃爱等出降,故圣旨令遣我辈来招尔父子。"南通曰:"我等非降也。胡知事言尔朝廷地阔军多,故使家中一二人从胡知事往观之耳。"明日,南通遣乃要来言:"胡知事来时与我衣服、鞍马,今尔等所有马可尽牵来。"言讫,一时牵去。明日,又来取去衣服。既而,浑乞滥遣南忿来曰:"可令使臣来见我。"三月十七日,法忽剌丁等至合二寨,与浑乞滥相见,宣诏。明日,浑乞滥令使者送其子南通往孟范甸把边,可就观我地境。使者不从。曰:"若不观地土,归朝何以复命?"使者从之。至孟范,别有生蛮比要与南通叔父力乞伦来侵。南通言:"使者不可不助我。"使者从南通至木丙山拒敌。比要闻有诏使,遂退。还至孟范,使者欲返。南通曰:"天热水涨,秋凉令尔回。"八月终,始得出。九月四日,至浑乞滥寨。浑乞滥手书夷字奏章,献二象,令其部曲浑乞漏、浑八剌、我董赛、爱章阑等随使者赴阙。

(佚名:《招捕总录》,守山阁丛书本,页10—12)

----

① 木肯寨,故地在今缅甸东部的景栋一带。

第五章

明代中国古籍有关暹罗的记述

一、《明 史》

洪武四年。是年,……暹罗①、……入贡。

(张廷玉等编:《明史》,卷二,本纪二,中华书局,1974年版,页26)

洪武六年。是年,……暹罗、……入贡。

(同上书,卷二,页29)

洪武七年。是年,……暹罗、……入贡。

(同上书,卷二,页30)

洪武八年。是年,……暹罗、……入贡。

(同上书,卷二,页31)

洪武十年。是年,……暹罗、……入贡。

(同上书,卷二,页33)

洪武十一年。是年,……暹罗、……入贡。

(同上书,卷二,页33)

洪武十二年。是年,……暹罗、……入贡。

(同上书,卷二,页34)

---

① 同明朝保持朝贡关系的暹罗,是泰国历史上的阿瑜陀耶王朝(1349—1767)。

洪武十四年。是年,……暹罗、……入贡。

(同上书,卷二,页37)

洪武十六年。是年,……暹罗、……入贡。

(同上书,卷三,本纪三,页41)

洪武十七年。是年,……暹罗、……入贡。

(同上书,卷三,页42)

洪武十八年。是年,……暹罗入贡。

(同上书,卷三,页43)

洪武十九年。是年,……暹罗、……入贡。

(同上书,卷三,页44)

洪武二十一年。是年,……暹罗、……入贡。

(同上书,卷三,页46)

洪武二十二年。是年,……暹罗、……入贡。

(同上书,卷三,页47)

洪武二十三年。是年,……暹罗入贡。

(同上书,卷三,页48)

洪武二十四年。是年,……暹罗、……入贡。

(同上书,卷三,页49)

洪武二十六年。是年,……暹罗入贡。

(同上书,卷三,页51)

洪武二十八年。是年,……暹罗入贡。

(同上书,卷三,页53)

洪武三十年。是年,暹罗、……入贡。

(同上书,卷三,页54)

洪武三十一年。是年,暹罗、……入贡。

(同上书,卷四,本纪四,页60)

永乐元年。是年,……暹罗、……入贡。

(同上书,卷六,本纪六,页80)

永乐二年。是年,……暹罗、……入贡者再。

(同上书,卷六,页82)

永乐三年。夏六月己卯,中官郑和帅舟师使西洋诸国。
是年,……暹罗、……入贡者再。

(同上书,卷六,页82)

永乐四年。是年,暹罗、……入贡。

(同上书,卷六,页84)

永乐五年。九月壬子,郑和还。

(同上书,卷六,页85)

永乐六年。九有癸亥,郑和复使西洋。

(同上书,卷六,页85)

永乐六年。是年,……暹罗、……入贡。

(同上书,卷六,页86)

永乐七年。是年,……暹罗、……入贡者再。

(同上书,卷六,页87)

永乐八年。是年,……暹罗贡马。

(同上书,卷六,页88)

永乐九年。夏六月乙巳,郑和还自西洋。
是年,……暹罗入贡。

(同上书,卷六,页 89)

永乐十年,十一月丙申,郑和复使西洋。
是年,……暹罗、……入贡。

(同上书,卷六,页 90)

永乐十三年。秋七月癸卯,郑和还。

(同上书,卷七,本纪七,页 95)

永乐十四年。十二月丁卯,郑和复使西洋。

(同上书,卷七,页 96)

永乐十五年。是年,……暹罗、……入贡。

(同上书,卷七,页 97)

永乐十六年。是年,暹罗、……入贡。

(同上书,卷七,页 98)

永乐十七年。秋七月庚申,郑和还。

(同上书,卷七,页 98)

永乐十八年。是年,暹罗、……入贡。

(同上书,卷七,页 100)

永乐十九年。春正月癸巳,郑和复使西洋。

(同上书,卷七,页 100)

永乐十九年。是年,……暹罗入贡者再。

(同上书,卷七,页 101)

永乐二十年。八月壬寅,郑和还。

是年，暹罗、……等国遣使随贡方物。

（同上书，卷七，页102）

永乐二十二年。春正月癸巳，郑和复使西洋。（同上书，卷七，页104）

宣德元年。是年，……暹罗、……入贡。

（同上书，卷九，本纪九，页117）

宣德二年。是年，……暹罗、……入贡。

（同上书，卷九，页119）

宣德三年。是年，……暹罗、……入贡。

（同上书，卷九，页120）

宣德八年。是年，暹罗、……入贡。

（同上书，卷九，页124）

宣德九年。是年，暹罗、……入贡。

（同上书，卷九，页125）

宣德十年。是年，……暹罗、……入贡。

（同上书，卷十，本纪十，页128）

正统二年。是年，……暹罗、……入贡。

（同上书，卷十，页129）

正统三年。是年，……暹罗、……入贡。

（同上书，卷十，页130）

正统九年。是年，……暹罗、……入贡。

（同上书，卷十，页135）

正统十一年。是年,……暹罗、……入贡。

(同上书,卷十,页136)

正统十二年。是年,……暹罗入贡。

(同上书,卷十,页137)

景泰三年。是年,……暹罗、……入贡。

(同上书,卷十一,本纪十一,页146)

景泰六年。是年,……暹罗、……入贡。

(同上书,卷十一,页149)

天顺元年。是年,……暹罗、……入贡。

(同上书,卷十二,本纪十二,页155)

天顺六。是年,……暹罗入贡。

(同上书,卷十二,页159)

成化九年。是年,……暹罗入贡。

(同上书,卷十三,本纪十三,页169)

成化十一年。是年,……暹罗、……入贡。

(同上书,卷十三,页170)

成化十三年。是年,……暹罗、……入贡。

(同上书,卷十四,本纪十四,页174)

成化十六年。是年,……暹罗、……入贡。

(同上书,卷十四,页176)

成化十八年。是年,……暹罗、……入贡。

(同上书,卷十四,页177)

成化二十三年。是年,……暹罗、……入贡。

（同上书,卷十五,本纪十五,页184）

弘治四年。是年,暹罗入贡。

（同上书,卷十五,页186）

弘治六年。是年,……暹罗入贡。

（同上书,卷十五,页188）

弘治十年。是年,……暹罗、……入贡。

（同上书,卷十五,页190）

弘治十六年。是年,……暹罗、……入贡。

（同上书,卷十五,页195）

嘉靖五年。是年,暹罗入贡。

（同上书,卷十七,本纪十七,页221）

嘉靖三十三年。是年,暹罗、……入贡。

（同上书,卷十八,本纪十八,页242）

嘉靖三十七年。是年,……暹罗入贡。

（同上书,卷十八,页245）

嘉靖三十八年。是年,……暹罗入贡。

（同上书,卷十八,页246）

嘉靖三十九年。是年,……暹罗入贡。

（同上书,卷十八,页247）

万历元年。是年,暹罗、……入贡。

（同上书,卷二十,本纪二十,页262）

万历三年。是年，……暹罗、……入贡。

（同上书，卷二十，页264）

万历二十年。是年，暹罗、……入贡。

（同上书，卷二十，页257）

万历三十九年。是年，暹罗入贡。

（同上书，卷二一，本纪二一，页288）

万历四十五年。是年，暹罗、……入贡。

（同上书，卷二一，页291）

万历四十七年。是年，暹罗入贡。

（同上书，卷二一，页293）

天启二年。是年，暹罗入贡。

（同上书，卷二二，本纪二二，页301）

天启三年。是年，暹罗、……入贡。

（同上书，卷二二，页302）

崇祯七年。是年，暹罗入贡。

（同上书，卷二三，本纪二三，页317）

崇祯八年。是年，……暹罗、……入贡。

（同上书，卷二三，页319）

崇祯九年。是年，……暹罗入贡。

（同上书，卷二三，页320）

崇祯十六年。是年，暹罗、……入贡。

（同上书，卷二四，本纪二四，页334）

国子学之设自明初乙巳始。洪武元年令品官子弟及民俊秀通文义者,并充学生。……既而改学为监,……云南、四川皆有土官生,日本、琉球、暹罗诸国亦皆有官生入监读书,辄加厚赐,并给其从人。永、宣间,先后络绎。至成化、正德时,琉球生犹有至者。

(同上书,卷六九,选举一,页1676—1678)

提督四夷馆。少卿一人(正四品),掌译书之事。自永乐五年,外国朝贡,特设蒙古①、女直②、西番③、西天④、回回⑤、百夷⑥、高昌⑦、缅甸八馆,置译字生、通事(通事初隶通政使司),通译语言文字。正德中,增设八百馆(八百国兰者哥进贡)。万历中,又增设暹罗馆。

(同上书,卷七四,职官三,页1797)

市舶提举司。提举一人(从五品),副提举二人(从六品),其属,吏目一人(从九品),掌海外诸蕃朝贡市易之事,辨其使人表文、勘合之真伪,禁通番,征私货,平交易,闲其出入而慎馆谷之。

吴元年置市舶提举司。洪武三年罢太仓,黄渡市舶司。七年罢福建之泉州、浙江之明州、广东之广州三市舶司。永乐元年复置,设官如洪武初制,寻命内臣提督之。嘉靖元年,给事中夏言奏倭祸起于市舶,遂革福建、浙江二市舶司,惟存广东市舶司。

(同上书,卷七五,职官四,页1848)

明初,……海外诸国入贡,许附载方物与中国贸易。因设市舶司,置提举官以领之,所以通夷情,抑奸商,俾法禁有所施,因以消其衅隙也。洪武初,设于太仓、黄渡,寻罢。复设于宁波、泉州、广州。宁波通日本,泉州通琉球,广州通占城、暹罗、西洋诸国。琉球、占城诸国皆恭顺,任其时至入贡。……后市舶司暂罢,辄复严禁濒海居民及守备将卒私通海外诸国。

永乐……三年,以诸番贡使益多,乃置驿于福建、浙江、广东三市舶

---

① 蒙古馆,又称鞑靼馆。
② 女直,即女真,明代分建州女真、野人女真、海西女真三部分,明朝在那里设都指挥使司、卫、所管理军政事务。
③ 西番馆,负责翻译西藏、青海、甘肃一带藏族的表文。
④ 西天,指印度。
⑤ 回回馆,负责翻译波斯、满剌加、爪哇诸国的表文。
⑥ 百夷,云南傣族各土司,并包括今缅北的孟养、木邦等宣慰司。
⑦ 高昌,指以高昌为中心的新疆维吾尔族居住区。

司以馆之。福建曰来远,浙江曰安远,广东曰怀远。寻设交阯云屯市舶提举司,接西南诸国朝贡者。初,入贡海舟至,有司封识,俟奏报,然后起运。宣宗命至即驰奏,不待报随送至京。

……(嘉靖)三十九年,凤阳巡抚唐顺之议复三市舶司。部议从之。四十四年,浙江以巡抚刘畿言,仍罢。福建开而复禁。万历中,复通福建互市,惟禁市硝黄。已而两市舶司悉复,以中官领职如故。

(同上书,卷八一,食货五,页1980—1982)

(清顺治十六年)正月三日,大兵入云南,由榔①走腾越。……二十六日,抵囊木河,是为缅境。……二月,缅以四舟来迎,从官自觅舟,随行者六百四十余人,陆行者自故岷王子而下九百余人,期会于缅甸,五月,……陆行者缅人悉掠为奴,多自杀。惟岷王子八十余人流入暹罗。

(同上书,卷一二〇,诸王五,页3656)

萧彦,……隆庆五年进士。除杭州推官。万历三年擢兵科给事中。……寻以副都御史抚治郧阳。进兵科右侍郎,总制两广军务。日本蹯朝鲜。会暹罗入贡,其使请勤王,尚书石星因令发兵捣日本。彦言暹罗处极西,去日本万里,安能飞越大海,请罢其议,星执不从。既而暹罗兵卒不出。

(同上书,卷二二七,萧彦传,页5964—5965)

徐如珂,……万历二十三年进士。……累迁南京礼部郎中,广东岭南道右参议。暹罗贡使馈犀角、象牙,如珂不受。

(同上书,卷二四九,徐如珂传,页6447—6448)

永乐元年,内官监李兴奉敕往劳暹罗国王。

(同上书,卷三〇四,宦官一,页7766)

郑和,……永乐三年六月,命和及其侪王景弘等通使西洋。……和经事三朝,先后七奉使,所历占城、爪哇②、真腊、旧港、暹罗、……凡三十余国。所取无名宝物,不可胜计,而中国耗废亦不赀。……自和后,凡

---

① 由榔,即明桂王朱由榔,后为南明的永历帝。
② 明代的爪哇,是满者百夷王朝的统治中心。

将命海表者，莫不盛称和以夸外番，故俗传三保太监下西洋，为明初盛事云。

（同上书，卷三〇四，郑和传，页7766—7768）

（万历）二十二年，巡抚陈用宾……募人至暹罗约夹攻缅。……三十一年，……暹罗、得楞①复连岁攻缅，杀缅长子莽机挞，古喇残破②。

（同上书，卷三一五，云南土司三，页8136）

正统元年，琼州知府程莹言："占城比年一贡，劳费实多。迄如暹罗诸国例，三年一贡。"帝是之，敕其使如莹言，赐王及妃彩币。然番人利中国市易，虽有此令，迄不遵。

（同上书，卷三二四，外国五，页8386）

暹罗，在占城西南，顺风十昼夜可至，即隋、唐赤土国。后分为罗斛、暹二国。暹土瘠不宜稼，罗斛地平衍，种多获，暹仰给焉。元时，暹常入贡。其后，罗斛强，并有暹地，遂称暹罗斛国。

洪武三年，命使臣吕宗俊等赍诏谕其国。四年，其王参烈昭毗牙遣使奉表，与宗俊等偕来，贡驯象、六足龟及方物，诏赐其王锦绮及使者币帛有差。已，复遣使贺明年正旦，诏赐《大统历》及彩币。五年，贡黑熊、白猿及方物。其王之姊参烈思宁③别遣使进金叶表，贡方物于中宫，却之。已而其姊复遣使来贡，帝仍却之，而宴赉其使。时其王懦而不武，国人推其伯父参烈宝毗牙嗯哩哆啰禄主国事④，遣使来告，贡方物，宴赉如制。已而新王遣使来贡、谢恩，其使臣亦有献，帝不纳。已，遣使贺明年正旦，贡方物，且献本国地图。

七年，使臣沙里拔来贡。言去年舟次乌猪洋⑤，遭风坏舟，飘至海南，赖官司救护，尚存飘余兜罗绵、降香、苏木诸物进献，广东省臣以

---

① 得楞，指缅甸南部的孟族。
② 1599年，阿拉干、东吁等地封建主的军队攻陷东吁王朝的首都白古，缅王莽应里被俘，押到东吁后被杀，暹罗军队乘机向缅甸发动进攻。
③ 王之姊参烈思宁，《明实录》作王女兄参列思狞，泰国有学者认为她是国王波隆摩罗阇一世之姊、乌通王后，是拉梅宣的母亲。
④ 暹王拉梅宣（Ramesuen, 1369—1370）继位后，因无力平定各地的叛乱而逊位，由波隆摩罗阇一世（Boromoraja I, 1370—1388）继位，参烈宝毗牙嗯哩哆啰禄，就是暹史上的暹王波隆摩罗阇一世。
⑤ 乌猪洋，广东广海湾南部乌猪洲附近的洋面。

闻。帝怪其无表，既言舟覆，而方物乃有存者，疑其为番商，命却之。谕中书及礼部臣曰："古诸侯於天子，比年一小聘，三年一大聘。九州之外，则每世一朝，所贡方物，表诚敬而已。惟高丽颇知礼乐，故令三年一贡。他远国，如占城、安南、西洋琐里①、爪哇、渤泥②、三佛齐、暹罗斛、真腊诸国，入贡既频，劳费太甚。今不必复尔，其移牒诸国俾知之。"然而来者不止。其世子苏门邦王昭禄群膺亦遣使上笺于皇太子，贡方物。命引其使朝东宫，宴赉遣之。八年，再入贡。其旧明台③王世子昭孛罗局亦遣使奉表朝贡，宴赉如王使。

十年，昭禄群膺承其父命来朝。帝喜，命礼部员外郎王恒等赍诏及印赐之，文曰："暹罗国王之印"，并赐世子衣币及道里费。自是，其国遵朝命，始称暹罗；比年一贡，或一年两贡。至正统后，或数年一贡云。

十六年，赐勘合文册及文绮、磁器，与真腊等。二十年，贡胡椒一万斤，苏木一万斤。帝遣官厚报之。时温州民有市其沉香诸物者，所司坐以通番，当弃市。帝曰："温州乃暹罗必经之地，因其往来而市之，非通番也。"乃获宥。二十一年，贡象三十、番奴六十。二十二年，世子昭禄群膺遣使来贡。二十三年，贡苏木、胡椒、降香十七万斤。

二十八年，昭禄群膺遣使臣朝贡，且告父丧④。命中官赵达等往祭，敕世子嗣王位，赐赉有加。谕曰："朕自即位以来，命使出疆，周于四维，足履其境者三十六，声闻于耳者三十一，风殊俗异。大国十有八，小国百四十九，较之於今，暹罗最近。迩者使至，知尔先王已逝。王绍先王之绪，有道于邦家，臣民懽怿。兹特遣人锡命，王其罔失法度，罔淫于乐，以光前烈。钦哉。"

成祖即位，诏谕其国，永乐元年，赐其王昭禄群膺哆啰谛剌⑤驼纽镀金银印，其王即遣使谢恩。六月，以上高皇帝尊谥，遣偘颁诏，有赐。八月，复命给事中王哲、行人成务赐其王锦绮。九月，命中官李兴等赍敕，劳赐其王，其文武诸臣并有赐。

二年，有番船飘至福建海岸，诘之，乃暹罗与琉球通好者。所司籍其货以闻，帝曰："二国修好，乃是美事，不幸遭风，正宜怜惜，岂可因以

---

① 西洋琐里，在今印度东南部科罗曼德尔（Coromandel）海岸一带。
② 渤泥，位于加里曼丹岛文莱一带。
③ 旧明台，一说指今泰国的龙仔厝（Samut sakhon）。
④ 洪武二十八年，为公元 1395 年，当年去世的暹王为第二次执政的拉梅宣（1388—1395）。
⑤ 昭禄群膺哆啰谛剌，即 1395 年继位的暹王罗摩·罗阇（Ram Raja, 1395—1408）。

为利。所司其治舟给粟,俟风便遣赴琉球。"是月,其王以帝降玺书劳赐,遣使来谢,贡方物。赐赍有加,并赐《列女传》百册。使者请颁量衡为国永式,从之。

先是,占城贡使返,风飘其舟至彭亨,暹罗索取其使,羁留不遣。苏门答剌①及满剌加②又诉暹罗恃强发兵夺天朝所赐印诰。帝降敕责之曰:"占城、苏门答剌、满剌加与尔俱受朝命,安得逞威拘其贡使,夺其诰印。天有显道,福善祸淫,安南黎贼可为鉴戒。其即返占城使者,还苏门答剌、满剌加印诰。自今奉法循理,保境睦邻,庶永享太平之福。"时暹罗所遣贡使,失风飘至安南,尽为黎贼所杀,止馀孛黑一人。后官军征安南,获之以归。帝悯之,六年八月,命中官张原送还国,赐王币帛,令厚恤被杀者之家。九月,中官郑和使其国,其王遣使贡方物,谢前罪。

七年,使来祭仁孝皇后,命中官告之几筵。时奸民何八观等逃入暹罗,帝命使者还告其主,毋纳逋逃。其王即奉命遣使贡马及方物,并送八观等还,命张原赍敕币奖之。十年,命中官洪保等往赐币。

十四年,王子三赖波罗摩剌劄的赖遣使告父之丧③。命中官郭文往祭,别遣官赍诏封其子为王,赐以素锦、素罗,随遣使谢恩。十七年,命中官杨敏等护归。以暹罗侵满剌加,遣使责令辑睦,王复遣使谢罪。

宣德八年,王悉里麻哈赖遣使朝贡④。

初,其国陪臣柰三铎等贡舟次占城新州港,尽为其国人所掠。正统元年,柰三铎潜附小舟来京,诉占城劫掠状。帝命召占城使者与相质。使者无以对,乃敕占城王,令尽还所掠人物。已,占城移咨礼部言:"本国前岁遣使往须文达那⑤,亦为暹罗贼人掠去,必暹罗先还所掠,本国不敢不还。"三年,暹罗贡使又至,赐敕晓以此意,令亟还占城人物。十一年,王思利波罗麻那惹智剌遣使入贡⑥。

景泰四年,命给事中刘洙、行人刘泰祭其故王波罗摩剌劄的赖,封

---

① 苏门答剌,即苏门答腊。
② 满剌加,十五世纪初兴起的海上强国,首府在今马六甲。
③ 永乐十四年为公元1416年,早在1408年,昭禄群膺哆啰谛剌(罗摩·罗阇)已去世。三赖波罗摩剌劄的赖(膺陀罗阇,Intraraja,1408—1424)已经继位,但到1416年才遣使报丧。
④ 宣德八年为公元1431年,据暹史,当时在位的国王为波隆摩罗阇二世(Boromoraja II,1424—1448)。
⑤ 须文达那,为梵文 Samudra 的音译,又作苏门答剌。
⑥ 正统十一年为公元1446年,当年暹罗在位的国王仍为波隆摩罗阇二世。

其嗣子把罗兰米孙剌为王①。

天顺元年,赐其贡使钑花金带。六年,王孛剌蓝罗者直波智遣使朝贡②。

成化九年,贡使言天顺元年所颁勘合,为虫所蚀,乞改给,从之。十七年,贡使还,至中途窃买子女,且多载私盐,命遣官戒谕诸番。先是,汀州人谢文彬,以贩盐下海,飘入其国,仕至坤岳,犹天朝学士也。后充使来朝,贸易禁物,事觉下吏。

十八年,遣使朝贡,且告父丧,命给事中林霄、行人姚隆往封其子国隆勃剌略坤息剌尤地〔亚〕为王③。

弘治十年入贡。时四夷馆无暹罗译字官,阁臣徐溥等请移牒广东,访取能通彼国言语文字者,赴京备用,从之。

正德四年,暹罗船有飘至广东省,市舶中官熊宣与守臣议,税其物供军需。事闻,诏斥宣妄揽事柄,撤还南京。十年,进金叶表朝贡,馆中无识其字者。阁臣梁储等请选留其使一二人入馆肄习,报可。

嘉靖元年,暹罗、占城货船至广东。市舶中官牛荣纵家人私市,论死如律。三十二年,遣使贡白象及方物,象死於途,使者以珠宝饰其牙,盛以金盘,并尾来献。帝嘉其意,厚遣之。

隆庆中,其邻国东蛮牛④求婚不得,惭怒,大发兵攻破其国,王自经,掳其世子及天朝所赐印以归。次子嗣位,奉表请印,予之。自是为东蛮牛所制,嗣王励志复仇。万历间,敌兵复至,王整兵奋击,大破之,杀其子,余众宵遁,暹罗由是雄海上。移兵攻破真腊,降其王。从此,岁岁用兵,遂霸诸国。

六年,遣使入贡。二十年,日本破朝鲜,暹罗请潜师直捣日本,牵其后。中枢石星议从之,两广督臣萧彦持不可,乃已。其后,奉贡不替。崇祯十六年,犹入贡。

其国,周千里,风俗劲悍,习于水战。大将用圣铁裹身,刀矢不能入。圣铁者,人脑骨也。王,琐里人。官分十等。自王至庶民,有事皆决于妇。其妇人志量,实出男子上。妇私华人,则夫置酒同饮,恬不为

---

① 波罗摩剌劄的剌,即波隆摩罗阁二世;把罗兰米孙剌,即暹王波隆摩·戴莱洛迦纳(Boromo Trailokannat, 1448—1488)。

② 孛剌蓝罗者直波智遣使访华是在天顺六年(1462年),据暹史,当年在位的国王仍为波隆摩·戴莱洛迦纳。

③ 成化十八年为公元1482年,当年暹王波隆摩·戴莱洛迦纳还在位,为什么有人来告父丧,又封世子国隆勃剌略坤息剌尤地亚为国王?待考。

④ 东蛮牛,指缅甸的东吁王朝。

怪,曰:"我妇美,而为华人所悦也。"崇信释教,男女多为僧尼,亦居庵寺,持斋受戒。衣服颇类中国。富贵者,尤敬佛,百金之产,即以其半施之。气候不正,或寒或热,地卑湿,人皆楼居。男女椎结,以白布裹首。富贵者死,用水银灌其口而葬之。贫者则移置海滨,即有群鸦飞啄,俄顷而尽,家人拾其骨号泣而弃之于海,谓之鸟葬。亦延僧设斋礼佛。交易用海𧵅。是年不用𧵅,则国必大疫。其贡物,有象、象牙、犀角、孔雀尾、翠羽、龟筒、六足龟、宝石、珊瑚、片脑、米脑、糠脑、脑油、脑柴、蔷薇水、碗石、丁皮、阿魏、紫梗、藤竭、藤黄、硫黄、没药、乌爹泥、安息香、罗斛香、速香、檀香、黄熟香、降真香、乳香、树香、木香、丁香、乌香、胡椒、苏木、肉荳蔻、白荳蔻、荜茇、乌木、大枫子及撒哈剌、西洋诸布。其国有三宝庙,祀中官郑和。

(同上书,卷三二四,外国五,页8396—8401)

(洪武)三十年,礼官以诸蕃久缺贡,奏闻。帝曰:"洪武初,诸蕃贡使不绝。迩者安南、占城、真腊、暹罗、爪哇、大琉球①、三佛齐、渤泥、彭亨、百花②、苏门答剌、西洋③等三十国,以胡惟庸作乱,三佛齐乃生间谍,给我使臣至彼。爪哇王闻知,遣人戒饬,礼送还朝。由是商旅阻遏,诸国之意不通。惟安南、占城、真腊、暹罗、大琉球朝贡如故,大琉球且遣子弟入学。凡诸蕃国使臣来者,皆以礼待之。我视诸国不薄,未知诸国心若何。今欲遣使爪哇,恐三佛齐中途沮之。闻三佛齐本爪哇属国,可述朕意,移咨暹罗,俾转达爪哇。"于是部臣移牒曰:"自有天地以来,即有君臣上下之分,中国四裔之防。我朝混一之初,海外诸蕃,莫不来享。岂意胡惟庸谋乱,三佛齐遂生异心,给我信使,肆行巧诈。我圣天子一以仁义待诸蕃,何诸蕃敢背大恩,失君臣之礼。倘天子震怒,遣一偏将将十万之师,恭行天罚,易如复手,尔诸蕃何不思之甚。我圣天子尝曰:'安南、占城、真腊、暹罗、大琉球皆修臣职,惟三佛齐梗我声教。彼以蕞尔小国,敢倔强不服,自取灭亡。'尔暹罗恪守臣节,天朝眷礼有加,可转达爪哇,令以大义告谕三佛齐,诚能省愆从善,则礼待如初。"

(同上书,卷三二四,外国五,页8407)

---

① 琉球,东亚古国,故地在今日本冲绳县。
② 百花,洪武十一年曾遣使入贡,今地无考。
③ 此处西洋指印度南部的古国。

嘉靖九年,给事中王希文言:"暹罗、占城、琉球、爪哇、渤泥五国来贡,并道东莞。后因私携贾客,多绝其贡。正德间,佛郎机①阑入流毒,概行屏绝。曾未几年,遽尔议复,损威已甚。"章下都察院,请悉遵旧制,毋许混冒。

(同上书,卷三二五,外国六,页 8415)

满剌加,……永乐元年,……其地无王,亦不称国,服属暹罗,岁输金四十两为赋。……其酋拜里迷苏剌……遣使随庆入朝,贡方物,三年九月至京师。帝嘉之,封为满剌加国王。……

宣德六年,遣使者来言:"暹罗谋袭本国,王欲入朝,惧为所阻,欲奏闻,无能书者,令臣等三人附苏门答剌贡舟入诉。"帝命附郑和舟归国,因令和赍敕谕暹罗,责以辑睦邻封,毋违朝命。……

后佛郎机强,举兵侵夺其地,王苏端妈末出奔,遣使告难。时世宗嗣位,敕责佛郎机,令还其故土。谕暹罗诸国王以救灾恤邻之义,迄无应者,满剌加竟为所灭。

(同上书,卷三二五,外国六,页 8416—8419)

壕镜②在香山县南虎跳门外。先是,暹罗、占城、爪哇、琉球、渤泥诸国互市,俱在广州,设市舶司领之。正德时,移于高州之电白县。嘉靖十四年,指挥黄庆纳贿,请于上官,移之壕镜,岁输课二万金,佛郎机遂得混入。……久之,其来益众。诸国人畏而避之,遂专为所据。

(同上书,卷三二五,外国六,页 8433)

二、《明实录》

洪武三年八月,辛酉。遣吕宗俊等诏谕暹罗国。
　　(《明实录·太祖洪武实录》,江苏国学图书馆抄本,卷五五,页3)
洪武四年九月,辛未。上御奉天门谕省府台臣曰:"海外蛮夷之国,有为患于中国者,不可不讨;不为中国患者,不可辄自兴兵。古人有言'地广非久安之计,民劳乃易乱之源'。如隋炀帝妄兴师旅,征讨琉球,杀害夷人,焚其宫室,俘其男女数千人,得其地不足以供给,得其民不足

---

① 佛郎机,指葡萄牙殖民者。
② 壕镜,澳门的古名。

以使令,徒慕虚名,自弊中土,载诸史册,为后世讥。朕以诸蛮夷小国,阻山越海,僻在一隅。彼不为中国患者,朕决不伐之。惟西北胡戎,世为中国患,不可不谨备之耳。卿当记所言,知朕此意。"

吕宗俊还自暹罗国,其王参烈昭毗牙①遣其臣昭晏孤蛮等偕宗俊来朝,贡驯象、六足龟及方物。诏赐其国王织金纱罗文绮,使者衣人一袭。

(《太祖洪武实录》卷六八,页4—5)

洪武四年九月,戊寅。江宁县民入役内库,盗出珊瑚珠、罗斛香,于法当死。上以细民贪利无知,命杖之。库官失觉察者亦杖而罢其职。

(同上书,卷六八,页6)

洪武四年十二月,壬子。暹罗斛国王参烈昭毗牙遣其臣奈思俚俤刺识悉替等来朝,进金叶表,贡方物,贺明年正旦。使还,诏赐其国王《大统历》、织金文绮及使者袭衣文绮、布帛有差。

(同上书,卷七〇,页1)

洪武五年春正月,壬戌。暹罗斛国王遣其臣宝财赋等奉表贡黑熊、白猴、苏木、胡椒及丁香等物。诏赐国王织金纱罗文绮,使者及通事李清以下各赐衣物有差。

(同上书,卷七一,页3)

洪武五年九月,甲午。上以高丽贡献使者往来烦数,……因谓中书省臣曰:"……今一岁之间贡献数至,既困弊其民,而使涉海,道路艰难,……其所贡献,亦无过侈之物。今高丽去中国稍近,人知经史,文物礼乐,略俟似中国,非他邦之比,宜令遵三年一聘之礼,或比年一来,所贡方物,止以所产之布十匹足矣,毋令过多。中书其以朕意谕之占城、安南、西洋琐里、爪哇、渤泥、三佛齐、暹罗斛、真腊等国。"

(同上书,卷七六,页4)

洪武六年冬十月,辛巳。暹罗斛国王女兄参列思狞遣使进金叶表,贡方物于中宫,却之。

(同上书,卷八五,页7)

---

① 参烈昭毗牙,即在1369年继位的暹王拉梅宣(Ramesuen,1369—1370)。

洪武六年冬十月，庚寅。真腊国巴山王忽儿那遣其臣奈亦吉郎等，暹罗斛国遣昭委直等各进表，贡方物。命皆赐明年《大统历》及织金文绮纱罗，使臣各赐绮罗及靴袜。

（同上书，卷八五，页9）

洪武六年十一月，癸丑。暹罗斛国王女兄参列思狞复遣使奈文隶逻贡方物于中宫，礼部尚书牛谅以闻，诏仍却之。使者赐文绮袭衣遣还。

（同上书，卷八六，页3）

洪武六年十一月，庚申。暹罗斛国遣使者奈思俚俙剌识悉替进金叶表，贡方物。诏赐其王织金纱罗、文绮各八匹，使者绮罗各四匹及袭衣靴袜，通事以下皆有赐。时其国王参烈昭毗牙（儒）〔懦〕而不立，国人推其伯父参烈宝毗牙嗯哩哆啰禄主国事①，故奉表来告。

（同上书，卷八六，页5）

洪武六年闰十一月，庚寅。暹罗斛国王参烈宝毗牙嗯哩哆啰禄遣其臣奈昭氆哆啰等上表谢恩，贡方物。其使臣亦自有献。上命却其使臣所贡者。

（同上书，卷八六，页8）

洪武六年十二月，乙丑。暹罗斛国王参烈宝毗牙嗯哩哆啰禄遣其臣婆坤冈信等进金叶表，贺明年正旦，贡方物，以本国地图来献。诏赐其国王织金文绮纱罗、杂彩各八匹，婆坤冈信绮罗各二匹，衣服一袭，副使陈举成以下赐绮罗布有差。

（同上书，卷八六，页11）

洪武七年三月，癸巳。暹罗斛国使臣沙里拔来朝，贡方物。自言本国令其同奈思俙剌悉识替入贡，去年八月舟次乌诸洋，遭风坏舟，漂至海南，达本处官司，收获漂余苏木、降香、兜罗棉等物来献。省臣以奏。上怪其无表状，诡言舟覆，而方物乃有存者，疑必番商也。命却之。诏

---

① 据暹史记载，波隆摩罗阇一世在1370年夺取王位后，没有杀害拉梅宣，让他回到罗斛去。在中国官方史书中，称波隆摩罗阇一世为参列宝毗牙嗯哩哆啰禄。

中书、礼部曰:"古者中国诸侯于天子,比年一小聘,三年一大聘。九州之外番邦远国,则每世一朝,其所贡方物,不过表诚敬而已。高丽稍近中国,颇有文物礼乐,与他番异,是以命依三年一聘之礼。彼若欲每世一见,亦从其意。其他远国,如占城、安南、西洋琐里、爪哇、浡泥、三佛齐、暹罗斛、真腊等处新附国土,入贡既频,烦劳太甚,朕不欲也。令遵古典而行,不必频烦,其移文使诸国知之。"

(同上书,卷八八,页5—6)

洪武七年十一月,丁丑。暹罗斛国王世子苏门邦王昭禄群膺遣其臣昭悉里直上笺于王太子,献方物。礼部以闻,上命引其使朝东宫献之。赐昭禄群膺织金文绮、纱罗、杂彩各四匹,昭悉里直绮罗各二匹及袭衣、靴袜。从者七人各赐帛一。

(同上书,卷九四,页5)

洪武八年春正月,丁亥。高丽、占城、暹罗斛、日本、爪哇、三佛齐等国皆遣使入贡。

(同上书,卷九六,页5)

洪武八年二月,癸巳。以外夷山川附祭于各省山川之次。先是,礼部尚书牛谅言:"京都既罢祭天下山川,其四夷山川亦非天子所当躬祀。"乃命别议其礼以闻。至是,中书及礼部奏,以外夷山川附祭于各省。如广西则宜附祭安南、占城、真腊、暹罗斛、锁里;广东则宜附祭三佛齐、爪哇;福建则宜附祭日本、琉球、渤泥。……又言:"各省山川与风云雷雨既居东南向,其外夷山川神位,宜分东西,同坛共祀。"上可其奏,命中书颁行之。将祭,则遣官一人往监其祀。

(同上书,卷九七,页1)

洪武八年十月,丁酉。暹罗斛国遣其臣婆坤冈信奉表入贡,昭毡哆啰副之。舟至占城,遇风相失。昭毡哆啰以八月至京,先进所贡方物。至是,婆坤冈信至,上其所进金叶表文,诏赐其王及使者金织文绮、纱罗、缯彩、服物有差。

(同上书,卷一〇一,页3)

洪武八年十一月,丁卯。暹罗斛国旧明台王世子昭勃罗局遣使奈暴仑进金叶表文,贡方物。诏赐昭勃罗局织金文绮、杂彩、纱罗各六匹,奈暴仑绮罗各二匹,衣一袭及靴袜,通事以下赐予有差。

(同上书,卷一〇二,页3)

洪武十年九月,乙酉。暹罗斛国王遣其子昭禄群膺奉金叶表,贡象及象牙、胡椒、苏木之属。已而上命礼部员外郎王恒赍诏及印绶往赐之,以中书省宣使蔡时敏为之副。诏曰:"君国子民,非上天之明命,后土之鸿恩,曷能若是。华夷虽间,乐天之乐,率土皆然。若为人上,能体上帝好生之德,协和人神,则禄及子孙,世世无间矣。尔参烈宝毗牙噁哩哆啰禄自嗣王位以来,内修齐家之道,外造睦邻之方,况数遣使称臣入贡,以方今番王言之,可谓贤德矣,岂不名播诸番哉。今年秋贡象入朝,朕遣使往谕,特赐暹罗斛国王之印及衣一袭。尔当善抚邦民,永为多福。"恒等与昭禄群膺陛辞,俱赐文绮、衣服并道里费而遣之。

(同上书,卷一一五,页2)

洪武十一年三月,癸酉朔。暹罗斛国遣其臣昭直班等表贡方物,诏赐来赐来使〔诏赐来使〕绮帛、衣服。

(同上书,卷一一七,页6)

洪武十一年十二月,辛亥。暹罗斛国遣使入贡。

(同上书,卷一二一,页4)

洪武十一年十二月,戊午。使暹罗斛国将士三百一十一人还京师。赐钞一千五百六十一锭。

(同上书,卷一二一,页5)

洪武十二年冬十月,乙酉。暹罗斛国王参烈宝毗牙噁哩哆啰禄遣其臣亚剌儿、文智利等上表贡方物。命赐其国王及王子苏门邦王昭禄群膺织金文绮、纱罗,亚剌儿等赐绮帛、服物有差。

(同上书,卷一二六,页6—7)

洪武十三年六月,甲申。暹罗斛国遣使贡方物。

(同上书,卷一三二,页4)

洪武十四年二月,丙寅。暹罗斛国遣其臣陈子仁等表贡方物。命赐子仁钞二百四十锭。

(同上书,卷一三五,页6)

洪武十五年六月,甲午。暹罗斛国遣使班直三等表贡方物。命赐班直三等衣钞,遣还。

(同上书,卷一四六,页3)

洪武十六年春正月,已巳。暹罗斛国遣使贡方物。命赐其王及使者绮、帛、钞有差。

(同上书,卷一五一,页4)

洪武十六年夏四月,乙未。遣使赍勘合、文册赐暹罗、占城、真腊诸国。凡中国使至,必验勘合相同,否则为伪者,许擒之以闻。

(同上书,卷一五三,页6)

洪武十六年八月,乙未。遣使赐占城、暹罗、真腊国王织金文绮各三十二匹,磁器一万九千事。

(同上书,卷一五六,页3)

洪武十七年春正月,已亥朔。暹罗国王参烈宝毗牙嗯哩哆啰禄、……遣使进表,贡方物,赐(又)〔文〕绮、衣服有差。

(同上书,卷一五九,页1)

洪武十七年春正月,丁巳。命有司,凡海外诸国入贡有附私物者,悉蠲其税。

(同上书,卷一五九,页5)

洪武十七年八月,已卯。暹罗斛国遣其臣昭禄、奈霭观等表贡方物。诏赐昭禄等衣钞有差。

(同上书,卷一六四,页2)

洪武十八年春正月,癸亥朔。高丽、暹罗、琉球等国遣使贡方物;上表贺。

(同上书,卷一七〇,页1)

洪武十八年春正月，戊寅。赐暹罗斛国使臣昭禄、巴霭等钞有差。

（同上书，卷一七〇，页3）

洪武十八年三月，庚辰。诏定蕃国进表礼仪。凡蕃国初附，遣使奉表，进贡方物，先于会同馆安歇，礼部以表副本奏知。仪礼司引蕃使习仪，择日朝见。其日，锦衣卫陈设仪仗，和声郎设大乐于丹陛，如常仪。仪礼司设表案于奉天殿东门外丹陛上，方物案于丹陛中。道之左右设文武百官侍立，位于文武楼南，东西相向。蕃使服其服，捧表及方物状，至丹墀跪授礼部官。礼部官受之，诣丹墀，置于案。执事者各陈方物于案，毕典仪。内赞、外赞宣表。展表官、宣方物状官各具朝服，其余文武官常服就位。仪礼司官奏请升殿。皇帝常服出，乐作。升座乐止，鸣鞭讫，文武官入班，叩头。礼毕，分东西侍立。引礼引蕃使就丹墀拜位，赞，四拜。典仪唱进表，序班奉表案由东门入，至于殿中。内赞赞，宣表。外赞赞，蕃使跪。宣表，宣方物状讫，蕃使俯伏，具四拜。礼毕，驾舆乐作，还宫。乐止，百官及蕃使以次出。其蕃国常朝及为国事谢恩遣使，进表，贡方物，皆如前仪，唯不宣表。

（同上书，卷一七二，页4）

洪武十八年九月，甲申。上谕礼部臣曰："诸蕃入贡，朝廷有所赐予，尔礼部同仪礼司以赐物陈设殿庭行礼。"于是，礼部定其仪。凡赐诸蕃金帛等物，皆先陈于庭，引受赐者至前列跪，主客以盘盛所赐授之。先受者俯伏，与，立俟于傍，余人以次受讫，复序立，置赐物于拜位之前，五拜三叩头，乃退。若一人则跪于中，受赐讫，就俯伏，以物置地，亦五拜三叩头而退。

（同上书，卷一七五，页3）

洪武十九年二月，甲辰。暹罗斛国王遣使昭依仁等贡胡椒、苏木、乳香等物。命赐其使者文绮、衣服，遣还。

（同上书，卷一七七，页3）

洪武十九年九月，辛未。高丽王王禑遣门下评理安翊，暹罗国亦遣使者冒罗等各奉表贺，贡方物。赐翊等绮、纱、衣服有差。

（同上书，卷一七九，页5）

洪武十九年九月。癸未。遣行人刘敏、唐敬偕内使赍磁器往赐真腊等国。

（同上书，卷一七九，页5）

洪武二十年秋七月，乙巳。行人唐敬等还自真腊，其国王遣使贡象五十九只，香共六万斤；暹罗国贡胡椒一万斤，苏木十万斤。其臣坤思利济剌试职替等献翠羽、香物。

（同上书，卷一八三，页5）

洪武二十年八月，庚申。遣使往真腊国、暹罗斛国。赐真腊国王镀金银印一、织金绮段二十八匹、彩绣绮段十二匹，王妃文绮十四匹；暹罗斛国王文绮二十匹。王妃十四匹，余陪臣赐有差。

（同上书，卷一八四，页3）

洪武二十年冬十月，庚戌。暹罗斛国使臣坤思利济剌试职替等还，诏赐其国王杂彩九十匹，并药饵之物，坤思利济剌试职替等衣钞有差。

（同上书，卷一八六，页2）

洪武二十一年春正月，甲午。温州永嘉县民因暹罗入贡，买其使臣沉香等物。时方严交通外夷之禁，里人讦之，按察司论当弃市。上曰："永嘉乃暹罗所经之地，因其经过与之贸，此常情耳，非交通外夷之比也。"释之。

（同上书，卷一八八，页3）

洪武二十一年八月，壬寅朔。暹罗斛国遣使进象三十只及方物、番奴六十人。

（同上书，卷一九三，页1）

洪武二十二年春正月，丙戌。暹罗斛国王世子苏门邦王昭禄群膺遣使冒罗等贡马及苏木、丁香等物。诏赐冒罗等衣钞有差。

（同上书，卷一九五，页2）

洪武二十二年六月，辛亥。真腊、暹罗二国贡方物。

（同上书，卷一九六，页5）

洪武二十二年冬十月，辛亥。暹罗斛国遣使思利檀剌儿思谛等表贡番马、象齿、琉黄、胡椒、降香等物。诏赐其使衣钞有差。

(同上书，卷一九七，页7)

洪武二十三年夏四月，甲辰。暹罗斛国遣其臣思利檀剌儿思谛等奉表贡苏木、胡椒、降真等物一十七万一千八百八十斤，诏赐使者文绮、衣服及钞有差。

(同上书，卷二〇一，页2)

洪武二十四年夏四月，戊午朔。暹罗斛国遣使臣李奈名等进象牙四十、生玳瑁二，赐奈名等衣钞有差。

(同上书，卷二〇八，页3—4)

洪武二十六年春正月，丁未朔。暹罗斛国王参烈宝毗牙遣其臣李三齐德奉金叶表贡方物，诏赐宴于会同馆①，仍各赐文绮、钞有差。

(同上书，卷二二四，页1)

洪武二十六年十二月，庚寅。暹罗斛国遣使冒勾来贡方物。

(同上书，卷二三〇，页6)

洪武二十七年春正月，甲寅。禁民间用番香、番货。先是，上以海外诸夷多诈，绝其往来，唯琉球、真腊、暹罗许入贡。而沿海之人，往往私下诸蕃，贸易香货，因诱蛮夷为盗，命礼部严禁绝之，敢有私下诸蕃互市者，必置之重法。凡番香、番货皆不许贩鬻，其见有者，限以三月销尽。民间祷祀，止用松、柏、枫、桃诸香，违者罪之。其两广所产香木，听土人自用，亦不许越岭货卖，盖虑其杂市番香，故并及之。

(同上书，卷二三一，页2—3)

洪武二十七年夏四月，庚辰。更定蕃国朝贡仪。是时，四夷朝贡，东有朝鲜、日本，南有暹罗、琉球、占城、真腊、安南、爪哇、西洋琐里、三佛齐、渤泥、百花、览邦②、彭亨、淡巴③、须文达那，凡十七国。……宣慰

---

① 会同馆，设在京城专门接待外国贡使的机构。隶属于礼部。
② 览邦，苏门答腊岛上的古国Lampung的音译，在今楠榜一带。
③ 淡巴，一说在马来半岛的丹伯湖（Dampar）一带；一说在苏门答腊的甘巴（Kampar）。

使司三：平缅①，车里、八百，……上以旧仪颇烦，故复命更定之。凡蕃国王来朝，先遣礼部官劳于会同馆，明日各服其国服，如赏赐朝服者则服朝服，于奉天殿朝见。行八拜礼毕，即诣文华殿朝王太子，行四拜礼，见亲王亦如之。亲王立受后，答二拜，其从官随蕃王班后行礼。凡遇宴会，蕃王班次居侯、伯之下，其蕃国使臣及土官朝贡皆如常朝仪。

（同上书，卷二三二，页6—7）

洪武二十八年十一月，甲申。暹罗斛国嗣王苏门邦王昭禄君膺②遣其臣奈婆郎直事剌等表贡方物，且告国王参烈宝毗牙嗯哩哆啰禄丧③，诏赐使者及通事奈诗俚曾等钞有差。

（同上书，卷二四三，页3）

洪武二十八年十二月，戊午。诏遣内使赵达、朱福等使暹罗斛国，祭故王参烈宝毗牙别嗯哩哆啰禄，赐嗣王苏门邦王昭禄群膺文绮四匹、罗四匹，氁丝布四十匹、王妃文绮四匹、罗四匹、氁丝布十二匹。敕谕之曰："朕自即位以来，命使出疆，周于四维，历诸邦国，足履其境者三十六，声闻于耳者三十一。风殊俗异，大国十有八，小国百四十九，较之于今，暹罗为最近。迩者使至，知尔先王已逝，王绍先王之绪，有道于邦家，臣民欢怿。故特遣人祭祀故者，庆王绍位有道。敕至，王其罔失法度，罔淫于乐，以光前烈，其敬之哉。"

（同上书，卷二四三，页5—6）

洪武三十年八月，辛丑。暹罗国遣其臣奈婆郎直事梯上表贡方物。

（同上书，卷二五四，页7）

洪武三十年八月，丙午。礼部奏诸番国使臣客旅不通。上曰："洪武初，海外诸番与中国往来，使臣不绝，商贾便之。近者，安南、占城、真腊、暹罗、爪哇、大琉球、三佛齐、渤泥、彭亨、百花、苏门答剌、西洋邦哈

---

① 平缅，指我云南的麓川平缅宣慰司。
② 嗣王昭禄群膺，即暹王罗摩·罗阇（Ram Raja, 1395—1408）。
③ 这时去世的国王，不是参烈宝毗牙嗯哩哆啰禄（波隆摩罗阇一世），而是在1388~1395年第二次执政的拉梅宣。波隆摩罗阇一世早在1388年已去世，由年仅15岁的儿子东兰（Tong Lan）继位。东兰年幼，王位由拉梅宣夺得。明朝对此一无所知。

刺①等凡三十国，以胡惟庸谋乱，三佛齐乃生间谍，绐我使臣至彼。爪哇国王闻知其事，戒饬三佛齐礼送还朝。是后，使臣、商旅阻绝，诸国王之意遂尔不通。惟安南、占城、真腊、暹罗、大琉球自入贡以来，至今来庭。大琉球王与其宰臣皆遣子弟入我中国受学。凡诸番国使臣来者，皆以礼待之。我待诸番国之意不薄，但未知诸国之心若何。今欲遣使谕爪哇国，恐三佛齐中途阻之。闻三佛齐系爪哇统属，尔礼部备述朕意，移文暹罗国王，令遣人转达爪哇知之。"于是，礼部咨暹罗国王曰："自有天地以来，即有君臣上下之分，且有中国四夷之礼，自古皆然。我朝混一之初，海外诸番莫不来庭，岂意胡惟庸造乱，三佛齐乃生间谍，绐我信使，肆行巧诈。彼岂不知大琉球王与其宰臣皆遣子弟入我中国受学，皇上赐寒暑之衣，有疾则命医诊之，皇上之心，仁义兼尽矣。皇上一以仁义待诸番国，何三佛齐诸国背大恩而失君臣之礼，据有一蕞之土，欲与中国抗衡。倘皇上震怒，使一偏将将十万众越海问罪，如覆手耳，何不思之甚乎！"皇上尝曰："安南、占城、真腊、暹罗，大琉球皆修臣职，惟三佛齐梗我声教。夫智者忧未然，勇者能（徙）〔从〕义。彼三佛齐以蕞尔之国，而持奸于诸国之中，可谓不畏祸者矣。尔暹罗国王独守臣节，我皇上眷爱如此，可转达爪哇，俾其以大义告于三佛齐。三佛齐系爪哇统属，其言彼必信，或能改过从善，则与诸国咸礼遇之如初，勿自疑之也。"

（同上书，卷二五四，页7—8）

洪武三十年冬十月，丁未。暹罗国王遣其臣奈斯勿罗者上表贡方物。

（同上书，卷二五五，页6）

洪武三十一年春正月，乙卯。暹罗斛国苏门邦王昭禄群膺遣使贡方物，贺正旦。赐其使人钞有差。

（同上书，卷二五六，页1）

洪武三十一年五月，丙寅。暹罗国遣使奈斯勿罗者贡方物。赐使者钞锭。

（同上书，卷二五七，页5）

---

① 西洋邦哈剌，亦称榜葛剌，故地在今孟加拉。

洪武三十五年九月,丁亥。遣使以即位诏谕安南、暹罗、爪哇、琉球、日本、西洋、苏门答剌、占城诸国。上谕礼部臣曰:"太祖高皇帝时,诸番国遣使来朝,一皆遇之以诚。其以土物来市易者,悉听其便。或有不知避忌而误干宪条,皆宽宥之,以怀远人。今四海一家,正当广示无外,诸国有输诚来贡者听。尔其谕之,使明知朕意。"

(《太宗永乐实录》,卷一二上,页8)

永乐元年春正月,壬子。赐朝鲜、暹罗、……诸国使臣宴于会同馆。

(同上书,卷一六,页7)

永乐元年春正月,甲寅。遣使赍诏谕暹罗国王昭禄群膺哆啰谛剌,并赐之驼纽镀金银印。

(同上书,卷一六,页8)

永乐元年六月,戊午。遣给事中杨春等十二人为正副使,颁布诏安南、暹罗诸国,仍赐其王彩币。

(同上书,卷二〇,页6)

永乐元年八月,癸丑。遣官往赐朝鲜、安南、占城、暹罗、琉球、真腊、爪哇、西洋、苏门答剌诸番国王绒绵、织金文绮、纱罗有差。……给事中王哲、行人成务使暹罗。

(同上书,卷二一,页2—3)

永乐元年八月,丁巳。上以海外番国朝贡之使附带货物前来文易者,须有官专主之。遂令吏部依洪武初制,于浙江、福建、广东设市舶提举司,隶布政司,每司置提举一员,从五品;副提举二员,从六品;吏目一员,从九品。

(同上书,卷二一,页3—4)

永乐元年九月,乙未。赐暹罗国使者奈蔼剂剌等钞及金织文绮袭衣有差。

(同上书,卷二二,页5)

永乐元年九月,己亥。遣内官李兴等赍敕劳暹罗国王昭禄群膺哆啰谛剌,并赐王文绮、帛四十匹及铜钱、麝香诸物,与其贡使偕行。

(同上书,卷二二,页6)

永乐元年冬十月,辛亥。上谓礼部臣曰:"帝王居中,抚驭万国。当如天地之大,无不覆载。远人来归者,悉抚绥之,俾各遂所欲。近西洋回回哈只等在暹罗闻朝使至,即随来朝。远夷知尊中国,亦可嘉也。"令遣之归。

(同上书,卷二三,页3)

永乐二年九月,壬寅。福建布政司奏:有番船漂泊海岸,询之,是暹国遣使与琉球通好,因风漂至,已籍记船中之物,请命。上谓礼部尚书李至刚等曰:"暹国与琉球修好,是番邦美事。不幸船为风漂至此,正宜嘉恤,岂可利其物而籍之。乡有善人,犹能援人于危,助人于善,况朝廷统御天下哉。其令布政司,舟坏者为之修理,人乏食者给之粟。俟便风,其人欲归,或往琉球,导之去。"

(同上书,卷三一,页2)

永乐二年九月,辛亥。命礼部装印《烈女传》万本,给赐诸番。暹罗国王昭禄群膺哆啰谛剌承玺书赐劳,遣使奈必等奉表谢恩,且贡象牙、诸品香、蔷薇水、龙脑、五色织文丝缦、红罽毯、苎布等物。命礼部宴赉其使,遣还,仍命赐其王文绮、彩币四十四匹、钞千四百锭,《古今烈女传》万本。奈必复乞赐量衡,俾国人永遵法式。从之。

(同上书,卷三一,页3)

永乐二年十一月,乙丑。暹罗国王昭禄群膺哆啰谛剌遣使奈霭纳字赐等贡方物,赐钞币、袭衣。

(同上书,卷三二,页7)

永乐三年三月,癸亥。赐女直及奴儿干黑龙江忽剌温之地野人女直把剌答,琉球、西洋、暹罗使臣三吾良亶等宴于会同馆。

(同上书,卷三四,页5)

永乐三年六月,己卯。遣中官郑和等赍敕往谕西洋诸国,并赐诸国王金织文绮、彩绢各有差。

(同上书,卷三五,页7)

永乐三年秋七月,丙午。暹罗国王昭禄群膺哆罗谛刺遣使曾寿贤等来朝,贡方物。赐钞及金织纱衣。

(同上书,卷三六,页3)

永乐三年九月,甲午。上以海外诸番朝贡之使益多,命于福建、浙江、广东市舶提举司各设驿以馆之。福建曰来远,浙江曰安远,广东曰怀远,各置驿丞一员。

(同上书,卷三七,页4)

永乐三年九月,戊申。赐暹罗等国使臣及回回没哈麻的等百七十五人金织纻丝罗绢衣五百袭。

(同上书,卷三七,页6)

永乐三年十一月,癸巳朔。暹罗国王昭禄群膺哆罗谛刺遣使奈婆郎直事剌五十人来朝,贡方物。赐之钞币。

(同上书,卷三九,页1)

永乐四年三月,壬辰。暹罗国王昭禄群膺哆罗谛刺遣使奈必、琉球国中山王武宁山、南王汪应祖遣其侄三吾良亹等来朝,贡马及方物。各赐钞币。

(同上书,卷四一,页4)

永乐四年九月,乙丑,暹罗国王昭禄群膺哆罗谛刺遣使虎都卜的毛那那等贡方物,赐之文倚袭衣。

(同上书,卷四五,页8)

永乐四年九月,丙子。赐朝鲜国陪臣赵勉非及别失八里、暹罗诸国朝使宴。

(同上书,卷四五,页10)

永乐五年九月,壬子。太监郑和使西洋诸国还。

(同上书,卷五二,页1)

永乐五年冬十月,辛丑。暹罗国王昭禄群膺哆罗谛刺遣使奈婆郎直事剌等奉表贡驯象、鹦鹉、孔雀等物。赐钞币袭衣,命礼部赐王金织文倚纱罗表里。先占城国因遣使朝贡,既还,至海上,飓风漂其舟至溢亨国①。暹罗恃强凌溢亨,且索取占城使者,羁留不遣,事闻于朝。又苏门答剌及满剌加国王并遣人诉暹罗强暴,发兵夺其所受朝廷印诰,国人惊骇,不能安生。至是赐谕昭禄群膺哆罗谛刺曰:"占城、苏门答剌、满剌加与尔均受朝廷(命),比肩而立,尔安得独恃强拘其朝使,夺其诰印?天有显道,福善祸淫。安南黎贼父子覆辙在前,可以鉴矣。其即还占城使者及苏门答剌、满剌加所受印诰,自今安分守礼,睦邻保境,庶几永享太平。"

(同上书,卷五三,页5—6)

永乐六年八月,壬辰。遗中官张原赍敕往谕暹罗国王昭禄群膺哆罗谛剌,赐之锦绮纱罗,并送暹罗人李黑还国。先是,李黑随其国使来贡,海道遇风,漂至安南义安府,黎贼执之。黔国公沐晟兵至义安,得李黑。访其国使,悉为黎贼所杀。至是,晟送李黑至京,送衣服资费,遣随原归。仍命暹罗王厚恤其国使为黎贼所杀者之家。

(同上书,卷五八,页7)

永乐六年九月,癸酉。遣太监郑和等赍敕使古里②、满剌加、苏门答剌、阿鲁③、加异勒④、爪哇、暹罗、占城、柯枝⑤、阿拨把丹⑥、小柯兰⑦、南巫里⑧、甘巴里⑨诸国,赐其国王锦绮纱罗。

(同上书,卷五九,页4)

---

① 溢亨,即彭亨。
② 古里,故地在今印度喀拉拉邦的卡利卡特(Calicut)。
③ 阿鲁,又作哑鲁、苏门答腊岛上古国Aru的译音,位于今日里河流域。
④ 加异勒,故地在印度东南海岸的卡异尔(Cail)。
⑤ 柯枝,故地在今印度西south海岸的柯钦(Cochin)。
⑥ 阿拨把丹,似在印度南部,今地无考。
⑦ 小柯兰,故地在今印度西岸的奎隆(Quilon)。
⑧ 南巫里,苏门答腊岛上古国Lamuri的音译,故地在班达亚齐(Banda-Aceh)一带。
⑨ 甘巴里,故地在今印度南部泰米尔纳德邦的科因巴托尔(Coimbatore)。

永乐六年十二月，庚辰。暹罗国王昭禄群膺哆罗谛剌遣使虎都无霞昧、奈义、奈霞侍等贡方物，谢赐敕切责之罪。

(同上书，卷六〇，页7)

永乐七年春正月，甲子。暹罗国王昭禄群膺哆罗谛剌遣使臣奈使赖卒等奉仪物致祭仁孝皇后，命中官以告几筵。

(同上书，卷六一，页4)

永乐七年春正月，乙丑。赐朝鲜国、暹罗国使臣及……永顺宣慰使司土官头目宴。

(同上书，卷六一，页4)

永乐七年冬十月，己亥朔。暹罗国王昭禄群膺哆啰谛剌遣使坤文琨等奉表贡方物。赐钞币遣归。时中国人何八观等流移海岛，遂入暹罗。至是因文琨归，上令谕其国王遣八观等还，毋纳逋逃，以取罪戾。并赐其王金织纻丝纱罗、绒锦。

(同上书，卷六六，页8)

永乐九年春正月，庚午。赐暹罗国使臣曾寿贤……等宴①。

(同上书，卷七四，页2)

永乐九年六月，乙巳。内官郑和等使西洋诸国还。

(同上书，卷七七，页3)

永乐九年十一月，壬申。暹罗国王昭禄群膺哆啰谛剌遣使奈义等贡方物，赐钞币有差。

(同上书，卷七九，页10)

永乐九年十一月，戊寅。赐朝鲜、暹罗诸国及哈密等处使臣宴。

(同上书，卷七九，页12)

---

① 曾寿贤于永乐八年十二月戊戌到京，"送中国流移人还"，明廷遣中官张原"赍敕劳之"。

永乐九年十二月,丙午。赐都督柴别里哥及琉球、暹罗等国使臣邬赖察其等,云南潞江安抚曩壁等宴。

(同上书,卷八〇,页3)

永乐九年闰十二月,辛酉。赐都督紫别力歌及朝鲜,暹罗等国使臣宴。

(同上书,卷八〇,页8)

永乐十年十一月,丙申。遣太监郑和等赍敕往赐满剌加、爪哇、占城、苏门答剌、阿鲁、柯枝、古里、喃渤利①、彭亨、急兰丹②、加异勒、忽鲁谟斯③、比剌④、溜山⑤、孙剌⑥诸国王锦绮纱罗、彩绢等物有差。

(同上书,卷八六,页3)

永乐十年十二月,甲子。暹罗国王昭禄群膺哆啰谛剌遣使坤文琨等奉表贡方物,赐坤文琨等钞币有差。仍命礼部遣中官洪保等往赐其国王文绮罗帛。

(同上书,卷八六,页6—7)

永乐十年十二月,丙寅。赐暹罗国使臣坤文琨等宴。

(同上书,卷八六,页7)

永乐十三年秋七月,癸卯。太监郑和等奉使西洋诸番国还。

(同上书,卷九七,页1)

永乐十四年五月,壬辰朔。暹罗国王昭禄群膺哆啰谛剌卒,其子三赖波磨剌札的赖⑦遣使奈世贤等告讣,且请袭爵。诏遣中官郭文往祭其父,别遣使赍诏封三赖波磨剌札的赖为暹罗国王。仍赐之素绮、素罗、

---

① 喃渤利,即南巫里。
② 急兰丹,即马来半岛的吉兰丹(Kelantan)。
③ 忽鲁谟斯,故地在今伊朗的霍木兹(Hormoz)。
④ 比剌,故地在今非洲东海岸。
⑤ 溜山,故地在今印度洋的马尔代夫群岛(Maldive)。
⑥ 孙剌,故地在爪哇岛,也有学者认为在非洲东岸。
⑦ 三赖波磨剌札的赖,即暹王膺陀罗阇,他在1408年已登位,为什么要到1416年才来告丧?待考。

白氎丝布等物,并赐其头目大库等币帛。

(同上书,卷一〇一,页1)

永乐十四年十二月,丁卯。古里、爪哇、满剌加、……彭亨诸国及旧港宣慰司使臣辞还,悉赐文绮、袭衣。遣中官郑和等赍敕及锦绮纱罗、彩绢等物偕往赐各国王。

(同上书,卷一〇三,页6)

永乐十五年十二月,癸未。暹罗国王三赖波磨剌札的赖遣使奈叫等百余人进表,贡方物,谢赐祭其父并命袭爵恩。命礼部赐王锦绮罗纱,并赐奈叫等钞币有差。

(同上书,卷一〇八,页4—5)

永乐十六年五月,辛亥。苏门答剌、干达里①、暹罗、琉球诸国各遣使贡方物,赐其使冠带、钞、纻丝纱罗、彩绢有差。

(同上书,卷一一〇,页4)

永乐十六年五月,甲子。赐苏门答剌、干达里、暹罗、琉球、爪哇等国使宴。

(同上书,卷一一〇,页7)

永乐十六年九月,辛未。暹罗国使臣奈叫等还,赐其王绒锦文绮表里。

(同上书,卷一一一,页7)

永乐十七年秋七月,戊午。官军自西洋还。上谕行在礼部臣曰:"将士涉历海洋逾十数万里,经数十国,盖亦劳矣。宜赏劳之。"于是,都指挥人赏钞二十锭;指挥,人十八锭;千百户,卫所镇抚,人十六锭;火长人等十五锭,旗军人等十三锭。

(同上书,卷一一四,页3)

永乐十七年冬十月,癸未。遣使谕暹罗国王三赖波磨剌札的赖曰:

---

① 干达里,古国名,一说在爪哇井里汶一带。

"朕祗膺天命,君主华夷,体天地好生之心以为治,一视同仁,无间彼此。王能敬天事大,修职奉贡,朕心所嘉,盖非一日。比者,满剌加国王亦思罕答儿沙嗣立,能继乃父之志,躬率妻子诣阙朝贡,其事大之诚与王无异。然闻王无故欲加之兵。夫兵者凶器,两兵相对斗,势必俱伤,故好兵非仁者之心。况满剌加国王既已内属,则为朝廷之臣。彼如有过,当申理于朝廷,不务出此而辄加兵,是不有朝廷矣。此必非王之意,或者王左右假王之名,弄兵以逞私忿。王宜深思,勿为所惑,辑睦邻国,无相侵越,并受其福,岂有穷哉。王其留意焉。"

(同上书,卷一一四,页8—9)

永乐十八年夏四月,庚申。暹罗国王三赖波磨剌札的赖遣使臣奈霭纳等八十人贡方物,赐之钞币,遣中官杨敏等护送还国。仍赐其王锦绮纱罗等物。

(同上书,卷一一七,页2)

永乐十九年春正月,已酉。十六国使臣还国,赐钞币表里。复遣太监郑和等赍敕及锦绮、纱罗、绫绢等赐诸国王,就与使臣偕行。

(同上书,卷一一九,页6)

永乐十九年夏四月,甲辰。翰林院侍读李时勉、侍讲邹缉等……又言:"连年四方蛮夷朝贡之使相望于道,实罢中国。宜明诏海外诸国,近者三年,远者五年一来朝贡,庶几官民之便……"上披览皆嘉纳之。

(同上书,卷一二〇,页2)

永乐十九年夏四月,乙巳。诏曰:"朕恭膺天命,统御华夷,夙夜祗承,罔敢怠忽。比循往制,肇建两京,惟在安民,以隆鸿业。乃永乐十九年四月初八日,奉天等三殿灾,朕怀兢惧,莫究所由。固朕不德之所致欤?抑任用匪人而致然欤?今诏告中外,凡有不便于民及诸不急之务者,悉皆停止,用苏困弊,仰答天心。所有事宜条示于后:……下番一应买办物件并铸造铜钱,买办麝香、生铜、荒丝等物暂行停止;往诸番国宝船及迤西、迤北等处买马等项暂行停止。……"

(同上书,卷一二〇,页3)

永乐十九年冬十月,癸巳。……暹罗等国……来朝……赐宴及钞币有差。

（同上书，卷一二一，页5）

永乐二十年秋七月，庚午。暹罗国王三赖波磨剌札的赖遣使坤思利亦……贡方物。皇太子令礼部宴劳之。

（同上书，卷一二三，页5）

永乐二十年八月，壬寅。中官郑和等使诸番国还。暹罗、苏门答剌、阿丹等国悉遣使随和贡方物。

（同上书，卷一二三，页10）

永乐二十年冬十月，戊子。暹罗等国正使……等辞还，赐宴及钞币有差。

（同上书，卷一二四，页3）

永乐二十年十一月，癸亥。暹罗国使臣坤思利亦等辞还，赐坤思利亦冠带及钞百锭，纻丝、纱罗各四匹，其从者赐有差。仍赐其王三赖波磨剌札的赖锦四匹、纻丝、纱罗各十六匹。

（同上书，卷一二四，页5）

永乐二十二年春正月，甲辰。旧港故宣慰使施进卿之子济孙遣使丘彦成请袭父职，并言旧印为火所毁。上命济孙袭宣慰使，赐纱帽，钑花金带、金织文绮袭衣，银印。令中官郑和赍往给之。

（同上书，卷一二八，页3）

永乐二十二年二月，壬戌。暹罗国王三赖波磨剌札的赖遣使坤梅贡方物，赐之钞币。

（同上书，卷一二八，页4）

永乐二十二年八月，丁巳。上登宝位，朝群臣，大赦天下。诏曰："……兹莅阼之初，宣布维新之命，其以明年为洪熙元年。所有合行事宜，条示于后：……下西洋诸番国宝船悉皆停止，如已在福建、太仓等处安泊者，俱回南京，将带去货物仍于内府该库交收；诸番国有进贡使臣当回去者，只量拨人船护送前去，原差去内外官员速皆回京，民梢人等各放宁家；……各处修造下番海船悉皆停止，其采办铁黎木只依洪武中例，余悉停罢；……买办下番一应物件并铸造铜钱、买办麝香、生铜、荒丝等物，除见买在官者于所在官库交收，其未买者悉皆停止；各处买办诸色纻丝、纱罗、段匹、宝石等项，及一应物料、颜料，并苏杭等处续造段匹，各处抄造纸札、磁器、采办黎木、板造诸品、海味果子等项，悉皆停罢。其差去官员人等即起程回京，不许指此为由科敛害民。……"

(《仁宗洪熙实录》，卷一上，页8—10)

洪熙元年二月，戊申。命太监郑和领下番官军守南京，于内则与内官王景弘、朱卜花、唐观保协同管事。

(同上书，卷七上，页3)

洪熙元年秋七月，壬午。上因谕行在礼部尚书吕震曰："远国朝贡，固有常分。然我祖宗以来，待下素厚。今朕即位之初，凡事必循旧典，勿失远人之心。"

(《宣宗宣德实录》，卷三，页15)

宣德元年四月，乙丑。上曰：太祖皇帝训有云，四方诸夷及南蛮小国，限山隔海，僻在一隅，得其地不足供给，得其民不足使令。又云，若其不自忖量，来扰我边，彼为不祥；彼不为中国患，而我兴兵伐之，亦不祥也。吾恐后世子孙倚中国富强，贪一时战功，无故兴兵伤人，切记不可。

(同上书，卷十六，页2)

宣德元年九月，癸卯。暹罗国王（三赖波摩剌扎赖）〔三赖波磨剌札的赖〕[1]遣使臣亚烈、陈瑶等来朝，贡方物。

(同上书，卷二一，页5)

宣德元年冬十月，丙寅。赐爪哇国使臣亚烈弗咔等五十二人，暹罗国使臣亚烈、陈瑶等二十九人纱罗、彩币、表里袭衣、胖袄等物有差。……仍命各赍敕及彩币，纱罗归赐其国王。

(同上书，卷二二，页2)

---

[1] 宣德元年为公元1426年，暹王三赖波磨剌札的赖（膺陀罗阁）在1424年已去世，由波隆摩罗阁二世继位。1426年遣使来华的国王，应是波隆摩罗阁二世。

宣德元年十一月,庚子。暹罗国王(三赖波摩剌札赖)〔三赖波磨剌札的赖〕遣使臣奈温等奉金叶表来朝,贡方物。

(同上书,卷二二,页16)

宣德元年十二月,戊辰。赐暹罗国使臣奈温等钞、纻丝罗及金织罗袭衣有差,仍赐奈温等及通事、头目五人冠带。

(同上书 卷二三,页4)

宣德元年十二月,庚辰。暹罗国使臣陈瑶等陛辞,命瑶赍敕及纱罗、锦绮归赐国王及妃。

(同上书 卷二三,页9)

宣德二年五月,乙巳。暹罗国王(三赖波摩剌札赖)〔三赖波磨剌札的赖〕遣使臣黄子顺等来朝,贡方物。

(同上书,卷二八,页5)

宣德二年六月,戊寅。赐暹罗国使臣黄子顺等钞、纱罗、彩币、表里、金织纻丝、罗绢袭衣有差。赐其干事人李得聪等五人冠带,其傔从悉赐衣。命子顺赍敕及锦纻丝、纱罗归赐国王及妃,命行在礼部遣人护送子顺赴广东,令归。

(同上书,卷二八,页16)

宣德三年三月,甲申。暹罗国王(三赖波摩剌札赖)〔三赖波磨剌札的赖〕①遣使臣奈注德事剃等来朝,贡方物。

(同上书,卷三九,页3—4)

宣德三年三月,戊戌。赐暹罗国使臣奈注德事剃等四十二人钞、彩币及绢布有差。赐奈注德事剃等冠带、金织袭衣。仍命赍敕及纻丝纱罗、绒锦等物归赐其国王及妃。命行在礼部遣人护送至广东布政司遣归。

(同上书,卷四〇,页4—5)

---

① 宣德三年为公元1428年,当年在位的暹王应为波隆摩罗阇二世。

宣德三年闰四月,丙申。暹罗国王(三赖波摩剌札赖)〔三赖波磨剌札的赖〕遣使者奈勾等来朝,贡方物。

(同上书,卷四二,页6)

宣德三年五月,丁巳。赐朝鲜国陪臣李种善、暹罗国使臣奈勾等四十五人……钞、彩币、表里、纱罗、金织袭衣等物有差。并赐奈勾等七人冠带,仍命奈勾赍敕及彩币、纱罗归赐暹罗国王及妃。

(同上书,卷四三,页2)

宣德五年六月,戊寅。遣太监郑和等赍诏往谕诸番国。诏曰:"朕恭膺天命,祇嗣太祖高皇帝、太祖文皇帝、仁宗昭皇帝大统,君临万邦。体祖宗之至仁,普辑宁于庶类,已大赦天下,纪元宣德,咸与维新。尔诸番国远处海外,未有闻知。兹特遣太监郑和、王景弘等赍诏往谕,其各敬顺天道,抚辑人民,以共享太平之福。"凡所历忽鲁谟斯、锡兰山、古里、满剌加、柯枝、卜剌哇①、木骨都束②、喃勃利、苏门答剌、剌撒③、溜山、阿鲁、甘巴里、阿丹④、佐法儿⑤、竹步⑥、加异勒等二十国及旧港宣慰司,其君长皆赐彩币有差。

(同上书,卷六七,页4)

宣德六年二月,壬寅。满剌加国头目巫宝、赤纳等至京,言国王欲躬来朝贡,但为暹罗国王所阻。暹罗素欲侵害本国,本国欲奏,无能书者。今王令臣三人潜附苏门答剌贡舟来京,乞朝廷遣人谕暹罗王无肆欺凌,不胜感恩之至。上命行在礼部赐赉巫宝、赤纳等,遣附太监郑和舟还国。令和赍敕谕暹罗国王曰:"朕主宰天下,一视同仁。尔能恭事朝廷,屡遣使朝贡,朕用尔嘉。比闻满剌加国王欲躬来朝,而阻于国王。以朕度之,必非王意,皆王左右之人不能深思远虑,阻绝道路,与邻邦起衅,斯岂长保富贵之道?王宜恪遵朕命,睦邻通好。省谕下人,勿肆侵侮,则见王能敬天事大,保国安民,和睦邻境,以副朕同仁之心。"

(同上书,卷七六,页8)

---

① 卜剌哇,故地在今非洲索马里东南岸的布腊瓦(Brava)。
② 木骨都束,故地在索马里的摩迦迪沙(Mogadisho)。
③ 剌撒,故地在阿拉伯半岛南岸的木卡拉(Mukalla)。
④ 阿丹,故地在南也门的亚丁(Aden)。
⑤ 佐法儿,故地在阿曼西部沿海地区多法儿(Dhufar)。
⑥ 竹步,故地在今索马里南部的准博(Giumbo)。

宣德八年九月,丙戌。暹罗国王悉里麻哈赖遣臣坤思利弗等奉表贡方物。①

（同上书,卷一〇六,页2）

宣德八年十月,甲寅。赐暹罗国使臣坤思利弗等彩币、罗绢、绵布及金织袭衣有差。傔从赐胖襖等物。赐坤思利弗等冠带,仍命赍敕及文锦纻丝、纱罗归赐其国王。

（同上书,卷一〇六,页10）

宣德九年五月,癸未。暹罗国王悉里麻哈赖遣使臣坤思利赖者万直等来朝,贡方物。

（同上书,卷一一〇,页12）

宣德九年五月,癸卯。赐暹罗国使臣坤思利剌者万直等及通事阮霭等彩币、罗绢、绵布及金织袭衣、绢衣有差。又赐坤思利剌者万直等冠带,俾赍敕及锦绮纱罗归赐国王。

（同上书,卷一一〇,页16）

正统元年五月,庚寅。占城国正副使逋沙怕济阁等陛辞,命赍敕谕其王曰:"王能敬天事上,在我祖宗临御之时,恭修职贡,益久益虔。朕今嗣位,王又遣使朝贡,眷兹勤诚,良可嘉尚。近者暹罗国使臣奏,宣德四年,本国差使臣同番伴男妇一百余口驾船载方物入贡,至王国新州港口被国人拘留。宣德六年,朝廷下西洋官军二十余人乘船值风飘到王国地方,亦被拘收。敕至,王即将原留暹罗国人口、方物及下西洋官军尽数放回,使彼此人民各得遂其父母妻子完聚之愿,王亦长享安乐。否则,天地鬼神必有所不容者。王其省之,体朕至怀。"仍赐王及妃妆花绒锦、织金纻丝、纱罗、彩段各有差。

（《英宗正统实录》,卷一七,页11）

正统二年六月,甲申。广东琼州府知府程莹奏,占城国每岁一贡,水陆道路甚远,使人往复劳费甚多,乞令依暹罗国等例三年一贡。

（同上书,卷三一,页10）

---

① 宣德八年为公元1433年,当年在位的国王为波隆摩罗阁二世。

正统二年九月，丙午。巡按广东监察御史张忠奏：暹罗国近遣使臣奈霭、纳孛剌等航海来朝，贡方物，其通事麻沙等已登岸，舟被风涛漂去，不知所在。上以方物不足恤，命厚抚麻沙等遣还。

（同上书，卷三四，页7）

正统三年春正月，癸卯。广东潮州府知府王源奏："暹罗国遣使臣奈霭、纳孛剌等航海来朝，其通事奈麻纱等既登岸，而舟为风涛漂去，不知所向。潮州卫指挥孙瑜、百户魏刚以计诱取奈麻沙金珠宝石等物，请治其罪。"上以远人穷无所归，而孙瑜等不厚抚之，反剥夺其财，与寇盗何异，令巡按御史执治之。

（同上书，卷三八，页6—7）

正统三年二月，己卯。暹罗国王悉里麻哈赖遣副使罗渐信等各奉表来朝，贡马及方物，赐宴并赐袭衣、彩币等物有差。

（同上书，卷三九，页8—9）

正统三年三月，己丑。暹罗国使臣罗渐信等回，命赍敕并纻丝、文锦、纱罗等物归赐其国王及妃。

（同上书，卷四〇，页2）

正统三年三月，己亥。暹罗国王悉里麻哈赖遣把总奈芯临等来朝，贡孔雀及方物，赐宴并赐彩币等物有差。

（同上书，卷四〇，页5）

正统三年九月，乙巳。暹罗国王悉里麻哈赖遣通事奈麻沙……等各来朝贡，奉表贡马及象牙、犀角等方物。赐宴并赐织金文绮等物有差。

（同上书，卷四六，页9）

正统三年冬十月，壬戌。暹罗国使臣奈麻沙陛辞。赐敕谕其国王悉里麻哈赖曰："往者王遣使臣奈三铎等赴京朝贡，人船为风漂至占城港口，被其拘收。既而奈三铎潜附小舟来京具告。无几何时，尔国复遣使臣坤思利弗来朝，适与占城国使臣逋沙怕济等俱至，即令礼部诘实，已敕占城国王悉还所留。近礼部奏，该占城国咨，前岁遣正副使朱离尔那等往须文剌那①,亦为尔国贼人坤须末奈等扣留人船等物。欲尔还其所掠,彼亦还尔所留。已又降敕责彼,令将原留人船表文差人送京。今特遣敕谕王,即大索坤须末奈等,将原房占城人船财物悉纵遣之,使各安其生,用副朕一视同仁之意。"

(同上书,卷四七,页5)

正统九年二月,甲午。暹罗国王谷戎有替下②遣使臣坤沙群等奉表朝贡,赐宴并纻丝、罗绢袭衣等物有差。

(同上书,卷一一三,页6)

正统九年二月,壬寅。赐暹罗通事奈霭等八人冠带,从礼部奏请也。

(同上书,卷一一三,页9)

正统九年三月,庚申。敕暹罗国王谷戎有替下曰:"王敬天事大,兹遣使臣坤沙群等远来朝贡,且奏原降本国镀金印及勘合底簿俱毁于火,请再颁给。朕念王国僻处遐方,素能谨遵朝命,特从所请,令所司造完及填勘合底簿,付坤沙群等赍回与王。自今宜益祇顺天心,坚秉臣节,爱民保境,用副朕怀。"

(同上书,卷一一四,页7)

正统十年八月,甲子。爪哇国人蒲达剌、达鲁加、密沙剌私驾舟商于暹罗国,被获械京。既而达鲁加被蒲达剌刀伤致死,刑部以误死者为密沙剌,而以蒲达剌为达鲁加发牧象。事觉,尚书金濂等自劾。上宥濂等罪,命都察院执其属官鞫之。

(同上书,卷一三二,页9)

正统十一年三月,癸巳。暹罗国王(遣)〔思〕利波罗麻那惹智剌③遣正副使奈三铎买等来朝,贡方物。赐宴并彩币、袭衣、靴帽等物有差。

(同上书,卷一三九,页7)

---

① 须文剌那,即须文达那。
② 正统九年为公元1444年,遣使访华的国王是谷戎有替下,而据暹史记载,当年在位的国王仍是波隆摩罗阁二世。
③ 正统十一年为公元1446年,当年在位的暹王仍是波隆摩罗阁二世,而这里却记是思利波罗麻那惹智剌。

正统十一年夏四月,己未。暹罗国使臣奈三铎买等陛辞,命赍敕及绒锦、彩段表里等物归赐其王及妃。

（同上书,卷一四〇,页7）

正统十一年冬十月,丁酉。暹罗国王思利波罗麻那惹智剌遣使臣坤普论直等,爪哇国遣使臣马用良等,占城国王摩诃贲该遣族兄左东提朋并使臣逋沙怕占持等各来朝,贡方物,赐宴及彩币、表里等物有差。

（同上书,卷一四六,页2）

正统十二年八月,辛未。暹罗国王思利波罗麻那惹智剌遣使臣坤普论直等奉表贡方物,赐宴并彩币、表里、金织袭衣等物,仍命坤普论直赍敕并彩币、表里归赐其王及妃。

（同上书,卷一五七,页4）

正统十二年八月,乙酉。礼部奏:"暹罗国使臣坤普论直等言,所贡碗石一千三百八十斤,非本国所产,皆往西洋易来,其获亦难,乞循正统二年例,每斤价钞二百五十贯。续稽得正统九年（本）〔该〕国使臣坤沙群等贡碗石八千斤至京,本部以其非贵重之物,奏每斤给价钞五十贯,每钞二百贯折支绢一匹,通计绢二千匹,上减半给之。今坤普论直乞欲循正统二年例,未敢轻定。"上曰:"碗石中国素有,非奇物也。每斤给钞五十贯,自后其免贡之。"

（同上书,卷一五七,页9—10）

正统十二年九月,庚寅朔。礼部奏:"暹罗国正使坤普论直冠帽并钑花金带年远未曾制换,及副使,通事、干事、火长、总管人等未蒙冠带,乞照例换给。"从之。

（同上书,卷一五八,页1）

正统十二年九月,壬寅。礼部奏:"暹罗国使臣坤普论直等告本国正统九年进贡通事奈霭负国王财本,不肯回国,将家属附爪哇国使臣马用良船逃去,今又跟随爪哇使来,在于广东。"上命广东三司拘马用良并奈霭审实,以奈霭付坤普论直领回。

（同上书,卷一五八,页5）

正统十二年九月，辛亥。暹罗国使臣坤普论直等陛辞，赐敕谕其国王思利波罗麻那惹智剌曰："王敬天事大，抚辑一方，修职奉贡，久而益虔。兹遣使赍金叶表文以方物来贡，并以原降印章进缴，诚意可嘉。今使回，特赐王及妃彩币、绒锦，以答王意。王宜益坚守臣节，保境恤民，用图宁久，副朕眷待之意。"

（同上书，卷一五八，页 9）

正统十四年十一月，乙酉。先是暹罗、爪哇、占城诸国贡使还，例遣官诣广东设宴及措置沿途饮食供应等事。至是，左参政杨信民言："广东番夷往来，既有内使专统其事，又有镇守、巡按三司等官，令其待宴足矣。乞免差京官远行陪宴之礼。"从之。

（同上书，卷一八五，页 9）

景泰元年五月，丁卯。礼部奏："琉球国通事程鸿等言：'朝贡回还，欲往暹罗国货买苏木等物，不意中途遭风坏船，不能回国。欲将赏赐彩币等物买木料，请工匠造船回还。'宜从所言，移文福建三司，听其自造，不许侵扰军民。"从之。

（《英宗实录》，卷一九二，《景泰附录》10，页 23）

景泰三年十二月，戊戌。暹罗国遣使臣坤罡悦等奉表来朝，贡方物。赐宴并金织文绮、袭衣、彩币、表里等物。罡悦等奏乞冠带，复赐罡悦等冠帽、钑花金带，通事人等冠帽、钑花银带，总管人等冠帽、素银带。

（同上书，《景泰附录》42，页 9）

景泰四年正月，丁丑。遣给事中刘洙、行人刘泰为正副使，谕祭故暹罗国王波罗摩剌劄的剌，并封其子把罗蓝米孙剌①为暹罗国王。诏曰："帝王为天下之主宰，视必同仁。贤达系一方之表仪，理宜有后。朕恭膺天命，抚驭万方，封建诸侯，远迩惟一，况暹罗远居海涯，俾统其民，可无君长？故国王波罗摩剌劄的剌敬天事大，终始一诚，保境睦邻，人民交戴。属兹薨逝，宜有继承。其子把罗蓝米孙剌性资忠厚，国论攸归。今特封为暹罗国王，凡在国中大小人民，夙夜惟寅②，宜尽心于匡

---

① 把罗蓝米孙剌，即在 1448 年继位的暹王波隆摩·戴莱洛迦纳（Boromo Trailokannat）。

② 夙夜惟寅，孔安国传："夙，早也；言早夜敬思其职。"

辅,务循理分,罔或蹈于僭逾,长坚忠顺之心,永享太平之福。"是日,暹罗国使臣坤罡悦等陛辞,命赍敕并金织纻丝罗、绒锦回赐其国王及妃。

(同上书43,页13)

景泰六年五月,壬申。暹罗国王把罗蓝米孙剌遣使臣坤罡悦等来朝,贡方物。赐宴并彩币、表里、纻丝袭衣等物。

(同上书71,页12)

天顺元年三月,甲子朔。赐……暹罗国副使马夏抹金钑花带。

(《英宗天顺实录》,卷二七六,页1)

天顺元年六月,癸巳朔。工部委官主事陈臻奏:"暹罗国使马黄报等收买山东饥民子女带回为奴,不惟良贱失伦,抑且使彼讥笑中国。乞遣官星驰追及,就于所在官司给官钱赎回,送赴原籍完聚。"从之。

(同上书,卷二七九,页1)

天顺二年三月,乙巳。山东东昌府聊城县民李焕奏:"窃观四夷来朝,多是贪图朝廷之赏赐,窥觇中国之虚实,未必皆诚心慕义也。若海外诸夷其来有限,固不甚为民害。惟有各处剌麻、番僧贪婪无厌,近年进贡,去而复来,经过驿传,凡有需索稍不满其所欲,辄持刀棍杀人,甚至乘山东饥荒之际,盗买流民子女,满载而去。害民亏国,良可痛恨。乞敕有司,夷人入贡,有骚扰驿传、盗买子女者,悉治以法。庶夷虏慑服,中国奠安。"事下礼部议,从之。

(同上书,卷二八九,页6—7)

天顺六年九月,丁巳。暹罗国王孛剌蓝啰者直波知①遣使臣坤普论直……等来朝,……命礼部官于午门外给赐金织袭衣并彩段等物。

(同上书,卷344,页9)

成化七年冬十月,乙酉。福建龙溪民丘弘敏与其党泛海通番至满剌加及各国贸易,复至暹罗国,诈称朝使,谒见番王,并令其妻冯氏谒见

---

① 天顺六年为公元1462年,当年在位的暹王应是1453年被册封的把罗蓝米孙剌(波隆摩·戴莱洛迦纳)这里所记的却是孛剌蓝啰者直波知。

番王夫人，受珍宝等物。还至福建，泊船海口，官军往捕，多为杀死。已而被获，巡按御史洪性拟其罪以奏。命弘敏等二十九人依律斩之，又三人以年幼可矜，发戍广西边卫。冯氏给功臣之家为奴。弘敏所买番人爱没心等四人解京处治。

（《宪宗成化实录》，卷九七，页8—9）

成化九年五月，甲午。暹罗国遣使臣坤烈者捧沙等来朝，贡方物。赐宴并衣服、冠带、彩段等物有差。仍以文锦、彩段付使臣归赐其王及妃。使臣以本国天顺元年所颁勘合及底簿俱被虫坏，请颁新者，以便贡献往来。礼部乞从其请，仍令以所坏者缴进。

（同上书，卷116，页2—3）

成化十一年三月，己未。暹罗遣使臣奈英者捧沙等奉表来朝，贡方物。赐宴并赐冠带、金织衣、彩段等物，仍令赍敕并文锦、彩段归赐其国王及妃。

（同上书，卷一三九，页3）

成化十三年夏四月，辛亥。暹罗国王遣正使坤帖谢提等来朝，贡方物谢恩。赐彩段并金银带等物有差，仍命赍敕并文锦、彩段回赐其王及妃。

（同上书，卷一六五，页7）

成化十三年十一月，庚辰。暹罗国续到副使坤禄群臣提等奉金叶表文来贡方物，赐宴并金织衣、彩段等物有差。

（同上书，卷一七二页4）

成化十五年秋七月，癸酉。先是，暹罗国使臣坤禄群等奏，入贡时舡为海风所坏，乞赐更造。上悯其远夷，特许之。礼部已行广东布政司，而巡抚都御史朱英议以银二百两付之，俾自造。至是，坤禄群密令其下，诬奏英以求索宝货不得而故违成命。礼部以番人出入在彼，官司失于防闲，宜令巡按御史究治，仍如前命造舡与之。上从其奏，而命英具实以闻。

（同上书，卷一九二，页4）

成化十六年六月，乙巳。暹罗国遣正副使奈剌捧沙等来朝，贡象及方物。赐宴并金织衣、彩段等物有差。

（同上书，卷二〇四，页7）

成化十六年八月，己未。暹罗国使臣奈剌捧沙奏，原乘海舶损坏，乞令有乞〔司〕修补，又为其国王乞蟒龙段匹。事下礼部，请令有司为修海舶而停其赐。上特以蟒龙红罗赐之。

（同上书，卷二〇六，页3）

成化十七年秋七月，丁酉。暹罗、苏门答剌二国使臣朝贡还，舟人教其途中买贫民子女，多载私盐，且为诸不法事。至淮安，有告其事于巡抚都御史张瓒者，会押送行人亦以为言。瓒因遣官同行人验按得实，赎子女还民，治舟人罪。因奏请敕谕诸国，使之择人为使，务遵理法，并请明定罪例，出榜禁约。都察院复奏，从之。

（同上书，卷二一七，页4—5）

成化十八年秋七月，己卯。暹罗国差正副使坤望群谢提等来朝，请封，贡方物。赐宴并金织衣、彩段、绢布，并赐冠带，仍令赍敕及文锦、彩段回赐其国王及妃。

庚辰，以刑科给事中林霄为正使，行人姚隆为副使赍诏封暹罗国王世子国隆勃拉略坤息利尤地亚为国王①。

（同上书，卷二三〇，页5）

成化二十年八月，辛未。安南国王黎灏遣陪臣黎德庆等奉表贡方物。赐宴并金织衣、彩段等物有差。德庆等四人奏乞如暹罗、爪哇、占城等国使臣事例，给赐冠带。从之，命后不为例。

（同上书，卷二二五，页3）

成化二十三年秋七月，庚申。暹罗国王遣正副使坤江悦等奉金叶表文来朝，贡方物。赐宴并金织衣、彩段等物有差。仍以敕并文锦、彩段付使臣归赐其国王及妃。

（同上书，卷二九二，页10）

---

① 成化十八年为公元1482年，当年暹王波隆摩·戴莱洛迦纳还在位，为什么又册封国隆勃拉略坤息利尤地亚为王？待考。

成化二十三年九月,庚戌。暹罗国王国隆勃剌略坤息利尤地亚[①]遣使臣坤江悦等赍金叶表文入贡谢恩。且言:"旧例本国番字与回回字互用。近者,请封金叶表文及勘合咨文,间有同异,国王疑国人书写番字者之弊,乞赐查办。"而表文番字难于辨识,乃命本国自行究治,仍令今后止许用回回字样,不得写难识番字,以绝弊端。

(《孝宗弘治实录》,卷二,页18)

成化二十三年九月,乙卯。命给云南车里军民宣慰使司等处及四夷、日本等国信符、勘合,以改元更造也。

(同上书,卷3,页6)

弘治四年八月,庚午。暹罗国王国隆勃剌略坤息利尤地亚[②]遣陪臣正副使坤贴谢提等赍金叶表文,贡方物。赐宴并彩段、绢、钞等物有差。仍回赐国王及妃文锦彩段,付使臣领回给与。

(同上书,卷五四,页9—10)

弘治六年三月,丁丑。两广总督闵珪奏:"广东沿海地方多私通,番舶络绎不绝,不待比号,先行货卖。备倭官军为张势,越次申报,有司供亿,糜费不赀,事宜禁止。况夷情谲诈,恐有意外之虞。宜照原定各番来贡年限事例,揭榜怀远驿,令其依期来贡。凡番舡抵岸,备倭官军押赴布政司,比对勘合相同,贡期不违,方与转呈提督市舶太监及巡按等官,具奏起送。如有违碍,捕获送问。"下礼部议:"据珪所奏,则病番舶之多,为有司供顿之苦。据本部所见,则自弘治元年以来,番舶自广东入贡者,惟占城、暹罗各一次。意者私舶以禁弛而转多,番舶以禁严而不至。今欲揭榜禁约,无乃益阻向化之心,而反资私舶之利。今后番舶至广,审无违碍,即以礼馆待,速与闻奏。如有违碍,即阻回,而治交通者罪。送迎有节,则诸番咸有所劝而偕来,私舶复有所惩而不敢至,柔远足国之道于是乎在。"从之。

(同上书,卷七三,页3—4)

弘治六年八月,癸未。暹罗国王遣副使闷团那贴等来贡,赐王锦段

---

① 成化二十三年为公元1487年,当年在位的暹王仍为波隆摩·戴莱洛迦纳。
② 弘治四年为公元1491年,当年在位的国王应为波罗摩罗阇三世(Boromoraja, 1488—1491)或拉玛蒂菩提二世(Rama Tibodi, 1491—1529)。

衣服等物如例,并赐闷团那贴等宴及彩币等物有差。

（同上书,卷七九,页4）

弘治八年九月,戊子。暹罗国人夷人挨瓦等六人舟被风飘至琼州府境,广东按察司以闻。命给之口粮,俟有进贡夷使还,令携归本国。

（同上书,卷一〇四,页2）

弘治十年九月,辛丑。暹罗国所遣通事奈罗,自陈为福建清流县人,因渡海飘风流寓暹罗。今使回,便道乞展墓①,依期归国。许之。

（同上书,卷一二九,页1）

弘治十年九月,乙巳。先是,江西南城县民万轨,商往琼州,因飘风流寓暹罗为通事,屡以进贡来京。至是,乞回原籍,且欲补充暹罗通事,在京办事。下礼部,复奏谓前无此比,且言轨既不回外国,则所赐冠带亦宜革去,听其附籍供役。从之,仍令给冠带闲住。

（同上书,卷一二九,页2）

弘治十年九月,壬子。暹罗国王国隆勃剌略坤息利尤地亚②遣正副使乾明斋等来贡,回赐王及王妃锦段等物,赐坤明斋等宴,并彩段、衣服等物有差。

（同上书,卷一二九,页3）

弘治十年九月,乙卯。时暹罗国进金叶表文,而四夷馆未有专设暹罗国译字官,表文无能译办。大学士徐溥等以为请,上曰:"既无晓译通事,礼部其行文广东布政司,访取谙通本国言语文字者一二人,起送听用。"

（同上书,卷一二九,页4）

弘治十四年五月,辛亥。命礼部重造暹罗国弘治改元勘合,以先所造未给而毁于火也。

（同上书,卷一七四,页2）

---

① 展墓,与省墓略同。展,察看也。便道乞展墓,指通事奈罗请求顺归路到福建省视祖先坟墓。

② 弘治十年为公元1497年,据暹史,当年在位的暹王为拉玛蒂普提二世。

弘治十六年六月，戊申。暹罗国遣正副使坤贴木儿的利来贡，回赐国王及王妃锦段等物，赐坤贴木儿的利等宴，并衣服、彩段等物有差。其所赍成化中勘合八十三道，而移咨礼部，乃内使部官菩剌智嗏所签押。礼部谓："本部与暹罗国王，凡有行移，各用咨文，未有陪臣敢僭咨本部者。今宜移咨暹罗国王，以后凡有行移，务遵旧制，仍用本国印信，并国王亲押，方许赍至。不许再令内使部官，犯分僭咨，以取罪戾。"从之。

（同上书，卷二〇〇，页7）

正德元年十二月，丁卯。上谕礼部、兵部臣曰："今后四夷朝贡来京，凡筵宴饮食，俱宜丰洁，沿途廪饩驿传，如例应付，以副朕柔远人之意。"

（《武宗正德实录》，卷二〇，页6）

正德四年三月，乙未。暹罗国船有为风飘泊至广东境者，镇巡官会议，税其货以备军需。市舶司太监熊宣计得预其事以要利，乃奏请于上。礼部议阻之，诏以宣妄揽事权，令回南京管事，以内宫监太监毕真代之。

（同上书，卷四十八，页2）

正德九年六月，丁酉。广东布政司参议陈伯献奏："岭南诸货出于满剌加、暹罗、爪哇诸夷，计其产不过胡椒、苏木、象牙、玳瑁之类，非若布帛菽粟，民生一日不可缺者。近许官府抽分，公为贸易，遂使奸民数千，驾造巨船，私置兵器，纵横海上，勾引诸夷，为地方害，宜亟杜绝。"事下礼部议，令抚按等官禁约番船，非贡期而至者即阻回，不得抽分，以启事端。奸民仍前勾引者，治之。报可。

（同上书，卷一一三，页2）

正德十年十二月，甲戌。礼部言："暹罗国正使坤思礼等奏乞银、料，修补船只。无给银例，宜行广东布政司，量拨军匠修补，完日即趣回国。"诏："贡船既年久损坏，其命本布政司量给银修补之。"

（同上书，卷一三二，页8）

正德十二年五月，辛丑。命番国进贡并装货舶船，榷十之二。解京及存留军饷者,俱如旧例,勿执近例阻遏。先是,两广奸民私通番货,勾引外夷与进贡者,混以图利。招诱亡命,略买子女,出没纵横,民受其害。参议陈伯献请禁治之。其应供〔贡〕番夷,不依年分,亦行阻。至是,右布政使吴廷举巧辩兴利,请立一切之法,抚按官及户部皆惑而从之。不数年间,遂启佛朗机之衅,副使汪鋐尽力剿捕,仅能胜之。于是,每岁造船、铸铳,为守禦计,所费不赀,而应供〔贡〕番夷皆以佛朗机故,一概阻绝,船货不通也。利源一启,为患无穷,廷举之罪也。

(同上书,卷一四九,页11)

嘉靖三年四月,壬寅。刑部覆:"御史王以旂议,福建滨海居民,每因夷人进贡,交通诱引,贻患地方。今宜严定律例:凡番夷贡舡,官未报视而先迎贩私货者,如私贩苏木、胡椒千斤以上例;交结番夷,互市称货,给财构衅,及教诱为乱者,如川、广、云、贵、陕西例;私代番夷收买禁物者,如会同馆内外军民例;揽造违式海舡,私鬻番夷者,如私将应革军器出境,因而泄事例,各论罪。怙恶不悛者,并徙其家第。前所引例,已足尽法。徙家太重,请勿连坐。仍通行浙江、广东,一体榜谕。"从之。

(《世宗嘉靖实录》,卷三八,页6—7)

嘉靖五年十二月,戊辰。暹罗国坤思悦喇者来的利等来朝,贡方物。赏金织衣、钞锭有差。

(同上书,卷七一,页13)

嘉靖九年十月,辛酉。给事中王希文言:"广东地控夷邦,而暹罗、占城、琉球、爪哇、渤泥五国贡献,道经东莞。我祖宗立法,来有定期,舟有定数,比对符验相同,乃为伴送。附搭货物,官给钞买。载在祖训,可考也。洪武间,以其多带行商,阴行诡诈,绝不许贡。至正德年间,佛郎机匿名混进,流毒省城,副使汪鋐并力驱逐,仅始绝之。今未逾数年,抚按以折俸缺货,遂议开复。祖宗数年难阻之虏,幸而扫除;守臣百战克成之功,一朝尽弃,不无可惜。即无论为害地方,但以堂堂天朝,受此轻渎之贡,治之不武,不治损威,无一可者也。……"疏下都察院,覆称:"深切时弊。自今诸国进贡,宜令依期而至,比对勘合验放,其番货抽分交易如旧。……"得旨:"如议行。"

(同上书,卷一一八,页2—3)

嘉靖十二年二月，癸巳。令申：凡外夷进贡方物，边臣验上其籍，礼部按籍收进给赏。其籍所不载，例准自行贸易。贡事既竣，即有馀货，责令带归。愿入官者，部为奏闻给钞。正德末，黠夷猾胥，交关罔利，乃有贸易馀货令市驵评价，官酬绢钞之例。

（同上书，卷一四七，页3）

嘉靖十五年九月，辛巳。上为圣母调药，止目泪用梅松子有效。诏下广东布政司，于暹罗界濒海处所访求进用。

（同上书，卷一九一，页15）

嘉靖三十三年九月，壬戌。暹罗国王勃略坤息利尤池呀遣使奉金叶表文来朝贺，贡方物。宴赉如例，仍赐其正副使及通事、办事人等冠带有差。

（同上书，卷四一四，页9）

嘉靖三十七年闰七月，丁酉。暹罗国勃略坤息利尤池呀遣使赍金叶表文及方物来朝。宴赉如例。

（同上书，卷四六二，页5）

嘉靖三十八年九月，乙酉。暹罗国王勃略坤息利尤池呀遣使坤应命的类等来朝，贡方物，赐赉如例，仍从其请，还所抽分货物，以佐修船之费，并给来使冠带。

（同上书，卷四七六，页4）

万历元年二月，甲申。两广提督侍郎殷正茂奏，暹罗国王华拾朱，差夷使进贡方物，称原给印信、勘合，因东牛国攻破城池烧毁，乞行补给。下礼部议。

（《神宗万历实录》，卷一〇，页15）

万历三年六月，己巳。暹罗国及剌麻番僧各进贡，赐宴待如例。

（同上书，卷三九，页2）

万历三年六月，甲申。暹罗国奏：向为东蛮所侵，印信、勘合业被烧毁,求乞更给,以便修贡。许之。

（同上书,卷三九,页9）

万历四年正月,乙卯。琉球国中山王尚永世子差正议大夫蔡朝器等赍表文、方物入贡,赏彩段、绢布等物,仍于常例外每五日另给鸡、鹅、米、面、酒、果,以示优异。朝鲜,暹罗使臣亦如之。

（同上书,卷四六,页12）

万历六年九月,己未。兵科都给事中光懋题:"海贼林道乾驾舡泊潮阳河渡门港,令贼徒具状告报,及被虏逃回之人称,虏去于万历六年,打暹罗国乌鸦舡不胜,贼众杀死甚多,被番赶逐,乏银乏人,议复回河渡门旧巢,取原埋银物,议要打劫海门各所,候东风一转,即欲驾回外夷。"

（同上书,卷七九,页4）

万历六年十月,乙酉。铸给暹罗国王印一颗。

（同上书,卷八〇,页4）

万历六年十一月,丁巳。诏以暹罗开馆①,事系创始,凡选择生徒,修建馆舍等项,宜酌定成规,以便遵守。

（同上书,卷八一,页4）

万年八年闰四月,壬子。海贼林道乾者,窃据海岛中,出没为患。将士不能穷追,而大泥②、暹罗为之窟穴。既而迫胁大泥,侵暴暹罗。有通事言,彼国愿往擒自效。总督两广刘尧诲议重立赏格,期于必获。部覆为请,上从之。

（同上书,卷九九,页5）

万历十年六月,戊申。颁暹罗国王印信,仍赏其差使握闷辣③等币物有差。

（同上书,卷一二五,页9）

---

① 指明朝的四夷馆内暹罗馆开办。
② 大泥,为暹罗的北大年(Pattani)。
③ 暹罗贡使握闷辣,完成出使任务后,留在暹罗馆任教。

万历十九年五月,乙亥。云南缅酋入寇,官兵堵截有功,令从优叙。仍议:以秋冬遣使宣慰暹罗牛哒喇,令其夹攻。从镇抚吴定之请也。

(同上书,卷二三六,页4)

万历二十年九月,癸未。宴暹罗国进贡陪臣①,命侍郎范谦侍。

(同上书,卷二五二,页10)

万历二十年十月,己亥。暹罗国夷使二十七员赴京进贡,给赏冠带如例。

(同上书,卷二五三,页6)

万历二十一年正月,辛酉。总督两广都御史萧彦奏:暹罗居极西,去日本万余里。近有贡使请于兵部,愿效勤王。兵部覆,令发兵直捣日本。又念海道旷远,夷心叵测,要行停请。兵部议,关白②以贼厮篡夺,淫虐奸狡,凭陵诸国。今复占据朝鲜,潜图内犯,致廑王师。乃暹罗贡使,愤滋不道,既效勤王之忠,亦寓(红格本作笃)恤邻之义。臣等特为请遣,一以风励远邦,一以牵制倭众。盖兵家固有多方以误之者,初非以堂堂中国,恃兹岛夷之力为也。明旨既嘉其忠义,又重其事机,必待督臣酌议,取彼回文方可颁敕,深识远见,隐然俱在。今督臣坐镇炎荒,海邦机宜,悉如指掌,合令查照题议事理,将本部差去号召官员,悉听酌量行止。如已达彼国,即便责差忠勇通官传檄宣谕暹罗国王,遵照明旨整饬舟师,回文奏报,另听敕书至日遵行。从之。③

(同上书,卷二五六,页2)

万历三十九年十二月,戊子。宴暹罗国贡使握坤喇奈迈低厘等二十六员。暹罗国王普埃④表文,发四夷馆译之,辅臣缴进。

(同上书,卷四九〇,页4)

---

① 万历二十年为公元1592年,遣使来华的国王应为纳黎宣(Naresuen,1590—1605)。他原是暹罗王子,称拍那莱,领导暹罗人民开展抗缅复国斗争,把缅军赶出暹罗,被立为王。

② 摄关政治,是日本古代实行寡头贵族统治的政治体制,天皇年幼,由太政大臣代行政事称摄政。天皇年长亲政后,摄政改称关白,文中的关白,指丰臣秀吉。1585年,天皇授丰臣秀吉关白之职。

③ 此段原文有漏字,已按红格本补上。

④ 普埃,应为暹史所记的暹王颂昙(Song Tan,1610—1628)。

万历四十五年十月，己未。暹罗国进贡金叶表文一通，方物一万四千八百斤，孔雀三对。

（同上书，卷五六二，页10）

万历四十六年六月，癸未。有暹罗国进贡盛表金盘被驿吏刘应同等抵换，已经审明赎罪。两广总督周嘉谟以闻。

（同上书，卷五七一，页18）

万历四十七年八月，戊午。暹罗国王妃差官贡孔雀、象牙、降香等物。赐宴赏，并赐金段纱罗衣服、靴袜有差。

（同上书，卷五八五，页11）

天启元年六月，丙子。广东巡按王尊德以拆毁香山澳夷新筑青州岛具状上闻，且叙道将冯从龙、孙昌祚等同心任事之功，乞与纪录，部覆从之。按澳夷所据地名蠔镜，在广东香山县之南，虎跳门外海滑一隅也。先是，暹罗、东西洋、佛郎机诸国入贡者，附省会而进，与土著贸迁，设市舶提举司税其货。正德间，移泊高州电白县。至嘉靖十四年，指挥黄琼纳贿，请于上官，许夷侨寓蚝镜澳，岁输二万金。

（《熹宗天启实录》，卷六，页5）

天启二年十二月，甲子。暹罗国进贡金叶表文及方物，宴赉如例。

（同上书，卷二四，页2）

天启三年二月，戊寅。暹罗国王森帕腊[①]等遣使赍方物贡，贺登极。给赏，回赐如例。

（同上书，卷二六，页21）

天启三年四月，壬戌。巡抚福建右佥都御史商周祚以红夷遵谕拆城徙舟报闻，命该部知之。按红毛夷者，乃西南和兰国远夷，从来不通中国。惟闽商每岁给引贩大泥国及咬留吧[②]，该夷就彼地转贩。万历甲辰，有奸民潘秀贾大泥国，勾引以来，据澎湖求市，中国不许，第令仍旧

① 天启三年为公元1623年，暹王森帕腊，应为暹王颂昙。

② 咬留吧，又称咖留吧，即当时荷兰占领下的爪哇巴达维亚，今称雅加达。

于大泥贸易。

(同上书,卷二八,页4)

天启三年四月,辛未。宴暹罗国来朝贡夷人。

(同上书,卷二八,页16)

天启三年八月,丁亥。巡抚福建右副都御史南居益疏劾南路副将嘉策蓄缩不堪,所当革任。……居益又言:"入境以来,有红夷船六只见泊风柜仔,随又有五舟自咬嚼吧来,直入风柜仔,共十一只。所掳客商,仍旧轮拨修城。而后至之夷,状貌愈险,比前俯首受命之时,局又变矣。又据千总陈士瑛禀称,蒙差同洋商黄合兴二船,往咬嚼吧宣谕,至三角屿遇夷船四只,称咬嚼吧王已往阿南国去,未得回文。又发夹板船五只,直抵澎湖,要来互市。黄合兴力止不允,拨番七名,将二船同夷船齐进大泥。瑛等谒大泥王,大泥酋称,咬嚼吧酋各处吊(市)回夹板船,要往澎湖。若不允市,必动干戈。盖阿南即红夷国,而咬嚼吧、大泥皆番种,结连情形,昭然可觌。"

(同上书,卷三二,页24—25)

天启三年九月,壬辰。兵部覆福建巡抚南居益疏:红毛一种,前抚臣商周祚殚心筹画,业已俯首就降,指天说誓,自谓拆城远徙,而何澎城之修筑如故?且据续到夷船,露其要挟勾连之状,则互市之词诡而不可信矣。惟是夷性最黠,明则夺我商贾,而阴或购我奸人,既断籴船市舶于诸洋,将勾日本、大泥于近地,宁可向迩乎。

(同上书,卷三三,页5—6)

三、《国 榷》

太祖洪武二十二年四月,甲寅。故元诸王来降者,俾居暹罗,谕其国筑舍。

谈迁曰:"元裔来降,仰资俸给。今暹罗穷僻之地,尽置流胡,外无升斗之入,死亡可待。虽深于虑患,恐非远人慕化之初心也。"

(谈迁:《国榷》,卷九,古籍出版社,1958年版,页695)

成祖永乐四年十二月,丙戌朔。暹罗入贡。

(同上书,卷一四,页981)

成祖永乐八年十二月,丁酉。暹罗国入贡。

(同上书,卷一五,页1054)

孝宗弘治七年三月,辛亥。故刑科给事中林霄使暹罗,卒其国,录子菲入太学。

(同上书,卷四二,页2657)

武宗正德十年十二月,癸酉。暹罗国来贡,上金叶表,四夷馆不能译。大学士梁储上言:四夷馆太常卿沈冬魁云,回回馆专译回回书,海夷附本馆带译。近年八百大甸等夷字失传,暂令头目蓝者歌在番〔馆〕教习。今宜于暹罗夷使选一二人在馆教习,待成日送归。从之。又贡船坏,特给修费。

(同上书,卷四九,页3098)

神宗万历二十年八月,甲午。兵部尚书石星以东西罢于奔命,募人说平秀吉①。游客沈惟敬久于燕,从邻人耳熟倭事,以诳星,充游击将军至倭。布衣程鹏举请发暹罗兵自海道捣其穴,时称奇策,遣往朝鲜。又朝议调播州杨应龙兵东救。

于慎行曰:……暹罗小国,僻在南海,日本视之何啻培塿,而欲使捣其国都,是以蠛蠓入鼎也。匪独如此,纵使……暹罗胜强,亦必不能。何也?……暹罗小国,乃在占城之南,琉球之西,且三十余年不通朝贡,使者佩虎符而往,将安问津,况能发其兵乎?谋国如此,不败何为!国家福德,天实默祐,非人力也。

(同上书,卷七六,页4680—4681)

神宗万历三十九年六月,己卯。有日本三人航海过暹罗,风漂至年南直柘林营,命安置延绥。

---

① 平秀吉,即丰臣秀吉(1536—1598),原是日本织田信长手下的大将,1582年,织田信长被刺死,丰臣秀吉继续他的统一事业,结束延续百年的日本分裂局面,完成国家统一以后,即对外发动侵略战争,妄图先侵占朝鲜,然后征服中国和印度,奉日本天皇定都北京。1592年,发动了朝鲜战争。

（同上书，卷八一，页5035）

思宗崇祯七年闰八月，己丑。暹罗入贡。

（同上书，卷九三，页5659）

思宗崇祯九年十二月，癸巳。暹罗入贡。

（同上书，卷九五，页5772）

思宗崇祯十六年三月，甲午朔。暹罗入贡。

（同上书，卷九九，页5965）

四、《明会典》

暹罗国

　　国滨海，本暹与罗斛二国，后并为一。洪武四年，其国王参烈照毗牙遣使奉金叶表来朝，贡方物，贺正旦。六年，参烈宝毗牙复遣贡，并献其国地图。十年，遣人赍诏及印往赐之。十六年，给文册。永乐元年，遣使乞量衡，为国中式。自后定三年一朝贡，贡道由广东。万历七年，遣使具金叶表文入贡。

　　贡物：象、象牙、犀角、孔雀尾、翠毛、龟筒、六足龟、宝石、珊瑚、金戒指、片脑、米脑、糠脑、脑油、脑柴、檀香、速香、安息香、黄熟香、降真香、罗斛香、乳香、树香、木香、乌香、丁香、蔷薇水、碗石、丁皮、阿魏、紫梗、藤竭、藤黄、硫磺、没药、乌爹泥、肉荳蔻、胡椒、白荳蔻、荜茇、苏木、乌木、大枫子、苾布、油红布、白缠头布、红撒哈剌布、红地纹节智布、红杜花头布、红边白暗花布、乍连花布、乌边葱白暗花布、细棋子花布、织人象花纹打布、西洋布、织花红丝打布、织杂丝打布、红花丝手巾、剪绒丝杂色红花被面、织人象杂色红花纹丝缦。

（申时行等：《明会典》，卷一〇五，暹罗国条，万有文库本，页2287—2289）

　　凡勘合号簿，洪武十六年，始给暹罗国，以后渐及诸国。每国勘合二百道，号簿四扇。如暹罗国，暹字号勘合一百道，及暹、罗字号底簿各一扇，俱送内府；罗字勘合一百道，及暹字号簿一扇，发本国收填，罗字号簿一扇,发广东布政司收比。余国亦如之,每改元则更造换给。

(同上书,卷一〇八,页2337)

计四夷一十八处,额设通事六十员名:……暹罗国三员名。

(同上书,卷一〇九,页2346—2347)

暹罗国

洪武间,赐国王《大统历》,及织金纻丝纱罗等物。永乐十五年,给王锦四匹,纻丝纱罗各十匹,内各织金四匹;王妃纻丝纱罗各六匹,内各织金二匹。宣德间,各减半。正统以后,俱照永乐十五年例。

正副使臣初到,每人织金罗衣一套,靴袜各一双。未经冠带者,给纱帽素金带;先曾到京冠带者,换给钑花金带。正赏纻丝罗各四匹,折钞绢二匹,绵布一匹,织金纻丝衣一套。

通事人等初到,每人素罗衣一套,靴袜各一双。未经冠带着,给纱帽素银带;先曾到京冠带着,换给钑花银带。正赏纱丝罗各二匹,折钞绢一匹,素纻丝衣一套。

番伴初到,每人绢衣一套,靴袜各一双。正赏折钞绵布一匹,胖袄、袴、鞋各一副。

其存留广东,有进贡者,头目人等,每人赏素纻丝衣一套,纻丝罗各二匹;从人,每人纻丝绢衣一套,纻丝一匹;番伴人等,每人折钞绵布一匹,胖袄、袴、鞋各一副。

使臣人等进到货物,例不抽分,给与价钞。

(同上书,卷一一一,给赐二,页2365—2366)

番货价值

……象牙每斤五百文(暹罗,十贯)、……肉荳蔻每斤五百文(暹罗白荳蔻,十贯)、……大枫子每斤一百文(暹罗,十贯)、……乳香每斤五贯(暹罗,四十贯)、……降真香每斤五百文(暹罗,十贯)、……黄熟香每斤一贯(暹罗,十贯)、……丁皮每斤五百文(暹罗,二贯)、苏木每斤五百文(暹罗,五贯)、乌木每斤五百文(暹罗,四十贯)、……胡椒每斤三贯(暹罗,二十五贯)……

暹罗、满剌加檀香,俱每斤钞十贯,暹罗藤黄每斤钞十五贯,紫茎每斤钞三十贯。琉球、暹罗、满剌加每钞二百贯,折绢一匹。

(同上书,卷一一三,给赐四,页2390—2391)

管待番夷土官筵宴

……暹罗国各筵宴二次；使臣回还，至广东，布政司茶饭管待一次。

（同上书，卷一一四，精膳清吏司，页2406）

钦赐下程

朝鲜国、……暹罗国，各下程一次。朝鲜等国每五人，……羊、鹅、鸡各一只，酒十瓶、米五斗、蔬菜、厨料。……暹罗国，加酒十瓶。

万历四年题准，……暹罗、……差来使臣下程，除钦赐及常例日支外，每三人五日，加给鹅一只、鸡二只、酒四瓶、米一斗、果子五斤。随从人等不加给。

（同上书，卷一一五，膳馐二，页2413）

凡使臣进贡，沿途关支廪给口粮，回还亦如此。惟朝鲜、……暹罗、……使臣回还，沿途除廪给口粮外，仍日支下程一处，朝鲜等八国，……每人肉半斤、酒半瓶。

（同上书，卷一一五，膳馐二，页2419）

凡四方番夷翻译文字，永乐五年，设四夷馆。内分八馆，曰鞑靼、女直、西番、西天、回回、百夷、高昌、缅甸。……正德六年，增设八百馆。万历七年，增设暹罗馆，取本国人为教师，选世业子弟习学。

（同上书，卷二二一，翰林院，页4386—4387）

五、《明会要》

洪武七年，谕中书及礼部臣曰："古诸侯于天子，比年一小聘，三年一大聘。九州之外，则每世一朝。所贡方物，表诚敬而已。惟高丽颇知礼乐，故令三年一贡。他远国如占城、安南、西洋琐里、爪哇、浡泥、三佛齐、暹罗斛、真腊诸国，入贡既频，劳费太甚。今不必复尔。其移牒诸国，俾知之。"

（龙文彬：《明会要》，卷一五，中华书局，1956年版，页248）

洪武十七年九月，暹罗贡使还。至中途，窃买子女，且多载私盐。命遣官戒谕诸番。

（同上书，卷一五，页251）

永乐五年二月甲子,设四夷馆:蒙古、女直、西番、西天、回回、百夷、高昌、缅甸凡八馆。……

正统六年,增八百馆。万历七年,增暹罗馆。

(同上书,卷三八,页664)

暹 罗

暹罗在占城正南,即隋、唐赤土国,后分罗斛与暹二国。暹土瘠,不宜稼。罗斛地平衍,种多获。暹仰给焉。元时,罗斛强,并有暹地,遂称暹罗斛国。

洪武四年,其王参烈昭毗牙遣使奉表来贡。

十年,世子昭禄群膺承其父命来朝。帝喜,赐之印。文曰:"暹罗国王之印。"自是始称暹罗。比年一贡,或一年两贡。正统后,或数年一贡。

永乐二年,有番船飘至福建海岸,诘之,乃暹罗与琉球通好者。所司籍其货以闻。帝曰:"两国修好,乃甚美事。不幸遭风,正宜怜惜。岂可因以为利!所司其治舟给粟,俟风便,遣赴琉球。"

弘治十年,入贡。时四夷馆无暹罗译字官,阁臣徐溥等请移牒广东,访取能通彼国言语文字者,赴京备用。从之。

正德十年,进金叶表,朝贡。馆中无识其字者,阁臣梁储等请选留其使一二人,入馆肄习。报可。

万历二十年,日本破朝鲜,暹罗请潜师直捣日本,牵其后。中枢石星议从之。两广督臣萧彦持不可,乃已。其后奉贡不替。

(同上书,卷七八,页1513—1514)

六、《续文献通考》

(万历二十二年)五月,福建巡按刘芳誉奏:臣奉命巡按福建,遵限于万历二十二年二月二十日入境受事。……至本年三月初三日,据侦探倭情商人许预回报,……本月十五日,又据许预同伙商人张一学、张一治将列关白城郭侦探事情开报,……萨摩州①乃各处船只惯泊之地,今从此发有往吕宋船、回集交趾船三只,东浦②船一只,暹罗船一只,佛

---

① 萨摩州,日本古州,位于今日本九州岛的鹿儿岛西部及北部一带。
② 东浦,位于今越南南部。

郎机船二只,兴贩出没,此为咽喉地。

（王圻:《续文献通考》,卷二三四,
万历三十一年刻本,页32—34）

暹罗:在占城极南滨,本暹与罗斛二国地,暹乃赤眉遗种①,元至正间始降于罗斛,合为一国。其国土瘠,不宜耕种。罗斛土田平衍而多稼,暹人岁仰给之。俗煮海为盐,酿秫为酒。气候不正,人尚侵掠。男女椎髻,白布缠头,被服长衫。每有计议刑法轻重、钱谷出入之事,并决之妇人,妇人志量在男子上。贸易以贝子代钱。人死则灌水银以养其身。所产有罗斛香,味极清远。又有苏木、花锡、犀、象、翠羽之属。元成宗元贞元年,进金字表,欲朝廷遣使至其国。大德三年,以故事乞鞍辔、白马及金缕衣,用丞相完泽答剌言,赐金缕衣,不赐马。

皇明洪武初,暹罗斛国王参烈昭毗牙遣使臣祭思俚俦剌识悉替②等朝贡,进金叶表,诏赐《大统历》。永乐初,其国止称暹罗国。其王昭禄群膺哆啰谛剌遣使奈必来贡方物,诏赐《古今列女传》,且乞量衡为国中式,从之。至今朝贡不绝。

万历二十年九月,经略侍郎宋应昌奏:暹罗国正使握叭喇等愿督兵荡剿倭巢。奉旨:据夷使所称,具见忠义。事关重大,还行与两广总督,着移文另选一能事官员与原差官并夷同往彼国,宣谕朝廷德意,取有回文,方可颁敕举事。其余俱依拟。

（同上书,卷二三六,页2—3）

七、《瀛涯胜览③》

暹罗国

自占城向西南船行七昼夜,顺风至新门台海口入港,才至其国。国週千里,外山崎岖,内地潮湿。土瘠,少堪耕种。气候不正,或寒或热。其王居之屋,颇华丽整洁。民庶房屋起造如楼,上不通（铺）板,却用槟榔木劈开如竹片样密摆,用藤扎缚甚坚固,上铺藤簟竹席,坐卧食息皆

---

①《隋书·赤土傳》云:"土色多赤,因以为号。"尽管有学者认为古赤土国在马来半岛和泰国南部,而不能因此得出遂乃赤眉遗种的结论。赤土,赤眉是两个截然不同的概念。

②《明实录》记载,洪武四年入贡的使臣为奈思俚俦剌识悉替。

③ 巩珍《西洋番国志》有关暹罗的记述,与《瀛涯胜览》基本相同,故不予另录。

在其上。王者之绊,用白布缠头,上不穿衣,下围丝嵌手巾,加以锦绮压腰。出入骑象或乘轿,一人执金柄伞,茭蕈叶做,甚好。王系锁俚人氏,崇信释教。国人为僧为尼姑者极多,僧尼服色与中国颇同,亦住庵观,持斋受戒。其俗凡事皆是妇人主掌,其国王及下民若有谋议、刑罚轻重、买卖一应巨细之事,皆决于妻,其妇人志量果胜于男子。若有妻与我中国人通好者,则置酒饭同饮坐寝,其夫恬不为怪,乃曰:"我妻美,为中国人喜爱。"男子撮髻用白头布缠头,身穿长衫,妇人亦椎髻穿长衫。男子年二十余岁,则将茎物週迴之皮如韭菜样细刀挑开,嵌入锡珠十数颗皮内,用药封护,待疮口好,才出行走,其状累累如葡萄一般。自有一等人开铺,专与人嵌铧,以为艺业。如国王或大头目、或富人,则以金为虚珠,内定砂子一粒嵌之,行走玎玎有声,乃以为美。不嵌珠之男子,为下等人。此最为可怪之事。男女婚姻,先请僧迎男子至女家,就令僧讨取童女喜红,贴于男子之面额,名曰"利市",然后成亲。过三日后,又请僧及诸亲友拌槟榔彩船等物,迎其夫妇回于男家,置酒作乐待亲友。死丧之礼,凡富贵人死,则用水银灌于腹内而葬之。闲下人死,抬尸于郊外海边,放沙际,随有金色之大鸟如鹅者三五十数,飞集空中,下将尸肉尽食飞去,余骨家人号泣就弃海中而归,谓之鸟葬。亦请僧设斋诵经礼佛而已。国之西北去二百余里,有一市镇名上水,可通云南后门。此处有番人五六百家,诸色番货皆有卖者。红马厮肯的石,此处多有卖者。此石在红雅姑肩下,明净如石榴子一般。中国宝船到暹罗,亦用小船去做买卖。其国产黄速香、罗褐速香、降真香、沉香、花梨木、白豆蔻、大枫子、血竭、藤结、苏木、花锡、象牙、翠毛等物。其苏木如薪之广,颜色绝胜他国出者。异兽有白象、狮子、猫、白鼠。其蔬菜之类,如占城一般。酒有米酒、椰子酒,二者俱是烧酒,其价甚贱。牛羊鸡鸭等畜皆有。国语颇似广东乡谈音韵。民俗嚣淫,好习水战。其王常差部领讨伐邻邦。买卖以海𧵅当钱使用,不拘金银铜钱俱使,惟中国历代铜钱则不使。其王每差头目将苏木、降香等宝进贡中国。

(马欢:《瀛涯胜览》,冯承钧校注本,
中华书局,1955年版,页18—22)

(满剌加)此处旧不称国,因海有五屿之名,遂名曰五屿。无国王,止有头目掌管。此地属暹罗所辖,岁输金四十两,否则差人征伐。永乐七年己丑,上命正使太监郑和等,统赍诏敕,赐头目双台银印、冠带、袍服,建碑封城,遂名满剌加国,是后暹罗莫敢侵扰。

(同上书,满剌加国条,页22)

八、《星槎胜览》

暹罗国

　　自占城顺风十昼夜可至。其国山形如城,如白石峭砺,周围千里。外山崎岖,内岭深邃。田平而沃,稼多丰熟。气候常热。风俗劲悍,专尚豪强,侵掠邻境。削槟榔木为标枪,水牛皮为牌,药镞等器,惯习水战。男女椎髻,白布缠头,穿长衫,腰束青花色布手巾。其酋长及民下谋议,大小之事,悉决于妇。其男一听苟合无序,遇我中国男子甚爱之,必置酒致待而敬之,欢歌留宿。妇人多为尼姑,道士皆能诵经持斋,服色略似中国之制,亦造庵观之所。能重丧礼之事,人死气绝,必用水银灌养其尸,而后择高阜之地,设佛事,即葬之。酿蔗为酒,煮海为盐。俗以海䉶代钱通行于市,每一万个准中统钞二十贯。地产罗斛香,焚极清远,亚于沉香。次有苏木、犀角、象牙、翠毛、黄蜡、大风子油。货用青百花瓷器、印花布、色绢、段匹、金、银、铜、铁、烧珠、水银、雨伞之属。其酋感慕天朝远惠,尝遣使捧金叶表文贡献方物。

　　诗曰：
　　海内暹罗国,山形似垒城。三春花草盛,九夏稻禾荣。竟日男安坐,移时妇决行。髻端罗布白,腰下束花青。失序人伦乱,无条礼法轻。富尊酋长贵,豪侠庶民横。香翠通商贩,海䉶如钞行。蛮戎钦帝德,金表贡神京。

(费信:《星槎胜览》,前集,暹罗国条。冯承钧校注本,
中华书局,1954年版,页11—12)

九、《菽园杂记》

　　永乐七年,太监郑和、王景弘、侯显等,统率官兵二万七千有奇,驾宝船四十八艘,赍奉诏旨赏赐,历东南诸番,以通西洋。是岁九月,由太仓刘家港开船出海,所历诸蕃地面:曰占城国、曰灵山①、曰崑崙山②、曰宾童龙国③、曰真腊国、曰暹罗国、曰假马里丁④、曰交栏山⑤、曰爪哇国、曰旧港⑥、曰重迦逻⑦、曰吉里地闷⑧、曰满剌加国、曰麻逸凍⑨、曰彭坑、曰東西竺⑩、曰龙牙加邈⑪、曰九洲山⑫、曰阿鲁、曰淡洋⑬、曰苏门答剌、曰花面王、曰龙屿⑭、曰翠嵐屿⑮、曰锡兰山、曰溜山洋、曰大葛兰⑯、曰阿枝国、曰榜葛剌、曰卜剌哇⑰、曰竹步、曰木骨都束、曰阿丹、曰剌撒、曰左法儿国、曰忽鲁谟斯、曰天方⑱、曰琉球、曰三岛⑲、曰渤泥国、曰苏禄国⑳。至永乐二十二年八月十五日,诏书停止。诸蕃风俗土产,详见太仓费信所上《星槎胜览》。

(明 陆容撰:《菽园杂记》,卷三,中华书局,1985年版,页26—27)

十、《皇明记略》

(永乐十一年)又命和使古里,历占城、爪哇、暹罗、哑鲁、苏门答剌、南浡里、榜葛剌、锡兰、小葛兰、忽尔没厮㉑、阿丹、天方四十一国。二十(三)(二)年八月,诏停止。和与王景弘侯之。二率官兵万七千六百有

---

① 灵山,故地一说在今越南中部海岸的华列拉角;一说在越南富安省的石碑(Thach`Bi)山。
② 崑崙山,即越南南岸外的崑崙岛。
③ 賓童龙,占城故地,在今越南藩朗一带。
④ 假马里丁,又称假里马答,即今印尼卡里马塔群岛(Karimata)。
⑤ 交栏山,一说在今印尼加里曼丹岛西南岸外的格兰(Gelam)岛。
⑥ 旧港,即今印尼苏门答腊岛上的巨港(Palembang)。
⑦ 重迦逻,又作戎牙路,在今印尼爪哇的泗水(Surabaya)一带。
⑧ 吉里地闷,即今之蒂汶(Timor)岛。
⑨ 麻逸凍,一说为今印尼勿里洞(Billiton)岛,一说为宾坦岛(Bintan)。
⑩ 東西竺,指马来半岛东岸外的奥尔(Aur)岛。
⑪ 龙牙加邈,今苏门答腊岛西岸的实武牙(Sibolga)。
⑫ 九洲山,一说在马来西亚霹雳河口外的Sembilan群岛。
⑬ 淡洋,一说在苏门答腊,是古国名Tamihan的音译。
⑭ 龙屿,今地无考。
⑮ 翠嵐屿,一说为印度洋尼科巴群岛中的大尼科巴(GreatNicobar)岛。
⑯ 大葛兰,一说在印度奎隆附近的阿廷加尔(Attingal)。
⑰ 卜剌哇,一说在非洲东岸索马里的布腊民(Brava)。
⑱ 天方,泛指阿拉伯国家。
⑲ 三岛,又称三屿,一说指菲律宾的卡拉棉、巴拉望、布桑加诸岛。
⑳ 苏禄,指令菲律宾南部的苏禄群岛。
㉑ 忽尔没厮,即忽鲁谟斯。

奇,船三十号,大者长五十丈。会稽马欢作瀛洲(涯)胜览,太仓费信作星槎胜览。宣德间将命使通西洋诸国,会英宗践祚,不果。

(明 皇甫禄著:《皇明纪略》,丛书集成初编本,页38)

十一、《西洋朝贡典录》

其国在占城西可一千五百里。暹罗国由漳州而往,针位:见南澳,取东董之山①,山之状如唐冠。又取铜鼓之山。又经独猪之山,又取外罗之山。又过校杯之屿②,屿之水十有八托③。又过洋屿④。又过灵山,过伽喃模之屿⑤,位在乙卯,其出水之礁有三。又过罗湾⑥,见赤坎之山⑦。又取崑崙之山。又七更过真王之屿⑧,屿之水十有七托。又过大横之山、小横之山⑨。又过笔架之山⑩。又过竹屿⑪,由大峯之山而入港。由占城而往者,入由新门台⑫。

其地方千里,是多山,山形如城。其土气寒燠无定。其王之宫洁而丽。民居如楼,藉以槟榔之木,箪以藤竹,寝与食处于其上。其王缠首以白布,上无衣,下围丝嵌幔,压腰以锦绮。出入乘象或肩舆,用茭葦之叶叠而为盖,柄饰以金。

其王锁里之人⑬,修浮图教。是多僧尼,有寺刹而持斋戒。好习水战,常用师於邻国。其俗事皆决正於妇。其妇椎髻长衫,繫腰以青花色布,男亦如之。其缠首以白布,其语如广东之乡音。以椰子为酒。贵者年二十则用嵌砂。其送死,富者葬,浸以水银;贫者弃诸海滨,有金色之鸟群集而食之,谓之鸟葬;不尽,则家人号哭,沉骨于海而归,亦命僧斋

---

① 东董山,原在越南南部海岸之外,这里把它置于广东南澳和海南岛铜鼓山之间,有误。有学者认为,东董山为东姜山之讹。东姜山在珠江口外。
② 校杯屿,故地在今越南归仁港外。
③ 托,测量水深浅的单位,"谓长如两手分开者为一托"。
④ 洋屿,又作羊屿。指今越南归仁港外之瓜岛。
⑤ 伽喃模之屿,在今越南檳檜湾以南。
⑥ 罗湾,又称罗湾头,在越南藩朗港之外。
⑦ 赤坎之山,在越南藩朗西南沿海的格嘎角。
⑧ 真王之屿,在今越南南端海岸之外奥比岛(O bi Is)。
⑨ 大、小横山,位于今暹罗湾东部柬埔寨以南的海岛。
⑩ 笔架山,位于泰国东南部海岸之外。
⑪ 竹屿,当为湄南河口外之岛屿。
⑫ 新门台,即今之北榄港。
⑬ 锁里,又称琐里,是印度古国名。暹罗国王不是印度人,"其王锁里之人"一说有误。

诵而礼佛。

国之西北可二百里，有市曰上水，居者五百余户，百货咸集，可通云南之后。其交易以金银、以钱、以海贝。其利珍宝、羽毛、齿、革。其谷宜稻。其畜宜六扰。有石焉，明净如榴子，其品如红雅姑，其名曰红马厮肯的石。善香四等：一曰降真，二曰沉香，三曰黄速，四曰罗斛。多花锡、象牙、翠羽、犀角。多花梨木、黄蜡，多白象、白鼠、狮子猫。有木焉，其叶如樱桃，其脂液流滴如饴，久而坚凝，紫色如胶，其名曰麒麟竭，食之已折损。

其朝贡以三载。（洪武四年，其国王参烈昭毗牙遣使臣祭思俚侪剌识悉替等来朝贡，进金叶表并方物，贺正旦。八年，遣使赍诏及印绶往赐之。十六年，给勘合文册，凡中国使至，必照验相同。永乐九年，其王昭禄群膺哆啰谛剌遣使柰必表贡方物，乞量衡为国中式。自后定例每三年一朝贡。）其贡物：象、象牙、犀角、孔雀尾、翠毛、龟筒、六足龟、宝石、珊瑚、金戒指、片脑、米脑、糠脑、脑油、脑柴、檀香、速香、安息香、黄熟香、降真香、罗斛香、乳香、树香、木香、乌香、丁香、阿魏、蔷薇水、丁皮、碗石、紫梗、藤竭、藤黄、硫黄、没药、乌爹泥、肉荳蔻、胡椒、白荳蔻、荜拨、苏木、乌木、大枫子、苾布、油红布、白缠头布、红撒哈剌布、红地纹节智布、红杜花头布、红边白暗花布、乍连花布、乌边葱白暗花布、细棋子花布、织人象花文打布、西洋布、织花红丝打布、剪绒丝杂色红花被面、织杂丝打布、红花丝手巾、织人象杂色红花纹丝缦。

论曰：暹国世称赤眉遗种，尚矣，而莫究其详。继览《梁史》云：顿逊之国，其俗多鸟葬，亲宾歌舞于郭外，有鸟食尽，乃去其骨沈海中云云，与马欢所见者符合。且顿逊史云，东可通交州，而暹罗欢亦云西北可通云南，其跡又足征。然则暹国在梁殆为顿逊也。

（黄省曾：《西洋朝贡典录》，卷中谢方校注本
中华书局，1982年版，页55—62）

十二、《海　语》

暹罗国在南海中，自东莞之南亭门放洋，南至乌潴、独潴、七洲，星盘坤未针至外罗，坤申针四十五程至占城旧港，经大佛灵山①，其上峰墩

---

① 大佛灵山，又称灵山大佛，一说在今越南富安省的石碑山。

则交趾属也。又未针至崐岮山。又坤未针至玳瑁洲，玳瑁额①及于龟山②，酉针入暹罗港。水中长洲隐隆如壖，出入如中国车壖，然亦国之一控扼也。少进为一关，守以夷酋。又少进为二关，即国都也。

其地沮洳无城郭，王居据大屿，稍如中国殿宇之制，覆以锡板，辟东壁为巨扉，是为王门。治内分十二塘壖，酋长主焉，犹华之有衙门也。其要害为龟山，为陆昆，主以阿昆猛斋，犹华言总兵，甲兵属焉。有奶街，为华人流寓者之居。土夷乃散处水棚、板阁，萌以茭草，无陶瓦也。

其国右僧，谓僧作佛，佛乃作王。其贵僧亦称僧王，国有号令决焉。凡国人谒王，必合掌跪而扪王之足者三，自扪其首者三，谓之顶礼，敬之至也。凡王子始长，习梵字、梵礼，若术数之类，皆从贵僧，是故贵僧之权，侔于王也。

国无姓氏，华人流寓者始从本姓，一再传亦亡矣。人皆髡首，耻为盗窃。凡犯盗及私市者，罪之。其犴狱则穴地为重楼三级，谓之天牢。轻罪置上级，差重置中级，殊死者乃置下级。其轻刑以皮鞭，差重断足十趾，差重断手十趾，罪之殊死者腰斩，或以象蹂之。贵僧为请于王，王乃宥之，没为僧奴，谓之奴团。赋役省薄，惟给象为最重，故殊死获免者不为奴团，则以给象终身焉。

国无占候，凡日月薄蚀，国人见者则奔告于王，首至者赏。建寅之月，王乃命巫占，方命力者，由胜方所向，掠人而剔其胆，杂诸药为汤，王濡足，象濡首，以作猛气。凡用胆，华人为上；僧不剔，孕妇不剔，疮痏不剔。是故，用胆视岁甲子为多寡也。建辰之月，是为岁首。建巳之月，始作农事。建午之月，潦始涨。建酉之月，潦退。王乃御龙舟，乃祀土，谷禾乃登，始获。凡稼之长茂，视潦之浅深。秆长丈有三尺，穟八寸有只。稻三盈，寸田亩赡数口，少歉岁也。

凡男女先私媾而后聘婚，既嫁而外私者，犯则出货以赎，然犹蔽罪于男，谓其为乱首也。凡妇多慧巧，刺绣织纴，工于中国。尤善酝酿，故暹酒甲于诸夷。妇饰必以诸香泽其体发，日夕三四沐，戏狎不禁。虽王之妻妾，皆盛饰倚市，与汉儿相贸易，不讶亦不敢乱。居父母，若夫之丧，则削发如比邱尼，经旬乃蓄发如旧。凡死丧，富夷火尸而葬，贫者举尸筏而浮诸海，丧属跪伏于海滨，迎僧而咒，群大鸟啄而食之，须刻而尽，谓之鸟葬。

---

① 玳瑁山，玳瑁额，在今泰国六坤港外。
② 龟山，在今泰国巴蜀（Prachuab）府东海岸。

凡鳄患，夷众则奔赴于王。王诏贵僧咒饭而投诸鳄所，乃以贝多叶书数符，佩以奴囝，没水牵数鳄出，贵僧稽其孽迹，多者戮之，刳其腹有得铅珠二升者；迹少乃鲸符其背，咒而纵之。

国人凡有仇怨，皆谒僧求咒。其咒，土夷遭者，非死即疾，若施诸华人，则不能害也。凡饭僧，必具十品食也，屑糯，若粳也，牛也，羊也，豕也，翰音也，舒雁也，家鹜，若鱼也，皆熟而荐之，僧咒而后举，举必尽数器，不足十品，不以供也。

其产，多苏方木、槟榔、椰子、菠萝蜜、片脑、诸香、杂果、象齿、犀角、金宝、玳瑁之属。贸易用钯，故其民饶富。豪酋各据别岛而居，奴囝数百口，畜资多至数十巨万，不盖藏，不虞寇。西洋诸国异产奇货辐辏。其地匠艺工致，嵌宝指环持至中国，一枚值数十金。地广而兵强，尝併有占腊而私其贡赋。以不系中国利害，置不问也。

（黄衷：《海语》，卷，风俗门，暹罗条。岭南遗书本，页1—3）

狁人，属出于暹罗之崛巄①。短小精悍，园目而黄晴，性绝专悫，不识金帛，木居如猿猱。古槭蒙密者率数十巢，盖举族所聚也。语咿嘤不可辨。山居夷獠，每谙其性，常驯扰以备驱使。蒙以敝絮，食以鲤鲅，饮以漓酒，即跃然喜，似谓得所主者，举族受役，至死不避，虽历世不更他姓。尝役以采片脑、鹤顶，皆如期而获。其山多犀、象，主者利其齿、角，授以毒镖，狁挟以归。遇犀或象，辄往刺之，升木而自匿，犀象怒且索弗得也。移刻毒发而殪，狁乃群聚叫啸，若誇其捷者。相戒聚以守经月，犀象且腐，所遗如齿、如角，齿则负以数狁，角乃一狁肩之，以输其主。遇夺他姓，亦至死弗畀也。舶人编竹为笼，纡深其制，置所必由之径，机而取之，以献于夷王。王大爱玩，酬以苏方木等至数千斤。酋衣狁以番锦，饲以嘉实，置之爽垲，狁以非其主，终不附也。然稍近烟火，涙目死尔。

（同上书，卷二，物产门，页1）

獴猥有白有黑，有黄有狸，状酷类猫而大，亦高足而结尾，捕鼠捷于猫也。诸国皆产，而暹罗者良。舶估挟至广州，常猫见而避之，豪家每十金易一云。

（同上书，卷二，物产门，页3）

---

① 崛巄，又称崛垅山，一说在今泰国他伦（Phatalung）府，一说在花董里（Trang）府。

酴醾，海国所产为盛。出大西洋国者，花如中州之牡丹。蛮中遇天气凄寒，零露浓结，著他草木，乃冰澌木稼，殊无香韵，惟酴醾花上，寒瑶晶莹，芬芳袭人，若甘露焉。夷女以泽体发，腻香经月不灭。国人贮以铅瓶，行贩他国。暹罗尤特爱重，竞买，略不论值。随舶至广，价亦腾贵，大抵用资香奁之饰耳。五代时，与猛火油俱充贡，谓蔷薇水云。

(同上书，卷二，物产门，页7)

猛火油，树津也，一名泥油，出佛打泥国①。大类樟脑，第能腐人肌肉，燃置水中，光焰愈炽。蛮人以制火器，其烽甚烈，帆樯楼橹，连延不止，虽鱼鳖遇之，无不燋烁也。

(同上书，卷二，物产门，页7)

片脑，产暹罗诸国，惟佛打泥者为上。其树高者二三丈，叶如槐而小，皮理类沙柳，脑则其皮间凝液也，好生穷谷，岛夷以锯付狖，就谷中尺断而出，剥而采之，有大如指厚，如二青钱者，香味清烈，莹洁可爱，谓之梅花片。鬻至中国，擅翔价焉。復有数种，亦堪入药，乃其次耳。

(同上书，卷二，物产门，页7—8)

蓬莛奈，华言破肚子，盖果实也，产于暹罗之崛巇。如大枣而青，岛夷日乾以附远，渍以沸汁，其皮自脱，园满如大李，肉润腻如红酥，甘美可啖，亦珍味云。

(同上书，卷二，物产门，页9)

十三、《筹海图编》

嘉靖三十三年，海寇何亚八等引倭入寇，提督侍郎鲍公象贤，总兵定西侯蒋公传讨平之。

先是亚八与郑宗兴等潜从佛打泥国，引番舶于沿海劫杀，逸往福建，收叛亡数千人，与陈老、沈老、王明、王直、徐铨、方武等流劫浙、福，復回广东。

(胡宗宪：《筹海图编》，卷三 天启刻本，页14)

---

① 佛打泥，即今泰国的北大年。

闽县知县仇俊卿云……暹罗、朝鲜、日本、爪哇等国通事,照《会典》各有定数。其不通夷语及误事者,法禁甚明。今漳、泉之人冒滥名色,假为通事,实多通谋而误事之孽,有不可逭者,亦当察而更革之可也。

（同上书,卷四,页22—24）

　　都督万表云:向来海上渔船出近洋打鱼、樵柴,无敢过海通番。近因海禁渐弛,勾引番船,纷然往来海上。各认所主,承揽货物装载。或五十艘,或百余艘,或群各党,分泊各港。又各用三板草撇脚船,不可胜计。在于沿海,兼行劫掠,乱斯生矣。自后日本、暹罗诸国,无处不到。又诱带日本岛倭奴,借其强悍,以为护翼。

（同上书,卷十一,页5）

　　凡外夷贡者,我朝皆设市舶司以领之。在广东者,专为占城、暹罗诸蕃而设;在福建者,专为琉球而设;在浙江者,专为日本而设。其来也,许带方物,官设牙行,与民贸易,谓之互市。是有贡舶即有互市,非入贡即不许其互市,明矣。

（同上书,卷十二,页85）

十四、《皇明四夷考》

暹　罗

　　暹罗,本暹与罗斛二国,在南海中。暹土瘠,不宜耕稼。罗斛土平衍,种多获,暹仰给焉。元至正间,暹降罗斛。洪武四年,暹罗斛国王参烈昭毘牙遣奈思俚侨剌识悉替奉金叶表朝贡,赐《大统历》。十年,遣子昭禄群膺奉金叶表贡象及方物,遣使赐诏及暹罗国王之印。十六年,给勘合文册,令如期朝贡。永乐元年,称暹罗国。十五年,琐里人昭禄群膺哆啰谛剌为王①,遣奈必上表贡方物,乞量衡式,赐《古今列女传》、金绮、量衡,令三年一朝贡。宣德中,稍减赐物,著令。

　　其国方千余里,群山环绕,峭拔崎岖。地下湿,土疏恶,气候岚热不齐。自占城西南舟行七昼夜至其国。王宫壮丽,民楼居。其楼密联槟榔片,簾系之甚固,籍以簾席、竹簟、寝处于中。王白布缠首,腰束嵌丝

---

① 昭禄群膺哆啰谛剌是暹人,而不是印度人。

帨加锦绮，跨象或乘肩舆。尚释教，国人效之，好为僧尼。妇人多智，夫听於妻。妻与中国人私，不为怪。男阳嵌珠玉，富贵者范金盛珠，行有声。婚则群僧迎婿至女家，僧取女红贴男额，称利市。丧礼，贵者灌水银葬，民间鸟葬。言语大类广东，俗浇浮，习水战，好斗，喜寇掠。市用海贝，煮海为盐，酿秫为酒。产宝石、奇香异木、翠羽、狮、白象、白鼠，苏木贱如薪，色绝胜，六足龟、珊瑚。

（郑晓：《皇明四夷考》，上卷，商务印书馆国学文库，1933年重印本，页62—63）

满剌加

其国旧名五屿，东南距海，西北皆山，地瘠卤，故未称国，隶暹罗，岁输金五千两。既奉我正朔，始不隶暹罗。

（同上书，下卷，页72）

十五、《咸宾录》

暹 罗

暹罗，本暹与罗斛二国。暹国，汉赤眉之遗种也①。土瘠不宜耕种。罗斛土腴衍，多获，暹人岁仰给焉。自古不通中国，元至正间暹人降於罗斛，合为一国。进金叶表，欲元遣使至其国。比至，元已先遣使，彼盖未之知也。赐来使素金符佩之，使急追诏使同往。大德初，暹国主上言，其父在位时朝廷常赐鞍辔、白马、金缕衣，乞循旧例以赐。元赐以金缕衣，不赐以马。

我朝洪武初，遣大理闻良辅往谕之②。国王参烈昭毘牙遣使朝贡，并献其国地图。上遣人赐以印诰。永乐初，乞量衡为国中式。诏给之。顷之其国与琉球修好，为风漂舟至福建省，布政司籍记船物请命。上曰："番邦修好，美事也，岂可利其物而籍之！其令布政司舟坏者修理之，食者给粟，候有便风仍导之去。"使归，暹人戴之，自是朝贡不绝。而我亦辄遣使封其嗣王。

成化间，其贡使有美亚者，乃本朝汀州土人谢文彬也。昔因贩盐下

---

① 有学者认为古赤土国在马来半岛和泰国南部，但说暹罗是汉赤眉遗种，是附会。赤土、赤眉是两个不同的概念。

② 《明实录》未见有闻良辅出访暹罗的记载。

海,为风飘入暹罗,遂仕其国。尝至南京,为其从子瓒偶遇识之,为织殊色锦绮贸易番货。事觉下吏,始吐实焉。嘉靖中,国王遣使贡白象及方物。白象已毙,遗象牙一枝,长八尺。牙首镶金石榴子十颗,中镶珍珠十颗,宝石四颗,尾置金刚椎一根,又金盒内贮白象尾为证。隆庆时,为东牛国所攻,钦赐印信被兵焚无存,奏请另给。礼部议往彼国取印篆字样并精通番字人员赴京教习。后使来,遂赐冠服留教习。

其国由广东香山县登舟,顺风计约四十日可至。遇东风,飘舟西行,即舟坏犹可登山。东有山名万里石塘者①,起自琉球国,潮至则没,潮退方见。若东风飘舟至此,十无一存者。故彼来贡必五六月南风,比去则用十一二月北风,过此则不敢行矣。

王宫殿壮丽,民楼居,上联槟榔片或陶瓦覆之,坐卧即於楼上。籍以毡及藤席,无床几之制。惟王以受封天朝,故留发。臣及庶民俱剪发。妇人留发,妆髻於后。无姓有名。为官者称偓某,为民上者称柰某,最下称隘某。葬有鸟葬、火葬、水葬。王死,水银灌腹,以帛缠之,同片脑纳棺中,停置一年,乃用火化,拾骨葬於塔下。贵人亦然。小罪枷柽游市,中大罪杀之河边,浮尸水上。好诵佛经,字皆横书横诵。俗颇趋利,敬富笑贫。言语多类广东。婚姻俗浮浇。习水战,好斗,喜寇掠。市物少则用海贝,多则用银。银必经王铁印印过,每百两入税六钱,方可通行。无印银即私银也,三犯者死。妇人多智,凡事夫决於妻。妻与中国人交,恬不为耻,反以交多者为荣。男阳嵌鋹铃,或一或三,富者金银,贫者以铜,行则有声。婚姻用僧取女红帖男额上。气候常热,无霜雪。

其译语:天为普剌,地为佃因,日为脉,月为晚。

物产最饶,小民多载舟往它国商贩。有金铜锥、蔷薇露、罗斛香、(味极清远)奇木、(其花须类黑漆匙箸,以之饮食,油腻不能污。偶以染茶,随手而消)、白鼠、(毛白如雪)、奇龟、(六足)、酒(四夷中酒以暹罗为第一)为异。

(罗日褧:《咸宾录》,南夷志卷六,
中华书局,1983年版,页148—150)

讨来思

讨来思,即古赤土国也,隋时通焉。……

---

① 万里石塘,为我国南海的西沙群岛,说它起自琉球国,不确。

我朝名讨来思。宣德六年,遣人朝贡。其国近山,山下有水赤色,望之如火。杜氏《通典》载其王姓瞿昙氏,名利富多塞,不知有国远近,称其父释王位,出家为道,传位於利富多塞,在位十六年矣。①

其俗皆穿耳剪发,无跪拜之礼。以香油涂身。尚释敬佛教,重婆罗门。妇人作髻於顶后。男女通以朝霞朝云杂色布为衣,豪富之室恣意华美,唯金锁非王赐不得服用。每婚姻,择吉日女家先期五日作乐饮酒,父执女手以授婿。七日乃配。既娶则分财别居,唯幼子与父同居。父母兄弟死,则剔发素服,就水上搆竹木为棚,棚内积薪,以尸置上,烧香建幡,吹蠡击鼓以送。火焚薪,遂落於水,贵贱皆同。唯国王烧讫收灰,贮以金瓶,藏於庙屋。冬夏常湿,雨多霁少。

其产:甘蔗酒(杂以紫瓜根,味绝美。)龙脑香为奇。

(同上书,南夷志卷六,页151—152)

沙哈鲁

沙哈鲁,古投和国也,隋时闻焉。唐贞观中遣使奉表,以金函盛之。又献金榼、金镇宝带、犀、象、海物等数十品。自后未通。

我朝名沙哈鲁。永乐间七十七人来贡。

其地民淳耻斗,物产丰饶,覆屋以瓦,并为阁而居。屋壁皆以彩画之。城内皆王宫室,城外人居可万余家。王宿卫之士百余人。每临朝则衣朝霞,冠金冠,耳挂金环,颈挂金涎衣,足履宝装皮履。官属有将军、功曹、参军、州郡县等官号。刑法,盗贼重者死,轻者穿耳及鼻并钻鬓。私铸银钱者截腕。国无赋税,俱随意贡奉,无多少之限。以农商为业。国人乘象及马,一国之中马不过千匹,又无鞍辔,唯以绳穿颊为节制。音乐则吹蠡击鼓。死丧则祠祀哭泣。又焚尸以罂盛之,沉於水中。若父母之丧,则截发为孝。其国市物并贸易皆用银钱,小如榆荚。有佛道,有学校,文字与中夏不同。

物产甚多,交易海中诸国。西域贾胡辄以廉价得奇货去沙哈鲁,人不识也。

(同上书,南夷志卷六,页153)

---

① 杜氏《通典》的有关引文,抄自《隋书·赤土传》。讨来思今地在何处,是不是隋时之赤土国,待考。

② 淡巴,有学者认为故地在今马来西亚的丹帕(Dampar)湖一带,一说在苏门答腊的甘巴(Kampar)河流域。淡巴是否古代的狼牙修,待考。

淡 巴[①]

淡巴,古狼牙修国也。梁时闻焉。天监中,遣使阿撒多奉表,辞皆佛语。其使言立国以来四百余年,后嗣衰弱。族有贤者,国人归向之。王闻乃囚执之。其锁无故自断。王以为神,不敢害。逐之,奔天竺。天竺妻以女。俄而狼牙王死,大臣迎还为王。今上表者,乃其子婆伽达多也。自后不通中国。

我朝名淡巴。洪武十年,国王佛喝思罗遣使朝贡。其国风景秀赡,地广产多,石城瓦屋。王出入乘舆跨马,颇有威仪。男女咸务耕织常业。市有交易,国无寇盗,称乐土也。

物产大略与真腊同。

(同上书,南夷志卷六,页155—156)

十六、《东西洋考》

暹 罗

暹罗在南海,古赤土及婆罗刹[②]六坤地也。以赤土故,后人讹为赤眉遗种。隋大业二年,募能通绝域者。屯田主事常骏等自南海郡乘舟使赤土,宣诏毕,为奏天竺乐,曰:"今是大国臣,非复曩赤土国矣。"以铸金为多罗叶,隐起成文为表,金函封之,遣子随骏还报,此通中华之始也。

唐贞观时,婆利、罗刹与林邑使者偕来。其后分为暹与罗斛二国。暹瘠土,不宜耕稼。罗斛土平衍,而种多获,暹取给焉。元元贞初,暹遣使入贡。赐来使素金符佩之。大德三年,暹国主上言:"父时朝廷尝赐鞍辔白马及金缕衣,乞循故事以赐。"帝以丞相言彼小国而赐马,恐其邻祈都辈讥议朝廷,竟赐金缕衣,不锡以马。迨至正间,暹降罗斛,遂称暹罗斛。

洪武四年,国王参烈昭毘牙遣使奉金叶表来朝。七年,使臣沙里拔继至,自言:"衔命来王,去秋八月,坏舟乌猪洋,漂至南海,所余贡物,仅苏木、降香、兜罗锦来献,不敢自外於包茅。"上讶其无表,诡言舟覆,而

[①] 淡巴,有学者认为故地在今马来西亚的丹帕(Dampar)湖一带,一说在苏门答腊的甘巴(Kampar)河流域。淡巴是否古代的狼牙修,待考。

[②] 婆罗刹,有学者认为,即婆罗娑国。

方物逈存，必番商也，却之。

九年，国王哕啰禄遣其子昭禄群膺贡象及方物。下诏褒谕，赐暹罗国王印。自是始称暹罗，从朝命也。二十年，再贡。二十八年，哕啰禄殂。遣中使赵达往祭，兼赐嗣王昭禄群膺及妃绮帛罽布有差。永乐元年，遣使贺即位。二年，表贡方物。遣中使李兴往劳，赐文绮钞帛。四年，贡使嗣至，表乞量衡式，许之，并赐《古今烈女传》。是秋，国王遣使与琉球修好，遭风漂舟入闽，守臣籍记方物以请。上谓李至刚曰："属夷缔盟，美事也，朕岂有利焉。乡有善人犹能救人于危，况朝廷统御天下哉！"令有司给粟，俟便风导之去。七年，使凡两至，首春以祭仁孝皇后；秋九月，更修职贡，厚报之。时南海叛民何八观等屯聚岛外，窜入暹罗，至是使归，兼谕国王毋为逋逃主。八年，贡使附送八观等还，降敕嘉美。十年冬，贡复至。

十三年，昭禄群膺殂，子三赖波磨札剌的赖嗣。暹罗於满剌加，夙鞭箠使之，征输惟命，然犹岁岁开兵隙。十七年，诏暹罗国王俾与满剌加平。十八年，贡又至。遣中使杨敏护其使还国，并报礼王。十九年春，奉表谢侵满剌加之罪。七月，贡如常仪，盖是岁使又两至云。二十一年，贡至，赐钞币如礼。其后著令三载一贡。

至成化间，汀州士人谢文彬者以贩盐下海，飘入暹罗，因仕其国。后充贡使至，留都，遇从子瓒于途，为织锦绮贸易。事觉下吏，竟遣归。然成化后大率六年一贡矣。嘉靖三十二年，使至，贡白象及方物。途中白象已毙，遗象牙一枝。使者以珠宝饰之，置金盘内，并贮白象尾毛为信。(《广志》曰：象牙一枝，长八寸，首尾厢金起花。牙首大五寸七分，厢石榴子十颗。中厢珍珠十颗，宝石四颗。尾大二寸，厢金刚钻一颗。)上嘉其意而礼遣之。

隆庆初年，东蛮牛(俗名放沙)求婚暹罗，暹罗拒之峻。东蛮牛恚甚，统沙外兵围暹罗，破之。王自经死，虏其世子及中朝所赐印以归。次子摄国，奉表请印，曰："暹罗部领数十国，非天朝印不得调兵。"上命给予。(时郑汝璧为礼部郎，白内阁不知印文云何。阁臣曰："第铸暹罗国王印予之可耳。"郑曰："国初受封，未必即称王。且篆文尺寸或有未合，於彼不便。彼所存公移旧印文固在也，宜檄粤东抚臣往取，循以给之。"内阁曰："然。"嗣取印文至，则都统使印也。遍考诸书，国王印是永乐所赐，而耳目刺谬若此，岂先朝佯为驾御之术耶？抑迹来在事者因更给而故杀其权耶？存之以俟知者。)暹罗既败，其后颇为东蛮牛所制。嗣王整兵经武，志在复仇。万历间，东蛮牛复来寇，嗣王引兵迎击之，杀其子,东蛮牛宵遁,不敢復窥暹罗。暹罗新雄海外,随移军攻真腊。真腊降。从此年年用兵,遂霸诸国矣。

比倭寇朝鲜,部议遣材官谕诸属国率夷兵攻夷,暹罗愿领所部前驱自効,经略都御史宋应昌以闻。会倭酋死,遁去,不果行焉。

其土下湿,气候岚热不齐。民悉楼居,楼密联,槟榔片藤系之甚固,藉以藤席、竹簟寝处其间。王宫高九丈余,以黄金为饰,雕缕八卦,备极弘丽。诸酋见王,礼制甚肃,望门自拜,膝行乃前。王与国人白布缠首,被服长衫,腰束嵌丝帨,王独加以锦绮,跨象或乘肩舆。尚释教,国人効之。百金之产,便以其半施佛。

妇人多智,丈夫事无大小,悉归与妇计之,听其裁决。妇见华人慕悦之,置酒款接留宿,酬狎以为常,夫不能禁也。婚则群僧迎婿至女家,僧取女红帖男额以为吉祥。丧礼以水银灌之,葬于高埠,盖塔其上。贫家鸟葬耳。以矾制纸,施烟粉为白黑。

田平而沃,稼穑丰熟。其俗劲悍,善水战。大将多用圣铁裹身,刀矢不能入。圣铁者,人脑骨也。(方言谓天为普赖,地为佃因,日为脉,月为晚。官制凡九等:一曰握哑往,二曰握步刺,三曰握啌,四曰握坤,五曰握闷,六曰握文,七曰握板,八曰握郎,九曰握救。文则使臣在馆教习译字生者。)

形胜名迹

(其国有款细湾①、细辞滑②、沾奔诸府③,皮细禄④、倒脑细⑤、可剌⑥诸司)

大帽山(在王宫后)

笔架山(三峰接连如笔架状。)

黎头山　竹屿　椰树湾

黄河水(水自五月一派从海中来,渐而涨田。其地四月插苗,苗随水涨而发,水渐高苗亦渐长,遂至六七尺,涨以九月始退。退则稻熟可收。田得水而肥,其米纯白,邻壤多取给焉。)

---

① 款细湾,即今泰国的北榄坡府(Nakhon Sawan)。
② 细辞滑,似是今泰国的四色菊府(Srisaket)。
③ 沾奔,今泰国的春蓬府(Chumphon)。
④ 皮细禄,今泰国的彭世洛府(Phitsanulok)。
⑤ 倒脑细,今缅甸的墨吉(Mergui),有学者认为该地泰名Tamos。曾属暹。
⑥ 可剌,今泰国呵叻府(Khorat)。

三宝港（是港无鳄鱼）

金城（在王宫）

金塔(在殿内,其中金佛无数,高七八尺,小一二尺。)

三关（其一为程尽所辖,其二为木夷所辖,其三为佛郎机、日本所辖。）

锡门（华人出入必经之处,郑和为建卓楔,扁曰天竺国。）

礼拜寺（永乐间,郑和所建寺,甚宏丽,佛高与屋齐。）

三宝庙（在第二关,祀太监郑和。）

西塔（其塔无合尖,闻夷人初建塔,功成,郑和令削去之,后屡缉不能就。）

物　产

珠（徐衷《南方状》曰:採珠用五牲祈祷,若祭有失,则风搅海水,或有大鱼在蚌左右。海贾云:中秋有月,是岁多珠。）

珊瑚（《图经》曰:生海底,作柯枝状,明润如红玉。《海中经》曰:取珊瑚,先作铁网沉水底,珊瑚贯中而生,岁高三二尺,绞网出之,皆摧拆在网中,故难得完好者。今《一统经》云:以丝绳系五爪铁猫儿,用黑铅为坠,掷海中取之,亦其遗法也。本朝充贡。）

琥珀（《博物志》曰:松脂沦地中千年,化为茯苓,又千年化为琥珀。）

猫精石（《宝货辨疑》曰:猫精出南番,酒色,阔如指面大者,愈大愈好。）

宝石（《华夷考》曰:锡兰高山参天,顶产青美蓝石、黄雅鹘石、青红宝石,每遇大雨,冲流沙中,拾取之。暹罗本朝充贡。）

金刚钻（《抱朴子》曰:金刚生水底石上,如钟乳状,体如紫石英,没水取之,铁击不能伤。《华夷考》曰:金刚砂出深山高顶,人不可到,乃鹰隼打食,却於野地上鹰粪中获得,以其能钻定器,名金刚钻。）

犀角（本朝充贡）

象牙（本朝充贡）

翠羽（本朝充贡）

玳瑁

龟筒（《岭表录异》曰:人立背上,可附而行。取壳,以生得全者为贵。初用木换出其肉,楚毒鸣吼如牛,古人谓生龟脱筒指此。工人以其甲通明黄色者,煮拍陷玳瑁为器,谓之龟筒。）

花锡（《尔雅》曰:锡谓之鈏。）

铅（《地镜图》曰：草青茎赤，秀下有铅。）

罗斛香（《一统志》曰：味极清远，亚于沈香，本朝充贡。）

檀香（叶廷珪《香谱》曰：皮实色黄者为黄檀，皮洁色白为白檀，皮腐色紫者为紫檀，并坚重清香，白檀尤良。）

乳香（佛书谓之天泽香，言其润泽也。又谓之伽罗香。）

降香（本朝充贡，俗呼舶上来者为番降。）

片脑（《华夷考》曰：产暹罗诸国，高二三丈，皮理如沙柳，脑则其皮间凝液也。岛夷以锯付犹就谷中，尺断而出，剥采之，有大如指厚如二青钱者，香味清烈，莹洁可爱，谓之梅花片。鬻至中国，擅翔价焉。復有数种，其次耳。本朝充贡。）

蔷薇水（《华夷考》名酴醿露，曰：海国所产，天气凄寒，零露凝结，著他草木，乃冰澌木稼，殊无香韻。惟酴醿花上，琼瑶晶莹，芬芳袭人，若甘露焉。夷女以泽体发，膩香经月不灭。暹罗尤特爱重，竞买略不论直。）

兜罗绵（瞿睿夫曰：兜罗绵，刀矢不能入。）

明角

乌角

蜡（见《星槎胜览》）

阿魏（《酉阳杂俎》曰：树长八九尺，皮色青黄，断其枝，汁出如饴，名阿魏。《海上耳谈》谓传之暹罗商云，树如棘，丛生，棘若猬毛，春初獐麂挚逐狂奔，著树辄死。地产大蚁，壅泥沙啜之，成封垤。夷人乃以竹筒作笼，射壅中，筒溜成药，彼中食料，以此烂物，如鲍肆忘臭。按唐本註曰：性极臭而能止臭，亦奇物也。）

獭皮

苏木（《吾学偏》曰：暹罗苏木，贱如薪，色绝胜，本朝充贡）

夷瓶（以夷泥为之，俗名干杯，夏月贮水，可以不败。）

大风子（《本草释名》曰：能治大风疾，故名。）

紫梗（《本草》：名紫胶。苏恭曰：紫色如胶，作赤麂皮及宝钿，用为假色，亦以胶宝物。云蚁於树藤皮中为之，如蜂造蜜。《吴录》所谓赤胶。）

没药（《图经》曰：海南诸国有之，根株如橄榄，叶青而密，岁久者，膏液流滴地下，凝结成块。《一统志》曰：树高大如松，皮厚一二寸，採时掘树下为坎，用斧伐其皮，脂流於坎，旬余方取之。本朝充贡。）

血竭（《本草》名騏驎竭，物如干血，故名血竭。《南越志》云：是紫胶树之脂也。欲验真伪，但嚼之不懑。如蜡者佳。）

孩儿茶(《本草纲目》一名乌爹泥,曰:出暹罗诸国。是细茶末入竹筒中,坚塞两头,埋污泥沟中,日久取出,捣汁熬制成。块小而润泽者为上,大而焦枯者,次之。)

蓬莁奈(《华夷考》曰:华言破肚子,盖果实也。产於暹罗之崛陇,如大枣而青。岛夷干以附远,渍以沸汁,其皮自脱。圆满如大李,肉润腻,甘美可啖。)

槟榔

椰子

酒(《方舆胜览》曰:四夷中酒,暹罗为最。)

犀(《埤雅》曰:犀有四辈,纹如桑椹,或如狗鼻者上。黔犀无文,螺犀纹旋,牸犀纹细。)

象(《埤雅》曰:象性久识,能浮水出没。惟鼻是其本肉,胆不附肝,随月转在诸肉。鼻端有小爪,可以拾针。暹罗本朝充贡。)

鹤顶鸟(杨用修载刘安期曰:鹖䳨水鸟,黄喙,长尺余,南人以为酒器,即今之鹤顶也。按《华夷考》:海鹤大者,修顶五尺许,翅足称是,吞常鸟如啖鱼鳝。昼啄於海,暮宿岩谷间。岛夷以小镖伏於鹤常宿所刺之,平旦有获五六头者。剥其顶售於舶估,比至闽、广,价等金玉。又南番大海中有鱼,顶中魷红如血,名鹤鱼。以为带,号鹤顶红。有人在达官处见其鹤顶红带,云是鹤顶剪碎夹打而成。)

孔雀(本朝尾充贡)

鹦鹉(《异物志》曰:行则以口啄地,然后足从之。忌以手摸其背,犯者即不饮啄而卒。故《图赞》云:鹦鹉慧鸟,栖林啄蕊,四指中分,行则以嘴。)

六足龟(《大明会典》云:暹罗献六足龟。)

白鼠(见《吾学编》。)

六坤,暹罗属国也,风土与暹罗尽相类。第六坤地故产椒,是暹罗所无。

交 易

贾舶入港,约三日程至第三关。舟至,则侦者飞报於王。又三日至第二关。又三日至佛郎日本关。所至关,辄听与其近地交易,不必先诣王也。既至王城,以币、帛、橙、橘之类贡王,然王深居不得见。

其俗以海𧴩代钱。是年不用𧴩,则国必大疫,故相沿不改。(𧴩即今螺巴。《星槎胜览》云,每一万准中统钞二十贯。)贸易输税,各有故事。国人礼华人甚挚,倍於他夷,真慕义之国也。

论曰:林邑夙通中华,局然雄国。暹罗自赤土攀隋,亦便有衣被震旦意。明兴内附,洗沐云油。占城见苦交人,则屡诏销其锋。暹罗蹒跚满剌加,则十行折其锐。盖莫不义畏而仁怀焉。然占城从征,而有二心於交;暹罗当海内清夷,辄请遣子入学,当属国云扰,有请助战擒倭,夫固二国之优劣也。

(张燮:《东西洋考》,卷二,中华书局,1981年版,页31—40)

麻六甲,即满剌加也。……旧隶暹罗,岁输黄金为赋。盖所部瘠卤,尚未称国云。

永乐三年,酋西利八儿速剌遣使上表,愿内附,为属郡,効职贡。七年,上命中使郑和封为满剌加国王,赐银印,冠服,从此不复隶暹罗矣。

(同上书,卷四,麻六甲条,页66)

(永乐)十七年,王亦思罕答儿沙嗣,更率妻子来朝,言"为暹罗所侵,惟陛下卵翼之。"上为降诏暹罗国王,无开兵隙。暹罗旋遣使来谢侵伐之罪。满剌加所得保境息肩者,皆中国赐也。

(同上书,卷四,麻六甲条,页67)

十七、《皇明象胥录》

祖训不征诸夷:

朝鲜、日本、大小琉球、安南、真腊、暹罗、占城、苏门答剌、西洋、爪哇、彭亨、白花、三佛齐、浡泥。

右凡十五国。职掌所载,又有琐里、西洋琐里、览邦、淡巴、须文达那诸国。

颁有勘合国:

暹罗、日本、占城、爪哇、满剌加、真腊、苏禄国东王、苏禄国西王、苏禄国峒王、柯支、浡泥、锡兰山、古里、苏门答剌、古麻剌[①]。

---

① 古麻剌,又作古麻剌朗,故地在菲律宾棉兰老(Mindanao)岛,一说在吕宋岛博利瑙角附近的Cabarruyan岛。

洪武十六年始给暹罗国，以后渐及诸国。每国勘合二百道，改元则换给。

（茅瑞征：《皇明象胥录》，卷一，国立北平图书馆善本丛书第一集，据明崇祯刻本影印，书目页4）

嘉靖二年，福州府盘获琉球夷人三十二名。译称：往暹罗置贡仪，抵漳州外洋遭风。会倭使宋素卿等于宁绍仇杀，上恐堕奸计，命併发浙江查勘。

（同上书，卷一，琉球条，页19）

（琉球）讌会，令童歌夷曲，舞以侑觞，酒以水渍米，越宿，妇人嚼以取汁，曰米奇。间来自暹罗，清冽易令人醉。

（同上书，卷一，琉球条，页24）

（宣德）七年，暹罗使者以前使及番伴百余为占城拘留，诉于朝。正统元年，占城使至，诏还所留暹罗人及我军往西洋未归者。

（同上书，卷四，占城条，页5）

嘉靖初，占城及暹罗等国商泊广东，市舶中使牛荣私贸易事觉，没其资。

（同上书，卷四，占城条，页7）

（真腊）不事蚕织。后暹人来居，得桑与蚕种。缝补织纴，率倩暹妇为之。

（同上书，卷四，真腊条，页11）

暹罗国在南海中。自东莞放洋，历占城，西南行，顺风七昼夜至。其北岸连交趾，本暹与罗斛二国。暹土瘠，不宜耕稼，罗斛平衍，多获，暹仰给焉。……

元成宗元贞初，暹国进金叶表，来贡。至正间，暹降罗斛，为一国。

洪武初，遣大理少卿闻良辅往谕之。四年，其王参烈昭毗牙遣使奉金叶表朝贡，贺正旦，赐《大统历》。六年，其子参烈宝毗牙复遣贡，併献其国地图。十年，贡象及方物。命礼部员外郎王恒等赍诏，赐以暹罗国王之印。十六年，给勘合、文册，令朝贡以时。二十八年，遣中使赐嗣王昭禄群膺及妃文绮。

永乐元年，奉表乞量衡为国中式，并赐金绮、《古今列女传》。尔后，定三年一朝贡，道由广东。二年，福建布政司奏，有番船泊岸，係暹罗国与琉球通好，已藉船物请命。上谓礼部尚书李至刚等曰："诸番修好乃美事，漂舟所宜嘉恤。令所司为治舟，廪而遣之。"七年，奉表遣祭仁孝皇后。使还，谕归南海流民何八观等。十三年，嗣王侵满剌加国，敕令罢兵。二十一年，定例免抽货税，给赏毕日，许于会同馆开市。

宣德中，赐予稍减。成化十三年，使来贡。汀州士人谢文彬以贩盐下海，漂暹罗，仕至坤岳。坤岳者，华言学士。至是偕来，贸易蕃货，事觉下吏。弘治中，命给事中林恒往册封。正德十年，进金叶表文，贡方物，译其字无识者。大学士梁储疏请选留来夷一二名在馆肄习，从之。

嘉靖元年，暹罗及占城各番舶至广东，市舶中使牛荣纵仆私贸苏木、胡椒等物，鬻南京，盘获伏法。三十二年，贡白象及方物，象毙于途，遗牙一枝，使者饰以珠宝，置金盘，并象尾献。上嘉其意，礼遣之。三十七年，其王勃略坤息利尤池牙遣使赍金叶表来朝。明年，从贡使请，特还抽税佐修船费。

隆庆初，东蛮牛求婚暹罗，不许，统沙外兵破其国，虏世子及赐印归。

万历初，嗣王击走东蛮牛。是后，暹罗益强，移攻真腊，真腊请降。七年，复遣使具金叶表文来贡。二十二年，缅酋雍罕①等从蛮莫遁归，暹罗卷甲趋之，俘斩数万，缅势遂衰。

其国方千余里，山迴环峭立。候岚热。……沃土力穑。尚释教，经字皆横书，家及百金，即以其半施佛。重丧礼，贵人以水银灌尸，葬高阜地；民间或筏浮于海，迎僧咒大鸟食之，顷刻尽，谓之鸟葬。酿秫为酒，甲诸夷，称暹酒。工刺绣织纴。市用海贝。言语大类广东。贡物：犀、象、珊瑚、宝石、阿魏、诸香、六足龟、西洋布之属。其旁国六坤，风土相似，多产椒。

（同上书，卷四，暹罗条，页13—16）

---

① 雍罕，指缅甸东吁王朝的良渊侯（Lord of Nyuangan）。他是缅王莽应龙的儿子。1600年，白古陷落后，良渊侯以阿瓦为基地，把上缅甸重新统一起来。

十八、《殊域周咨录》

暹 罗①

　　暹罗国在占城极南,自占城海道顺风十昼夜可至。其国北岸连于交趾,本暹与罗斛二国之地。暹古名赤土,罗斛古名婆罗刹也。暹国土瘠,不宜耕种,罗斛土田平衍而多稼,暹人岁仰给之。隋大业初,曾遣使常骏自南海道往赤土,人遂讹传赤土为赤眉遗种云。后改曰暹,元元贞初,暹人常遣使入贡,至正间暹降于罗斛,合为一国。

　　按别志云,赤土疆域正与暹罗同,东波罗剌国,西婆罗娑国,南诃罗旦国,北距大海,地方数千里。常骏自南海郡水行昼夜二旬,每值便风,至焦石山而过,东南泊陵伽钵拔多洲,西与林邑相对,上有神祠焉。又南行至狮子石,自是岛屿连接。又行二三日,西望见狼牙须国之山,于是南达鸡笼岛,至于赤土之界。林邑今占城也,观此则以赤土又为一国,与暹并壤耳。且《宋史》不载暹罗,岂以前不通中国者耶?

　　本朝洪武初,遣大理少卿闻良辅往谕之。暹罗斛国王参烈昭昆牙遂遣使入贡,进金叶表文,赐以《大统历》。

　　按别志又载:"永乐初,海外诸国来禀声教。良辅奉命往谕,自暹罗、爪哇以至西洋古里。"则良辅岂两使彼国耶?

　　七年,暹罗斛国使臣沙里拔来朝,自言本国令陪臣祭思里俤剌悉识替②入贡,去年八月,舟次乌潴,遭风坏舟,漂至海南,收获漂馀贡物苏木、降香、兜罗锦来献。省臣以闻,上怪其无表状,疑为蕃商覆舟,诡言入贡,却之。后其子参烈宝毗牙立。九年,王遣子昭禄群膺奉金叶表文,贡象及胡椒、苏木之属。上命礼部员外郎王恒、中书省宣使蔡时敏往赐之印,诏曰:"君国子民,非上天之明命,后土之鸿思,曷能若是?华夷虽间,乐天之乐,率土皆然,若为人上能体天地好生之德,协和神人,则禄及子孙,世世无间矣。尔参烈宝毗牙思里哆哩禄③自嗣王位以来,内修齐家之道,外造睦邻之方,况屡遣人称臣入贡,以方今蕃王言之,可谓盛德矣,岂不名播诸书哉!今年秋贡象入朝,朕遣使往谕,特赐暹罗国王之印及衣一袭,尔当善抚邦民,永为多福。"恒等与昭禄群膺陛辞,赐文绮衣服并道里费。十六年,给勘合文册,令如期朝贡。二十年,又

---

① 此段引文之标点符号与中华书局1993点校本稍有出入。
② 祭思里俤剌悉识替,应为奈思俚俤剌识悉替。
③ 参烈毗牙思里哆哩禄,亦译作参烈宝毗牙嘅哩哆啰禄。

贡胡椒万斤,苏木十万斤。

二十八年,诏遣中使赵达、宋福等祭其故王参烈昭昆牙①,赐嗣王昭禄群膺文绮四匹、罗四匹、䌷丝布四十匹,王妃文绮四匹、罗四匹、䌷丝布十匹。勅谕之曰:"朕自即位以来,命使出疆周于四维诸邦国,足履其境者三十六,声闻于耳者三十一,风俗殊异大国十有八,小国百四十九,较之于今暹罗为最近迩者。使至,知尔先王已逝,王绍先王之绪,有道于家邦,臣民欢怿。兹特遣人祭已故者,庆王绍位有道,勅至,其罔戾法度,罔淫于乐,以光前烈,其敬之哉!"

永乐元年,遣使入贺即位。自是其国止称暹罗国。二年,遣使坤文琨表贡方物。诏内使李兴等赍勅往劳之②,并赐文绮纱帛。四年,复贡方物,且乞量衡为国中式。诏赐《古今烈女传》,给与量衡。七年,王遣使奉仪物祭仁孝皇后,命中官以告几筵。是岁,复遣坤文琨贡方物。初,南海民何八观等流移海岛,遂入暹罗。至是因其使归,上命传谕国王,遣八观等还,毋纳流移,以取罪戾,并赍王金绒、纻丝、纱罗、织锦。八年,贡马及方物,送中国流移人还。赐勅劳之。十年,复贡。

十三年,昭禄群膺卒,其子三赖波磨札剌的③嗣位,以兵犯满剌加国。满剌加诉于朝。遣勅谕之,令与满剌加平④。勅曰:"朕祗膺天命,君主华夷,体天地好生之心以为治,一视同仁,无间彼此。王能敬天事大,修职奉贡,朕心所嘉,盖非一日。比者满剌加国王亦思罕答儿沙嗣立,能继乃父之志,躬率妻子诣阙朝贡,其事大之诚,与王无异。然闻王无故欲加之兵。夫兵者凶器,两兵相斗,势必俱伤,故好兵非仁者之心。况满剌加国王既已内属,则为朝廷之臣,彼如有过,当申理于朝廷,不务出此而辄加兵,是不有朝廷矣。此必非王之意,或者左右假王之名,弄兵以逞私忿。王宜深思,勿为所惑,辑睦邻国,无相侵越,并受其福,岂有穷哉,王其留意焉!"十五年,赐王锦四匹,纻丝、纱罗各十匹,赐王妃纻丝、纱罗各六匹。十八年,又贡。遣中官杨敏等护贡使归国,仍厚赉其王。十九年,王遣使柰怀等六十人入贡,谢侵满剌加国之罪。赐纱币有差。

二十一年,又贡。赏赐使臣及通事总管客人蕃伴衣服、纻丝、绢布、

---

① 参烈昭昆牙,《明实录》作参烈宝毗嗯哩哆啰禄。他早已在1388年去世。洪武二十八年为公元1395年,明朝遣使致祭的应该不是他,可能是1388年第二次上台执政、于1395年去世的拉梅宣。

② 据《明实录》,李兴使暹是在永乐元年九月。

③ 三赖波磨札剌的,《明实录》作三赖波磨剌札的赖。

④ 据《明实录》,明朝遣使赴暹调解是在永乐十七年。

靴、袜、履、金银、纱帽诸物有差,诏定其例,使臣人等进到物货俱免抽分,给与价钞,给赏毕日,许于会同馆开市,除书籍及玄黄紫皂大花西番莲缎并一应违禁之物不许收买,其余听贸易。二次使臣筵宴,回至广东,布政司复宴。

洪熙、宣德间,至如常期。赐王及妃,各减永乐十五年之半。正统、景泰间,贡或不常,赐复旧例。成化十三年,王遣使群谢提素英必、美亚二人来贡方物。美亚本福建汀州士人谢文彬也,昔年因贩盐下海,为大风飘入暹罗,遂仕其国,官至坤岳,坤岳犹华言学士之类。至南京,其从子瓒相遇识之,为织殊色花样缎匹贸易蕃货,事觉下吏,始吐实焉。

按四夷使臣多非本国之人,皆我华无耻之士,易名窜身,窃其禄位者。盖因去中国路远,无从稽考,朝廷又惮失远人之心,故凡贡使至必厚待其人,私货来皆倍偿其价,不暇问其真伪。射利奸氓,叛从外国者众,如日本之宋素卿,暹罗之谢文彬,佛郎机之火者亚三,凡此不知其几也。遂使窥视京师,不独经商细务,凡中国之盛衰,居民之丰歉,军储之虚实,与夫北房之强弱,莫不周知以去。故诸蕃轻玩,稍有凭陵之意,皆此辈为之耳。为职方者,可不慎其讥察也哉!

十七年,遣行人姚隆(江西临川人,成化辛丑进士。)往册封其王①。弘治中,给事中林恒复奉使行册封礼。

刑部侍郎屠勋送林黄门诗曰:八月星槎万里行,载将恩雨过蛮城。更筹每用占朝暮,土色还应识地名。陆贾有才堪使粤,班生无处不登瀛。谁云此去沧溟远,飞梦时常到玉京。大学士杨一清赠林黄门诗曰:百年文轨万方同,地尽暹罗古未通。封建屡崇昭代礼,揄扬兼伏使臣功。天连岛屿蛮烟静,日射沧溟瘴雨空。闻道越裳王化在,几多重译颂声中。

正德十年,国王遣使贡方物,进金叶表文。诏译其字,无有识者,礼部以闻。大学士梁储疏曰:"据提督四夷馆太常寺卿沈冬魁等呈,该回回馆教习主簿王祥等呈,切照本馆专一译写回回字,凡遇海中诸国,如占城、暹罗等处进贡,来文亦附本馆带译。但各国言语土字,与回回不同,审译之际,全凭通事讲说,及至降勅回赐等项,俱用回回字。今次有暹罗国王差人来京进贡金叶表文,无人认识,节次审译不便。及查得近年八百大甸②等处夷字失传,该内阁具题暂留差来头目蓝者歌在馆教习

---

① 据《明实录》,明朝此次遣使是在成化十八年,以刑科给事中林霄为正使,行人姚隆为副使。

② 明代史籍把八百媳妇分为八百大甸和八百者乃两部分。八百大甸以清迈为中心,八百者乃以清莱为中心。

成效,合无比照蓝者歌事例,于暹罗国来夷人内选留一二名在馆,并选各馆官下世业子弟数名送馆,令其教习,待有成之日,将本夷照例送回本王等因,实为便益。据此,臣等看得习译夷字,以通朝贡,系是重事,今暹罗夷字委的缺人教习,相应处置,合无着礼部行令大通事并主簿王祥等,将本国差来通晓夷字人再加审译,暂留一二在馆教习。待教有成效,奏请照例送回,庶日后审译不致差误。"上从之。

按洪武十五年,命翰林侍讲火原洁等编类《华夷译语》,上以前元素无文字,发号施令但借高昌书制蒙古字行天下,乃命原洁与编修马懿赤黑等以华言译其语,凡天文、地理、人事、物类、服饰器用,靡不俱载。复取《元秘史》参考,以切其字谐其声音,既成刊布,自是使臣往来朔漠,皆得其情。又凡四夷分十八所,设通事六十人,大通事有都督都指挥等官,统诸小通事,总理贡夷降夷及归正人夷情番字文书译审奏闻。夫此即仿古象胥之制而设是官职,自国初迨正德不过百有余年,而遂失其所守,何也?且今四夷馆中有译字生,有平头巾通事,有食粮通事,有官带通事,有借职通事,以比太祖之时已数倍其员,而竟不能谙各国之来文,岂非校试之术疏,黜陟之法废,人皆食其食不事其事故耶?迄至嘉靖间,如通事胡士绅等乃交结奸夷,捏陷本管主事陈九川等以兴诏狱,则益不可言矣。兹欲肃其官常,使无素餐旷职,使毋诈上行私,以复太祖建官之盛典,谓非大宗伯之所当加意者哉!

嘉靖元年,暹罗及占城等夷各海船番货至广东,未行报税,市舶司太监牛荣与家人蒋义山、黄麟等私收买苏木、胡椒并乳香、白蜡等货,装至南京,又匿税,盘出送官。南京刑部尚书赵鉴等拟问蒋义山等违禁私贩番货例,该入官苏木共三十九万九千五百八十九斤、胡椒一万一千七百四十五斤,可值银三万余两,解内府收贮公用。牛荣寅(夤)缘内铛,得旨:"这贩卖商货给主。"刑部尚书林俊复疏,谓:"查得见行条例,通番下海买卖劫掠有正犯处死、全家边卫充军之条;买苏木、胡椒千斤以上有边卫充军、货物入官之条,所以严华夷之辨,谨祸乱之萌。今蒋义山等倚恃威权,多买番货,天幸匿税事发,将牛荣等参奏。陛下方俞正法之请,寻启用倖之门,忽又有旨给主。明主爱一嚬一笑敝袴以待有功者。今三万余两之物果一敝袴比,给还罪人果赐有功比,皆臣等之所未喻也,伏望大 奋乾刚,立断是狱,将代为营救并请讨之人下之法司,明正其罪。"上乃诏赃物照旧入官。

按夷中百货,皆中国不可缺者,夷必欲售,中国必欲得之,以故祖训虽绝日本而三市舶司不废。市舶初设在太仓黄渡,寻以近京师,改设于福建、浙江、广东。七年罢，未几复设，盖北夷有马市，西夷有茶市，江南海夷有市舶，所以通华夷之情，迁无有之货，收征税之利，减戍守之费。且以禁海贾抑奸商，使利权在上也。然夷货之至，各有接引之家，先将重价者私相交易，或去一半，或去六七，而后牙人以货报官，且为之提督，如牛荣辈者复从而收腊之，则其所存以为官市者又几何哉！今提督虽革而接引积蠹莫之能去，盖多势豪为主，久握其利，海道副使或行严缉，是非蠭起，是以难刷其敝。迩年浙福之间都御史朱纨励禁接引①，以致激生倭寇，然则市舶之当开与否，岂不有明鉴哉！

三十二年，国王遣使坤随离等贡白象及方物。白象已死，遗象牙一枝，长八尺，牙首镶金石榴子十颗，宝石四颗，尾置金刚锥一根，又金盒内，贮白象尾为证。三十七年，又贡方物，视旧颇不同，迄今贡使不绝。

其国山形如白石峭礥，周千里，外山崎岖，内岭深邃，田平而沃，稼穑丰熟，气候常热。风俗劲悍，专尚豪强，侵掠邻境，削槟榔木为标枪，水牛皮为牌，药镞等器，惯习水战。王宫壮丽，民楼居，其楼密联槟榔片，藤系之，甚固，藉以藤席、竹簟，寝处于中。王白布缠首，腰束嵌丝帨加绵绮，跨象或乘肩舆。男女椎髻，白布缠头，穿长衫，腰束青花手巾。其上下谋议，刑法轻重，钱谷出入，凡大小事悉决于妇人，其志量在男子上，其男一听苟合无序。遇中国男子甚爱之，必置酒饮待，欢歌留宿。男阳嵌珠玉，富贵者范金盛珠，行有声。婚则群僧迎送，婿至女家，僧取女红贴男额称利市。妇人多为尼姑，道士能诵经持斋，服色似略中国，亦造菴观。能重丧礼，人死气绝，必用水银灌养其尸，而后择高阜之地，设佛事葬之。酿秫为酒，煮海为盐。以海𧴩代钱，每一万个准中统钞二十贯。

货用：青白花磁器、印花布、色绢、色段、金、银、铜、铁、水银、烧珠、雨伞之属。其产：罗斛香（味极清远，亚于沉香）、大风子油、苏木（其贱如薪）、犀、象、犀角、象牙、翠毛、黄蜡、花锡。其贡：象、象牙、犀角、孔雀尾、翠毛、龟筒、六足龟、宝石、珊瑚、金戒指、片脑、米脑、糠脑、脑油、脑柴、檀香、安息香、黄熟香、降真香、罗斛香、乳香、木香、乌香、丁香、阿魏、蔷薇水、丁皮、琬石、柴梗、藤竭、藤黄、硫黄、没药、乌爹泥、肉豆蔻、白豆蔻、胡椒、筚拨、苏木、乌木、大枫子、芯布、油红布、白缠头布、红撒哈剌布、红地绞节智布、红杜花头布、红边白暗花布、乍连花布、乌边葱白暗花布、细棋子花布、织人象花文打布、西洋布、织花红丝打布、织杂

---

① 嘉靖二十六年（1547年），朱纨任浙江巡抚兼提督福建军务。他为肃清倭患，采取革渡船，严保甲，禁势豪接引走私等措施，但在江浙官僚的反对、攻击下，他被逼在嘉靖二十九年自杀。

丝打布、剪绒丝杂色红花被面、红花丝手巾、织人象杂色红花文丝缦。

其里至：占城之极南；其道由：广东、占城七昼夜至其国。

按《禹贡》曰：岛夷卉服。召公曰：明王慎德，四夷咸宾。毕献方物，惟服食器用。盖民生不可裸形而立，则衣服之需日用急焉。故先王制贡，不贵珠玉而贵布帛。若是，我朝四夷所献，如朝鲜之苎布，哈密之氆布，交趾之白绢，皆重服用也。然暹罗海岛异俗，而能谙于织作，丝之贡数品，布之贡十有三品，如此可谓知所重矣。今天下惟浙东诸郡颇能尽力蚕桑，其他各省多不识缲茧，江淮虽多绵花，而不事纫织，是何异于暹俗之勤敏哉！

（严从简：《殊域周咨录》，卷八，中华书局，
1993年点校本，页278—286）

十九、《名山藏》

暹罗在南海古赤土地，后汉赤眉遗种。本名暹罗斛，暹一国，罗斛一国。居真腊南，其音声似东粤，剪发穿耳，跣而缭腰，及骭前后，珍宝之国也。暹土瘠，不五谷；罗斛莽平宜稼，暹人仰给之。元末，罗斛人降暹，并称斛暹罗（暹罗斛）。

明初，大理少卿闻良辅持诏其国，其王参烈昭毗牙遣使奉表入贡，赐明历。参烈昭毗牙以懦废，从父参烈宝毗牙嗯哩哆啰禄代立，以高帝九年遣其子昭禄群膺修世见，上遣礼部员外郎恒赉诏送之归，称其内齐家而外睦邻，赐暹罗国王印，自是始称暹罗也。参烈宝毗牙嗯哩哆啰禄卒，昭禄群膺立。二十八年，遣使祭其故王，赐昭禄群膺杂缯诸物。勅曰：朕即位以来，命使出疆，周于四外诸蛮夷邦国君长，履境者三十六，声闻者三十一，大国十有八，小国有四十九。唯暹入中华最近，亦唯最好礼守德。故王已逝，王绍绪，有道于家邦，明使者往来具言，朕甚嘉之，兹特遣人祭故王，贺王登于新敞之哉。

成祖即位，遣使入贺。十三年，昭禄群膺卒，子三赖波摩札赖的赖立，数侵凌满剌加国，满剌加以告，制解之。暹罗自永乐中贡不绝，上谓暹罗谨，有所赐，皆及其妃，乃命三年一贡，许市会同馆。一再贸易，所挟赀无税。使还，广东有司宴。上章奏，以后不常至，然未尝绝也。正统二年，王悉里麻哈赖；九年，王谷戎有替下：十一年，思利波罗麻惹智剌。

成化间，有汀人谢文彬者，贩盐遇风，飘入其国界，遂入仕焉。易名美□①，为贡使。嘉靖中，遣使贡白象。象道死，使使者取象牙，镶以金石珍宝，留贮白象尾为证，尾置金□□②一。此时其王名勃略坤息利尤池牙。

隆庆初年，东蛮牛求婚，暹罗拒之，东蛮牛恚，围暹罗，破之，王自经死，虏其世子及中朝所赐印以归。次子摄国，奉表请印，上命给予。暹罗既败，其后颇为东蛮牛所制。万历间，其国王引兵迎击东蛮牛，杀东蛮牛宵遁。暹罗遂移军攻降真腊，从此年年用兵，雄于海外。

其国方千里，峰峦峭峻，山色如白石。地湿上疏，恶岚热，无常候。国中有塔，曰西塔。其始造时，值郑和至，削其合尖，后屡合之，不能尖也。

王所居宫用黄金涂，帽金帽，若白抹首首镢，周于身，以受明封，独不剪发。臣民遥见王，合掌偃偻扪王足三，乃自扪首三，谓之顶上恩。用周正虾蟆，生则拜月，曰毋使食也。

教用释，旁行为书记。大刑用烹、锯。男子听决于妇人，谓其多智，许其私也。为楼居，贯槟榔于藤，四维之。亦削槟榔之干为镖，以吴牛之革为盾。行钱用贝八，不用贝八则国必大疫。其属国曰六坤。

（何乔远：《名山藏》，明刻本，王享记二，页24—26）

二十、《万历野获编》

关白侵朝鲜事起，建白者章满公车。石司马③以集众思为名，多所采纳。……有一妄男子程鹏起者，求往海外暹罗国借兵，以攻关白，可令回师自救，以解朝鲜之困。石司马大喜，以为奇策，即请于上。加参将职衔，给饷召募。其寮掾二十人，皆无赖椎埋辈也。并授指挥，充中军旗鼓等官。先入朝鲜，约会师之期，索其赂数万；至闽广造船募兵，费饷数十万，俱匿入橐中，盘桓海上不发，始为言者论罢，辍行。

（沈德符：《万历野获编》，卷十七，兵部，程鹏起条，中华书局，1959年版，页438—439）

倭事起时，有无赖程鹏起者，诡欲招致暹罗，举兵捣其巢，以纾朝鲜之急。其说甚诞，一时过计者，又恐暹罗入境，窥我虚实，且蹂践中华。

---

① 原书空缺一字，应为"亚"。
② 原书空缺二字，应为"刚锥"。
③ 石司马，即兵部尚书石星。

于谷峰宗伯时在春曹，极讪笑之，以为茫茫大海，不知暹罗在何方，所云调征者已可笑，乃又忧其入内地，此待其来时，再议之可也。其言似是，然暹罗实与云南徼外蛮莫及缅甸相邻，陈中丞用宾抚滇①，尝欲与协力图缅，夷为郡县，可得地数千里。事虽无成，然其国滨海，而可以陆路通无疑矣。程鹏起泛海求援固属说梦，即于公讥诋亦未得肯綮。于久为礼官，暹罗为入贡恭顺之国，其道里图经，何以尚未深究。

（同上书，卷十七，兵部，暹罗条，页439）

弘治十年，又暹罗国通事奈罗，自言为福建清流县人，因渡海飘至其国，今使回便道，乞展墓归国。许之。……成化十三年，暹罗使臣坤禄群谢提素英必、美亚二人入贡。其名美亚者，汀州士人谢文彬也。官拜坤岳，即中华学士。

（同上书，补遗卷四，华人夷官条，页934—935）

二十一、《四夷广记》

广东东莞县至暹罗针路

自广东东莞县之南亭门放洋，南至乌潴洋、独潴洋、七洲洋，星盘坤未针至外罗，坤申针四十五程至占城旧港，经大佛灵山，其上烽墩则交趾属也。又未针至崑屯山，又坤未针至玳瑁州、玳瑁额及于龟山，酉针至暹罗。由盈和门台②海口入港，水中长洲隐隆如坝，海舶出入如中国车坝，然亦国之一控扼也。少进为一关，守以夷酋，又少进为二关，即国都也。

云南至暹罗

暹罗北去二百余里有一市镇名上水，可通云南后门，番人五六百家居之，诸色番货皆有。

暹罗山川

国之山形如白石峭砺，周千里，外山崎岖，内岭深邃。龟山及陆昆③皆国中要害之地，主以阿昆猛斋（犹华之总兵），甲兵属焉。崛垅山，

---

① 陈用宾，万历年间曾任云南巡抚。
② 盈和门台，《瀛涯胜览》作新门台，即湄南河口的北榄。
③ 陆昆，即洛坤。

狨人①所居,产蓬达柰。陂隄里②,产五谷。

奶街,华人流寓者之居。

（慎懋赏:《四夷广记》,海国广记暹罗条
玄览堂丛书续集 第101册,页839—840）

暹罗制度

王居无城郭,据大屿,稍如中国殿宇之制,覆以锡版。辟东壁为巨扉,是为王门。治内分十二圹坝,酋长主焉,犹华之有衙府也。国王白布缠头,上不穿衣,腰束嵌丝手巾,又以锦绮压腰。出入跨象,或乘肩舆,一人执伞盖,伞用茭章叶砌做。凡国人谒王,必合掌跪而扣王之足者三,自扣其首者三,谓之顶礼,敬之至也。建辰之月是为岁首,建巳之月始作农事,建午之月潦始涨,建酉之月潦退,王乃御龙舟,乃祀土,谷禾乃登始获。王子始长,习梵字、梵礼,若术数之类皆从贵僧,故其国右僧,且谓僧作佛,佛乃作王。其贵僧亦称僧王,国有号令决焉。其犴狱则穴地为重楼三级,谓之天牢。轻罪置上级,差重置中级,殊死者乃置下级。轻刑以皮鞭,差重断足十趾,差重断手十指,罪至殊死者腰斩,或以象躁之。贵僧为请于王,王乃宥之,没为僧奴,谓之奴囝。赋役省薄,惟给象为最重。故殊死获免者不为奴囝,则以给象终身焉。王之妻妾皆盛饰倚市,与汉儿贸易,不讶亦不敢乱。国无占候,凡日月薄蚀,国人见者则奔告于王,首至者赏。建寅之月,王乃命巫占方,命力者由胜方所向掠人而剔其胆,杂诸药为汤,王濡足,象濡首,以作猛气。凡用胆,华人为上。僧不剔,孕妇不剔,疮痍不剔,是故用胆视岁甲子为多寡也。

（同上书,页844—845）

暹罗风俗

国无姓氏,华人流寓者,始从本姓,一再传则亡矣。

（同上书,页845）

暹罗物产

獂猥(或作狌),捕鼠捷于猫,诸国皆产,惟暹罗者良。舶估挟至广

---

① 狨人,似是塞芒人(Semang),属格尼利多(Negrito)人种。

② 陂隄里,为Pedir的音译,位于今苏门答腊北部实格里(Sigli)一带。1511年,葡占马六甲,苏丹曾退到陂隄里。为什么作者把它列入暹罗山川?待考。

州,常猫见而避之,豪家每十金易一云。

(同上书,页848)

广东往暹罗针路

南亭门①开洋,用坤未针五更②船平乌潴山。在马户边用坤未针十三更平七洲山,又用坤未针七更平独潴山③。如见独潴山,可用丁未针二十更取外罗山④,用丙午针七更平校杯屿⑤及新洲港⑥。用丙午针五更船平大佛灵山,用单午三更船平伽蓝儿山⑦。用丁午针平罗湾头,用坤未针五更船平赤坎山。船身开,恐犯玳瑁洲。船身陇,恐犯玳瑁鸭、玳瑁礁。若船身近赤坎山,看不见玳瑁洲。用丁未及单未针十五更船取大昆仑山⑧内过,船打水十五六托。用庚酉针三更船取小昆仑山⑨。用庚酉针十更船取真屿山⑩内过。船打水十四五托。用辛戌十更船取大横山,内外可过船。用辛戌针五更船取小横山,内外可远山过船。用乾戌针二十五更船取笔架山。用壬子针十更船取陈翁屿。⑪用单壬针三更船上浅收进暹罗为妙也。

暹罗回广东针路

离浅用丙巳针平陈翁屿,用丙午针十更船平笔架山。远放洋,用单丙针及丙巳针二十五更船取小横山。在帆铺边,用丙巳针五更船平大横山。帆铺户边,用单辰针十更船取真屿山。在帆铺边,用申卯针及单卯针十三更船取大昆仑山。在马户边,用单丑及丑癸针十五更船取赤坎山。若船身开,恐犯玳瑁洲。若船身陇,恐犯玳瑁鸭、玳瑁礁。用单丑五更船取罗湾。长用单丑及丑癸针五更船平校杯屿及羊角屿,内是新洲港口。用癸子针七更船取外罗山东边过船。用丑癸针二十更船取独潴山,用丑艮针及单艮针五更船平铜鼓山。用丑艮针二更船平七洲

---

① 南亭门,在今广东珠江口外的万山群岛。
② 更,是我国古代航海计算里程的单位,大致上一昼夜分成十更,一更约合六十里。
③ 独潴山,今海南省万宁县束南的大洲岛。
④ 外罗山,位于今越南中部海岸之外广东群岛的列岛(Re)。
⑤ 校杯屿,即校杯屿。
⑥ 新洲港,即今越南归仁港。
⑦ 伽蓝儿山,又称伽喃模屿,伽倆貌山。
⑧ 大昆仑山,指越南岸外的昆仑岛。
⑨ 小昆仑山,指越南岸外的两兄弟(Two Brothers)群岛。
⑩ 真屿山,又称大真屿,真王屿。
⑪ 陈翁屿,即陈公屿,一说是曼谷湾内的派(Pai)岛。

山,用丑艮针十三更船取乌潴山。用单艮针五更船收南亭门姜山为妙也。

(同上书,页849—850)

暹罗往满剌加针路

离浅用丁午针十更船平佛屿①,用单丙针十更船大小苏梅山②,山内有三门,都是可过船。用单午针十五更船平玳瑁屿,屿内是中朴浅,船不可近坤申行,用丙午针十更船平孙姑那港口③,有二屿,名叫角奴、角猫外过船,用丁午针五更船取六坤下池④,其坤申尾有浅,生开是孛大泥⑤地方。用单丙针七更船平吉兰丹港口⑥。用丙午针四更船平三角屿⑦,内过船,见吉贝屿⑧在船头,并有一圆光屿,可近外大屿行妙。内有小屿,不可近也。用单午针五更船平斗屿⑨内过船,用单丙针五更船取彭坊港口⑩,用单丙针五更船平地盘山⑪及东西竹,将军帽⑫俱在外,火烧山及猪母山俱放在内门也。可行丙午针七更,船取达罗汉屿⑬。屿北边坤申有浅,船在达罗汉屿内过船妙。若不行内门,往外寻白礁,望白礁打水十五托正路。若白礁在,在马户边过船,又不可近罗汉屿。用寅酉针五更船入龙牙门⑭,流水紧,夜间不可行船,用庚戌及辛戌针三更船取吉里闷山⑮。用乾戌针三更取昆宋屿⑯。用单乾针五更取射箭屿。用乾亥针五更船取五屿⑰,四五托抛船,坤申是满剌加为妙也。

---

① 佛屿,又作佛山,位于曼谷至萨木伊(Samui)岛的航道间。
② 大小苏梅山,大苏梅山为泰国的萨木伊岛,小苏梅山为其北面的潘甘(Phangan)岛。
③ 孙姑那港口,即今泰国的宋卡(Songkha)。
④ 六坤下池,即今泰国的北大年角。
⑤ 孛大泥,即今泰国北大年一带。
⑥ 吉兰丹港口,即今马来西亚吉兰丹州的哥打巴鲁(Kota Bahru)。
⑦ 三角屿,今马来半岛东岸外珀亨提安(Perhentian)岛。
⑧ 吉贝屿,在马来半岛东岸外大雷丹岛(Great Redang)附近的 Chipu 岛。
⑨ 斗屿,今马来西亚瓜拉龙运(Kuala Dungun)港外的 Tenggol 岛。
⑩ 彭坊港,即彭亨港,即今马来西亚彭亨州北干(Pekan)港。
⑪ 地盘山,即地满山,即今马来西亚的潮满岛。
⑫ 将军帽,在马来半岛东南岸外的锡里布阿(Siribuat)群岛,指丁宜(Tinggi)岛。
⑬ 达罗汉屿,在马来半岛东南岸外的利马(Lima)岛。
⑭ 龙牙门,指林加(Lingga)海峡。
⑮ 吉里闷山,又作吉利门,指苏门答腊岛东岸外的卡里摩(Karimun)岛。
⑯ 昆宋屿,即毗宋屿,在今马来西亚的皮散(Pisang)岛。
⑰ 五屿,马六甲港外的瓦特(Water)群岛中五个较大的岛屿。

满剌加回暹罗针路

五屿开船,用癸巳针五更船平射箭屿。用单癸针五更船取昆宋屿,南边有浅,用单辰针三更取吉里闷山。沿北边坤申,使用乙辰针三更船讨长腰屿,防屿南边有凉伞礁及𪨶浅沙。入龙牙门,防北边牛屎礁,用乙卯针五更船取马鞍屿,屿内可过船,防北边坤申尾有浅。若是外出望白礁,打水十五托,正路船在白礁凡铺过,船离礁远,用单子针及子癸针五更船平火烧山及外东西竹,并将军帽,并前地盘山。用单壬针及壬癸针五更船平彭坑港口。用单子针十更船取斗屿,船在内过。用壬子针五更船取吉贝屿及一员顶屿,俱在外过,船在此屿内行妙。不可贪西边小屿,有沉礁。前头是三角屿,放在外上,内有小屿,放在内边,船往中行。用壬子针四更船吉兰丹港口。用单子针七更船取孛大泥及六神下地①。其坤申尾有浅生开,用壬子针五更船取孙姑那港口,口外有二屿,名唤角奴、角猫。用壬子针十更船取玳瑁屿内过,防坤申边中朴浅生开,打水四五托行为妙。用单子针十更船取大小苏梅山,山内有三门都可过船。用壬子针十更船取佛屿,用单壬针十更船取龟山。用单壬针五更船平笔架山。用单子针十更船收暹罗港口为妙也。

(同上书,页 902—904)

二十二、《图书编》

暹罗馆

暹罗国,本暹与罗斛二国。暹国土瘠,不宜耕种,罗斛土衍腴多获,暹人岁仰给焉。元元贞初,暹人常遣使入贡。至正暹降于罗斛,合为一国。

本朝洪武初,遣大理少卿闻良辅往谕之,暹罗斛国王参列昭毗牙遣使奈思俚俙剌识悉替奉金叶表朝贡,还赐《大统历》。七年,遣使沙里拔来朝,自言本国令陪臣祭〔奈〕思俚俙剌识悉替入贡,去年八月舟次乌潴,遇风舟坏,漂至海南,收获漂余贡物。上因无表状可据,疑为奸商诡言,却之。后其子参列宝昆牙立,九年,遣子昭禄群膺奉金叶表贡象及诸方物。上命礼部员外郎王恒、中书省宣使蔡时敏往赐诏及暹罗国主之印。十六年,给勘合文册,令如期朝贡。二十年,又贡胡椒、苏木。二

---

① 六神下地,应为六坤下池。

十八年，诏遣中使赵达、宋福①等祭其故王参列昭昆牙，赐嗣王昭禄群膺敕谕。

永乐元年，遣使入贺，始称暹罗国。二年，遣使昆文现②表贡方物。四年，复贡方物，且乞量衡为式。诏赐古今列女传，给与量衡。七年，王遣使奉仪物祭仁孝皇后，命中官以告几筵。是岁，复遣坤文现贡方物。先是南海民何八观等流移海岛，遂入暹罗。至是，因其使归，传谕国王遣八观等还，毋纳流移以取罪戾。八年，贡马及方物，送中国流移人还，赐敕劳之。十年，复贡。十三年，昭禄群膺卒，其子三赖波磨札剌的嗣位，以兵侵满剌加国，满剌加诉于朝，敕谕暹罗国王，令与满剌加平。十五年，来贡。十八年，又贡，遣中官杨敏等护贡使归国，仍厚赍其王。十九年，王遣使奈怀等六十人入贡，谢侵满剌加国之罪，赐纱币有差。二十一年，又贡，赐使臣及通事、总管、番伴有差。

洪熙、宣德间，至如常期。正统、景泰间贡或不常，赐仍旧例。成化十三年，遣使群谢提素英必、美亚二人来贡方物。美亚，本福建汀州士人谢文彬也。昔因贩盐下海，为风飘入暹罗，遂仕其国。尝至南京，其从子瓒偶遇识之，为织殊色锦绮贸易番货。事觉下吏，始吐实焉。十七年，遣行人姚隆往册封其王。

弘治中，遣给事中林恒复往，行册封礼。正德十年，遣使贡方物，进金叶表。嘉靖元年，暹罗及占城等夷各载番货至广东，未行报税，上乃命赃物照旧入官。三十二年，国王遣使坤随离等贡白象及方物。三十七年，又贡方物，比旧稍不同。

万历三年九月，暹罗王招华宋颃遣使握坤哪采思湾等奉金叶表贡方物。六年十月，该舍内阁大学士张□等题，据提督少卿萧廪呈请于本馆添设暹罗一馆，考选世业子弟马应坤等十名送馆教习。

其国东连大泥，南临东牛，西接兰场③，北界大海。由广东香山县登舟，顺风计约四十日可至其国。彼国来贡，必用五六月南风，还则用十一二月北风，过此不敢行矣。

其境内有大库司凡九，曰暹罗，曰可剌细马④、曰匹曹本⑤、曰皮细

---

① 赵达、宋福，《明实录》记作赵达、朱福。
② 昆文现，应为坤文琨。
③ 兰场，即南掌，今老挝琅勃拉邦。
④ 可剌细马，又称可剌，另一说在今泰国加拉信（Kalasin）府。
⑤ 匹曹本，一说在泰国的碧差汶府（Phechabun）。

禄、曰束骨胎①、曰果平匹②、曰倒脑细、曰讨歪③、曰六昆。大库司,尤华言布政司也。府十四,曰采纳④、曰老无⑤、曰比采⑥、曰束板普⑦、曰辣皮⑧、曰匹皮里⑨、曰采野⑩、曰多铙⑪、曰千无里⑫、曰细辞滑、曰采欲⑬、曰款细湾、曰沾奔、曰魁山⑭。县七十三,俱分隶各府。其土地东南平衍饶稻,西北多大山。

（章潢:《图书编》,明万历四十一年刻本,
卷五十一,页 17—19）

二十三、《寰宇通志》

暹罗国

沿革 本暹与罗斛二国,地在占城极南,暹乃汉赤眉遗种,其国土瘠,不宜耕艺。罗斛土田平衍而多稼,暹人岁给皆仰之。元贞元初,暹人尝遣使入贡。至正间,暹人始降于罗斛而合为一国。国朝洪武初,号暹罗斛国。其王参烈昭毗牙遣使臣奈思俚侨刺识悉替等来朝,进金叶表,并贡方物,诏赐大统历。永乐初,其国始去斛字,止称暹罗国。其王昭禄群膺哆啰谛刺遣使奈必表贡方物,诏赐古今烈女传,且乞量衡为国中法式,从之。自是累岁朝贡不绝。

（陈循:《寰宇通志》,卷一一一,
玄览堂丛书续集本,卷一一八,页 10）

---

① 束骨胎,又称速古台,是素可泰的异译。
② 果平匹,一说在今泰国的甘烹碧(Kamphaengphet)府。
③ 讨歪,即今缅甸的土瓦(Tavoy)。
④ 采纳,即今泰国的猜纳(Chainat)府。
⑤ 老无,今泰国的华富里(Lopburi)一带。
⑥ 比采,今泰国的披集(Phichit)府。
⑦ 束板普,今泰国的素攀武里(Suphanburi)府。
⑧ 辣皮,今泰国的叻丕(Ratburi)府。
⑨ 匹皮里,今泰国碧武里(Phetchaburi)府。
⑩ 采野,今泰国的猜也(Chaiya)。
⑪ 多铙,可能是今泰国的达叻(Trat)府。
⑫ 千无里,今泰国的春无里(Chonburi)府。
⑬ 采欲,今泰国的猜也蓬(Chaiyaphum)府。
⑭ 魁山,一说在今泰国的考萨民(Khao Saming)。

二十四、《皇舆考》

　　暹罗（地在占城极南海中），本暹与罗斛二国。暹乃汉赤眉遗种，厥土瘠，不宜耕艺，罗斛土田平衍多稼，暹人仰给之。后，元至正间，合一国。

　　国朝洪武初，进金叶表，贡方物。诏赐印绶，给勘合。从其请，与量衡。其俗：气候不正。习尚侵掠。煮海为盐，酿秫为酒。男女椎结，白布缠头，被服长衫。事或计议刑法轻重，钱谷出入，并决之妇人，其志量在男子上。以𧵅子代钱流通。人死则灌水银以养其身。

　　其产：罗斛香（味极清远，亚于沉香）、犀、象、翠羽、苏木、花锡。其里至：占城之极南。

　　其贡：象、象牙、犀角、孔雀尾、翠毛、龟筒、六足龟、宝石、珊瑚、金戒指、片脑、米脑、糠脑、脑油、脑柴、檀香、速香、安息香、黄熟香、降真香、罗斛香、乳香、树香、木香、乌香、丁香、阿魏、蔷薇水、丁皮、豌石、柴梗、藤竭、藤黄、硫黄、没药、乌爹泥、肉豆蔻、胡椒、白荳蔻、荜拨、苏木、乌木、大枫子、苾布、油红布、白缠头布、红撒哈剌布、红地纹节智布、红杜花头布、红边白暗花布、乍连花布、乌边葱白暗花布、细棋子花布、织人象花文打布、西洋布、织花红丝打布、剪绒丝杂色红花被面、织杂丝竹布、红花丝手巾、织人象杂色红花文丝缦。

　　其朝：三年一期。其译语：呼天为普剌，地为佃因，日为脉，月为晚。

　　（张天复：《皇舆考》，卷十二，四夷，玄览堂丛书本，页19—20）

二十五、《裔乘》

　　暹罗，本暹与罗斛二国。暹为汉赤眉遗种，土瘠不宜耕种。罗斛土腴多获，暹人岁仰给焉。元至正间，暹为罗斛所并，乃合为一国。成宗元贞元年进金字表，欲元遣使至其国。比至，元使已先遣矣。大德初，暹国主上言，其父在时，朝廷尝赐鞍辔、白马、金缕衣，乞循旧例，诏予金缕衣，不予马。

　　我朝洪武初，遣大理闻良辅往谕之，国王参烈昭昆牙遣使朝贡，并献地图。诏赐印诰、大统历。永乐初来贡，赐《古今烈女传》，乞量衡为国中式，从之。顷之，其国使与琉球修好，舟被风漂至福建，布政司籍记船物，请命。上曰："番邦修好，美事也，柰何利其物？"令布政给谷食之，仍为修理其舟遣还。暹人感甚，自是朝贡不绝，而我亦辄遣使封其嗣王。

　　成化间，国王遣美亚入贡。美亚，乃汀州人谢文彬，因贩盐至暹罗，更名而仕其国者，尝至南京，织殊色锦绮，贸易番货。嘉靖中，国王贡白象及方物。隆庆时为东牛国所攻，失所赐印信，奏请另给。礼部议往彼国取印篆字样，并精通番字人员赴京教习，后使来，遂赐冠服，留教习。万历二十年九月，经略侍郎宋应昌奏暹罗国正使握扒喇等愿督兵荡倭巢，诏行两广总督遣官往谕朝廷德意，盖至今朝贡不绝云。

　　其国由广东香山登舟，顺风四十日可至。遇东风，舟狭可登岸。若飘至万里石塘山，则十无一存矣。故彼来贡，必五六月南风，比去则用十一二月北风，过此则不敢行矣。

　　王宫殿壮丽，民楼居，上联槟榔片或陶瓦覆之，坐卧即于楼上，藉以毡及藤席，无床几。王留发，臣及庶民俱剪发，妇人留发，妆髻于后。无姓有名，为官者称偓某，为民上者称奈某，最下者称隘某。有鸟葬、火葬、水葬，王及贵人死亦火化，以骨葬于塔下，贵人亦然。小罪枷桎游市中，大罪杀而投之河。好诵佛经，字皆横书横诵。俗颇趋利，敬富轻贫。言语多类广东。俗浮浇，习水战，好斗，喜寇掠。市物少则用海蚆，多则用银，银必以王铁印为记，每百两入税六钱，方可通行，无印纹即私银也。

　　妇人多智，凡事决于妻。妻与中国人交，不为禁，反以多为荣。婚姻用僧取女红帖男额。气候常热，无霜雪。物产最饶，民多载舟往他国商贩。所产有金钢锥、蔷薇露、罗斛香、奇木、白鼠、奇龟、酒之属。

　　（杨一葵：《裔乘》，南夷卷二，玄览堂丛书本，页35—37）

二十六、《三才图会》

　　暹罗，地在占城极南海中，本暹与罗斛二国，暹乃汉赤眉遗种，厥土瘠不宜耕艺，罗斛土田平衍多稼，暹人仰给之。后元至正间合一国。国朝洪武初，进金叶表，贡方物。诏赐印绶，勘合。从其请，与量衡。其里至占城之极南，有贡象、象牙、犀角、孔雀尾、翠毛、龟筒、六足龟、宝石、珊瑚、金戒指、片脑、米脑、糠脑、脑油、脑柴、檀香、速香、安息香、黄熟香、降真香、罗斛香、乳香、树香、木香、乌香、丁香、阿魏、蔷薇水、丁皮、豌石、柴梗、藤竭、藤黄、硫黄、没药、乌爹泥、肉豆蔻、胡椒、白豆蔻、荜拨、苏木、乌木、大枫子、苾布、油红布、白缠头布、红撒哈剌布、红地绞节智布、红杜花头布、红边白暗花布、乍连花布、乌边葱白暗花布、细棋子花布、织人象花文打布、西洋布、织花红丝打布、剪绒丝杂色红花被面、织杂丝打布、红花丝手巾、织人象杂色红花文丝幔。其朝三年一期。

(王圻：《三才图会》，地理十三卷，万历刻本，页28)

二十七、《岭海舆图》

暹罗国，本暹与罗斛二国，在占城南，国朝洪武四年其国王参烈昭毗牙遣使臣柰思俚侪刺识悉替等来朝贡，进金叶表。

大泥国，称隶暹罗助贡国，分节年来贸易。

(姚虞：《岭海舆图》，守山阁丛书本)

二十八、《荒徼通考》

(至元二十一年)

十一月，行省右丞唆都言，交趾与真腊、占城、云南、暹、缅诸国接壤。可即其地立省，及于越里、湖州、毗兰三道，屯军镇戍，因粮饷以给士卒，庶免海道输军之苦。

(佚名：《荒徼通考》，安南国条，玄览堂丛书续集本)

二十九、《广志绎》

香山岙乃诸番旅泊之处，海岸去邑二百里，陆行而至，爪哇、渤泥、暹罗、真腊、三佛齐诸国俱有之。其初止舟居，以货久不脱，稍有一二登陆而拓架者，诸番遂渐效之，今则高居大厦，不减城市，聚落万头，虽其贸易无他心，然设有草泽之雄，睥睨其间，非我族类，未必非海上百年之隐忧也。番舶渡海，其制极大，大者横五丈，高称之，长二十余丈。内为三层，极下镇以石，次居货，次居人，上以备敌、占风。每一舶至，报海道，檄府倅验之，先截其桅与柁，而后入岙。若入番江，则舟尾可搁城垛上，而舟中人俯视城中。又番舶有一等人名昆仑奴者，俗称黑鬼，满身如漆，止余两眼白耳。其人止认其所衣食之主人，即主人之亲友皆不认也。其生死惟主人所命，主人或令自刎其首，彼即刎，不思当刎与不当刎也。其性带刀好杀，主人出，令其守门，即水火至死不去，他人稍动其肩镝则杀之，毋论盗也。又能善没，以绳系腰入水取物。买之一头，值五六十金。

（王士性：《广志绎》，卷四，中华书局，1981年版，页100—101）

三十、《广舆记》

暹罗国（占城国极南）

沿革　暹与罗斛二国地，暹乃汉赤眉遗种。国朝洪武初上金叶表文入贡。

风俗　气候不正，俗尚侵掠。煮海为盐，酿秫为酒。男女椎髻，事决妇人。　玑子代钱，水银灌尸。

土产　罗斛香（味极清远）、犀、象、花锡、西洋布、蔷薇水。

（陆应阳：《广舆记》，卷二四，外夷，明万历刻本，页9—10）

三十一、《四夷馆考》

暹罗馆

暹罗国，本暹与罗斛二国。暹国土瘠，不宜耕种，罗斛土衍胰，多获，暹人岁仰给焉。元元贞初，暹人常遣使入贡。至正间，暹降于罗斛，合为一国。本朝洪武初，遣大理少卿闻良辅往谕之。暹罗斛国王参烈照昆（毗）牙遣使柰思俚俙剌识悉替奉金叶表朝贡，还赐《大统历》。七年，遣使沙里拔来朝，自言：去年八月，舟次乌潴，遇风舟坏，漂至海南，收获漂余贡物苏木、降香、兜罗〔锦〕来献。省臣以闻。上因无表状可据，疑为奸商诡言，却之。后其子参烈宝昆（毗）牙立。九年，王遣子昭禄群膺奉金叶表，贡象及诸方物。上命礼部员外郎王炟①、中书省宣使蔡时敏往赐诏及暹罗国王之印。十六年，给勘合、文册，令如期朝贡。二十年，又贡胡椒万斤、苏木十万斤。二十八年，诏遣中使赵达、宋福②等祭其故王参烈昭（宝）昆（毗）牙，赐嗣王昭禄群膺敕谕，仍赐王及妃文绮罗绫丝布有差。永乐元年，遣使入贺，始称暹罗国。二年，遣使坤文现③表贡方物，诏内使李兴等赍敕往劳之，并赐文绮纱帛。四年，复贡方物，且乞量衡为式，诏赐《古今烈女传》，给与量衡。七年，正（王）遣使奉

---

① 王炟，应为王恒。
② 宋福，《明实录》记为朱福。
③ 坤文现，应为坤文琨。

仪物祭仁孝皇后,命中官以告几筵。是岁,复遣坤文现贡方物。先是,南海民何入(八)观等流移海岛,遂入暹罗。至是,因其使归,传谕国王遣入(八)观等还,毋纳流移,以取罪戾,并赍王金绒纻丝纱罗织锦。八年,贡马及方物,送中国流移人还。赐敕劳之。十年,复贡。十三年,昭禄群膺卒,其子三赖波磨札剌的剌嗣位,以兵侵满剌加国,满剌加诉于朝,敕谕暹罗国王,令与满剌加平。十五年,来贡。赐王及妃纻丝纱罗有差。十八年,又贡。遣中官杨敏等护贡使归国,仍厚赍其王。十九年,王遣使柰怀等六十人入贡,谢侵满剌加国之罪。赐钞币有差。二十一年,又贡。赐使臣及通事、总管、番伴衣服、纱帽、靴履、金银诸物有差。洪熙、宣德间,至如常期。赐王及妃各减永乐十五年之半。正统、景泰间,贡或不常,赐仍旧例。成化十三年,遣使群谢提素英必、美亚二人来贡方物。美亚本福建汀州士人谢文彬也,昔因贩盐下海,为风飘入暹罗,遂仕其国。尝至南京,其从子瓒偶识之,为织殊色锦绮,贸易番货,事觉下吏,始吐实焉。十七年,遣行人姚隆往册封其王。弘治中,遣给事中林恒复往行册封礼。正德十年,遣使贡方物,进金叶表。下回回馆译。该大学士梁①疏:据提督少卿沈冬魁呈准回回馆主簿王祥等呈,窃照本馆专一译写回回字,凡遇海中诸国如占城、暹罗等处进贡来文,亦附本馆带译,但各国言语、文字与回回不同,审译之际全凭通事讲说,及至降敕、回赐等项,俱用回回字。今次有暹罗王进贡金叶表文,无人认识,节次审译不便。及查得近年八百大甸等处夷字失传,该内阁具题暂留差来头目篮者歌②在馆教习;合无比照蓝者歌事例,于暹罗国来夷人内选留二三名在馆,并选各馆世业子弟数名,送馆令其教习,待有成之日,将本夷照例送回彼国等因。上从之。嘉靖元年,暹罗及占城等夷各载番货至广东,未行报税。市舶太监牛荣与家人蒋义山、黄麟等私收买前货,至南京贩卖,仍不报税。所司盘出,送南京刑部,问拟蒋义山等违禁私贩番货,例该入官苏木共三十九万九千五百八十九斤,胡椒一万一千七百四十五斤,可值银三万余两,解内府收贮公用。牛荣夤缘内珰,得旨:这贩卖商货给主。刑部尚书林俊复疏谓:查得见行条例,通番下海买卖、劫掠,有正犯处死、全家边卫充军之条;买苏木、胡椒千斤以上,有边卫充军、货物入官之条,所以严华夷之辨,谨祸乱之萌。今蒋义山等倚恃威权,多买番货,天幸匿税事发,将牛荣等参奏,陛下方俞正法

---

① 指大学士梁储。
② 篮者歌,应为蓝者歌。

之请，寻启用倖之门，忽又有旨给主。夫明主爱一嚬一笑，敝袴以待有功，今三万余两之物，果一敝袴？比给还罪人。果赐有功，此皆臣等之所未喻也。伏望大奋乾刚，立断是狱，将代为营救并请托之人下之法司，明正其罪。上乃命赃物照旧入官。三十三年，国王遣使坤随离等贡白象及方物。白象已毙，遗象牙一枝，长八尺，牙首镶金石榴子十颗、宝石四颗，尾置金刚椎一根，又金盆内贮白象尾为证。三十七年，又贡方物，比旧稍不同。万历三年九月，暹罗国王昭华宋颇①遣使握坤哪朵思湾等奉金叶表贡方物。先是，有东牛国与暹罗邻，因求婚王女不谐，遂拥众攻暹罗国，陷其城。王普喇照普哑先自尽，掳其长子哪浮喇照为质，时隆庆三年七月也②。其次子昭华宋颇嗣为王，以钦赐印信被兵焚无存，因奏请另给。礼部议称：印文颁赐年久，无凭查给，且表字译学失传，难以辨验。覆题行彼国，查取印篆字样，并取精通番字人员赴京教习。五年八月，差通事握文源同夷使握闷辣、握文铁、握文贴赍原奉本朝勘合赴京请印，并留教习番字。各赐冠带衣服有差。六年十月，该内阁大学士张③等题：据提督少卿萧禀呈，请于本馆添设暹罗一馆，考选世业子弟马应坤等十名，送馆教习。时宗戴（载）承乏提督课业之暇，因令通事握文源且述彼国之土风物产如左。

其国东连大泥，南临东牛，西接兰场，北界大海。由广东香山县登舟，用北风下，指南针向午行，出大海，名七洲洋。十昼夜可抵安南海次，中有一山，名外罗山。八昼夜可抵占城海次。十二昼夜可抵大昆仑山。又用东北风转舟向未兼申三分，五昼夜可抵大真树港④。五昼夜可抵暹罗港，入港远二百里，即淡水。又五日抵暹罗城。此皆以顺风计，约四十日可至其国。若遇东风飘舟西行，即舟坏，犹可登山。西风飘入东海，中有山名万里石塘，起自东海琉球国，直至南海龙牙山，潮至则没，潮退方见，飘舟至此，少有存者。彼国来贡必用五六月南〔风〕，还则十一二月北风，过此不敢行矣。

其境内有大库司九：曰暹罗，曰可剌细马，曰匹曹本，曰皮细禄，曰束骨胎，曰果平匹，曰倒脑细，曰讨歪，曰六昆。大库司犹华言布政司

---

① 昭华宋颇，《明实录》作华拾朱。
② 隆庆三年为公元1569年，据暹史载，1568年，暹京阿瑜陀耶城受到缅军围攻，暹王摩诃·查克腊帕在围城期间去世，由马欣亲王继位。1569年缅军攻陷阿瑜陀耶城，把马欣亲王俘往缅甸，缅甸人立降缅的彭世洛太守坦马罗阁为阿瑜陀耶统治者。
③ 指大学士张居正。
④ 大真树港，今越南南岸外的奥比岛（Obi）。

也。府十四：曰来纳①，曰老无，曰比采，曰束板普，曰辣皮，曰匹皮里，曰采野，曰多饶，曰千无里，曰细辞滑，曰采欲，曰款细湾，曰沾奔，曰魁山。县七十二，俱分隶各府。

其土田东南平衍，饶稻；西北多大山，产诸香木、苏木。其城濠用砖砌，分八门，南北五里，东西十里。城中有小河，通州城外。西南民居辏集，另有城，週遭十里。王所居，于城西隅另建一城，约三里余。殿用金装彩绘，覆以铜瓦，室用锡瓦，阶用锡裹砖，栏杆用铜裹木。民楼居，不土处，上联槟榔片覆之，亦有用陶瓦者，坐卧即于楼板上，藉以毡及藤席，无床桌椅凳之制。其服饰，惟王以受封天朝，故留发，冠金嵌宝石帽，制类兜鍪，上衣长三尺，用五彩缎，小袖左衽，下用五彩布幔，鞋袜用红缎。官及庶民俱剪发，官一等至四等冠金嵌宝石帽，五等至九等冠五彩绒缎帽，庶民无帽，俱着两截衣，袜履用牛皮。妇人留发，妆髻于后，饰用金银簪花、戒指、镯钏、脂粉，贫者用铜，上衣披五色飞花布幔，下衣五彩织金花幔，拖地长二三寸，足着红黑皮靸鞋。

其官制有九等：一曰握哑往，二曰握步喇，三曰握嚇，四曰握坤，五曰握闷，六曰握文，七曰握板，八曰握郎，九曰握救。其选举，由乡邻举于大库司，大库司审其堪用，以文达于王所，王为定期面试，至期大库司引至王前，咨以民事，应对称旨，即授冠服候用，否则逐出。考课亦以三年为期。民间无姓有名，为官者称握某，为民上者称奈某，最下称隘某。

王出，乘金妆彩轿，或乘象车。每日旦升殿，各官于台下设毡，以次盘膝而坐，合掌于顶，献花数朵。有事则具文书，朗诵上呈，候王定夺乃退。遇春日、冬节及喜庆事，亦有赏赐。遇天朝颁赐敕谕、勘合，王则用原封冠服，呼万岁，行五拜三叩头礼如中国云。其刑法，有小罪则枷号游于市中，或桎足禁入狱，大罪则押至河边杀之，投尸水中。

结婚用媒妁、聘礼，亲迎则集亲邻，迎婚至女家，匹配后七日，方同回夫家。国王丧，国人皆髡发为孝，否则以秽污涂于顶上辱之。官民初丧，集僧诵经，祭以汤饭，越七日，施生前所用财物之半与僧。葬礼，王水银灌腹，以帛缠之，同片脑数十斤纳棺中，停置于家，一年后出棺于空地火焚之，拾其骨葬于塔下，塔高三丈，饰以金。官民富者亦建塔，惟不用金。此名火葬。贫民亦火焚，弃骨水中，名水葬。俗颇好利，敬富笑贫，小民多载舟之各国商贩。市物少则用海䑹，多则用银。官民有银，不得移用，皆送于王所，委官倾泻成珠，用钱印印纹于上，每百两入税六

---

① 来纳，应作采纳。

钱,如无印纹即私银也。初犯断左指,再犯断右指,三犯者死。妇人智过男子,内外事无大小,悉决于妇人。……其所用瓷器、缎绢皆贸自中国者。不通汉字,惟诵佛经,字皆横书横诵。其气候常热,无霜雪。土产珍宝有石金钢钻、金、银、铅、锡、铁、玳瑁、象牙、犀角、珠母。食货有胡椒、沉香、速香、降香、木香、丁香、树香、金银香、大枫子、马前、白豆蔻、玉豆蔻、乌药、儿茶、阿魏、鸦片、冰片、紫梗、藤黄、破肚子、燕窝、沙国米、黄腊、槟榔、椰子。布有西洋布,阔三尺余,长四五丈,染五色花纹,极细密工致。花木有猫竹、黄竹、班竹、勒竹、根竹、棕竹、苏木、油木、花梨木、铁力木、樟木、松木、榕木、栢木、涂木、黄阳木、檀木、乌木、石榴、柑、橘、莲、菊、茉莉、素馨、莺爪、月桂、绵、葵、葛、葡萄、甘蔗、芭蕉、苓角、枣、蔷薇露、波罗密。兽有犀、象、虎、豹、熊、猴、猿、貂鼠、穿山甲、南蛇、山羊、山牛、山猪、海鸟、獐、鹿、兔、麈、豺、狐狸、马、牛、羊、猫、鼠。禽有孔雀、锦鸡、鹇、鸩、鹳、鹤、莺、燕、雁、鸦、雀、鸠、翡翠、鹭鹚、鸳鸯、水鸭、鸽、鸡、鹅、鸭、鹦鹉有五彩、红、绿、白数色。鱼有鳄、鲲、沙、鲤、鲙、鲫、斋、银、墨、章、莆、蒂、鲈鱼、乌边、鞋底、班宝、马母、大口、白甲、笋壳、七星、三赖、鳅、鳝、虾、螃蟹、蛤、蚌。蔬有冬瓜、西瓜、王瓜、甜瓜、土瓜、苦瓜、瓠、茄、葱、蒜、韭、芥、苋、萝卜、波稜、鹿角、油菜、藤菜、海菜、角豆、扁豆、绿豆、黄豆、红豆。

(王宗载:《四夷馆考》,卷下,暹罗馆条,东方学会甲子(1924)夏六月印本,页19—24)

三十二、《增定馆则》

万历六年,因暹罗国王委差进贡,所有金叶表文无从审译,礼部题奉钦依,令该国起送通晓番字人员。据广东布政司查取夷使握闷辣等三员,该大学士张居正等题,添设暹罗国一馆,收世业子弟教习,仍增笔墨公费,奉钦依下部覆行,连前共十馆矣。

(吕维祺等编:《增定馆则》,卷一,玄览堂丛书本,页6)

十馆官职名

暹罗馆:
握闷辣、握文贴、握文铁、握文源、郑崇光;
马应坤、单　礼;
李　宪、林如梓、刘　佐、李怀珍;

王 训、李 桐；

袁承泽；

李 春；

李 宜；

李时芳。

（同上书，卷七，属官条，页13—14）

万历三十一年五月题选译字生稿

大学士沈一贯等谨题，为译学缺人恳乞照例题请收取以永传习事：

据提督四夷馆太常寺少卿赵崇善呈称："据西番等馆教师、上林苑监等衙门右监丞等官田畯等屡次呈称：'译学缺人，传习将废，乞请收取世业子弟作养'等因到职，看得本馆官生，业专习译、书写敕谕，辨验来文，所以通四夷之情，而昭一统之盛，本不可一日缺人者。自嘉靖四十五年，考选得田东作等七十五人，至万历六年，增设暹罗一馆，续收得成九皋等二十一人，迄今历岁久远，率多事故更迁，见在止有教师等官一十八员，散处十馆，并无一名译字生习学，各官又皆年深齿迈，景逼桑榆，每遇夷文堆积，辨验书写，未免苦难濡滞，若不及时作养后学，诚恐译学无传，任用乏人，关系不小。且夷语番文音异体殊，非学者一蹴所能精晓，即自今得人，犹待教习九年，三试中式者，方为成材。造就既难，收罗宜预。合无俯从各官所呈，查照嘉靖四十五年事例，题请恭候命下，容令本馆教师各具重甘结状，保举各官名下的亲世业子弟，听从礼部会官考试，选其年青质敏、通晓本业者，分拨各馆肄业，庶传继不废，辨译有人矣。……伏乞裁夺施行"等因到阁臣等。……查万历六年开设暹罗一馆，原与四十五年①之例较增，……今次收取，合无于鞑靼、暹罗二馆量增名数，以备作养。……万历三十一年五月二十六日题。

二十九日奉圣旨："依议行。钦此。"

（同上书，卷十二，文史条，页9—15）

内阁题增设暹罗馆稿

大学士张居正等题，为敷陈开馆末议以昭同文盛治事：

据提督四夷馆太常寺少卿萧廪呈："前专奉内阁发下礼部手本，为进贡事，内开暹罗国王近年屡差进贡，所有金叶表文无从审译。看得翰

---

① 指嘉靖四十五年。

林院四夷馆原□□有暹罗一馆,已经题奉钦依行。今该国起送通晓番字人员前来教习,□据广东布政司查取夷使握闷辣等三员□送到部,题准将握闷辣等三员送翰林院开馆教习,□□□因到馆。窃照暹罗远在海南,实古越裳之地,由周室而后,久为正朔不加之□□,我朝声教远暨,时一来王。兹者圣明治化隆洽,乃数入贡。所据专差夷使来京,□愿同文,增设译馆教习,诚为盛典。然开馆习译,必有居业之所,则馆舍当建;必有受业之人,则馆生当选;必有供食之费,则馆资当益。为此条列末议,呈乞题请施行。

一、建馆舍。看得本馆原设八馆,分列东西。后于正德年间增设八百一馆,比因地方狭隘,遂建在本馆东北大门之内。今欲再开一馆,更无空地。及查旧制,夷使远来教译,工部给与官房在坐。今来使已有三员,从人又不下数名,所有学馆住房,通各议建。缘外夷初入京师,藉以传习,尚当不废关防。若使馆舍隔远,窃恐关防未便。如蒙题行工部委员看估,就□本馆之西,接连回回馆地方,兑易官地起盖暹罗馆一所,并造夷居一所,于教习、关防,斯为两便。

一、备馆生。审得正德八年,因八百、老挝等处夷语失传,该内阁题请暂留差来头目开馆教习,将各馆官下世业子弟并见在人员□□子弟选拨传习。今审九馆见在官生通止五十余员名,比之旧额,仅及其半;其年少者亦既三十之上,难复责令改业。如蒙题行礼部,查酌先年节行事例,收选各馆官下世业子弟,十五六岁以上,二十岁以下,资质通敏者十数名,送馆教习,庶人有奋心,教为易入,学非过时,业亦易成。再照九馆官见数既少,衰老居多,将来衰者日老,壮者日衰,收选无期,绝学可虑。内如回回馆,贡使颇繁,文字难译,先年尝令代译暹罗诸国表文,今止见官四员;鞑靼馆岁有差遣,亦止见官八员;其他如女直等馆,多者或八九员,或五六员,更无后学之士;少者如八百、百夷馆,各止三员,常怀绝乏之虞。如蒙酌量繁简,各选收世业子弟数名,分馆一体教习,足储将来之用。

一、益馆资。查得本馆每年通州并宛、大①二县解纸笔等银约二百四十余两,馆前小房收约四十余两,税收或不及数,而州县申解亦不及期,甚至有拖欠数年不解如宛平县者,故先年将直堂皂隶支价充用。近因各馆多授官职,给散已为不足,今增一馆,师生公费更为短少。除该馆桌凳、器皿候工部置给,师生饭食、柴炭听光禄寺照给外,所有纸笔硃

---

① 宛,指宛平县;大,指大兴县。

墨各项,似应议处加增,庶公费不乏。"等因到阁。

　　臣等看得暹罗开馆事系创始,诸凡选择生徒、修建馆舍等项委宜酌定成规,以便遵守。今据提督四夷馆太常寺少卿萧廪所呈,条议详悉,合无敕下礼部查照所议,酌量上请,发付该馆遵行。缘系敷陈开馆末议,以昭同文盛治事理,臣等未敢擅便,谨题请旨。

　　奉旨:"礼部知道。钦此。"

(同上书,卷十三,文史条,页 15—18)

　　翰林院提督四夷馆为循例荐举人材事

　　照得本馆旧例,有季考,有岁参,每年终考,验官生贤否、勤惰及译学高下,分为等第,其上者荐送内阁,以备取用,其下者酌量罚治,……今于本年二月内考试,得西天馆教师……等,译字真楷,学行素优,且督理修馆效有勤劳,而素谊为众推服,相应荐送;又考得一等译字生……等,译学明通,字画端正,亦应荐送。……

　　计开,考取一等教师四员:

　　……

　　暹罗馆教师鸿胪寺主簿李荣春;……

　　考取一等译字生七名:

　　……

　　暹罗馆译字生李亚芳;……

　　暹罗馆译字生李作衡;……

　　暹罗馆译字生袁宗德。

　　崇祯三年三月　日,提督卿吕,少卿解　。

(同上书,卷十四,文史条,页 16—18)

　　十馆师生较阅姓氏

　　暹罗馆:

　　教师主簿:李荣春,李宜。

　　译字官:李蔚起,李正茂。

　　译字生:郑景伯,袁宗德,李天泽,王养民,马尔翀,李正芳,李作衡,卢永立,李必选,李梦琦。

(同上书,卷二十,页 3)

三十三、《鸿猷录》

（洪武三年）未几，南番暹罗国王三烈昭毗牙①、……各遣使奉金叶表文来朝贡②。

（高岱：《鸿猷录》，卷六，四夷来王条。丛书集成初编本，页72）

（洪武十三年）未几，暹罗来贡方物，贺正旦。上遣使赍诏印，封为暹罗国王，赍赐之。

十六年癸亥，上以海外诸国进贡信使往来不实，乃命礼部置勘合文簿，给发诸国，俾有凭信稽考，以杜奸诈。但遇入贡，咨文俱于各经过布政司比对勘合相同，然后发遣。于是，暹罗、……凡五十九国尝来朝贡者，皆给勘合文册。

（同上书，卷六，四夷来王条，页73）

三十四、《本草纲目》

乌爹泥，出南番爪哇、暹罗、老挝诸国，今云南等地造之。云是细茶末入竹筒中，坚塞两头，埋污泥沟中，日久取出，捣汁熬制而成。其块小而润泽者为上，块大而焦枯者次之。

（李时珍：《本草纲目》，卷七，人民卫生出版社，1975年版，页440）

〔颖曰〕：暹罗酒以烧酒复烧二次，入珍宝异香。其坛每个以檀香十数斤烧烟熏令如漆，然后入酒蜡封，埋土中二三年，绝去烧气取出用之。曾有人携至舶，能饮三四杯即醉，价值数倍也。有积病，饮一二杯即愈，且杀蛊。予亲见二人饮此，打下活虫长二寸许，谓之鱼蛊云。

（同上书，卷二五，页1567）

俗呼舶上来者为番降。

今广东、广西、云南、汉中、施州、永顺、保靖、及占城、安南、暹罗、渤泥、琉球诸地皆有之。

（同上书，卷三四，页1945 降真香条）

---

① 三烈昭毗牙，应为参烈昭毗牙。
② 参烈昭毗牙首次遣使入贡在洪武四年九月。

出三佛齐及暹罗国者,树不甚高,土人纳竹筒子树内,脂满其中,冬月破筒取之。

(同上书,卷三四,页 1970 阿魏条)

三十五、《野　记》

正德辛未岁①巴喇西国②遣使臣沙地白入贡,言其国在南海甚远,始领其王命在洋舶行凡四年半,被风飘至西澜③海面,舶坏,唯存一脚艇,又在洋飘风八日至得吉零国④,住十二个月,又往地名秘得⑤,住八个月,乃遵陆行二十六日至暹罗国。以情白王,王赐日给,又与妇女四人。往彼又四年,至今年五月才附番人柰林船入广。其所贡木厘六枚,内金叶表文、祖母绿一块、珊瑚树四株、琉璃瓶四把、玻璃盏四个及玛瑙珠、胡黑丹。

(明　祝允明撰:《野记》,卷四　历代小史本,页 107—108)

三十六、《五杂俎》

海上操舟者,初不过取捷径,往来贸易耳。久之渐习,遂之夷国。东则朝鲜,东南则琉球、旅宋,南则安南、占城,西南则满剌加、暹罗。彼此互市,若比邻然。又久之,遂至日本矣。夏去秋来,率以为常。所得不赀,什九起家。于是射利愚民,辐辏竞趋,以为奇货。而榷采中使,利其往来税课,以便渔猎,纵令有司给符繻与之。初未始不以属夷为名,及至出洋,乘风挂帆,飘然长往矣。近时当事者,虽为之厉禁,诛首恶一二人,然中使尚在,祸源未清也。老氏曰:不贵难得之货,使民不为盗。上既责以税课方物,而又禁其贩海,其可得乎!

(谢肇淛:《五杂俎》,卷四,地部二,上海书店出版社,2001年版,页 69—70)

---

① 正德辛未,为公元 1511 年。
② 巴喇西国,指萨珊王朝统治下的波斯。
③ 西澜,即今斯里兰卡。
④ 得吉零国,即今缅甸的丹那沙林(Tenasserim)。
⑤ 秘得,一说在今泰国西北部的梅塔(Medha),似不大可能。从行程看,应从丹那沙林经勃国中转赴暹,秘得似应在勃国(Pegu)地区。

三十七、《罪惟录》

暹罗国，在南海中，古赤土地。北连交趾，自占城西南，七昼夜可至。后汉赤眉遗种，本暹与罗斛二国。元至正间，罗斛降暹，并称暹罗。暹土瘠，不宜稼。罗斛即古婆罗刹，土平衍，多获，暹仰给焉。剪发穿耳，跣而缭腰及骭前后，珍宝之国也。

地週千里，外山崎岖，内地潮热，气候不正。有西塔，始造时值郑和至，削其合尖。后屡合之，不能尖也。王所居宫用黄金涂，帽金帽，若白抹首。鬪周于身，以受明封。平时腰束嵌丝帨，独不剪发。出跨象，或乘肩舆，张盖，茭葦叶为之。臣民望见王，合掌伛偻，扣王足三，乃自扣首三，谓之顶上恩，用周正。

蝦蟆生则拜月，曰毋使食也。教用释经，字皆横书。家及百金，即以其半施佛。大刑烹锯。男子决于妇人，谓其多智。妻有私，则置酒饮其所私，曰妻美，中人观也。工刺绣织纴。率为楼居，贯槟榔片为板，藤罗之。亦削槟榔之干为镖，以吴牛之革为盾。有药鏃，习水战。大将俱用圣铁裹身，刀矢不能入。圣铁者，脑骨也。

行钱用贝，否国必大疫。男阳週破之，嵌锡铢十数颗。国有嵌锌业，人任呼也。其富贵者，范金为空珠，中藏沙子，行则扱扱有声，不嵌珠，人贱之矣。婚则群僧迎婿至女家，僧取女喜红贴男额上，称利市，然后婚。贵人死，则以水银灌其尸葬之。其下暴尸海沙，饱群鸟，弃骨于海，云鸟葬。

酿秫为酒，甲诸夷，称暹酒。国西南百里有上水镇，番货所聚。红马厮肯的石，在红雅姑肩下，明净如石榴子，最奇。产白象、狮子、猫、白鼠、六脚龟及黄连、罗褐、速香。

洪武四年，大理寺卿闻良辅持诏其国。王参烈昭毗牙遣奈思俚俫剌识悉替奉贡，赐大统历。王懦废，从父参烈宝毗牙嗯哩哆啰禄代立。九年，遣子昭禄群膺哆啰谛剌修世见，赐暹罗国王印。久之，子昭禄群膺立。敕之曰："朕即位以来，使命周于四外，凡诸君长履境者三十六，声闻者三十一，大国十有八，小国百四十九，唯暹入中华最近，亦唯暹最好礼守德，朕甚嘉之。"

永乐初，王与琉球通好，漂闽被籍，诏廪而遣之。十三年，王卒，子三赖波摩札剌的赖立。数侵凌满剌加国，满剌加以告，制解之。十五年，遣奈必表贡，乞量衡式，赐《古今烈女传》、金绮、量衡，令准三年一朝贡。

宣德中，稍减赐物，著为令。正德二年，王悉里麻哈赖，九年，王谷戎有替下,十一年,王思利波罗麻惹智剌,贡使未尝绝。时译夷字无识者,大学士梁储请留来夷一二人在馆肄习,从之。汀州人谢文彬者,尝贩盐失风至其国,遂受官坤岳。坤岳者,华言学士也。偕来贸易,下吏。

嘉靖中,王勃略坤息利尤池牙遣使贡白象。象中道死,使者取象牙镶以金石珍宝,留贮白象尾为证,上之。隆庆初,东蛮牛求婚暹罗,不与。东蛮牛恚,起兵围暹罗,破之。王自经死,卤其世子及中朝赐印以归。次子摄国,奉表求印,诏与之。

万历初,王起兵复仇,东蛮牛宵遁。暹罗遂移军攻降真腊,雄海外。七年,来贡。二十二年,缅酋雍罕等从蛮莫遁归,暹罗卷甲趋之,俘斩数万,缅势遂衰。

(查继佐:《罪惟录》,列传卷三十六,
浙江古籍出版社,1986年版,页2853—2855)

三十八、《天下郡国利病书》

湾泊有定所。布政司案查得递年暹罗国并该目官下甘蒲石□□坤州,与满剌加顺搭占城夷船,或湾泊新宁广海望峒,或勒金奇潭、香山茛白濠镜十字门,或东莞鸡栖屯门、虎头门等处海澳,湾泊不一。

抽分有则例。布政司案查得正统年间以迄宏治,节年俱无抽分,为正德四年后,镇巡等官都御史陈金等题,要将暹罗、满剌加国、年结阐国夷船货物,俱以十抽三。该部将贵细解京,粗重变卖,留备军饷。至正德五年,巡抚都御史林廷选题议两广各项货物著变卖存留本处,以备军饷。正德十二年,巡抚两广都御史陈金、会勘副使吴廷举奏,欲或仿宋朝十分抽二,或依进贡事例十分抽三,贵细解京,粗重变卖,收备军饷。题议只许十分抽二。……嘉靖五年,又该姚都御史奏称:暹罗国进贡,将陪贡附搭货物十分抽二,以备军饷,方物解京表请。六年,该国副使仲思阅者宋的利等奏称:上船并无抽分。该礼部得会典内该国例不抽分,行回将原抽货物退还,交货修船归国。

(顾炎武:《天下郡国利病书》,卷一二〇,
海外诸番条,光绪癸卯上海益吾斋石印本,页4)

第六章

明清中国古籍有关八百媳妇的记述

一、《明 史》

永乐三年十二月,戊辰。沐晟①讨八百,降之。

(张廷玉等:《明史》,卷六,本纪六,页82)

八百大甸军民宣慰使司(元八百等处宣慰使司),洪武二十四年六月改置(东北有南格剌山,下有河,与车里分界。有八百者乃军民宣慰使司,永乐二年四月分八百大甸地置,后废。又有蒙庆宣慰司②,元泰定四年闰九月置,至正二年四月罢,洪武十五年三月复置府,后废。又有孟绢路,元元统元年置,属八百宣慰司,洪武十五年三月为府,后废。又有木按、孟杰二路,俱元置,洪武十五年三月俱为府,后俱废)。北距布政司三十八程。

(同上书,卷四六,地理七,页1192)

提督四夷馆。……自永乐五年,外国朝贡,特设……缅甸八馆,置译字生、通事,通译语言文字。正德中,增设八百馆(八百国兰者哥进贡)。

(同上书,卷七四,职官三,页1797)

永乐三年,八百大甸寇边,遏贡使,晟会车里、木邦③讨定之。

(同上书,卷一二六,沐晟传,页3761)

---

① 沐晟,云南总兵官,西平侯。
② 蒙庆宣慰司及后来的蒙庆府,在今泰北清莱,昌盛(Chiang Sen)一带。
③ 木邦,明代木邦宣慰使司,在今缅甸掸邦的兴威,腊戌一带。

朝廷遣内官往车里者,道经八百大甸,为宣慰刀招散①所阻。(永乐)三年,刀暹答遣使请举兵攻八百,帝嘉其忠。八百伏罪,敕车里班师,复加奖劳。

(同上书,卷三一五,云南土司三,车里传,页8156)

(成化十七年)安南黎灏②率兵九万,开山为三道,进兵破哀牢,入老挝境,杀宣慰刀板雅③及其子二人。其季子怕雅赛④走八百,宣慰刀揽那⑤遣兵送至景坎。

(同上书,卷三一五,老挝传,页8159)

八百,世传部长有妻八百,各领一寨,因名八百媳妇。元初征之,道路不通而还,后遣使招附。元统初,置八百等处宣慰司。

洪武二十一年,八百媳妇国遣人入贡,遂设宣慰司。二十四年,八百土官刀板冕遣使贡象及方物。先是,西平侯沐英遣云南左卫百户杨完者往八百招抚,至是来贡。帝谕兵部尚书茹瑺曰:"闻八百与百夷构兵,仇杀无宁日。朕念八百宣慰远在万里外,能修职奉贡,深见至诚。今与百夷构兵,当有以处之。可谕意八百,令练兵固守,俟王师进讨。"自是及永乐初,频遣使入贡,赐予如例。

永乐二年,设军民宣慰使司二,以土官刀招你为八百者乃宣慰使⑥,其弟刀招散为八百大甸宣慰使,遣员外郎左祥往赐印诰、冠带、袭衣。刀招散遣人贡马及方物谢恩,命五年一朝贡。

是岁,遣内官杨瑄赍敕谕孟定、孟养等部,道经八百大甸,为土官刀招散所阻,弗克进。三年,遣使谕刀招散曰:"朕特颁金字红牌、敕谕与诸边夷为信,以禁戢边吏生事扰害,用福尔众。诸宣慰皆敬恭听命,无所违礼。惟尔年幼无知,惑于小人孟乃朋、孟允公等,启衅生祸,使臣至境,拒却不纳。廷臣咸请兴师问罪,,朕念八百之人岂皆为恶,兵戈所至,必及无辜,有所不忍。兹特遣司宾田茂、推官林桢赍敕往谕,尔能悔

---

① 刀招散,泰国学者认为即清迈当时统治者陶昭三纺更(1411—1442)。
② 黎灏,安南黎朝的统治者黎圣宗(1460—1497)。
③ 刀板雅,即老挝国王猜也查卡帕,一作猜也卡帕(1441—1479)。
④ 帕雅赛,即老挝国王梭发那·班郎王。
⑤ 宣慰刀揽那,应为八百宣慰使刀揽那,成化十七年为1481年。据《庸那迦纪年》。1487年以前仍在位的清迈统位者为昭滴洛腊(1442—1487)。
⑥ 刀招你,泰国学者认为即清迈的巴功王系的陶昭意谷干。

过自新，即将奸邪之人擒送至京，庶境土可保。其或昏迷不悛，发兵讨罪，孥戮不贷！"并敕西平侯沐晟严兵以待。以马军六百、步兵一千四百护内官杨安、郁斌前往。又虑老挝乘车里空虚，或发兵掩袭，或与八百为援，可遣其部长率兵一万五千往备。

三年，刀招你等遣使奉金缕表文，贡金结丝帽及方物。帝命受之，仍加赐予。西平侯沐晟奏："奉命率师及车里诸宣慰兵至八百境内，破其猛利石崖及者答二寨，又至整线寨①。木邦兵破其江下等十余寨。八百恐，遣人诣军门伏罪。"乃以所陈词奏闻。因遣使敕谕车里、木邦等曰："曩者八百不恭朝命，尔等请举兵诛讨。嘉尔忠诚，已从所请。今得西平侯奏，言八百已伏罪纳款。夫有罪能悔，宜赦宥之。敕至，其悉止兵勿进。"遂敕晟班师。四年，降敕诚谕刀招散，刀招散遣人贡方物谢罪。帝以不诚，却之。五年，贡使复来谢罪，命礼部受之。

洪熙元年，遣内官洪仔生②赍敕谕刀招散。宣德七年，遣人来贡，因奏波勒土酋常纠土雅③之兵入境杀掠，乞发兵讨之。帝以八百大甸去云南五千余里，波勒、土雅皆未尝归化，劳中国为远蛮役，非计，止降敕抚谕而已。

正统五年，八百贡使奏："递年进贡方物，土民不识礼法，不通汉语。乞依永乐间例，仍令通事赍捧金牌、信符，催督进贡，驿路令军卒护送，庶无疏失。"从之。十年，给八百大甸宣慰使金牌、信符各一，从前所给牌符为暹罗国寇兵焚燬也。

成化十七年，安南黎灏已破老挝，颁伪敕于车里，期会兵攻八百。其兵暴死者数千，传言为雷所震。八百因遣兵扼其归路，袭杀万余，交人败还。土官刀揽那以报。黔国公沐琮奏："揽那能保障生民，击败交贼，救护老挝。交人尝以伪敕胁诱八百，八百毁敕，以象蹴之，请颁赏以旌忠义。"帝命云南布政司给银百两、彩币四表里以奖之。二十年，刀揽那遣人入贡。云南守臣言："交兵虽退，宜令八百诸部饬兵为备。"弘治二年，刀揽那孙刀整赖贡方物，求袭祖职。兵部言："八百远离云南，瘴毒之地，宜免勘予袭。"从之，仍给冠带。

其地东至车里，南至波勒，西至大古喇，与缅邻，北至孟艮，自姚关东南行五十程始至。平川数千里，有南格剌山，下有河，南属八百，北属

---

① 整线，即今泰西北的昌盛（Chiang Sen）。

② 洪仔生，《国榷》等书记为洪孜生。

③ 土雅，似是指阿瑜陀耶。

车里。好佛恶杀,寺塔以万计。有见侵,乃举兵,得仇即已,俗名慈悲国。嘉靖间,为缅所并,其酋避居景线,名小八百。自是,朝贡遂不至。缅酋应里以弟应龙居景迈诚,倚为右臂焉①。万历十五年,八百大甸上书请恢复,不报。初,四译馆通事惟译外国,而缅甸、八百如之,盖二司于六慰中加重焉。

(同上书,卷三一五,八百传,页8160—8163)

(黎)灏既破占城,志意益广,亲督兵九万,开山为三道,攻破哀牢,侵老挝,复大破之,杀宣慰刀板雅、兰掌父子三人,其季子怕雅赛走八百以免。灏复积粮练兵,颁伪敕于车里,征其兵合攻八百。将士暴死者数千,咸言为雷霆所击。八百乃遏其归路,袭杀万余人,灏始引还。帝下廷议,请令广西布政司檄灏敛兵,云南、两广守臣戒边备而已。既而灏言未侵老挝,且不知八百疆宇何在,语甚诳诞。帝复慰谕之,迄不奉命。

(同上书,卷三二一,外国二,安南传,页8328—8329)

二、《明实录》

洪武二十一年八月,丙辰。八百媳妇国遣人入贡方物。

(明官修:《明实录·太祖洪武实录》,卷一九三,页3)

洪武二十四年六月,壬午。云南八百宣慰使司土官刀板冕②遣使贡象及方物。先是,西平侯沐英遣云南左卫百户杨完者往八百招抚之。至是,来贡。

(《太祖洪武实录》,卷二〇九,页9)

洪武二十四年秋七月,辛丑。上谕兵部试尚书茹瑺曰:"闻八百与百夷构兵,相仇杀无宁岁。朕念八百宣慰远在万里外,能修职奉贡,深见至诚。今与百夷构兵,当有以处之。可谕意八百练兵固禦,俟王师进讨。"

(同上书,卷二一〇,页3)

---

① 缅王莽应龙(1551—1581)在1556年攻占清迈。缅王莽应里(1581—1599)在莽应龙之后执政。不可能出现"缅酋应里以弟应龙居景迈城"之事。
② 刀板冕,刀板面,据《庸那迦纪年》,应为清迈王昭盛孟麻(1388—1411)。

洪武二十七年五月,癸丑。云南八百土官刀板冕遣其叔父刀板直进象牙、席、香药等物。赐板直等三十六人钞四百八十锭,罗绮各十匹,布一百二十匹。

(同上书,卷二三三,页2)

洪武二十八年十二月,丁酉。土官刀板冕遣其下招板阿亩圹等贡红白西洋布、吊卖壁衣、手巾、剪绒单及象牙、白檀香等。诏赐其使文绮、钞。

(同上书,卷二四三,页4)

洪武三十五年,戊戌。车里军民宣慰使司宣慰使刀暹答、……八百土官刀板面、……各遣人来朝贡,贡象齿、犀角、孔雀尾、西洋布、红花丝幔帐及金银器。赐刀暹答等锦绮、纱、罗有差,其来使俱赐钞、币。

(《太宗永乐实录》,卷十二下,页6)

永乐元年八月,庚午。遣内官杨瑄等赍敕抚谕麓川、……八百、……等处土官,仍命西平侯沐晟遣人偕行。

(同上书,卷二一,页6)

永乐二年五月,丁卯。八百大甸土酋刀招尔①遣头目板暖等来朝,贡方物。赐赉有差。

(同上书,卷二九,页5)

永乐二年五月,己巳。设八百者乃、八百大甸二军民宣慰使司,以土酋刀招你为八百者乃宣慰使,其弟刀招散为八百大甸宣慰使。遣员外郎左祥往赐诰印、冠带、袭衣。并遣使赐麓川平缅、缅甸、老挝诸宣慰使司及孟定、波勒、威远等府州亦如之。

(同上书,卷二九,页6)

永乐二年六月,甲戌。八百土酋刀招散等各遣人来朝,贡马及方

---

① 刀招尔,又称作刀招你,即清莱的统治者陶昭意谷干。据《庸那迦纪年》所记,昭盛孟麻有两个异母的儿子。长子为陶昭意谷干。1389年,昭盛孟麻派陶昭意谷干去管理清莱城,即我国史籍所称的八百者乃。他的弟弟刀招散(陶昭三纺更)留在清迈,昭盛孟麻去世,由刀招散管理清迈。

物。赐钞币有差。

（同上书，卷二九，页7）

永乐二年六月，乙酉。赐朝鲜、安南诸国使者及云南八百等处土官宴。

（同上书，卷二九，页8）

永乐二年八月，己丑。先是，遣内官杨瑄等赍敕抚谕孟定、……八百、……等处土官。至是，瑄等道经八百大甸，为土官刀招散所阻，弗克进。

（同上书，卷三十，页9）

永乐二年冬十月，庚午。制信符及金字红牌颁给云南木邦、八百大甸、……老挝六宣慰使司。

（同上书，卷三一，页6）

永乐二年冬十月，辛未。置云南木邦、……八百大甸六军民宣慰使司经历、都事各一员。……上以云南各处土官不识中国文字，遇有奏报不谙礼体，命吏部各置首领官，择能书练于字事者往任之。

（同上书，卷三一，页7—8）

永乐三年秋七月，壬子。车里宣慰使刀暹答遣头目揽线思奏请举兵攻八百大甸宣慰使刀招散。上赐敕谕曰："览奏具悉卿之忠义，八百小丑负朝廷恩信，肆为慢侮，阻遏使臣，公义之所不容。朕为天下生民主，体上帝好生之德，一民失所，朕为不宁。彼八百之为不善，不过首领数人，其下军民皆朕赤子，兵行之际，宁无多伤？且其土官幼若无知，多因奸邪小人教诱所致。今已遣使谕令改过迁善，且索其恶党孟乃朋等。尔今即先遣人往波勒、木邦、孟艮等处，谕朕之意。若八百大甸仍昏迷不悛，或奸邪之人执送不尽，尔等即合兵征之。但禽其首恶而抚安众，其无多杀戮，仍择其支属贤者，奏闻立之。若其悔过服罪，即止兵勿进。"又遣使谕八百大甸军民宣慰使刀招散等曰："朕特颁金字红牌、敕谕与诸边夷为信，以禁戢边吏生事扰害，用福尔众于无穷。其车里、老挝、木邦、孟养诸宣慰使及孟定、威远等府州官，皆恭敬朝命，无所违礼。惟尔年幼无知，惑于小人孟乃朋、孟允公等教诱，起祸生衅。闻使至境,拒却不纳。朕遣使颁诏往谕古剌等处,尔阻遏之。尔之罪愆不可悉数。(定)〔廷〕臣咸请兴师问罪,朕念八百之人岂皆为恶,兵戈所至,必及无辜,故有所不忍。兹特遣司宾田茂、推官林桢赍敕同车里差去人往谕,尔能改过自新,即将奸邪之人禽送至京,庶几境土可保,人民获安。其或昏迷不悛,发兵讨罪,拿戮不贷。"遂敕西平侯沐晟,谕以车里请征八百之故,且言已遣使往谕八百,令改过自新,宜严兵以待,彼果悔罪输诚,即止兵勿进。其以马军六百,步军一千四百,随内官杨安、郁斌。又虑老挝乘车里空虚,或发兵掩袭其后,可选的当头目率兵一万五千往备。

(同上书,卷三六,页6—7)

永乐三年冬十月,壬午。八百土官刀招你等遣头目乃三哈柯等奉金缕表文,贡金结丝帽及方物。赐钞、文绮有差。

(同上书,卷三八,页6)

永乐三年十二月,戊辰。镇守云南西平侯沐晟奏:"奉命率师及车里诸宣慰兵至八百境内,破其猛利石崖及者答二寨,又至整线寨;木邦兵破其江下等十余寨。八百恐惧,遣人诣军门陈辞伏罪。臣等恪遵敕旨,驻兵不进。其车里等宣慰拟各班师,并以八百所陈词奏闻。"遂遣敕谕车里、木邦宣慰使刀逼答、……等曰:"曩者八百不恭朝命,尔等请举兵诛,嘉尔忠诚,已从所请。今得西平侯奏言,八百伏罪纳款。夫自有罪能悔,宜赦宥之。敕至,尔等悉止兵勿进。"又敕西平侯沐晟等班师。

(同上书,卷三九,页5)

永乐四年二月,癸未。敕谕八百大甸军民宣慰使司宣慰使刀招散曰:"前以尔不恭朝命,阻遏使臣,悖慢无礼,遣使发兵索尔左右为恶之人。且谓使者:尔能服罪,即止兵勿进。兵初入境,尔遣人悔过请罪,使者遵命回军云南。朕念尔幼稚,且念八百军民皆朕赤子,已悉宥不问。继今宜改心易虑,上顺天道,毋怀谲诈,以蹈前愆,庶几保土安民,亦享太平之福。"

(同上书,卷四十,页13)

永乐四年夏四月,戊寅。刀逼答复遣子刀典请受学国子监。初,朝廷出师征八百,元江军民府遣人助给馈运,抵车里之境,悉为其守者阻遏。时刀暹答从征八百，不预阻遏事。然惧为元江所构，故遣典假受学之名为质，冀朝廷不疑之。上识其意。……遂赐典衣服、钞币，命礼部俾随其贡使同归。

（同上书，卷四二，页3—4）

永乐四年夏四月，己卯。升云南镇沅州为镇沅府。命土官知州刀平为知府，置经历、知事各一员。时刀平从征八百有功故也。

（同上书，卷四二，页4）

永乐四年五月，丙午。上以云南车里诸宣慰使司……每岁朝贡道路险远，令自今三年一贡，著为令。……以刀暹答从征八百有劳，遣使赍敕褒谕，别赐白金百五十两，锦二段，纻丝八表里。赐其头目揽线思以下纻丝表里有差。

（同上书，卷四三，页4）

永乐四年八月，甲辰。八百大甸军民宣慰使司刀招散遣头目板赛苏等贡方物，谢罪。上以其不诚，却之。

（同上书，卷四五，页4）

永乐五年夏四月，庚戌。云南八百大甸军民宣慰使刀招散遣头目招板秃鲁油等贡方物及金银器，谢罪。盖以前却其贡献，至是复来谢，命礼部受之。

（同上书，卷四九，页6）

永乐五年秋七月，壬申。云南镇沅府土官知府刀平遣子腾来朝，贡马。初，镇沅为州，平为知府。永乐四年，平从征八百有劳，遂升州为府，平为知府。至是，遣子谢恩云。

（同上书，卷五一，页8）

永乐五年九月，辛亥朔。八百大甸宣慰使刀招散、……各遣头目来朝，贡金银器、方物。赐其头目钞币有差。

（同上书，卷五二，页1）

永乐六年十一月，辛酉。八百大甸宣慰是刀招散等遣头目板高等奉金缕表文,贡象及金银器等物。赐文绮、袭衣及锦绮、纱罗、彩绢。

(同上书,卷六十,页4)

永乐七年二月,壬辰。敕交阯总兵官英国公张辅等:"自黔国公沐晟出师失律,致贼猖獗。今闻贼党邓悉已死,而八百、老挝犹供馈之。其所供者,今为何人?又闻贼张虚言有象五万,而谓我将帅皆易与者。此盖为将者之谋,启蛮夷轻视之心,尔等宜深以为戒,必同心协力,早灭此贼,以靖一方。"

(同上书,卷六一,页14)

永乐七年八月,甲子。八百大甸宣慰司宣慰使刀招散、……等各遣头目贡象、马、金银器。命礼部赐刀招散等钞、帛,并赐所遣头目钞有差。

(同上书,卷六五,页13)

永乐九年九月,甲子。遣使赍敕往八百大甸,赐宣慰使刀招散彩币二十表里。

(同上书,卷七八,页6)

永乐十一年十一月,庚子。八百大甸宣慰使刀招散遣头目孟都鲁由等进象、马等物。赐之钞币。

(同上书,卷九十,页5)

永乐十二年二月,戊午。麓川平缅宣慰使思任发,八百大甸宣慰使刀招散各遣人贡方物。赐绮、帛有差。

(同上书,卷九一,页5)

永乐十三年十一月,己亥。八百大甸宣慰使刀招散遣头目板羡等贡方物。赐之钞币。

(同上书,卷九九,页1)

永乐十三年十二月,丁亥。八百大甸等宣慰使、……各遣人贡象、马、金银器、……俱赐钞币。

(同上书,卷九九,页6)

永乐二十二年三月,庚寅。八百大甸宣慰使刀招散、……各遣头目贡马、象、金银器。赐其使钞币有差。

(同上书,卷一二八,页8)

洪熙元年三月,庚寅。遣中官洪仔生赍敕赐车里靖安宣慰使刀双孟及八百大甸军民宣慰使刀招散文绮、彩币。

(《仁宗洪熙实录》,卷八下,页2)

宣德元年春正月,己酉。遣使往抚别失八里王歪思及西南夷木邦、……八百大甸、……赐之 纱罗、锦绮有差。以其勤修职贡故也。

(《宣宗宣德实录》,卷十三,页4)

宣德三年闰四月,丁未。赐云南八百大甸军民宣慰等司衙门宣慰使刀招散所遣头目板弄等……钞、彩币、表里有差,仍给赐刀招散等十人纱罗、锦绮。

(同上书,卷四二,页11)

宣德三年闰四月,庚戌。赐朝鲜国并八百、车里贡使宴。

(同上书,卷四二,页11)

宣德三年六月,辛丑。遣内官洪仔生、徐亮等人赍敕往孟琏及八百大甸、木邦等处,赐土官刀怀罕等金织文绮、彩绢有差。时刀怀罕等各遣人来朝,贡马、象、方物,故答之。

(同上书,卷四四,页6)

宣德四年三月,庚午。召奉使外夷中官云仙、徐亮还。初,云仙等受命分往外夷抚谕,两人素怀忿嫉,各教诱土官相仇杀,阻遏使臣。至是,上闻之,悉召还。

(同上书,卷五二,页11)

宣德六年六月,丁酉。云南八百大甸军民宣慰司土官宣慰使刀招散等及诸长官司遣头目板衷等贡象、马及金银器皿、方物。

(同上书,卷八十,页1)

宣德六年六月,甲辰。赐云南八百大甸军民宣慰司土官宣慰使刀招散等所遣头目板衷等一百十三人纻丝纱罗、金织纱罗、袭衣、绢衣有差。仍命赍敕及文绮、纱罗归赐刀招散等。

（同上书，卷八十，页5）

宣德七年冬十月，辛亥。八百大甸土官宣慰使刀招散遣人贡方物，且奏云波勒常以土酋土雅之兵来寇，杀人掠财，乞发兵讨之。上谓廷臣曰："闻八百大甸去云南五千余里，荒服之地也。波勒土酋土雅未尝归化，朕岂能劳中国之人为远夷役乎。且夷性犷悍，必两有未善，岂皆波勒之过？宜降敕慰谕，使敦睦邻好，保境安民。果侵掠不已，再具奏来。"

（同上书，卷九六，页6）

宣德八年九月，庚午。置云南临安府河底、威远州播孟二巡检司。先是，临安府云容长官司奏："河底自洪武中官置渡船以济来往，路通车里、八百诸长官司。近年军民有逃逸出境，诈称使者，逼令乘载，往往被害。又沿河时有劫盗出没，夷民不安。乞置巡检司，以故把事袁凯之子瑀为巡检。……"上命云南三司复勘。至是，奏以为宜。遂命建巡检司，授瑀等官。

（同上书，卷一〇六，页6）

宣德九年六月，辛酉。云南车里靖安宣慰使刀霸供、八百大甸宣慰使刀招散等遣头目刀法纽等……来朝，贡金银器皿、象、马等方物。

（同上书，卷一一一，页5）

宣德九年秋七月，庚寅。遣使赍敕往赐云南八百大甸军民宣慰使刀招散、……等锦绮、纱罗有差。

（同上书，卷一一一，页11）

宣德十年十一月，丁丑。敕孟艮府①、车里、八百大甸军民宣慰使司遣人送老挝使臣混伦等回抵本土，务在慎护优礼，以副朝廷柔远之意。

（《英宗正统实录》，卷十一，页4）

正统元年十二月，乙亥。给金牌信符送老挝军民宣慰使司头目混

---

① 孟艮府，故地在今缅甸景栋。

伦回还。先是,云南总兵官沐晟已遣人送混伦等回至其境,闻老挝土官卒,国人与八百国仇杀,晟请给信符护送。行在礼部尚书胡濙言:云南车里等衙门信符,今改元已行造换,请俱付来使赍往。就督其未输常贡方物,仍取先朝原赐信符。从之。

(同上书,卷二五,页5)

正统五年九月,丁未。云南车里军民宣慰使司土官宣慰使刀霸羡、八百大甸军民宣慰使刀招散各遣头目来朝,贡象、马、金银器皿及象牙、犀角诸方物。赐宴并赐彩币、钞、绢等物有差。

(同上书,卷七一,页5)

正统五年九月,乙卯。八百大甸军民宣慰使司土官宣慰使刀招散头目刀三、板浩等奏:"递年进贡象、马、方物、金银器皿等物。本土夷民不识礼法,不通汉语,乞依永乐年间例,仍令通事赍捧敕谕、金牌信符依时催督进贡,驿路令军卒护送,庶无失所。"上曰:"今后有公事,总兵官务令公正官及通事同去,通达下情,不许因而扰害,违者不宥。其番人来朝贡者,亦宜沿途护送,毋致遗误。"

(同上书,卷七一,页8)

正统五年冬十月,壬申。云南车里、八百大甸二宣慰使司头目刀三等陛辞。命赍敕并织金文绮、绒锦等物归赐其宣慰使刀霸羡、刀招散及妻,嘉其勤修职贡也。

(同上书,卷七二,页1)

正统六年春正月,甲寅。行在刑部右侍郎何文渊言:"……今麓川叛寇思任发逞凶造祸,反道败德,廷臣合辞请兵征讨。臣窃以为麓川之在南陲,一弹丸之地而已,疆里不过数百,人民不满万余,……得其地不可居,得其民不可使。……"张辅等议:"文渊所言,与今日事势似有不同。……思任发自父祖以来,荷国厚恩,授职宣慰,殆今六十余年,乃敢纠集丑类,屡抗王师,虽蒙贷罪弛恩,彼却怙终稔恶。释此不诛,诚恐木邦、车里、八百、缅甸等处觇视窥觎,不惟示弱外邦,抑且贻患边境。……如其不然,会合各处军马,屯聚金齿,先期遣人赍敕谕木邦、车里、八百、缅甸、大候①等处，起集夷兵，或分道，或併力，或左右夹攻，或内外相应，刻期并进，直捣贼巢，擒其渠魁，献俘阙下；诛其党恶。……"上从其议。

(同上书，卷七五，页5—6)

正统六年二月，戊寅。给云南木邦、缅甸、车里、八百大甸、……信符、金牌各一，命其合兵剿麓川叛寇思任发也。

(同上书，卷七六，页5)

正统九年六月，癸未。总督军务兵部尚书靖远伯王骥言："云南东南接壤交阯，西南控制诸夷。其在内地，亦多蛮种，性习不俊，变故不一。曩者麓川之叛，多因近边牟利之徒私载军器诸物潜入木邦、缅甸、八百、车里诸处，结交土官人等，以有易无，亦有教之治兵器，贪女色，留家不归者。漏我边情，莫此为甚。以故边患数年，干戈不息，军民困弊。请严出入之防，复有患者，必治以死，家属发烟瘴地面充军，按察司分巡官时时巡察。如此则边防周密，境土无虞。"从之。

(同上书，卷一一七，页3)

正统十年六月，庚申。云南八百大甸军民宣慰使司头目孟董等来朝，贡象、马及方物。赐宴并彩币、表里、袭衣、鞋袜、钞锭等物有差。

(同上书，卷一三〇，页5)

正统十年八月，壬寅朔。给云南八百大甸军民宣慰司金牌、信符各一，以本司旧给牌、符被暹罗国寇兵焚燬也。

(同上书，卷一三二，页2)

正统十二年八月，丁丑。敕云南车里军民宣慰使司宣慰使刀霸羡、八百大甸军民宣慰使司宣慰使招孟禄②、……等曰："尔等世居南徼，忠敬朝廷，进贡方物已有定例，今却奏乞朝廷遣内臣赍敕往尔处催督，尔等受显职，管治一方，通为办理，何必推诿，其钦承朕命，毋怠！"

(同上书，卷一五七，页6)

---

① 大候，属云南顺宁府，明置大候长官司。宣德五年升为大候州。万历年间改称云州。
② 正统十二年为公元1447年，当年任宣慰使的招孟禄，应为1442年继位的清迈统治者昭滴洛腊。

正统十三年八月，壬戌。府军卫卒赵旺等自西洋还，献紫檀香、交章叶扇、失敕勒叶纸等物。初，旺等随太监洪保入西洋，舟败，漂至卜国，随其国俗为僧，后颇闻其地近云南八百大甸，得间遂脱归。始，西洋发碇时，舟中三百人，至卜国仅百人，至是十八年，惟旺等三人还。上赐之衣钞，令为僧于南京慈恩寺。

（同上书，卷一六九，页3）

景泰元年五月，戊申。礼部奏：云南八百大甸军民宣慰使司刀板雅①者遣头目雷内等贡象、马、方物至京，已循例赏讫，而内等又诉乞赐土官衣服，然故事土官无加赐衣服者。诏加赐土官锦二段、纻丝纱罗各四匹，土官妻纻丝罗各三匹。

（《英宗实录》，卷一九三，景泰附录十，页5）

景泰二年二月，壬辰。云南八百、车里、老挝三宣慰使刀孟禄等来朝，贡马及方物。赐宴并纻丝袭衣、彩段表里、绢、钞有差。

（同上书，卷二〇一，景泰附录十九，页22）

景泰六年五月，乙丑。云南车里、八百大甸、老挝三军民宣慰使司土官宣慰使刀霸羡等各遣头目招线靠等来朝，贡象、马及金银器皿等物。赐彩币表里、纻丝袭衣等物，仍命招线靠等赍敕并彩币表里归赐其土官及妻。

（同上书，卷二五三，景泰附录七一，页9）

景泰六年六月，壬辰。敕云南老挝军民宣慰使司宣慰使刀校雅②者、车里军民宣慰使司宣慰使刀霸羡、八百大甸军民宣慰使司宣慰使刀孟禄、南甸宣抚刀乐恩等曰："尔等世守南服，夙坚臣节，屡修职贡。兹复遣头目乃吾等来贡方物，忠诚可嘉。特赐锦币，用答尔意。前者所降尔处金牌信符、勘合底簿，尔等因相仇杀，烧毁不存，论法本难容恕。但念尔等克修职贡，姑置不究，仍复颁降。今后再有疏虞，罪不轻宥。"

（同上书，卷二五四，景泰附录七二，页6）

---

① 刀板雅，应为老挝宣慰使。
② 刀校雅，应为刀板雅。

第六章　明清中国古籍有关八百媳妇的记述

天顺元年二月，庚申。云南总兵官都督同知沐璘奏："车里军民宣慰司宣慰使刀霸羡自杀，其弟板雅忠又作乱，纠合八百，借倩人马仇杀。欲调官军抚安，而春暖瘴高，未宜动众轻进。"上曰："三宝历代孙庶孽夺嫡，谋害刀霸羡，以致板雅忠等借兵攻杀。璘等具差的当官员去抚谕板雅忠等及体勘何人应袭宣慰职事，具奏定夺。令各罢兵，以息争端。"

（《英宗天顺实录》，卷二七五，页19）

天顺六年二月，庚寅。云南八百大甸军民宣慰司头目板门四等、……各来朝，贡马、驼、海青兔鹘、土豹、方物。赐宴并彩币表里有差。

（同上书，卷三三七，页6）

成化二年九月，己卯。云南车里并老挝、八百大甸宣慰司遣头目来朝贡。赐象服、彩段等物有差。

（《宪宗成化实录》，卷三四，页5）

成化二年九月，丙申。给云南老挝及车里、八百大甸宣慰司金牌信符，以原降者毁于火故也。

（同上书，卷三四，页10）

成化七年闰九月，癸丑。云南车里并八百大甸军民宣慰使司遣头目招掃等来朝，贡象、马并金银器等物。赐宴并衣服、彩段等物有差，仍降敕及文锦、彩段付招掃等归赐土官及妻。

（同上书，卷九六，页2）

成化十六年六月，辛丑。云南车里、老挝、八百大甸三宣慰使司土官宣慰使刀三宝等各遣头目招孟捕等来朝，贡金银器及犀角、象牙等物。各赐彩段表里有差，仍以文锦、彩段回赐土官及其妻。时老挝被交人攻杀，镇守官钱能以闻，且言老挝及八百、车里所遣贡使宜量给道里之费，使兼程而回。兵部复奏，命云南布政司每处给以官帑银二十两。

（同上书，卷二〇四，页7）

成化十六年八月，甲寅。命广西布政司戒谕安南国王黎灏。时云南总兵官沐琮等遣人探安南事,还自车里。言交人以追捕叛党为辞,攻取老挝二十余寨,杀二万余人,又欲往八百之境;得安南伪敕于车里,称洪德十年。琮等奏上之。下兵部看详,请集文武大臣及科道官议。谓欲请敕责之,恐阻其自新之路;欲姑置之,恐长其不臣之心。宜令广西布政司移咨黎灏,俾敛兵守境,以全臣节。又敕云南、两广总兵等官,俾整饬兵备,以防边患。议上,悉允之。

(同上书,卷二〇六,页2)

成化十六年十一月,壬午。巡抚云南右副都御史吕诚奏:"交人狂悖,近已攻杀老挝,今复闻练兵,欲攻八百,内侵之患,不可不虑。愿选差文武之晓事能言者一人,持敕往彼,谕以大义,俾归侵疆。"事下兵部,言顷已取旨,命广西布政司移咨安南国王黎灏,令其自处回奏。而敕云南、两广守臣加谨防禦矣。第恐守臣怠忽,有误事机,仍乞移文三路,督其尽心,觉彼有变,即驰奏处画。报可。

(同上书,卷二〇九,页１０)

成化十七年六月,壬子。敕安南国王黎灏曰:"朕恭膺天命,嗣守天位,以天下为一家,视万民为一体,一言一事,未尝有弗于天。尔国虽殊方万里,朕不以为远而忽之。徂岁传闻王兴兵攻杀老挝,又欲进征八百,朕谓王之所以顺天者,诗书礼义同于中国,岂应有此,心窃疑之,受命守臣移咨于王。兹览王奏,云差头目追捕边酋琴公等,必无攻杀老挝之举;又云八百地之所在且不知,况欲往征之。则前言乃传者之误耳。虽然,试与王卒言之。书不云:惠迪吉,从逆凶。盖天与人相为流通,吉与凶本乎顺逆。夫交民天民也,老挝民亦天民也。若果如前所云,无故而戕天之民,是逆天矣,自古焉有逆天而保其无凶祸者哉!继今王宜安静守常,钦畏天道,恪秉藩臣之礼,允迪睦邻之谊,非特老挝在所当睦,凡与王国接壤者,皆在所当睦也。若以兵强国富,越境而侵之,天之视听自我民,其应有不旋踵者,王其深省之。"先是,灏亲率夷兵九万,开山为三道,进兵破哀牢,继进老挝地方,杀宣慰刀板雅、阑掌父子三人。其季子怕雅赛归依八百,宣慰刀揽那遣兵送往景坎地方。既而,灏复积粮、练兵,且颁伪敕于车里宣慰司,期欲会兵进攻八百。其兵有暴死者数千,传言以为雷所震。八百因遣兵扼其归路,袭杀万余,交人大败而还。刀揽那以报云南守臣黔国公沐琮等。琮等因奏:"灏昔尝吞併占城,皇上姑赐涵容,冀其悔过。而灏乃肆恶无忌,苛刻不仁。既指擒黄章马之名,劫房镇安村寨;复托解关正等之故,窥伺临安边情,擅差经略,而驻师蒙自地方;假捕琴公而攻杀老挝父子,请降敕切责之。刀揽那能保障生民,击败交贼,请赐敕颁赏,以旌忠义。老挝之子怕雅赛听其越例袭职,以示抚恤。仍分敕车里、元江、木邦、广南、孟艮等土官,俾互为保障。"奏至,诏集廷臣议,宜从所奏。刀揽那于云南布政司给官银百两,彩币四表里,以酬奖之。怕雅赛亦驰敕赐之,就令袭父职任,免其贡物一年。且言沐琮等保障有方,亦宜赐敕慰勉。上从其议。乃赐怕雅赛冠带、彩币,以示优恤,并敕灏云。

(同上书,卷二一六,页3—4)

成化十八年六月,壬子。云南总兵官黔国公沐琮等奏:"得八百宣慰司报:奉命救护老挝,已退交兵。又(译)〔驿〕报:交人尝以伪敕胁诱八百,八百毁敕,以象蹴之。因言夷官用命互救,以此交兵未尝得到,但老挝初无公文,且指挥潘祺等使老挝未还,交兵已还与否,未得其实。"事下兵部,请仍行琮等严饬边备,俟祺还,以所处画来。

(同上书,卷二二八,页4)

成化十八年八月,己酉。云南总兵官黔国公沐琮等奏:"指挥潘祺还自老挝,死于孟艮。所持宣慰怕雅赛缅字公文,大意述交人侵略之事,且诸往者委官许助兵力,今以约会诸夷籍兵以待,又谓车里欲附交趾,乞遣人谕之。"先是,车里亦报交兵数十万驻老挝界上,八百亦报交人略老挝、孟伴等处,而祺所从军士杨旻乃谓前报今文皆不可信,盖怕雅赛谋报父兄之仇,觊云南发兵助之故也。事下兵部,谓夷言多诈,固难俯从。然远人赴诉,亦当示以怀柔之意,宜行琮等移文令老挝按抚疮痍,勿启边衅。令八百、车里思念唇齿,勿怀二心。又琮等自后差委,须择用廉慎之人,无使贪利生事。上曰:"前代视蛮夷仇杀,以为其党破坏,为中国利,朕甚不然。交趾、老挝诸夷服属中国有年,朕视之皆如赤子,救急解仇,此中国体也。其令琮等遣人谕之,俾各守境地,睦邻保民为是。而所遣者尤宜慎择其人,如兵部议。"

(同上书,卷二三〇,页4—5)

成化二十年五月,甲寅。兵部尚书张鹏等奏:"乞命云南镇守总兵巡抚等官覃平等,督令车里、八百、老挝等宣慰司、孟艮、元江等府各镇固封疆,整饬武备,以防交人入寇;不得轻与文移,启衅纳侮。"从之。

(同上书,卷二五二,页8)

成化二十年八月,乙亥。云南八百大甸宣慰使司土官宣慰使刀揽那①遣头目板细墩等朝贡象牙、犀角等物。赐宴并衣服、彩段等物有差,仍命赍文锦、彩段归赐其土官及妻。

(同上书,卷二五五,页5)

成化二十年冬十月,丙寅。云南使臣奏:"老挝、八百各具缅书,称交阯已还兵本国,恐诃报夷情者得之传闻,翻译夷文者成于附会,难以为据。宜令沿边有司一体防守。"事下兵部,请如其议。且言:"八百、老挝去云南甚远,万一交人伴遁,乘隙复来,则二境必先受害。宜仍行守臣下令诸夷各饬兵备,兼督内地加谨防御,而临安府卫尤宜约束我民,使不得出境,以启边衅,讯察彼民,使不得入境,以来轻侮。"从之。

(同上书,卷二五七,页5)

弘治二年八月,庚子。云南八百大甸军民宣慰司故土官宣慰使刀揽那孙刀岳整赖②贡方物,(来)〔求〕袭祖职。兵部言:"八百远离云南,瘴毒之地,与各处地方不同,宜特免重勘,许其袭职。"从之。仍给赐冠带及表里等物有差。

(《孝宗弘治实录》,卷二九,页11)

弘治六年六月,壬午。云南八百大甸军民宣慰使司宣慰司刀岳整赖遣头目蓝卜等……来朝,贡方物。赐宴并彩段等物有差,仍回赐刀岳整赖彩段,付蓝卜领给。

(同上书,卷七七,页7)

弘治十年八月,癸未。云南(八百)大甸军民宣慰使司使刀揽那③遣

---

① 成化二十年为公元1484年,当年清迈统治者昭滴洛腊(招孟禄)仍在位。刀揽那,应是招孟禄。
② 弘治二年为公元1489年,据《庸那迦纪年》所载。昭滴洛腊在1487年去世,由其孙子拍约清莱继位。刀岳整赖,应是拍约清莱。
③ 弘治十年为公元1497年,据《庸那迦纪年》所载,当年的清迈统治者为拍孟缴。他在1495年继位。

头目来贡。回赐宣慰使锦缎等物,并赐头目彩段、衣服有差。

(同上书,卷一二八,页6)

正德八年秋七月,癸未。云南八百大甸军民宣慰使司宣慰使招揽那①差头目板罕等贡象、马及金银象鞍。赐宴并赏锦段、纱罗等物。

(《武宗正德实录》,卷一〇二,页5)

嘉靖十六年十月,己巳。云南巡抚汪文盛等言:"安南广陵州土官刁雷招谕夷酋刁桢等来降,请授以冠带。老挝宣慰司土舍怕雅②一闻征讨安南,首先思奋,且其地广兵多,彼国畏之,可使独当一面。八百宣慰司土舍(刁)〔刀〕揽那③,车里宣慰司土舍(刁)〔刀〕坎,与老挝相近;孟艮府土舍(刁)〔刀〕交,在老挝上流,皆多兵众,可备征讨。请免其查勘,先令就彼袭职。命老挝驻兵木州,以候进讨,所下地方,即与带管。"诏可其奏。

(《世宗嘉靖实录》,卷二〇五,页5)

万历十四年三月,癸卯。兵部题:"云南抚镇官刘世曾等题称:莽酋僭号,併吞诸夷。顷仗天威,一旦恢复。惟是老挝、八百、(盃银)〔孟艮〕、孟琏犹怀观望,内孟琏长官司原系属夷,颁有印信,岁输差发,后因莽酋猖獗,遂尔外附。今护印土舍(力)〔刀〕派真悔过归顺,进象乞降称贡。乞将所贡象二只差官代进,土舍(力)〔刀〕派真加以厚赏,查立应袭之人,以坚外藩。仍将副总兵邓子龙加厚赏纪录。"上从之,赏(力)〔刀〕派真、邓子龙银有差。

(《神宗万历实录》,卷一七二,页9)

三、《国　榷》

惠宗建文二年六月,己酉。八百土官刀板面遣头目入贡。

(谈迁:《国榷》,卷一一,古籍出版社,1958年版,页818)

---

① 招揽那,即刀揽那。宣德八年为公元1513年,当年在位的清迈统治者仍是拍孟缴。

② 土舍,指土官舍人,即是明朝政府未正式授予官职的土官,明朝未授怕雅以宣慰使官职,故称土官舍人,简称土舍。

③ 嘉靖十六年为公元1537年。当年在位的清迈统治者是拍孟格告(刀揽那),明朝未授官职。

成祖永乐三年七月,壬子。车里宣慰使刀暹答请攻八百大甸宣慰使刀招散。上遣司宾田茂、推官林桢赍敕谕刀招散等。

(同上书,卷一三,页956)

世宗嘉靖三十年十二月,乙亥。是年,平缅酋莽瑞体①据古剌②宣慰司,杀其酋长,遂入孟养、八百、老挝。

(同上书,卷六〇,页3787)

四、《明会典》

八百,赐例俱与车里同③,但通事罗衣改纻丝衣。
(申时行等:《明会典》,卷一一三,给赐四,万有文库本,页2386)

计有敕符勘合土官衙门:……八百大甸……宣慰司。

(同上书,卷一〇八,页2339)

钦赐下程
嘉靖十九年奏准,八百大甸头目三十一人,每五日一次,牛肉七十七斤八两,鸡、鹅各三只,酒八十瓶,糯米一石一斗五升,蔬菜、厨料。

(同上书,卷一一五,膳馐二,页2414)

凡四方番夷翻译文字,永乐五年,设四夷馆。……正德六年,增设八百馆。

(同上书,卷二二一,翰林院,页4387)

---

① 莽瑞体是缅甸东吁王朝的国王,而不是云南麓川平缅宣慰司的宣慰使。
② 古剌,指缅甸勃固(Pegu)。
③ 据同书载,车里赐例为:"给赐宣慰使,锦二段,纻丝纱罗各四匹。妻,纻丝罗各三匹。差来头目,每人纻丝纱罗各四匹,折钞绢二匹,布一匹。通事每人彩段一表里,折钞绢一匹,俱与罗衣一套。象奴、从人,每人折钞绵布一匹,绢衣一套,俱与靴袜各一双。"
④ 张天復《皇舆考》卷十,陆应阳《广舆考》卷二一,毛奇龄《蛮司合志》卷八,顾祖禹《读史方舆纪要》卷一一九,师范《滇系》第三十七册,均有相同或类似记载,故略而不录。

五、《大明一统志④》

八百大甸军民宣慰使司

东至老挝宣慰使司界,南至波勒蛮界,西至木邦宣慰使司界,北至孟艮府界。自司治北至布政司三十八程,转达于京师。

建置沿革:世传其土酋有妻八百,各领一寨,因名八百媳妇。元初征之,道路不通而还。后遣使招附,元统初置八百等处宣慰司。本朝洪武二十四年,其酋来贡,乃立八百大甸军民宣慰使司。

风俗:相见把手为礼(郡志:民皆百夷,性颇缓,刺花样于眉目间。其男女服食皆与木邦同,但与客相见则把手为礼,亦事佛如缅人)。

山川:南格剌山(在车里、八百之界,山上有河,其南属八百,其北属车里)。

土产:象(土酋畜之骑坐,凡战斗,用为前阵)、白檀香、安息香。

(李贤:《大明一统志》,卷八七,明万寿堂刻本,页36)

六、《云南志(正德)》

八百大甸军民宣慰使司

东至老挝宣慰使司界,南至波勒蛮界,西至木邦宣慰使司界,北至孟艮府界。自司治北至布政司三十八程,转达于京师。

建置沿革

世传其土酋有妻八百,各领一寨,因名八百媳妇。亘古不通中国,蒙、段亦不能服。元初征之,道路不通而还。后遣使招附。元统初,置八百等处宣慰司。

本朝洪武二十四年,其酋来贡,乃立八百大甸军民宣慰使司。

山川

南格剌山(在车里、八百之界,山上有河,其南属八百,其北属车里)。

土产

象(土酋畜之骑坐,凡战斗,用为前阵)、犀、白檀香、安息香。

风俗

---

④ 张天复《皇舆考》卷十,陆应阳《广舆考》卷二一,毛奇龄《蛮司合志》卷八,顾祖禹《读史方舆纪要》卷一一九,师范《滇系》第三十七册,均有相同或类似记载,故略而不录。

相见把手为礼(郡志:民皆百夷,性颇缓,刺花样于眉间。其男服饰皆与木邦同,但与客相见则把手为礼。事佛亦同缅人)。

(周季凤:《云南志(正德)》,卷一四,云南省图书馆藏抄本,页7)

七、《云南通志(万历)》

贡象道路

……下路由景东历赭乐甸,行一日,至镇沅府。又行二日,始达车里宣慰司之界。……由车里西南行八日,至八百媳妇宣慰司。此地寺塔极多,一村一寺,每寺一塔,村以万计,塔亦以万计。号慈国。其酋恶杀,不喜争,敌人侵之,不得已一举兵,得所仇而罢。由此西南行一月,至老挝宣慰司。

(李元阳:《云南通志(万历)》,卷一六,1943年重刻本,页2—3)

八、《滇　志》

八百大甸军民宣慰使司

夷名景迈,……元初,征不能得志,后遣使招附,元统初,置八百等处宣慰司。

皇明洪武二十四年,其酋来贡,乃立八百大甸军民宣慰使司。东至车里宣慰使司界,南波勒蛮界,西至大古剌界,北至孟艮府界。自姚关东南行至其地五十程。有南格喇山,下有河,南属八百,北属车里。平川数千里,辖部广远。……嘉靖间为缅所兼,刀氏避居景线,一名小八百。缅以其弟莽应龙往居景迈城,为右臂。万历十五年,刀氏以文请兵恢复,议未许,今久为缅有矣。

(刘文征:《滇志》,卷三十,云南省图书馆藏抄本)

九、《殊域周咨录》

云南百夷,乃徼外荒僻之部落也。……麓川、缅甸、车里、八百媳妇等地,统谓之百夷。本朝洪武十四年,命颍川侯傅友德、永昌侯蓝玉、西平侯沐英率兵讨云南。……于是,百夷皆请内附,以次入贡,因而受职。……宣慰司六:曰车里,曰木邦,曰孟养,曰缅甸,曰八百大甸,曰老挝。

(严从简:《殊域周咨录》,卷九,云南百夷条
中华书局,1993年版,页325—326)

建文二年,八百媳妇国入贡。

(同上书,卷九,页329)

(宣德七年)八百大甸土官刁之雅①入贡方物,诉波勒蛮常以兵来杀人掠货,请发兵讨之。廷议以八百去云南五千余里,波勒又未尝归化,岂能劳中国之人为之远役,且夷性犷悍,必两有未善者。乃降敕谕令惇睦邻好,保境卫民。

(同上书,卷九,页331)

成化初,上遣霑益州知州桂经往八百媳妇国市阿魏。
按:桂经,池州人,自少以忠孝自负,由应例授滇阃都事,奉命疆理边徼,尽复侵地,功升霑益州知州。充正使如八百媳妇国。

(同上书,卷九,页336)

十、《咸宾录》

八百,世传其土酋有妻八百,各领一寨,因名八百媳妇。自古不通中国。元世祖及成宗屡遣将征之,竟无功。其酋恃远,叛服不常。至元统初,平章赛典赤遣使招附,置八百等处宣慰司使。

我朝洪武二十四年,其酋力揽那来贡方物②,始立八百大甸军民宣慰使司。每遇改元,则颁给敕谕、金牌、勘合,与缅甸同。

其地自司治北至布政司三十八程。其人性颇狡③,刺花样于眉目间以为饰。男女服食与木邦同。事佛敬僧,亦如缅甸。与客相见无跪拜之节,但把手为礼。

---

① 刁之雅,《明实录》作刀招散。
② 力揽那,系刁揽那之误。另据《明实录》及《明史》记载,洪武二十四年来贡的八百土官为刀板冕。
③ "其人性颇狡"一句,据《大明一统志》《云南志(正德)》《四夷馆考》等书所记,均作"性颇缓"或"其人性颇缓"。《咸宾录》原亦作"缓",惟该书《豫章丛书》本则作"狡",今姑据之改,以别于其他载籍。

土产：白檀香、安息香为异。

（罗日褧：《咸宾录》，南夷志卷七，中华书局，1983年版，页189）

十一、《四夷馆考》

八百馆

八百大甸军民宣慰使司，世传其土酋有妻八百，各领一寨，因名八百媳妇。自古不通中国，元世祖壬戌①八月，始遣忙兀（兀）鲁迷失帅军征之。至成宗丁酉②九月，责其叛冠（寇）军（车）里，遣也先不花征之。辛丑③二月，以刘深、哈剌带并为中书右丞，郑佑参知政事，皆佩虎符，将兵三万，敕云南省各给马匹征之。八月，又责其不输税赋，贼杀官吏，遣薛超兀儿征之。癸卯④三月，刘深复请加兵，哈剌哈孙曰："海峤小夷，辽绝万里，可谕之使来，不足以烦中国。"元主不听，竟无功，士卒存者才十之一，始悔不用其言。会有司议释深罪，哈剌哈孙曰："深激（邀）名首衅，丧师辱国，不诛无以谢天下。"遂诛深。其酋恃远，叛服不常。至元统初，平章赛典赤遣使招附，置八百等处宣慰司。我明洪武二十四年，其酋刀揽那来贡方物，始立八百大甸军民宣慰使司。每遇改元，则颁给敕谕、金牌、勘合，与缅甸同。

其地东至老挝，南至波勒蛮，其人性颇缓，刺花样于眉目间，以为饰。男女服食与木邦同，事佛敬僧亦如缅甸。与客相见，无跪拜之节，但把手为礼。境内有南格剌山，山上有河，南属八百，北属车里、孟艮。〔土产犀象、金宝、白檀香、安息香。〕

（王宗载：《四夷馆考》，卷下，八百馆条，甲子（1924）夏六月东方学会印本，页17—18）

十二、《增定馆则》

正德六年，增设八百馆。

（吕维祺等编：《增定馆则》，卷一，玄览堂丛书本，页6）

---

① 壬戌，应为壬辰。据《元史》，元军远征八百媳妇是在至元二十九年（壬辰）。
② 成宗丁酉年，为公元1297年。
③ 成宗辛丑年，为公元1301年。
④ 成宗癸卯年，为公元1303年。

十馆官职名

八百馆：

蓝者哥、庄文恩、高观、张辅、高进、郭东都（汉卿，顺天府郭县人，嘉靖十六年进，历光禄寺署正教师）、张大续、鲍佑、张大绍、高应章、郭时春（子元，顺天府□县人，万历六年进，历鸿胪寺主簿）、丁世贤、章承爵、章增（思辉，顺天府香河县人，天启七年进，授鸿胪寺序班教师）、郭时奏（献河，顺天府□县人，万历三十二年进，历礼部仪制司员外郎、制敕房办事）、章垣、吴应登、郭时泰（子通，顺天府□县人，万历三十三年进，授译字官）、郭昌祚（玉吾，顺天府郭县人，天启七年进，授鸿胪寺序班教师）。

（同上书，卷七，页26—27）

天启五年八月题选译字生稿

少傅兼太子太师吏部尚书建极殿大学士臣顾秉谦等谨题，为译学缺人恳乞照例题请收取以永传习事：

……自万历三十二年考取得译字生马尚礼等九十四名，迄今二十余年，升沉代谢，每馆见有教师止有二三员，而八百馆今已故绝，传习无人，每遇译写来文，回答敕谕，少则尚可苟完，多则动称堆积，责任既专，推委无计。……天启五年八月初十日题。

十三日奉圣旨："是，依拟行，钦此。"

本月二十三日考中译字生韩永桢等九十四名。

二十六日奉圣旨："是，送馆作养。"

（同上书，卷十二，页16—22）

十馆师生校阅姓氏

八百馆：

教师署丞：樊于陛。

译字官：张始音。

译字生：郭昌祚、张应乾、章增。

（同上书，卷二十，页5）

十三、《寰宇通志》

国朝于此改元云南等处行中书省为云南等处承宣布政使司,领……孟养军民指挥使司、车里、木邦、老挝、缅甸、八百大甸五宣慰使司、干崖、南甸、陇川三宣抚司。……

(陈循:《寰宇通志》,卷一一一,玄览堂丛书续集本,页1)

八百大甸军民宣慰使司

在云南布政司南三十八程,世传其土官有妻八百人,领八百寨,因名八百媳妇。元元统元年,置八百等处宣慰使司都元帅府。国朝洪武二十四年改置八百大甸军民宣慰使司。

(同上书,卷一一三,页26)

十四、《全边略纪》

〔成化十七年〕先是,安南王黎灏攻老挝,杀宣慰刀桂雅,其季子怕雅赛归依八百,宣慰刀揽那送匿之于景坎,仍扼袭交人,大败之。朝廷赏其保障之义,赐以银币。

(方孔炤:《全边略记》,卷七,北平图书馆1930年刊本,页17)

〔万历三十五年〕六月,滇抚陈用宾奏记:八百大甸宣慰司,自古不宾,洪武间□一至,今酋景迈荷威赍蒲叶缅文,恭进牛象二只,此成周越裳之足音也,请嘉绝域之输诚,大宗伯条具锦纻布钞数诏赏之。

(同上书,卷七,页35)

十五、《蛮司合志》

八百大甸,先有土酋置妻八百,各领一寨,名八百媳妇。洪武初,其酋刀揽那①内附,设宣慰。每遇改元,则颁敕谕、金牌、勘合。与缅甸同俗,事佛敬僧。见客无跪拜之节,把手为礼。男女皆刺花样眉目间以为饰。

(毛奇龄:《蛮司合志》,卷八,西河全集本,页9)

---

① 据《明实录》,当年遣使访华的是刀板冕。

十六、《驭交记》

（永乐）七年，命英国公张辅总兵，清远侯王友副之，讨简定①。

春正月，命英国公张辅佩征虏将军印，充总兵官，清远侯王友充副总兵总帅讨之，仍令晟行事。敕广西、广东、湖广、四川、浙江、福建、江西、贵州、云南各都司、镇江等十三卫，共发兵四万，楚、辽、宁三府护卫共发兵七千从征。都御史李庆劾晟丧师失陷②，吕毅等法当治罪。上曰：为将丧师，安得无罪，姑曲容，令勉图后效。三月，敕辅等曰：自沐晟出师失律，致贼猖獗。今闻贼党邓悉已死。而八百、老挝犹供馈之。

（张镜心：《驭交记》，卷五，粤雅堂丛书本，页5—6）

（成化）十七年夏六月，黔国公沐琮奏安南侵犯。

先是黎灏亲率夷兵九万，开山为三道，进兵破哀牢、继进老挝地方，杀宣慰刀板雅、兰掌父子三人，其季子怕雅赛归依八百，宣慰刀揽那遣兵送往景坎地方。既而灏复集练兵，且颁伪敕于车里宣慰司，期欲会兵进攻八百。其兵有暴死者数千，传言为雷所震。八百因遣兵扼其归路，袭杀万余，交人大败而还。刀揽那以报云南守臣，黔国公沐琮等因奏……刀揽那能保障生民，击败交贼，请赐敕颁赏，以旌忠义。

（同上书，卷八，页6—7）

十七、《越峤书》

永乐七年五月二十日，敕总兵官征虏副将军英国公张辅、副总兵清远侯王友：前者，黔国公总戎失律，挫损军威③，遂至凶徒啸聚充斥。残寇邓悉既隂被殄，余孽奔溃，渐以荡平。今闻八百、老挝运粮不息，未审

---

① 简定，即安南的陈简定，是陈叔明的儿子，当他知道明朝不打算恢复安南陈朝的统治之后，与邓悉，阮帅等在1408年开始进行反明活动，最后，陈简定被明朝军队俘获。
② 晟丧师失陷，指沐晟带兵入越镇压陈简定的反明活动，被陈简定打败。1408年，沐晟为征夷将军，带兵四万入越。1409年1月，与陈简定的军队激战。明朝军队大败，兵部尚书刘俊，交趾布政司刘昱死于军中。
③ 指黔国公沐晟1409年在安南兵败。

供馈何人,且虚言有象五万,欲敌官军,谓将帅皆易与尔。……尔可差人缉探,严加防捕,扫清余寇,毋劳再举,故敕。

(李文凤:《越峤书》,卷二,中山大学,1958年,
据旧抄本油印本,页41)

　　成化二十年,安南国移咨云南都、布、按三司曰:成化十九年十二月十日,准本国安西府官阮德俊等备启,准本府所辖黄岩等州沿边土人驰报,有车里境上土人传言,谓本国兴起兵众人马,不知其数,前来夹近车里地方安营下寨。声言有一百六万兵众,分行四道,将来攻讨车里等。数及先遣头目数人,统领数十兵徒,扛抬大石一块前来,与车里人话说奉国王命,传报车里人云,今有一百六万人马到来,你可惧怕。若要安全无患,急将金子抬来,秤平此,并进贡犀象、帷帐等物,务要多多,并助贡(攻)八百、老挝等国。若不听命,即将前项兵马杀害车里。因此,车里官目已备,……切照本国僻在西南,久为朝廷藩辅,每图敬天事大,保境安民,凡在邻封,益敦情义,盖欲边陲无事,彼此相安。……

　　巡抚都御史程琮、太监覃平、黔国公沐琮、御史汪山、三司各官议得所辖地方与安南国密迩,自彼国举兵侵杀老挝,延及八百地方,被土官等杀败,志丧气沮,无所容其奸计,……今却指称车里诬构擅动军马,侵扰边疆,移咨申辩。……中间情为难测,必须外示和好,内益戒严,庶保无事。除行分守、分巡、兵备、守备官员督各该军卫、有司于沿边一带土官衙门,巡司、哨堡把截去处,严谨防御,仍行车里宣慰司遵守法度,严固封疆,若交人果有侵犯实踪,星驰报来。如无不许妄报,并差的当人员前去临安边界,体探有无别样声息,及令三司将原来咨文封识奏缴,并疏其事以闻。

(同上书,卷十一,页18—21)

　　莫方瀛[①]遣使范正毅等乞降於云南总兵官黔国公沐朝辅等,历数其经理之绩。……该本部议拟题,奉圣旨:安南国背叛不庭,在所必讨,你每既会议停当,都依拟差去官着实查勘明白,星夜奏来定夺施行,钦此。该臣会案行都、布、按三司……差委缘事都指挥王守中……分投一

---

① 莫方瀛,莫登庸之子,1527年,莫登庸夺位称皇。1530年,让位给莫方瀛,自己当上太上皇。莫方瀛请降,是在1539年。

往教化,八寨长官司①着落土舍张泽②,责差通把白俊、李者来、土舍侬僐兴同前去武严威、武子陵,武文渊等营内宣谕天朝德意,威令其革面向化,归附从军;一往元江府,着落土舍那钰同往老挝宣慰司,查光绍在彼,就令该司照旧慰留居住,令其备将本国作乱之人,并始末缘由开报。土舍那钰等仍鼓舞忠义,倡率勇敢,会同老挝、八百、车里各该衙门,整点精兵象马,听候调用。

(同上书,卷十三,页13)

莫方瀛差头目范正毅等赍表及书赴云南乞降,巡抚都御史汪文盛为之具奏,且论该省诸臣之功,疏下兵部议。尚书张瓒复会廷臣议,……请降黄榜,赍至彼处宣布恩威……若榜示之后,莫登庸父子执迷不悟,……调遣两广、云南邻近土官、土兵,并都御史汪文盛开报老挝宣慰司怕雅罕、八百宣慰司土舍刀揽那、车里宣慰司土舍刀坎、孟艮府土舍刀交等兵象,……分道进攻,内外夹击,溃其心腹,捣其巢穴。

(同上书,卷十四,页4—6)

十八、《读史方舆纪要》

八百大甸军民宣慰使司

东至老挝宣慰使司界,南至波勒蛮界,西至木邦宣慰使司界,北至孟艮府界。自司治北至布政司三十八程转达於京师

古蛮夷地,世传其土酋有妻八百,各领一寨,因名八百媳妇。元大德初,遣兵击之,道路不通而还。后遣使招附。元统初,置八百等处宣慰司。明朝洪武二十四年,其酋来贡,乃立八百大甸军民宣慰使司(土司刁姓③)。

(顾祖禹辑著:《读史方舆纪要》,卷一百一十九,
中华书局,1957年版,页4738)

---

① 教化三部长官司,八寨长官司,位于云南开化府。前者故地在文山县,后者在马关县。
② 张泽,教化三部长官司署理长官。原长官龙敬有三子。各辖一部为副长官。安南军队入侵,诸位长官四散,才由张泽署理。
③ 刁姓,应为刀姓。

十九、《滇考》

八百媳妇国在缅东，出永昌姚关五十程至其地。古未通中国。(元)成宗初立，左丞刘深倡议：世祖以神武一海内，今上嗣历，未有武功，而八百媳妇国助缅为逆，因请征之。右丞相完泽以闻。左丞相哈利(剌)哈孙、御史中丞董士选谏，不听。五年春，命深及哈(合)剌带等将兵往，给军钞九万二千锭，又给云南行省兵自愿出征者人贝子六十索，立征八百媳妇万户府二，置万户四员。

兵既出，取道顺元。远冒烟瘴，士卒多死。驱民转饷豁谷之间，一夫负粟八斗，率数十人佐之，数十日乃达，死者又数十万人，中外骚然。而深复胁求水西土妇蛇节金三千两、马三千匹。土官宋隆济因苗民之怨，给其众曰："官军征发汝等，将悉剪发黥面为兵，身死行阵，妻子为俘。"众惑其言，遂叛。破杨黄寨，进攻贵州，知府张怀德力战死。因围刘深于穷谷中，梁王阔阔率兵救之，贼众少解。事闻，帝始悔不用哈剌哈孙、董士选之言，乃遣刘国杰、杨赛因不花等分道进讨。

(冯甦：《滇考》，卷下，台州丛书本，页17)

(大德)六年，刘深等以粮尽，不能至八百媳妇国而还。宋隆济、蛇节率众邀击，辎重委弃，士卒杀伤殆尽。御史中丞陈天祥上书请正深罪，下诏招谕诸蛮，不报。三月，罢深等官，收其符券。后会赦当免，哈剌哈孙曰："微名首衅，丧师辱国，不诛深，无以谢天下。"遂伏诛。

时乌撒、乌蒙、东川芒部及武定、威楚、普安诸蛮因蛇节之乱，皆以供输烦劳为辞，乘衅起兵，攻掠州县。复诏也速觯儿、忙古带等将兵会刘国杰讨之。

(同上书，卷下，页18)

一曰八百大甸，即元八百媳妇国。……洪武二十四年来贡，始置宣慰司。嘉靖间，为缅所兼，其酋刀氏避居景线。缅以弟莽应龙守景迈城，今久为缅有矣。

(同上书，卷下，页55)

二十、《滇　系》

（元）成宗大德五年,调云南军征八百媳妇。

（师范:《滇系》,第四册,事略条,
光绪丁亥云南通志局版,页14）

（明成祖永乐）三年,遣沐晟征八百大甸,平之。

（同上书,第四册,事略条,页16）

（明世宗嘉靖三十年）是年,缅酋莽瑞体①据古喇宣慰司,杀其酋长,遂入孟养、八百、老挝。

（同上书,第四册,事略条,页19）

八百大甸军民宣慰使司

夷名景迈。世传其酋有妻八百,各领一寨,因名八百媳妇国。元初征之,不能获志,后遣使招附。元统初,置八百等处宣慰司。明洪武二十四年,其酋来贡,乃立八百大甸军民宣慰使司。东至车里宣慰使司界,南至波勒蛮界,西至大古喇界,北至孟艮府界。自姚关东南行至其地,五十程有南格剌山,下有河,南属八百,北属车里。平川数千里,辖部广远。其产:巨象,安息、白檀诸香。民皆僰夷,刺花样于眉目间,见客则把手为礼。好佛恶杀,一村一寺,每寺一塔,殆以万计。有敌人侵之,不得与战,举兵得所仇而罢,名慈悲国。嘉靖间为缅所兼,刀氏避居景线,一名小八百。缅以其弟莽应龙住景迈城为右臂。万历十五年,刀氏以文请兵恢复,议未许。今久为缅所有矣。

（同上书,第三十七册,属夷条,页3—4）

贡　道　下　路

由景东历者乐甸,行一日至镇沅府,又行二日始达车里宣慰司之界。行二日至车里之普洱山,其山产茶。又有一山耸秀,名光山,有车里头目居之,蜀汉孔明营垒在焉。又行二日至一大川原,广可千里,其

---

① 莽瑞体（Tabinshwehti, 1531—1550）,是东吁王朝的创建者。明嘉靖三十年,为公元1551年,是年,缅王莽应龙（Bayinnanng, 1551—1581）已经登位。

中养象,其山亦为孔明寄箭处;又有孔明碑,苔泐不辨字矣。又行四日始至车里宣慰司,在九龙山下临大江,亦名曰九龙江,即黑水之末流也。由车里西南行十日至八百媳妇宣慰司,又西南行一月至老挝宣慰司,又西行十五六日至西洋海岸,乃摆古莽酋①之地也。

(同上书,第三十七册,属夷条,页20)

二十一、《荒徼通考》

濬为庶兄琮所弑②,弟灏嗣,辄侵我土司地,攻杀老挝宣慰使刀板雅、兰掌父子,为八百败归。累招戒谕之,灏骛横自如。

(佚名:《荒徼通考》,安南国条 玄览堂丛书续集本)

---

① 摆古,指东吁王朝的都城勃固(Pegu)。
② 黎濬,即安南黎朝国王黎仁宗,1443年继位时才2岁,由太后垂帘听政。1453年开始亲政,1459年被兄黎琮杀害。琮在位仅8个月,被大臣阮炽所杀,拥立黎灏为王,即黎圣宗。

第七章

清代中国古籍有关暹罗的记述

一、《清史稿》

顺治四年,秋七月……甲子。诏曰:"中原底定,声教遐敷。……南海诸国能向化者,待之如朝鲜。"

(赵尔巽等:《清史稿》,卷四本纪四,中华书局,1976年版,页107—108)

康熙四年。是岁,……暹罗入贡。

(同上书,卷六,本纪六,页172)

康熙七年,是岁,……暹罗入贡。

(同上书,卷六,本纪六,页176—177)

康熙十二年夏四月丁巳。遣官封暹罗国王。

(同上书,卷六,本纪六,页184)

康熙二十三年六月甲寅。暹罗国王森列拍腊照古龙拍腊马嗹陆坤司由提呀菩挨①遣陪臣言贡船到虎跳门,阻滞日久,每致损坏。乞谕粤省官吏准其放入河下,早得登岸,贸易採办,勿被拦阻。从之。

(同上书,卷七,本纪七,页214—215)

康熙二十三年。是岁,……暹罗入贡。

(同上书,卷七,本纪七,页216)

---

① 康熙二十三年为公元1684年,据暹史,当年在位的暹王为那莱Narai(1657—1688)。

康熙四十七年二月丙午。诏暹罗使臣挈带土货,许随处贸易,免征其税。

(同上书,卷八,本纪八,页723)

康熙六十一年六月,以奉天连岁丰稔,驰海禁。暹罗米贱,听入内地,免其税。

(同上书,卷八,本纪八,页304)

雍正二年。是岁,……暹罗入贡。

(同上书,卷九,本纪九,页314)

雍正七年秋七月己巳。减暹罗国贡赋。

(同上书,卷九,本纪九,页326)

乾隆元年五月乙巳。暹罗国王参立拍照广拍马嘑六坤司尤提雅菩挨①表谢赐扁,并贡方物。

(同上书,卷十,本纪十,页349)

乾隆元年。是岁,……暹罗、……来贡。

(同上书,卷十,本纪十,页351)

乾隆二十一年九月乙未。暹罗国王遣使贡方物。

(同上书,卷十二,本纪十二,页436)

乾隆二十二年。是岁,……暹罗、……入贡。

(同上书,卷十二,本纪十二,页442)

乾隆三十三年八月甲戌。李侍尧②奏,暹罗为缅人所破,其国王之孙诏萃奔安南河仙镇,土官莫士麟留养之,内地人甘恩敕③据暹罗,乞封敕。嘉奖莫士麟,命甘恩敕求其主近支立之,不得自王乞封号。

(同上书,卷十三,本纪十三,页479)

---

① 乾隆元年为公元1736年。当年在位的暹罗王为波隆阁(Boromokot, 1733—1758)。
② 李侍尧,当时任两广总督。
③ 甘恩敕,指正在领导暹罗人进行抗缅复国斗争的华人郑信,祖籍广东澄海县。

乾隆三十四年秋七月甲午。李侍尧奏，暹罗仍为甘恩敕所踞。……己酉。李侍尧檄莫士麟会暹罗土目讨甘恩敕。

（同上书，卷十三，本纪十三，页481）

乾隆三十五年秋七月乙巳朔。李侍尧奏，河仙镇土官莫士麟请宣谕缅番恢复暹罗，不许。

（同上书，卷十三，本纪十三，页484）

乾隆四十二年秋七月丙戌。暹罗头目郑昭①进贡，送所获缅番，谕杨景素②以请封檄谕之。

（同上书，卷十四，本纪十四，页510）

乾隆四十六年秋七月庚申。暹罗国长郑昭遣使赍表贡方物。

（同上书，卷十四，本纪十四，页520）

乾隆四十九八月甲辰。暹罗国长郑华③遣陪臣贡方物，乞封。

（同上书，卷十四，本纪十四，页529）

乾隆四十九年。是岁，……暹罗、……来贡。

（同上书，卷十四，本纪十四，页530）

乾隆五十一年十二月戊午。封郑华为暹罗国王。

（同上书，卷十五，本纪十五，页537）

乾隆五十一年。是岁，……暹罗来贡。

（同上书，卷十五，本纪十五，页538）

乾隆五十三年九月壬戌。缅甸番目细哈觉控等入觐，谕暹罗、缅甸现均内附，二国应修好，不得仍前搆兵。

（同上书，卷十五，本纪十五，页542）

---

① 郑昭，即郑信。
② 杨景素，当时任两广总督。
③ 暹罗国长郑华，即曼谷王朝创立者拉玛一世（Rama, I.1782—1809）。

乾隆五十四年春正月甲戌。以缅甸孟陨①悔罪投诚,谕令睦邻修好,并赐暹罗国王郑华彩币,令其解仇消衅。

(同上书,卷十五,本纪十五,页543)

乾隆五十五年春正月己丑。颁恩诏于……暹罗等国。

(同上书,卷十五,本纪十五,页546)

乾隆五十五年八月庚戌。暹罗国王郑华表贺万寿,贡方物。

(同上书,卷十五,本纪十五,页549)

乾隆五十六年春正月戊戌。朝鲜、暹罗、缅甸均遣使谢恩,贡方物。赏赉筵宴如例。

(同上书,卷十五,本纪十五,页550)

乾隆六十年。是岁。……暹罗、……来贡。

(同上书,卷十五,本纪十五,页565)

嘉庆二年。是岁,……暹罗入贡。

(同上书,卷十六,本纪十六,页572)

嘉庆三年。是岁,……暹罗入贡。

(同上书,卷十六,本纪十六,页573)

嘉庆四年。是岁,……暹罗入贡。

(同上书,卷十六,本纪十六,页577)

嘉庆六年。是岁,……暹罗入贡。

(同上书,卷十六,本纪十六,页582)

嘉庆九年。是岁,……暹罗入贡。

(同上书,卷十六,本纪十六,页588)

---

① 孟陨,即缅王孟云(Bodawpaya,1782—1819)。

嘉庆十二年九月丙午。暹罗私招商人贸易,降敕训止之。

(同上书,卷十六,本纪十六,页593)

嘉庆十四年。是岁,……暹罗、……入贡。

(同上书,卷十六,本纪十六,页597)

嘉庆十五年。是岁,……暹罗入贡。

(同上书,卷十六,本纪十六,页599)

嘉庆十六年。是岁,……暹罗、……入贡。

(同上书,卷十六,本纪十六,页601)

嘉庆十七年。是岁,……暹罗入贡。

(同上书,卷十六,本纪十六,页602)

嘉庆十八年。是岁,……暹罗入贡。

(同上书,卷十六,本纪十六,页604—605)

嘉庆二十年。是岁,……暹罗入贡。

(同上书,卷十六,本纪十六,页607)

嘉庆二十四年。是岁,……暹罗、……入贡。

(同上书,卷十六,本纪十六,页615)

嘉庆二十五年八月戊申。颁大行皇帝遗诏于朝鲜、琉球、暹罗、越南、缅甸诸国。

(同上书,卷十七,本纪十七,页618—619)

道光元年九月戊辰。暹罗国王郑佛[①]遣使进香,贡方物,温谕止之。

(同上书,卷十七,本纪十七,页623)

---

① 郑佛,即暹王拉玛二世(Rama II, 1809—1824)。

道光二年九月壬申朔。允暹罗进本年例贡。
（同上书,卷十七,本纪十七,页626）

道光二年。是岁,……暹罗、……来贡。
（同上书,卷十七,本纪十七,页627）

道光三年。是岁,……暹罗、……来贡。
（同上书,卷十七,本纪十七,页630）

道光四年六月甲寅。暹罗国王郑佛卒。
（同上书,卷十七,本纪十七,页631）

道光五年十一月壬辰。以暹罗国贡船漂没,诏免其补贡,封世子郑福①为暹罗国王。
（同上书,卷十七,本纪十七,页636）

道光五年。是岁,……暹罗、……入贡。
（同上书,卷十七,本纪十七,页636）

道光七年。是岁,……暹罗入贡。
（同上书,卷十七,本纪十七,页642）

道光十年春正月丁巳。暹罗国王郑福遣使表贺,并贡方物。
（同上书,卷十七,本纪十七,页648）

道光十年七月丙子。暹罗遣使贺万寿,贡方物。
（同上书,卷十七,本纪十七,页649）

道光十一年八月辛丑。暹罗国王遣贡使载内地遭风官民回广东,温谕奖赉之。
（同上书,卷十八,本纪十八,页653）

---

① 郑福,即暹王拉玛三世(Rama III,1824—1851)。

道光十二年。是岁,……暹罗入贡。

(同上书,卷十八,本纪十八,页658)

道光十四年。是岁,……暹罗来贡。

(同上书,卷十八,本纪十八,页664)

道光十六年。是岁,……暹罗来贡。

(同上书,卷十八,本纪十八,页669)

道光十七年。是岁,……暹罗、……来贡。

(同上书,卷十八,本纪十八,页671)

道光十八年。是岁,……暹罗来贡。

(同上书,卷十八,本纪十八,页674)

道光二十三年。是岁,……暹罗入贡。

(同上书,卷十九,本纪十九,页692)

道光二十四年。是岁,……暹罗入贡。

(同上书,卷十九,本纪十九,页694)

道光二十八年。是岁,……暹罗、……入贡。

(同上书,卷十九,本纪十九,页705)

咸丰二年。是岁,……暹罗入贡。

(同上书,卷二十,本纪二十,页722)

咸丰三年。是岁,……暹罗、……入贡。

(同上书,卷二十,本纪二十,页728)

清初藩服有二类,分隶理藩院、主客司。隶院者,……隶司者,曰朝鲜,曰越南,曰南掌①,曰缅甸,曰苏禄,曰荷兰,曰暹罗,曰琉球。亲疏略

---

① 清代来朝贡的南掌,指老挝的琅勃拉邦。

判,于礼同为属也。

（同上书,卷九一,志六六,礼十,页2673）

　　山海诸国朝贡礼:凡诸国以时修贡,遣陪臣来朝,延纳燕赐,典之礼部。将入境,所在长吏给邮符,遴文武官数人伴送。有司供馆饩,遣兵护之。按途更代,以达京畿。既至,延入宾馆,以时稽其人众,均其饮食。……

　　贡使将归国,光禄寺备牲酒果蔬,侍郎就宾馆筵燕,伴送供儗如前。所经省会皆飨之,司道一人主其事,馆饩日给,概从周渥焉。

　　顺治初,定制,诸国朝贡,赍表及方物,限船三艘,艘百人,贡役二十人。……初,琉球、安南、暹罗诸使来,议政大臣咸会集,赐坐及茶。乾隆初元,谕停止。时属国陪臣增扩,敕所司给《皇清职贡图》,以诏方来。……

　　凡贡期,朝鲜岁至,琉球间岁一至,安南六岁再至,暹罗三岁,荷兰、苏禄五岁,南掌十岁,均各一至,余道远,贡无常期。凡贡物,各将其土实,非土产者勿进。

（同上书,卷九一,志六六,礼十,页2675—2678）

　　会同四译馆,……提督馆事兼鸿胪寺少卿一人（礼部郎中内补选）,掌治宾客,谕言语。……

　　顺治元年,会同四译分设二馆。会同馆隶礼部,以主客司主事满、汉各一人提督之。四译馆隶翰林院,以太常寺汉少卿一人提督之。分设回回、缅甸、百夷、西番、高昌、西天、八百、暹罗八馆,以译远方朝贡文字。……乾隆十三年,省四译馆入礼部,更名会同四译馆,改八馆为二,曰西域,曰百夷,以礼部郎中兼鸿胪寺少卿衔一人摄之。光绪二十九年省。

（同上书,卷一一四,志八九,职官一,页3283—3284）

　　（康熙二十三年）是时始开江、浙、闽、广海禁,于云山、宁波、漳州、澳门设四海关,关设监督,满、汉各一笔帖式,其年而代。定海税则例,……二十四年,……免外国贡船税,减洋船丈抽例十之三。……

　　（雍正）三年,以暹罗进献稻种、果树等物,免回空压载货物税。……六年,……永免暹罗米税。

（同上书,卷一二五,志一〇〇,食货六,页3675—3677）

(乾隆五十一年)定除暹罗贡使船外,其带货私船,照例征收。

（同上书,卷一二五,食货六,页3682）

(康熙十三年)〔郑〕锦①更定军制,……复开互市,英圭黎、暹罗、安南诸国市舶并至,思明②井里烟火几如承平时。

（同上书,卷二二四,郑成功传,页9165）

(顺治十八年)〔李〕定国自景线③走猛腊,遣将入车里、暹罗诸国乞师,皆不应;伺边上求王④消息。康熙元年,闻王凶问,号恸祈死。

（同上书,卷二二四,李定国传,页9173）

(顺治十八年)〔清兵〕十一月至木邦,获〔白〕文选⑤将冯国恩,讯知文选屯锡箔江滨⑥,〔李〕定国与不协,走景线。……追文选及于猛养,文选度不能脱,遂降。定国走死猛猎。

（同上书,卷二三六,爱星阿传,页9460）

陈伦炯,字次安,福建同安人。父昂,字英士,弱冠贾海上,习岛屿形势、风潮险易。……尝上疏言:"西洋治历法者宜定员,毋多留,留者勿使布教。"又以沿海居民困于海禁,将疏请驰之。会疾作,命伦炯以遗疏进,诏报可。……昂疏并言:"臣详察海上诸国,东海日本为大,次则琉球。西则暹罗为最。东南番族文莱等数十小国,惟噶啰吧、吕宋⑦最强。……"伦炯为侍卫时,圣祖尝召询互市诸国事,对悉与图籍合。时互市诸国奉约束惟谨,独昂、伦炯父子有远虑,忧之最早云。

（同上书,卷二八四,陈伦炯传,页10194—10195）

(雍正)六年,广东巡抚杨文乾劾总督阿克敦侵蚀粤海关火耗,并令

---

① 郑锦,郑成功之子。此时仍据守闽南及台湾,继续抗清。
② 思明,指思明州。据本书郑成功传,顺治十一年,"成功初无受抚意,乃改中左所为思明州"。据《东西洋考·舟师考》,中左所一名厦门。故思明系指今厦门。
③ 景线,即今泰北的昌盛(Chiang Sen)。李定国原是张献忠的部将,后为南明永历的支持者。
④ 指明桂王朱由榔。
⑤ 白文选,原是大西农民军张献忠的部将,后来成为南明永历的支持者。
⑥ 锡箔江,即今缅甸中部的南渡(Namtu)河。
⑦ 噶啰吧,指荷兰占领下的巴达维亚;吕宋,指西班牙占领下的菲岛。

家人索暹罗米船规礼诸事,上命总督孔毓珣及文乾按治。寻文乾卒,改命留保①及郎中喀尔吉善会毓珣按治。毓珣以上怒,将刑讯,留保争之,乃免。谳定,阿克敦罪当死,寻复起,语详《阿克敦传》。

(同上书,卷二九〇,留保传,页10274)

(雍正)六年,文乾还广东,劾阿克敦勒索暹罗商船规礼,布政使官达纵容幕客纳贿,皆夺官。

(同上书,卷二九二,杨文乾传,页10308)

文乾劾阿克敦闻盗不严缉,新会县得盗,授意改谳,以窃贼详结;侵粤海关耗银,令家人索暹罗米船规礼。毓珣亦劾侵太平关耗银。六年,命夺阿克敦官,下毓珣、文乾会鞫。文乾卒,上遣通敌政使留保、郎中喀尔吉善会毓珣及署广东巡抚傅泰严鞫,以讳盗、侵耗轻罪,不议坐;令家人索暹罗米船,拟绞。〔王〕士俊复揭告阿克敦庇布政使官达婪赃,加拟斩监候。七年,……上命释阿克敦往江南河工效力自赎。

(同上书,卷三〇三,阿克敦传,页10479)

(乾隆)十二年,(福建巡抚陈大受)疏言:"近海商民,例许往暹罗造船贩米。内渡时若有船无米,应倍税示罚。"部议从之。

(同上书,卷三〇七,陈大受传,页10553—10554)

(乾隆)三十四年,师征缅甸,命侍尧传檄暹罗。时暹罗方为甘恩敕所据,侍尧以为不宜传檄;以己意宣谕暹罗各夷目,密侦缅甸,苟入境,令擒以献,上韪之。

(同上书,卷三二三,李侍尧传,页10819)

杨应琚,……乾隆初,自员外郎出为河东道,……累迁至两广总督。……暹罗贡使殴伤通事,其国王鞫实,拟罚锾,遣使牒礼部。应琚曰:"属国陪臣无上交。"好语谕遣之,称旨。……

三十一年,缅甸大入边,滇事棘。……上移应琚云贵总督视师。……乃上言大举征缅,调湖广、川、滇军五万,五路并进,请敕暹罗

---

① 留保,官通政使。

夹攻,朝论皆斥之。

(同上书,卷三二七,杨应琚传,页10885—10887)

郭世勋,……乾隆五十四年,擢贵州巡抚,调广东。……五十五年,总督福康安入觐,命世勋署两广总督。……暹罗国王郑华咨:"乾隆三十一年被乌图①构兵围城,国君被陷。其父昭②克复旧基,十仅五六。旧有丹著氏、麻叨、塗坯三城③,仍被占据。请代奏令乌图割还三城。"乌图即缅甸。世勋以其非礼妄干,留其使广东,奏闻。上命军机大臣拟檄,略谓:"故缅甸酋懵驳④与暹罗诏氏构兵,非今国王孟陨事。暹罗又系异姓继立,不宜追问诏氏已失疆土。天朝抚驭万国,缅甸固新封,暹罗亦至华嗣掌国始加封爵,宜释嫌修好,共沐宠荣,不得以非分干求,妄行琐渎。"命世勋与福康安联衔照会,并告来使,但云:"扎商福康安,未经代奏。"……五十八年,暹罗、安南贡使至,世勋遣使伴送诣京师。上以所派职卑才庸,虑为外藩所轻,降旨申饬。

(同上书,卷三三二,郭世勋传,页10974—10975)

伯麟,……嘉庆九年,擢云贵总督。十年,缅甸与暹罗属夷戛于腊构衅,求助于孟连。土司刀派功往援遇害,失其印。伯麟以刀派功祸由自取,惟责暹罗缴所得印。十一年,缅甸请预期纳贡。伯麟知其与暹罗构兵,为求助地,却之。后缅甸为戛于腊所败,果来乞援,伯麟拒勿应,戛于腊旋亦败走。

(同上书,卷三四三,伯麟传,页11135—11136)

蒋攸铦,……(嘉庆)十六年,擢两广总督。……商人负暹罗国货价,以官钱代偿,既而贡使来缴还。攸铦以奉旨颁给,乃示怀柔,不得复收回,却之,诏嘉其得体。

(同上书,卷三六六,蒋攸铦传,页11446—11447)

(乾隆三十三年)守备程辙前从杨宁军陷于贼,至是密以书来告,言

---

① 乌图,又称乌土,即今缅甸。
② 昭,即郑昭,郑信。拉玛一世(郑华)不是郑信的儿子,他为了求得清朝封号,而自称郑华,是郑昭的儿子。
③ 丹著氏,又作丹荖氏,即今缅甸的墨吉(Mergui),该地曾称丹荖(Tanaos);麻叨,有学者认为在缅甸的莫塔马(Moktama);塗坯,又作塗怀,即今缅甸土瓦(Tavoy)。
④ 懵驳,即缅王孟驳(Hsinbyushin,1768—1776)。

缅人方与暹罗仇杀,可约以夹攻。帝遣人驰问阿桂①,奏言:"官军会合暹罗,必赴缅地。若由广东往,则远隔重洋,相去万余里,期会在数月之后,恐不能如期。"帝以为然。盖自明陈用宾有要暹罗攻缅之说,杨应琚②、杨廷璋③先后奏上,延(廷)议虽斥之,不能释然也。因诏两广总督李侍尧询察之。侍尧奏言:"闻暹罗为花肚番残破,国主诏氏窜迹他所,余地为属下甘恩敕、莫士麟分据。"花肚番者,缅人以膝股为花,故云。由是约暹罗之议始寝。……

四十三年,暹罗遗民起兵逐缅人复国。五十一年,诏封郑华为暹罗国王,于是缅益惧。五十二年,耿马土司罕朝瑷报言:"滚弄隔岸即缅甸木邦,缅酋孟云遣大头目……赍金叶表文,……恳求进贡。……"总督富纲等以闻,帝允所请,赍其使而归之,……。

(同上书,卷五二八,缅甸传,页 14672—14680)

暹罗,在云南之南,缅甸之东,越南之西,南濒海湾。顺治九年十二月,暹罗遣使请贡,并换给印、敕、勘合,允之。自是奉贡不绝。

康熙二年,暹罗正贡船行至七洲海面,遇风飘失护贡船一,至虎门,仍令驶回。三年七月,平南王尚可喜奏暹罗来馈礼物,却不受。其年,议准暹罗进贡,正贡船二艘,员役二十名,补贡船一艘,员役六名,来京,并允贸易一次。明年十一月,国王遣陪臣等赍金叶表文,文曰:"暹罗国王臣森列拍腊照古龙拍腊马嗹陆坤司由提呀菩埃诚惶诚恐稽首,谨奏大清皇帝陛下。伏以新君御世,普照中天,四海隶帡幪,万方被教化。卑国久荷天恩,倾心葵藿,今特竭诚朝贡,敬差正贡使握坤司峇喇耶迈低礼、副贡使握坤心勿吞瓦替、三贡使握坤司敕博瓦绨、大通事揭帝典,办事等臣,梯航渡海,赍上金叶表文、方物进献,用伸拜舞之诚,恪尽远臣之职。伏冀俯垂天听,宽宥不恭,微臣不胜瞻天仰圣,战栗屏营之至,谨具表以闻。御前方物:龙涎香、六足龟等;皇后前半之。"帝赐国王缎、纱、罗各六;金缎、纱、罗各四,王妃各减二。正副使等赏赉有差。定暹罗贡期三年一次,贡道由广东,常贡外加贡无定额。贡船以三艘为限,每艘不许逾百人,入京员役二十名,永以为例。

十二年,贡使握坤司峇喇耶迈低礼等至,具表请封。四月,册封暹罗国王,赐诰命及驼钮镀金银印,令使臣赍回。诰曰:"来王来享,要荒

---

① 阿桂,清高宗授他为副将军,协助傅恒,继续对缅用兵。
② 杨应琚,当时任云贵总督,在滇主持军务。
③ 杨廷璋,当时任两广总督。杨应琚病后,被派到云南接办军务。

昭事大之诚；悉主悉臣，国家著柔远之义。朕缵承鸿绪，期德教暨于遐陬，诞抚多方，使屏翰跻于康乂。彝章具在，涣号宜颁。尔暹罗国森烈拍腊照古龙拍腊马嘑陆坤司由提呀菩埃秉志忠诚，服躬礼义，既倾心以向化，乃航海而请封。砺山带河，克荷维藩之寄；制节谨度，无忘执玉之心。念尔悃忱，朕甚嘉尚。今封尔为暹罗国王，赐以诰命，尔其益矢忠贞，广宣声教，膺兹荣宠，辑乃封圻。于戏！保民社而王，纂休声于旧服；守共球之职，懋嘉绩于侯封。钦哉，无替朕命！"

二十三年，王遣正使王大统、副使坤孛述列瓦提，赍金叶表入贡。帝谕暹罗进贡员役，有不能乘马者，官给夫轿，从人给舁夫。先是贡船抵虎跳门，守臣查验后，进泊河干，封贮货物，俟礼部文到，方准贸易。至是疏请嗣后贡船到广，具报即准贸易，并请本国采买器用，乞谕地方官给照置办，允之。颁赏暹罗之靴，始折绢。贡使回国，礼部派司官、笔帖式各一人伴送。二十四年，议定暹罗国王原赏缎三十四，今加十六，共表里五十。四十七年，贡驯象二、金丝猴二。是年，礼官议准暹罗贡船压舱货物在广东贸易，免其征税。

六十一年，部议暹罗入贡照安南国例，加赐国王缎八、纱四、罗八、织金纱罗各二；王妃缎、织金缎、纱、织金纱、罗、织金罗各二。是年，国王奏称彼国有红皮船二，前被留禁，请令广东督、抚交贡使带回。帝可其请，并谕礼部曰："暹罗米甚丰足，若运米赴福建、广东、宁波三处各十万石贸易，有裨地方，免其税。"部臣与暹罗使臣议定，年运三十万石，逾额米粮与货物照例收税。

雍正二年十月，广东巡抚年希尧陈暹罗运米并进方物，诏曰："暹罗不惮险远，进献谷种、果树及洋鹿、猎犬等物，恭顺可嘉。压船货物概免征税，用奖输心向化之诚。"六年，帝谕暹罗商船运来米谷永远免税。七年，常贡内有速香、安息香、袈裟、布匹等，帝以无必须之物，免其入贡，著为例。时贡使呈称："京师为万国景仰，国王欲令观光上国，遍览名胜，归国陈述，以广见闻。"帝命贤能司官带领游览，并赏银一千两，遇所喜物购买。使臣复称本国产马甚小，国王命购数匹带归。允之，命马价向内库支给。复赐国王御书"天南乐国"匾额、缎二十五、玉器八、珐琅器一、松花石砚二、玻璃器二、瓷器十四。贡使赴广采买京弓铜线等物，复诏赏给。

乾隆元年六月，国王遣陪臣郎三立哇提等赍表及方物来贡，增驯象一只，金缎二匹、花幔一条，并言昔赐蟒龙袍藏承恩亭上，历史久远，难保无虞，恳再赐一二袭。帝特赏蟒缎四匹。礼部奏暹罗昭丕雅大库呈称伊国造福送寺需铜,恳驰禁,议弗许,帝特赏八百斤。八年,诏暹罗商人运米来闽、粤诸省贸易,万石以上免船税银十之五,五千石以上免十之三。其米照市价公平发粜。若民间米多,官为收买,以补常平社仓,或散给沿海标营兵粮之用。十三年,入贡方物外,附黑熊一、斗鸡十二、太和鸡十六、金丝白肚猿一。十四年,国王遣陪臣朗呵派提等入贡,锡御书"炎服屏藩"四字。十六年,帝谕闽督喀尔吉善等筹办官运暹罗米法。疏陈非便,并言不如奖励商人赴暹罗运米至二千石以上者,予叙给顶戴,从之。十八年,国王遣使入贡,恳赐人参、缨牛、良马、象牙、及通撒规仪内监。礼臣不可,帝加赐人参四斤,特饬使臣归国晓谕国王"恪守规制,益励敬恭"。二十二年,入贡,特赐其王蟒缎、锦缎各二,闪缎、片金缎各一,丝缎四,玉器、玛瑙各一,松花石砚二,珐琅器十有三,瓷器百有四。三十一年,暹罗入贡,赐与前同。

顷之,两广总督李侍尧奏暹罗为花肚番所破,缴还原颁赐物。花肚番即缅甸也。当其时,缅甸攻暹罗,进围其国都阿由提亚①,三月陷之,杀其王,暹罗遂亡。

缅甸酋懵驳既破暹罗,恃强侵云南边,高宗叠遣将军明瑞、大学士傅恒、将军阿桂、阿里衮等征之,缅甸调征暹罗军自救。阿由提亚之陷也,暹罗守长郑昭方率军有事柬埔寨,闻都城陷,旋师赴援,叠与缅甸战,构兵数年。既以缅甸困于中国,郑昭乘其疲敝击破之,国复。昭,中国广东人也。父贾于暹罗,生昭。长有才略,仕暹罗。既破缅军,国人推昭为主,迁都盘谷②,镇抚绥辑,国日殷富。四十六年,郑昭遣使朗丕彩悉泥霞握抚突等入贡,奏称暹罗自遭缅乱,复土报仇,国人以诏裔无人,推昭为长,遵例贡献。帝嘉之,宴使臣于"山高水长"。所贡方物,收象一头、犀角一石,余物准在广东出售,与他货皆免税。特赐国长蟒缎、珍物如旧例。

四十七年,昭卒,子郑华嗣立。华亦材武,屡破缅,缅酋孟陨不能敌,东徙居蛮得勒③。五十一年,华遣使入贡御前方物:龙涎香、金刚钻、沉香、冰片、犀角、孔雀尾、翠皮、西洋毡、西洋红布、象牙、樟脑、降真香、白胶香、大枫子、乌木、白荳蔻、檀香、甘密皮、桂皮、(滕)〔藤〕黄、外驯象二。中宫前无象,物半之。并请封。十二月戊午,封郑华为暹罗国王,如康熙十二年之例。制曰:"我国诞膺天命,统御万方,声教覃敷,遐迩

---

① 阿由提亚,即阿瑜陀耶城。
② 盘谷,即曼谷。郑信定都吞武里,创建吞武里王朝,没有迁都曼谷。
③ 缅王孟云把都城从阿瓦迁到阿摩罗补罗,不是迁往曼德勒。

率服。暹罗国地隔重洋,向修职贡,自遭缅乱,人民土地悉就摧残,实堪悯恻!前摄国事长郑昭,当举国被兵之后,收合余烬,保有一方,不废朝贡。其嗣郑华,克承父志,遣使远来,具见忱悃。朕抚绥方夏,罔有内外,悉主悉臣,设暹罗旧王后嗣尚存,自当择其嫡派,俾守世封。兹闻旧裔遭乱沦亡,郑氏摄国长事,既阅再世,用能保其土宇。辑和人民,阖国臣庶,共所推戴。用是特颁朝命,封尔郑华为暹罗国王,锡之诰印,尚其恪修职事,慎守藩封,抚辑番民,勿替前业,以副朕怀柔海邦、兴废继绝之至意。"是年,粤督穆腾额奏定暹罗正副贡船各一免税,余船按货征榷。以杜奸商取巧。

先是,缅甸惮国威内附,后屡为暹罗所败,五十三年来贡,乞谕暹罗罢兵。五十四年正月,帝赐郑华敕曰:"朕惟自古帝王功隆丕冒,典重怀柔,凡航海梯山重译而至者,无不悉归涵育,咸被恩膏。尔暹罗国王郑华远处海隅,因受封藩职,遣使帕使滑里逊通亚排那赤突等恭赍方物,入贡谢恩,具征忱悃。朕念尔国与缅甸接壤,往者懵驳、赘角牙相继为暴,侵陵尔国,兴师构怨,匪尔之由。今缅甸孟云新掌国事,悔罪输诚,吁求内附,已于其使臣回国时谕令孟云与尔国重修和好,毋寻干戈。尔亦宜尽释前嫌,永弭兵衅,同作藩封,共承恩眷。兹特赐国王丝、币等物,尚其祗受嘉命,倍笃忠忱,仰副眷怀,长膺天宠。钦哉!"

明年,郑华咨称:乾隆三十一年,乌肚构兵,国破君亡,其父郑昭光复故物,十仅五六,旧有丹荖氏、麻叨、塗怀三城,仍被占据,恳谕令乌肚归还,以复国土之旧。粤督郭世勋以闻。帝念暹罗所称之"乌肚番"即缅甸;前缅甸与暹罗诏氏搆兵,系已故缅酋懵驳,非今王孟云之事;丹荖氏等三城,亦系诏氏在国时被缅甸侵占,非郑氏国土,相安年久,自应各守疆界;今暹罗已经易世,暹罗又系异性继立为王,更不当争论诏氏旧失疆土。命军机大臣代世勋拟檄谕止之。是年,入贡,因庆祝万寿,加进寿烛、沉香、紫胶香、冰片、燕窝、犀角、象牙、通大海、哆啰呢九种,帝亦加赐国王御笔"福"字。六十年,暹罗破柬埔寨,取阿可耳及破丁篷二地。①

嘉庆元年,暹罗遣使进太上皇帝、皇帝汉、番字金叶表文并方物。正月,命使臣与宁寿宫千叟宴,赐正使《圣制千叟宴诗》一章。二年,遣使贺归政及登极,贡龙涎香、冰片等二十四种。帝奏太上皇帝命赐郑华敕曰:"九服承风,建极著会归之义;三加锡命,乐天广怙冒之仁。旧典

---

① 阿可耳(Angkor),今译吴哥;破丁篷(Battambang),今译马德望。

维昭,新纶用沛。尔暹罗国王郑华屡供王会,久列藩封。兹于嘉庆二年,复遣使臣奉表入贡,鉴其忱悃,允荷褒扬。至以天朝叠庆重熙,倍呈方物,具见输诚効顺,弗懈益虔。国家厚往薄来,字小柔远,自有定制。第念尔国僻处海陬,梯航远涉,其所备物若从摈却,劳费转多,特饬收受,加赐文绮等物。嗣后止宜照常进呈一分,以示体恤。王其祗承眷顾,益懋忠纯,永膺藩庶之恩,长隶职方之长。钦哉!"三年,召暹罗使臣宴重华宫。五年,国王遣使赍祭文、仪物,诣高宗纯皇帝前进香,并献方物,广东巡抚遵旨令使臣毋庸来京,悉将方物赍回。六年,副贡使怕窝们孙晖哆呵叭病殁广东,谕地方官妥为照料,赏银三百两,先行回国。

十年,暹罗贡表,言与缅甸战获捷,有诏和解之。十二年九月,帝谕郑华:"不许违例用中国人驾船、代运货物往来,以免奸商隐匿,致启讼端。倘有违背,奸商治罪,国王亦难辞其咎。特申禁令,以严踰越之防。尔国王其凛遵毋忽!"

十四年,遣使祝嘏,加赏正副使筵宴重华宫。秋,郑华卒,世子郑佛继立。遣使入贡请封,遭风沉失贡物九种,帝谕不必补进。十五年,封郑佛为暹罗王,给诰命、驼钮镀金银印,交使赍回。十八年冬,总督蒋攸铦奏暹罗正贡船在洋焚毁,仅副贡船抵粤,副使唧拔察哪丕汶知突有疾,闻正贡船遭焚,惊惧,益剧,不能即赴都。帝命副使留粤调治,所存贡物十种,派员送京,失物毋庸补备。且谕曰:"暹罗国王抒忱纳赆,航海申虔,即与到京赍呈无异。例赏物件及敕书,交兵部发交两广总督颁给,。"明年,暹罗王闻贡船焚毁,补备方物入贡,遇飓风,船漂散。二十年秋,正副贡船先后抵粤,蒋攸铦以闻。仁宗嘉其恭顺,谕曰:"暹罗向系三年一贡,明年又届入贡之期。此次方物,可作二十一年例贡。"暹罗王复表请准用内地水手驾驶,部议驳之。

道光元年,暹罗远征马来半岛开泰州①,悬军深入,破沙鲁他②军,南下服派拉克③,进与色兰格耳国④战,以军疲,由新格拉⑤而还。三年,遣使入贡贺万寿。四年,郑佛在位十五年,传位其子郑福。明年,遣使入贡请封,舟毁,贡物沉没。帝免补进,仍封郑福为暹罗王。福朝贡益恭。十九年三月,宣宗以暹罗服事之勤,谕曰:"暹罗三年一贡,其改为

---

① 开泰州,即今马来西亚的吉打(Kedah)州。
② 沙鲁他,有学者认为是苏丹(Sultan)的异译。
③ 派拉克,即今马来西亚的霹雳(Perak)州。
④ 色兰格耳,即今马来西亚的雪兰莪(Selangor)州。
⑤ 新格拉,即今泰国的宋卡(Songkhla)。

四年。"

咸丰元年，郑福卒，弟蒙格克托继位，中国称曰郑明者是也①。明奉孝和睿皇后、宣宗成皇帝遗诏，遣使进香并赍递表文、方物，庆贺登极。又因例贡届期，请将贡物一并呈进。文宗命两广总督徐广缙传知使臣毋庸来京，仪物、方物悉令赍回。至应进例贡，现当国制，二十七日之内不受朝贺，并停止筵宴，俟嗣王请封时再行呈递。二年，徐广缙奏："暹罗国王遣使补进例贡，并请敕封，现已行抵粤东。"帝命于封印前伴送来京；应给嗣王诰命，俟贡使抵都发给赍回，适粤匪乱炽，贡使竟不能至，入贡中国亦于此止。此后暹罗遂为自主之国矣。

郑明通佛学，善英语，用欧人改制度，行新政，国治日隆，称皇帝。复与英、法诸国订约，遣使分驻各国。同治七年，郑明卒，子抽拉郎公②继立，废奴隶，行立宪。北部乱贼蜂起，讨平之。法既吞越南，复迫暹罗割湄江③东地。光绪十九年，国王派军防守。法藉口暹罗侵越南，出兵占孔格、沙丹格托伦格二地④，复进据老挝之加核蒙、隆拍拉朋⑤。暹军败退湄河西岸，法复以海军攻盘谷海港⑥，暹人惧，乞和。既，英人疾法日盛，不益于己，乃与法立约，保证湄南属暹罗，暹罗赖以少安，致力内政，日蒸富强。宣统二年，卒，子马活提路特立⑦。

暹罗版图，北纬六度至二十度，东经九十七度至一百七度。官制，设外务、内务、财政、陆军、海军、司法、教育、农务、交通九部，佐国王管理国政。另设枢密院，国王选亲贵勋臣充之，国之大事皆咨询而行。中央称畿甸省。全国分十七州，置总督。州下有县、郡、村。人口八百万，中国人占三分之一。军备仿德国征兵制，常备军三万人，战时可增十倍。海军有炮舰、水雷艇数艘。制造枪炮厂、造船所皆备。暹罗叠出英君，政治修明，故介于英、法诸大国属地，而能自保其独立也。

（同上书，卷五二八，暹罗传，页 14690—14699）

---

① 郑明，即暹王拉玛四世（Rama IV, 1851—1868）。蒙格克托（Mongkut）。今译蒙固，拉玛四世被称为蒙固王。
② 抽拉郎公，即暹主朱拉隆功（Chulalangkorn）。又称拉玛五世（Rama V, 1868—1910）。
③ 湄江，即湄公河。
④ 孔格，即今老挝的孔埠（Khong）。沙丹格托伦格，即今柬埔寨的上丁（Stung Treng）。
⑤ 加核蒙，即老挝之甘蒙（Cammon）；隆拍拉朋，即老挝的琅勃拉邦（Luang Prabang）。
⑥ 盘谷海港，不是今曼谷而是湄南河口的北揽要塞。
⑦ 马活提路特（Maha Vajiravudh），今译摩诃瓦栖拉兀，即拉玛六世（Rama VI, 1910—1925）。

二、《清实录》

顺治四年,丁亥。二月,癸未。以浙东、福建平定,颁诏天下。诏曰:"……东南海外琉球、安南、暹罗、日本诸国,附近浙、闽,有慕义投诚、纳款来朝者,地方官即为奏达,与朝鲜等国一体优待,用晋怀柔。……"

(清官修:《清实录》,世祖实录,卷三十,页20—21)

顺治九年,壬辰。十二月,戊午。广东巡抚李棲凤……又题:"暹罗国请换给敕印、勘合,以便入贡。"下部速议。

(世祖实录,卷七十,页21)

康熙三年,甲辰。秋七月,己亥。礼部议:"暹罗国馈平南王礼物,经该藩奏明,应不准收受,并请以后外国毋得馈遗边藩、督抚。"从之。

(圣祖实录,卷十二,页24)

康熙三年,甲辰。十二月,甲戌。命江西布政使祭暹罗国在路病故使臣敕博瓦绨,置地营葬,立石封识。

(同上书,圣祖实录,卷十三,页20)

康熙四年,乙巳。二月,壬申。暹罗国王遣陪臣航海具表进贡。表文曰:"暹罗国王臣森列拍腊照古龙拍腊马嘑陆坤司由提呀菩埃①诚惶诚恐稽首顿首谨奏大清皇帝陛下:伏以新君御世,普照中天,四海沾帡幪之德,万方被教化之恩。卑国久荷天朝恩渥,未倾葵藿之心。今特躬诚照例朝贡,敢效输款。敬差正贡使握坤司㕮喇耶迈低礼、副贡使握坤心勿吞瓦替、三贡使屋坤司敕博瓦绨、大通事揭帝典办事等臣,梯航渡海,赍捧金叶表文、方物、译书一道,前至广省,差官伴送京师进献,用申拜舞之诚,恪尽远臣之职。恭祝皇图巩固,帝寿遐昌。伏冀俯垂宽宥不恭,微臣瞻天仰圣,曷胜屏营之至。谨具表称奏以闻。"上嘉之,命加恩赏赉。

(圣祖实录,卷十四,页12—13)

---

① 康熙四年为公元1665年。森列拍腊照古龙拍腊马嘑陆坤司由提呀菩埃,应为暹王那莱(Narai,1657—1688)。

康熙七年,戊申。三月,丁卯。兵部题:"前奉上谕,凡外国之人,除进贡方物外,将货物在边界处所贸易,有无定例,命臣等会同礼部详察具奏。查外国非系贡期竟来贸易者,会典并未开载;惟康熙二年准荷兰国贸易一次,康熙三年准暹罗贸易一次,随于康熙五年永行停止。请嗣后非系贡期,概不准其贸易。"从之。

(圣祖实录,卷二五,页 22)

康熙七年,戊申。十一月,丁酉。暹罗国王森烈拍腊照古龙拍腊马嗶陆坤司由提呀菩埃遣陪臣握坤司吝喇耶迈低礼等表贡方物。宴赉如例。

(圣祖实录,卷二七,页 14)

康熙七年,戊申。十一月,己亥。礼部题:"暹罗国进贡方物与会典不符,应责其后次补贡。"得旨:"暹罗小国,贡物有产自他国者,与会典难以相符,所少贡物免其补进,以后但以伊国所有者进贡。"

(圣祖实录,卷二七,页 14)

康熙十二年,癸丑。二月,乙巳。暹罗国王森烈拍腊照古龙拍腊马嗶陆坤司由提呀菩埃遣陪臣握坤司吝喇耶迈低礼等进贡方物,并请给银印,以光属国,得旨:"览王奏。航海远来进贡,具见诚悃可嘉。余著议奏。"

(圣祖实录,卷四一,页 8)

康熙十二年,癸丑。二月,壬戌。礼部议:"暹罗国王进贡礼物,阙额虫蚀,令于下次补进。"得旨:"贡物虽与原数不符,但念航海远来,抒诚进贡,其阙额虫蚀等物,免其补进。"

(圣祖实录,卷四一,页 12)

康熙十二年,癸丑。二月,乙丑。上御太和殿视朝,文武升转各官谢恩;次暹罗国进贡使臣行礼。

(圣祖实录,卷四一,页 13)

康熙十二年,癸丑。三月,戊子。万寿节。……王以下文武各官上表朝贺;次暹罗国、安南国使臣等行礼。停止筵宴。

(圣祖实录,卷四一,页 18)

康熙十二年，癸丑。夏四月，丁巳。封暹罗国森烈拍腊照古龙拍腊马嗹陆坤司由提呀菩埃为暹罗国王，赐之诰命银印，令进贡陪臣赍回。诰曰："来王来享，要荒昭事大之诚；悉土悉臣，国家著柔远之义。朕缵承鸿绪，期德教暨于遐陬；诞抚多方，使屏翰跻于康乂。彝章具在，涣号宜颁。尔暹罗国森烈拍腊照古龙拍腊马嗹陆坤司由提呀菩埃，秉志忠诚，服躬礼义，既倾心以向化，乃航海而请封。砺山带河，克荷维藩之寄；制节谨度，无忘执玉之心。念尔悃忱，朕甚嘉焉。今封尔为暹罗国王，赐之诰命，尔其益矢忠贞，广宣声教，膺兹荣宠，辑乃封圻。于戏！保民社而王，纂休声于旧服；守共球之职，懋嘉绩于侯封。尔其钦哉，无替朕命。"

（圣祖实录，卷四二，页3）

康熙二十三年，甲子。六月，甲寅。暹罗国王森烈拍腊照古龙拍腊马嗹陆坤司由提呀菩埃遣陪臣坤孛述烈瓦提等奉表进贡。又疏言："贡船到虎跳门，地方官阻滞日久，迨进至河下，又将货物入店封锁，候部文到时，方准贸易，每至毁坏。乞敕谕广省地方官，嗣后贡船到虎跳门，具报之后，即放入河下，俾货物早得登岸贸易。又本国采办器用，乞谕地方官给照置办，勿致拦阻。又贡使至京，先遣贡船回国，次年再差船来广省，迎接圣敕归国。"得旨："览王奏。航海远来，进贡方物，具见悃诚可嘉。余著议奏。"寻部议："应如该国王所请。"从之。

（圣祖实录，卷一一五，页24—25）

康熙二十四年，乙丑。夏四月，戊申。礼部议复："福建总督王国安疏言：'外国进贡船只，请抽税令其贸易。'应如所请。"上谕大学士等曰："外国进贡船只，若行抽税，殊失大体，且非朕柔远之意。"王熙等奏曰："大哉王言，非臣等所能见及也。"

（圣祖实录，卷一二〇，页24—25）

康熙二十四年，乙丑。十二月，辛卯。内阁、礼部遵旨议复："赏赉外国例，朝鲜、西洋荷兰赐物素厚，不必复增；及暹罗王妃赏赐，亦仍如常遵行。嗣后琉球国王应增缎三十匹，安南国王增缎二十匹，暹罗国王增缎十六匹，凡表里各五十匹。……"从之。

（圣祖实录，卷一二三，页18—19）

康熙二十五年，丙寅。二月，甲午。减广东海关征收洋船额税十之二。
（圣祖实录，卷一二四，页12）

康熙四十七年，戊子。二月，丙午。礼部题："暹罗国贡使所带货物，请听其随便贸易，并免征税，以示柔远之意。"从之。
（圣祖实录，卷二三二，页12）

康熙四十七年，戊子。秋七月，辛丑。暹罗国王森烈拍照广拍马嗹陆坤司由提耶菩埃①遣陪臣坤备叭喇插新厉嗹喇插秃等奉表进贡。宴赉如例。
（圣祖实录，卷二三三，页20）

康熙六十年，辛丑。冬十月，壬午。礼部议复："广东巡抚杨宗仁疏言：'暹罗国贡使船内，有郭奕遝等一百五十六名，俱系内地福建、广东人，请查明令其归籍'等语，应将郭奕遝等暂准回至暹罗国，行咨国王，俟有便船，将伊等家口及此外或尚有汉人在彼地者，一并查送回籍。"从之。
（圣祖实录，卷二九五，页11）

康熙六十一年，壬寅。夏四月，辛巳。暹罗国王森烈拍照广拍马嗹陆坤司由提呀菩埃②遣使进贡。宴赉如例。
（圣祖实录，卷二九七，页11—12）

康熙六十一年，壬寅。六月，壬戌。又谕曰："暹罗国人言，其地米甚饶裕，价钱亦贱，二三钱银即可买稻米一石。朕谕以尔等米既甚多，可将米三十万石分运至福建、广东、宁波等处贩卖。彼若果能运至，与地方甚有裨益。此三十万石米系官运，不必收税。"
（圣祖实录，卷二九八，页3）

雍正二年，甲辰。冬十月，己亥。广东巡抚年希尧奏报："暹罗国王入贡稻种、果树等物，应令进献，并运米来广货卖。其来船梢（艄）目九

---

① 康熙四十七年为公元1708年，森烈拍腊照广拍马嗹陆坤司由提耶菩埃，为暹王帕照·素（P'rachao Sua, 1703—1709）。
② 康熙六十一年为公元1722年，暹王森烈拍照广拍马嗹陆坤司由提呀菩埃，应为暹王泰沙（Tai Sra, 1709—1733）。

十六人，本系汉人，今皆求免回籍，并为奏明。"得旨："暹罗国王不惮险远，进献稻种、果树等物，最为恭顺，殊属可嘉，应加奖赉。其运来米石，令地方官照粤省现在时价，速行发卖，不许行户任意低昂。如贱买贵卖，甚非朕体恤小国之意。嗣后且令暂停，俟有需米之处，候旨遵行。其压船随带货物，一概免征税银。来船梢（艄）目徐宽等九十六名，虽系广东、福建、江西等省民人，然住居该国历经数代，各有亲属，实难勒令迁归。著照所请，免令回籍，仍在该国居住，以示宽大之典。"

（世宗实录，卷二五，页20）

雍正二年，甲辰。十一月，己酉。谕怡亲王允祥："外藩人等来朝，给以食物；及其归国，颁以赏赐，俱有定制。但该管官员未免忽略，遂使远人不沾实惠。……伊等归国时，一切应赏之物，择其佳者给与，务使得沾实惠。嗣后，……暹罗、安南等国遣使来朝，所给食物，归时所颁赏赐，尔会同该部办理，或有应行加赏之处，酌量定议奏闻。"

（世宗实录，卷二六，页5—6）

雍正二年，甲辰。十一月，乙丑。礼部遵旨议复："暹罗国恭进谷种、果树，应加赏该国王及王妃缎纱等，如康熙六十一年例。其船长乃文哎等，应照通事例；番（稍）〔梢〕偓吉等，应照从人例赏给。俱行文该抚，如数给船长等赍回。"从之。

（世宗实录，卷二六，页24）

雍正六年，戊申。二月，壬辰。礼部议复："福建巡抚常赉疏言：'暹罗国王诚心向化，遣该国夷商运载米石、货物，直达厦门。请听其在厦发卖，照例征税，委员监督。嗣后暹罗运米商船，来至福建、广东、浙江者，请照此一体遵行。'应如所请。"得旨："依议。米谷不必上税，著为例。"

（世宗实录，卷六六，页10）

雍正六年，戊申。冬十月，己卯。户部议复："福建总督高其倬遵旨议奏：'洋船出入海口，必按定期限，方易稽查。嗣后每年出口船只，应令于四月内造报；入口船只，于九月内造报。如入口之船有番帐未清不便即回者，准俟来年六七月间回港；有遭风飘泊他省者，准取具该地方官印结赍回;有舟行被溺无凭查据者,饬取飘回余人或邻船客商等确供详核。倘故意迟延,并徇私捏报,即行分别究处。至每船应酌带米石,暹罗大船三百石,中船二百石;噶喇巴大船二百五十石,中船二百石;吕宋等处大船二百石,中船一百石;𠴰仔等处中船各一百石。如有偷漏,以接济外洋例论罪。再,出洋之船,动经数月,油、钉、棕、麻等物,酌量许带,仍注明数目,以凭查验。'均应如所议。"从之。

（世宗实录,卷七四,页2—3）

雍正七年,己酉。五月,辛酉。兵部议复:"浙江总督李卫疏言:'内地商民船只,向例禁止出洋。嗣因闽省产米不敷食用,准督臣高其倬奏,令该省与南洋贸易,他省仍行禁止。但查浙江洋面接触闽省,恐奸商趋利,冒险前往,而沿途洋汛,以非闽船,,反使稽查不及。请照闽省准其一体贸易;其洋船向无买米装回之事,仍循旧例,毋庸与闽省相同。'应如所请。"从之。

（世宗实录,卷八一,页20—21）

雍正七年,己酉。六月,庚子。礼部议复:"广东总督孔毓珣疏言:'暹罗载米船只因风飘泊广东,已饬各属加意抚恤。'其捞回压舱货物,仍请准输税发卖。"得旨:"暹罗载米船只既已遭风飘泊广东,其压舱货物,著免其输税。"

（世宗实录,卷八二,页27）

雍正七年,己酉。秋七月,己巳。礼部题:"暹罗国王森烈拍[①]遣使赍奉表文,进贡方物。请照例交送各该处查收。"得旨:"暹罗国王遣使远来,贡献方物,具见悃诚。朕念该国远隔海洋,所进方物,赍送不易,欲酌量裁减,以示恩恤远藩之意。但此次贡物既已赍送前来,难以带回本国,著照往例收纳。其常贡土物内,有束香、安息香、袈裟布匹等,在内府无需应用,嗣后将此等免其入贡,永著为例。该部详悉行文该国王知之。"

（世宗实录,卷八三,页32）

雍正七年,己酉。十一月,庚子。议政王、大臣等议复:"署广东巡

[①] 雍正七年为公元1729年。暹王森烈拍,应为暹王泰沙。

抚傅泰疏奏：'暹罗国进贡方物，并请采买京弓铜线。'应否采买赏给之处，请旨遵行。"得旨："暹罗国远隔重洋，输诚向化，恭顺修职，历有年所。其所请采买物件，著行令该抚采买赏给，以示朕嘉惠远人之意。"

（世宗实录，卷八八，页28）

乾隆元年，丙辰。五月，丁巳。暹罗国王参立拍照广拍马嗹六坤司尤提雅菩埃①遣正使朗三立哇提，副使朗曝理哇振、坤史璘吓者哪、文备匹迈底，表谢钦赐匾额、帑金，并贡方物。温旨嘉奖。

（高宗实录，卷十九，页14）

乾隆元年，丙辰。六月，壬午。礼部议："暹罗国使臣、昭丕雅大库，代伊国王呈请恩赏蟒缎大袍一二件，又该国造福送寺需用铜斤，欲赴粤采办七八百斤。查旧例赏赐已有蟒缎、蟒纱等物；铜、铁出洋，久经严禁。该国王所请，应毋庸议。"得旨："暹罗国远处海洋，抒诚纳贡，除照定例给赏外，著特赏蟒缎四匹。至采买铜斤一项，该国王称系造福送寺之用，部议照例禁止，不许令其采买，固是。今特加恩赏给八百斤，后不为例。"

（高宗实录，卷二一，页7—8）

乾隆元年，丙辰。六月，乙酉。赏暹罗国王参立拍照广拍马嗹六坤司尤提雅菩埃锦缎，王妃缎纱，及正使郎三立哇提、二贡使郎曝理哇振、三贡使坤史璘吓者哪、四贡使文备匹迈底等缎匹有差。

（高宗实录，卷二一，页13）

乾隆元年，丙辰。十二月，辛未。礼部议复："广东巡抚杨文斌疏言：'暹罗国王遣使郎三立哇提等赍表入贡，其副贡一船照例先遣回国。今该国王因副贡船逾期来到，复令杨石等驾船来粤探贡，并带有槟榔、苏木等项压舱货物。查节次探贡船来，均有补进方物，是以压舱货物免税，今并无带进贡方物，其杂货应否免税，及探贡船内梢（艄）目水手应否支给口粮。'等语。该国王以贡使未回，引领待命，复令人航海远来，情属恭顺，所有货物应停征税，梢（艄）目水手照例支给口粮。"从之。

（高宗实录，卷三二，页20）

---

① 乾隆元年为公元1736年，暹王参立拍照广拍马嗹六坤司尤提雅菩埃，应为暹王波隆阁（Boromokot, 1733—1758）。

乾隆四年，己未。九月，庚申。两广总督马尔泰题报："乾隆三年分，……又暹罗国船商柯汗来广贸易，在香山洋面沉船，逃活水手郭斌等；又暹罗国商船郭意公来广贸易，在香山洋面遭风沉船，逃活番民叮哌、哆呢，俱于三年八月初一日到省。……节据各该地方官详报，俱经前督臣鄂弥达先后批行布政使，饬给口粮抚恤，发遣回国。"得旨："该部知道。"

（高宗实录，卷一〇一，页1—2）

乾隆五年，庚申。七月，是月，（署广东巡抚王谟）又奏："乾隆三年七月内，有暹罗国探贡船只，来至香山县属洋面，遭风打坏，伤及人口，当即动支公项银两，赈恤养赡，遣送归国。今有该国船商伸亚沛哇窒，驾船载货来粤，赍有暹罗国公文一件，随即拆阅。据称：'本国探贡船只遭风，蒙给银米，护送归国。兹备银一千二百八十两，欲伸图报之忱，并备礼物，敬送列宪'等语。窃思国家柔远之恩，原无责报之意。随传番商，谕以毋庸办缴。其致送礼物，亦概为屏却。"得旨："办理甚是。知道了。"

（高宗实录，卷一二三，页34）

乾隆七年，壬戌。冬十月，庚寅。王、大臣等议复："两广总督公庆复奏称：'广东地窄民稠，雍正五年，援闽省之例，开趁南洋，阅久相安。兹以噶喇吧番目戕害汉人①，署闽督策楞恐番性贪残，并有扰及商船，请禁南洋贸易，固为防微杜渐。但闻番目此举，伊地贺兰国②王责其太过，欲将镇守噶喇吧番目更换，再三安慰商船，照旧生理，则该番并无扰及客商之意。请毋庸禁止南洋贸易'等语。复据闽浙总督那苏图奏称：'商船出洋者十之七八，其中有至暹罗、柔佛③等国者，宜加分别。请将噶喇吧暂禁，其暹罗、柔佛等国，仍准往来'等语。复据两江总督宗室德沛奏称：'外番肆横，固当禁止，以俟革心。而议禁南洋，不能不驰禁诸国；且该番因禁止通商，必致穷乏。是以商船回棹，加意抚慰周旋，是番性虽残，亦知畏惧。况其所害者，原系彼地土生，实与番民无异。南洋商贩仍听经营为便'等语。查各督、抚所议，或请毋庸禁止南洋，或请暂禁噶喇吧往来，虽所议不同，其意皆以仰体皇上怀柔至意。今海外远夷悔过自新，均沾德泽，应请将南洋一带诸番，仍准照旧通商。其洋船进

---

① 指在爪哇的荷兰殖民者迫害华侨。噶喇吧，即巴达维亚，今之雅加达。
② 贺兰，即荷兰。
③ 柔佛，今马来西亚之柔佛州（Johore）。

口带米一节,既据江、广、闽、浙督、抚等查明,或经奏准听从商便;或食米余剩,粜卖多寡不一;或向无买米装回,应令各该督、抚等遵照原议办理。再据闽浙总督那苏奏称:'外洋贸易,或至压冬;又遇飓风,难以逆料,然亦不过三年内定可回棹。查海疆立法,自宜严密。但内地外洋,情形各别。今内地贸易,定以二年为限;其重洋风信难定,限期太促,恐有未便。'应如所请。商船往贩诸番者,以三年为限,如逾期始归,即将舵水人等不许再行出洋。其外洋汛地,如有停泊洋船,查验船照,已阅多年者,将该船勒令入口,交地方官查讯详报。"从之。

(高宗实录,卷一七六,页6—8)

乾隆八年,癸亥。九月,甲申。又谕:"朕轸念民艰,以米粮为民食根本。是以各关米税,概行蠲免。其余货物,照例征收。至于外洋商人,有航海运米至内地者,尤当格外加恩,方副朕怀远之意。上年九月间,暹罗商人运米至闽,朕曾降旨免征船货税银。闻今岁仍复带米来闽贸易,似此源源而来,其加恩之处,自当著为常例。著自乾隆八年为始,嗣后凡遇外洋货船,来闽、粤等省贸易,带米一万石以上者,著免其船货税银十分之五;带米五千石以上者,免其船货税银十分之三。其米听照市价公平发粜。若民间米多,不需粜买,即著官为收买,以补常社等仓,或散给沿海各标营兵粮之用,俾外洋商人得沾实惠,不致有粜卖之艰。该部既行文该督、抚、将军,并宣谕该国王知之。"

(高宗实录,卷二〇〇,页4—5)

乾隆八年,癸亥。十一月,辛巳。谕军机大臣等:"前因暹罗国商人连年带米来闽,朕曾降旨免征船货税银,并令嗣后凡外洋商民运米至内地者,酌量米石多寡,分别免税,著为常例。盖外洋果有余米,运来内地贸易,于沿海各处民食,自不无裨益。加恩免税,所以嘉惠远商,亦为内地民食计也。第恐内地奸商,希图宽免货税之利,将来偷漏出洋,复借此夹带货物,转载至口,捏称该国运来米石,冒恩肆蠹,弊益滋甚。向来贩米出洋,例有严禁。惟在各该督、抚时饬地方员弁,于各口要隘,实力巡查,严核出入,毋得稍有疏懈,庶几弊端可除,而沿海民人,得实受外洋运米之益。可寄信于江南、浙江、福建、广东等省督、抚知之。"

(高宗实录,卷二〇四,页6)

乾隆九年，甲子。九月。是月，署广东巡抚广州将军策楞……又奏："据暹罗国头目沙大库呈称：'从前暹邦需用铜器，因无匠作，特采买本地红铜，装载进广，觅匠制造。嗣因铜器例禁出洋，未蒙许载回国，伏恳俯准给还'等情。查定例，铜器不许出口，原指贩运内地铜斤出洋而言。暹罗自行买备，进口倩工制造，与贩运不同。请降旨恩准给还。"得旨："所见是。然亦无庸特降谕旨。即称汝奏闻，转传朕旨给与可也。"

（高宗实录，卷二二五，页30—31）

乾隆十年，乙丑。十一月，庚辰。礼部议复："两广总督策楞疏报：'暹罗国遣商船带贡乐国生生丹药五千丸。'查南北燥湿，水土各异。所进药丸，令该督交还赍回。赍贡夷商，量为犒赏。至附带贡品商船，所有商货樑头，与专差陪臣入贡例有间，仍令照例征税。"从之。

（高宗实录，卷二五二，页34）

乾隆十一年，丙寅。九月，戊午。谕："据福州将军兼管闽海关事务新柱奏报：'本年七月内，有暹罗国商人方永利一船，载米四千三百石零；又蔡文浩一船，载米三千八百石零；并各带有苏木、铅、锡等货，先后进口。查该番船所载米石，皆不足五千之数，所有船货税银，未便援例宽免'等语。该番等航海运米远来，慕义可嘉，虽运米不足五千之数，著加恩免其船货税银十分之二，以示优恤。该部即行文该将军知之。"

（高宗实录，卷二七五，页9）

乾隆十二年，丁卯。二月，丙戌。清明节。大学士等议复："福建巡抚陈大受奏称：'暹罗产米甚多，向例原准贸易，向来获利甚微，兴贩者少。今商人等探听暹罗木料甚贱，易于造船。自乾隆九年以来，买米造船运回者，源源接济，较该国商人自来者尤便，但无牌照可凭，稽查未为严密，且恐守口兵役，借端索诈，致阻商民急公之念。应请给牌照，以便关津查验。其无米载回，只造船载货归者，应倍罚船税示儆。'均应如所请。"从之。

（高宗实录，卷二八五，页6—7）

乾隆十三年，戊辰。五月，戊申。谕曰："余栋所奏四译馆序班，请与升迁，译字肆业生，准与考试一摺，……我朝设立理藩院，以抚绥属国，其海外入贡表章，皆由各省通事翻译进呈，未尝用该馆肆业生，不过沿习旧规，存而不废，以备体制。……夫该馆所肄者番书，自以各精所业为事，原不宜取文理字画。若论文理字画，自有学校科目在，又非该馆所职。此不过开一倖进之门耳。……提督四译馆，以今视之，实为废冗閒曹，无所事事，尚不如裁之为便。如以为应设，以备体制，则不宜听其冷员虚廪，又不宜听其假名冒进。其该衙门应裁应设，著大学士会同该部定议具奏。如以为应设，则作何使其名实相副、整顿办理之处，一并议奏。"寻议："四译馆不过传习各国译字。现在入贡诸国，朝鲜、琉球、安南表章，本用汉文，无须翻译；苏禄、南掌文字，馆内原未肄习，与暹罗表章，率由各督、抚令通事译录具题。……是该馆并无承办事务，应归并礼部会同馆。……其四译馆原设之卿一人，典务一人，并裁。……合暹罗、缅甸、百夷、八百，并苏禄、南掌为一馆，曰百夷馆，将暹罗、百夷译字生酌留四人，以备体制。……再馆舍旧有三处，一在御河桥，一在安定门大街，一在正阳门外横街，原系预备贡使，并非衙门。今设会同四译馆衙门，即以四译馆充设，无庸更建。"从之。

（高宗实录，卷三一五，页26—29）

乾隆十三年，戊辰。九月，壬戌。谕："朕阅四译馆所存外裔番字诸书，虽分类音译名物，朕所识者，西番一种，已不无讹缺。因思象胥鞮译，职在周官，輶轩问奇，载于汉史。我朝声教四讫，文轨大同，既有成编，宜广为搜辑，加以核正。悉準重考西番书例，分门别类，汇为全书。所有西天及西洋各书，于咸安宫就近查办。其暹罗、百夷、缅甸、八百，……等书，著交与该国附近省分之督、抚，令其采集补正。……亦照西番体例，将字音与字义用汉文注于本字之下，缮写进呈，交馆勘校，以昭同文盛治。……"

（高宗实录，卷三二四，页25—26）

乾隆十四年，己巳。秋七月，丙辰，礼部奏："暹罗国王森密拍照广敕马嘑陆坤司尤提雅普埃①遣使赍表，进贡方物。"得旨："览王奏。遣使航海远来，进贡方物，具见悃诚。知道了。该部知道。"

……

赐暹罗国王御书扁额曰："炎服屏藩"。

（高宗实录，卷三四四，页10）

---

① 乾隆十四年，为公元1749年，暹王森密拍照广敕马嘑陆坤司尤提雅普埃，应为暹王波隆阁。

第七章　清代中国古籍有关暹罗的记述 | 215

乾隆十四年,己巳。秋七月,辛酉。谕军机大臣等:"暹罗国使臣不必俟朕到京,即令回国。再,傅恒、陈大受所办西洋等国番书,暹罗国人现既在此,可将伊之文字,交尚书王安国向伊等询问明白改正。寄信与来保知之。"

（高宗实录,卷三四四,页13—14）

乾隆十四年,己巳。秋七月,癸酉。又谕:"据广东巡抚岳濬奏:'暹罗国王复遣使臣方永利续贡黑熊、白猿、斗鸡、太和鸡等物。现在委员验明,伴送进口'等语。可谕大学士来保,令传该使臣面宣朕旨,谕以该国远在外洋,输诚入贡,素称恭顺。此次尔等来京之后,复遣使臣方永利来献黑熊、白猿等物,诚意可嘉。巡抚代为奏闻,于行营批发,已准收受。著于常赏之外,再加恩赏大缎六匹、官用缎六匹,以示嘉奖。再传谕大学士来保,谕知礼部侍郎木和林、伍龄安,令其面谕使臣回国时,谕知该王,此后天朝内地所有,如黑熊、太和鸡之类,可以不必充贡。或该国所有,为中国希有之禽兽,可于入贡之时,随便进献,上呈御览,以见该国梯航向化之诚,以备中朝王会之一览。然不必多方购求,特遣贡使,以致劳尔远裔。此系皇帝谕旨,令使臣传谕该国王知之。"

（高宗实录,卷三四五,页17—18）

乾隆十四年,己巳。八月,癸卯。谕军机大臣等:"马尔拜所奏:'内地商人在番境造回船只,所带货物税银,计其运米之多寡,分别量加减免'一摺,殊属谬妄。从前所降运米夷船量减税银谕旨,乃为招徕远夷多带米石,出自格外特恩。此等内地民人,本不可与一例而论,即或减免半税,其所带货物,何得一概酌减?此等事件,自应听地方官办理。马尔拜只宜在关言关,与伊何涉?乃妄行陈奏,若非听信人言,不谙事理,即系有意邀取名誉。马尔拜如此存心行事,将来必不能承受朕恩。传旨严行申饬。"

（高宗实录,卷三四七,页11—12）

乾隆十六年,辛未。八月,癸卯。谕军机大臣等:"朕阅潘思榘摺,内称:'本年六月内,收入厦口洋船二十只,带回米五千三百余石;又暹罗商船一只,买回食米四千石'等语。闽、浙各处,现在需米孔殷,外洋产米处所,商人既可随便带回,若使官为办理,多多益善,转运流通,岂不于民食更有裨益?但虑官办或致外夷多疑,即乘势居奇,多方掯勒,必致价值日益昂贵,并使商船来往亦不能随便携带,转不若仍听商人自行买运,尚可资其缓急。著传谕喀尔吉善、潘思榘,令其会同酌量,就闽省情形,若无此虑,可即于暹罗等国产米之处,官为购运,或先行试买,看其嗣后可以源源接运,不致启番人掯勒之弊,抑或应仍听商人陆续运带之处,一一详筹妥协,速行奏闻。"寻奏:"臣等体察情形,番邦幅员甚狭,米价虽贱,余米无多。且番性趋利如鹜,闻中国遣官采买,必致居奇昂价,似应钦遵谕旨,仍听商人自行买运。至夷商运至内地粜卖者,乾隆八年,已蒙恩旨,酌免货税,于怀柔招徕之典,已属周详。其内地商人,如有运米至二千石以上者,随时酌奖。"报闻。

(高宗实录,卷三九六,页15—16)

乾隆十七年,壬申。九月,癸亥。谕军机大臣等:"前据阿里衮奏称:'暹罗国贡使到粤,委员前往查验安顿,俟具复到日,会同抚臣具题'等语。今将及两月,何以尚未题到?可传旨询问。再现今西洋波尔都嘎尔亚国①使臣到粤,已循照旧例,派员会同西洋人前往接取。而暹罗等国贡使,则向无自京差官接取之例,恐该使臣等同时入境,相形之下,似觉有所区别者。可并传谕该督、抚等,令将二国使臣,酌量先后,分起护送,其抵省进京,总不必令在一处可也。"寻奏:"暹罗国贡使到粤后,因进贡方物名色数目,及贡使、商梢人等姓名,必须通事报明,方能造册,是以题报稍迟。至该使臣既不便与西洋波尔都嘎尔亚国贡使同行,应令先起护送进京。"奏入,报闻。

(高宗实录,卷四二二,页7—8)

乾隆十七年,壬申。冬十月,己亥。又谕:"阿里衮奏称:'本港洋船,载物回粤,请照外洋船只之例,一体减免货税'等语。外洋货船,随带米石,至闽、粤等省贸易,,前经降旨,万石以上,免其货税十分之五;五千石以上,免其货税十分之三。原因闽、粤米价昂贵,以示招徕之意。若内地商人载回米石,伊等权衡子母,必有余利可图,若又降旨将船货照例减税,设一商所载,货可值数十万,而以带米石五千石故,遂得概免货税十分之三,转滋偷漏隐匿情弊,殊非设关本意。至上年新柱在粤,因米价未平,出示晓谕,乃随时酌量办理之事,岂可援以为例耶!著

---

① 西洋波尔都嘎尔亚(Portugal),今译葡萄牙。

传谕阿里衮知之。"

(高宗实录,卷四二四,页20—21)

乾隆十七年,壬申。十一月,丙寅。谕军机大臣等:"苏昌复奏,暹罗国遣使进贡一摺,二人所奏,皆不明晰。此事前据阿里衮初报之后,将及两月,尚未题到。又因适有西洋进贡之使,故降旨令其分路行走,毋使相见,并询问该督、抚,暹罗所贡系属何物。乃阿里衮、苏昌近经先后奏到,只称必须查明汇报,以致稽迟。究之所贡何物,总未奏明。此最易理会之旨,而尚如此疏漏,他事尚可问耶?今贡使既经起程进京,其贡物亦不必再行询问矣。可传谕申饬。"

(高宗实录,卷四二六,页11—12)

乾隆十八年,癸酉。二月,丁未。谕军机大臣等:"据礼部具奏,暹罗国进贡使臣,现在已经到京。……"

(高宗实录,卷四三三,页7)

乾隆十八年,癸酉。二月,辛亥。礼部奏称:"暹罗国王进贡表文内,恳赐人参、缨牛、良马、象牙,并通微规仪①、内监。臣等当即发还,并严饬该使臣,令于归国后,明切晓谕该国王,嗣后恪守规制,益励敬恭。其所进方物及一切筵宴赏赉,请旨遵行。"得旨:"知道了。所进方物,照例收受。其筵宴赏赉,著加恩照上次之例行。"

(高宗实录,卷四三三,页12—13)

乾隆二十一年,丙子。九月,乙未。礼部议复:"广东巡抚鹤年疏称:'暹罗国王森列拍照广拍马嗹陆坤司由提雅普埃②,向化输诚,遣使表进方物。'查与按期进贡之例相符,应准其进贡。所带货物,在粤发卖,免其征税。再该国王之印,系康熙十二年铸给,今将旧印缴销,臣部铸给清篆新印。"从之。

(高宗实录,卷五二一,页13)

---

① 通微规仪,乾隆十八年二月三十日的礼部题本作通徹规仪(《明清史料》庚编,第522页)。

② 乾隆二十一年为公元1757年,暹王森列拍照广拍马嗹陆坤司由提雅普埃,应为暹王波隆阁。

乾隆二十二年,丁丑。四月,庚寅。暹罗国王森列拍照广敕拍马嗹六坤司由堤雅普埃,遣使进贡方物。宴赉如例。

(高宗实录,卷五三七,页36)

乾隆二十八年,癸未。五月,癸未。户部等部议准两广总督杨应琚疏称:"南海县民蔡陈、江琛,监生黄锡琏,由咖喇吧、暹罗等国运米二千余石回粤,裒济民食,请给从九品职衔、夷目顶带,以示鼓励。"从之。

(高宗实录,卷六八七,页20)

乾隆三十一年,丙戌。九月,丙戌。谕:"据吴绍诗奏:'伴送暹罗国贡使礼部员外郎汤永祚,携带伊子同行,沿途托雇民夫,并将德安县家人鞭责滋扰。据该县禀报,经司道等逐一质讯,惟原禀索诈得赃之处,审属子虚。请将汤永祚及捏报之知县苏墙交部查议'等语。所奏非是!汤永祚伴送外藩贡使,乃携带伊子沿途骚扰,即应参奏治罪。……汤永祚著革职,交刑部治罪。"

(高宗实录,卷七六九,页6—7)

乾隆三十二年,丁亥。四月,庚戌。又谕:"昨杨应琚奏秋冬进剿缅匪事宜一摺,种种未协,已经军机大臣议驳矣。……至欲约会暹罗夹攻一节,更属荒唐可笑。用兵而借力外藩,不但于事无济,且徒为属国所轻,乃断不可行之事。……若将来缅酋穷蹙,窜入暹罗,或匿其近境,则驰檄索取,饬其擒献,……未尝不可相机筹办,此时固不必预为计及也。"

(高宗实录,卷七八三,页6—7)

乾隆三十二年,丁亥。六月,己酉。又谕:"现在滇省办理缅匪,已定于秋冬间,刻期进剿,歼灭凶渠。大兵既临,幺麽计穷力蹙,将来必有铤险奔逃,希冀苟延残喘之事。暹罗与缅境相通,窜入尤为近便。著传谕李侍尧,行文饬知暹罗,谕以该国久备藩封,夙称恭顺,且与缅酋频岁构兵,久成仇隙,此时王师大举,士马精强,原不需该国征发协援之力,但恐捣穴倾巢以后,缅酋航海远扬(飏),或即潜投暹罗境内,该国务宜悉心侦探,尽力追擒,于以効顺中朝,剪除外寇,洵为一举两得。况该国果能迅行缚献,朕必优加眷赉,以励忠忱。如或隐匿稽延,以致该酋游魂更投别岛,是该国不能承受朕恩,自取谴责,亦惟于该国是问,毋贻后悔。至李侍尧遵旨檄谕,应先酌量水程远近,计算暹罗可于今年十一月间奉到此旨,大约宁迟毋早,方于军营蒇事之期,不先不后,尤为允协。将此详悉谕令知之。"

（高宗实录,卷七八七,页2—3）

乾隆三十二年,丁亥。闰七月。是月,两广总督李侍尧奏复:"臣遵旨檄谕暹罗搜擒奔窜缅匪一节,臣旋抵东省,传询曾充暹罗国贡使船户及通事等。据称:'自广东虎门开船至安南港口,地名河仙镇,计水程七千三百里。该处系安南管辖,有土官莫姓驻扎。又自河仙镇至占泽问①地方,计水程一千四百里,系暹罗管辖,有土官普兰驻扎。自占泽问至暹罗城,计水程一千六百余里。统计自广东虎门至暹罗,共一万三百余里。九月中旬北风顺利,即可开行。如遇好风,半月可到;风帆不顺,约需四十余日。如有公文照会暹罗,交付土官莫姓及普兰,均可赍去。'但前往该国系属外洋,内地兵船水道不熟,未便令其前赴。兹查有本港商船,于九月中旬自粤前往安南港口贸易,计到彼日期,正系十一月间。查有左翼镇标中营游击许全,熟谙水务,臣遵谕备缮照会暹罗国王之文,发交许全,届期附搭商船,赍往安南港口,谕令查探,或交莫土目,或至占泽问交付夷目普兰赍投,仍令取该国王回文赍回。"报闻。

（高宗实录,卷七九一,页24—25）

乾隆三十三年,戊子。秋七月,丁亥。又谕:"去秋李侍尧奏:'闻暹罗于前岁即与花肚番构兵,被花肚番将城攻破,该国王逃窜无踪。现令游击许全查探虚实'等语。其探问如何,至今未据复奏。近又闻暹罗即为缅贼所并。昨缅贼递与将军文内亦有管理暹罗之语,是花肚番即系缅贼所属,因疆土毗连,肆其吞噬,亦未可知。但此时暹罗或偶被侵凌,或竟为缅匪蚕食,尚无确信。粤东澳门等处,向为外番贸易之所,该国商船来往必多。著传谕李侍尧留心察访该商内晓事之人,询问该国近日实在情形,该国王现在何处,及暹罗至缅甸水程若干,陆程若干,远近险远若何,逐一详悉咨询。如能约略绘图得其大概,亦可存备参酌。目下并非欲由海道捷取,为此迂阔之计。且轻动舟师,经越外洋,恐岛外远夷妄生疑畏,自于事无济。若该国王尚有志于恢复,心存释怨,而力不能支,欲求助天朝发兵策应,是即可乘之机,未尝不可酌调水师,前

---

① 占泽问,今泰国的尖竹汶（Chantaburi）。

往休助，以期一举两得。但其事当出之审慎，办与不办，尚在未定。李侍尧止宜善为询访，密之又密，切不可稍露圭角，致涉张皇。仍将询得情由，即速据实奏闻。"

（高宗实录，卷八一四，页2—3）

乾隆三十三年，戊子。八月，甲戌。谕军机大臣等："李侍尧奏暹罗国情形各摺，朕初阅其奏，闻该国贡使丕雅嵩统呵沛回船至粤，询问暹罗残破一事，所言殊未明晰；又另摺称游击许全奉差在洋患病身故之处，亦恐非确情，随于摺内批示。及阅至查明复奏一摺，并麦森呈禀莫士麟呈文，其事叙述已明，许全之事亦无疑义。而欲将甘恩敕请封原文掷还，严饬来人陈美之处，所见甚是，但办理尚未能尽合。甘恩敷本系内地微贱之人，漂流海徼，为其夷目，与暹罗国王谊属君臣。今彼国破人亡，乃敢乘其危乱，不复顾念故主恩谊，求其后裔复国报仇，辄思自立，并欲妄希封敕，以为雄长左券，实为越理犯分之事。若仅将原文掷还，或来人陈美回国时，不将该督严饬之语逐一转告，无以慑服外邦。自应给以回文，申明大义，俾知天朝礼教广被，褒贬一秉大公，此等负恩僭窃之人，必不肯稍为假借，庶奸回有所儆惧，而岛夷共凛德威。但恐该督处措词未能尽协，因命军机大臣代拟谕稿，寄交李侍尧按式行文，付陈美赍回谕示。其河仙镇目莫士麟既将该国形势绘图呈送，而暹罗王之孙逃居该境，又为安顿留养，颇知礼义，亦应谕以数行，稍示嘉奖，已一并令军机大臣拟就寄发。至前谕令查访暹罗情况，如彼有志恢复，欲求中国援助，或可酌调水师，以期一举两得，原属备而不用之说。今暹罗既遭花肚番侵掠，难夷口食不充，其所属禄坤①等三府，又与甘恩敕称兵内讧，势已孱弱无余，自顾且不暇，又安能复图释怨匪番？所有取道海洋一说，竟可不复置议。将此传谕李侍尧知之。"

外寄军机大臣代拟李侍尧谕稿二

谕暹罗国夷目甘恩敕曰："尔遣陈美来粤，赍投该夷目呈文，恳请天朝封敕，于理不顺。暹罗国王越在海峤，世恪职贡，大皇帝嘉其恭顺，历赐褒封。今泻被花肚番侵扰焚掠，国破身亡。尔既为其夷目，谊属君臣，目击尔主遭此鞫凶，即应坚秉忠贞，志图恢复，以期殄仇雪耻，即或因残破之后，夷众流离艰食，孱弱不支，势难骤振，即当求尔主族裔，扶

---

① 禄坤，即六坤（Nakhom Srithamarat）

戴复国,以续尔故主宗祧,则暹罗众僚目孰不推尔匡翊忠勋,共相钦服。即尔王继位,奉告天朝,自必钦尔功绩,大皇帝闻之,亦必深为嘉予。况闻尔与乌肚汶仔㜫麻剿杀得胜,又入山搜寻象牙、犀角等物,给赡难民,是尔之才干颇为可取。今尔主庶兄诏王吉,孙诏萃、诏世昌,现皆避难潜居境内,尔不思与众头目择立拥戴,垂名不朽,乃竟乘其危乱,鸱张自立,并欲妄希封号,僭窃称王。似此干名犯分,蔑礼负恩,不祥孰大!反之于心,岂能自安?且尔本系内地民人,必知大义,岂不闻中国名教,于乱臣贼子不少假借乎?即为尔计,挟世禄①、禄坤、高烈②三府,因尔欲雄长其地,与尔称兵相拒,彼则名正言顺,尔则逆理悖伦,天道助顺恶逆,胜负之势较然,岂可自贻伊戚乎!大皇帝抚有夷夏,惟以仁育义正,表率万方,如尔所陈情节,深乖法纪,不可以据词入告,仍掷交陈美赍还。本部堂典守封疆,职在宣布中朝德化,矜尔愚迷,特为剀切申谕。尔如翻然改悔,效忠尔主,仰体圣朝兴灭继绝之经,自可永受大皇帝无疆福庇,慎毋怙终自误。特谕。"

又谕河仙镇目莫士麟曰:"尔僻处海疆,心知向化,因闻天朝查询暹罗情事,即将海外各夷地形势,绘图具文,差夷官林义等赍投,甚属恭顺,业经据情奏闻。大皇帝鉴尔之诚,深为优奖。又闻尔于暹罗国王之孙诏萃逃入境内,即为安养资生,颇知礼义,亦属可嘉。今特给尔回文,并赏缎匹,用示恩意,尔其敬承之。特谕。"

(高宗实录,卷八一七,页4—8)

乾隆三十三年,戊子。冬十月,戊辰。谕军机大臣等:"前据李侍尧奏,暹罗国夷目甘恩敕遣人至该督处具呈称:暹罗为花肚番所残破,该夷目驱逐贼番,即欲为该处国王,并乞代奏请封等语。当即代写该督檄复甘恩敕谕稿,令即交来人赍回,距今已及两月,彼处想应奉到,未知此时曾续有回文递呈该督否?今据阿里衮等奏:有守备程辙,向为贼匪掳去,今在阿瓦具禀将军,有暹罗欲图恢复之语。未稔该国实在构衅情形若何,自应探询的确。昨河仙镇目莫士麟将海外夷地绘图,并具暹罗情事,差官赍投,已谕该督奖赏缎匹。河仙镇与暹罗相近,得信较真,而莫士麟亦颇恭顺明干,著传谕李侍尧即选妥实能事员弁,迅赴河仙镇,向莫士麟访问暹罗近日确情,令其详晰呈复,速行奏闻。"

(高宗实录,卷八二〇,页28—29)

---

① 挟世禄,即今泰国彭世洛(Phitsanulok)府。
② 高烈,即今泰国的呵叻(Khorat)府。

乾隆三十三年，戊子。十一月，壬子。谕军机大臣等："前据李侍尧奏，暹罗国夷目甘恩敕遣人至该督处具呈称：暹罗国为花肚番残破，该夷目驱逐贼番，即欲为该处国王，乞代奏请封等语。当即代该督写檄谕稿，令交甘恩敕来人赍回，距今已逾三月，自应早有复文。后又据阿里衮等奏：有守备程辙在阿瓦具禀将军，有暹罗欲图恢复之语。复经降旨李侍尧，即选妥干能事员弁，往曾经绘画海外夷图进呈之河仙镇夷目莫士麟处，访问暹罗近日实在构衅情形速奏，此旨由六百里驰寄，至今亦一月有余，所遣探询消息之人，此时谅应回粤，何不以为事？著再传谕李侍尧，将莫士麟所复确情若何，及甘恩敕有无复禀之处，即速详晰查明迅奏。"寻奏："前奉谕，随派署游击郑瑞等附商船前往河仙镇，向莫士麟查询。但自粤东至该处均属外洋，须俟次年三月东南风顺，始得回帆，未能克期得信。"

（高宗实录，卷八二三，页21—22）

乾隆三十四年，己丑。六月，庚午。谕军机大臣等："现在大兵进剿缅匪，厚集劲旅，克期深入，自可迅奏肤功。但将攻围阿瓦时，恐缅酋懵驳等自知罪在不赦，弃城铤走，逃匿邻疆，势所必至，不可不预加防截。……复思暹罗与缅甸海道相通，最为密迩，又不当大兵扼要之冲，驮走尤为易达。且缅贼曾经侵夺其地，或欲窜身海外，暂息游魂，均未可定。暹罗向受缅匪蹂躏，积怨甚深，此时如有故王诏姓后裔，已经恢复旧疆，自当志切报仇，不遗余力。缅酋等设逋窜至彼，谅必擒送天朝，借抒宿愤。第恐该国积弱日久，或惧缅贼凶残，且不知中国进剿情形及逆酋穷蹙逃生之故，临时未免心存疑怯。自当先行明切晓谕，俾其洞悉利害机宜，于事更为有益。因命军机大臣拟写经略等及该督列衔檄稿一道，著封寄李侍尧，用印行文该国王，并令探明该国王如系诏氏子孙复立，即于进兵前后，就洋舶迅速转发。倘仍系甘恩敕等觊觎窃据，该国尚无主张之人，竟可无庸给与，即将原稿奏缴。再，上年八月间，李侍尧奏，暹罗国为花肚番残破，夷目甘恩敕具呈乞封，而河仙镇土目莫士麟亦将该国情形绘图呈送，当令军机大臣代写谕稿寄回。嗣因阿里衮等奏，程辙禀词有暹罗欲图恢复之语，复降旨令该督选派干员，向莫士麟访问暹罗国实在构衅情况查复。本年正月据该督奏称，已派署都司郑瑞等于十一月内前赴河仙镇，但水道俱属外洋，必俟三月内始得回帆。彼时因该督并未得信，仅以空言复奏，殊属糊涂，曾于批内批饬。此后并未据该督奏及此事。今距去年檄谕甘恩敕等之期已将一载，即该督前摺约计三月回舶之候亦逾数月,何竟杳无信息?纵云委员等在洋守候风信,亦当有信报该督,不应濡滞若此之久。……著传谕该督,令其力图省改,承受朕恩。至暹罗国现在地方情形若何,该国究系何人掌管,并甘恩敕有无回禀,差询莫士麟处委员曾否回粤之处,仍著该督作速详确查明,据实缮摺,由驿星驰奏复,毋得仍前延缓。"

(高宗实录,卷八三七,页9—12)

乾隆三十四年,己丑。秋七月,甲午。又谕:"据李侍尧奏到查访暹罗国情形一摺,看来诏氏子孙式微已极,大势俱为甘恩敕所占,难复望其振作,亦只可听其自为蛮触,原不必借其力,亦不必为其办理也。……所有前寄李侍尧檄谕暹罗国文一道,原令该督如暹罗系诏氏后裔恢复,自当寄去,今该国既为甘恩敕所占,即毋庸觅便寄往,其原拟檄谕稿底,可且留广东。如该镇目莫士麟有续行禀报之处,或甘恩敕有复该督去岁檄谕之文,仍著速行据实奏闻。将此传谕该督知之。"

(高宗实录,卷八三八,页25)

乾隆三十四年,己丑。七月,是月,(李侍尧)又复奏:"暹罗仍系甘恩敕窃据,诏氏子孙未复,遵旨毋庸谕檄。滇省现集劲旅进剿缅匪,缅酋势必穷窜,暹罗系其仇雠,谅不敢潜匿,自必游逸洋面。今河仙镇目莫士麟发兵夺取沾泽①,又会合暹罗各夷目征讨甘恩敕,若令截擒缅匪,自必踊跃。兹臣作为己意,仿照颁发谕稿,酌叙谕檄赍往,赏给绸缎,并令移会暹罗各夷目,拨兵侦伺。"报闻。

(高宗实录,卷八三九,页29—30)

乾隆三十四年,己丑。十二月,丁卯。又谕:"今秋进剿缅匪时,恐逆酋穷蹙窜入暹罗,因欲传谕该国,一体邀截擒拿。第以暹罗既为甘恩敕所占,其人系彼国乱臣,不必向彼传檄。旋经李侍尧奏称,河仙镇目莫士麟恭顺晓事,地与暹罗毗连,曾允其另檄莫士麟留心防缉。今已降旨撤兵,……李侍尧想俱接阅,可将撤兵大概情形,就便檄示莫士麟一体遵照,以完此局。又所探暹罗近日情形,著传谕李侍尧即行复奏。"寻奏:"本年七月内,遣游击蔡汉前往河仙镇,现在尚未回粤。俟其到日,

---

① 沾泽,应为占泽问,即尖竹汶。

查询暹罗情形另奏。"报闻。

(高宗实录,卷八四九,页12—13)

乾隆三十五年,庚寅。秋七月,乙巳朔。谕军机大臣等:"据李侍尧奏:'游击蔡汉回粤,赍有河仙镇目莫士麟暨暹罗裔孙诏萃呈禀二件,并询问蔡汉因何往回迟滞缘由'一摺,已于摺内批示。暹罗僻在海外,地势辽远,固非声讨所及。即丕雅新①篡窃鸱张,自相吞并,止当以化外置之。若河仙镇目莫士麟欲为邻封力图匡复,亦唯听其量力而行,更可不必过问。但所请檄谕花肚番一说,则断不可行。彼既具呈恳告,自当发给回谕。因令军机大臣代该督缮写檄稿,为彼陈说利害,俾知中朝大臣体恤外国,代筹万全,自为得体。该督接到后,即行觅便发往。俟彼有复禀,再行奏闻。"

外寄军机大臣代拟檄谕一道,檄谕河仙镇目莫士麟曰:"尔镇远处海滨,倾心向化,大皇帝素嘉尔忱悃,宠赉频加。且自暹罗残破,后裔流离,尔欲为诏氏力图克复,慕义尤可嘉尚。兹尔以丕雅新逞凶僭据,兴兵攻讨,未能取胜,闻花肚番已降服天朝,欲求圣旨宣谕,使之恢复暹国,以谢前衍。在尔以为其势最易,顾未反复深思,昧于事理,非计之得也。花肚番本篡夺余孽,怙恶不悛。前此暹罗遭其劫掠,国邑破亡,人民涂炭,其凶残无赖,尔之所知。且彼既与诏氏构怨于前,安能望其匡复于后,而丕雅新之敢于僭窃,未必非私相勾结,借为声援。假使彼引兵至境,转与丕雅新狼狈为奸,是为虎添翼。一害未除,一害滋益,暹国烬后遗黎,岂堪复罹荼毒!浸假而及尔河仙,两敌并临,其何以济?即幸而殄灭逆新,复立诏后,彼必自谓有德于暹罗,遂欲攘为所属,悉索敝赋,惟所欲为,稍不顺意,残虐立被,譬之引寇入室,祸由自致。河仙唇齿之地,庸能免乎?且花肚囊者侵扰暹国,犹是岛夷自相仇杀,无可借口也;今若授以中朝威命,彼益自以为兵出有名,无复顾忌,遂仗以恐吓暹民,谁敢与抗。是又鬼蜮伎俩所必然。大皇帝岂肯于此狡诈蠢酋,假以事权,听其贻患海外乎!尔所请断不可行,本部堂不便为尔妄渎天听。尔不忍诏氏宗祧不祀,且欲讨逆继绝,用意良厚。夫名正言顺,众不能违。以此号召诸府,必有从而应之者。且高烈、禄坤未尝不心乎诏氏,徒胁于逆新之势,强颜相从,尔邻封尚奋同仇,若辈闻之,有不慷慨自励者,必非人情。况前此第以后期败绩,若预为密约,克日举事,更无

---
① 丕雅新(Paya Taksin),即郑信。

可虑者。而以正定乱,以顺取逆,胜负之势较然。尔自量力而行,诚能一举而歼渠魁,复亡国,远近闻之,孰不称尔义,推尔功。本部堂自当为尔转奏,大皇帝亦必奖尔守正扶危,嘉予褒赏,不亦美欤!若尔所计,则有害而无利,实未见其可也。尔既以诚恳来告,本部堂为尔推究筹画,详举以示,尔其善度之。"

(高宗实录,卷八六四,页 2—5)

乾隆三十六年,辛卯。八月,乙酉。谕军机大臣等:"据李侍尧奏:'暹罗丕雅新将擒获花肚番头目、男妇,差人解送来广,现在委员押解进京查讯'等语。暹罗送到之花肚番男妇,是否即系缅匪,自立解京审讯,其真伪无难立辨。至丕雅新当暹罗残破,乘机窃据,妄冀敕封,曾令军机大臣代李侍尧拟写檄稿,正词斥谕。今复借奉檄擒送花肚番逆匪为名,冀邀赐凭朝贡,自不应允其所请。但去岁游击蔡汉往谕河仙镇目截擒缅酋时,蔡汉听信莫士麟之言,曾行文丕雅新一体擒献。今丕雅新既以遵奉宪令为词,尚知敬奉天朝大臣,亦不必概付不答,绝之太甚。自应即以该督之意,酌量赏给缎匹,稍示羁縻。该督仍给以檄文回复丕雅新,谕以:'尔所送花肚番男妇,是否即系缅匪,其事虚实,本部堂难以凭信,不便率行陈奏。但尔既已送到,姑留内地收管,另为查办。因尔奉命惟谨,遣人航海远来,本部堂特给尔缎匹,付来人赍回,以示奖励。至尔所称乞恩赐凭、许照旧例朝贡之处,本部堂更不便代为转奏,已于前檄明白示复矣。'如此宣谕,于驾驭外夷,自为得体。可将此传谕李侍尧知之。"

(高宗实录,卷八九一,页 5—6)

乾隆三十六年,辛卯。十月,乙酉。又谕:"昨据李侍尧委员解到暹罗丕雅新拿获番男八名、番妇四名,交军机大臣询问,虽系青霾①国民人居多,而泻都燕达一名,实系缅匪小头目。丕雅新之奉檄擒献,尚非无因,而其心颇知恭顺。前岁丕雅新遣人奉书李侍尧,欲求转奏请封。李侍尧因其于暹罗残破之后,戕害诏氏子孙,乘机窃据,不应妄冀封号,曾奏闻拒斥。今岁以擒花肚番逆匪为名,仍希封赏,复不从所请。其论虽亦近理,而不免过甚。荒徼岛夷,不知礼义,其易姓争据,事所常有。如安南国陈、莫、黎诸姓,亦已屡更其主,非独暹罗为然。况丕雅新当缅匪

---

① 青霾,即清迈。

攻破暹罗时，以报复为名，因利乘便，并非显有篡夺逆迹。而一闻内地大臣檄谕，奉命惟谨，即遣兵攻打青霾，其所擒获，更有缅匪头目，是其实与缅夷为仇，已无疑义。且屡次邀封望泽，尚知尊戴天朝，自不必固执前见，绝之太甚。至其代立源委，原不必拘于名分，从而过问。丕雅新初立势孤，欲求依附，若中国始终摈弃弗纳，彼或惧而转投缅匪，非策之善也。著传谕李侍尧，嗣后丕雅新处若无人来则已，设或复遣使禀请加封，愿通朝贡，不必如前固却，察其来意果诚，即为奏闻，予以封号，方合羁縻控驭之道。著于该督奏事之便传谕知之。"

（高宗实录，卷八九五，页8—9）

乾隆三十七年，壬辰。八月，己丑。谕军机大臣等："据李侍尧奏：'暹罗国郑昭①禀送粤省海丰县民陈俊卿等眷口回籍，并据河仙镇莫士麟差人赍送文禀，李侍尧拟以己意檄复两人，俟郑昭处送到内地民人，量为奖励，以示羁縻。亦只可如此办理。但梁上选等系内地民人，辄敢纠伴挈眷，潜赴外国港口居住，甚属不成事体，此等民人于送到时，均应讯明，按例惩治。沿海居民出口，例禁綦严，守口地方官弁何得任其携家擅出，漫无稽查，则平日海禁之废弛，已可概见。著李侍尧查明失察梁上选等出口之该管地方员弁，据实参处。嗣后仍须严饬沿海各口，实力稽查，毋得稍有疏纵。将此传谕知之。"

（高宗实录，卷九一五，页15—16）

乾隆四十年，乙未。九月，乙卯。谕军机大臣等："据李侍尧奏：'船商陈万胜带投暹罗国郑昭文禀一件，称平定打马②部落，人众投归，内有滇省兵赵成章等十九名，附商船送回，并情愿合击缅匪，乞赏给磺、铁、炮位等因'一摺。该督等以'讯据各兵系上年八月缅匪攻破打马、随同奔至暹罗'等语，与郑昭来文云，'因青霾为其所平，打马部落率众来降'之语，其情词不无粉饰。但现将内地兵丁搭船送回，尚属小心恭顺。其所请磺、铁等项，李侍尧以'炮位不便准给，其硫磺、铁锅等物，查照上年请买数目准行'之处，所奏甚是，自应如此办理。至所云'缅匪于邻疆诸国，多遭残害，自必志切同仇，果能纠约合举，直抵阿瓦擒其渠魁，上为天朝立功，下为尔主雪耻，大皇帝鉴尔忠贞，必有非常旷典'等语，立言

---

① 郑昭，意为郑王，指郑信。
② 打马，似是缅甸的莫塔马（Mokama）。

殊不得体。中国当此全盛之时,如果欲征剿缅甸,何必借助于海外小邦。况抚驭外夷,亦自有道,若借其力翦灭叛蛮,彼必恃功而骄,久且效尤滋甚,更难驾驭,此乃一定之理,李侍尧等盖未见及此也。现令军机大臣代拟檄稿发去。再阅奏摺内称:'请赏磺、铁、炮位',并称:'炮位碍难准行'之语,及阅钞录郑昭原禀,系乞磺、铁、铳仔。所云铳仔,似即内地之炮子,而非炮位,是否钞禀舛讹,抑系叙摺偶误,并著查明具奏。现在所拟檄稿,即照铳仔立言,并著李侍尧查对原文,再行缮写发往。谕以:'本阁部堂接阅来禀,并开列名单,送回滇省兵丁十九名,具见小心恭顺。所请磺、铁、铳仔,前经驳饬,今除铳仔一项系军器,定例不准出洋,未便给发外,其需用硫磺、铁锅,准照上年请买之数,听尔买回,以示奖励。至所称:若以缅匪凶顽,罪在不赦,欲加天讨,昭愿率兵合击,但昭统摄初安,军需缺乏,冒乞恩赐磺、铁、铳仔,并恳据情呈奏等语,所言已悉,但天朝统驭寰宇,中外一家,国富兵强,势当全盛。……德威所布,遐迩莫不震慑。至缅匪顽蠢负隅,甘弃生成之外,实为覆载所不容,亦属贯盈所自取。迩年因申讨金川,遂将滇兵暂撤,今策勋在迩,或阅一二年,稍息士卒之力,再行厚集兵力,将缅匪一举荡平,此时自难预定。若果欲扫除缅匪,则以百战百胜之王师,奋勇直前,所向无敌,视攻捣阿瓦,不啻摧枯拉朽,何借尔海外弹丸,聚兵合击?或尔欲报故主之仇,纠约青霾、红沙诸邻境,悉力陈兵,尽除花肚,亦听尔自为之。设或尔志得伸,据实禀报,本阁部堂复核无异,自当代为奏闻。大皇帝为天下共主,亦必鉴尔忠诚,予之嘉奖。至于中国之欲平缅匪与否,圣主自有权衡,固非我守土之臣所敢料,亦非尔之所当请问也。'将此详悉檄谕,即由六百里传谕李侍尧知之。"

(高宗实录,卷九九〇,页19—22)

乾隆四十年,乙未。闰十月,庚午。又谕:"昨李侍尧委员解到自暹罗送回之滇兵高元等十七名,经军机大臣讯据供称:'俱系从前跟随杨宁征剿缅匪,因撤兵落后,被贼截拘数年,复从打马至暹罗,始行送回'等语。该兵等当杨宁撤兵时,随后退出者尚有二百余人,伊等不能奋勇冲出,均被截拘,殊属不堪,本应重治其罪,但伊等原系怯懦无能之绿营兵丁,难尽责以大义。今既解送到京,著从宽免其治罪,交刑部递解,各回原籍。"

(高宗实录,卷九九五,页28—29)

乾隆四十一年，丙申。十二月，丁未。又谕："据李侍尧奏：'商船莫广亿带到暹罗国搭送回籍云南人杨朝品等三人，并郑昭文禀一件，称因连年与缅匪仇杀，再恳赏买硫磺一百担，若天朝用兵阿瓦，愿恳谕知其期，预为堵截缅匪后路。询之杨朝品等，据供似属真情'等语。杨朝品等出边，虽在未经用兵之前，但以内地民人赴缅甸贸易，曾被拘禁，复又转入暹罗，在外年久，自不便遣回腾越。著李侍尧派员将杨朝品等三犯解京，沿途小心管解，勿致疏脱。俟解到时讯问明确，再行办理。至郑昭见内地民人在彼，即行资助送回，尚属恭顺。前已准其所请，听买硫磺、铁锅。此次请买硫磺，仍可准其买回。看来郑昭与缅子仇杀，似非饰词，但中国现在并不征剿缅匪，即欲扫除丑类，亦无借海外弹丸协击。或伊欲报故主之仇，听自为之。李侍尧仍仿上次檄稿之意，给与回文可耳。将此由五百里传谕李侍尧知之。"

（高宗实录，卷一〇二二，页17—18）

乾隆四十二年，丁酉。四月，戊午。谕军机大臣曰："……又据（李侍尧）奏：'暹罗头目郑昭，收拾余众，欲为故主复仇。始而禀臣转求恩赏封号，经臣晓以大义，奏明檄复。继则情愿合击缅匪，预恳示期为请，曾以青霾所获之泻都燕达及男妇人等来献。近年复将缅匪所留内地兵民节次送回，并称连岁攻击，军火缺乏，求买硫磺，颇见小心恭顺。节经臣奏明，仍作己意准其买回，并予奖励。窃其心，惟冀邀大皇帝施恩封赏，俾主国事。臣从前入觐时，曾蒙面谕：外夷原不必深求，如郑昭再有禀乞恩，汝可酌量具奏。向特疑其或与暹罗旧部别构衅端，谬思依仗天威，巧图慑服。其与缅匪仇杀，亦无目睹之人，保无捏词欺诳。兹询之通事寸博学①及送回腾越州民杨朝品等，金供：郑昭诱杀缅匪多人。且海商传言：郑昭汉子甚好，竟是缅匪劲敌。而近日得鲁蕴②之诡词款关，又焉知非因郑昭之故，虑及天朝加兵，故为此延缓之计。可否敕下两广督臣作为己意，檄询郑昭，谓诏氏虽已无子孙，而天朝原颁敕印现在是否存失，微露其意，郑昭自必乞恩求封。俟其禀到时，据情转奏，仰恳施恩锡封。伊得天朝符命，更易号召邻番，努力杀贼。虽未必能缚渠献馘，而缅匪频年疲于攻战，俟其困顿，扬言大兵进剿，彼时畏惧腹背受敌，摇尾乞怜，人象到关，准其纳款，亦可借完此局'等语。此亦治病偏

---

① 寸博学，云南腾越人，当时任缅甸通事。
② 得鲁蕴，缅语译音，意为对华事务官。

方,姑试为之,原属并行不悖,但檄文仍宜作李侍尧之意。现令军机大臣代拟檄稿发去,谕以'本阁部堂在粤省数年,屡次接阅来禀,知尔收拾余众,欲为故主报仇,曾诱杀缅匪多人,是尔尚知大义。且节次送回缅匪所留滇省兵民,具见尔小心恭顺。是以尔两次需用硫磺、铁锅等物,并准买回,以示奖励,且代为奏闻大皇帝,亦深为嘉予。至尔从前禀恳欲邀天朝封号,彼时以尔安冀恩泽,未为正理,且诏氏虽已无人,而天朝原颁敕印现在或存或失,未经声明,不便入告,因而驳回。原欲俟尔稍有出力之处及查明原颁敕印下落,陈请有名,再行代尔奏恳加恩。今大皇帝因云贵地方紧要,将本阁部堂调任云贵总督,而简任杨大人为两广总督,本阁部堂已将尔历次禀恳之事详细告知,尔此后如有禀,即禀知新任杨大人,自必照本阁部堂所筹,为尔酌办。今启行在即,特将此遇便谕令知之。'杨景素于接奉后,即照李侍尧任内檄谕郑昭之例,附诚实洋船发往,令其寄到。如郑昭续有禀恳之事,即迅速驿奏,以便筹度办理。惟是以蛮夷攻蛮夷,虽亦筹边之策,但需中国兵力能至其地,控制得宜,方足以收其效。今暹罗与缅甸接壤之处,远隔重洋,断不能发兵往彼协剿;若专借郑昭之力,彼或贪得其土地人民,冀图自利,不能于中国有益。且暹罗争战之处,不过缅匪边界,未必径至阿瓦城,更不足制其死命。设或郑昭果欲实心剿杀缅匪,亦只可听其自为。若稍漏借助外番之意,彼必要求无厌。而此时发檄询问,尤不便轻露端倪,致彼居奇观望。抚驭外夷之道,大率如此,李侍尧、杨景素皆不可不知也。"

(高宗实录,卷一〇三一,页 13—16)

乾隆四十二年,丁酉。五月,己丑。两广总督杨景素复奏:"从前李侍尧檄谕暹罗,或交彼处来人,或给贸易船带往。今彼处无人在广,俟有商船至暹罗,即将檄谕发往。俟禀到,由驿驰奏。"报闻。

(高宗实录,卷一〇三三,页 13)

乾隆四十二年,丁酉。秋七月,乙亥。又谕:"前因暹罗头目郑昭屡次恳请封号,曾代拟檄稿,仍作李侍尧之意,檄谕郑昭,发交杨景素,即照向年之例,附诚实洋船发往。嗣据该督奏:'须俟五六月间,始有赴暹罗船只,届时发往,令其寄到'等语。此时想已发去。从前暹罗诏氏子孙,原系中国颁赏敕印,今既为缅甸侵占,头目郑昭复行收合余众,为故主复仇,诱杀缅匪多人,因而冀请封号,尚非篡据可比。且节次将缅匪所留滇省兵民给资送回,甚属诚心恭顺,亦当予以奖励。至于荒徼岛夷,易姓争据,事所常有,即如安南之陈、莫、黎诸姓,亦已屡更其主,非独暹罗为然。况郑昭籍本广东,以内地民人备藩外国,若令得邀封爵,必倍知感戴天朝,并非因其与缅匪交兵,借彼一隅之力。且缅匪今已还人纳款,更无事多为防制也。倘郑昭接奉前谕,续有具禀求封之事,该督即当迅速由驿奏闻。加之封号,亦即羁縻控驭之道。再前因暹罗两次求买硫磺、铁锅等,俱经加恩允准,此后该处若再需用,仍当准其买回。至伊如言及协剿缅匪之事,则当谕以中国声罪致讨之兵,从不借外邦协剿。……况缅匪近已悔罪乞降,并将所留之苏尔相等送还,奉表纳贡,现已无事加兵。或该国与缅匪争战,听其自然。若欲仰借中国助兵,则断无此理,犹之缅匪现已投顺天朝,或将来缅匪因与暹罗争衅,求助中国,亦断不允其所请也。杨景素可视其禀文来意,如言及此事,即一并檄示。"

（高宗实录,卷一〇三六,页 16—18）

乾隆四十二年,丁酉。七月,丙戌。又谕:"据杨景素奏:'暹罗郑昭遣有夷使三名来粤,叩请进贡,并押解花肚番六名'等语。霭呵霭左等今经暹罗送到,自应委员解京。所有前次代拟李侍尧檄稿,原属询探之意,今郑昭既已具禀,前檄即无庸发去。至暹罗之事,屡次所降谕旨甚明,郑昭此次禀来,杨景素即当一面奏闻,一面办理,不必俟请旨再办。此乃杨景素未经阅历大事,不及李侍尧之练达,故不免拘泥也。兹命军机大臣代杨景素拟作檄稿,谕以:'本督部堂接阅来禀,据称暹罗残破以后,朝贡久疏,今欲循旧例备贡,差人具禀,恳为转奏等语,具见悃诚,而收合暹罗余众,思报故主之仇,亦能明于大义。且尔数年来,屡经送回缅甸所留内地兵民,又将所获缅匪节次解送,实属诚心恭顺。是以前任李总督嘉尔忠谨,于尔两次请买硫磺、铁锅等物,俱准买回应用。今春李总督调任云贵时,向本督部堂言,尔为暹罗故主杀贼报仇,遂为众所推奉,因诏氏无人,即行统摄国事,且尔心向天朝,屡效诚悃,自当予奖励,此后如有禀恳之事,不妨酌量办理。本督部堂莅任以来,悉照前例。今尔等既有备贡之请,可以准行,俟尔贡物到境,当为转奏。至尔所称必借天威以彰民望,意欲恳求封号,而又不敢明言,如此隐跃其词,未便据情入告。尔果虔修贡礼,遣使恭进,将国人推戴情殷,诏氏已无嫡派,明晰声叙,具禀请封,本督部堂自当代尔奏闻大皇帝,恭候加恩,方为名正言顺。至尔欲征讨缅甸,为故主复仇,听尔自为之,内地断无发兵相助之理。中国征剿所至,饷足兵强,……并未稍借外邦之力,谅尔亦当闻知。况缅匪近日已知悔罪,送还内地之人,恳求开关纳贡,此后更无可加兵,然亦必不助缅以攻他国。尔如欲请封,转不必以攻剿缅匪为词也。'将此由六百里传谕杨景素照缮发往。其来使起身时,酌量以礼遣回。如郑昭依檄具禀,进贡请封,杨景素即可据情由驿速奏。"

(高宗实录,卷一〇三七,页12—14)

乾隆四十三年,戊戌。八月,乙亥。谕军机大臣曰:"桂林等奏:'暹罗郑昭附到回禀,请宽贡期,前后情节矛盾,拟稿严饬等因'一摺,所见亦是,但措词稍觉过严。郑昭屡次所禀,其诚伪固不足信,但彼既知尊奉天朝,不妨略示含容,转不必疾之太甚,惟斥其前次遣使具禀,今乃率附商船转寄,殊不知礼,以此饬之足矣。其禀内所称'缅贼恃获天赦,愈行猖獗,攻暹边界甚急',乃指缅甸与暹罗交兵之词,今檄稿内称'贼氛永息,有何愈行猖獗之处',实误会其来禀本意,竟可毋庸提及。即'缅匪恳求开关纳贡'之语,亦不值与言。至郑昭谓诏氏子侄无存,原未必尽确,从前河仙镇莫士麟曾禀称诏氏现尚有人,且暹罗旧臣尚有不附郑昭者,是郑昭之意未尝不欲藉中国册封,以为镇压,但究系逆诈亿不信,莫若概置不论为妥。已命军机大臣代桂林等拟作檄稿,谕以:'接阅来禀,据称现禦缅贼,乞宽贡期等语,与所禀情事未合。尔于上年遣使前来请贡,并据丕雅逊吞亚排哪突禀称,已预备象只等物,未敢带来,恳求转奏大皇帝恩准,方敢纳贡。前任杨总督念尔出自诚心,仰体大皇帝一视同仁之盛意,不忍拒绝,因复檄谕尔,俟贡物到境,当为转奏,并无立定贡期之语,且无必欲令尔入贡之心。前任杨总督调任闽浙,所有档案俱移交本部堂存核,且将前次复檄谕尔之意,面告本部堂查照,历历可稽,尔何忽有此请宽贡期之语耶?至尔现禦缅贼,尚未暇即备贡礼,自属实情,但止须据实禀明,不应妄有宽期之请。幸尔前禀情节,杨总督尚未据情入告,是以本部堂尚可为尔明白开示,尔如果诚心恭顺,虔修贡礼,遣使恭进,并将国人推戴情殷,诏氏子孙已无的派,明晰声叙请封,本部堂亦必据禀代奏,恭候加恩。若此等游移无定之词,徒属虚谈无益。且尔之入贡与不入贡,系尔之受封与不受封,于天朝何关轻重,本部堂亦何必望尔之修贡耶!至尔前次求贡,遣使赍呈,殊觉非礼,念尔久居外邦,不谙礼制,姑置勿问。嗣后务益知恪谨,毋稍疏懈干咎。'著军机大臣将改定檄稿发交该督等,仍付便船赍回。如郑昭果能诚心恭顺,遣使进贡请封,原可据情入奏,候朕酌量降旨。若仍游移无定,亦不过摘其小疵申饬,略寓羁縻,不必过严其词,与彼斤斤较量也。将此传谕知之,嗣后如遇郑昭投禀,无论其词意若何,俱著由驿驰奏。"

(高宗实录,卷一〇六五,页5—7)

乾隆四十六年,辛丑。七月,庚申。又谕:"据巴延三等奏:'接暹罗国郑昭具禀求贡,词意颇为恭顺。惟请给执照前往厦门、宁波等处伙贩,未敢擅便。至所谓贡外之贡,与例不符,及备送礼部、督、抚各衙门礼物,并馈送行商,及请将余货发行变价,以作盘费,概发原船带回。求买铜器,例禁出洋,不敢率行奏请,并拟檄稿谕饬'一摺,已于摺内批示矣。外国输忱献纳,自应准其朝贡,以示怀柔。俟该国贡使赍到贡物、表文时,巴延三等派委妥员伴送来京进呈后,再降谕旨。其备送各衙门礼物,有乖体制。求买铜器,例禁出洋,自应饬驳。至所请欲往厦门、宁波伙贩,并欲令行商代觅伙长往贩日本之处,该国在外洋与各国通商交易,其贩至内地如广东等处,贸易,原所不禁,至贩往闽、浙别省及往贩日本,令行商代觅伙长,则断乎不可。该督等所拟檄稿,驳饬尚未周到。现令军机大臣另行改定发往。谕以:'本部堂接阅来禀,据称暹邦历代供贡,自遭缅匪之后,绍裔无人,以致贡疏,兹群吏众庶推尔为长,依例备贡恭进等因,具见小心恭顺,出自至诚。本部堂已据情代奏,如蒙大皇帝鉴尔悃忱,加恩格外,准尔入贡,俟本部堂差员伴送尔国陪臣,敬赍入都朝觐。至另禀外备苏木、象牙等物为贡外之贡,天朝抚绥万国,一应朝贡多寡,均有定制,岂容任意加增,难以代奏。至致送礼部、督、抚各衙门礼物,甚至馈及行商,并求准买铜器千余个,先放空船归国等语,更属琐鄙不知事体。天朝纲纪肃清,大法小廉,内外臣工岂有私行收受尔国物件之理。铜斤例禁出洋,更不便准尔采买。若本部堂据情代奏,转滋尔忘分妄干之咎。用是明白晓谕,将贡外之贡及呈送各衙门礼物发交原船带回。又尔禀后附请给照载货前往厦门、宁波等处,并欲令行商代觅伙长往贩日本等语,尤属不知礼体。尔等在外洋与日本各国贩卖交易,原所不禁,若欲请官为给照及令行商觅伙往贩日本,则断乎不可,本部堂亦不敢代为具奏。至尔国所请余货在广东发行变价一节,此向来交易之常,应听尔等自行觅商售卖,亦不必官为经理。至所称余货变价,以作来使盘缠等语,向来各国陪臣进贡,入境以后,一切往来费用,天朝自有例给口粮,无庸卖货支付。尔国甫求入贡,辄以贸易牟利细事禀请准行,甚非表尔效命归诚之意。本部堂念尔远在外夷,不谙礼法,亦不加责备,是以剀切晓谕。此后务宜益励敬恭,恪守臣节,毋得轻有干渎。'交巴延三照此檄知。至该国在广贩卖货物,若亦令原船带回,未免徒劳往返,无利可得,殊非体恤远人之意。此项货物似应听其在广私行交易,亦不必官为经理。再该国僻处遐方,何以知厦门、宁波等处可以伙贩及行商觅伙往贩日本?查阅禀内开载商船,澄海、新会县各字号俱系内地,此必系船户等怂恿该国,冀图伙贩谋利,不可不严行查饬。著巴延三等即委干员,将该船户等传询缘由,严行戒饬,据实复奏。"寻奏:"查询船户,据称该国贡船十一只,外洋船二只,余皆粤省商船。缘暹罗例准通商,内地船户常赴该国贸易,故将浙闽宁波、厦门告知,实系愚民不知例禁,贪获雇值,并无勾引合伙情事。臣已严加戒饬。"报闻。

(高宗实录,卷一一三七,页16—19)

乾隆四十六年,辛丑。九月,辛丑。谕军机大臣曰:"巴延三等奏:'据暹罗国长郑昭预备正贡一分,具表恳请代奏,并备象牙、犀角、洋锡等物,以为副贡'等语。该国长输诚纳贡,备具方物,所有正贡一分,自应照例送京收纳。至所备副贡,若概令赍回,致劳往返,转非所以体恤远人。著传谕巴延三,于副贡内只收象牙、犀角二项,同正贡一并送京交礼部,于照例赏给之外,查例加赏,以示厚往薄来之意。其余所备贡物,准其即在广省自行觅商变价,并将伊等压舱货物,均一体免其纳税。将此并谕礼部堂官知之。"

(高宗实录,卷一一四〇,页3—4)

乾隆四十七年,壬寅。正月,癸亥。暹罗国长郑昭遣使表贡方物。赏赉筵宴如例。

(高宗实录,卷一一四九,页12)

乾隆四十七年,壬寅。三月,辛丑。予故暹罗使臣丕雅逊吞亚排那突致祭如例。

(高宗实录,卷一一五二,页2)

乾隆四十七年,壬寅。九月,辛丑。又谕:"据尚安奏:'接暹罗国郑华禀称,因伊父郑昭病故①,临终嘱其尊奉天朝,永求福庇,兹特赍文禀报,俟至贡期,当遵例虔备方物朝贡'等语。郑昭于上年输忱献纳,极为

---

① 郑华不是郑昭的儿子。郑昭被杀,不是病故。

恭顺,是以准其朝贡,并加恩赏赍、筵宴,以示怀柔。今郑华遵父遗言,效忠输忱,理应专遣使臣具表恳请,乃谨遣夷目赍文禀报,自不便遽准所请。现已令军机大臣拟写檄稿,谕以:'接阅来禀,据称尔父郑昭业已病故,临终之际,谆谆嘱汝以尊天朝,永求福庇为念,理合禀报,俟至贡期,当遵例虔备方物朝贡等因。上年尔父献表输忱,备物进贡,小心恭顺,经本部堂据情代奏,仰蒙圣恩,俯准入贡,并令贡使附于班联之末,一体入宴,瞻仰天颜,特加赏赍。此皆大皇帝俯鉴尔父悃忱,加恩格外,至为优厚。今尔父病故,尔继嗣为长,谨遵汝父遗命,急欲效忠天朝,具见恭顺悃忱。但汝理应具表叩谢天恩,并将尔父身故及尔继嗣各情节,详晰声叙,本部堂方可据情转奏。今尔仅遣使禀报,并称俟至贡期当遵例虔备方物朝贡等语,在尔国僻处遐荒,未谙体制,但本部堂等职司守土,似此情节,不敢冒昧代为具奏。现在尔国贡使,候有北风,即可挂帆归国,俟彼到后,传宣入宴蒙赏,屡受大皇帝格外鸿恩,尔当益加感激。如果欲效忠输悃,承受天朝封号,必须具表自行恳求,本部堂方可代为转奏。用是剀切晓谕,尔其知悉。此檄。'该督等即可遵照办理发往。至该国贡船入境,所有压舱货物,自当照例免其纳税,并委妥员防护伴送,以示体恤。将此由五百里谕令知之。"

(高宗实录,卷一一六四,页20—22)

乾隆四十九年,甲辰。八月,甲辰。谕军机大臣等:"据孙士毅①奏:'暹罗国长郑华,备具表文、驯象等物,差陪臣帕史滑里那突等恳求入贡,并禀请乞恩请封,因其未遵前檄,自行具表恳求,是以将来使安顿公所,贡品敬谨验收,俟奉到谕旨。即委员伴送起程'等语。郑华遵伊父旧规,虔备职贡。其未遵前檄具奏请封,阅来禀内及该陪臣称,恐自行越分干求,致遭斥责,未敢冒昧声叙,尚属恭顺小心,自应准其纳贡输忱。著传谕孙士毅,即派妥员,将该国陪臣及贡品照例伴送赴京。其恳赐封号之处,俟使臣到京后,再降谕旨。"

(高宗实录,卷一二一三,页12—13)

乾隆四十九年,甲辰。十一月,辛巳。又谕:"据特成额②等奏:'暹罗国贡使帕史滑里那突等并驯象二只,于十月二十八日送至安徽宿松

---

① 孙士毅,当时任广东巡抚、署理两广总督。
② 特成额,当时在任湖广总督。

县境,交替前进'等语。暹罗贡使赴京瞻仰及筵宴一切,于新正更属相宜。著传谕书麟①即饬该委员,并飞咨沿途,妥为照料,务于年内护送到京。但该贡使等俱带有物件,自难迅速遄行,刻下距年底尚有一月,亦不必过于催促也。"

(高宗实录,卷一二一九,页28—29)

乾隆四十九年,甲辰。十二月,壬寅。……暹罗国陪臣帕史滑里那突等四人、……于西华门外瞻觐,命随至瀛台,赐茶。

(高宗实录,卷一二二一,页6)

乾隆五十年,乙巳。春正月,壬子。御紫光阁,赐……暹罗国使臣、……等宴。

(高宗实录,卷一二二二,页5)

乾隆五十年,乙巳。春正月,癸亥。上御山高水长,赐……暹罗国使臣、……等茶果。至丙寅皆如之。

(高宗实录,卷一二二二,页17)

乾隆五十年,乙巳。正月,已巳。上御山高水长,赐……暹罗国使臣、……等茶果。

(高宗实录,卷一二二三,页4)

乾隆五十一年,丙午。三月,乙丑。谕军机大臣等:"据穆腾额②奏称:'暹罗国每年正副贡船到关,其随带之船至十余只之多,又有借名探贡船只,俱属内地商船,所带货物甚多,该监督查明应征税银若干,报明督、抚具题,概行宽免,殊非杜弊防奸之道。请将正副贡船各一只,照例免其纳税,其余船只,俱按货征税'等语。暹罗国修职抒诚,遣使呈进方物,其正副贡船,自应免其征纳税银,岂容内地商船借名影射,希图免税。此等商船到关时,该监督原可逐船履勘,除贡物之外,若有私带船只,无难一望而知,自应按货征税。该监督即当商之督、抚,分别办理,何得概予具题邀免。此系该督、抚、监督等分内应办之事,何必形之章

---

① 书麟,当时任安徽巡抚。
② 穆腾额,当时任粤海关监督。

奏,候朕降旨始奉行耶?除就近传知穆腾额遵办外,著传谕富勒浑①、孙士毅,于该国贡船到关,所有正副贡船各一只,仍照例具题免税,其余若果系夹带客商私船,俱逐一查明,按货纳税,以杜奸商取巧、通同弊混之计。"

(高宗实录,卷一二五一,页9—10)

乾隆五十一年,丙午。闰七月,辛巳。又谕:"据孙士毅奏:'暹罗国长郑华遣使进贡请封,俟八月中旬,委员伴送赴京。其所禀恳恩欲在粤东置办铜甲二千,领回本国,防御缅匪一节,殊属不知分量,拟檄稿驳饬'等语。所见甚是,自当如此办理。兵丁御敌,自古皆用铁甲,从未闻有铜甲之名。盖铜质本脆,枪箭易入,不能如铁性之坚。何以该国欲于粤东置备铜甲?自系该国须用铜斤,因例禁出洋,是以捏称备御缅匪,须用铜甲,以掩其迹,尤属非分干求。现已令军机大臣将该督所拟檄稿添改发往,该督即可遵照檄谕传示。檄曰:'两广总督孙士毅檄谕暹罗国长:接阅该国长来禀,遣使进贡,恳请封号等因,现委员伴送来使,恭赍表文、方物,由驿入都,借副远悃。至称与缅匪成敌,欲在广东置备铜甲二千,殊属非是。天朝功令森严,铜斤例禁出洋。查乾隆四十六年,尔父国长存日,曾请买铜盘、铜炉等物,前任督、抚以事属违例,未经代奏。今请办铜甲,更非寻常器用可比。国长甫经袭职,尚未得受封号,宜事事小心,以邀恩眷,不应忘分越请,上渎圣聪。且从古及今,俱用铁甲,该国长岂不知铜质之脆,不如铁性之坚,难资抵御?明系尔国缺少铜斤,托言置备铜甲,冀邀恩允,尤属非是。本部堂职任封圻,惟知恪遵成宪,何敢违例代奏,致干愆戾。用是明白檄知。嗣后国长其益励恪恭,承受天朝恩宠。'"

(高宗实录,卷一二六〇,页31—32)

乾隆五十一年,丙午。十二月,戊午。封郑华为暹罗国王。制曰:"我国家诞膺天眷,统御万方,声教覃敷,遐迩率服。尔暹罗地隔重洋,向修职贡。自遭缅匪破灭之后,人民地土,悉就摧残,实堪恻悯。前摄国长事郑昭,当举国被兵之后,收合余烬,保有一方,不废朝贡。其嗣郑华,克承父志,遣使航海远来,具见忱悃。朕抚绥方夏,罔有内外,悉主悉臣,设暹罗旧王后嗣尚存,自当择其嫡派,俾守世封。兹闻其旧裔皆

---

① 富勒浑,当时任两广总督。

因兵革沦亡,郑氏摄国长事既阅再世,用能保其土宇,辑和人民,该国臣庶,共所推戴。用是特颁朝命,封尔郑华为暹罗国王,赐之印诰。该国王尚其恪修职事,慎守藩封,抚辑番民,勿替前业,以副朕怀柔海邦,兴废继绝之至意。"

(高宗实录,卷一二七一,页4—5)

乾隆五十一年,丙午。十二月,庚申。上幸瀛台,赐……暹罗国使臣丕雅史滑里逊通那突等食。

(高宗实录,卷一二七一,页11—12)

乾隆五十一年,丙午。十二月,庚申。谕军机大臣等:"据谭尚忠[①]奏:'盘获自缅地脱回之广东民人林阿新等五名,请解交广东就近查办'一摺,所办甚是,已于摺内批示矣。林阿新等出赴暹罗贸易,如系私越外境,例应治罪。今据供称,船主陈岱领有执照,纳税挂号,以及出口月日、地名,历历可稽,粤省自有档册,无难质询得实。著传谕孙士毅,俟滇省将林阿新等解到,即严切查究,照例办理。"

(高宗实录,卷一二七一,页13—14)

乾隆五十二年,丁未。春正月,丁丑。上御紫光阁,赐……暹罗国使臣、……等宴。

(高宗实录,卷一二七二,页1—2)

乾隆五十二年,丁未。春正月,丁丑。上御山高水长大幄次,赐……暹罗国使臣、……等宴。

(高宗实录,卷一二七二,页15)

乾隆五十三年,戊申。九月,壬戌。谕曰:"暹罗、缅甸向来构兵不睦。暹罗业经受封,而缅甸现亦投诚内附,俱系属国。嗣后该二国应彼此修好,同受天朝恩眷,不得仍前构兵。除缅使回国时已行传知外,俟暹罗贡使到日,一并传知,令其回国告知该国王敬谨遵照。"

(高宗实录,卷一三一二,页11)

---

① 谭尚忠,当时任云南巡抚。

乾隆五十三年，戊申。冬十月，庚子。又谕："……（孙士毅）所请谕知暹罗国王，趁天兵进剿安南之时，就近占取广南一节，初阅之似属可能，及细思之为下策。从来抚驭外域之道，惟仗天朝威重，绥靖戢服，全不借外域兵力佽助。况暹罗本与阮惠①等彼此相攻，今若令其发兵占取广南，将来安南事定后，自必将广南一路给与暹罗。现在以黎氏本国之人为乱。尚至迁播流离，凭仗天朝兵力，始能复国。若暹罗复取广南，与安南接壤，以一国兼并一国之力，更较阮惠倍蓰，设将来复行攻扰，安南势益难支，又将如何办理？且暹罗国王郑华仰邀封号，已属格外恩施，亦不值令其无故益土。况天朝统驭中外，遐迩一体，广南旧系占城地方，该国全境为阮惠所得，止有一邑为占城子姓居住，与其令暹罗坐获安南，何若即以占城旧地，还之占城，更为名正言顺。"

（高宗实录，卷一三一四，页35—36）

乾隆五十三年，戊申。十二月，戊申。……暹罗国正使帕史滑里逊通亚排那赤突、副使啷喝汶悉泥噉喔无突、……等于西华门外瞻觐。命随至瀛台赐食。

（高宗实录，卷一三一九，页11）

乾隆五十三年，戊申。十二月，庚戌。上御抚辰殿大幄次，赐……暹罗国使臣、……等宴。

（高宗实录，卷一三一九，页18）

乾隆五十三年，戊申。十二月，丁巳。上御保和殿，筵宴朝正外藩。左翼：……暹罗国正使帕史滑里逊通亚排那赤突、副使啷喝汶悉呢噉喔无突、……至御座前，赐酒成礼。

（高宗实录，卷一三一九，页33—36）

乾隆五十四年，已酉。春正月，壬戌。上御紫光阁，赐……暹罗国使臣、……等宴。

（高宗实录，卷一三二〇，页11）

---

① 阮惠，又作阮文惠，越南西山农民起义的领导者之一，后来成了西山政权的统治者。

乾隆五十四年,已酉。春正月,辛未。御山高水长,赐……暹罗国使臣、……等食。至癸酉皆如之。

(高宗实录,卷一三二〇,页18)

乾隆五十四年,已酉。正月,甲戌。敕谕暹罗国王郑华曰:"朕惟自古帝王,功隆丕冒,典重怀柔,凡航海梯山,重洋而至者,无不悉归涵宥,咸被恩膏。尔 暹罗国王郑华,远处海隅,因受封藩职,遣使帕(使)〔史〕滑里逊通亚排那赤突等恭赍方物,谢恩入贡,具昭忱恓,良可褒嘉。朕复念尔与缅甸境壤毗连,从前懵驳、赘角牙①相继为暴,侵陵尔国,兴师构怨,匪尔之由。今缅甸孟陨新掌国事,悔罪抒诚,吁求内附,已于该使臣回国时,谕令孟陨与尔国睦邻修好,毋寻干戈。尔国亦宜尽释前嫌,永消兵衅,彼此和好,以期息事宁人,同作藩封,共承恩眷。兹特赐国王彩币等物,尚其祗受嘉命,倍笃忠忱,仰副眷怀,长膺宠锡。钦哉。"

(高宗实录,卷一三二一,页5—6)

乾隆五十四年,已酉。正月,癸未。礼部题:"……暹罗国王郑华遣使奉表谢恩,并进方物。赏赉、筵宴如例。"

(高宗实录,卷一三二一,页28)

乾隆五十四年,已酉。八月,庚辰。谕军机大臣曰:"福康安②等奏:'暹罗贡使现已到粤,所有年贡令于年底到京,其赍进万寿贡物之使臣,令在粤居住,俟明年夏间再行委员伴送到京'等语。暹罗远道入贡,情殷葵向,深可嘉奖。但该国使臣于明年夏间始起程进京,未免在粤多耽时日。福康安可向其谕知,如该使臣以久住粤东或有稽候,即令赍万寿贡使,一并于年底到京,俟新正颁诏时,同伸叩庆,已足以展其祝嘏之忱,俾及早回国。如该使臣必欲于明岁诣阙,届期庆祝,仰瞻王会之盛,亦听其便。只须扣算日期,令于七月二十以外到京,方为妥善。"

(高宗实录,卷一三三七,页30)

乾隆五十四年,已酉。十二月,壬申。……暹罗国正使帕史滑里逊通亚排那赤突、副使啷喝汶悉呢嚷喔无突、……于西华门外瞻觐。命随

---

① 赘角牙(Singu, 1776-1781),缅甸雍籍牙王朝的统治者。
② 福康安,当时任两广总督。

至瀛台赐食。

（高宗实录，卷一三四五，页9）

乾隆五十四年，已酉。十二月，甲戌。上御抚辰殿大幄次，赐……暹罗、……等国使臣宴。

（高宗实录，卷一三四五，页11）

乾隆五十四年，已酉。十二月，辛巳。上御保和殿，赐朝正外藩筵宴，……右翼：……暹罗国正使帕史滑里逊通亚排那赤突、副使啷嗝汶悉呢嚷喔无突、……等，至御座前赐酒成礼。

（高宗实录，卷一三四五，页22—25）

乾隆五十五年，庚戌。春正月，丁亥。上御紫光阁，赐……暹罗、……等国使臣宴。

（高宗实录，卷一三四六，页14）

乾隆五十五年，庚戌。春正月，已丑。礼部奏："本年恭遇皇上八旬万寿，颁诏天下。……"得旨："知道了。其安南、琉球、暹罗三国，亦著照朝鲜国之例，一体颁发恩诏，即交该国贡使赍回。"

（高宗实录，卷一三四六，页18—19）

乾隆五十五年，庚戌。春正月，辛卯。命于乾清门颁赐万寿恩诏于朝鲜、安南、琉球、暹罗等国。使臣行礼祗领如仪。

（高宗实录，卷一三四六，页21）

乾隆五十五年，庚戌。春正月，癸巳。上御山高水长大幄次，赐……暹罗、……等国使臣宴。

（高宗实录，卷一三四六，页23）

乾隆五十五年，庚戌。春正月，甲午。上御山高水长大幄次，赐……暹罗、……等国使臣茶果，并赏赉有差。

（高宗实录，卷一三四六，页25）

乾隆五十五年,庚戌。八月,庚戌。又谕:"本日据郭世勋①奏称:'暹罗国王遣使进贡祝釐,于七月十一日正贡船甫到,副贡船尚未抵粤'等语。该国王情殷祝嘏,恭进方物。阅其表文,欢欣踊跃,具见悃忱。但现届八月初旬,该国贡使抵粤较迟,既未能如期到京,随班祝庆,自毋庸即令趱紧行程。著郭世勋将该国前后抵粤贡使人等,俱酌量令其缓程行走,于年底到京,随入宴赏,以示朕体恤远人至意。"

(高宗实录,卷一三六〇,页4)

乾隆五十五年,庚戌。九月,庚辰。谕军机大臣曰:"郭世勋奏:'接准暹罗国王郑华咨称,乾隆三十一年,被乌肚构兵围城,国君被陷,其父郑昭得复旧基十仅五六,该国旧有之丹荖氏、麻叨、涂怀三城现被占据,恳请谕令乌肚割回三城等情。阅其情词,系属非礼妄求,拟作己意,未敢具奏,将表文驳回。应否如此,请旨遵办'等语,并抄录表文咨文及所拟檄稿进呈。所奏尚是,自应如此办理。但所拟照会,尚有未尽周到之处。朕思暹罗所称之花肚番,即系缅甸。从前缅甸与暹罗诏氏构兵时,尚系已故缅酋懵驳,并非现在国王孟陨之事;即丹荖氏三城,亦系诏氏在国时被缅甸侵占,本非郑氏故土,相安年久,自应各守疆界。现在缅甸已经易世,暹罗又系异姓继立,更不当将诏氏失去疆土,向其争论。况彼此皆无凭据,未便以无根之言,遽索土地。天朝抚驭万国,一视同仁,毫无歧视。缅甸固属新封,而暹罗亦系郑昭得国后,郑华嗣掌国事,始加封爵。该国王等惟当钦遵前谕,释嫌修好,共沐宠荣,岂得以此等非分干求,妄行渎渎。若因暹罗恳谕缅甸返其侵地,即允所请,设缅甸以暹罗越疆构衅,亦索城池,复来申诉,两国纷争,伊于何底耶?或系因福康安来京,郭世勋初署督篆,该国以此事先为尝试,亦未可定。该抚接准咨文,即应作为己意,一面行文驳回,一面驰奏,方于事理妥协。今俟此摺发回,始行檄谕,往返耽延,未免多需时日。该国使臣在粤,见日久未发回文,自必料及奏闻候旨,而檄内又称未经据情代奏,恐非取信属国之道。朕已命军机大臣代拟檄稿,只可云两广总督福康安现在来京陛见,郭世勋系署理总督,接阅该国咨文,札商福康安意见相同,始行联衔照会,不敢上渎天听,若该国王必欲恳请转奏,封疆大吏从不敢壅于上闻,但恐该国非礼妄干之咎,致干诘责,断不能仰邀恩准也。如此剀切晓谕,庶足以服该国王之心,而措词严正,亦得抚驭外夷之体。该

---

① 郭世勋,当时任署理两广总督。

抚接奉照会文稿,即当联衔照缮发往。如得暹罗来咨,即行迅速驰奏。"

（高宗实录,卷一三六二,页3—6）

乾隆五十五年,庚戌。十二月,丁卯。……暹罗国正使拍簪令思达那末蚋刹突、副使唧疏越理买抵屋八突、……于西苑门外瞻觐。

（高宗实录,卷一三六九,页14）

乾隆五十五年,庚戌。十二月,乙亥。上御保和殿,赐朝正外藩筵宴。……右翼：……暹罗国正使拍簪令思达那末蚋刹突、副使唧疏越理买抵屋八突、……等,至御座前赐酒成礼。

（高宗实录,卷一三六九,页22—25）

乾隆五十六年,辛亥。春正月,甲申。御紫光阁,赐……暹罗国、……使臣等宴,并赏赉有差。

（高宗实录,卷一三七〇,页8）

乾隆五十六年,辛亥。正月,戊戌。礼部题："……暹罗国王郑华遣使表贺万寿方物,……俱赏赉、筵宴如例。"

（同上书,高宗实录,卷一三七一,页12）

乾隆五十七年,壬子。八月,乙亥。又谕曰："郭世勋奏：'暹罗国遣陪臣具表入贡,七月初一日,正副使船陡遇飓风,漂至新宁海宴汛等处洋面搁浅,现将方物起卸,拨运来省,并飞行该地方文武,将贡使人等妥为照料,由省河另雇船只拨送赴省'等语。暹罗国王郑华素称恭顺,本年届正贡之期,备进表文、方物,自当准其呈进。但该使等陡遇飓风,在洋搁浅,虽据该署督派员妥为照料,竟不妨令其缓程行走,于年底前到京,彼时安南国王阮光平①亦有使臣前来具表纳贡,与各国陪臣同时并沾恩宴,共迓春祺,更为两便。将此传谕知之。"

（高宗实录,卷一四一〇,页21—22）

乾隆五十八年,癸丑。春正月,壬寅。上御紫光阁,赐……暹罗等

---

① 阮光平,即阮文惠,1788年,他在富春称帝,号光中,1789年,连续四次遣使请封,请封表文署名阮光平,清高宗封他为安南国王。

国使臣……等宴,赏赉有差。

（高宗实录,卷一四二〇,页 12）

乾隆五十八年,癸丑。春正月,丁未。上御山高水长,赐……暹罗等国使臣……等食,至己酉皆如之。

（高宗实录,卷一四二〇,页 16）

乾隆六十年,乙卯。八月,甲申。又谕曰:"朱珪①奏'暹罗国遣使入贡'一摺,该国王以本年届当正贡之期,特备表贡,遣使赍陈,现距年底为期尚早,著传谕朱珪,委员伴送该贡使起程时,饬知沿途从容行走,于十二月封篆后抵京,以便与各外藩等一体宴赉也。"

（高宗实录,卷一四八四,页 12）

乾隆六十年,乙卯。十二月,戊戌。上幸瀛台,……暹罗国使臣吽雅梭挖粒巡段押拨𬨎昭突等于西苑门外瞻觐。

（高宗实录,卷一四九三,页 13—14）

乾隆六十年,乙卯。十二月,庚子。上御抚辰殿大幄次,赐……暹罗、……使臣等宴,并赏赉有差。

（高宗实录,卷一四九三,页 15）

乾隆六十年,乙卯。十二月,丁未。上御保和殿,赐朝正外藩筵宴。……右翼:……暹罗国使臣吽雅梭挖粒巡段押拨𬨎昭突等……至御座前赐酒成礼。

（高宗实录,卷一四九三,页 23—27）

嘉庆元年,丙辰。春正月,戊申朔。上御太和殿,亲授皇帝之宝于皇太子。皇太子受宝,即皇帝位,尊上为太上皇帝。……内外王公以下文武百官朝服咸集。……暹罗、……等国使臣集于班末。……

（高宗实录,卷一四九四,页 1—2）

嘉庆元年,丙辰。春正月,辛亥。皇帝奉太上皇帝御宁寿宫皇极殿

---

① 朱珪,当时任广东巡抚。

举行"千叟宴",赐亲王、……大臣官员六十以上、兵民年七十以上者三千人及……暹罗、……贡使等宴。

（高宗实录,卷一四九四,页12）

嘉庆元年,丙辰。春正月,壬子。太上皇帝同皇帝御紫光阁,赐……暹罗国正使吥雅梭挖粒巡段押拨藜昭突、副使廊窝们苏泥霞屋拨突等……宴,并赏赉有差。

（高宗实录,卷一四九四,页16）

嘉庆元年,丙辰。十二月,壬辰。太上皇帝幸瀛台,……暹罗国正使吥雅梭挖粒巡吞握派唠喇突、副使廊窝们苏泥霞握巴突等于西华门外瞻觐。

（高宗实录,卷一四九五,页25—26）

嘉庆二年,丁巳。春正月,辛亥。太上皇帝同皇帝御紫光阁,赐……暹罗国正使吥雅梭挖粒巡吞握派唠喇突、副使廊窝们苏泥霞握巴突等宴,并赏赉有差。

（高宗实录,卷一四九六,页2—3）

嘉庆四年,己未。春正月,庚申朔。太上皇帝御乾清宫,受皇帝庆贺行礼。……暹罗等国使臣俱于乾清门外行礼。

（高宗实录,卷一五〇〇,页1）

嘉庆二年,丁巳。春正月,戊辰。上奉太上皇帝命,敕谕暹罗国王郑华:"九服承风,建极著会归之义;三加锡命,乐天广怙冒之仁。旧典为昭,新纶用沛。尔暹罗国王郑华,屡供王会,久列藩封。兹于嘉庆二年,复遣使臣奉表入贡,鉴其忱悃,允荷褒扬。至以天朝叠庆重釐,倍呈方物,具见国王输诚效顺,弗懈益虔,实属可嘉。国家厚往薄来,字小柔远,自有定制。更念尔国僻处海陬,梯航远涉,业经备物呈进,若从摈却,劳费转多,是以特饬所司,将此次所进贡物俱行收受,加赐国王文绮等件。嗣后只须照常呈进一分,毋庸增添。如国王仍前备进两分,即饬广东督抚发还一分,以昭定制,而示体恤。王其祗承眷顾,益懋忠纯,永膺蕃庶之恩,长隶职方之掌。钦哉,特谕。"

（同上书,仁宗实录,卷十三,页15—16）

嘉庆四年,己未。春正月,丙寅。礼部奏:"向例诏书颁发朝鲜国,钦派正使、副使各一员赍往,若彼国使臣在京,即交使臣赍回。今朝鲜、暹罗二国使臣俱在京,伏思大行太上皇帝龙驭上宾,普天哀痛,朝鲜国较之诸外藩归命最先,受恩尤重,应请遣官颁发,以符体制。至暹罗国,即交彼国使臣赍回。其安南、缅甸等国,应交各省督抚转发。"

(仁宗实录,卷三七,页26)

嘉庆四年,己未。正月,丁亥。暹罗国王郑华遣使表贡方物。赏赉如例。 (仁宗实录,卷三八,页31)

嘉庆五年,庚申。秋七月,丁未。敕谕暹罗国王郑华:"据两广总督吉庆、广东巡抚瑚图礼递到国王进香祭文一道、表文一道,鉴王忱悃,增朕悲怀。惟外藩使臣向无谒陵之例,上年安南国王阮光缵遣使赴京进香,曾经敕谕以高宗纯皇帝业经奉移山陵,计使臣到京已在永远奉安之后,令该国使臣不必来京,并将所备仪物赍回,用示体恤。今暹罗国王遣使赴京,事同一例。朕怙冒万国,于海徼藩封,并无歧视,所有该国王呈进仪物、方物,仍饬疆吏发交使臣赍回,以免跋涉。该国王具悉朕意,益矢虔恭,永承优眷。钦哉,特谕。"

(仁宗实录,卷七一,页26—27)

嘉庆九年,甲子。十二月,丙子。上幸瀛台。……暹罗国正使呸雅梭挖理巡段呵排拉车突等四人于西苑门外瞻觐。

(仁宗实录,卷一三八,页24)

嘉庆十二年,丁卯。九月,丁未。敕谕暹罗国王郑华:"嘉庆十二年九月,据两广总督吴熊光奏称:'有船商金协顺、陈澄发装载暹罗国货物来粤贸易,并请于起货后装载粤省货物回赴暹罗。经地方官查明,金协顺系福建同安县人,陈澄发系广东澄海县人,饬传暹国贡使呸雅史滑厘询问,据称金协顺、陈澄发二船委系由该国新造来粤,因该国民人不谙营运,是以多倩潮船户代驾,并非冒捏,呈递译书禀结'等情。天朝绥怀藩服,准令外域民人赴内地懋迁货物,惠逮远人,恩至渥也。惟是中外之限,申画厘然,设关讥禁,古有明训。我朝抚御诸邦,……各以本地物产来中土贸易,皆系其本国民人,附朝贡之便赍带前来,从未有中国之人代彼经纪者。今金协顺、陈澄发以闽广商民代暹罗营运,即属违禁。

中土良民谨守法度，断不敢越制牟利。其私涉外域者，此中良莠不齐，设将贩运货物隐匿拖欠，致启讼端，亦于该国诸多未便。本应将金协顺等饬法治罪，念其船只系由该国制造，给令代驾，从前未经严立科条，此次且从宽免究，并施恩准其起货售兑，仍给照令其置货回帆。特降敕谕知该国王，宣明例禁，嗣后该国王如有自置货船，务用本国人管驾，专差官目，带领同来，以为信验，不得再交中国民人营运。若经此次敕禁之后，仍有私交内地商民冒托往来者，经关津官吏人等查出，除不准进口起货外，仍将该奸商治罪，该国王亦难辞违例之咎。柔远能迩，宽既往以示含宏之义；宅中驭外，申明禁以严逾越之防。尔国王其凛遵毋忽。特谕。"

（仁宗实录，卷一八五，页6—8）

（同日）谕军机大臣等："吴熊光奏：'请禁内地商民代驾暹罗货船进口贸易以杜弊端'一摺，所虑甚是。外洋诸国夷人自置货船来广贸易，自应专差夷目亲身管驾，不得令内地商人代为贩运。今金协顺、陈澄发皆以内地客商领驾暹罗国船只，载货贩卖，虽询明委系该国王所遣，并无假冒饰及夹带违禁货物情事，但该国王何以遽肯造船交伊等管带，情节不无可疑。且恐日久相沿，必致奸徒潜往外夷赊欠诓骗，或竟冒为夷货，代盗销赃，不可不防其渐。吴熊光请敕下礼部，于该国贡使到京时，传知饬禁，恐该贡使回国传述，未能详切，现已另降敕谕，申明内外体制，令该国王凛遵毋忽。所有金协顺等船二只，既已驶至内地，姑准其起货纳税，另置新货，给照回帆。自此次饬禁之后，如再有代驾夷船进口者，即当查明惩办，免滋流弊。至澄海商民领照赴暹罗等国买米，接济内地民食，虽行之已阅四十余年，但此项运米船只，据报回棹者不过十之五六，而回棹之船所载米石，又与原报数目不符，安知非捏词影射，借以通盗济匪，自应停止给照。将此谕令知之。"

（仁宗实录，卷一八五，页9—10）

嘉庆十二年，丁卯。十二月，戊子。上幸北海，阅冰技。……暹罗国正使丕雅史滑里巡段亚排那车突等四人、……于神武门外瞻觐。

（仁宗实录，卷一九〇，页14—15）

嘉庆十三年，戊辰。春正月，乙巳。谕军机大臣等："……暹罗与缅甸构衅已久，该二国俱臣服天朝，将来设同时入贡，诸有未便。上年暹罗业经遣使朝贡,若因明年为朕万寿,暹罗、缅甸均欲遣使来京,则当传旨晓谕暹罗,以该国甫经入贡,不必复行遣使来京,以示体恤,而缅甸使臣自不与暹罗贡使接晤,亦可泯其猜嫌,仍不致稍露形迹也。……"

(仁宗实录,卷一九一,页 6)

嘉庆十四年,己巳。十二月,戊申。暹罗国王郑华遣使表贺万寿,进贡方物,赏赉筵宴如例。

(仁宗实录,卷二二三,页 18)

嘉庆十五年,庚午。冬十月,辛丑。又谕:"据百龄等奏:'暹罗国赍贡使臣抵粤'一摺,该国贡船在香山县荷包外洋突遇飓风击坏,沉失贡物,此实人力难施,并非使臣不能小心防护。其沉失贡物不必另行备进,用昭体恤。所有郑佛恳请敕封之处,著该衙门照例查办,俟该使臣回国,即令领赍。"

(仁宗实录,卷二三五,页 21—22)

嘉庆十六年,辛未。春正月,戊寅。暹罗国王郑佛遣使表贡方物,赏赉筵宴如例。

(同上书,仁宗实录,卷二三八,页 16)

嘉庆十七年,壬申。十二月,辛酉。幸瀛台,阅冰技。暹罗国使臣拍呐挖里巡段亚排那车突等二人……于神武门外瞻觐。

(同上书,仁宗实录,卷二六四,页 26)

嘉庆十八年,癸酉。春正月,乙未。……暹罗国王郑佛遣使表贡方物,赏赉筵宴如例。

(同上书,仁宗实录,卷二六五,页 15)

嘉庆十八年,癸酉。九月,甲申。又谕:"蒋攸铦[①]奏:'暹罗贡船失火'一摺,暹罗国因届例贡之年,备表进贡,其正贡船在外洋失火焚烧,副贡船先已抵粤。著该督派员将现到贡使即行护送来京,将所存贡品十种呈进。其正贡船沉失贡物不必另行备进,以昭体恤。"

(同上书,仁宗实录,卷二七四,页 29)

---

① 蒋攸铦,当时任两广总督。

嘉庆十八年，癸酉。十二月，乙卯。又谕："前据蒋攸铦奏，暹罗国正贡船只在洋失火，所载贡使、人役及表文、方物等件俱无下落，仅有副贡船抵粤，当经降旨将该国副贡使及所存贡品十种派员送京，无庸补备正贡。今又据蒋攸铦奏：'该副使啷拔察那丕汶知突，因在海船感冒风寒，又闻正贡船失火焚烧，致受惊恐，现在患病，难以起程，请俟医治痊愈，再行护送入都'等语。该副贡使患病受惊，正需调理，长途跋涉，甚非所宜，现已届年节，不必再令进京。著加恩令将所存贡品十种就近交贮粤省藩库，由该督委员解京。其副贡使令在粤休息，妥为调治。该国王抒忱纳贽，其正副贡使适因事故不能到京，而航海申虔，即与赍呈无异。所有例赏国王及贡使、人役物件，著礼部查明奏闻，将赏件发交该督转行颁给该副贡使，令其于病痊之日赍领回国，并将此旨传知该国王，以示怀柔远人之意。"

（同上书，仁宗实录，卷二八一，页16—17）

嘉庆二十年，乙亥。三月。己酉。谕军机大臣等："蒋攸铦等奏：'暹罗国副贡使吁请在粤守候正贡船到，一同领赏，暂缓回国'等语。上年暹罗国遣使呈进补贡，其正贡船在洋遭风漂失，曾经降旨令蒋攸铦等将副贡船赍到方物存贮藩库，并照例赏给该副贡使筵宴，令其先行回国，以示体恤。兹据奏：'该正贡使寄副贡使书信称，现在正贡船收泊越南洋面，俟南风当令，方能开行，六七月间可以到广。该副贡使情愿守候，暂缓回国'等情。该国王前因正贡失火，复备补贡，遣使远涉重洋，敬抒忱悃，自应准其来京。如正贡船于七月间到广，著该督抚派员护送该正副使起程，于九月底到京，万寿即令其随班祝嘏宴赉；如九月才能到广，即令于十二月到京，与年班各外藩一体瞻觐可也。将此谕令知之。"

（仁宗实录，卷三〇四，页18—19）

嘉庆二十年，乙亥。九月，甲午。谕内阁："蒋攸铦等奏：'暹罗国王闻上年贡船被风损坏，复备副贡船，遣使补备方物到粤'一摺，暹罗国所进嘉庆十八年正贡船在洋焚烧，其副贡船所赍贡品业经进呈。十九年该国王敬补方物，分装正副船入贡，适遇飓风漂散，现在正副船已先后收泊，其表文、方物，由该贡使赍送赴京。该国王因闻贡船遭风之信，复备补贡方物来粤，其恭顺实属可嘉。该国向系三年一贡，明年又届入贡之期，著加恩即将此次赍到方物，作为嘉庆二十一年例贡，交粤省藩库存贮，俟明年委员解京。其使臣巧銮纹是通留于粤省，俟本年进京各贡使旋粤时,一体筵宴,俾令回国,并传知该国王,明年无庸另备表文、方物航海远来,以示怀柔至意。"

(仁宗实录,卷三一〇,页 10)

嘉庆二十年,乙亥。九月,己酉。暹罗国使臣丕雅梭挖粒巡吞押拨藜昭突等四人于西安门内瞻觐。

(仁宗实录,卷三一〇,页 23)

嘉庆二十年,乙亥。冬十月,乙卯。暹罗国王郑佛遣使表贡方物,赏赉筵宴如例。 （仁宗实录,卷三一一,页 3)

嘉庆二十三年,戊寅。十一月,乙未朔。谕军机大臣等:"阮元等奏:'暹罗国进贡正船在洋遭风,副船先已抵粤'一摺,暹罗国王因来年朕六旬万寿庆节,遣使备进方物,实属恭顺。现在副贡船已抵粤省,惟正贡船在洋遭风,不能赶于年节到京。著阮元等令该副贡使暂行在粤休息,一面确查正贡使下落,如能随后到粤,由该督等酌量派员护送,于明年九月到京。倘正贡船竟无下落,即令副贡使于明年九月内到京,将副贡船所载方物一同赍进。其正贡船内漂失方物,行文该国王令其不必补贡,以示怀柔。如查明实已漂没,另奏明量加恩恤。"

(仁宗实录,卷三四九,页 2)

嘉庆二十四年,己卯。九月,己卯。上御勤政殿,……暹罗国使臣啷窝汶巡尔霞握不突等三人、……于阶下瞻觐。命随往同乐园赐食。

(仁宗实录,卷三六二,页 18—19)

嘉庆二十四年,己卯。冬十月,庚寅朔。暹罗国王郑佛、……遣使表贺万寿,并进贡方物,均赏赉筵宴如例。

(仁宗实录,卷三六三,页 2)

嘉庆二十四年,己卯。十二月,庚戌。……暹罗国使臣呸雅唆滑里巡段呵叭腊车突等四人于神武门外瞻觐。

(仁宗实录,卷三六五,页 29)

嘉庆二十五年,庚辰。春正月,癸未。暹罗国王郑佛遣使表贡方物,赏赉筵宴如例。

(仁宗实录,卷三六六,页16)

嘉庆二十五年,庚辰。九月,壬戌。谕军机大臣等:"皇考大行皇帝遗诏,前经颁发直省外藩,……末有皇祖降生避暑山庄之语,系军机大臣拟缮错误,当经降旨宣示中外。所有颁发琉球、暹罗、越南、缅甸四国遗诏,应由福建、广东、广西、云南四省转发,计算程期,此时尚未行抵该省。著谕知各该督抚,暂将颁往四国遗诏敬谨存留该省,俟更正发往后,再由该督抚转发,仍将原奉遗诏缴回。……"

(宣宗实录,卷四,页14—15)

道光元年,辛巳。九月,戊辰。谕军机大臣等:"阮元奏:'暹罗国王遣使进香,并恭贺登极'一摺,上年十二月内,据赵慎畛奏,越南国王遣使进香,当经降旨,以仁宗睿皇帝梓宫已定于本年三月奉移山陵,计该使臣到京,已在永远奉安之后,不及恭荐,谕令该国王不必遣使远来进香,其庆贺登极方物,亦毋庸呈递。今暹罗国使臣进香,更在期年以后,外国使臣向无带赴山陵叩谒之例,且二十七月之内亦不举行筵宴,著阮元即传知该国使臣无庸来京,所有呈进仪物、方物,即著该使臣赍回。其应如何赏给饭食,著饬属照例妥为预备,并面谕该使臣,朕于外藩俱系一视同仁,越南使臣既不令其赴京进香,该国使臣亦应停其来京,免致远涉,以示体恤,并颁发敕书,交该督发交该使臣赍回,该督仍行文该国王,一体遵照可也。将此谕令知之。"

(宣宗实录,卷二三,页22—23)

道光元年,辛巳。九月,甲戌。敕谕暹罗国王郑佛:"据两广总督阮元递到国王进香表文一道,并庆贺表文一道,鉴王诚悃,增朕悲怀。惟王素沐先朝柔远厚恩,兹谨遣使航海来庭,笃于恭顺,朕心深为嘉纳。第以外藩使臣向无带赴山陵叩谒之例,上年越南国王阮福皎特遣使进香,曾经敕谕,以仁宗睿皇帝梓宫业已恭择于本年三月奉移山陵,计该使臣到京已在永远奉安之后,令该国王不必遣使远来,其庆贺登极方物亦无庸呈递。今暹罗国王遣使进香,更在期年以后,事同一例,朕怙冒万国,于海徼藩封并无歧视,所有该国王呈进仪物、方物,仍饬疆吏发交使臣赍回,以免跋涉。该国王具悉朕体恤至意,益矢棐忱,永承优眷。

钦哉,特谕。"

（宣宗实录,卷二三,页30—31）

道光二年,壬午。九月,壬申朔。又谕:"阮元奏:'暹罗国王遣使呈进例贡,并遣使臣预期恭赍贡品候祝来年万寿'一摺,暹罗国本年届例贡之期,该国王如期遣使入贡,并因癸未年朕万寿庆辰,遣使敬赍表文、方物,进京恭候祝嘏,情词恳切,实属出于悃诚,所有该国王例贡,准其于本年呈进。该督等将赍进例贡使臣委员伴送起程,令于本年内到京。其赍进万寿贡之使臣,亦著该督等酌量派员护送,于明年七月内到京,届期呈进。所有该国正副贡船,准其于本年底先行回国,该督等传谕该国王遵照可也。将此谕令知之。"

（同上书,宣宗实录,卷四一,页2—3）

道光二年,壬午。十二月,壬戌。……暹罗国使臣吥雅唆挖里巡段呵排腊车突等四人于神武门外瞻觐。

（宣宗实录,卷四七,页20）

道光三年,癸未。春正月,癸未。暹罗国王郑佛遣使表贡方物,赏赍筵宴如例。

（宣宗实录,卷四八,页23）

道光三年,癸未。春正月,甲午。谕军机大臣等:"本日礼部奏:'据暹罗国贡使吥雅唆挖里巡段呵排腊车突等来京赍到公文一件,系该国大库府呈请代奏加赏通事翁日升顶带等因,当传问翁日升,据称系福建汀州府永定县人,于嘉庆十八年往暹罗贸易,此次奉国王差委'等语。各国陪臣从无具呈到部之例,今该国大库府为该通事呈请加赏顶带,殊属违例,其来文并无该国印信可凭,恐该通事别有捏饰情弊,且该通事既系内地民人,因何奉该国王差委？其所称嘉庆十八年往该国贸易之语,亦难凭信。著阮元、陈中孚①于暹罗国贡使到粤后,即向该通事翁日升严加查询明晰,再行核办,以符体制而慎边防。将此谕令知之。"寻奏:"讯明翁日升向在暹罗贸易,该国因其通晓番语,于上年呈进例贡时,倩令充当通事,许为代奏恳赏顶带,实属违例,应毋庸议。翁日升虽

---

① 陈中孚,当时任广东巡抚。

无捏饰情弊,惟往来该国年久,恐滋事端,嗣后交本籍严加管束,毋许再行出外。"从之。

(宣宗实录,卷四八,页32—33)

道光三年,癸未。二月,丙午。谕军机大臣等:"朕御书……'永奠海邦'扁额,赐暹罗国王。现在各该国使臣俱已起程出京,……阮元接奉御书扁额,著于该使臣等过境时,发给该使臣赍回本国,交该国祗领。将此各谕令知之。"

(宣宗实录,卷四九,页7)

道光三年,癸未。三月,己亥。(安徽巡抚陶澍)又奏:"暹罗国使私买内地子女,应行查禁。"得旨:"本日据陶澍奏称:'暹罗国使入安徽境时,携有幼稚子女,询系前途所买奴婢,当饬将子女八名截留核办。至委员王文苑由舒城回伊原籍太平县省亲,未入桐城地界'等语。雷州府知府王文苑系粤省派委护送夷使之员,理应沿途小心照料,乃任听家人、通事等购买人口,毫无觉察,倘使臣俱各效尤,竟将内地人民远携外夷役使,尚复成何体制?现在使臣等已于三月十二日由安徽入湖北境,著杨懋恬①于接奉此旨后,即传王文苑详加查问,因何潜回本籍之处,讯究明确,据实具奏。"

(宣宗实录,卷五十,页40—41)

道光三年,癸未。秋七月,戊寅。两广总督阮元等奏:"遵讯暹罗国通事翁日升系内地民人,虽无违禁出洋及营求捏饰情弊,惟请赏顶带之处,殊属违例,应毋庸议,并即饬县递籍管束。"报可。

(宣宗实录,卷五四,页19—20)

道光三年,癸未。八月,己亥。暹罗国使臣白沾暖梭藩哪讫腊车突等二人于神武门外瞻觐。

(宣宗实录,卷五六,页9)

---

① 杨懋恬,当时任湖北巡抚。

道光三年,癸未。八月,乙巳。暹罗国王郑佛遣使恭祝万寿,并进方物。赏赉筵宴如例。

(宣宗实录,卷五六,页18)

道光三年,癸未。冬十月,戊申。谕内阁:"阮元等奏:'暹罗遣接使臣船只在洋遭风'一摺,本年七月内,暹罗国遣来接载使臣回国正副船只,行抵广东新安县属洋面遇风,将正贡船飘撞击碎,漂失公文、货物,并沉溺舵水客民多名,现据该督等逐一查讯。著将水梢黄棟等安顿驿馆,妥为抚恤,其籍隶本省难民,即行饬令各回原籍。"

(宣宗实录,卷六十,页13—14)

道光五年,乙酉。十一月,壬辰。谕内阁:"阮元等奏:'暹罗国贡使在洋遭风'一摺,暹罗国世子郑福应行承袭,现在权理国政,因值例贡之期,虔备方物,遣使入贡,并恳请敕封。该国使臣在洋遭风,击碎船只,表文、贡物尽行沉失,并淹毙水手多名,深堪悯恻。该使臣等万里航海,幸获生全。朕念其远道申虔,即与诣阙赍呈无异,自应优加抚恤。除该督等业经照例犒赏并丰给饮食、制备衣服、医药调理外,该使臣等即令其在该省休息调养,毋庸远道来京。应领诰敕,著该衙门照例撰拟,俟颁发到粤,该督抚等即交该使臣赍捧回国。其沉失贡物,免其另行备进。现在捞获桅木等件,并著变价发给该使臣收领,以示朕绥藩柔远至意。"

(宣宗实录,卷九一,页9—10)

道光七年,丁亥。七月,丁卯。谕军机大臣等:"李鸿宾①等奏:'暹罗国王遣使呈进表贡谢恩'一摺,暹罗国因受敕封,遣使赍进表文、方物,来京谢恩,情词恳挚,出于至诚,著准其呈进。该督等即委员伴送该使臣按程前来,于本年封印前到京。所有原贡船随带货物,并准照例免税。该督等即先行谕知该国王可也。将此谕令知之。"

(宣宗实录,卷一二二,页17)

道光七年,丁亥。十二月,己丑。……暹罗国使臣呸雅沾煖舒攀哪叭腊车突等二人于西华门外瞻觐。

(宣宗实录,卷一三一,页26)

---

① 李鸿宾,当时任两广总督。

道光八年，戊子。春正月，丙寅。暹罗国王郑福以颁赐敕宝，遣使奉表谢恩，恭进方物。赏赉筵宴如例。

（宣宗实录，卷一三二，页32）

道光九年，己丑。八月，己巳。谕军机大臣等："李鸿宾等奏：'暹罗国王遣使具表，补进例贡，并另表叩贺天喜'一摺，暹罗国王上年届当例贡之期，遣使入贡，因船只在洋遭风，贡品沉失，兹复备具表文、方物，遣使补贡，并因擒获张逆，具表叩贺，情词恭顺，甚属可嘉。所有应修贡船，著准其先行回国修整，其压舱货物，照例免税。该贡使现已行抵粤东，著即饬令按程行走，如年内不能到京，即迟至明年正月亦无不可。将此谕令知之。"

（宣宗实录，卷一五九，页9—10）

道光九年，己丑。十二月，癸未。暹罗国使臣呸雅唆滑里巡段呵叭腊车突等四人于西苑门外瞻觐。

（宣宗实录，卷一六三，页33）

道光十年，庚寅。春正月，丁巳。暹罗国王郑福遣使表贺回疆抵定，并贡方物。赏赉筵宴如例。

（宣宗实录，卷一六四，页19）

道光十年，庚寅。秋七月，丙子。谕军机大臣等："李鸿宾等奏：'暹罗国王遣使预期恭赍贡品，候祝辛卯年万寿，现已行抵粤东'等语。暹罗国王因朕明年五旬万寿，预期遣使入贡，诚悃可嘉。该贡使现已抵粤，著即令其于本年封印前到京，俟明年元正朝贺时，随班叩庆，已足以展其祝嘏之忱，俾令及早回国，以示体恤。将此谕令知之。"

（宣宗实录，卷一七一，页28）

道光十年，庚寅。十二月，癸卯。……暹罗国使臣拍针伦素攀那密等二人于神武门外瞻觐。

（宣宗实录，卷一八二，页5）

道光十一年,辛卯。春正月,辛巳。暹罗国王郑福遣使表贡方物,赏赉筵宴如例。

(宣宗实录,卷一八三,页46)

道光十一年,辛卯。八月,己亥。谕军机大臣等:"朱桂桢①奏'暹罗国王遣使呈进例贡'一摺,据称:'暹罗国本年例贡之期,该国王郑福如期遣使赍捧表文、方物来粤入贡,并因去年京旋副贡使在途病故,蒙恩赏给银三百两,该国王虔申谢悃。已于七月十一日验明安顿,候奉到谕旨,即照例委员伴送使臣起程,令于年底到京'等语。本年暹罗国届当例贡之期,该使臣现已到粤,著该督抚即派妥员伴送使臣起程,务于封印以前到京,毋稍迟延。至另片奏:'暹罗国王因署台湾澎湖通判乌竹芳眷属遭风飘至该国,恤给资粮,附载贡船来粤,应否量予恩赏'等语。该国王因内地官员眷属遭风飘收到境,拯救资赡,附载回粤,甚属恭顺,自应降敕褒奖,照例赏赉,令该贡使于回国时赍回。该督抚即先行知照该国王,以示奖赏。将此谕令知之。"

(宣宗实录,卷一九五,页9)

道光十一年,辛卯。八月,辛丑。谕内阁:"广东巡抚朱桂桢奏:'据暹罗国大库呸雅打侃禀称:上年十二月,该国六坤洋面,捞救遭风厦门船一只,询系福建署台湾澎湖通判乌竹芳眷属,报经该国王谕令迎接资赡,兹值例贡之便,附载送回粤省。并据南海县具报,该眷属附坐贡船,业已护送登岸'等语。暹罗国远隔重洋,素称恭顺,今该国王因内地官员眷属遭风飘收到境,拯救资赡,附载贡船到粤,诚款可嘉。著赏赐该国王蟒缎二匹、闪缎二匹、彩缎四匹、素缎四匹,以示嘉奖。其大库呸雅打侃亦著该督抚优加赏赉,交该国王颁给,俱俟贡使回国之便带往。该部先行文该国王知之。"

(宣宗实录,卷一九五,页10—11)

道光十一年,辛卯。十二月,乙已。谕军机大臣等:"据礼部奏,本年暹罗国、南掌国贡使,未能如期到京。著传谕闽浙、两广、云贵各总督,嗣后如遇外藩遣使进贡,入关后,即饬该使臣赶紧启程,并饬伴送官沿途照料,妥速行走,务于十二月二十日以前到京,以符定制,毋稍迟

---

① 朱桂桢,当时任广东巡抚。

误。将此各谕令知之。"

（宣宗实录,卷二〇三,页29）

道光十二年,壬辰。春正月,甲戌。暹罗国王郑福遣使表贡方物,赏赉筵宴如例。

（宣宗实录,卷二〇四,页27—28）

道光十四年,甲午。八月,甲午。谕军机大臣等:"卢坤①等奏:'暹罗国本年届当例贡之期,该国王郑福如期遣使恭赍表文方物入贡,并谢上次赏赐如意、缎匹之恩,现已行抵粤东'等语。暹罗国王恪共藩服,如期遣使入贡,诚悃可嘉。该贡使现已抵粤,著即派委妥员伴送使臣,令其于本年封印前到京。其带来压舱货物,照例免税。至该国大库所请将贡船先回国修整之处,著照所请行。将此谕令知之。"

（宣宗实录,卷二五五,页2—3）

道光十四年,甲午。十二月,癸丑。……暹罗国使臣呸雅唆滑里巡段呵叭腊车突等四人于西苑门外瞻觐。

（宣宗实录,卷二六一,页36）

道光十五年,乙未。春正月,丙戌。……暹罗国王郑福均遣使表贡方物,赏赉筵宴如例。

（宣宗实录,卷二六二,页36）

道光十六年,丙申。八月,辛未。云贵总督伊里布奏:"暹罗与南掌争讧,旋经议和息事。南掌逃入边界难夷现已遣回,边地静谧。"报闻。

（宣宗实录,卷二八七,页19）

道光十七年,丁酉。秋七月,癸卯。谕内阁:"邓廷桢②等奏:'暹罗国遣使入贡,船已抵省'。著即派委妥员伴送使臣,令其于本年封印前到京。"

（宣宗实录,卷二九九,页37）

---

① 卢坤,当时任两广总督。
② 邓廷桢,当时任两广总督。

道光十七年,丁酉。十二月,丙寅。……暹罗国使臣呋雅萨滑俚巡段呵备哪车突等四人于西苑门外瞻觐。

(宣宗实录,卷三〇四,页 34)

道光十八年,戊戌。春正月,丁酉。暹罗国王郑福遣使表贡方物,赏赍筵宴如例。

(宣宗实录,卷三〇五,页 23)

道光十八年,戊戌。九月,丁巳。抚恤暹罗国遭风难夷如例。

(宣宗实录,卷三一四,页 28)

道光十九年,己亥。三月,庚申。谕内阁:"向来越南国二年一贡,四年遣使来朝一次,合两贡并进;……暹罗国三年一贡。在(各)该国抒诚效顺,不敢告劳。惟念远道驰驱,载涂雨雪,而为期较促,贡献频仍,殊不足以昭体恤。嗣后越南、……暹罗均著改为四年遣使朝贡一次,用示朕绥怀藩服之至意。该部即遵谕行。"

(宣宗实录,卷三二〇,页 37)

道光二十三年,癸卯。闰七月,戊戌。谕军机大臣等:"祁𡎴①等奏:'暹罗国王遣使呈进例贡及二十一年万寿贡,并补进二十年例贡,业已到粤'一摺,前经特降谕旨,嗣后越南、……暹罗均著改为四年遣使朝贡一次,以昭体恤。兹据该督等奏称:'暹罗国王因未接奉改定贡期公文,以致仍照旧例,遣使呈进方物,并进二十一年万寿及补进二十年贡物'。具见该国王恭顺至诚。所有此次贡物,准其于本年呈进。该督等即照例委员伴送该使臣起程,令于年底到京;该国正副二贡船准其先行回国。仍著该督等俟此次该国贡船回帆时,即将前项礼部公文交给领赍回国投递。嗣后著遵前旨,四年遣使朝贡一次,用示怀柔。该督等即传谕该国王遵照可也。将此谕令知之。"

(宣宗实录,卷三九五,页 31—32)

---

① 祁𡎴,当时任两广总督。

道光二十三年,癸卯。十二月,丙寅。暹罗国使臣披耶唆哩巡段哑派拿车突等四人于午门外瞻觐。

(宣宗实录,卷四〇〇,页29)

道光二十四年,甲辰。春正月,己丑。又谕:"礼部奏:'暹罗贡使递禀,内称该国王面谕该使臣等,恳求接贡之年免输关税'等语。向来琉球国进贡回国时,接贡船一只,随带货物由闽海关奏明免税。暹罗向无此例。此次该贡使所请免税之处,未据祁㙬等奏明。所有该国接贡船只,应否照琉球一律办理,著该督抚等酌核具奏。如应照琉球办过成案办理,亦只准免一只船所带之货,概不准多带船只,冀图免税。该部原奏著钞录,并原递禀帖,一并发给阅看。将此谕知祁㙬、程矞采①,并传谕文丰知之。"

(宣宗实录,卷四〇一,页17)

道光二十四年,甲辰。春正月,癸巳。暹罗国王郑福遣使表贺万寿,并呈贡方物。除年贡照例赏收外,其呈进中宫方物,命留抵下次正贡。赏赉筵宴如例。

(宣宗实录,卷四〇一,页21)

道光二十四年,甲辰。夏四月,己酉。谕内阁:"程矞采奏:'遵查暹罗接贡船只,请照成案办理'一摺,暹罗国正副贡船所载货物,向免输税。至接贡船只,并无免税之例。惟念该国恪守藩封,输忱效顺,自应格外优恤,以示怀柔。著准其仿照琉球国成案,嗣后暹罗国接载贡使京旋之正贡船一只,随带货物,免其纳税,其余副贡船只,或此外另有货船,仍著照例收纳,以昭限制。该部即遵谕行。"

(宣宗实录,卷四〇四,页13)

道光二十六年,丙午。春正月,己卯。免暹罗国请示贡期使臣回国船税。

(宣宗实录,卷四二五,页15)

道光二十七年,丁未。十二月,甲戌。……暹罗国使臣吥雅梭挖里

---

① 程矞采,当时任广东巡抚。

巡段呵排腊车突等四人于午门外瞻觐。

(宣宗实录,卷四五〇,页45)

道光二十八年,戊申。春正月,辛卯。谕内阁:"……向来朝鲜、暹罗两国使臣,照例在部筵宴一次,在馆筵宴一次,……该部即遵谕行。"

(宣宗实录,卷四五一,页12)

咸丰元年,辛亥。闰八月,丁未。谕军机大臣等:"据徐广缙、叶名琛[①]奏:'暹罗国王先后奉到孝和睿皇后、宣宗成皇帝遗诏,遣使进香,又赍递表文、方物庆贺登极,并因例贡届期,将贡物一并呈进'等语。上年七月内,……越南国王遣使进香,当经降旨,……谕令不必遣使远来,其庆贺登极方物,亦无庸呈进。今暹罗国遣使进香,更在期年以后,著徐广缙等即传知该国使臣,毋庸来京。所有呈进仪物、方物,著该使臣赍回。至应进例贡,现当国制二十七月之内,不受朝贺,并停止筵宴,著俟该国嗣王恭请敕封时,一并呈递。该督等即行文该国遵照可也。将此谕令知之。"

(同上书,文宗实录,卷四二,页11—12)

咸丰元年,辛亥。九月,甲戌。敕谕暹罗国嗣王郑明:"据两广总督徐广缙、广东巡抚叶名琛递到该嗣王进香表文并庆贺等表文共五道,鉴王诚悃,增朕悲怀。惟嗣王素沐先朝柔远厚恩,兹谨遣使航海来庭,笃于恭顺,朕心深为嘉纳。第以外藩使臣向无带赴山陵叩谒之例,……今暹罗国嗣王遣使进香,更在期年以后,……所有该嗣王呈进仪物、方物,仍饬疆吏发交使臣赍回,以免跋涉。该嗣王其悉朕体恤至意,益矢棐忱,永承懋眷。钦哉。"

(文宗实录,卷四四,页11—12)

咸丰二年,壬子。八月,丁酉。谕军机大臣等:"徐广缙奏:'暹罗国王遣使补进例贡,并请敕封,现已行抵粤东'等语。上年暹罗国届当例贡之期,奏请呈进,曾降旨令俟请封时一并呈递。兹据该国遣使赍奉表文、方物,补行入贡,具见恭顺之忱。该贡使现已抵粤,著即派委妥员伴送,于本年封印前抵京。其该国大库所请,将贡船先行回国修整,著照

---

① 徐广缙,当时任两广总督;叶名琛,当时任广东巡抚。

所请行。原贡船随带货物，并准照例免税。至该嗣王郑明恳请诰命，应行颁给敕书之处，已饬该衙门查照旧章撰拟，俟该使臣到京后，照例发给赍回。该督等即先行谕知该国嗣王可也。将此谕令知之。"

（文宗实录，卷六九，页24）

咸丰三年，癸丑。春正月，辛亥。暹罗国王郑明遣使表贡文物，赏赍如例。

（文宗实录，卷八一，页12）

（同日）暹罗国使臣披耶司豁哩巡段亚派拿车突等四人于午门外瞻觐。

（文宗实录，卷八一，页12）

咸丰三年，癸丑。二月，乙酉。又谕："李僡①奏参护送贡使各员沿途骚扰，请交部严议一摺。广东潮州府知府刘浔、惠州府知府苏学健、升补督标参将雷树勋，护送暹罗国贡使由山东进京，沿途需用车马、人夫，较别项差使多至数倍。现当军务倥偬之时，岂容该委员等借差骚扰，贻累地方？刘浔、苏学健、雷树勋均著交部严加议处。并著该部将该国使臣折回应用之车马、人夫、船只，核定数目，飞咨各省支应。其护送委员车马等项，均著自行发价，不准取给地方。"

（文宗实录，卷八四，页49）

咸丰三年，癸丑。二月，甲午。颁赏……暹罗国王御书扁额曰："弱服海隅"。

（文宗实录，卷八五，页34）

同治八年，己巳。九月，壬午。谕军机大臣等："前因文煜等奏，暹罗国进贡，请由天津进京，据情代奏。当交礼部议奏。兹据奏称：'现在中原抵定，由粤赴京，驿路并无梗阻，即有应行绕道之处，亦可知照经过地方官妥为接护。若由海道至天津，经涉重洋，恐有风涛之险，地方官无从防护。应无庸更变旧章'等语。即著照所议：暹罗国进贡，照旧航海至广东虎门，起旱后驰驿赴京，毋庸改由天津。至该国自咸丰二年以

---

① 李僡，当时任山东巡抚。

后,屡次失贡,系道途阻滞,事出有因,著加恩免其补进贡物。文煜①、英桂②、卞宝第③即知照该国王钦遵办理。至该国进贡之期,行抵虎门,并著瑞麟④、李福泰⑤遴派妥员,沿途护送,并知照经过各省督抚派员接护,用副朝廷怀柔远人至意。将此各谕令知之。"

(同上书,穆宗实录,卷二六六,页31—32)

光绪十年,甲申。九月,丙寅。又谕:"翰林院侍读龙湛霖奏请出奇兵以牵敌势并募云南夷人中之狲狠各摺片,据称:'关外之师,宜分为两道,以苏元春⑥等部作正兵,攻北宁、山西等省;以刘永福⑦一军作奇兵,由云南假道暹罗,或水陆并征,或专由陆路直趋西贡之西,则台湾、河内等处法兵自松(鬆)'等语。所筹固系出奇制胜之策,是否可行,著彭玉麟⑧会商岑毓英⑨,确探情形,妥筹具奏。其夷人狲狠能否招用,并著岑毓英酌度办理。原摺片均著抄给阅看。将此由六百里各密谕知之。"寻彭玉麟奏:"出奇牵敌、假道暹罗之策,窒碍难行。"报闻。

(同上书,德宗实录,卷一九四,页1314)

光绪十年,甲申。十一月,己未。谕军机大臣等:"岑毓英奏:查明由暹罗进攻西贡,窒碍难行,并遵赏刘永福部下银两,暨陈近日战守情形各一摺。假道暹罗进攻西贡,既据查明道远运艰,诸多窒碍,即著毋庸置议。"

(德宗实录,卷一九八,页6)

光绪十二年,丙戌。九月,癸丑。抚恤暹罗国遭风难民如例。

(德宗实录,卷二三二,页14)

光绪十四年,戊子。十一月,壬戌。直隶总督李鸿章奏:"滇粤边界

---

① 文煜,当时任驻防福州将军。
② 英桂,当时任闽浙总督。
③ 卞宝第,当时任福建巡抚。
④ 瑞麟,当时任两广总督。
⑤ 李福泰,当时任广东巡抚。
⑥ 苏元春,在镇南关抗击法军侵略的中国将领。
⑦ 刘永福,黑旗军的领导人,他在越南指挥黑旗军抗击法国侵略。
⑧ 彭玉麟,清朝政府的兵部尚书。
⑨ 岑毓英,当时任云贵总督。

中国电线与越南北圻法线相接,借收越南、暹罗、印度等处商报之利,有时断线阻信,仍可操纵由我。谨照录章程呈览。"如所请行。

（德宗实录,卷二六一,页 11）

光绪十六年,庚寅。九月,甲午。以劝集赈款,予新加坡福建绅商兼充暹罗领事候选道陈金钟传旨嘉奖。

（德宗实录,卷二八九,页 11）

光绪三十二年,丙午。九月,辛酉。出使法国大臣刘式训奏:"统筹亚洲大势,拟请与土耳其、波斯、暹罗立约通好,以树远交而广联络。"下外务部知之。

（德宗实录,卷五六四,页 22）

光绪三十三年,丁未。八月,戊寅。都察院代奏:"留学日本学生陈发檀条陈:'旅居暹罗商民日多,宜派驻暹出使大臣或领事,以维商务而善邦交。'"下都察院咨行外务部暨杨士琦①酌复办理。寻奏:"两国通商,即互有缔结条约、派遣使臣之权,况暹罗地接滇南,屡以缅、越界务与英、法相交涉,固圉保商,均关紧要。拟请饬下外务部酌核情形,相机办理。"从之。

（德宗实录,卷五七八,页 4）

三、《明清史料》

礼部残题本

……康熙七年十一月内,臣部为暹罗国官握耶大库达部咨呈内开:"本国王吩咐,明季旧颁敕印,因天□火变,供奉敕印宫殿尽为煨烬,以致敕印无存。当大国鼎新之后,先经专差使臣具贡呈报在案。至于恳颁新敕印,此在大国洪恩宠锡,本国仰瞻圣德,钦赏敕印文凭,便于入京朝贡"等语。但该国王未□题请敕印,不便据伊国陪臣之言遽议,应俟该国王题请之日再议等因具题。奉旨:"依议。"遵行在案。会典开载,洪武十年遣人赍诏暹罗国及印往赐之。又查康熙五年五月内,安南国

---

① 杨士琦,清朝政府农工商部侍郎。

黎维禧恳请封王之时,已经照洪武例封黎维禧为安南国王①。今暹罗国王奏表内称:"明季旧颁敕银印,卑国以凭进京朝贡。□因宫殿火煨无存,今进京朝贡无可为凭,伏望□恩颁赐敕银印,以光属国。按古例,贡船三只到□,贡使捧表进京朝贡,其船买办国需,随汛回国"等语。查康熙七年十一月内,臣部为海禁森严、嗣后进贡来船如有往返接探者永著停止等因具题,奉旨"依议",已经钦遵在案。除船只缘由无庸再议外,至于暹罗国王森烈拍腊照古龙拍腊马嗹陆坤司由提呀菩埃诚心向化,航海请封前来,应照封安南国王例封行可也。臣等未敢擅便,谨题请旨。康熙十二年二月二十日题,本月二十二日奉旨:"依议,钦此。"钦遵于二月二十三日到部。案查康熙五年五月内,安南国黎维禧为恳请封王,臣部照洪武时例封安南国王,给与诰命、驼纽涂金银印,封行在案。该臣等议得,暹罗国王森烈拍腊照古龙拍腊马嗹陆坤司由提呀菩埃诚心向化,航海请封前来,应照封安南国王例封行等因具题,奉旨:"依议"。今暹罗国王照安南国王例,诰命内阁撰拟,驼纽涂金银印臣部铸造。至于遣封前往官员人等坐去船只及应行事宜,再议具题可也。臣等未敢擅便,谨题请□。康熙十二年三月初八日题,本月初十日奉旨:"依此,钦此。"钦遵于本月十一日到部。该臣等议得,……今遣封正使一员,副使一员,赍捧诰命及印往封,系航海而去。其正副使官、跟役人等及护送官兵人数甚多,须用坚固好船二只,相应请敕工部,查若有见存可以航海大船,即行具题;如□听工部勒限速行置造新船。俟造完具题到部之日,臣部开列职名,请旨遣往。其见在暹罗国贡使人等,如留边候封时方遣,糜费钱粮甚多,臣部将贡使人等,俟赏赐筵宴毕,照例先遣发回伊国。其遣封官员不知海道,如无暹罗国人指引,难以前往。应移文该国王,特遣伊人至广,迎接诰印及遣封官员,引路同往可也。臣等未敢擅便,谨题请旨。康熙十二年三月二十七日题,四月初一日奉旨:"册封暹罗国王,渡海道远,风涛有误,亦未可定。这诰印应否交付进贡官,尔部再行察例议奏,钦□。"钦遵于本月初二日到部。查会典开载:古里大国,西洋诸番之会。永乐三年,其长沙米的遣使朝贡,封为古里国王,给印诰。满刺加国,永乐三年,其长拜里迷苏刺遣使奉金叶表文朝贡,封为国王,给印诰。苏门答刺国滨海,永乐三年,其长宰奴里阿必丁遣使朝贡,封为国王,给印诰。该臣等议得:故明永乐时,古里等国遣使朝□,各给诰印,并未开载"遣人往封"字样。今遣封暹罗国,航海

---

① 黎维禧,即黎朝的黎玄宗(1663—1671)。

随去官兵甚多,又需月日,暹罗国迎送劳苦,相应不必遣官,令来使赍捧前往,□皇上柔远至意得以速被外国,应将诰印即速撰造完备,并□用印匣、黄绢等物于该部移取,俟贡使照例赏赐筵宴毕,臣部堂司官员及鸿胪寺官穿朝服,在午门前恭设几案,将贡使等鸿胪寺官引行三跪九叩头礼,跪领诰印。臣部移咨该国王,□王亲身出城恭迎诰印可也。臣等未敢擅便,谨题请旨。康熙十二年四月十五日。经筵讲官左侍郎加一级臣常鼐,左侍郎加一级臣董安国……

(《明清史料》庚编,第六本,页501502,
台北历史语言研究所,1960年刊本)

两广总督准礼部咨题本(原由黄册录出)

恭报暹罗进贡事。康熙四十七年闰三月初四日,准礼部咨,主客司案呈奉本部送礼科抄出该本部题前事内开:据广东巡抚范时崇疏称,暹罗国王向化输诚,遣使赍奉表文、方物三十六样入贡,抵省安奉,其压仓货物尚在琼州,惟载象一船遇风飘散,查探无踪。此船如续报到,即行另疏题报。其压仓货物应否免税,并应准于何处地方贸易,统听部议等因具报前来。查暹罗国遣使赍来表文、贡物,照二十二年之例,准其员役共二十六员名赴京。其压仓货物,如彼愿自出夫力带来京城贸易,听来贸易;如欲在彼处贸易,著该督抚选委贤能官员监看贸易。其交易货物数目及监看贸易官员职名,另造清册报部。其进贡一船所带压仓货物,照例停其征税。其被风飘散载象之船,该抚如续题报到之日再议可也等因。于康熙四十七年二月二十四日题,本月二十八日奉旨:"依议,钦此。"钦遵抄出到部送司,相应移咨两广总督可也,合咨前去查照施行等因到臣。钦(准)此,该臣察得,此案已行广东布政司钦遵查照去后,嗣据布政使高必弘详称:贡船压仓货物在粤就近发卖,详委广州府经历凌丘孝监看贸易。贡使于康熙四十七年四月初一日上船,初四日起程上京,催令伴贡官广州府番禺县县丞高隆中一同起程。其被风飘散载象一船,查探无踪。并备造员役名数、应用夫马船只、廪给口粮、伴贡、监看贸易各官职名、压仓货物各册前来,经抚臣会疏具题,并册送部在案。其载象一船,据布政使高必弘详报,已于康熙四十七年六月初十日到省河湾泊,经在省司道公同阅验,将驯象二只、金丝猴二只起于怀远驿内喂养。应俟该司造册具详,听抚臣会疏具题。未完结、未逾限,理合登明。

(同上书,庚编,第六本,页502)

两广总督准礼部咨题本(原由黄册录出)

暹罗国跟随贡象、金丝猴人役归国事。康熙四十八年六月二十五日,准礼部咨内开:"查定例,凡外国进贡来使回时,将司宾序班官生内差一员伴送"等语。今暹罗国随贡象、金丝猴四人,于本月二十二日起身回国。伊等非系贡使,应停止差司宾序班伴送,即交与广东伴来经历凌丘孝带回,至广东交付该督抚送出边境。其交与凌丘孝带回之处,移会广东巡抚可也。合咨前去查照施行等因到臣。准此,该臣察得:此案,暹罗国进贡,先于正副贡使来粤赴京,及回粤开船归国,与跟随象、猴人役偓乃等四名,船主留给口粮,俟回广搭船归国各情由,经臣陆续会疏题报,并造入各季黄册奏闻在案。今跟随象、猴人役回广归国,准部咨行前因,经臣案行布政司查明,俟伴贡经历凌丘孝带回跟随象猴四人回广,该司即委员护送出境,取具回广出境各日期及委送官员职名详报去后,续据布政使高必弘详报,跟随贡象、金丝猴人役偓乃、偓二、偓三、偓孔四人,先据该府、县申报,俱于康熙四十八年八月初八晚回广,安置驿馆居住。现在饬令该府、县,俟风信稍顺,作速令正贡船主坤七那阿镧一同象、猴人役归国,取具出境回国日期,并委送官员职名,另文详报等因前来,经臣咨明内部在案。应俟详报到日,另咨报部。未完结,理合登明。

和硕怡亲王允祥等奏摺(原系抄件)

和硕怡亲王臣允祥等谨奏:臣等前奉谕旨:"暹罗国王常例贡献之物,朕念其远道,赍送不易,意欲酌量裁减,尔等可会同内务府查议具奏,钦此。"臣等询问内务府总管等,据称暹罗国王常例贡献之物,内有束香、安息香及织金袈裟、布匹等十种,向来收受存贮、无可使用之处,似可邀恩免其贡献。但此次贡物既已航海赍送前来,不便仍令带回,应照往例收纳,下次进贡之期,将此各项裁减。臣等于礼部议奏贡物本内,拟写票签,恭呈御览,并将裁减物件缮单进呈,恭候钦定发下,交与礼部行文该国王遵照可也。谨奏。

(另单)

暹罗国贡物,照例拟收二十六件:龙涎香一斤,上沉香二斤,幼鑢石一斤,犀角三对,象牙三百斤,豆蔻三百斤,膡黄三百斤,降真香三百斤,大枫子三百斤,乌木三百斤,苏木三千斤,荜拨一百斤,桂皮一百斤,树胶香一百斤,儿茶皮一百斤,樟脑一百斤,上檀香一百斤,硫磺一百斤,翠鸟皮六百张,孔雀尾十屏,阔红布十匹,大荷兰毡二领,上冰片一斤,中冰片二斤，冰片油二十瓢，蔷薇露六十罐。

暹罗国贡物，拟免十件：束香三百斤，安息香三百斤，胡椒三百斤，紫梗一百斤，织金头白袈裟六匹，织金头桃红袈裟六匹，织金头白幼布十匹，幼花布六匹，花幼幔天十条，阔幼花布六匹。其进上中宫方物亦照此减免。

（同上书，庚编，第六本，页503）

礼部残题本

管理礼部事务多罗履郡王臣允祹等谨题，为恭报暹罗进贡仰祈睿鉴事。礼科抄出广东广西总督鄂弥达题前事内开：该臣看得暹罗国王向化输诚，遣使押驾正副贡船二只，赍捧表文、方物、驯象、龙涎香等项前来入贡。先据虎门协标千总梁任禀报贡船入口，经臣檄行广东布政司，移行文武加谨护送进省，并饬广州府查验，照例列册议详去后，嗣据呈报，正贡船于雍正十三年七月十五日已进省河，副贡船亦于七月十七日抵省湾泊。经广州府知府刘庶委令南、番二县查验及司道照例验明贡物，起贮怀远驿内安奉，驯象加谨喂养，并拨兵役防护在案。兹据广东布政使司布政使萨哈谅查明造册详请，先行具题前来。查暹罗国贡期三年一次，船不过三，人不过百。今迟贡之由，据称雍正十一年已届贡期，因值新王嗣位，新造贡船二只，于雍正十二年秋间方行造竣，以致逾期年余。添进金缎花幔二件，及添进内宫大和兰毡一领，均系暹王一念抒诚，以修臣职。至人数过百，据称今次贡船稍大，是以多用水手，非敢违例。又汉梢未据携眷回籍之处，据称前已奉有俞旨，水梢人等在暹居住日久，各有亲属在暹，实难勒令迁归，著照所请，免令回籍，仍在该国居住，以示宽大之典，钦遵在案等语。其正副贡船压仓货物应否免税及应于何处地方贸易，相应照例一并题报，统听部议。所有赍捧表文、方物，正贡使朗三立哇提、左贡使朗曝理哇振、右贡使坤史璘吥者哪、四贡使文备匹迈底、通事官坤新黎嗹吕七柯汉等，伴贡官广州府从化县流溪巡检司巡检冯焘各员役需用夫马、船只、廪粮，并压仓货物、梢目姓名，俱列明册内，除分送户部、礼部、兵部查核外，臣谨会同广东巡抚、驻扎广州府臣杨永斌合词具题，伏乞皇上睿鉴，敕部议复施行。再照，暹罗国到广进贡，向由广东抚臣衙门就近会疏题报，兹因抚臣杨永斌现值入闱监临，移臣具疏会题，合并陈明，谨会题请旨。雍正十三年八月二十七日题，十月初八日奉旨："该部议奏，钦此。"钦遵抄出到部，该臣等议得，……查会典内开：暹罗国贡期三年一次，贡船不许过三只，每船不许过百人；压仓货物，贡使愿自出夫力带来京城贸易者听，如欲在广东地方贸易，著该督抚委贤能官员监看，其交易货物数目及监看官员职名另册报部；压仓货物停其征税；来船梢目居住该国数代，各有亲属、妻子，实难勒令迁归，著仍回该国居住等语。又查康熙二十二年九月内，臣部具题，将暹罗国进贡员役准其二十六员名赴京；康熙六十年、雍正六年，暹罗国迟延贡期及人数比定例增多之处，臣部以该督抚既经题明，应毋庸议。其添贡宝剑、仗剑二物，系该国王一念抒诚，应准其一同赍送来京各在案。今该督疏称，暹罗国王遣使赍捧表文、方物前来入贡，并添进金缎花幔二件、内宫大和兰毡一领，均系暹王一念抒诚，其正副贡船压仓货物于何处贸易，应否免税等语。应将暹罗国赍来表文、贡物，照例准其二十六员名赴京进贡；其添进金缎花幔二件、内宫大和兰毡一领，既系该国王一念抒诚，亦应准其一同赍送来京；至压仓货物，照例听其择便贸易，停其征税，仍令该督抚查明交易货物数目，另造清册报明户部。再，该督疏称，贡期迟延，因伊国新王嗣位，新造贡船；其多作水手之处，系今次贡船稍大，非敢违例；汉梢人等各有亲属、妻子在暹居住，请免令回籍等语。查暹罗国贡期迟延及多用水手之处，该督既经声明，应毋庸议；至汉梢水手俱有亲属、妻子在暹居住数代，亦应照例免令回籍；俟贡使事竣（下缺）……（旨）"依议。"

（同上书，庚编，第六本，页510）

礼部题本（元年六月初五）

管理礼事事务和硕履亲王臣允裪等谨题，为暹罗国具表进贡方物事。礼科抄出暹罗国王参立拍照广拍□嗶六坤司尤提雅菩挨①奏前事内开："伏以圣世雍和，万方咸披，化日洪仁，普博千秋，永戴殊恩，中外虽分，覆载无异。臣甫践藩封，输诚入贡。前蒙圣慈，垂念远隔重洋，赍送不易，嗣后束香、洋布等免进共十件，内宫亦如所免，敕命煌煌，永著为例。仍又格外加恩，钦赐匾额、奇珍、驼、马、骡、驴，且准使等观光上国，恩赏国帑千金。举国领圣德于无疆，邻封闻特眷之大典。涓埃莫报，刻骨难酬。臣远处遐方，不能躬亲叩阙，特遣朗三立哇提为正贡使，朗曝理哇振为副贡使，坤史璘吥者哪为三贡使，坤新黎嗶吕七通事，柯汉文备匹迈底办事，赍金叶表文，代伸拜舞，恭祝皇图永固，圣寿无疆。外有衷曲，未敢擅陈，令昭丕雅大库呈明大部，恳为转奏。万有意外之

---

① 《清实录》作参立拍照广拍马嗶六坤司尤提雅菩埃。

事,亦令使等呈明,并面圣时奏达宸聪。忖猥庸属国,得以瓦全,皆借皇仁高厚。万里拜瞻,伏望睿鉴。臣临表不胜诚惶诚恐之至。"恭进御前方物:驯象一只,龙涎香一斤,上沉香二斤,幼鑛石一斤,犀角三对,象牙三百斤,豆蔻三百斤,腾黄三百斤,降香三百斤,大枫子三百斤,乌木三百斤,苏木三千斤,荜拨一百斤,土桂皮一百斤,树胶香一百斤,儿茶皮一百斤,樟脑一百斤,上檀香一百斤,硫磺一百斤,翠鸟皮六百张,孔雀尾十屏,阔红布十匹,大和兰毡二领,上冰片一斤,中冰片二斤,冰片油二十瓢,蔷薇露六十罐,共二十七件。又于定例之外,加进金缎二匹、花幔一条。恭进内宫前方物:龙涎香八两,沉香一斤,幼鑛石八两,犀角三个,象牙一百五十斤,豆蔻一百五十斤,腾黄一百五十斤,降香一百五十斤,大枫子一百五十斤,乌木一百五十斤,苏木一千五百斤,荜拨五十斤,土桂皮五十斤,树膠香五十斤,儿茶皮五十斤,樟脑五十斤,上檀香五十斤,硫磺五十斤,翠鸟皮三百张,孔雀尾五屏,阔红布五匹,上冰片八两,中冰片一斤,冰片油十瓢,蔷薇露三十罐,共二十五件。又定例之外,加进大和兰毡一领。雍正十三年闰四月内奏。乾隆元年五月二十四日奉旨:"览王奏。遣使航海远来,进贡方物,具见悃诚。知道了。该部知道,余著议奏。原表并发,钦此。"钦遵抄出到部。该臣等议得:暹罗国王参立拍照广拍马嘑六坤司尤提雅菩挨,差陪臣朗三立哇提等奉表进贡前来,与例相符。除驯象一只先经臣部奏明,交送銮仪卫收养外,所有贡物共五十一件,并例外方物三件,相应交送总管内务府照数查收。其金叶表文一页,表简一个,黄绢褥一个,锦缎袋一个,绳上拴金钮三个,金圈七个,螺钿盒一个,紫花缎套一个,上锭金圈八个,黄花缎套一个,上锭金圈八个,贴金盒子一个,黄花缎套一个,俱交送总管内务府查收。该国王奏称,外有衷曲,未敢擅陈,令昭丕雅大库呈明礼部,恳为婉奏之处,臣部另行缮摺具奏可也。臣等未敢擅便,谨题请旨。乾隆元年六月初三日。管理礼部事务和硕履亲王臣允祹,经筵讲官议政大臣协办内阁大学士事务礼部尚书仍管太常寺鸿胪寺事加二级臣三泰,经筵讲官礼部尚书加二级臣任兰枝,……(旨)依议。

(同上书,庚编,第六本,页511—512)

礼部奏副(召见暹罗贡使事例)

管理礼部事务和硕履亲王臣允祹等谨奏,为请旨事。暹罗国王参立拍照广拍马嘑六坤司尤提雅菩挨,差贡使朗三立哇提等四员奉表进贡来京,臣部以该贡使等应否召见之处具奏,奉旨:"俱著进见,钦此。"查雍正元年,朝鲜国差密昌君李樴进表庆贺来京时,当经总理事务王大臣等议奏,内称,太宗皇帝平定朝鲜,自该国王李倧投顺之后,年年恪恭朝贺,已经百年,凡差来朝鲜国王之族人职衔称君者,遇皇上升殿,在右翼辅国公之下赐坐、赐茶在案。今朝鲜国王差伊叔祖密昌君李樴,理宜令其瞻仰圣颜。皇上升乾清宫宝座,将朝鲜国密昌君李樴礼部引进丹墀上行礼,礼毕进乾清宫内,在右翼辅国公之下赐坐、赐茶,议政大臣入内大臣班内坐,免吃茶等因具奏。奉旨:"依议,钦此。"嗣后,琉球、安南、暹罗等国来使召见,遂俱照朝鲜国来使召见之例相沿在案。但臣等伏思,朝鲜来使召见赐坐、赐茶,原因其系该国王族称君者,与我朝内大臣等位次尚不甚相悬,故相待如此之优。至琉球、安南、暹罗等国差来若系该国王兄弟、世子来朝者,自应如朝鲜之例。若寻常贡使乃伊国陪臣,与我朝内大臣等位次相去悬远,则召见仪注似不宜照朝鲜国称君者来使召见之例。复查圣祖仁皇帝时亦有召见各国使臣者,不过于便殿召见,如引见官员之例,只侍卫等侍立,令其跪聆慰问毕即引出赏赐茶饭,并无御前赐坐、赐茶。今臣等酌议得,暹罗国贡使朗三立哇提等召见之日,皇上御乾清宫宝座,应入班之内大臣、侍卫等照例排班侍立,臣部堂官二员引该国来使等穿伊国公服,随带通使一员,由乾清门西门入,至丹墀下西边,行三跪九叩头礼,礼毕,臣部堂官由西阶引至乾清宫中门外跪,通使在来使西边稍后跪,臣部堂官二员两旁侍立,皇上慰问毕,臣部堂官引出候旨,赐茶或赐饭毕,引至午门外谢恩。其议政大臣等齐集坐班赐坐、赐茶之处,似应停止。嗣后,琉球、安南等国来使如蒙召见,俱照此例遵行。臣等愚昧之见是否有当,伏乞皇上训示,为此谨奏请旨等因。乾隆元年七月初五日奏,本日奉旨:"此奏虽是,此次仍照世宗宪皇帝召见例召见,钦此。"

(同上书,庚编,第六本,页512—513)

礼部题本(三年三月初六日)

经筵讲官议政大臣协办内阁大学士事务礼部尚书仍管太常寺鸿胪寺事加二级臣三泰等谨题,为报明进口事。礼科抄出据浙江总督嵇曾筠疏称:"暹罗国差船商邱寿元等七十七名,并番使一名,驾船载货来至宁波贸易,于乾隆二年七月二十三日收入定港;又差船商林然等九十名,并番使一名,番厮八名,驾船装载货物往东洋贸易,因遇飓风,于乾隆二年七月二十八日飘入定港,发卖货物。据称船商、舵水住番年久,俱有亲属、妻子在暹,仍欲驾船回国等情。遵查雍正十二年,暹罗船商张专等船入定港,部议照徐宽等免其回籍,准归暹罗在案。今邱寿元、林然等住番年久，各有亲属、妻子在暹，确与前例相符，应准其置货回暹。货物已经海关照例征税，俟贸易清楚，原船回暹，毋许违例夹带出口"等因，于乾隆二年十二月十九日题，三年二月初一日奉旨："该部议奏，钦此。"钦遵抄出到部。该臣等查得：雍正二年十月内，广东巡抚年希尧将暹罗国运米船梢目徐宽等九十六名俱系内地人民，各有妻子在暹，应否准其回国，听候部议等因具题，奉旨："来船梢目徐宽等九十六名，虽系广东、福建、江西等省人民，然住居该国历历数代，各有亲属、妻子，实难勒令迁归，著照所请，免令徐宽等回籍，仍在该国居住，以示宽大之典。该部知道，钦此。"又查雍正十二年臣部议复浙江总督程元章题请暹罗国驾船载货来至宁波贸易之船商张专等照徐宽例准其回国等因，奉旨："依议，钦此。"钦遵各在案。今该督疏称，船商邱寿元、林然等住番年久，各有妻子在暹，应循例准其置货回暹等语，应如该督所题，将船商邱寿元、林然等遵照张专之例，准其置货回国，仍令查明人数，严行禁止夹带违例货物可也。臣等未敢擅便，谨题请旨。乾隆三年三月初四日。……（旨）依议。

（同上书，庚编，第六本，页513—514）

暹罗国贡进"乐国生生丹"残件

……臣看得，外洋番人贡进方物，例应题报，俟部复到日，再行解送进京。先据广东布政司呈送暹罗国贡进生生丹一箱，臣因系该国商人赍捧来粤，并无表文、贡使，而该国大库呈文之内亦未附载本方，且该国贡期久逾，当即行查去后，兹据署布政使纳敏详称："暹罗国例系三年一贡，查该国自雍正十三年贡进方物以来，迄今已经十载。询诸来商徐世美，据称：'暹国荒陬僻壤，地隔天南，荷天朝柔远之仁，沐圣主抚绥之德，国王抒诚向化，时刻感戴皇恩，只以国小且贫，并无合式贡品，适有仙传异制妙药，名为乐国生生丹，灵妙非常，实系稀奇之物。爰遵康熙六十年凡有稀奇之物，不拘一二件，交在广东转运之谕旨，遴选工匠打造银箱，共药五千丸，盛贮箱内，敬谨封贮，头目昭丕雅区沙大库转交世美赍至广城。至用何项药料合成，因小国不知贡进丹药须开本方，且启行之时系国王交与大库转令赍送，无从开呈。伏恳俯察愚诚，上达天聪'等语。查雍正二年及雍正七年，该国恭进谷种等项，原有不差陪臣、不另具表之例。事关外夷贡进方物，相应详请具题，其应否委员解送进京，仍俟部复到日，遵照办理"等情前来。臣查外番贡进药品与常贡不同，当即开看，木匣之内另有银箱，盛贮药饼伍仟丸，随即敬谨封贮，仍交藩司衙门收贮,恭候谕旨遵行。再该国另有致送礼部丹药八百丸,臣衙门五百丸,巡抚衙门二百丸,俱用木匣散装。查会典开载,外番致送督抚土仪,永行禁止。臣亦经将原送臣等及礼部衙门丹药叁箱,一并饬发布政司转交该商收领,并另行照会该国王知照。至商船附带贡品,所有商货、梁头,例应仍征税钞,臣已饬令粤海关委员照例查办。除赍贡夷商酌量犒赏,用药引单抄送礼部查核外(下缺)

(同上书,庚编,第六本,页514—515)

礼部题本

  太子少保内大臣礼部尚书……臣海望等谨题,为恭报暹罗进贡仰祈睿鉴事。礼科抄出广东巡抚岳濬题前事内开:该臣看得,"暹罗国王向化输诚,遣使押驾正副贡船及护贡船只,赍捧表文、方物、驯象、龙涎香等项前来入贡。先据虎门副将杨启忠禀报,副贡船于乾隆十二年六月二十九日入口等情。经前署抚臣策楞檄行布政司移行文武各官加谨防护进省,仍饬令广州府亲诣该船查验去后,嗣据前署布政司(使)纳敏详报,副贡船止载驯象二只,其表文、方物在正贡船上。兹正贡船被风收入安南修整,俟明年四月间始得开行来广等情,转请咨部。准部复,驯象二只留粤喂养,俟正贡船到广,验明表文、方物,列册请题。续据虎门副将杨启忠禀报,正贡船于乾隆十三年闰七月初三日入口。据正贡船商马国宝报称,本船于去年因贡来广,被风收入安南,今春驶回暹罗,复奉国王重造新船,遣使赍捧表文,并进龙涎香等物进献等语。又据报,护贡船商坤双末里方永利等于七月三十日入口等由,经臣先后檄行布政司移行文武加谨防护,并委员点验,列册通详。随据正贡船、护贡船先后入抵省河,表文、方物照例行令广州府兼同南、番二县验明,起送驿馆供奉,复经该司道亲验相符,其压仓货物委员起清,分贮行内封固在案。兹据广东布政使司布政使赫庆查明,造册详请,先行具题前来。查暹罗国进贡船不过三,人不过百,今正护二船人数内,除贡使、跟役人等四十八员名,实商梢一百八十六名,均与每船人不过百之例相符。又唐梢未据携眷回籍之处,据称在暹居住年久,各有亲属家室在暹,未有携眷回籍,情愿回暹等语,应照例听从其便。其进京员役向系二十六员名,已据造册呈送,余留在粤看守贡船。至护贡方永利船只,应于奉旨准贡员役进京之日,饬令先行回国。驯象二只,向例一只,今多进一只,应准其一齐进京。至所带红铜制造器皿,俱系盘碗等项,并非违禁物件,似应准其制造带回,嗣后不得援以为例。其正副二船及上年副贡船只所带压仓货物应否免税,相应照例一并题报,统听部议。所有赍捧表文、方物贡使、通事等各员役需用夫马、船只、廪粮,并压仓货物、梢目姓名,俱列明册内送部查核外,谨题请旨"等因,于乾隆十三年十月十六日题,十一月二十六日奉旨:"该部议奏,钦此。"钦遵抄出到部。该臣等议得,……查会典内开,暹罗国贡期三年一次,又康熙二十二年题准暹罗进贡员役准其二十六员名赴京等语。案查该国自康熙三年至雍正十三年计入贡九次,有逾限十余年至二十余年不等,皆蒙圣祖仁皇帝、世宗宪皇帝念其贡道险远,不加诘责,以示柔怀之意。今该抚疏称,暹罗国王输诚向化,遣使入贡,应准其所请,令该国使臣赍捧表文、方物,照依册开二十六员名,委员伴送赴京进贡,并将驯象二只解送来京。护贡船梢,应令先行回国。其船梢人等,先于雍正二年奉旨:"暹罗来船梢目,住居该国历历数代,各有亲属、妻子,实难勒令迁归,著仍回该国居住,钦此。"该抚既经钦照遵行,毋庸另议。……该抚所报,暹罗贡船及船梢人数均与船不过三、人不过百之例相符,其压仓货物应照例听便贸易,停其征税。仍令该抚查明交易货物数目,另造清册报明户部查核。至所称该国贡使自带红铜来粤制造器皿等语,查雍正七年臣部议复广东巡抚傅泰疏请暹罗国王采买红铜线等项系违禁物件,蒙世宗宪皇帝念该国远隔重洋,恭顺修职,特旨准其所请,行令该抚采买赏给,钦遵在案。今既据该抚疏称,该国贡使自带红铜来粤制造器皿,与内地货买者有间,且查所造系盘、碗等项,并非违禁物件,似应准其制造带回等语,应如该抚所请,准其在粤制造带回,嗣后不得援以为例可也。臣等未敢擅便,谨题请旨。乾隆十三年十二月十六日。(旨)依议。

(同上书,庚编,第六本,页 515—517)

礼部奏副(为暹罗国文书土仪仍交贡使带回由)

太子少保内大臣礼部尚书臣海望等谨奏,为奏明事。本年六月二十七日,据暹罗国贡使朗呵派呱提等赍捧表文到部,另呈臣部文书一角,内开:暹罗国昭丕雅拍㓰区沙为吁叩鸿慈等事,备陈圣恩浩荡,向化输诚,恳乞指示威仪,叩觐天颜,外具不腆土仪,少伸蚁悃等语。臣等查阅文内姓名与该国王不同,随询问通事王国桢,据称昭丕雅拍㓰区沙系该国陪臣职衔,附致土仪,申送大部等情。臣等伏查,向来朝鲜、琉球等国进贡,随表具咨臣部,俱该国王钤用颁发印信,备给来使赍达,咨内所称皆述表内词语,与各省督抚题本随具揭帖达部无异,臣部照例收存,俟奉谕旨咨复,从无外国陪臣具文臣部,更致土仪之理。今暹罗国来文系伊陪臣职衔,又用照会字样,既于体制未合,且附致土仪,有违禁令。臣等伏思,该国远隔重洋,未谙中华文移体式,又不知属在陪臣无上交天朝大臣之礼,是以冒昧陈献。若请旨诘责,则事属细微,该国王未有文书到部,亦不便由臣部行文申饬。查核国进贡由广东督抚具题,臣等拟将所备土物仍交贡使带回,其该国陪臣来文,由臣部移交该督抚发回该国王,并谕令嗣后恪遵入贡常典,毋任该国陪臣擅越具文陈献,致违体制。所有来文及土物单一并抄录,恭呈御览,伏候圣谕,为此谨奏。乾隆十四年六月二十九日奏。本日奉旨:"知道了。钦此。"

(同上书,庚编,第六本,页517)

礼部奏副

太子少保内大臣礼部尚书海望等谨奏,为奏闻事。雍正八年三月初九日奉旨:"嗣后凡有派旗下官兵看守之处,俱著奏闻,派出看守。若不可迟缓,应看守之处,即派出看守后奏闻,钦此。"钦遵在案。今暹罗国王差来使朗呵派呱提等于六月二十五日到京,安置馆内。臣部照例行文兵部派出章京一员、骁骑校一员、兵丁十名看守外,为此谨具奏闻。乾隆十四年六月二十九日奏。本日奉旨:"知道了,钦此。"

(同上书,庚编,第六本,页518)

礼部题本

礼部尚书臣王安国等谨题,为暹罗国具表进贡方物事。乾隆十四年七月十六日礼科抄出暹罗国王森密拍照广敕马嗹陆坤司尤提雅普埃奏前事内开:"窃谓循礼报忠,朝廷之钜典;献琛修职,臣子之微忱。恭惟皇帝陛下,英明神圣,文武睿聪。帝德高深,鸿功弥于宇宙;皇仁溥博,恩泽遍及沧溟。是数百代太平天子,千万载挺出神灵。八荒宾服,四海来王。缘以暹区荒陬僻壤,窎处西陲,久荷骈懹,恩深覆载。恭遵圣祖仁皇帝承天御极以来,百有余载,历奉世宗宪皇帝天朝正朔久矣,恭顺向化钦遵。复思天恩浩荡,圣德昭明,每怀啣结之忱,时切涓埃之报。缘以梯山航海,阻隔重险波涛。原于乙卯岁,臣等已经遣贡使人员,虔修贡仪、勘合,深入重洋,上贡龙天凤阙,深蒙皇恩宠赍,藩锡下颁。臣等远处天南,遥瞻北阙,叩谢天恩。俾弹丸蕞尔微邦,咸沾圣朝雨露,汗颜感激无地,遥想历代相沿,例应朝贡,躬修厥职,少展葵忱。

兹此戊辰岁①，臣敬合造正副贡船二艘，遣朗呵派呱提为正贡使，朗扒里千叨耶为副贡使，坤申尼嗹备郎为三贡使，坤乐七呱喳迈墀呱增为通事，文勃集纳备问办事，大小贡使人员虔赍方物、勘合，到粤奉贡皇朝，凛遵国典。物愧不丰，聊申芹献，俯叩宸聪睿鉴，优加抚恤，格外垂仁，怜其荒陬顽蠢，未谙上国规仪，仰冀圣明日月乾坤，帝德渊涵，俾贡使人员得趁早潮顺帆回国，其高厚恩泽下逮边疆之功，永垂奕禩矣。臣虽处天南，只有瞻天仰圣，祝我清之皇图巩固，帝道遐昌，金瓯永奠，玉烛常调。臣等下情，不胜悚慄，无任瞻依之至。"恭进御前方物：驯象二只，龙涎香一斤，犀角六颗，……共二十六件。恭进内宫前方物：龙涎香半斤，……共二十五件。乾隆十三年四月奏。十四年七月十六日奉旨："览王奏。遣使航海远来，进贡方物，具见悃诚。知道了。该部知道，原表并发，钦此。"钦遵抄出到部。该臣等议得，暹罗国王森密拍照广敕马嗹陆坤司尤提雅普埃差陪臣朗呵派呱提等奉进贡来京，所有驯象二只，先经臣部奏明，交銮仪卫收养外，其余贡物，御前二十五件，皇宫前二十五件，相应交送总管内务府照数查收。其金叶表文一页，表筒一个，……俱交送总管内务府查收。臣等未敢擅便，谨题请旨。乾隆十四年七月二十一日。(旨)依议。

(同上书，庚编，第六本，页 519)

礼部题本（十八年三月初二日）

太子太保文渊阁大学士兼工部尚书兼管礼部事务加一级臣陈世倌等谨题，为颁赏事。先经臣部具奏暹罗国遣使进贡一摺，奉旨："知道了。所进方物照例收受，其筵宴赏赉著加恩照上次之例行，钦此。"钦遵到部。查乾隆十四年暹罗国王遣使进贡来时，赏暹罗国王锦八匹、缎十八匹、织金缎八匹、纱十二匹、织金纱八匹、罗十八匹、织金罗八匹；赏王妃缎六匹、织金缎四匹、纱六匹、织金纱四匹、罗六匹、织金罗四匹。又查乾隆十四年奉特恩赏该国王物件，由内务府封固交臣部颁发，并开单知会内阁，将赏赐数目一并撰入敕书，交付来使带回。其正贡使、二贡使、三贡使、四贡使赏缎各八匹，罗各五匹，织金罗各三匹，绢各五匹，里各二匹，布各一匹；通事赏缎五匹，罗五匹，绢三匹；从人赏绢各三匹，布各八匹；自广东伴送官赏彭缎袍一件；筵宴二次，回至广东筵宴一次，遣回在案。该臣等议得，暹罗国王森密拍照广敕马嗹陆坤司尤提雅普埃

---

① 这里的戊辰岁，应为乾隆十三年（1748年）。

差陪臣朗损吞呱沛等进贡来京,应照例赏赐该国王锦八匹,缎十八匹,织金缎八匹,纱十二匹,织金纱八匹,罗十八匹,织金罗八匹;赏王妃缎六匹,织金缎四匹,纱六匹,织金纱四匹,罗六匹,织金罗四匹。由内阁将赏赐缎匹数目撰敕交付来使带回。其贡使朗损吞呱沛等四员,赏缎各八匹,罗各五匹,织金罗各三匹,绢各五匹,里各二匹,布各一匹;通事吴碧莲赏缎五匹,罗五匹,绢三匹;从人十九名赏绢各三匹,布各八匹;广东伴送官巡检吕定国赏彭缎袍一件,其赏赐等物于内务府移取,在午门前赏给。再特恩赏赐该国王物件,亦请照乾隆十四年之例由内务府封固交臣部颁发,并开单知会内阁,一并撰入敕书。仍照例在臣部筵宴二次,回至广东筵宴一次遣回可也。臣等未敢擅便,谨题请旨。乾隆十八年二月三十日。(旨)依议。

(同上书,庚编,第六本,页521)

礼部题本

太子太保文渊阁大学士兼工部尚书兼管礼部事务加一级臣陈世倌等谨题,为暹罗国具表进贡方物事。乾隆十八年二月十八日,据暹罗国王森密拍照广敕马嘑陆坤司尤提雅普埃遣使朗损吞呱沛等赍捧表文进贡来京。臣部接阅表文,具奏一摺,内开:"窃惟献琛纳贡,既输向化之忱;具表陈词,宜守恪恭之义。本年二月十九日,据暹罗国王遣使朗损吞呱沛等赍捧表文到部。臣部接阅,表内有恳赐人参、䍠牛、良马、象牙,并通彻规仪内监等语。伏思暹罗向风慕义,久列藩臣,蒙我世宗宪皇帝异数特恩,有加无已。我皇上复鉴其诚悃,锡予频繁,无非厚往薄来之意。诚以隆恩出于圣主,非可邀求;表文奉自藩臣,当遵体制。今阅该国王表文,所恳牛、马、象牙等项,已属支离,并有恳赐内监一语,尤为冒昧。是以臣等不敢上渎圣听,当即发还使臣,并向该使臣等严行申饬,令伊等归国后明切晓谕该国王,嗣后惟当恪守规制,益励敬恭。至其所进物件,并一切筵宴赏赉加恩之处,恭候皇上谕旨遵行。所有臣等办理缘由,除行文该督抚转行该国王知照外,理合缮摺奏闻,伏祈圣训"等因具奏。奉旨:"知道了。所进方物,照例收受,其筵宴赏赉,著加恩照上次之例行,钦此。"钦遵到部。该臣等议得,暹罗国王遣使朗损吞呱沛等进到御前方物:驯象二只,龙涎香一斤,……其二十七件。西洋金花缎番袍一件,金花缎夹裤一件,西洋金缎带三件,共五件。另有番书并金字佛号共四本。皇后前方物:龙涎香半斤,……共二十五件。所有驯象二只,先经臣部奏明交送銮仪卫收养。其余贡物,相应遵旨照例交送总管内务府查收。其番书二本,金字佛号二本,交送内阁进呈。至所进金叶表文一道,汉字表文一道,一并发还该贡使赍回可也。臣等未敢擅便,谨题请旨。乾隆十八年二月三十日。(旨)依议。

(同上书,庚编,第六本,页522)

礼部奏副(为奏伴送来使归国由)

大学士兼管礼部事务臣陈世倌等谨奏,为伴送来使归国事。查定例,暹罗国贡使回国,臣部将满汉司官各二员带领引见,恭候钦点一员,给与勘合,令沿途支给夫马,加意照看,伴送至广东,交该督抚照例送出边境。今暹罗国贡使朗损吞呱沛等进贡来京,事竣回国,应照例派司官一员伴送。臣等谨将臣部满员外郎六格、汉员外郎孙庆槐、满主事苏敏、汉主事钟畹带领引见,伏候钦点一员,令其前往,给与勘合,令沿途支给夫马,加意照看,送至广东,交与该督抚照例送出边境可也。为此谨奏等因,于乾隆十八年三月初二日奏。本日奉旨:"著派孙庆槐,钦此。"

(同上书,庚编,第六本,页523)

礼部为礼科抄出本部题移会

礼部为请旨事。仪制司案呈礼科抄出本部题前事,内开:照得暹罗国王森密拍照广敕马嘽陆坤司尤提雅普埃进贡金叶表文一通,并译出汉字表文一通,开写进贡方物,据贡使朗嵩统呵沛等、通事坤备集勃千纳王国政于乾隆二十二年四月十八日赍送到部,相应交送内阁繙译具题等因,于乾隆二十二年四月十八日题。本月二十一日奉旨:"依议,钦此。"钦遵抄出到部。其所进金叶表文一通,并译汉字表文一通,先经本部,已送内阁在案,相应移会内阁典籍厅可也。须至移会者。右移会内阁典籍厅。乾隆二十二年四月日。

(同上书,庚编,第六本,页524)

礼部奏副(为伴送暹罗国使臣回京由)

大学士兼管礼部事务臣陈世倌等谨奏,为奏闻事。臣部郎中陈梦说奉旨派送暹罗国使臣朗嵩统呵沛等于乾隆二十二年六月初九日自京起程,于八月二十八日送至广东省城,交与巡抚周人骥料理回国。今陈梦说于十二月初三日回京,为此谨具奏闻等因。于乾隆二十二年十二月初六日奏。本日奉旨:"知道了,钦此。"

(同上书,庚编,第六本,页525)

户部为内阁抄出闽督杨奏移会

户部为移会事。福建司案呈乾隆二十四年十一月初四日内阁抄出闽督杨奏海洋运米之商民照例议叙一摺,相应抄录原摺,移会稽察房可也,须至移会者。计原摺一纸,右移会稽察房。乾隆二十四年十一月日。

闽浙总督臣杨谨奏,为遵旨议奏事。切照闽省地窄人稠,岁产米谷不敷民食,仰蒙圣主念切民依,筹及外番余米堪听商人陆续运济,特谕前督臣喀详议具奏。嗣经前督臣酌议,内地商民有自备资本领照赴暹罗等国运米回闽粜济民食者,数至二千石以内,仍循旧例,督抚分别奖励,如每船运米至二千石以上者,按数分别生监民人,奏请赏给职衔顶带,奉旨俞允,历年钦遵办理在案。查乾隆二十二年分,据各属商民领照出洋购运米石,回棹之时陆续报明海关税口及守口文武,逐一盘验到厦米数,转报前督抚臣,檄行布政司转饬各商,照时价就厦粜卖,以济漳、泉一带民食,严禁奸贩屯积射利,一面饬查各商运米实数是否与议叙之例相符,取结具详。兹据布政使德福详报,乾隆二十二年分,南洋回厦各船计共运回洋米五万二千余石,内除每船数在二千石以内者仍照向例奖励外,有龙溪县船户郑吴兴运回米三千九百余石,海澄县船户黄顺祥运回米五千二百余石,按二船米数,均得仰邀议叙,查系殷商庄文辉、方学山二人自备资本,附搭船只购米来厦,即经按照时价陆续粜卖。二商俱身家清白,并无过犯,取具册结,转请议叙前来。臣伏思我皇上厪念海疆民食关系紧要,准令商民购买外番余米转运流通,并准优加议叙以示鼓励,是以历年各商民无不感戴皇仁,踊跃购运,实于边海民食大有裨益。今于乾隆二十二年分运米回厦之庄文辉、方学山二名,核其所运米数既与议叙之例相符,所有运米三千石以上之商民庄文辉,请照二千石以上至四千石之例,给与九品顶带;运米四千石以上之商民方学山,请照四千石以上至六千石之例,给予八品顶带。如蒙圣恩俞允,容臣另取册结咨部给照。将见各属商民益加感激,贩运急公,边海民食得以永资利济矣。臣谨会同抚臣吴士功恭摺具奏,并将各该商籍贯,运米到厦日期、数目,另缮清单,恭呈御览,伏乞皇上睿鉴。谨奏。乾隆二十四年十一月初二日,奉硃批:"该部议奏,钦此。"

(同上书,庚编,第六本,页525—526)

吏部为内阁抄出两广总督李奏移会(十二月初七日)

吏部为知照事。乾隆二十四年十二月初三日,内阁抄出两广总督李奏商民海洋运米议叙一摺。查运米议叙事隶户部,将原抄于本月初七日咨送户部查办外,相应抄单知照可也,须至移会者。计粘单一纸,右移会稽察房。乾隆二十四年十二月日。

　　两广总督臣李侍尧、广东巡抚臣托恩多谨奏,为海洋运米商民恭请交部议叙以励急公事。窃照粤东地处海滨,户口繁庶,兼因山多田少,出产米谷不敷民食,必须广为招徕,使商贩源源而至,庶几米粮充裕,市价常平。乾隆二十年十二月内,经前督臣杨应琚会奏,商民有自备资本领照赴安南等国运米回粤粜济民食者,照闽省之例,查明数在二千石以内,督抚酌量奖励;数在二千石以上,按照米数,分别生监民人,奏请赏给职衔顶带。经部议复,奉旨俞允,钦遵在案。今乾隆二十三年分,据商民陆续赴南海县领照出洋购买米石运回,先后报明海关税口暨守口文武,逐加盘验,将运回米数转报到臣等,随据檄行布政使转饬各商,照依时价就近粜卖,接济民食,毋许奸徒屯积射利;一面饬查各商运米实数,是否与议叙之例相符。取结具详去后,兹据布政使宋邦绥转据南海县详报:乾隆二十三年,商民自东坡寨、暹罗、咖喇吧等国运回洋米共二万四千七百七十六石零,内除陈泰等九名运米俱在二千石以内,应请照例奖励。其运米二千石以上计七舡,内南海县民江珽运米三千八百四十余石,陈成文运米三千一十石,邱毓堂运米二千七百一十余石,陈观成运米二千三百余石,叶简臣运米二千六百六十余石,林孔超运米二千二百二十余石,三水县民郭俊英运米二千三百三十余石,均与议叙之例相符。至江珽、陈成文、陈观成、叶简臣、林孔超系自备资本购运,邱毓堂、郭俊英备本附搭各船购运回粤,俱已照依时价陆续粜卖,各商亦俱身家清白,并无过犯,询明各供,取结造册,转请议叙前来。除运米二千石以内之陈泰等九名臣等现在分别奖励外,其运米二千石以上粜卖之江珽等七名,即据查明身家清白,例得议叙。所有民人江珽、陈成文、邱毓堂、陈观成、叶简臣、林孔超、郭俊英均请照运米二千石以上至四千石之例,给予九品顶带,以励急公。除将送到册结咨部查核外,臣等谨会同恭摺具奏,伏乞皇上圣鉴,敕部核议施行。谨奏。乾隆二十四年初一日,奉硃批:"该部议奏,钦此。"

(同上书,庚编,第六本,页526—527)

译暹罗国王进贡表文

　　暹罗国王臣森密拍照广敕拍马嘑陆坤司尤提雅普埃谨奏:为贡献方物以修臣职事。切谓循礼效忠,朝廷之巨典;献琛供职,臣子之微忧。恭维天朝皇帝陛下,道参孔孟,德并唐虞。神威镇山河,正一元而奠六合;圣明同日月,莅中国而抚四夷。是数百代太平天子,亿万载挺出神灵。稽古二帝三王,历代圣贤,或疆宇未丰,犹俟车书之一统,或人民未庶,常鲜玉帛之来同。未有我天朝圣清皇帝,承席光烈,寅绍丕基,炎服九州,抚绥万国。登苍生于衽席之上,物阜民安;跻宇内于春台之中,河清海晏。是诚覆载无私,华夏咸濡者也。臣暹区荒陬僻壤,阻隔重洋。自臣世代以来,恭顺输诚,倾心向化,历奉天朝正朔,钦沐化育深仁,沦浃肌肤,镂铭万世。屡遣使臣入贡,俱蒙列圣洪慈。念臣远邦纳款,航海抒诚,深荷圣恩,格外怀柔,不限贡期。臣承此天高地厚深恩,毕生难酬万一。惟有铭记国史,以志圣朝加恩属国。臣身在天南,心倾朝北。原于丙子年①经遣使臣朗嵩统呵沛等虔赍金叶表文、勘合入贡天朝,复送原颁旧篆,赴部交销。深蒙圣德如天,恩膏匝地。颁赏倍加,仙锦奇珍,不啻天家华翠;新赐御篆,龙文凤彩,无异云汉天章。臣率举国臣工郊迎天诏,崇奉金台。切念受此殊恩浩荡,亘古稀闻。兹于辛巳年②特遣朗备彩呱提为正贡使,朗扒里呵沛为副贡使,坤加叻耶备扒为三贡使,文扒里申尼嚅为四贡使,坤备集勃千纳王国政为通事,文武使臣人等恭赍金叶表文、驯象、方物,航海赴粤,入贡天朝皇帝御前,聊展片诚,厥修臣职。自愧国僻乏仪,少效野人芹献。亵渎之愆,仰恳圣慈宽宥。天量汪涵,恩赐使臣得觐天颜,代申拜舞。恭祝圣母万寿,如天久照,应地无疆。伏愿天朝皇帝,万年金瓯永奠,玉烛常调,俾天南末国,永沾圣朝雨露之栽培。臣等感激下情无任瞻依之至,谨奉丹表奏闻。乾隆二十六年五月日表跪进。

(同上书,庚编,第六本,页527)

内阁抄出浙闽总督杨廷璋奏摺(移会抄件)

内阁抄出:浙闽总督臣杨廷璋谨奏,为遵旨议奏事。……兹据布政使德福详报,乾隆二十四年分,南洋回棹各船,计共运回洋米二万一千二百余石,除每舡数在二千石以内者,仍照向例由督抚奖赏外,有同安县舡户金得春运回米三千三百八十石,查系殷商叶锡会自备资本附搭舡只购回,即经按照时价陆续粜卖。该商实系身家清白,并无过犯,例得仰邀议叙,取据册结转详前来。臣伏思圣主廑念海疆民食,准令商民购买外番余米转运流通,复予优叙以示鼓励,各商民无不感戴皇仁,踊

---

① 丙子年,指乾隆二十一年(1756年)。
② 辛巳年,指乾隆二十六年(1761年)。

跃从事,实于边海民生大有裨益。今乾隆二十四年分备资运米三千三百八十石回厦之商民叶锡会,应请照议定二千石以上至四千石之例,给予九品顶带。如蒙恩允,容臣另取册结,咨部给照,俾各商民益加感激,急公贩运,边海民生得以永资利赖。臣谨恭摺具奏,并将该商籍贯及运米数目、到厦日期,另缮清单恭呈御览,伏乞皇上睿鉴,敕部议复施行,谨奏。乾隆二十六年九月二十日。奉硃批:"该部议奏,钦此。"

(同上书,庚编,第六本,页528)

礼部题副内有又奉特恩赏该国王蟒缎残件

（上缺）纱六匹,罗缎四匹,罗六匹。又奉特恩赏该国王蟒缎一匹,蟒襕缎一匹,片金一匹,闪缎一匹,锦缎二匹,大卷八丝缎四匹,玉器一件,黄玛瑙器一件,石砚二方,玻璃器十三件,瓷器一百六件。臣部移会内阁,将正赏、特赏缎匹物件各数目,撰敕交付来使赍回。其贡使朗备彩呱提等四员,奉旨赏官用缎各八匹,罗缎各三匹,罗各五匹,花纺丝各二匹,生绢各五匹,细布各一匹。通事王国政赏官用缎五匹,罗五匹,生绢三匹。从人二十一名赏生绢各三匹,细布各八匹。广东伴送官主薄刘兆登赏彭缎袍一件。以上赏赐等物,臣等谨拟本月二十二日于内务府移取,在午门前赏给。其特赏物件仍由内务府封固,交来使赍回。……于乾隆二十七年六月十九日题。本月二十一日奉旨:"依议,钦此。"……今暹罗国正贡使一员,副贡使一员,三贡使一员,四贡使一员,通事一员,从人二十一名,广东伴送来京之主薄刘兆登、跟役一名,伊等于七月初七日起身,所用马匹、夫役、船只等项,仍照广督原给勘合换给。如遇旱路,拨抬赏赐之物夫役四十名,沿途照例拨兵护送。其伴送员外郎王益孚本身跟役往返,照例给发驿递马匹、廪饩等项。如遇水路,发给船只。……又奉前署广东巡抚印务两广总督苏昌批本司详为恭报暹罗进贡事,查得暹罗国王遣船商蔡锡望驾船来粤探贡一案,乾隆二十六年,该国遣使朗备彩呱提等押驾正副贡船二只,赍捧表文并驯象等物进贡,先经详奉题报及委员伴送赴京,奉准部复,副贡船只照例准其先行回国等因。续据贡使禀开,正贡船因遭风击碎,请将商梢杨进忠等附搭该国薛元春商船同副贡船只先行回国。业经委员监看下货,于乾隆二十七年二月十六日开行,护送出口回国在案。今次该国王照例令大库给文,遣蔡锡望驾船前来探贡,船到鸭墩阁浅。据南海、番禺二县通报,奉檄饬查该船压仓货物实有若干,税饷应否免征,梢目人等作何支给口粮,并即委员起驳驾赴省河,逐一查明妥议,照例造册通详,以凭会核题报等因。行据广州府转据南海、番禺二县造册详复，该船到鸭墩阁浅，业据委员会同关差，驳运各货起贮泰顺行内，该船轻浮，于乾隆二十七年七月十九日拖带抵省河下湾泊等由。本司伏查乾隆二十二年，暹罗国王差遣船商吴士锦驾船前来探贡，业经详奉督抚两院题准部复，压仓货物停其征税，梢目水手照例支给口粮等因钦遵在案。今该国王遣船商蔡锡望驾船赍文前来探贡，并请代为奏谢天恩，其压仓货物据称阁浅多被霉湿，难以久贮，应令其先行发卖，免征税饷；梢目水手口粮仍照例以该船到省之日起支，贡使在京回粤之日住支。……（下缺）

（同上书，庚编，第六本，页529）

礼部为准内阁片移会

礼部为移会事。准内阁片称：暹罗国所进表副因何湿烂之处，初二日具题时曾否奏明，立用印文送阁等因。查广东巡抚揭称，暹罗国正贡船至新宁县①茶湾地方，副贡船在七洲洋面，被风沉溺，先后檄行地方官，将沉失物件打捞务获，表文捧护登岸，并未沉失，其贡物内漂失龙涎香、桂皮、豆蔻、儿茶皮、树胶香共五件，会同总督于乾隆二十七年三月初七日具题在案。今查该国正副贡船沉溺，业经该督抚题明，是以本部于闰五月二十九日具题时，其表副湿烂缘由毋庸重复声明，相应移复可也。须至移会者。右移会内阁典籍厅。乾隆二十七年六月初六日。

（同上书，庚编，第六本，页530）

礼部题本（二十七年六月二十一日）

经筵讲官太子太傅议政大臣武英殿大学士总管内务府大臣兼管礼部事务加一级记录四次臣来保等谨题，为颁赏筵宴事。……该臣等议得，暹罗国王森密拍照广敕拍马嗹陆坤司尤提雅普埃差陪臣朗备彩呱提等进贡来京，于乾隆二十七年六月十五日奉旨：正赏该国王上用妆缎四匹，补缎四匹，蟒纱四匹，补纱四匹，缎十八匹，罗缎八匹，纱十二匹，官用锦八匹，罗十八匹。赏王妃上用蟒缎二匹，补缎二匹，蟒纱二匹，补纱二匹，缎六匹，纱六匹，罗缎四匹，罗六匹。又奉特恩赏该国王蟒缎一匹，蟒襕缎一匹，片金一匹，闪缎一匹，锦缎二匹，大卷八丝缎四匹，玉器一件，黄玛瑙器一件，石砚二方，玻璃器十三件，瓷器一百四件。臣部移会内阁，将正赏、特赏缎匹物件各数目撰敕交付来使赍回。其贡使朗备

---

① 广东新宁县，即今台山市。

彩呱提等四员，奉旨赏官用缎各八匹，罗缎各三匹，罗各五匹，花纺丝各二匹，生绢各五匹，细布各一匹；通事王国政赏官用缎五匹，罗五匹，生绢三匹；从人二十一名赏生绢各三匹，细布各八匹；广东伴送官主簿刘兆登赏彭缎袍一件。以上赏赐物，臣等谨拟本月二十二日于内务府移取，在午门前赏给。其特赏物件，仍由内务府封固，交来使赍回。再，来使等照例在臣部筵宴二次，回至广东筵宴一次遣回可也。臣等未敢擅便，谨题请旨。乾隆二十七年六月十九日。(旨)依议。

（同上书，庚编，第六本，页531）

吏部为内阁抄出闽浙总督苏等奏移会（九月二十九日）

（移会略）乾隆三十年九月二十三日，内阁抄出闽浙总督苏昌等跪奏，为议请酌改贩运洋米商民之议叙以裕海疆民食仰祈圣鉴事。切照闽省漳、泉一带地方滨临大海，地窄人稠，山多田少，岁产米谷不敷民食之半，向借台洋商贩运米接济。查商贩买运台米，每船不得过二百石，为数有限。惟洋商购自海外番邦，不拘定数，每舡带来自数百石以至万余石不等，颇于民食有济。从前荷蒙圣主轸念海疆民食，敕谕前督臣喀尔吉善酌量情形议奏，即经议请，凡内地商人有自备资本领照赴暹罗等国运米回闽接济民食者，量予议叙。如生监运米二千石以上者，赏给吏目职衔；四千石以上至六千石者，赏给主簿职衔；六千石以上至一万石者，赏给县丞职衔。其民人买运二千石以上至四千石者，赏给九品顶带，四千石以上至六千石者，赏给八品顶带；六千石以上至一万石者，赏给七品顶带。准部议复，仰邀俞允，钦遵办理在案。计自乾隆十九、二十、二十一、二、三等年，各商买运洋米进口每年自九万余石至十二万余石不等，于闽省民食大为得济，行之已有成效，宜乎贩运源源，有增无减矣。乃自二十二、三年以后核计，各年回棹商船仅带运米六万余石至一万余石不等，较前渐见减少，近年以来，尤属无多。以致漳、泉一带少此米粮接济，民食不能充裕。臣等因民食为海疆首重，留心体察，广询舆情，近年洋米日少之故，虽因外洋产米各处年岁丰歉不齐、价值增昂所致，亦因各商民资本饶裕者从前已邀议叙，其余资本不多之商买运有限，均不得仰邀议叙，遂不复踊跃从事贩运，因而日少。查自乾隆二十四年迄今，总无奏请议叙洋商之案。臣等伏查米谷为民食必需，况漳、泉沿海之地较之腹内更为紧要，若不设法广为鼓励，窃恐洋米一项贩运日稀，下游民食难期充裕，价必增昂，民多未便。闻本年外番产米各国俱获丰收，米价甚为平减，自应及时筹办，以裕海疆民食。臣等因与藩司公同筹酌,惟有将各商带运米石按数议叙之例量为更定从优,庶几踊跃贩运,不致因循中阻。应请嗣后凡生监每舡运米一千五百石至二千石,赏给吏目职衔;二千石以上至四千石者,赏给主簿职衔;四千石以上至六千石者,赏给县丞职衔;六千石以上至一万石者,俱赏给州判职衔。民人每船运米一千五百石至二千石者,赏给九品顶带;二千石以上至四千石者,赏给八品顶带;四千石以上至六千石者,赏给七品顶带;六千石以上至一万石者,俱赏给把总职衔。如此量减其米数,稍优其议叙,则大小各商群思仰沐恩荣,自必竭力措本,不惮远涉外洋,争先购买运回粜济,市价可望常平。即有水岸①不齐,米粮不虞缺乏,实于海疆民食大有裨益。抑臣等更有请者,查洋舡回棹,缘洋行俱在厦门,故各舡向由厦门口出入。该地设有同知,专司稽察。其余各口,俱不准其收泊。但查福州省城商贾辐辏,户口殷繁,田地无多,岁需米石全藉上游延建邵各府商贩运济,即如本年春夏之间,因江西各属米价翔贵,商贩等牟利心殷,多将米谷贩往别处售卖,以致运省之米较前减少,市价因之骤昂,小民艰于买食,虽有官仓粜济,终难溥遍。应请嗣后贩洋商舡带回米石如有情愿运赴省城粜卖者,准其由闽安镇进口,该地驻有副将大员,即责成该副将督率守口文武稽查,验照放入,听其运省粜济,仍按照米数一体议叙,庶商民益加鼓舞,而省会民食即偶有不敷,亦得藉此接济,更为有益。再,议叙事从前虽经部议酌定限制,不许再加给职衔顶带,但臣等因海疆民食日见支绌,再三筹画,不得已于原定各职衔顶带外,生监请加赏州判空衔,民人请加赏把总空衔,似不致过逾限制,虑有滥觞。是否可行,伏乞皇上睿鉴训示,谨奏。乾隆三十年九月二十一日。奉硃批:"该部议奏,钦此。"

(同上书,庚编,第六本,页532—533)

礼部为本部奏移会

礼部为奏闻事。主客司案呈照得本部奏派官兵看守暹罗国进贡员役一摺,于乾隆三十一年四月十五日奏,本日奉旨:"知道了,钦此。"相应抄录原奏知会稽察房可也,须至移会者。……

礼部谨奏,为奏闻事。……今暹罗国王遣正贡使丕雅嵩统呵沛,副贡使朗备彩申尼嘽,三贡使坤勃千纳备问,四贡使文备集申尼嘽,并通事一名、从人十六名进贡,于四月十四日到京,安置宣武门内会同馆。

---

① 岸,疑是"旱"字。

应派章京一员、骁骑校一员、兵丁十名看守。臣部照例行文兵部派出看守,为此谨具奏闻。

(同上书,庚编,第六本,页534)

礼部为本部奏移会

礼部为奏闻事。主客司案呈所有本部奏广东巡抚缴到暹罗国原领敕书等物一摺,于乾隆三十四年七月初四日奏,本日奉旨:"知道了,钦此。"相应抄录原奏并副摺一并移会内阁典籍厅遵照原奏办理外,仍令该解员广东知县龙廷泰将前项缴到敕书恭送内阁查收,仍将收到日期声复本部,以便咨广东巡抚可也,须至移会者。……

礼部谨奏,为奏闻事。准广东巡抚钟音咨称,乾隆三十一年,暹罗国王差陪臣丕雅嵩统呵沛等赴京进贡,恭领敕书,并奉旨正赏该国王上用妆缎四匹,补缎四匹,蟒纱四匹,补纱四匹,缎十八匹,罗缎八匹,纱十二匹,官用锦八匹,罗十八匹;赏王妃上用蟒缎二匹,补缎二匹,蟒纱二匹,补纱二匹,缎六匹,纱六匹,罗缎四匹,罗六匹。又加赏该国王蟒缎一匹,蟒襕缎一匹,片金一匹,闪缎一匹,锦缎二匹,大卷八丝缎四匹,玉器一件,黄玛瑙器一件,石砚二方,玻璃器十三件,瓷器一百四件,恭赍回国。嗣因暹罗国已被花肚番攻破,据陪臣丕雅嵩统呵沛回广称说该国王已故,将原领敕书及御赐品物恭赍回广,其陪臣等于三十三年十月三十日搭船回国。所有敕书、品物敬谨收贮司库,奏明俟便员进京恭赍礼部交收在案。兹于乾隆三十四年七月初三日,据该抚委解运点锡便员阳山县知县龙廷泰将该国使臣原领敕书及御赐品物缴到臣部,臣等检查原封箱件相符,谨专摺奏闻,俟命下之日谨将敕书恭缴内阁贮库,其御赐品物咨送内务府查收。再,该抚前奏内称缴回纱缎间有霉烂,瓷器内有一件微损,应听内务府逐细查验办理,合并声明,谨奏。

(同上书,庚编,第六本,页538)

吏部为内阁抄出两广总督李奏移会

(移会略)乾隆三十八年正月二十六日,内阁抄出两广总督李奏称:"窃臣于乾隆三十七年九月十七日接奉上谕:'据李侍尧奏,暹罗国郑昭禀送粤省海丰县民陈俊卿等眷口回籍,并据河仙镇莫士麟差人赍送文禀,李侍尧拟以己意檄复两人,俟郑昭处送到内地民人,量为奖励,示以羁縻。亦只可如此办理。但梁上选等系内地民人,辄敢纠伴挈眷潜赴外国港口居住,甚属不成事体。此等民人于送到时均应讯明,按律惩治。沿海居民出口,例禁綦严,守口地方官弁何得任其携家擅出,漫无稽查,则平日海禁之废驰已可概见。著李侍尧查明失察梁上选等出口之该管地方员弁,据实参处。嗣后仍须严饬沿海各口实力稽查,毋得稍有疏纵,钦此。'臣伏查暹罗国郑昭送回海丰县民人梁上选等男妇三十五名,于乾隆三十年十一月十六日由县属龟龄港私行出口,十二月内舡抵港口莲池地方,各自搭寮种地,为暹罗国兵搜获,询系天朝百姓,咨送回粤,各供如一。除实犯死罪外,均应照例发边远充军。所有失察出口文职系前任惠潮嘉道续经病故张介棋,前护惠州府印务琼州府病故同知方显,前署海丰县事广州府丁忧通判李炜,前任海丰县病故县丞刘兆登;武职系前任碣石镇右营游击续升香山协丁忧副将马琳,碣石镇右营中军告病回籍守备袁登选,碣石镇右营休致把总田秀扳,相应开参,请旨交部分别议处,谨奏。"乾隆三十八年正月二十四日,奉硃批:"该部议奏,钦此。"

(同上书,庚编,第六本,页538)

礼部为本部奏移会(暹罗国进贡)

礼部为知照事。主客司案呈本部具奏暹罗国长进贡一摺,于九月初八日发报具奏,本月十一日报回奉旨:"知道了,钦此。"钦遵相应抄录原奏移会稽察房可也,须至移会者。……乾隆四十六年九月十四日。

礼部谨奏,为奏闻事。九月初六日,接准尚书公福字寄内开:"九月初二日奉上谕:'巴延三等奏,据暹罗国长郑昭预备正贡一分,具表恳请代奏,并备象牙、犀角、洋锡等物以为副贡等语。该国长输诚纳贡,备具方物,所有正贡一分,自应照例送京收纳。至所备副贡,若概令赍回,致劳往返,转非所以体恤远人。著传谕巴延三等,于副贡内只收象牙、犀角二项,同正贡一并送京交礼部,于照例赏给之外,查例加赏,以示厚往薄来之意。其余所备贡物,准其在广省自行觅商变价,将伊等压舱货物均一体免其纳税。将此并谕礼部堂官知之,钦此。'钦遵寄信前来。臣等谨一面行文两广总督、广东巡抚,将应进贡物即行开单进呈,其余备贡暨该陪臣等随带货物,并令该督抚等一并遵旨妥协办理。所有臣等接奉谕旨缘由,理合先行奏闻,伏祈皇上睿鉴。谨奏。"

(同上书,庚编,第六本,页539)

礼部为本部奏移会(赏赐暹罗国)

礼部为知照事。主客司案呈本部具奏正赏、加赏暹罗国物件一摺,于乾隆四十六年十二月二十七日奏,二十九日由军机处交出,奉旨:"著照三十一年之例赏给,钦此。"相应抄原奏移会稽察房可也,须至移会者。……乾隆四十七年正月日。

礼部谨奏,为奏闻事。查暹罗国长郑昭遣使臣朗丕彩悉呢霞喔抚突等具表进贡到京,除贡物现交内务府呈览外,所有定例赏赐该国长等物件暨特旨加赏物件,臣等谨缮写清单,恭呈御览,伏祈皇上睿鉴。谨奏。

(同上书,庚编,第六本,页540)

两广总督富勒浑题本

都察院右都御史总督广东广西等处地方军务兼理粮饷兼署广东巡抚印务臣富勒浑谨题,为恭报暹罗贡使开船回国日期仰祈睿鉴事。据广东布政使司布政使许祖京会同广东按察使司按察使姚棻详称:"奉暂署两广总督印务广东抚院孙士毅札开:乾隆四十九年九月初九日承准协办大学士尚书和珅字寄广东巡抚孙士毅,乾隆四十九年八月二十一日奉上谕:'据孙士毅奏,暹罗国长郑华备具表文、驯象等物,差陪臣帕史滑里那突等恳求入贡,并禀请乞恩请封,因其未遵前檄,自行具表恳求,是以将来使安顿公所,贡品敬谨验收,俟奉到谕旨,即委员伴送起程等语。郑华遵伊父旧规,虔备职贡,其未遵前檄具表请封,阅来禀内及该陪臣称,恐自行越分干求,致遭斥责,未敢冒昧声叙,尚属恭顺小心,自应准其纳贡输忱。著传谕孙士毅,即派妥员将该国陪臣及贡品照例伴送进京。其恳赐封号之处,俟该使臣到京后再降谕旨。将此由四百里传谕知之,钦此。'札行到司奉此。又奉广东抚院孙士毅案验,为知照事:乾隆五十年三月初五日,准礼部咨,主客司案呈所有照例赏赐暹罗国长及来使人等缎匹等物一摺,于乾隆五十年正月十九日奏,本日奉旨:'知道了,钦此。'相应抄录赏单,移咨广东巡抚可也。计粘单一纸,内开:'谨奏,为颁赏事。查暹罗国长郑华遣使进贡来京,查照乾隆四十六年赏该国长郑昭及来使人等各物件,臣等谨分晰开单,恭呈御览,伏候命下,行文内务府移取,在午门前赏给,照例筵宴二次,令其回国。再,向例赏赐暹罗国长等物件,由臣部移会内阁撰入敕书内,交来使赍回。至来使人等回至广东省城,筵宴一次,合并声明,为此谨奏。赏暹罗国长锦八匹,织金缎八匹,织金纱八匹,缎金罗八匹,纱十二匹,缎十八匹,罗十八匹;赏国长之妻织金缎四匹,织金纱四匹,织金罗四匹,缎六匹,纱六匹,罗六匹;赏来使四员织金罗各三匹,缎各八匹,罗各五匹,绢各五匹,里各二匹,布各一匹;赏通事一名缎五匹,罗五匹,绢三匹;赏从人二十一名绢各三匹,布各八匹。赏伴送官二员彭缎袍各一件'等因。又奉广东抚院孙士毅案验,为知照事。乾隆五十年三月初七日,准礼部咨,主客司案呈本部具奏,内开:'上年十二月内,朝鲜国王李祘、暹罗国长郑华各遣陪臣赍表进贡方物到部,臣等查与定例均属相符,谨将朝鲜国贡物内有旧存贮库方物准充正贡,现收余存各数目及暹罗国贡物数目分缮清单,恭呈御览。俟命下之日,行知内务府等衙门照数查收,为此谨奏。'乾隆五十年正月初八日奏,本日奉旨:'知道了,所有暹罗贡物逐件检点须呈览,钦此。'钦遵到部。查暹罗国恭进方物,本部交送内务府銮仪卫查收在案,相应知照广东巡抚可也等因。又奉广东抚院孙士毅案验,为咨行事。乾隆五十年三月初九日,准礼部咨,主客司案呈:'暹罗国进贡使臣四员,通事一名,从人二十一名,自广东伴来京之通判张炯一员,跟役三名,守备武英一员,跟役三名,伊等于二月初一日起身,所用马匹、夫役、船只等项,相应移咨兵部,仍照广东巡抚原给勘合换给。其赏赐物件,如遇旱路,拨给抬夫四十名,沿途照例拨兵护送,仍知照广东巡抚可也'等因。又暹罗国遣船商曾子声驾船来粤探贡,经前署司等查明,乾隆四十七年暹罗国长差遣船商曾子声驾船前来探贡,业经详奉题准部复,压舱货物免其征税,梢目水手照例支给口粮等因钦遵在案。今该国遣船商曾子声驾船赍文前来探贡,并据使臣禀请前来,其压舱货物应请照历届之例免征税饷。至梢目水手口粮,应请照例支给。但查定例,探贡船梢目水手口粮,以该船到省之日起支,贡使自京回粤之日住支。惟查乾隆十八年及四十七年贡使京回在先,探贡船来广在后,均经详奉题明,以该船到广之日起支,解缆回国之日住支各在案。今该贡使于乾隆五十年四月十三日已自京抵粤,而探贡船只于七月二十七日始抵省城,查与乾隆十八年及四十七年探贡船来广在后准支口粮事同一例,应请以该船到省之日起支,解缆回国之日住支,并移明督粮道,俟岁底汇册报销。再,该船商梢人等,据俱称系在暹生长,各有妻室,应令其俟风信顺利,同贡使配驾原船回暹,详请具题在案。兹据广州府知府张道源转据南海、番禺二县申据通事谢上金呈报:'暹罗国贡使于乾隆五十年二月初一日在京起身,四月十三日抵广东省城,缘值风信不顺,故未回帆。迄今风信顺利,拟于乾隆五十年十二月十六日正贡、探贡二船一同开行回国'等由到司。"除饬委员监看正贡、探贡二船回帆压舱货物并护送出境外,该广东布政使司布政使许祖京、广东按察使司按察使姚棻查看得:"暹罗国上年遣使帕史滑里那突等驾船赍捧表文并驯象等物来广进贡,奉院由驿奏闻,钦奉谕旨准其纳贡输忱,业于乾隆四十九年九月十八日委员伴送赴京。续奉准礼部咨,暹罗国贡物数目分缮清单,恭呈御览,行知内务府等衙门照数查收,又照例赏赐暹罗国长及来使人等物件,俟该使臣等回至广东省城筵宴一次。又奉准礼部咨,暹罗国进贡使臣等于二月初一日起身,所用马匹、夫役、船只等项,应照广东巡抚原给勘合换给,沿途照例拨兵护送各等因,俱经转行遵照在案。嗣据南海、番禺二县申报,暹罗国正副贡船压舱货物,已委员监看起卸完竣,业将压舱货物数目同监看官职名造册详送咨部。续据暹罗国复遣船商曾子声驾船前来探贡,复经详奉具题,并声明俟风信顺利,同贡使配驾原船回暹各在案。兹据广州府知府张道源详据南海、番禺二县申据通事谢上金报称,暹罗国贡使帕史滑里那突等于乾隆五十年二月初一日在京起身,四月十三日抵广东省城,业经遵照筵宴,缘风信不顺,故未回帆,迄今风信顺利,拟于乾隆五十年十二月十六日正贡、探贡二船一同开行回国等由前来,除委员监看回帆货物并移行护送出境、严饬巡查兵役毋得借端需索外,所有暹罗国贡使及正贡、探贡二船开行回国日期,相应详请复核题报,并请给文暹罗国知照。再,正贡、探贡二船回帆货物册,俟饬催造缴,另文详请咨部,合并声明"等由到臣。据此,……除揭报部科查核并檄谕暹罗国知照外,臣谨具题,伏乞皇上睿鉴,敕部查照施行。再,两广总督系臣本任,毋庸会衔,合并陈明,谨题请旨。乾隆五十年十二月初五日。……臣富勒浑。(旨)该部知道。

(同上书,庚编,第六本,页542—543)

译暹罗国长郑华清封残表文

(上缺)封,以彰民望,必(约缺五字)恩恤,是以不避恐惧,虔备方物朝贡,□□□□□雅史滑里逊通那突、帕喝汶悉呢霞喔抚突、朗拔察那丕汶知突、汶丕匹浡遮办事等俱赴金阙,伏恳皇恩敕赠封号,锡予印绶。无疆圣德,弥天极地,沐恩之下,实出望外,犬马之报,当延及于子子孙孙矣。华诚惶诚恐,不胜栗悚瞻依之至,谨奏。虔备金叶表文一张(书暹字),公象一只,母象一只,龙涎香外一斤内八两,金刚钻外七两内三两,沉香外二斤内一斤,犀角外六个内三个,孔雀尾外十屏内五屏,翠皮外六百张内三百张,西洋毡外二领内一领,西洋红布外十匹内五匹,象牙外三百斤内一百五十斤,樟脑外一百五十斤,降真香外三百斤内一百五十斤,白胶香外一百斤内五十斤,大枫子外三百斤内一百五十斤,乌木外三百斤内一百五十斤,白豆蔻外三百斤内一百五十斤,荜拨外一百斤内五十斤,檀香外一百斤内五十斤,甘蜜皮外一百斤内五十斤,桂皮外一百斤内五十斤,藤黄外三百斤内一百五十斤,苏木外三千斤内一千五百斤,恭进金阙,恳蒙容纳,华不胜感激荣幸之至,冒呈。乾隆五十一年五月初八日。

(同上书,庚编,第六本,页544)

礼部为内阁抄出广东巡抚图萨布奏移会(九月初七日)

(移会略)乾隆五十一年九月初三日,内阁抄出广东巡抚臣图萨布跪奏,为委员伴送暹罗贡使赴京日期恭摺奏闻事。窃照暹罗国长郑华,于本年七月内备具表文方物,遣使丕雅史滑里逊通那突等来广入贡,恳请封号,经督臣孙士毅将陪臣尚须制备冬衣、定于八月中旬起程缘由恭摺由驲具奏,于本年闰七月二十六日钦奉硃批俞允,转行钦遵在案。兹贡使等置办冬衣齐备,定于八月十五日起程。经臣会同督臣,遴委潮州府通判张炯、守备武英妥协伴送,并照料贡品进京。除移咨沿途各省务饬照例拨护并另疏具题外,所有委员伴送贡使起程日期,臣谨恭摺奏闻,伏乞皇上睿鉴,谨奏。乾隆五十一年八月二十八日,奉硃批:"览,钦此。"

(同上书,庚编,第六本,页544)

礼部为本部奏移会(暹罗国长郑华请封)

(移会略)礼部谨奏,为遵旨查例具奏事。查暹罗国长郑华遣使来京朝贡,具表请封。奉旨:"览国长奏,遣使航海远来,进贡方物,具见悃忱。所有请封事宜,著察例具奏,该部知道。原表并发,钦此。"臣等伏查,康熙十二年暹罗国王请封,臣部议照封安南国王之例,撰拟诰命,铸造驼钮镀金银印,遣正副使各一员赍捧往封。奉旨:"册封暹罗国王,渡海道远,风涛有误,亦未可定。诰印应否交付进贡官,尔部再行察例议奏,钦此。"随经遵旨议准,遣封暹罗国王,航海随去官兵甚多,又需月日,且该国迎送劳苦,应不必遣官。俟诰印制造完备,传该贡使赴午门前行礼,祗领赍回在案。今暹罗国长郑华具表请封,奉旨著臣部查例具奏,应请照康熙十二年之例,交内阁撰拟诰命,臣部铸造驼钮镀金银印,其应用印匣、黄绢等物,由户、工二部取用,于来京贡使起程回国之先制造完备,起程前期,臣部设几案于午门前,恭陈诰印,带领该贡使行三跪九叩头礼,祗领恭赍回国,并咨行该国王,令于该国境上恭迎。伏候命下,臣部遵奉施行。所有例赏该国王及王妃并贡使等项,臣部照例具奏办理,为此谨奏请旨。

夹片:臣等查暹罗国曾于乾隆二十二年颁发清汉篆印,询据来使称,缘前此该国被花肚番掳掠,旧印遗失无存等语,若另行咨查,恐往返需时,且查该国现赍副表内,并未有用印文,是旧印遗失似可凭信。但恐将来旧印别出,无从辨识,臣等谨拟将篆文内印字篆法稍为区别,所有新旧印模,一并粘签,恭呈御览,伏候钦定,谨奏等因,于乾隆五十一年十二月十九日奏,本日奉旨:"知道了,钦此。"

(同上书,庚编,第六本,页545)

暹罗国王郑华自译黄纸汉字谢恩表文

上言大皇帝陛下万岁万岁万万岁!伏以帝德覃敷,遐方仰日月之照;皇仁周洽,海隅沐雨露之施。赫声濯灵,方夏之抚柔无远弗届;承先继志,屏藩之职献□□□□□①。臣忝任邦□,薄德□材②,既创修之无术,偏隅蕞尔,亦矩范之多惭。前遣贡使,匍赴金阙,进贡请封,不惟幸荷容纳,且蒙皇恩敕赐封号,宠颁诰印。天语煌煌,宣示属国,重于泰山;龙章灿灿,昭镇夷邦,光之奕世。使臣奉诏回国,举国欢呼,臣华谨北面拜受,刻骨铭心,虽效犬马,难报万一。敬承睿训,敢不益加乾惕,慎守藩封,抚辑土民,以仰副圣天子宣德怀远之至意乎。皇恩浩荡,有加无已,复蒙并赐臣妻彩币等物,拜命之下,倍相感激。今特遣使臣帕使滑□③逊通亚排那赤突、朗喝汶悉泥霞喔无突、坤鼻职通事等虔备方物,恭赍表章,达切念之诚□,□④九重之聪听。虽区区薄物,乌足以伸酬报,而款款微衷,□顶祝(约缺数字)闻。虔备金叶表文一张,公象一只,母象一只,象牙四百五十斤,外三百斤内一百五十斤,豆蔻四百五十斤,外三百斤内一百五十斤,折冰片沉香三斤,外二斤内一斤,孔雀尾十五屏,外十屏内五屏,翠毛九百张,外六百张内三百张,檀香一百五十斤,外一百斤内五十斤,藤黄四百五十斤,外三百斤内一百五十斤,折龙涎香犀牛角九个,外六个内三个,恭进金阙,伏乞容纳,臣不胜感激荣幸之至,谨呈。乾隆五十三年五月初九日。(年月上用汉、满二体文"暹罗国王之印"一颗)

(同上书,庚编,第六本,页546)

---

① 这里阙五字似为"琛有路可航"。
② 这里阙二字,分别为"国""疏"二字。
③ 阙一字为"里"字。
④ 这里阙二字,分别应为"苶""渎"。

广东巡抚图萨布残题本

……臣图萨布谨题,为进贡谢恩恳请转奏事。该臣看得,暹罗国王郑华遣使帕史滑里逊通亚排拿赤突等赍捧表文贡物来广入贡,叩谢天恩,经臣会同督臣孙士毅恭摺由驿奏闻。钦奉谕旨,著令臣等派员护送该贡使及贡物,赶年班来京瞻觐等因。兹据布政使许祖京会详称,暹罗国进贡表文方物先经安置译馆,压舱货物亦经起贮行内。伏查暹罗国进贡定例,船不过三,人不过百。今正副二船商梢一百九十八名,与例相符。驯象二只,据禀雄象一只因染患热证,在安南洋面病毙,割取象牙、耳、尾,照例解京呈验。其进京员役二十一员名,需用夫马、船只、廪粮,照例填给勘合应付,详委廉州府同知张肇祥、督标后营守备赵攀龙伴送赴京,于乾隆五十三年九月二十日自广东省城起程。再,暹罗国正副贡船压舱货物,并请照例免其征税等由造册呈详前来。所有委员伴送暹罗国正贡帕史滑里逊通亚排那赤突等员役起程进京日期,相应恭疏题报,除册送部查核外,谨会题请旨。

(同上书,庚编,第六本,页546)

广东巡抚郭世勋题本

兵部侍郎兼都察院右副都御史巡抚广东地方提督军务兼理粮饷臣郭世勋谨题,为暹罗国遣使恭进年贡并庆祝万寿贡物委员伴送起程事。据广东布政使许祖京会同按察使张朝缙详称:"奉两广总督部堂福康安札开:照得本爵阁督部堂于乾隆五十四年八月初十日会同广东抚部院郭世勋恭摺具奏接暹罗国咨会缘由,今于九月十一日接准大学士伯和珅字寄,乾隆五十四年八月二十七日奉上谕:'福康安等奏,暹罗贡使现已到粤,所有年贡令于年底到京,其赍送万寿贡物之使臣,令在粤居住,俟明年夏间再行委员伴送到京等语。暹罗远道入贡,情殷葵向,深可嘉奖。但该国使臣于明年夏间始起程进京,未免在粤多耽时日。福康安可向其谕知,如该使臣久住粤东或有稽候,即所赍万寿贡使不妨令其一并于年底到京,俟新正颁诏时同伸叩祝,已足以展其祝嘏之诚,俾及早回国。如该使臣必欲于明岁诣阙,届期庆祝,仰瞻王会之盛,亦听其便。只须扣算日期,令于七月二十以外到京,方为妥善。将此由五百里谕令知之,钦此。'又奉广东抚部院郭世勋札行同前事,仰司奉此依经转行钦遵查照,并檄行广州府转饬查明造册详报去后,兹据广州府申据署南海县知县周克达、署番禺县知县史藻详称:据委员南海县河泊所大使田本、番禺县河泊所大使韩勇泰申报,正贡船已抵省河,恭起表文方物,敬谨安置,业蒙两院率同在省司道各官于九月二十四日恭验在案。其压舱货物亦起贮如顺行内,并造缴各册到县。随据贡使丕雅史滑里逊通那突等禀称:'使等赍捧表文方物年贡,所有另备庆祝万寿贡品原俟明年夏间起程进京,兹蒙大皇帝谕旨,垂恤远番,令一并于年底到京,俟新正颁诏时间同伸叩祝,俾得及早回国,恩慈优洽,感戴难名。使等敬谨遵旨,将万寿贡物随同年贡,拟于乾隆五十四年九月二十六日一并起程,赶副新正朝贺,恭展祝嘏之忱。至现在进京员役实共二十一员名,余留在粤看守贡船,俟使等京旋,一同回国。所有起程日期,理合禀乞转详'等情到县,理合造册转请题报等由,连册缴府。据此,该广州府知府张道源复核照详备造各册。其方物册内开:'恭进皇上方物:番文金叶表文一道,汉字表文一道,表文亭一座,龙涎香十两,金刚钻七两,沉香二斤,上冰片一斤,中冰片二斤,孔雀尾十屏,翠皮六百张,犀角六个,象牙三百斤,白豆蔻三百斤,藤黄三百斤,大枫子三百斤,降真香三百斤,白胶香一百斤,樟脑一百斤,檀香一百斤,荜拨一百斤,甘蜜皮一百斤,土桂皮一百斤,西洋毯二领,西洋红布十匹,乌木三百斤,苏木三千斤。恭进皇宫方物:龙涎香五两,金刚钻三两,沉香一斤,上冰片八两,中冰片一斤,孔雀尾五屏,翠皮三百张,犀角三个,象牙一百五十斤,白豆蔻一百五十斤,藤黄一百五十斤,大枫子一百五十斤,降真香一百五十斤,白胶香五十斤,樟脑五十斤,檀香五十斤,荜拨五十斤,甘蜜皮五十斤,土桂皮五十斤,西洋毯一领,西洋红布五匹,乌木一百五十斤,苏木一千五百斤。'又册开:'恭进皇上万寿方物:寿烛十对,沉香十斤,紫胶香五十斤,冰片二斤,燕窝十斤,犀角九个重十斤,象牙九枝重二百斤,通大海一百斤,哆啰呢四匹。'又册开:'表亭上架用夫八名,表亭下架用夫四名;龙涎香、沉香、冰片、金刚钻、犀角用大箱二个,夫四名;西洋毯三领用大箱一个,夫二名;孔雀尾十五屏、翠皮九百张用小箱一个,夫一名;象牙四百五十斤用大箱四个小箱一个,夫九名;西洋红布十五匹用大箱一个,夫二名;降真香四百五十斤用大箱四个小箱一个,夫九名;檀香一百五十斤用大箱一个小箱一个,夫三名;樟脑一百五十斤用大箱一个,小箱一个,夫三名;白胶香一百五十斤用大箱一个小箱一个,夫三名;大枫子四百五十斤用大箱四个小箱一个,夫九名;白豆蔻四百五十斤用大箱四个小箱一个,夫九名;荜拨一百五十斤用大箱一个小箱一个,夫三名;甘蜜皮一百五十斤用大箱一个小箱一个,夫三名;桂皮一百五十斤用大箱一个小箱一个,夫三名;藤黄四百五十斤用大箱四个小箱一个,夫九名;乌木四百五十斤用夫九名;苏木四千五百斤,每百斤用夫二名,共用夫九十名。又恭进万寿贡品,烛二百斤用大箱二个,夫四名;沉香十斤,冰片二斤,犀角九个,用小箱一个,夫一名;燕窝十斤,哆啰呢四匹,用小箱一个,夫一名;紫胶香五十斤,用小箱一个,夫一名;象牙二百斤,用大箱二个,夫四名;通大海一百斤,用大箱一个,夫二名,以上共用大箱三十五个,每个用夫二名;小箱十五个,每小箱二个用架一副,每副用夫二名,共用夫八十五名。乌木、苏木共夫九十九名。表亭上下架共夫十二名。通共夫一百九十六名。正贡使丕雅史滑里逊通那突,副贡使帕窝没悉呢霞喔抚突,三贡使朗拔察那丕汶知突,四贡使汶丕匹洚遮办事,正通事官谢上金,番书记乃司,汉书记钟英,番医生乃英,番吹手乃毡、乃美挨、乃孔、乃发、乃美,番汉跟役乃春、乃永、乃吗、乃律、乃汶、乃坎民、乃里、王成,以上共二十一员名。贡使、通事官五员,每员行李衣箱二抬,共计十抬,每抬夫二名,共夫二十名。贡使四员,通事一员,共五员,每员廪给一分,每分银一钱,共廪给五分;每员坐马一匹,共马五匹。番书记,汉书记,番医生,番吹手五名,番汉跟役八名,共一十六名,每名口粮一分,每分银五分,每名马一匹。以上计廪给五分、口粮一十六分、马二十一匹。水路共用河船七只,每只水手四名,夫八名,共用水手二十八名,夫五十六名。广东伴送贡使官二员,夫十六名,马四匹。'等由造册到司。"该广东布政使许祖京会同按察史张朝缙查看得:"暹罗国王郑华遣使丕雅史滑里逊通那突等赍捧表文、方物来广呈进年贡,并庆祝万寿贡,业蒙会摺奏闻,钦奉谕旨允准,并令一并于年底到京,遵经转饬地方官钦遵办理。……本司等伏查,暹罗国进贡定例船不过三,人不过百。今正贡船内除贡使、番役外,实商梢九十九名,与例相符。查该国进原原正副二船,据禀,副贡船只因风收泊新宁县属海面,船身损坏,现需修葺,尚未到省。该贡使等谨遵谕旨,将万寿贡品随同年贡一并起程,赶副年底到京,得与新正朝贺,恭展祝嘏之忱。其进京员役共二十一员名,分晰造册呈送,余留在粤看守贡船。至副贡船只,俟催令修整完竣,抵省之日再行备造商梢姓名、压舱货物各册另详咨报外,仍请照例先令回国。所有进京员役二十一员名需用夫马、船只、廪粮,照例填给勘合应付,详委廉州府同知张肇祥、督标前营守备庄腾飞伴送贡使赴京。据报于乾隆五十四年九月二十六日由广东省城起程,相应造册详缴,伏候会核具题。再,查暹罗国进贡正副贡船各一只,压舱货物例应题请免税,今正副二船压舱货物应请照例免其征税。所有留粤看守贡船梢目人等,应令昼夜提管船只,毋许别往,俟贡使事毕抵省之日,一同回国。又副贡船回国日期及买回压舱货物,俟查明另行造册详请咨送,合并声明"等由到臣,……臣复核无异。所有委员廉州府同知张肇祥、督标前营守备庄腾飞伴送暹罗国正贡使丕雅史滑里逊通那突、……等员役起程进京日期,相应恭疏题报,除册送部查核外,臣谨会同两广总督臣福康安合词具题,伏乞皇上睿鉴,敕部议复施行,谨会题请旨。乾隆五十四年十月初二日,……臣郭世勋。(旨)"该部知道。"

(同上书,庚编,第六本,页 549—551)

内有"此次暹罗国系谢恩入贡"残题本

"……查此次暹罗国系谢恩入贡,应照各国遣使谢恩之例,其赏赐国王及来使等并同常贡,所有应赏朝鲜、暹罗各国及使臣人等物件,谨分晰开单恭呈御览,伏候命下,行文各该衙门移取,在午门前颁给。……其赏赐暹罗国王各物,业经军机处撰拟敕书进呈,应将物件照例开送内阁载入,交来使敬谨赍回。该二国使臣起程时,照例在臣部筵宴二次,令其回国。其暹罗使臣回到广东省城,应再筵宴一次。至暹罗国跟役乃律一名在途患病,留在贡船调治,应与来京从人一例赏给之处,臣部查照定例办理"等因,于乾隆五十四年正月二十日具题,本月三十二日奉旨:"依议,单并发,钦此"等因。又奉前任广东抚院图萨布案验:"为知照事。乾隆五十四年三月二十日,准礼部咨,主客司案呈暹罗国差来谢恩正贡使帕史滑里逊通亚排那赤突,副贡使朗喝汶悉呢霞喔无突,通事一名,从人十七名,伴送来京之廉州府同知张肇祥一员、跟役二名,督标后营守备赵攀龙一员,跟役二名,伊等于正月二十九日起身回国。所有赏赐物件开列清单,相应知照广东巡抚转行知照粤海关税务监督可也。计赏赐单一纸,内开:赏国王锦八匹,织金缎八匹,织金纱八匹,织金罗八匹,纱十二匹,缎十八匹,罗十八匹;赏王妃织金缎四匹,织金纱四匹,织金罗四匹,缎六匹,纱六匹,罗六匹;赏正副使二员,织金罗各三匹,缎各八匹,罗各五匹,绢各五匹,里各二匹,布各一匹;赏通事一名缎五匹,罗五匹,绢三匹;赏从人十八名绢各三匹,布各八匹。加赏正使一员锦三匹,漳绒三匹,小卷八丝缎五匹,小卷五丝缎五匹,花大荷包一对,小荷包四对;加赏副使一员锦一匹,漳绒一匹,小卷八丝缎三匹,小卷五丝缎三匹,花大荷包一对,小荷包二对"等因咨院行司奉此,均经转饬遵照,并钦遵谕旨,饬令正副原船先行回国在案。兹据广州府知府张道源详据南海、番禺二县详据行商刘如新禀,据上年贡使帕史滑里逊通亚排那赤突等禀称,乾隆五十四年,国王差遣使臣丕雅史滑里逊通那突等来广进贡,并庆祝万寿贡,原配驾正副贡船二只来广,缘副贡船只因风收泊新宁县属海面,船身损坏,该处难于购料兴修,现值北风当令,船身高大难以拖带进省,应俟明春风和进省再行修葺,吁恳详请将正贡船更换先行回帆,俾使等得以同船回归。其副贡船只留粤修理完固,俟现在进京之贡使于明岁事毕京旋,与商梢人等一同乘驾回国等情。并据该二县具报,贡使帕史滑里逊通亚排那赤突等拟于乾隆五十四年十一月二十一日恭赍御赐物件附搭乾隆五十四年正贡船开行回国,并请给文领赍回国知照"等由转详到司。据此,该广东布政使许祖京会同按察使张朝缙查看得:"暹罗国上年遣使帕史滑里逊通亚排那赤突等赍捧表文、驯象等物来广进贡谢恩,钦奉谕旨,准其赴京瞻觐,并令将原船先行回国,……兹据广州府知府张道源详据南海、番禺二县申报,上年暹罗国贡使帕史滑里逊通亚排那赤突等于乾隆五十四年正月二十九日在京起身,五月十三日抵广东省城,业经遵照筵宴,缘风信不顺,故未回帆。今风信顺利,拟于乾隆五十四年十一月二十一日赍捧御赐物件附搭乾隆五十四年正贡船开行回国等由到司。本司等伏查,……今应饬令附搭本年副贡船只先行回国,缘本年副贡船只因风收泊新宁县属海面,据称船身损坏,该处难于购料兴修,现值北风当令,应俟明岁风和拖带进省方能修整。但该贡使等未便在粤守候致稽时日,应请更换正贡船先行回帆,俾该贡使等得以及早同船归国。其副贡船只留粤修葺完固,听候本年贡使于明岁自京旋□□,□商梢人等一同乘驾回国,以昭体恤。□□□□□□并委员监看回帆货□,移行护送出□,□□□□□乾隆五十三年(下缺)"

(同上书,庚编,第六本,页551—552)

广东巡抚郭世勋残题本

兵部侍郎兼都察院右副都御史巡抚广东地方提督军务兼理粮饷臣郭世勋谨题,为暹罗国遣使进贡方物委员伴送起程事。据署理广东布政使印务按察使张朝缙会同代办按察使事南韶连道姜开阳详称:"奉署理两广总督印务广东抚院郭世勋扎开:照得本署部院于乾隆五十五年七月十三日由驿具奏暹罗国王遣使恭赍表文方物叩祝万寿、贡使抵粤日期缘由一摺,于乾隆五十五年八月二十日奉到硃批:'有旨谕部,钦此。'同日又承准廷寄乾隆五十五年八月初二日内阁奉上谕:'本日据郭世勋奏称,暹罗国王遣使进贡祝厘,于七月十一日正贡船甫到,副贡船尚未抵粤等语。该国王情殷祝嘏,恭进方物。阅其表文,欢欣踊跃,具见悯忱。但现届八月初旬,该国贡使抵粤较□,□□□期到京,随班庆祝,自毋庸即令僭(趱)紧□□,□□□勋将该国前后抵粤贡使人等,俱酌量令其缓程行走,于年底到京,随入宴赏,以示朕体恤远人至意。该部知道,摺并发,钦此。'钦遵仰司转行查照去后,兹据广州府申据署南海县知县史藻、署番禺县知县伍礼彬详称,据委员南海县河泊所大使田本、番禺县河泊所大使韩(中缺)。万寿方物:番字金叶表文一道,汉字表文一道,表文亭一座,寿烛十对,金刚钻一斤,冰片二斤,燕窝十斤,沉香二十斤,犀角二十斤,孔雀尾五十屏,翠鸟皮五百张,檀香一百斤,降真香一百斤,砂仁米一百斤,紫梗一百斤,象牙二百斤,豆蔻二百斤,胡椒二百斤,藤黄二百斤,和囒毡二领。又册开:表亭上架用夫八名,表亭下架用夫四名;寿烛二百斤用大箱二个,夫四名;沉香、犀角、冰片、金刚钻用小箱一个,夫一名;燕窝十斤、和囒毡二领用小箱一个,夫一名;象牙二百斤用大箱二个,夫四名;……以上共用大箱十四个,每个用夫二名,小箱四个,每小箱二个用架一副,每副用夫二名,共用夫三十二名。表亭上下架共夫十二名,通共夫四十四名。正贡使拍簪令思远那末蚋剌秃,副贡使唧疏越理买抵屋八秃,正通事官王天秩,副通事官胡德钦,番书记乃疏罗,汉书记王成,番医生乃寸,番吹手乃孔挨、乃英、乃採、乃将、乃唱,番汉跟役乃竟、乃孔内、乃巧、乃蛮、乃历览、乃历巧、乃元、乃孔巧、李斗,以上共二十一员名。贡使、通事共四员,每员行李衣箱二抬,共计八抬,每抬夫二名,共夫十六名;每员廪给一分,每分银一钱;每员坐马一匹,共马四匹。番书记,汉书记,番医生,番吹手五名,番汉跟役九名,共一十七名,每名口粮一分,每分银五分,每名马一匹。以上共计廪给四分,口粮一十七分,马二十一匹。水路共用河船五只,每只水手四名,夫八名,共用水手二十名,夫四十名。广东伴贡官二员,夫十六名,马四匹等由造册到司。……兹据广州府申据南海、番禺二县详报,暹罗国恭进表文方物,先经敬谨安置驿馆,于九月十八日恭验,其正贡船压舱货物亦据起贮行内,造册呈缴前来。本司等伏查,暹罗国进贡定例船不过三,人不过百,今正贡船内除贡使、番役外,实商梢九十九名,与例相符。查该国进贡,原属正副二船,据禀副贡船装载驯象二只,因在洋风色不顺,至今尚未抵粤,谨将正贡船方物先行起程。……至副贡船乘载驯象二只,俟抵省之日另行办理详报。所有进京员役二十一名需用夫马、船只、廪粮照例填给勘合应付,详委粤闽南澳同知邱学敏、抚标右营守备许麟学伴送贡使赴京。据报于乾隆五十五年九月二十二日自广东省城起程,相应造册详缴,伏候察核具题。……所有留粤看守贡船梢目人等,应令昼夜提管船只,毋许别往,俟贡使事毕抵省之日一同回国,合并声明"等由到臣。据此,……臣复核无异。所有委员南澳同知邱学敏、抚标右营守备许麟学伴送暹罗国正贡使拍簪令思远那末纳刹秃……等员役起程进京日期,相应恭疏题报,除册送部查核外,臣谨具题,伏乞皇上睿鉴,敕部议复施行。……(年月缺)

(同上书,庚编,第六本,页554—555)

户部为内阁抄出两广总督吴熊光奏移会

(移会略)两广总督臣吴熊光跪奏,为遵旨查办恭摺具奏仰祈圣鉴事。窃臣钦奉上谕:"吴熊光奏请禁内地商民代驾暹罗货舡进口贸易一摺,已另降敕谕,俟该国贡使来京时颁给赍回。兹著另录一道,先行发给吴熊光阅看。所有金协顺等舡二只,既已驶至内地,姑准其起货纳税,另置新货给照回帆。其暹罗收泊东陇港各舡只,既据称该处并非大关,外洋舡只定例不准在彼收泊,应俟饬查明确,分别办理具奏等因,钦此。"臣跪读之下,仰见皇上宅中驭外,曲体严防,无微不周,实深钦佩。谕旨到日,暹罗国贡使尚未启程,随饬传该贡使宣示德意,谕以此次大皇帝格外施恩,姑准金协顺、陈澄发二舡起货纳税,另置新货给照回帆。嗣后该国务遵定例办理,不得再交中国民人代为营运。该贡使伏地叩头,察其感畏之状如尚出(疑有脱误)于九月二十八日委员伴送北上。至收泊东陇港各舡,行据澄海县查复,各前县任内均有暹罗货舡驶至,装载苏木、树皮等物,并无夹带违禁之件,报明东陇税口,投纳开舱,向无牌照。其有阻滞不能及时回国者,均换载糖斤赴江浙行销,由县给与护牌,以凭各口岸查验,数十年来,相沿已久。前有金聚顺、金广顺、二合舡三只收泊东陇,因风帆不顺,不能开帆回国,贸买换糖货东陇难以行销,已给与护牌前往浙江等省发卖,惟有十万骖一舡现泊港口等情。臣查东陇港系属小口,并非(疑脱)关,外洋舡只定例本不准在彼收泊,今金广顺等三舡收泊该处,既不即时回帆,复换载糖斤前赴江浙贸易,虽系相次沿办,究属错误,圣明怀柔远人,业宽其既往之咎,亦不可不申明例禁,以杜将来。臣现已恭录谕旨,飞咨江浙二省,查明即饬回国,毋许辗转逗留。其现泊东陇港口十万骖一舡,饬令遵例驶至省城大关,照金协顺等一体准其另置新货,验照回帆。此外,该国货舡恐尚不止此数,容俟详细查明,遵旨分别办理,不致商夷混淆。除咨会粤海关监督常显查明,并将东陇港口违例擅放夷舡起于何时,暨滥发执照之文武员弁,查明年月,饬取职名咨部议处外,所有遵旨查办缘由,理合恭摺具奏。嘉庆十二年十一月初八日。奉硃批："知道了，钦此。"

(同上书，庚编，第六本，页561—562)

□部为内阁抄出两广总督百龄等奏移会

（移会略）□□□□□月十七日，内阁抄出二品顶戴两广总督奴才百龄、护理□□巡抚布政使奴才衡龄跪□，□遵□□□伴送暹罗国赍贡使臣由粤起程日期恭摺奏闻仰祈圣鉴事。窃照暹罗国王遣使赍贡祝嘏于八月初间到粤缘由，经奴才百龄奏奉谕旨："暹罗国王因万寿庆节，特遣使臣情殷叩□，□于至诚，自应准令来京，著照例委员伴送，于十二月抵京，令其于元旦令节随班庆贺。至该国恳请内地民人代为驾货船一事，此则不可。向来诸국夷人货□均令□专差夷目亲身管驾，若准借用内地商民代为贩运，恐奸□□□诓骗，接济销赃，难以查禁。况暹罗民人生长外夷，于洋面情□□□素悉，所言不可信，所请不可行。嗣后该国货船不准倩雇商□□□□□，钦此。"仰见我□□□□□□□□万里，奴才等跪聆之下不胜钦服，遵即传知该使□□□感鼓舞，敬恪遵行。兹谨将收贮公所各□□□金叶表文、译字表文仍交该贡使拍簪鸾史藩攫挖哪车突、唧史滑厘迈知握不突等领赍，遴委惠州府知府和珲额、连阳营游击恒仁伴送，于九月二十八日由粤起程，计算程期八十余□，□□二月中前后可以抵京。至该国王恳请倩雇内商表文一道，该大库具申礼部公文一件，前经照录恭呈御览。兹奉谕旨，该国货船不准倩雇商民，自应将赍到该国王表文及呈礼部公文给还该夷目带回该国。惟查该国虔恳雇内商表文与正贡金叶表文□贮一匣，外有该国王印封，该使臣不敢擅拆，禀恳仍将此□□文、公文赍京呈缴礼部，候部发领等因。奴才等现在咨明礼□，□表匣到京，由部臣开封呈□□□□□表文及公文给还该使带回。奴才等仍恭录□□□□□□□照，所有委员伴送暹罗国使臣起程日期及现□□办缘由，谨合词恭摺具□，□□□□睿□，谨奏。十五日奉硃批："知道了，钦此。"

(同上书，庚编，第六本，页562—563)

礼部为内阁抄出两广总督百龄等奏移会（十月二十八日）

（移会略）嘉庆十五年十月二十四日，内阁抄出两广总督臣百龄、广东巡抚臣韩崶跪奏，为暹罗国赍贡使臣抵粤及贡船在洋遭风现在办理缘由恭摺驰奏仰祈圣鉴事。嘉庆十五年九月初十日，据暹罗国通事林恒中报称，本年六月间，随同贡使分驾正副贡船，恭赍表文方物及压舱货物在暹罗开行来广。九月初间,正贡船行抵香山县①属荷包外洋突遇飓风,击坏船舵桅索,压近山边,被礁垫破船底,即时沉溺。当将表文并贡物内龙涎香、金刚钻二种救出,贡使等幸登山岸逃生,尚有方物沉香、冰片、白胶香、樟脑、檀香、西洋布、西洋毯、甘密皮、藤黄等件俱经落水,不及捞取,副贡舡亦被风漂至新会县属崖门海面寄泊。并将译出表文二道、方物单一纸及暹罗国大库寄臣等禀件呈送前来。臣等查阅该大库禀称,前者上贡,蒙奏准使臣进京叩祝万寿,感激无地。兹值年贡之期,本国王谨遵例虔备金叶表文、方物,特差使臣丕雅唆挖里巡取押派唠喇突、朗喝汶县厘露握吧突、朗勃敕哪丕汶知突、坤匹哇遮办事、坤勃敕哪丕绩通事林恒中等恭赍赴粤,恳乞转奏,诣阙抒诚等情。臣等伏查,该国于嘉庆十二年遣使入贡后,上年恭值皇上五旬万寿,复又备贡祝厘。兹该国因届例贡三年,虔备表文贡品,遣使臣航海远来,恭顺抒诚,情词恳挚。讵贡舡甫抵粤洋,遭风损溺,较之外藩夷商货舶偶然失事者尤属不同。臣等闻报,一面飞札香山县彭昭麟多雇渔人水摸,饬委因公在省之肇罗道窦国华带同委员驰往香山,督同该县前赴荷包洋面,勘明该国正贡舡沉溺处所系在离荷包湾外百余里之大芒山下,船身已破,风浪击散,仅存船底与桅木二根,其舡内所沉贡品及压舱货物,除漂失外多被淹浸朽坏,现在设法捞取,并饬先将该国正使臣等安顿省城馹馆;一面檄饬署香山协副将孙全谋督带师船驶赴崖门一带海面,查获同师(疑误)漂散之副贡船,妥为防护。因副贡船先经被风损伤,驶进新会县属之崖门停泊,即经该县沈宝善会营照料,起驳装载贡品,同副贡使及番艄人等护送到省。伏查嘉庆七年,闽省督臣玉德具奏,琉球国贡船在洋遭风漂溺,钦奉上谕:"饬令该督行知该国王,以此次该国贡船遭风击碎,贡物沉失,此实人力难施,并非该使臣等不能小心护视所致。现已奏明,特奉恩旨优加抚恤,并将其沉失贡物远道申虔,即与赍呈赏收无异,该(疑误)令不必另行备进。所有此次赍贡使臣等回国后,该国王无庸加以罪责。嗣后遇有外藩贡舡如遭风漂没沉失贡物之事,均著照此办理等因,钦此。"钦遵在案。此次暹罗正贡船遭风沉溺,副贡船并未损坏,所赍贡品九种,仍俟该使等自京回粤时,臣等遵照谕旨行知该国不必另行备进,并无庸将该使臣加以罪责,以副圣主加惠远夷之意。至该国所具金叶夷字表文、汉字表文,例应随贡品恭进,谨先将译出表文及方物单照录敬呈御览,为此合词恭摺驰奏,伏乞皇上睿鉴,谨奏。

---

① 香山县,今广东中山市。

嘉庆十五年十月二十日，奉上谕："据百龄等奏，暹罗国赍贡使臣抵粤一摺，该国贡舡在香山县属荷包外洋突遇飓风击坏，沉失贡物，此实人力难施，并非使臣不能小心防护。其沉失贡物不必另行备进，用昭体恤。所有郑佛恳请敕封之处，著该衙门照例查办，俟该使臣回国即令领赍。钦此。"

臣百龄、臣韩崶跪奏：再，肇罗道窦国华现伴送暹罗贡使进京，所遗道缺，臣等查有候补知府李威，老成明练，前经护理粮道印务，办理裕如，以之护理肇罗道，堪以胜任。除檄饬遵照外，谨合词附片具奏，谨奏。嘉庆十五年十月二十日。奉硃批："览，钦此。"

臣百龄、臣韩崶跪奏：再，臣等查阅暹罗大库另禀内称，该国王郑华自蒙恩敕赐宝瑞，迄今二十八年。上年七月内，郑华因病，服药罔效，授位于嗣子郑佛权理国政，以候天朝诰命恩封，伏乞代为转奏等情，并恭阅译出郑佛所进表文内亦有嗣臣未奉旨未敢擅便之语。此次该国使臣赍贡远至，虽非专为请封，而该国之归顺天朝，尊崇敕命，察其词意，实属出于至诚。伏查乾隆五十二年该国王郑华受封时，因郑华声明伊父郑昭将印遗失，故蒙重颁敕印，交该国使臣领赍回国。今郑佛既表称郑华已将天朝宝瑞受领，恭候圣旨。应否特颁敕谕一道，查照敕封郑华之例，交此次使臣赍回，以彰天宠而惠藩封，伏候圣裁。除将郑佛乞恩表文随进贡表文呈览外，谨将附片具奏，伏乞睿鉴，谨奏。谨将验过暹罗国贡物现存及沉失各件开列清单，恭呈御览。现存十三种：龙涎香一斤半，犀角九个，大枫子四百五十斤，象牙四百五十斤，孔雀尾十五屏，桂皮一百五十斤，苏木四千五百斤，降真香四百五十斤，乌木四百五十斤，白豆蔻四百五十斤，荜拨一百五十斤，金刚钻十两，翠皮九百张。沉失九种：沉香三斤，檀香一百五十斤，樟脑一百五十斤，藤黄四百五十斤，西洋毯三领，白胶香一百五十斤，冰片四斤半，西洋布十五匹，甘蜜皮一百五十斤。

（同上书，庚编，第六本，页563—564）

户部为内阁抄出兼署闽浙总督张师诚奏移会（十一月二十日）

（移会略）兼署闽浙总督福建巡抚臣张师诚跪奏，为闽省民人由暹罗国贩货回粤遭风漂闽讯供查办恭摺奏闻事。窃照闽民杨由前于嘉庆十二年间在暹罗国代驾该国王新造金协顺洋船，载货至粤贩卖，经前两广督臣吴熊光奏奉上谕："外洋诸国夷人自置货船前来贸易，自应专遣夷目亲身管驾，不得令内地商船代为贩运。所有金协顺等船既已驶至内地，姑准其起货纳税，另置新货，给照回帆。自此次饬禁之后，如再有代驾夷船进口者，即当查明惩办等因，钦此。"并准吴熊光移咨闽省，查明杨由出口日期核办，因杨由已由粤省运货仍回暹罗，无从查讯。仅据厦防同知饬传行保人等讯明，新永兴即庄庆兴一船，于嘉庆九年十二月二十四日由厦门挂验出口，前往暹罗，杨由携带箱只赴行搭船，因庄庆兴船已开，杨由即于次日另雇小船载赴大担口外附搭同往，当时并未给照，业经臣会同前督臣方维甸咨复粤省在案。兹据厦防同知叶绍棻禀称，金协顺洋船现经闽民吴竟由暹罗运货到厦，杨由亦附搭同回等情。臣查金协顺系暹罗王置造之船，前经钦奉谕旨，不准内地商人代驾贩运，何以又令闽民吴竟运货来闽？当即行提吴竟、杨由至省，饬发藩司景敏、臬司广玉督同福州府知府朱桓、邵武府知府多托礼讯称，吴竟供称龙溪县人，向在广东生理，嘉庆十四年正月间即在广东置货，附搭暹罗贡船前往暹罗贩卖，因有素识的广东人陈坤万向在暹罗贸易，随将货物托交代售番银四千元。陈坤万说，国王有船一只，牌名金协顺，前令闽民杨由载货赴粤，经粤省奏奉谕旨敕禁，国王感激天恩，不敢再令内地商人代驾，此船停泊数年，渐有损坏，托陈坤万觅主变卖，须番银五千元，嘱小的买回经商，如银两不敷，伊可代担。小的先付价银一千五百元，余银买货装运，陈坤万亦附带苏木等物赴粤售卖，并令杨由搭船同回。十四年七月放洋，遭风漂入安南，复从安南开驾，又在洋遭风，漂至闽省围头洋面，收泊厦门是实。又据杨由供，同安县人，嘉庆九年十二月间在厦门雇坐小船赶至大担口外附搭新永兴船只前赴暹罗生理。有同乡人黄官，因与族兄杨华素好，在国王前保荐小的代驾金协顺洋船至粤贸易，经粤省奏奉谕旨，仍令贩货驾回。国王不敢再令小的贩运，一时又无便船，遂在暹罗数年，今搭吴竟船只同回各等语。并据吴竟呈缴该船前领粤海关、南海县牌照二纸前来。臣查吴竟等所供承买暹罗国王船只运货回内各情，俱系一面之词，此船果否吴竟承买，所载货物有无该国王暗中托带，殊难凭信。陈坤万系粤人，是否向在暹罗贸易，闽省无从查办。据吴竟供称，本年又届暹罗进贡之期，粤省现有该国贡使，可以查询等语，自应咨查明确。兹录叙吴竟等供词，咨明粤省督抚臣询明，复闽办理。其船只货物令厦门同知暂行封贮看守，吴竟、杨由二人亦交该同知取保候讯。粤省前给牌照俟案结再行移还。至杨由前从闽省私渡外夷，守口文武员弁、兵丁失于查察，亦俟闽省查复到日一并核办。所有讯明闽民由暹罗运货回内缘由，谨恭摺具奏，伏乞皇上睿鉴,谨奏。嘉庆十五年十一月初七日,奉硃批:"览,钦此。"于本月初十日抄出到部。

(同上书,庚编,第六本,页565)

礼部为内阁抄出两广总督蒋攸铦等奏移会
(十一月十二日)

(移会略)嘉庆十七年十一月初二日,内阁抄出两广总督臣蒋□□、广东巡抚臣韩□□奏,为遵旨酌令暹罗国贡使由粤起程恭摺奏闻仰祈圣鉴事。窃照暹罗国遣贡使拍哪抈哩巡段亚排哪车突等来广入贡,恭谢天恩,经臣等先将该贡使等赍贡到粤缘由具奏,兹于本年九月十五日钦奉谕旨:"著于奉到谕旨后计算广东到京日期,酌令起程,俾该贡使于封印后到京,以便年底瞻觐,新正一体宴赍。其请船只先行回国修整以便明年接载贡使旋归之处,亦著照所请行,钦此。"遵即督同藩、臬两司遴委雷州府知府雷学海、署连平州事候补通判黄锜、督标前营参将张光宁三员伴送,并将收贮公所各贡品及金叶表文、汉字表文谨交该贡使等领赍,于九月二十五日由粤□□□,□□□①粤到京程途水陆行期约需八十余日,已饬各委员等□□□□②送并照料贡品,小心行走,俾该贡使于封印后到京,不致迟误。臣等仍先行移咨经由各省转饬沿路地方官照例拨护。至该贡使船只,业已遵旨准令先行回国修整,俟明年仍来接载该贡使旋归。所有委员伴送贡使起程日期,理合会摺奏闻,伏乞皇上睿鉴,谨奏。嘉庆十七年十月二十三日,奉硃批:"览,钦此。"

(同上书,庚编,第六本,页566)

译暹罗国王郑佛进贡残表文

臣暹罗国王郑佛诚惶诚恐,稽首叩首百拜,恭为遵例贡大皇帝陛下万岁万岁万万岁!伏以帝德巍峨,达乎雕题凿齿;皇仁浩荡,施于北狄东夷。文则右召左周,武亦方叔召□。□□□□□□会,正河清海宴之时。□□□大皇帝智由性产,勇自天生。治□□□唐虞,道德宗诸文武,继离明而照四国,恩覃海澨山陬,握乾坤以抚万邦,泽遍中华异域,宜乎保民如同保赤。允矣乃圣,无异乃神。臣地处偏隅,躬居僻壤。有社有稷,忝幸承乎先人;为翰为屏,符实受于帝眷。庆梯航于万国,诰封遥颁;锡带砺于遐方,(下缺)

(同上书,庚编,第六本,页566)

---

① 此处阙字,似为"省起程,计算由"。
② 此处阙字,似为"务妥为护"。

礼部为本部奏移会

　　礼部为移会事。主客司案呈本部具奏暹罗国补进嘉庆十八年例贡方物一摺,于嘉庆二十年九月二十八日奏,奉旨:"知道了,钦此。"相应抄录原奏,移会内阁典籍厅可也。……嘉庆二十年十月初一日。

　　礼部谨奏,为奏闻事。暹罗国王郑佛遣陪臣丕雅梭挖粒巡吞押拨藐昭突等赍捧表文方物来京,补进嘉庆十八年例贡,当经臣部奏闻在案。查十八年该国存贮粤省藩库贡品十种,该督遵旨于十九年委员解京,由臣部奏交内务府收贮。今该国王遣使补进例贡方物二十二种,臣等核与定例相符,应请赏收,理合缮写清单恭呈御览,伏候命下,臣部行文内务府收贮,为此谨奏。

(同上书,庚编,第六本,页567)

两广总督康绍镛残题本

　　(嘉庆二十四年十一月初一日题本,正文缺,只剩余题本日期及康绍镛职衔、署名)

　　(贴黄)兼署两广总督印务兵部侍郎兼都察院右副都御史巡抚广东地方提督军务兼理粮饷降二级留任臣康绍镛谨题,为遵例朝贡等事。该臣看得,嘉庆二十四年暹罗国王郑佛遣使吥雅梭滑里巡段呵叭腊车突等赍捧表文方物来广恭进例贡,经臣恭摺具奏,遴委文员廉州府知府何天衢、广州府海防同知钟英、署潮州镇右营游击事琼州镇右营都司常永于九月间伴送起程。今于九月十六日奉到硃批:"知道了,钦此。"转行遵照。兹据广东布政使魏元煜会同兼署按察使卢元伟详称:暹罗国恭进表文方物,敬谨安置怀远驿馆,已于九月十一日恭验。其正副贡船二只压舱货物亦据起贮行内,造册呈缴前来。该贡使等遵于嘉庆二十四年九月二十六日恭捧表文方物在广东起程,委员伴送赴京。所有进京员役二十六员名沿途需用夫马、船只、廪粮,照例填给勘合,……相应造册详请察核具题。……臣复核无异。除册送部查核外,臣谨题请旨。

(同上书,庚编,第六本,页568)

两广总督阮元残题本

　　(上缺)……该广东布政使司布政使陈中孚会同广东按察使司按察使李沄查看得:"道光二年,暹罗国王郑佛遣使吥雅梭挖里巡段呵排腊车突等赍捧表文方物来广恭进例贡,并遣使臣预期恭赍贡物候祝癸未年①万寿,业蒙恭摺具奏,钦奉谕旨:'该国王例贡,准其于本年呈进。著该督等将赍进例贡使臣委员伴送起□,□□□□□□□□②赍进万寿贡之使臣,亦著□□□□□□□□③,于明年七月内到京,届期呈进。所有该国正副贡船,准其于本年底先行回国,钦此'等因札司移行遵照在案。……兹据例贡使臣遵于道光二年十月初二日恭捧表文方□□□□□④,□□□⑤送赴京,现在进京员□□□□□,□□□□⑥呈送。其庆祝万寿表文方物,并贡使白沾暖梭藩哪挖腊车突等安顿怀远驿馆,候明年届期派员伴送进京。其余留粤看守贡船,俟岁底风信顺利开行回暹。所有进京员役二十八员名沿途需用夫马、船只、廪粮,照例填给勘合应付,遴委兼护高廉道事署高州府候补知府百顺、雷州府知府王文苑、陆路提标前营游击文泰伴送贡使赴京。据报于道光二年十月初二日自广东省城起程,会同伴送例贡使臣赍捧表文方物进京。相应造册呈缴具题,并咨明礼部查照。……至该国正副二贡船,饬令置买回帆压舱货物完竣,趁此风信顺利时谕令该两船回暹。查取开行回国日期到日,造册另文详请给文领赍该国王查照。仍于明年遣船来广,接载贡使京旋回暹,合并声明"等由连册到臣,……臣复核无异,除册送部查核外,臣谨会同广东巡抚臣程含章合词具奏,伏乞皇上圣鉴,敕部查照施行,谨会题请旨。道光二年十月二日,太子少保兵部尚书兼都察院右都御史总督广东广西等处地方军务兼理粮饷臣阮元。(贴黄略)

(同上书,庚编,第六本,页569—570)

两广总督阮元残题本

(上缺)……兹据广州府申据署南海县知县章埏、署番禺县知县徐香祖详据洋行商人梁经国等禀,据暹罗国贡使白沾暖梭藩哪挖腊车突等禀称,使等遵于道光三年四月二十六日恭赍表文方物自广东省城起程进京等情到县,合将沿途应需夫马、船只等项造册缴府。据此,该广州府知府钟英复核照详备造各册。其方物册开:"暹罗国恭进万寿贡方物:汉字表文一道,番字金叶表文一道,表□亭⑦一座,大寿烛五对,每对

---

① 癸未年,即道光三年(1823年)。
② 此处阙字似为"程,令於本年内到京。其"。
③ 此个阙字似为"该督等酌量派员护送"。
④ 此处阙字似为"物在广东起程"。
⑤ 此处阙字似为"委员伴"。
⑥ 此处阙字似为"员役二十八员名,分晰造册"。
⑦ 应为表文亭。

四十斤,小寿烛五对,每对二十斤,冰片二斤,金刚钻一斤,沉香二十斤,燕窝十斤,犀角二十斤,荷兰毯二领,檀香二百斤,降真香一百斤,豆蔻二百斤,砂仁二百斤,胡椒二百斤,翠毛五百张,孔雀翎五十屏,象牙二百斤,藤黄二百斤,紫梗二百斤。"又册开:"表文亭上架用夫八名,表文亭下架用夫四名;大寿烛五对,每对四十斤,用大箱二个,夫四名;小寿烛五对,每对二十斤,用大箱一个,夫二名;冰片、沉香、金刚钻用小箱一个,夫一名;燕窝、犀角、荷兰毯用小箱一个,夫一名;……通共用夫五十六名。正贡使白沾暖梭藩哪挖腊车突,副贡使唧窝梭挖哩乃喾呵不突,正通事林恒中,副通事钟良新,汉书记林大森,番书记乃坤,番吹手乃政、乃学、乃里、乃成、乃青,汉番跟役乃荣、乃河、乃八、乃松、乃江、乃旬、乃进、乃岐、乃恒、乃长,以上共二十一员名。贡使、通事四员名,每员名衣箱行李二抬,共八抬,每抬夫二名,共夫十六名。贡使、通事四员名,每员名廪给一分,每分每站银一钱,共廪给四分;每员名坐马一匹,共马四匹。汉番书记、番吹手、汉番跟役共十七名,每名口粮一分,每分每站银五分;每名马一匹,共马十七匹。以上共计廪给四分,口粮十七分,马二十一匹。水路共用河船五只,每只水手四名,共用水手二十名,夫四十名。广东伴送官三员,夫二十四名,马六匹"等由造册到司。该广东布政使司布政使苏明阿会同广东按察使司按察使李沄查看得:"暹罗国王郑佛遣使白沾暖梭藩哪挖腊车突等赍捧表文方物候祝癸未年万寿,业蒙汇同例贡摺内具奏,钦奉谕旨:'赍进万寿贡使臣,著酌量派员护送,于明年七月内到京,钦此。'等因札司移行遵照。查上年例贡,业经详奉派委兼护高廉道事署高州府候补知府百顺等于道光二年十月初二日会同伴送,自省起程赴京;其正副二贡船亦于道光二年十二月二十六日一同开行回国复命,仍于明年遣船来广迎接贡使京旋回暹,均经先后详请题咨各在案。兹道光三年四月二十三日例贡使臣京旋抵省,安顿怀远驿馆,候国王复遣贡船来广乘坐回国,另行会详题咨。兹赍捧万寿贡使等经详奉派委兼护肇罗道肇庆府知府屠英,广州府永宁通判衷逊,升署碣石镇左营游击李耀扬伴送赴京。据报于道光三年四月二十六日自广东省城起程,所有进京员役沿途需用夫马、船只、廪粮,照例填给勘合应付,相应造册呈缴察核具题,并请咨明礼部查照。再,上年具奏恭进万寿贡物单内,大烛五对,每对二十斤,小烛五对,每对十斤。兹据南海、番禺二县申报,据洋行商人梁经国等禀称,贡物内大小寿烛十对,原重三百斤,前报共重一百五十斤系属错报,请转详更正,业于方物册内注明。又暹罗国王原派正通事刘一心,因言语不甚清楚,另选林恒中补充,合并声明"等由连册到臣。……臣复核无异。除册送部查核外,臣谨会同广东巡抚臣陈中孚合词具题,伏乞皇上圣鉴,敕部查照施行,谨会题请旨。道光三年五月二十九日。太子少保兵部尚书兼都察院右都御史总督广东广西等处地方军务兼理粮饷臣阮元。

(同上书,庚编,第六本,页570—572)

两广总督阮元残题本

（上缺）……又奉两广总督阮案验,道光三年十二月二十日,准礼部咨主客司案呈,查暹罗遣使恭进万寿贡来京,所有例赏缎匹等项,除本部颁给外,相应开单知照两广总督可也。计粘单一纸,内开:赏国王敕书一道,锦八匹,字缎八匹,蟒纱四匹,蟒襕纱四匹,罗缎八匹,纱十二匹,缎十八匹,素春绸十八匹;赏王妃字缎四匹,蟒纱二匹,蟒襕纱二匹,罗缎四匹,缎六匹,纱六匹,素春绸六匹;赏贡使二员罗缎各三匹,缎各八匹,素春绸各五匹,棉绸各五匹,素纺丝各二匹,布各一匹;赏通事二名缎各五匹,素春绸各五匹,棉绸各三匹;赏从人十七名,棉绸各三匹,布各八匹;赏伴送官三员彭缎袍各一件等因。……又奉两广总督阮元案验,道光四年正月初三日,准礼部咨主客司案呈,道光三年十月十五日,内阁抄出两广总督阮元、广东巡抚陈中孚奏,暹罗国正副贡船接载使臣回国其正贡船在洋遭风照例抚恤办理一摺,奉上谕:"阮元等奏,暹罗遣接使臣船只在洋遭风一摺,本年七月内,暹罗遣来接载使臣回国正副船只行抵广东新安县①属洋面遇风,将正贡船飘撞击碎,漂失公文货物,并沉溺舵水客民多名,现据该督等逐一查讯,著将水梢黄栋等安顿驿馆,妥为抚恤,其籍隶本省难民,即行饬令各回原籍。余著照该督等所议,分别办理,钦此。"……兹据广州府知府钟英详据南海、番禺二县详据洋行商人梁经国等禀,据暹罗国例贡贡使呸雅梭挖里巡叚呵排腊车突等禀报:使等于道光三年二月初二日自京起身,四月二十三日回抵广东省城,安顿怀远驿馆。又据恭进万寿贡使白沾暖梭藩哪挖腊车突等禀报:使等于道光三年九月初一日自京起身,十二月二十日回抵广东省城,安顿怀远驿馆,均经照例筵宴。至道光二年例贡并万寿贡船二只,业蒙准令先行回国,以便下年来粤接载贡使京旋回国。兹正贡船在洋遭风击碎,副贡船已于道光三年八月二十二日抵广东省城接载京旋贡使回国,使等均乘坐副贡船,拟于道光四年正月二十一日恭赍敕书及

---

① 新安县即后来的宝安县,今属深圳市。

御赐物件、公文,并请给文领赏回国知照等由转详到司。……(下缺)

(同上书,庚编,第六本,页572—573)

两广总督阮元题本(六年五月十四日下礼)

太子少保兵部尚书兼都察院右都御史总督广东广西等处地方军务兼理粮饷臣阮元谨题,为恭报暹罗国贡使雇倩商船开行回帆日期仰祈圣鉴事。据广东布政使司布政使魏元烺会同兼署广东按察使司印务两广盐运使翟锦观详称:奉两广总督阮元札开,道光五年十月二十二日会同广东巡抚成格由驿具奏,暹罗国遣使恭进例贡,并请敕封,船只在洋遭风缘由,今于十一月二十八日奉到硃批:"另有旨,钦此。"同日承准军机处字寄道光五年十一月初九日内阁奉上谕:"阮元等奏暹罗国贡使在洋遭风一摺,暹罗国世子郑福应行承袭,现在权理国政,因值例贡之期,虔备方物,遣使入贡,并恳请敕封。该国使臣在洋遭风,击碎船只,表文贡物尽行沉失,并淹毙水手多名,深堪悯恻。该使臣等万里航海,幸获生全,朕念其远道申虔,即与诣阙赍呈无异,自应优加抚恤。除该督等业经照例犒赏,并丰给饮食、制备衣物、医药调理外,该使臣等即令其在该省休息调养,毋庸远道来京。应领诰敕,著该衙门照例撰拟,俟颁发到粤,该督抚等即交该使臣赍捧回国。其沉失贡物,免其另行备进。现在捞获桅木等件,并著变价发给该使臣收领,以示朕绥藩柔远之至意,钦此。"又奉两广总督阮元札开,道光五年十二月二十六日准兵部火票递到兵部咨车驾司案呈礼部咨称:准两广总督阮元奏,暹罗国王恭进例贡,并请敕封,该国贡船在洋遭风,奉旨:"应领诰敕,著该衙门照例撰拟,颁送到粤。"经本部奏明,派员送交兵部颁发,并请旨应否照例颁给赏件,奉旨:"照例颁赏,钦此。"钦遵在案,所有钦颁诰敕同赏件缎匹等项,本部定于十二月初六日送交兵部,由兵部发交两广总督颁给,并开列清单送交贵部,仍由贵部转行各该省按站派员照料,拨兵护送,以昭慎重等因,出咨二件前来。除当即办给派拨护送赏赐物件官二员,兵八名,车二辆,车兵票各一张;又办给背护诰敕官一员,兵四名,兵票一张。并牌传良乡县转传下站一体小心护送押解外,相应开单由驿移咨两广总督转饬沿途州县营汛,俟前项赏赐物件到境,即派拨文武员弁小心护送,按站接递,毋致疏虞可也。计粘单一纸,内开颁发赏赐暹罗国王物件单:诰命一道,敕书一道,皮箱十只等因。……又奉两广总督阮元札开,道光六年二月十二日,准礼部咨主客司案呈:窃照暹罗国遣使恭进例贡,并请敕封,本部遵旨将应领诰敕二道颁发到粤,并将例赏物件颁发,所有赏赐国王及王妃、贡使、员役缎匹等项,经本部当堂点验,开明物件名目,并无损坏油汙痕迹,封固编号,粘贴印花,会同内务府官员于十二月初六日送交兵部发往。……计粘单一纸,内开赏暹罗国王、王妃及使臣、员役物件单:赏国王及王妃诰敕二道;赏国王锦八匹,蟒缎四匹,蟒襕缎四匹,蟒纱四匹,蟒襕纱四匹,罗缎八匹,纱十二匹,缎十八匹,纺丝十八匹;赏王妃蟒缎二匹,蟒襕缎二匹,蟒纱二匹,蟒襕纱二匹,罗缎四匹,缎六匹,纱六匹,纺丝六匹;赏贡使四员罗缎各三匹,缎各八匹,纺丝各七匹,绢各五匹,布各一匹;赏通事一员缎五匹,纺丝五匹,绢三匹;赏从人八名绢各三匹,布各八匹等因,咨院行司奉此,均经移行遵照。其贡船在洋遭风击碎,除漂失外,内有捞获豆蔻等件解省,经查照嘉庆十五年之案,转给贡使等收领。至捞获桅木等件,亦已从优估变价银二千元,给贡使收领各在案。兹据广州府知府高廷瑶详据南海县详据洋行商人关成发等禀,据道光五年暹罗国贡使呸雅梭挖里巡叚呵排腊车突等禀称:荷蒙转奉钦颁诰敕二道,赏件十箱,使等敬谨祗领,并蒙赐筵宴。现值风汛合时,急须回帆,奈省河并无合搭船只,只得著通事到虎门口外雇有海丰县贸易金宝源船一只,系海丰县船照。兹拟道光六年二月二十六日在省雇倩西瓜扁艇驳载诰敕、赏件等物出虎过金宝源船,敬谨恭赍扬帆回国。浼代转报并请给文领赍回国知照等由,转洋到司。……除委员监看回帆货物并移行护送出境外,所有道光五年暹罗国贡使呸雅梭挖里巡叚呵排腊车突等雇船开行回国日期,相应据由详请察核题报,并请给文该国王查照。至该船乘载贡使等回帆,赍带御赐物件、随带行李等项各册,俟饬催查造,另文呈送详咨。所有该贡使等行李及赍回诰敕并赏赐物件,请照成例免其纳饷。其装载压舱客货,仍照例征输,合并声明等由到臣。……除揭报部科查核并行文暹罗国王知照外,臣谨会同广东巡抚成格合词具题,伏乞皇上圣鉴,敕部查照施行。再,臣带印前往广西查阅营伍,循照旧例盖用广东巡抚关防,合并陈明,谨会题请旨。(下缺)(旨)"该部知道。"

(同上书,庚编,第六本,页575—578)

礼部为本部奏移会(道光八年正月二十四日)

(移会略)礼部谨奏,为请旨事。窃照本年朝鲜、暹罗二国贡使在京,现届事竣回国,所有应颁例赏及筵宴事宜,应由臣部奏明办理。恭查嘉庆十四年十月奉上谕:"户部、内务府各库存贮缎匹名目,往往旧时所有而近日所无。遇有颁赏事宜,各该处仍开旧时名目,将所缺之项用他物抵补,以致名实不符。嗣后颁赏缎匹,就库中现有之物,拟用何项即开何项名目,不得沿袭旧名再行抵换,致有歧异等因,钦此。"钦遵在案。此次例赏缎匹,先经臣部开单行查内务府有无抵换去后,兹据内务府就库贮现有将拟用各项名目于奏明后开单知照前来,除将暹罗赏件臣部一面行知内阁撰入敕书外,谨将二国例赏分缮清单,恭呈御览,伏候命下,臣部行文各该衙门预备,届期送至午门前验看颁给。所有赏赐朝鲜国王暨暹罗国王、王妃物件,并颁赐暹罗敕书,均交各来使敬谨赍回,臣部行知各该国王恭领。至筵宴事宜,二国使臣应照例在部筵宴一次,在馆筵宴一次。暹罗使臣回至广东省,由该督抚筵宴一次,遣令回国。为此谨奏请旨。

(同上书,庚编,第六本,页578)

两广总督李鸿宾残题本

(上缺)……又奉两广总督案验,道光八年三月三十囗准礼部咨,主客司案呈本部具奏暹罗国恭进谢恩贡物请赏收一摺,于道光七年十二月二十二日奏,……内开:礼部谨奏,为请旨收贡事。据暹罗国王郑福因受敕封,特遣陪臣吥雅沾暖舒攀哪叭腊车突等恭进谢恩方物,于本月十六日到京,当经臣部奏闻在案。……又奉两广总督案验,道光八年五月十一日,准礼部咨主客司案呈,查暹罗国差来恭进谢恩贡正贡使吥雅沾暖舒攀哪叭腊车突,二贡使郎孙控厘汝知握不突,汉书记一名,番书记一名,番吹手五名,汉番跟役十名,通事钟良新、林恒中二名,自广东伴送来京之署高州府事韶州府知府金兰原、佛冈同知徐香祖、陆路提标前营游击宋吉贤等,俱于二月初二日起身。除将批回二张钤印发该委员领赍外,相应知照两广总督转行粤海关税务监督照例免税可也。同日又准礼部咨主客司案呈,暹罗国贡使员役前经本部定于二月初二日令其起程回国,当将应办事宜行文知照在案。嗣因天兵征剿逆回,生擒首逆张格尔①,该贡使等叩贺天喜,等候颁给敕谕,初二日不克起程。今本部定于初九日令其起程,相应再行知照两广总督,即将应办事宜查照本部前咨办理可也等因,各咨院行司奉此,均经移行遵照在案。兹据广州府详据南海、番禺二县转据洋行商人伍受昌等禀,据暹罗国贡使吥雅沾暖舒攀哪叭腊车突等禀称:使等于道光八年二月初九日自京起身,五

---

① 张格尔,伊斯兰教白山派和卓。逃亡到浩罕(今乌兹别克斯坦南部),利用南疆维吾尔族人民对清朝统治和本民族封建主统治的不满,在英国特务支持下,在南疆策动暴乱,在当地人民支持下,清朝政府在1828年俘获张格尔。

月初九日回抵广东省城,安顿怀远驿馆,业蒙照例筵宴。其贡船因值坏烂,禀明就在省河湾泊。现已修理完好,听候风汛。兹使等拟于道光八年十二月十九日恭赍敕书及御赐物件回国,并请给文领赍回国知照等由转详到司。……除委员监看回帆货物并移行护送出境外,所有道光七年暹罗国贡使吥雅沾暖舒攀哪叭腊车突等乘坐原船开行回国日期,相应详请察核题报,并请给文该国王查照。至该贡船一只回帆赍带敕书及御赐物件、各商梢人等姓名、压舱货物名册,俟另文呈送详咨。再,该贡船所带回帆压舱货物,应照例免其征税。并据声称,上年贡船细小,所载货物卖银无几,因在省压冬,水手众多,支用殆尽,无力置货,兹买有白瓦四万块,阶砖二百个,以为回帆压舱应用,并无别有货物,恳请详明檄饬沿途知照,合并声明等由到臣。……除揭报部科查核,并行文暹罗国王知照外,臣谨具题,伏乞皇上圣鉴,敕部查照施行。再,广东巡抚系臣兼署,毋庸会衔,合并陈明,谨题请旨。道光九年正月二十四日,兵部尚书兼都察院右都御史总督广东广西等处地方军务兼理粮饷臣李鸿宾。

(同上书,庚编,第六本,页579—581)

户部为内阁抄出两广总督李等奏移会(七月初八日)

户部为遵旨等事。广东司案呈内阁抄出两广总督李等附奏,因署福建、台湾、澎湖通判乌竹芳眷属遭风漂至暹罗国经该国王恤给资粮附载来粤,遵旨优赏暹罗国大库吥雅打侃缎匹等项,饬交该国贡使赍回给赏缘由附片具奏一摺,道光十二年六月二十六日奉硃批:"知道了,钦此。"钦遵抄出到部,相应抄录附片,移会稽察房查照可也。……道光十二年七月初九日,主政庆。

李鸿宾等片:

再,前因署福建、台湾、澎湖通判乌竹芳眷属遭风漂至暹罗国,经该国王恤给资粮,附载上年贡船来粤。先经臣朱桂桢于兼护督篆任内附片陈奏,钦奉上谕:"暹罗国王因内地官员眷属遭风漂收到境,拯救资赡,附载回粤,甚属恭顺,自应降敕褒奖,照例赏赉,令该贡使于回粤时赍回。该督抚即先行知该国王,以示奖赏等因,钦此。"当经臣朱桂桢恭录谕旨,先行照会暹罗国王钦遵查照。嗣准礼部咨,钦奉上谕:"著赏赐该国王蟒缎二匹,粤缎二匹,锦缎二匹,彩缎四匹,素缎四匹,以示嘉奖。其大库吥雅打侃亦著该督抚优加赏赉,交该国王颁给。俱俟贡使回国之便带往。该部先行文该国王知之等因,钦此。"并准到礼部行知暹罗国王公文一角。适值道光十年暹罗国叩祝之贡使拍针伦素攀那蜜等在省起身回国，随将礼部公文转给该贡使领赏在案。兹上年例贡使臣呸雅嗳滑里巡收呵叭腩车寅①等于本年四月二十日京旋到省，臣等应钦遵谕旨，□□库呸雅打侃优加赏赉，因无例案可循，今酌量从优赏给粤紬□□，粤缎四匹，直纱二匹，葛纱二匹，饬交贡使赍回交该国王颁给大库呸雅打侃收领，并照会该国王查照。所有遵旨优加赏赉缘由，谨会同附片具奏，伏乞圣鉴，谨奏。

（同上书，庚编，第六本，页582）

户部为阁抄出两广总督卢坤等奏移会（十一月初十日）

（移会略）两广总督臣卢坤、广东巡抚臣祁𡎊跪奏，为遵旨委员伴送暹罗国贡使由粤起程进京恭摺奏祈圣鉴事。窃暹罗国遣使呸雅唆滑里巡段呵叭腊车突等具表恭赍例贡，经臣等先将该贡使等到粤缘由具奏，于道光十四年八月二十三日奉到上谕："卢坤等奏，暹罗国本年届当例贡之期，该国王郑福如期遣使恭赍表文方物入贡，并谢上次赏赐如意、缎匹之恩，现已行抵粤东等语。暹罗国王恪共藩服，如期遣使入贡，诚悃可嘉。该贡使现已抵粤，著即派委妥员伴送使臣，令其于本年封印前到京。其带来压舱货物，照例免税。至该国大库所请将贡船先行回国修整之处，著照所请行。将此谕令知之等因，钦此。"臣等遵即督同藩、臬两司遴委高州府知府王贻桂、连山绥猺同知李云栋、调署潮州镇中军游击事南韶连镇中军游击拴住三员伴送，并将收贮公所各贡品及汉字表文、金叶表文谨交该贡使等领赍，于九月初十日由粤起程，计算由粤至京水陆程期八十余日，封印前尽可到京。已饬各委员等一路妥为伴送，迅速行走。臣等仍先行移咨经由各省督抚臣转饬沿途地方官照例拨护，务期及早抵京，不致迟误。除饬令该国大库将贡船先行回国修整，其压舱货物照例免税外，所有委员伴送贡使起程日期，理合会摺具奏，伏乞后上圣鉴谨奏。

（同上书，庚编，第六本，页583）

刑部为内阁抄出云督富奏移会（五月二十三日）

（移会略）内阁抄出云督富奏称：窃照云南腾越、龙陵、顺宁、永昌各文武先后盘获缅甸脱回广东民人林阿新等四十二名，节经臣讯明供情，凛遵谕旨，委员解交两广督臣孙士毅查办，奏蒙圣鉴在案。嗣据顺宁府

---

① 暹罗贡使应为呸雅唆滑里巡段呵叭腊车突。

营报获彭阿代、陈阿继、林阿斗、郭阿湘、蔡阿七、陈里仁等六名,解省提讯,均系广东潮州府属人民,搭陈岱舡只贩货赴暹罗贸易,由东泷关①完税出口,飘至长本②地方,被缅子裹往阿瓦,于上年十二月及本年正月各自纠伴脱出,俱因在乡佣工趁食,不知缅匪情形,与节次获解之林阿新等供俱相符合,自应一体解交两广督臣孙士毅查收审办。查续解陈阿迈等二十名,委员正在起身,即将续获彭阿代等六名并交该委员管押赴粤,以免守候。兹又据龙陵协报获张通礼、邱国举、刘和合三名,云州知州报获陈照一名,现在行提解省,如供情审讯无异,及此后再有续获脱回之人,讯无别项情节者,均当仰遵圣训,即行咨解两广督臣孙士毅查明办理,另容汇摺奏报,以归简易。臣查近来报获渐少,诚恐沿边关卡查察懈弛,伊等或隐匿土境,或稽留厂地,亦未可定。经臣密遣妥弁前赴各处稽查,沿边官弁兵役尚为严紧,此外并无遗漏。除将彭阿代等六名供词备录咨部外,理合恭摺具奏等因。乾隆五十二年五月十二日,奉硃批:"览,钦此。"钦遵于十八日抄出到部。查续获缅甸脱回广东民人彭阿代等六名,既据该督讯明,该犯等俱系贩货赴暹罗贸易,飘风至长本地方,被缅子裹往,各自脱回,并无别故,与前次拿获之陈阿迈等一并解交广督查办。应令广督审明,照例办理。其续据获报之张通礼等四名,仍令云督速饬解审,如无别项情节,即当钦遵谕旨办理可也。

（同上书,庚编,第七本,页692—693）

刑部为内阁抄出广东巡抚图奏移会（七月二十三日）

（移会略）内阁抄出广东巡抚图奏称:案准督臣孙咨开,接到大学士公阿等字寄乾隆五十一年十二月二十一日奉上谕:"谭尚忠奏,盘获自缅地脱回之广东民人林阿新等五名请解交广东就近查办一摺,所办甚是,已于摺内批示矣。林阿新等出赴暹罗贸易,如系私越外境,例应治罪;今据供称,舡主陈岱领有执照,纳税挂号,以及出口月日、地名历历可稽,粤省自有档册,无难质证得实。著传谕孙士毅,俟滇省将林阿新等解到,即严切查究,照例办理。至林阿新等既自缅地脱回,其被裹民人潜行进口者,恐不止此一处。并著谭尚忠分饬沿边关隘各员弁及内地各州县严密巡查,遇有此等脱回之人,即行拿获解省审讯具奏。其失察林阿新等入口之关隘员弁,并著查明咨部议处。所有谭尚忠奏到原

---

① 东泷关,在广东澄海。
② 长本,今泰国的尖竹汶（Chanthaburi）。

摺,并著抄寄孙士毅阅看,钦此。"钦遵移咨到臣。查云南省先获林阿新、翁阿米、罗阿寅、陈阿富、陈阿奇五名后,又知会继获陈元声、刘德耀、刘德合、邱石保、余阿里、林运、陈海、陈集、吕梁喜、曹阿三、黄举、黄约、黄畅、吴里臣、刘阿陈、刘阿罗、彭阿空十七名。缘督臣孙前赴潮州督办会匪等事出省,将本案移交臣查办。随经饬行林阿新等各原籍及守口员弁确查去后,嗣准云南省委员将林阿新等共二十二名押解到粤。并据原籍饶平、澄海、海阳①、揭阳、潮阳等县传唤各亲属到案,讯明林阿新等年岁、住址及出外贸易年月日期,均属相符。又据前署潮州府粮捕通判何钟吊取东泷关口号簿查明,乾隆五十年十二月二十五日,有舡户陈永盛即陈岱领有饶平县饶字第九号舡照,装载客民林阿新等并白糖橘饼等货到关上税,出口往暹罗国贸易等情,由府具详饬发核审。兹据委员广州府张道源、廉州府何如钟督同署电白县周克达审明,由司审详前来,臣随率同在省司道亲提研讯。据林阿新等金供,伊等委于乾隆五十年十二月间在籍各备资本,置买白糖橘饼等货,附搭海阳县人陈永盛即陈岱舡只,前往暹罗贸易。内陈阿奇、林运系受雇驾舡水手,陈海系受雇相帮煮饭,同舡共有三百余人。十二月二十五日由澄海东泷地方纳税挂号出口,五十一年正月十三日至暹罗长本地方,因大桅被风吹折,将舡收港修整。适缅匪与暹罗打仗,已将长本占踞。缅匪见舡有货物,尽行抢掠,舡被烧毁,并将在舡之人捉拿,分起押解,随处耽延,多有病故,五月二十一日始抵阿瓦。缅匪将被裹诸人发交头人林阿告收管。二十八日,林阿告带同通事查问,知系天朝贸易之人,听其在阿瓦乡村佣趁谋生。伊等因受苦不过,各思潜逃回籍,或数人为一起,或一二人为一起,均由山僻小路行走,后至云南地界,被兵役陆续盘获。伊等实系贩货贸易良民,领照出口,并非私越,迨后被裹脱回,亦无为匪不法等语。核与滇省查讯情节暨原籍亲属供词、关口档册,均属历历相符。臣查林陈新等既查无私越情事,其在暹罗被裹,事出意外,且俱不忘故土,涉历险阻,由缅地脱回,情殊可悯。除将林阿新等二十二名递回潮州府分发各原籍,传唤亲属保邻领回安插,并将审供咨部查核外,所有查明办理缘由,理合恭摺复奏。再,云南省续行盘获之陈阿迈等二十余名容俟解到另行查办等因。乾隆五十二年七月十一日奉硃批:"览,钦此。"查滇省获解之林阿新等二十二名既据该抚查明实系广东民人由缅甸脱回,并无私越情事,将该犯等递籍安插,应毋庸议。其续获

---

① 海阳,今称潮安。

之陈阿迈等二十名，应令该督俟解到日另行查办可也。

（同上书，庚编，第七本，页 693—694）

四、《清朝通典》

暹罗在广东省西南，海道四十五昼夜可达。古暹国、罗斛国地，明洪武中始名暹罗。地方千里，环国皆山。城分八门，官制九等。国分大库司九，府十四，县七十二。西北土硗确，为古暹国地。东南土平衍，为古罗斛国地。地卑湿，气候不常，或风或湿。人皆楼居，俗修释教，男女多为僧尼，居庵寺。文字皆傍行，自明正德时选留贡使一二人入馆肄业，始稍习汉文。

我朝顺治九年十二月，暹罗遣使请入贡，并请换给印敕勘合。从之，赐以驼纽镀金银印，文曰："暹罗国王"。康熙四年十一月，国王森列拍腊照古龙拍腊马嘑陆坤司由提雅普埃遣陪臣坤司各喇耶迈低礼等赍奉金叶表文航海入贡。上嘉之，从优赏赉，至是照各国例定为三年一贡。十一年三月，得旨："暹罗贡使所携货物，愿至京师贸易，则听其自运。或愿在广东贸易，督抚委官监视之。"十二年二月，封森列拍腊照古龙拍腊马嘑陆坤司由提雅普埃为暹罗国王，赐诰命、银印，令其使臣赍回。二十四年十二月，阁臣议复增赏暹罗缎币、表里五十，上从之。六十一年四月，贡使至，赐其国王及王妃纱缎，谕令运米三十万石於福建、广东、宁波等处粜卖，免其征税。雍正二年十月，贡稻种、果树，赏赉如例，又加赐国王蟒缎、玉、磁等物。其船梢目九十六人以住居暹罗数代，虽系汉人，求免回籍。得旨：免其回籍。是年，暂停暹罗运来，其随带货物免其征税。嗣后运米至闽浙等处，俱免其税，永著为例。六年二月，运米至厦门。七年六月，贡使至，赏赉如例。又加赐国王蟒缎、玉、磁等物。御书天南乐国四字匾额赐之。奉旨：暹罗常贡土物内有速香、安息香、袈裟布匹等，嗣后免其入贡，著为例。

乾隆元年，国王森列拍照广拍马嘑陆坤司由提雅普埃以嗣立，故遣陪臣贡驯象及方物，奉旨特赏蟒缎四疋，加恩赏给铜八百斤，后不为例。八年九月，奉旨：暹罗国商人运米至闽，源源而来，其加恩之处，自当著为常例。嗣后外洋货船带米万石以上者，免船货税银十之五，五千石以上者，免税十之三。十一年九月，上以该番航海远来，慕义可嘉，其带米不足五千石者，仍加恩免船货税银十之二。十四年七月，贡使至，赏赉如例，又加赐国王蟒缎、玉、磁等物，御书炎服屏藩匾额赐之。十八年二月，贡使至,照例加赏,并从所请,加赐人参,以后职贡不绝,并照例加赏。

(清官撰《清朝通典》,卷九八,商务印书馆,
1935年版,页2736—2737)

宋腒朥①在西南海中,属暹罗,俗好事佛,以手团食,男事耕渔,常佩刀。女椎髻,能纺织。土产有牛鹿肉、虾米、燕窝、海参、番锡之属。本朝雍正七年以后通市不绝,其国距厦门水程一百八十更。旁有㘃仔②、六昆、大呢诸国。

㘃仔在西南海中,东北与宋腒朥接,男子服短衣布幔,跣足持刀,女穿花色衣,被丝幔,足曳浅拖鞋。土产燕窝、番锡、象牙、棉花。其国距厦门水程一百八十更。

六昆风俗、物产同㘃仔、距厦门水程一百五十更。

大呢一名大年,在西南海中,东北与六昆接。男女短衣跣足,佩刀执鎗。土产胡椒、虾米、燕窝、黄蜡、牛鹿脯。其国距厦门水程一百五十更。

三国自雍正七年以后亦通市不绝,俱暹罗属国。

(同上书,卷九八,页2738)

五、《续通志》

(真腊)其南又有投和,自广州西南海行百日乃至。王姓投和罗,名脯邪迄遥,贞观中尝遣使表献方物。

(纪昀:《续通志》,卷六三八,商务印书馆,1935年版,页6737)

盘盘在南海曲北,距占城限少海与狼牙修接,自交州海行四十日乃至,贞观中再遣使朝。其东南有哥罗,统州二十四。……又有哥罗舍分、修罗分、甘毕三国贡方物,……哥罗舍分在南海南,修罗分在海北,东距真腊,风俗略相类。

(同上书,卷六三八,页6737)

六、《续文献通考》

(宋宁宗嘉泰元年)

---

① 宋腒朥,即今泰国的宋卡(Songkhla)。
② 㘃仔,今泰国的猜也(Chaiya)。

是年，真里富国献驯象二。

至开禧元年十二月又献瑞象。

（纪昀：《续文献通考》，卷二十八，万有文库本，页3045）

洪武四年，暹罗遣使来贡。

时遣使贡驯象、六足龟及方物。五年，贡黑熊、白猴及方物。明年复来贡，其王之姊别遣使贡方物於中宫，却之。复贡，又却之。又国王之伯父主国事，遣贡方物。已而，新王遣使来贡，使者亦有献，帝皆不纳。旋遣使贺明年正旦，贡方物，且献本国地图。七年，谕诸国毋频贡，而来者不止。其世子亦遣使上笺於皇太子，贡方物。八年，再入贡。其旧明台王世子亦遣使奉表朝贡。十年，遵朝命，称暹罗，比年一贡，或一年两贡，或数年一贡。二十年，贡胡椒一万斤、苏木一万斤。二十一年，贡象三十、番奴六十。二十二年，世子遣使来贡。二十三年，贡苏木、胡椒、降香十七万斤。二十八年，遣使来贡。至永乐二年，六年，七年俱贡马及方物。宣德八年，正统三年，十一年，景泰元年，六年，成化九年，十七年，十八年，弘治十年俱入贡。正德十年，进金叶表朝贡。嘉靖三十二年，遣使贡白象及方物。象死於途，使者以珠宝饰其牙，盛以金盘，并尾来献。隆庆六年，遣使入贡，其后奉贡不替。崇祯十六年犹入贡。所贡物有象、象牙、犀角、孔雀尾、翠羽、龟筒、六足龟、宝石、珊瑚、片脑、米脑、糠脑、脑油、脑柴、蔷薇水、碗石、丁皮、阿魏、紫梗、藤竭、藤黄、琉黄、没药、乌爹泥、安息香、罗斛香、速香、檀香、黄熟香、降真香、乳香、树香、木香、丁香、乌香、胡椒、苏木、肉豆蔻、荜茇、乌木、大枫子、白豆蔻及撒哈剌、西洋诸布。

（同上书，卷二十九，页3061）

七、《清朝文献通考》

暹罗国

御前贡龙涎香二斤、象牙三百斤、西洋闪金花缎六疋、胡椒三百斤、藤黄三百斤、豆蔻三百斤、苏木三千斤、速香三百斤、乌木三百斤、大枫子三百斤、金银香三百斤。

皇后前贡龙涎香等仪物同，数目减半。凡常贡外例有加贡，无定额。贡期三岁一至，贡道由广东。

旧贡有安息香、紫梗香、红白袈裟、白纫布、纫花布、阔纫花布、花布幔、孔雀、龟，俱免贡。

（清官修：《清朝文献通考》，卷三十八，万有文库本，页5215）

暹罗东广南、南柬埔寨，古暹、罗斛两国也。地方千里，环国皆山。国分郡邑，县隶于府，府隶大库司。大库司者，犹华言布政司也。库司九：曰暹罗、可剌细马、足曹本[①]、皮细禄、束骨胎、果平疋、倒脑细、讨歪、六昆；府十四：曰彩纳、无老[②]、比采、东板鲁[③]、辣皮、疋皮里、采野、多饶、千无里、细辞滑、采欲、款细湾、沾奔、魁山。县七十二。西北土硗确，暹地也；东南土平衍，罗斛地也。王城分八门，城壕砖砌，周遭十余里。城中有小河通舟，城外西南居民辏集。王居在城西隅，另建城约三里余。殿用金装彩绘，覆以铜瓦。室用锡瓦，阶砌用锡裹砖，栏杆用铜裹木。王出乘金装彩轿，或乘象车。其伞盖以茭簟叶为之。王每旦登殿，官僚於台下设毡，以次盘膝坐，合掌於顶，献花数朵。有事则具文书朗诵上呈，候王定夺乃退。

国王自明洪武中始用中国赐印。国朝往封，赐以驼纽镀金银印，文曰"暹罗国王"。其国官制九等，一曰握亚往，二曰握步喇，三曰握蟒，四曰握坤、五曰握闷、六曰握文、七曰握板、八曰握郎、九曰握救。选举由乡举於大库司，以文达於王所。王定期试之，咨以民事，应答得当，即授官服补用，否则黜。考课亦三年为期。其文字皆旁行，不通汉字。明正德中，选留贡使一二人入馆肄业，后乃稍习汉文。

其服饰，惟王留发，冠金嵌宝石帽，制似兜鍪。上衣长三尺，用五彩缎，小袖。下用五彩布幔，鞋袜用红缎。官及庶民皆剪发，男女椎结、白布缠头。官一等至四等金嵌宝石帽。五等至九等五彩绒缎帽。衣俱两截，袜履用牛皮。妇人妆髻於后，饰用金银簪、戒指、镯、钏、脂粉。贫者用铜。上衣披五色飞花布幔，下衣五彩织金花幔，曳地馀二三寸。足著红黑皮靸鞋。气候不常，地卑湿，人皆楼居。上联槟榔片藤覆之，亦有用陶瓦者。无床、桌、椅、凳，但以毡及藤席藉之而已。

俗信释教，男女多为僧尼，亦居庵寺。富贵者尤敬佛，百金之产以半施之，亦不自惜。死者用水银灌口而葬，贫则移尸海滨，即有群鸦飞啄，顷刻尽。所亲拾其骨号泣而投之於海，谓之鸟葬。

---

① 足曹本，应为疋曹本。
② 无老，应为老无。
③ 东板鲁，应为束板普。

交易以海𧵦代钱,是年不用𧵦,则国必大疫。官民有银,不得私用,皆送王所委官倾泻成珠,用铁印印文其上,每百两入税六钱。无印文以私银论罪。初犯断左指,再犯断右指,三犯者死。钱谷出入之事,取决妇人。妇多智,夫听命焉。

国人有名无姓,为官者称握某,民上者称奈某,下者称隘某。风俗劲悍,习於水战。大将用圣铁裹身,刀矢不能入。圣铁者,人脑骨也。其土产有龙涎香、速香、金银香、象牙、胡椒、藤黄、豆蔻、苏木、乌木、大枫子、蔷薇露、西洋闪金花缎之属,皆充贡物。又金石则有金钢钻、宝石、花锡之属。羽毛、鳞介则有孔雀、五色鹦鹉、犀、象、金丝猴、六足龟之属。花木、蔬果则有黄竹、䇞竹、猫竹、石榴子、水瓜、土瓜之属。香则有丁香、沉香、树香之属。又产罗斛香,味清远,似沉香,盖以其地得名也。

明洪武中入朝,赐印文曰暹罗,始称暹罗国。我朝顺治九年十二月,暹罗遣使请贡,并换给印敕、勘合,从之。自是职贡不绝。康熙三年七月,平南王尚可喜奏言,暹罗国来馈礼物,却不受,并请嗣后外国禁馈边藩督抚,从之。四年十一月,国王森列拍腊照古龙拍腊马嗹陆坤司由提雅普埃遣陪臣坤司吝喇耶迈低礼等赍金叶表文航海入贡。其文曰:暹罗国王臣森列拍腊照古龙拍腊马嗹陆坤司由提雅普埃诚惶诚恐稽首顿首,谨奏大清皇帝陛下。伏以新君御世,普照中天,四海沾帡幪之德,万方被教化之恩。卑国久荷天朝恩渥,未倾葵藿之心。今特躬诚朝贡,敢效输款,敬差正贡使握坤思吝喇耶迈低礼、副贡使握坤心勿吞瓦替、三贡使握坤司敕博瓦绨、大通事揭帝典、办事等臣梯航渡海,赍奉金叶表文、方物、译书一道,前至广东省,差官伴送京师进献。用伸拜舞之诚,恪尽远臣之职。伏冀俯垂,宽宥不恭,微臣瞻仰大圣,曷胜屏营之至。谨具表称奏以闻。上命从优赏赍。七年十一月,遣陪臣握坤司吝喇耶迈低礼等来贡。时部议以所贡物与会典不符,应令后次补贡。得旨:"暹罗小国,贡物有产自他国者,与会典难以相符,所少贡物,免其补进。以后但以伊国所有者进贡。"十一年三月遣使来贡。得旨:"贡使所携货物,愿至京师贸易,则听其自运,或愿在广东贸易,督抚委官监视之。"十二年二月,贡使握坤司吝喇耶迈低礼等至。四月,封森列拍腊照古龙拍腊马嗹陆坤司由提雅普埃为暹罗国王。赐诰命、银印,令握坤司吝喇耶迈低礼等赍回。诰曰:"来王来享,要荒昭事大之诚;悉主悉臣,国家著柔远之义。朕缵承鸿绪,期德教暨於遐陬。诞抚多方,使屏翰跻於康乂。彝章具在,涣号宜颁。尔暹罗国森列拍腊照古龙拍腊马嗹陆坤司由提雅普埃秉志忠诚,服躬礼义。既倾心以向化,乃航海而请封。砺山带河,克荷维藩之寄。制节谨度,无忘执玉之心。念尔悃忱,朕甚嘉焉。今封尔为暹罗国王,赐之诰命,尔其益矢忠贞,广宣声教,膺兹荣宠,辑乃封圻。於戏！保民社而王,纂休声於旧服；守共球之职,懋嘉绩於侯封。尔其钦哉,无替朕命！"

先是外洋贡船入广东界,守臣查验属实,进泊河干,封贮所携贡物,俟礼部文到始贸易,物辄毁坏。二十三年六月,国王遣使来贡,因疏请嗣后贡船到广东,具报后即次河干,俾货物早得贸易,并请本国采买器用,乞谕地方官给照置办。贡使进京,先遣贡船回国,次年差船奉迎圣敕归国。奏入,部议应如所请。二十四年十二月,阁部议复,增赏暹罗缎币表里五十,从之。四十七年六月,遣使入贡,得旨:"贡使所带货物听随便贸易,免其征税。"六十一年四月,遣使来贡,赐其国王及王妃纱缎,谕令运米三十万石於福建、广东、宁波等处粜卖。并谕大学士等曰:"暹罗国人言,其地米甚饶裕,银二三钱可买稻米一石。朕谕令分运米石至福建等处,於地方甚有裨益。此三十万石系官运,不必收税。"

雍正二年十月,贡稻种、果树。赐国王蟒缎、玉、磁等器。其船梢目九十六人本系汉人,求免回籍。得旨:"暹罗不惮险远,进献稻种、果树,恭顺可嘉。其运来米石,令地方官以时值售卖,毋许行户低昂。随带货物,概免征税。梢目九十六人居住该国,历经数代,实难勒令归还,应免回籍,以示宽大之典。"

六年二月,运米入厦门。七年六月,载米船艘因风飘泊,其捞回压船货物并免征税。七月,遣使入贡,赏赉如例。又加赐国王蟒缎、玉、磁等器,御书"天南乐国"匾额赐之。并奉旨:"该国远隔海洋,所进方物赍送不易,朕欲酌量裁减,以示恩恤远藩之意。但此次既已赍送,难以带回本国。著照往例收纳。其常贡土物内有束香、安息香、袈裟布疋等,嗣后免其入贡"。是年,贡使到广,呈请采买京弓、铜线等物,上特允之。

乾隆元年六月,国王森列拍照广拍马嘑陆坤司由提雅普埃以嗣立故,遣陪臣朗三立哇提等赍旧篆及方物,例贡象一只。因航海,故增一以备。并咨礼部言往时钦赐蟒龙大袍藏承恩亭上,历世久远,难保无虞,恳再邀恩赏赐一二。每年造福送寺,需用铜斤,求暂开禁例,赴粤采买。部议不可。得旨:"暹罗远处海洋,抒诚纳贡,除照定例给赏外,可特赏蟒缎四匹。至采买铜斤一节,国王称系造福送寺之用,加恩赏给八百斤,后不为例"。

八年九月,奉旨:"暹罗国商人运米至闽,源源而来。其加恩之处,自当著为常例。嗣后外洋货船带米万石以上者，免船货税银十之五。五千石以上者，免税十之三。"

十一年九月，暹罗商载米进泊闽海，或四千三百石，或祗三千八百，有零馀皆苏木、铅、锡等货。福建将军新桂奏，番船载米不足五千之数，所有船货额征，未便援例宽免。上以该番航海远来，仍加恩免其船货税银十分之二。次年，福抚陈大受奏言闽商前赴暹罗贩米，其国木料甚贱，应听造船运回，给照查验。报可。自是番地商船益便往来。

十四年七月，遣使入贡，御书"炎服屏藩"匾额赐之。十六年，闽督奏请商人赴暹罗运米二千石以上者，查明议叙，赏给顶带，上从之。十八年二月，遣使入贡，并恳赐人参、缨牛、良马、象牙并通彻规仪、内监。部议不可，并饬使臣於归国后晓谕国王恪守规制，益励敬恭。得旨："方物照例收受，其筵宴赏赉，著加恩照上次例行，并加赐人参。"

二十二年，遣使入贡。二十七年，遣使入贡。三十年十月，遣使丕雅嵩统呵沛等赍表入贡。三十一年遣使入贡，仍照例加赏。先是乾隆元年暹罗贡使呈称国王乞赐蟒龙大袍一二袭，奉旨："特赐蟒缎四端"。十四年入贡，特加赐蟒缎、片金妆缎、闪缎各二匹，锦四匹，缎八匹，玉器六件，玛瑙器二件，珐琅器四件，松花石砚二方，玻璃器十件、磁器一百四十六件。又因续进黑熊、白猿等物，加赏国王库缎二十匹。十八年，特赐人参四斤，缎、锦共二十匹、玉器四件、玛瑙器二件，珐琅器六件，铜煖砚二方，玻璃器十件，磁器一百四十件。二十二年入贡，特赐国王蟒缎、锦缎各二匹，闪缎、片金各一匹，八丝缎四匹，玉器、玛瑙器各一件，松花石砚二方，珐琅器十三件，磁器一百四十件。二十七年、三十一年特赐物件俱与二十二年同。

四十六年正月，暹罗国长郑昭遣使臣朗丕彩悉呢霞握抚突等二人入贡，并奏称自遭缅匪侵凌，虽复土报仇，绍裔无人，兹群吏推昭为长，遵例贡献方物。得旨："览。国长遣使航海远来，具见悃忱。该部知道，原表并发"。上於山高水长，连日赐使臣宴。暹罗贡道由广东达京师。

其国都在广东省西南，海道约四十五昼夜可至。始自广东香山县登舟，乘北风用午针出七洲洋，十昼夜抵安南海次，中有一山名外罗。八昼夜抵占城海次，十二昼夜抵大昆仑山。又用东北风转舟，向未及申三分，五昼夜可抵大真树港，五昼夜可抵暹罗港。入港二百里即淡水洋，又五日抵暹罗城。其国西南有大山绵亘，由暹罗沿山海而南，为宋腒朥，㾕仔、六昆、大呢、皆暹罗属国。

（同上书，卷二百九十七，页 7461—7463）

宋腒朥在西南海中,属暹罗。俗佞佛,以手团食。男蓄发削其髯,著衣袴,无鞋袜。首插雉尾,腰系匹帛。事耕渔,常佩刀。女椎髻跣足,短衣长裙,披锦于肩,能纺织。土产牛、鹿肉、虾米、燕窝、海参、番锡之属。

本朝雍正七年后通市不绝。其国距厦门水程一百八十更。旁有竦仔、六昆、大呢诸国。竦仔在西南海中,东北与宋腒朥接。风俗男子服短衣布幔、跣足持刀。女穿花色衣,被丝幔,足曳浅拖鞋。土产燕窝、番锡、象牙、棉花。其国距厦门水程一百八十更,西与六昆国接。六昆国,风俗,物产同竦仔,距厦门水程一百五十更。大呢一名大年,在西南海中,东北与六昆接。男女短衣跣足,佩刀执鎗,土产胡椒、虾米、燕窝、黄腊、牛鹿腩。其国距厦门水程一百五十更。三国自雍正七年后通市不绝,与宋腒朥俱暹罗属国。

(同上书,卷二百九十七,页7463—7464)

八、《清朝续文献通考》

乾隆五十五年。

暹罗国王郑华表祝万寿,贡方物。

(刘锦藻撰:《清朝续文献通考》,卷六十二,万有文库本,页8178)

嘉庆四年

是年,暹罗国王遣使赍祭文、仪物恭诣高宗纯皇帝前进香,并进献方物。经广东巡抚遵旨令该使臣毋庸进京,所有呈进仪物、方物令赍回。

(同上书,卷六十二,页8182)

嘉庆十四年。

暹罗国世子遣使进贡请封,在洋遭风,沉失贡物九种。奉旨:"此实人力难施,并非使臣不能小心防护。不必另行备进。"

(同上书,卷六十二,页8183)

嘉庆十八年。

谕:前据蒋攸铦奏,暹罗国正贡船只在洋失火,所载贡使,人役及表文、方物等件俱无下落,仅有副贡船抵粤。当经降旨将该国副贡使及所存贡品十种派员送京,无庸补备正贡。今又据蒋攸铦奏,该副使唧拔察那丕汶知突因在海船感冒风寒,又闻正贡船失火焚烧、致受惊恐,见在患病,难以起程。请俟医治痊愈,再行护送入都等语。该副贡使患病受惊,正需调理。长途跋涉,甚非所宜。见已届年节,不必再令进京。著加恩令将所存贡品十种就近交贮粤省藩库,由该督委员解京。其副贡使令在粤休息,妥为调治。该国王输忱纳款,其正副贡使适因事故不能到京,而航海申虔,即与赍呈无异。所有例赏该国王及贡使、人役物件,著礼部查明奏闻,将赏件发交该督转行颁给。该副贡使令其於病痊之日赍领回国,并将此旨传知该国王,以示怀柔远人之意。

(同上书,卷六十二,页8183—8184)

嘉庆二十年。

谕:蒋攸铦等奏,暹罗国王闻上年贡船被风损坏,复备副贡船遣使补备方物到粤一摺。暹罗国所进嘉庆十八年正贡船在洋焚烧,其副贡船所赍贡品业经进呈。十九年,该国王敬补方物,分装正副船入贡,适遇飓风漂散,见在正副船已先后收泊,其表文、方物由该贡使赍送赴京。该国王因闻贡船遭风之信,复备补贡方物来粤,其恭顺实属可嘉。该国向系三年一贡,明年又届入贡之期,著加恩,即将此次赍到方物,作为嘉庆二十一年例贡,交粤省藩库存贮,俟明年委员解京。其使臣巧銮汶是通留於粤省,俟本年进京各贡使旋粤时一体筵宴,俾令回国。并传知该国王,明年毋庸另备表文、方物航海远来,以示怀柔至意。

(同上书,卷六十二,页8184)

咸丰元年。

又谕:据徐广缙、叶名琛奏,暹罗国王先后奉到孝和睿皇后、宣宗成皇帝遗诏,遣使进香,又赍递表文、方物庆贺登极。并因例贡届期,将呈物一并呈进等语。上年七月内,据郑祖琛奏越南国王遣使进香,当经降旨谕令不必遣使远来,其庆贺登极方物亦毋庸呈进。今暹罗国遣使进香,更在期年以后。著徐广缙等即传知该国使臣毋庸来京,所有呈进仪物、方物,著该使臣赍回。至应进例贡,见当国制,二十七月之内不受朝贺,并停止筵宴。著俟该国嗣王恭请敕封时一并呈递。该督等即行文该国遵照可也。

(同上书,卷六十二,页8186)

咸丰二年。

谕：徐广缙奏，暹罗国王遣使补进例贡，并请敕封，见已行抵粤东等语。上年，暹罗国届当例贡之期，奏请呈进，曾降旨令俟请封时一并呈递。兹据该国遣使赍奉表文方物，补行入贡，具见恭顺之忱。该贡使见已抵粤，著即派委妥员伴送，於本年封印前抵京。其该国大库所请将贡船先行回国修整，著照所请行，原贡船随带货物，并准照例免税。至该嗣王郑明恩请诰命，应行颁给敕书之处，已饬该衙门查照旧章撰拟，俟该使到京后照例发给赍回。该署督等即先行谕知该国嗣王可也。

（同上书，卷六十二，页8186）

暹　罗

暹罗，南洋大国也。东界安南，西连缅甸，北接中国、南界海并麻六甲，以曼谷为国都。面积二百二十万方里，有著名之水，曰澜沧江①、曰湄南河。田土肥美，夏初分秧，苗随水长，不烦薅溉，稿长至六七尺，以故谷极贱，时载往闽、粤求售，颇利赖之。商务以米及硬木为大宗，宝石、金矿、煤矿皆有。土人居芦寮，惟华人构瓦屋，楼阁相望。俗男惰女勤，信佛习梵典，术数礼法所从出。建塔庙极崇丽，文字类缅甸。产糖、米、银、铅、锡、沉香、降香、象牙、犀角、苏木、乌木、冰片、翠羽、藤席、大枫子、豆蔻、海参、燕窝、海菜。其贡道由海抵粤东。

乾隆五十一年，暹罗国长郑华遣使入贡，并具奏表请封。照康熙二十年之例，内阁撰拟诰命，礼部铸造驼纽镀金银印，於午门前交该国贡使恭赍回国。

又郑华遣陪臣奉金叶表文，进方物龙涎香、金刚钻、沉香、冰片、犀角、孔雀尾、翠羽、西洋氍、红布、象牙、樟脑、降香、白膠香、大枫子、乌木、白豆蔻、荜拨、檀香、甘密皮、桂皮、藤黄、苏木、驯象二。中宫前不贡象，馀减半。

奉旨：览国长奏，继嗣父业，恪承先志，遣使远来，进贡方物，诚悃可嘉。该部知道。

五十五年，暹罗国王具表进贡，并因庆祝万寿，加进寿烛、沉香、紫膠香、冰片、燕窝、犀角、象牙、通大海、哆啰呢九种。奉谕：据奏，暹罗国王遣使进贡祝厘，该国王情殷祝嘏，恭进方物。阅其表文，欢欣踊跃，具见忱悃。但见届八月初旬，该国贡使抵粤较迟，既未能如期到京，随班

---

① 在泰国境内的一段，称为湄公河。

庆祝，自毋庸趱进行程，令各国前后贡使於年底到京，随入燕赏，以示体恤远人之意。

嘉庆元年，暹罗国王遣使赍金叶表文贺太上皇帝归政，仁宗皇帝登极，进方物二十三种。

五年，遣使赍祭文、仪物恭诣高宗纯皇帝前进香，并献方物。遵旨，令该使臣毋庸进京，仪物、方物令赍回。

十年，暹罗贡使入重华宫宴。

十四年，暹罗国世子遣使进贡，请封。在洋遭风，沉失贡物九种。奉旨：此实人力难施，并非使臣不能小心防护，不必另行备进。

十五年，暹罗国贡使入贡，并请封。封世子郑佛为国王，照例给予诰命、银印，交该国使臣祗领，恭赍回国。

十八年，谕：蒋攸铦奏，暹罗正贡船只在洋失火，贡使、人役、表文、方物俱无下落，仅有副贡船抵粤。当降旨该副贡使及所存贡物十种，派员送京，毋庸补备正贡。又据蒋攸铦奏，该副使郎拔察那丕汶知突因在海船感冒风寒，又闻正贡船失火，致受惊恐，见患病难以启程，请医治痊愈再行护送入都。该副使正需调治，长途跋涉甚非所宜，见届年节，不必再令进京。著加恩将贡品就近贮粤省藩库，委员解京。该副使令在粤休息调治。该国王抒忱纳赆，正副使因事不能到京，而航海申虔，即与赍呈无异。所有例赏，著礼部查明奏闻，发交该督转给该副使，令其病痊之日赍领回国。

二十年，谕：蒋攸铦奏，暹罗国王闻上年贡船被风损坏，复备副贡补进方物到粤。十九年，该国王敬备方物，复遇飓风漂散。见在正副船已先后收泊，其表文、方物赍送赴京。该国王因闻贡船遭风，补进方物，其恭顺实属可嘉。该国向例三年一贡，明年又届入贡之期，著加恩即将此次赍到方物作为嘉庆二十一年例贡，交粤省藩库贮存，俟明年委员解京。其使臣巧銮汶是通留於粤省，俟本年各贡使旋粤时一体筵宴，俾令回国，并传知该国王明年毋庸另备表文、方物航海远来，以示怀柔。

道光元年，暹罗国王遣使进香，并贡方物，温谕止之。

五年，谕：暹罗国世子郑福应行承袭。见在权理国政，因值例贡之期，虔备方物，遣使入贡，并恳请敕封。该使臣在洋遭风，击散船只，淹毙水手多名，深堪悯恻。该使臣等万里航海，幸获生全。朕念其远道申虔，即与诣阙赍呈无异，自应优加抚恤。即令在粤休息调养，毋庸远道来京。应领诰敕，著该衙门照例撰拟，俟颁发到粤，即交该使臣赍奉回国。

七年，暹罗国王郑福恭进册封谢恩礼物。

十一年，暹罗国王遣贡使载内地遭风官民回广东，温谕奖赉之。

十七年，谕：邓廷桢奏，暹罗遣使入贡，船已到省，著即派员伴送，令其於本年封印前到京。

二十三年，谕：前经特降谕旨，嗣后越南、琉球、暹罗均著改为四年遣使朝贡一次，以示体恤。兹暹罗国王因未接奉改定贡期公文，以致仍照旧例遣使呈进方物，并进二十一年万寿及补进二十年贡物，具见该国王恭顺至诚，此次贡物准其於本年呈进。

咸丰元年，谕：徐广缙、叶名琛奏，暹罗国王先后奉到孝和睿皇后、宣宗成皇帝遗诏，遣使进香，又赍递表文、方物庆贺登极，并因例贡届期，将贡物一并呈进。上年越南国王遣使进香，当经降旨，已在奉移之后，不及恭荐，谕令不必遣使远来，其庆贺登极方物，亦无庸呈进。今暹罗国遣使更在期年以后，著徐广缙等传知该使臣毋庸来京，仪物，方物著使臣赍回。应进例贡，在国制二十七月之内不受朝贺，停止筵宴，著俟该嗣王恭请册封之时一并呈递，该督即行文该国遵照。

三年，谕：徐广缙等奏，暹罗国王遣使补进例贡，并谢敕封，具见恭顺之忱。该贡使抵粤，著即派员伴送於本年封印前抵京。该嗣王郑明请封，应行该衙门撰拟，交该使赍回。寻为关吏所若，遂不至。

同治八年，奏准暹罗贡使照旧航海至广东虎门，起旱驰驿，毋庸改从海道由天津进京。

纪事本末

光绪二十年，英法二国协商保证暹罗独立。暹罗自乾隆四十六年航海来贡，政府因而敕封之。时缅势方强，进侵边地，暹罗频掣其肘。以遏其焰，实有功于中国。自是列於朝贡之邦，先后赐御书扁额曰"天南乐国"，曰"炎服屏藩"。道光中，始与英人缔约①，各国继之，再认为独立。暹人亦思自振，朝贡遂缺。及咸丰初年，洪杨乱起②，东南沦陷，声播南洋。西人又加煽惑，暹人信之，乘此脱离属国名义。同治八年，遣使上书，请废贡献之礼③。以后赠献，用授受仪式，与西洋各国同。政府

---

① 指1855年英国强迫暹罗签订的不平等条约——鲍林条约。
② 指洪秀全、杨秀清领导的太平天国农民起义。
③ 同治八年为公元1869年，当年暹罗没有遣使入访中国，而是福建船政总监叶文澜自暹罗返国，转达暹罗提出改变贡道，由海道到天津赴京朝贡的要求，不是"废贡献之礼"。

拒之。光绪四年,曾纪泽使英过暹京①,讽令照旧入贡。暹不允,但请立商约,亦拒之。五年三月,暹廷忽接驻暹英领事转递中国催贡剳文,盖英官以战船假中国旗号,伪云责贡之师以胁暹人,使之求助於己也②。暹王知之,向臣下具道历年欠贡之故。因贡表内用跪具字样,近改从西礼,不无窒礙,卒莫能代达中国,故不能不与英加亲云。先是暹王久拉,即古兰格罗③,以势孤意怯,下令改朔易服,禁畜奴,国势赖以稍充。然介居英法之间,法既以交趾支那为属地,以柬埔寨及南部越南为保护国,又胁暹罗,以湄公河东为法属国。暹罗百方拒之,不得许以所索之地,并偿金五百万法郎克以和。时十九年事也。英以属土与暹毗连,恐法人侵及缅甸,至是与法订约,互不得侵占暹罗片土。在伦敦签押宣言,确定英法两国在暹罗政治上地位,并证暹罗独立云。

(同上书,卷三百三十三,页 10734—10736)

九、《清会典》

暹罗国

本海南暹与罗斛二国,后并为一,顺治十年请贡,康熙三年进贡,贡期三年一次,贡道由广东。

顺治十年,广东巡抚奏称,暹罗国遣使请贡。十六年,两广总督题准,暹罗国再来探贡,所带压船货物,就地方交易。其抽丈船货税银清册,移送户部察核。康熙二年,暹罗正贡船二只,行至七洲海面,遇风飘失,止有护贡船一只来至虎门,仍令遣回。三年,暹罗国具表进贡,正贡二船,令员役二十名来京;补贡一船,令六人来京。四年,暹罗国进贡至京,题定:贡期三年一次,贡道由广东。六年,暹罗国进贡,正贡船一只,护贡船一只,载象船一只,续发探贡船一只。复准:进贡船不许过三只,每船不许过百人,来京员役二十二名。其接贡船、探贡船概不许放入。七年,暹罗国入贡正使到京,其存留边界梢目,给与口粮。十二年,暹罗国王森列拍腊照古龙拍腊马嚤陆坤司由提呀菩埃进贡,并请封典。题准:给与诰命,并驼钮镀金银印。贡使事毕,礼部堂司官员朝服,在午门

---

① 曾纪泽赴英途中,没有在曼谷停留。
② 关于中国请英国驻暹领事转达催贡剳文一事,薛福成在日记中认为,"剳文虚实,似尚未可知"。
③ 暹王久拉,即古兰格罗,指暹王拉玛五世,即朱拉隆功。

前恭设几案,鸿胪寺官引贡使等行三跪九叩头礼,跪领诰印。移咨该国王,令王出城恭迎诰印。又谕:该国航海远来,抒诚进贡,其虫蛀短少等物,免令补进。二十三年谕:暹罗国进贡员役回国,有不能乘马者,官给夫轿,从人给扛夫。又复准:伴送官外,特差礼部司官、笔帖式各一员护送。四十七年,暹罗国王森列拍腊照古龙拍腊马嗹陆坤司由提呀菩埃遣官恭进金叶表文。进到贡物,外加进贡物九件。其副贡船被风漂至安南地面,续到粤省,仍差官伴送至京。进驯象二只,外添进金丝猴二只。六十一年,暹罗国王遣使恭进金叶表文,於贡物外,献金筒一、螺钿盒一、贴金盒一、金珠三、金圈七、锦袄二、紫梗牌二、驯犀一。又贡使呈称,奉国王命,加贡大西洋金缎二、大西洋阔宋锦一,俱交总管内务府。奉旨:"览王奏,倾心向化,遣使航海远来,进贡方物,具见悃诚,历久弥笃,深为可嘉。"又复准:该国奏称,有红舣船二只,前因禁洋被留,查明交付贡使带回。其在广驾驶贡船水手人等,系内地者,各拨原籍安插。如系暹罗夷人,俱令随船回国。又复准:暹罗国具表文进贡回国,於伴送外,遣礼部汉司官一员护送。

雍正二年,暹罗国进献谷种、果树、洋鹿、猎犬等物。奉旨:暹罗国钦遵圣祖仁皇帝谕旨,不惮险远,进献诸物,最为恭顺,殊属可嘉。其谷种、鹿、犬已经差官送京,各种果树,俟来岁春和,另行委解。来船梢目九十六名,虽系广东、福建、江西等省人民,然住居该国,历经数代,各有亲属妻子,实难勒令迁归。著照所请,仍回该国居住,以示宽大之典。

贡　物

旧有孔雀、龟、后免进。常贡外,例有加贡物、无定额。

御前:

龙涎香一斤,银合装　　象牙　三百斤
西洋闪金花缎　六匹　　胡椒　三百斤
滕黄　三百斤　　　　　豆蔻　三百斤
苏木　三千斤　　　　　速香　三百斤
乌木　三百斤　　　　　大枫子　三百斤
金银香　三百斤

皇后前:

贡物并同,数目减半。

(清官修:《清会典》,雍正十年武英殿刻本,卷一百四,礼部四十八,页27—30)

暹罗国

康熙四年,暹罗国遣使进贡。赐国王:缎六、织金缎四、锦四、纱六、织金纱四、罗六、织金罗四;王妃:缎四、织金缎二、纱四、织金纱二、罗四、织金罗二。加赏正副使,每员折衣,织金罗二,折帽、带、彩缎二,靴一双。正赏彩缎四、罗四、绢二、布一,折织金衣,缎表里各一。通事、从人,绢、罗、布、靴有差。

七年,暹罗国遣使进贡,赐国王、王妃与四年同。赏正副使,每员缎七、罗四、织金罗二、绢二、里绸一、布一、靴一双。通事,从人及留边人役赏给有差。

十二年,恩赏同。

二十三年题准:暹罗国照例赏赐,其靴俱折绢。

二十四年题准:暹罗国王原赏缎三十四,今加十六,共表里五十。

四十七年,暹罗国遣使进贡,赐国王、王妃并赏贡使,与二十四年同。

四十八年,暹罗国随进驯象、金丝猴人四名,照从人例,赏绢各二,布各七。广东伴送经历,亦照例赏彭缎袍一领。

六十一年复准:暹罗国进贡,照安南国例,国王加赐锦四、缎八、织金缎二、纱四、织金纱二、罗八、织金罗二;王妃加赐缎二,织金缎二、纱二、织金纱二、罗二、织金罗二;贡使四员,加赏缎各一,罗各一,织金罗各一、绢各一、里各一;通事二名,加赏缎一、罗一、绢一;从人二十一名,加赏绢各一,布各一。

又复准:暹罗国进贡后补进犀牛,贡使系微员,比具表进贡之使酌减。赏缎六、罗三、织金罗二、绢三、里二、布一;通事缎三、罗三、绢二;从人四名,绢各二、布各六;伴送驿丞,赏彭缎袍一领。

雍正二年,暹罗国进贡谷种、果树、米谷等物。奉旨:念其输诚向化,冒险远来,最为恭顺,殊属可嘉,著定议奖赏。

遵旨复准:照康熙六十一年例加赏。船长,照通事例,番梢,照从人例,各赏缎、罗、绢、布有差。

又复准:船长虽非贡使可比,但载运米石,向化远来,於原赏各十匹外,再各加赏十匹。

又特赐国王各色缎二十,松花石砚、玉器、磁器、法瑯器等物。派出礼部司官,同正赏缎匹等物,一并送至广东,交与该督抚,转付暹罗国船长领回。

(同上书,卷一百六,礼部五十,页13—15)

十、《大清会典事例》

康熙十二年，暹罗国请封，给予敕书，并驼纽镀金银印。贡使於午门外祗领，并行令该国王恭迎各如仪。

（清官修：《大清会典事例》，卷五百二，
商务印书馆，1909版，页1）

雍正七年，暹罗国入贡。内阁撰敕一道，付来使赍回。

（同上书，卷五百二，页2）

乾隆五十一年，暹罗国长郑华遣使入贡，并具表请封，照康熙十二年之例，内阁撰拟诰命，礼部铸造驼纽镀金银印，於午门前交该国贡使祗领，恭赍回国。

（同上书，卷五百二，页3）

嘉庆十五年，暹罗国遣使入贡，并请封世子郑佛为国王，照例给予诰命，银印，交该国使臣祗领，恭赍回国。

（同上书，卷五百二，页3）

康熙四年，定暹罗贡期，三年一次。

（同上书，卷五百二，页4）

道光二十三年谕：前经特降谕旨，嗣后越南、琉球、暹罗均著改为四年遣使朝贡一次。以昭体恤。兹暹罗国王因未接奉改定贡期公文，以致仍照旧例，遣使呈进方物，并进二十一年万寿，及补进二十年贡物，具见该国王恭顺至诚。所有此次贡物、准其於本年呈进。

康熙六年，又议准暹罗贡道由广东。

（同上书，卷五百二，页5）

同治八年奏准，暹罗国贡道照旧航海至广东虎门起旱驰驿，毋庸改从海道由天津进京。

（同上书，卷五百二，页6）

康熙十二年谕：暹罗国航海远来，抒诚进贡，其虫蛀短少等物，免令补进。嗣后各国皆照此例。

（同上书，卷五百三，页2）

康熙四十七年，暹罗国王遣陪臣恭进表文，入贡方物外，加贡物九件。其副贡船贡驯象二只外，加贡金丝猴二。

（同上书，卷五百三，页2）

康熙五十九年，暹罗国王遣陪臣恭奉金叶表文，贮以金筩，裹以锦袱。上饰金珠三、金圈七。盒二重，内盒饰螺钿，外盒饰金紫梗牌二。入贡驯犀。又贡使呈称，国王命加贡西洋金缎二，大西洋阔宋锦一。

雍正二年，暹罗国进献谷种、果树、洋鹿、猎犬等物。奉旨：暹罗国钦遵圣祖仁皇帝谕旨，不惮险远，进献诸物，最为恭顺，殊属可嘉。其谷种、鹿、犬，已经差官送至。各种果树，俟来岁春和，再行委解。

（同上书，卷五百三，页3）

雍正七年，是年，暹罗国王遣陪臣朗微述申黎呼等赍金叶表文，储以金筩锦囊，与康熙五十九年同。入贡御前方物：驯象、龙涎香、幼镴石、冰片、沉香、犀角、孔雀尾、翠鸟皮、象牙、速香、安息香、紫降香、豆蔻、滕黄、胡椒、大枫子、乌木、荜拨、紫梗、桂皮、儿茶皮、樟脑、琉黄、檀香、树胶香、织金头白袈裟、桃红袈裟、幼花布、阔幼花布、织金头白幼布、阔红布、花布幔，大荷兰甔、冰片油、蔷薇露。

皇后前方物，不进象，馀物减半。又加进宝剑、仗剑、金地交枝柳条版带。

奉旨：暹罗国王遣使远来，贡献方物，具见悃诚。朕念该国远隔海洋，赍送不易，欲酌量裁减，以示恩恤远藩之意。但此次贡物，既赍送前来，难以带回，著照往例收纳。其常贡内有速香、安息香、袈裟布疋等十件，无必须用之处，嗣后将此十件，免其入贡，永著为例。钦此。

遵旨议定，免贡速香、安息香、胡椒、紫梗、红白袈裟、白幼布、幼花布、阔幼花布、花布幔等物。皇后前照此免贡。

乾隆元年，暹罗国入贡方物，加进金缎二匹，花幔一条。

（同上书，卷五百三，页4）

乾隆十三年，暹罗国入贡方物。外附洋船贡黑熊一只，斗鸡十二只，太和鸡十六只，金丝白肚猿一只。

十四年,暹罗国遣陪臣朗呵派哌提等奉金叶表文入贡。御前方物:象二、龙涎香一斤,犀角六、沉香二斤、土璇石十一两二钱,象牙、紫降香、大枫子、豆蔻、滕黄、乌木各三百斤,胡椒花、桂皮、栈朴齿舌皮、樟脑、檀香、硫磺各百斤,苏木三千斤、上冰片一斤、冰片二斤、冰片油二十瓢,翠毛六百副、孔雀尾十屏、红布幔十匹,荷兰甑二块。

皇后前不贡象,馀物各减半。又附洋船贡到黑熊、斗鸡,金丝猿,令其进献。

乾隆十八年,暹罗国入贡,加进西洋金花缎番袍,金花缎夹裤各一件、西洋金缎带三。

乾隆二十六年,又议准,暹罗国贡船在粤遭风,飘失龙涎香、桂皮、豆蔻、儿茶皮、树胶香五件,免议。

(同上书,卷五百三,页5)

乾隆三十一年,暹罗国王森列拍照广敕马嗺陆坤司由提雅普埃遣陪臣奉金叶表文入贡。

御前方物:驯象、犀角、沉香、上冰片、中冰片、降真香、大枫子、滕黄、乌木、象牙、豆蔻、土璇石、苏木、樟脑、檀香、硫磺、荜拨、儿茶皮、树胶香、土桂皮、翠毛、孔雀尾、龙涎香、冰片油、红布幔、荷兰甑、凡二十六种。

中宫前不贡象,馀物减半。

(同上书,卷五百三,页6)

乾隆四十六年,暹罗国长郑昭,恭进例贡外,加进驯象、犀角、象牙、洋锡、滕黄、胡椒六种。

奉谕:据奏,暹罗国长郑昭预备正贡一份,具表恳请代奏,并备象牙、犀角、洋锡等物,以为副贡等语。该国长输诚纳贡,备具方物,所有正贡一份,自应照例送京收纳。至所备副贡,若概令赍回,致劳往返,转非所以体恤远人,著於副贡内止收象只、犀角二项,同正贡一并送京,交礼部於照例赏给之外查例加赏,以示厚往薄来之意。其馀所备贡物,准其在广省自行觅商变价,并将伊等压舱货物,均一体免其纳税。

(同上书,卷五百三,页7)

乾隆五十年,暹罗国长郑华遣陪臣奉金叶表文入贡。

御前方物:龙涎香、金钢钻、沉香、冰片、犀角、孔雀尾、翠皮、西洋氀、西洋红布、象牙、樟脑、降真香、白胶香、大枫子、乌木、白豆蔻、荜拨、檀香、甘蜜皮、桂皮、滕黄、苏木、驯象二。

中宫前方物,不贡象,馀物减半。

奉旨:览国长奏,继嗣父业,恪承先志,遣使航海远来,进贡方物,诚悃可嘉。知道了,该部知道。

(同上书,卷五百三,页8)

乾隆五十五年,暹罗国王具表遣使进贡,并因庆祝万寿,加进寿烛、沉香、紫胶香、冰片、燕窝、犀角、象牙、通大海、哆啰呢,凡九种。

奉谕:据奏,暹罗国王遣使进贡,祝厘,於七月十一日,正贡船甫到,副贡船尚未抵粤等语。该国王情殷祝嘏,恭进方物,阅其表文,欢欣踊跃,具见悃忱。但现届八月初旬,该国贡使抵粤较迟,既未能如期到京,随班庆祝,自毋庸即令趱紧行程,著将该国前后抵粤贡使人等,俱酌量令其缓程行走,於年底到京,随入燕赏,以示朕体恤远人至意。

(同上书,卷五百三,页8—9)

乾隆六十年,暹罗入贡方物:龙涎香、沉香、檀香、白胶香、降真香、金钢钻、冰片、樟脑、孔雀尾、犀角、象牙、西洋毯、西洋红布、翠鸟皮、甘密皮、桂皮、荜拨、大枫子、豆蔻、滕黄、乌木、苏木。恭进中宫方物,其数减半。

(同上书,卷五百三,页10)

嘉庆元年,暹罗国王遣使赍金叶表文庆贺太上皇帝归政,恭进龙涎香、上冰片、中冰片、沉香、金钢钻、孔雀屏、犀角、象牙、荷兰毯、红毛厘布、翠鸟皮、白檀香、白胶香、樟脑、甘蜜皮、桂皮、荜拨、降真香、大枫子、白豆蔻、滕黄、乌木、苏木,凡二十三种。恭进皇宫前贡物减半。又庆贺仁宗睿皇帝登极,并进皇后贡物,均与庆贺归政贡同。

(同上书,卷五百四,页1)

嘉庆五年,暹罗国王遣使赍祭文仪物,恭诣高宗纯皇帝前进香,并进献方物。经广东巡抚遵旨,令该使臣毋庸进京,所有呈进仪物、方物,令赍回。

(同上书,卷五百四,页1)

嘉庆十四年，暹罗国王遣使祝嘏，进贡寿烛十对，金钢钻一斤、冰片二斤、燕窝十斤、沉香二十斤、犀角二十斤、孔雀尾五十屏、翠鸟皮五百张、檀香一百斤、降真香一百斤、砂仁米一百斤、紫梗一百斤、荷兰毯二领。

又暹罗国世子遣使进贡请封，在洋遭风，沉失贡物九种。奉旨：此实人力难施，并非使臣不能小心防护，不必另行备进。

（同上书，卷五百四，页2）

道光七年，暹罗国王郑福恭进册封谢恩礼物：龙涎香一斤八两、沉香三斤、冰片一斤八两、犀角九个、白檀香一百五十斤、孔雀翎二十屏、翠毛九百张、象牙四百五十斤。奉旨：交内务府伺候呈览。

（同上书，卷五百四，页3）

咸丰二年，暹罗例贡，向有减半贡物一分，因中宫虚位，奏准留抵正贡。嗣因库存该国减半方物三分，核与正贡一分之数相符，奏准仍遵道光二十七年谕旨，将该国旧存贡物作为此次正贡。此次例贡，留抵下次正贡。

（同上书，卷五百四，页5）

康熙四年，暹罗国进贡，赐国王缎、纱、罗各六匹、织金缎、纱、罗各四匹，王妃各减二匹，正副使每人正赏彩缎、罗各四匹、绢二匹，布一匹，衣缎表里各一匹。加赏织金罗、彩缎各二匹、靴一双；通事、从人缎、罗、绢、布、靴有差。

康熙七年，暹罗国入贡，赐国王、王妃与四年同，正副使每人缎七匹，罗四匹，织金罗、绢各二匹，里绸一匹，布一匹，靴一双；通事、从人及留边人给赏各有差。

康熙二十三年奏准，暹罗国照例颁赏，其靴皆折绢。

康熙二十四年议准，暹罗国王原赏缎三十四匹，今加十六匹，共表里五十匹。

康熙四十七年，暹罗国入贡，赐国王、王妃及贡使均照二十四年议定之例。其副贡人员等，照从人赏例，绢各二匹、布各七匹。广东伴送经历亦照例赏彭缎袍一领。

（同上书，卷五百六，页2）

雍正七年，奏请召见暹罗国贡使，奉旨：著大贡使於同来贡使内选一人，令二人进见。

（同上书，卷五百五，页2）

乾隆元年，暹罗国陪臣朗三立哇提等四人入贡来京，均蒙召见，仪与雍正七年同。又奏准，嗣后琉球、安南、暹罗等国来使皆照雍正七年仪节行，停止议政大臣等会集赐坐、赐茶之例。

乾隆十四年奏准，暹罗国使臣朗呵派哌提等奉表来京，恭遇圣驾巡幸，於启銮之日，礼部满堂官引来使等四人，并通事一人，至圆明园宫门外，於圣驾启銮之先，行三跪九叩礼。恩赏该国物件，於宫门前赏给。随率至王公百官送驾排班之末，跪候瞻仰。如蒙慰问，来使跪聆毕，礼部堂官领回。

乾隆十八年奏准，暹罗国使臣郎损吞派沛等奉表来京，恭遇驾幸南苑，已令使臣道旁瞻仰，照例停其进见。

（同上书，卷五百五，页2）

康熙六十一年，暹罗国入贡，照安南国例加赐国王缎八匹、纱四匹、罗八匹、织金缎、纱、罗各二匹；王妃缎、织金缎、纱、织金纱、罗、织金罗各二匹；贡使四人，每人加缎、罗、织金罗、绢各一匹，里一；通事四人，二人加缎、罗、绢各一匹，里一；二人加缎、罗、绢各一匹；从人二十一名，加绢布各一匹。

又暹罗补进犀牛，贡使系微员，比具表进贡之使酌减，赏缎六匹，罗二匹，织金罗二匹，绢五匹、里二、布一匹；通事缎、罗各三匹，绢二匹；从人四名，绢各二匹，布各六匹；伴送驿丞、彭缎袍一领。

雍正二年，暹罗国入贡，照康熙六十一年加赐之例，船长照通事例，番梢照从人例，加赏缎、罗、绢、布有差。又船长於原赏布十匹外，再各加赏十匹。又特赐国王各色缎二十匹，松花石砚、玉器、瓷器、珐琅器等物，差司官赍赏物一并送至广东，交该抚付船长领回。

（同上书，卷五百六，页3）

雍正七年，暹罗国入贡，照康熙六十一年加赏例，赐国王缎、罗各十有八匹，纱十有二匹，锦缎、织金缎、罗、纱各八匹；王妃缎、罗、纱各六匹，织金缎、纱、罗各四匹；来使四人，每人各缎八匹，罗、绢五匹、织金罗三匹、里二、布一匹；通事各缎、罗五匹、绢三匹；从人各绢三匹，布八匹。特赐国王御书"天南乐国"四字，内库缎二十匹，玉器八件、法郎器一件,松花石砚二方,玻璃器二种共八件,瓷器十有四种共百四十有六件;贡使内造缎八匹、银百两。

(同上书,卷五百六,页4)

乾隆元年,暹罗国入贡,照康熙六十一年加赐之例,又颁赐国王蟒龙大袍一二袭。奉旨:暹罗远处海洋,抒诚纳贡,除照定例赏给外,著特赏蟒缎四端。

乾隆十四年,暹罗国入贡,照康熙六十一年之例加赏。又特赐国王御书"炎服屏藩"四字,蟒缎、片金缎、妆缎、闪缎各二匹,锦缎四匹,各色缎八匹,玉器六,玛瑙器二,珐琅炉瓶一副,松花石砚二方,玻璃器五种共十件,瓷器二十有三种,共百四十有六件。又因续进黑熊、白猿等物,特赏国王库缎十二匹。

(同上书,卷五百七,页1)

乾隆十八年,暹罗国入贡,特赐国王人参四斤,锦、缎共二十匹,玉器四、玛瑙器二、珐琅器六、铜煖砚二、玻璃器十、瓷器百有四十。

乾隆二十二年,暹罗国入贡,赐国王蟒缎、锦缎各二匹,闪缎、片金缎各一匹。八丝缎四匹,玉器、玛瑙器各一、松花石砚二方、珐琅器十有三,瓷器百有四。

(同上书,卷五百七,页1)

乾隆二十七年,暹罗国入贡,赐国王物件与二十二年同。

乾隆三十一年,暹罗国入贡,赐国王物件与二十七年同。嗣因该国为邻番所破,经两广总督奏明,将原件缴还。

(同上书,卷五百七,页2)

乾隆五十年,紫光阁筵宴,赏暹使正使锦缎四匹,绒缎二匹,各样花缎十匹、荷包大小五对;二使、三使、四使锦缎各二匹,花缎各六匹、荷包大小各三对。

乾隆五十二年,紫光阁筵宴,赏暹罗正副使与五十年同。

乾隆五十四年,紫光阁筵宴,赏暹罗正使锦、漳绒各三匹,小卷八丝缎、五丝缎各五匹,大荷包一对,小荷包四对;副使锦、漳绒各一匹、小卷八丝缎、五丝缎各三匹,大荷包一对,小荷包二对。

(同上书,卷五百七,页3)

乾隆五十五年，加赐暹罗国王御笔福字一，玉如意一，玉器二，瓷器、玻璃器八，福字方百幅，绢笺四卷，砚二方，笔三匣，墨三匣，雕漆盘四。

（同上书，卷五百七，页4）

乾隆五十六年，紫光阁筵宴，赏暹罗正使一员，大卷缎、大卷宫绸各四匹、大荷包一对、小荷包三对；副使一员，大卷缎、大卷宫绸各三匹、大荷包一对、小荷包二对。又特赏正副使八丝缎各一匹，笔墨各一匣，笺纸各一卷。

（同上书，卷五百七，页6）

嘉庆元年，举行千叟宴，朝鲜、安南、暹罗使臣同在宁寿宫入宴。特赐各国正使每员圣制千叟宴诗一章，玉如意寿杖各一，锦缎、洋花缎、云缎、大卷缎各二匹，福字笺一卷，绢笺二卷，湖笔二十枝，硃墨十锭，砚一方，鼻烟一瓶、鼻烟盒、瓷牙籤筒、洋漆茶盘各一件；副使每员锦缎、洋花缎各一匹，绢笺一卷、湖笔十枝，硃墨四锭，馀赏与正使同。

嘉庆二年正月，紫光阁筵宴，特赏朝鲜、暹罗使臣与元年同。

（同上书，卷五百八，页1）

嘉庆三年，又召朝鲜、暹罗使臣入重华宫宴，赏正副使荷包、芽茶、鼻烟壶、火镰、玻璃椀、福橘等物。

（同上书，卷五百八，页1）

嘉庆六年，赏暹罗使臣各江绸羊毛袄一领，连缨皮帽一顶，绫小棉袄一领、绫棉中衣一件、绸棉袜一双、缎靴一双；从人各蓝布羊皮袄一领、皮缨帽一顶、布小棉袄一领、布棉裤一件、布棉袜一双、布靴一双。

嘉庆七年正月，赏暹罗、朝鲜正副使，与二年同。

（同上书，卷五百八，页1）

嘉庆九年十二月，朝鲜、暹罗二国使臣入重华宫筵宴。特赐暹罗使臣四员，从人十九名衣帽靴袜有差，并赏三贡使、四贡使各瓷盘一、玻璃器二、瓷器一、小荷包一对、茶叶一瓶。

嘉庆十年正月，赏暹罗大贡使锦、漳绒各三匹，大卷八丝缎、小卷五丝缎各四匹、大荷包一对、小荷包四对；二贡使锦、漳绒缎各二匹、大卷八丝缎、小卷五丝缎各三匹、荷包同；三、四贡使每员锦、漳绒缎各二匹、大卷八丝缎、小卷五丝缎各三匹、大荷包一对、小荷包二对。

嘉庆十年十二月,暹罗贡使入重华宫宴,赏玻璃瓶二、鼻烟壶一、瓷带钩一、茶叶二瓶、橘一盘、荷包二对;二、三、四贡使各玻璃椀二,馀俱与正贡使同。

（同上书,卷五百八,页2）

嘉庆十二年正月、琉球、暹罗二国使臣入重华宫宴,各赏玻璃椀二、鼻烟壶一、瓷带钩一、茶叶二瓶、福橘五、瓷碟一、荷包一对;通事荷包一对。

嘉庆十三年,琉球、暹罗二国使臣入蒙古包宴,赏与乾隆六十年朝鲜正副使同。

（同上书,卷五百八,页2）

嘉庆十四年,暹罗贡使入重华宫宴,赏正使一员洋瓷带钩一、玻璃鼻烟壶一、玻璃椀二、红橘一碟,茶叶一瓶、荷包二对;副使一员、荷包一对,馀与正使同。

嘉庆十五年正月,暹罗贡使入蒙古包宴,加赏正副使均与乾隆六十年朝鲜正副使同。

嘉庆十六年正月,暹罗贡使入紫光阁宴,赏正副贡使四员均与乾隆六十年朝鲜正副使同。

（同上书,卷五百八,页3）

嘉庆十七年,暹罗贡使入重华宫宴,赏正副使二员各玻璃瓶二、茶钟一、玻璃鼻烟壶一、茶叶二瓶、大荷包四对。

嘉庆十八年正月,暹罗使臣入紫光阁宴,赏与嘉庆元年同。恭遇驾幸圆明园,朝鲜、琉球、暹罗三国使臣迎送。

（同上书,卷五百八,页4）

嘉庆二十四年九月,暹罗、南掌、朝鲜、越南四国王遣使臣祝嘏来京,赏凡十次。初次,南掌正副使二员,各赏平安吉庆花一匣,普洱芽茶一罐,茶膏一匣,茶叶二瓶,桂花膏一罐、瓷盘二、大小荷包各一对;暹罗副使一员,赏仙果献瑞花一匣、人参膏一罐,馀与南掌正副使同;二次,赏越南、南掌、暹罗使臣、行人、通事,从人等衣帽靴袜有差;三次,暹罗副使一员,赏玉如意一,馀与南掌正副使同……五次,四国使臣入正大光明殿宴,加赐国王与十四年赏朝鲜国王同。四国使臣八员,各大卷八丝缎一匹、彩缎一匹、小卷八丝缎、五丝缎各二匹,笺纸二卷、笔墨各一匣……暹罗通事二名、汉番书记二名,番吹手二名,番跟役八名赏各与越南同……七次……暹罗副使一员赏大卷五丝缎一匹、花红绸一匹、小卷绸一匹,馀与南掌正副使同。

嘉庆二十四年十二月,暹罗使臣入重华宫宴。暹罗使臣四员,各赏鼻烟壶一、玻璃杯二、瓷器二、茶叶二瓶、柑四枚、荷包各二对。通事二名,从人二十名,袍帽靴袜等与十八年赏琉球同。

嘉庆二十五年正月,山高水长筵宴朝鲜、暹罗二国使臣……暹罗大贡使一员,赏大卷八丝缎四匹、小卷五丝缎四匹、绵绸三匹,漳绒三匹。馀贡使三员,各赏大卷八丝缎三匹、小卷五丝缎三匹、绵绸二匹、漳绒二匹。

(同上书,卷五百八,页5)

道光二年十二月,暹罗、朝鲜、琉球使臣来京,暹罗贡使四员,通事二名,各赏袍帽靴袜等,与嘉庆十八年赏琉球同。三国使臣入重华宫宴,各赏春橘一碟、瓷器一、玻璃插斗一、瓷双管瓶一、绿石鼻烟壶一、茶叶三瓶、荷包二对。

道光三年正月,加赏朝鲜正使一员,大卷八丝缎二匹,副使、书状官二员各小卷八丝缎一匹。赏琉球、暹罗正副使均与朝鲜同。又入紫光阁宴,加赏三国使臣,与嘉庆三年同……又加赏朝鲜、琉球、暹罗三国正使各大卷八丝缎六匹,副使各小卷八丝缎六匹。

道光三年七月,暹罗国王遣使庆贺万寿,两次赏正使漳绒共五匹、锦三匹、铜手炉一、玻璃器二、瓷器二、银裹艾瓢椀一、大卷八丝缎四匹、小卷五丝缎四匹、大荷包一对、小荷包二对;副使漳绒共四匹、锦二匹、大卷八丝缎三匹、小卷五丝缎三匹,馀与正使同。

(同上书,卷五百九,页1)

道光七年十二月,朝鲜、暹罗使臣来京,赏贡使、通事、从人衣帽靴袜、皮领等物,入重华宫宴。各使臣等均赏玻璃器二、瓷器二、橘五、茶叶大小瓶各二、荷包一对。

道光八年正月,紫光阁筵宴朝鲜、暹罗使臣,赏正副使等。

是年,生擒逆首张格尔,朝鲜、暹罗使臣叩贺。特赐各国王蟒缎、闪缎、锦、漳绒各二匹。

道光九年十二月,朝鲜、暹罗使臣入重华宫宴……赏暹罗使臣四员,各玻璃器一、瓷器二、橘、榴各一桶,鼻烟壶一、茶叶二瓶,并加赏通事、从人衣帽靴袜等物与二年同。

道光十年正月,紫光阁筵宴……赏暹罗正使彩缎六匹、大小卷缎各四匹、大荷包一对、小荷包二对、绿葡萄一袋,馀三员各彩缎四匹、大小卷缎各三匹,荷包与正使同。

十二月,又暹罗国王遣使臣祝嘏来京,入瀛台宴,赏正使玻璃器一、瓷器二、馀与朝鲜正使同;副使荷包一对,馀与正使同,并加赏正副使、通事、从人衣帽靴袜等物有差。

(同上书,卷五百九,页2)

道光十一年正月,紫光阁筵宴……加赐暹罗国王,与嘉庆二十四年同,赏正使与朝鲜同。又赏暹罗正使大卷缎,彩缎各一匹、小卷八丝缎、五丝缎各二匹,笺纸二卷,笔墨二匣,砚一方;副使大卷八丝缎二匹,小卷江绸一匹、坐褥面一、䌷绸一匹、锦、彩缎各二匹;加赏暹罗副使大卷八丝缎、小卷五丝缎各三匹,大荷包一对、小荷包二对;通事、汉番书记四名,各八丝缎一匹、五丝缎二匹、坐褥面一、银各二十两;番吹手五名,各五丝缎一匹、银各十两;番跟役十三名,银各十两。

道光十二年正月,紫光阁筵宴朝鲜、琉球、暹罗三国使臣,加赏正副使等,俱与九年同。

道光十四年十二月,朝鲜、琉球、暹罗三国正副使入重华宫宴,赏与十三年同。

道光十五年正月,紫光阁筵宴朝鲜、琉球、暹罗各使臣,赏与十四年同。

(同上书,卷五百九,页3)

道光十七年十二月,暹罗、琉球二国使臣於重华宫入宴,赏与朝鲜同。加赏正副使、通事、从人衣帽靴袜等物有差。

道光十八年正月,朝鲜使臣……又偕暹罗使臣於紫光阁入宴,加赏与十七年同。

(同上书,卷五百九,页4)

道光二十七年十二月,朝鲜、暹罗二国使臣来京,各赏与二十六年十二月同。

道光二十八年正月,紫光阁筵宴朝鲜、暹罗二国使臣,各赏与二十六年正月同。加赐各国王亦均同……暹罗使臣回国,加赏正、二、三、四贡使、通事、番汉书记、从人衣帽靴袜有差。

咸丰三年谕:暹罗贡使行抵商丘,遇贼抢劫,著即改道,妥为护送回国。所有赏赉各物,并御书匾额敕书,著补行颁给。

(同上书,卷五百九,页5)

康熙二十三年谕:暹罗国进贡员役回国,有不能乘马者,官给夫轿,从人给舁夫。

又复准,除护送来京官外,特差本部司官笔帖式各一人伴送。

康熙四十七年,暹罗国人入贡,其副贡船被风漂至安南地面,续至粤西,仍差官伴送至京。

康熙六十一年奏准,暹罗贡使回国,遣礼部汉司官一人伴送。

(同上书,卷五百十,页1)

乾隆三十一年奏准,伴送暹罗国贡使司员汤永祚,携带伊子同行,沿途滋事,托雇民夫,并将德安县家人鞭责,特参治罪。奉旨:嗣后如有此等情事,该抚一面参奏,一面即将差员撤留,另派妥干知府同知一员前往伴送,著为令。

(同上书,卷五百十,页2)

道光十八年奉旨:暹罗国伴送官副将达里保,已放宜昌镇总兵,贡使回粤,著各直省督抚沿途遴委武职大员接递护送。

咸丰二年谕:徐广缙等奏,暹罗国王遣使补进例贡,并请敕封,现已行抵粤东等语。上年暹罗国届当例贡之期,奏请呈进,曾降旨令俟请封时一并呈递。兹据该国遣使赍奉表文方物补行入贡,具见恭顺之忱。该贡使现已抵粤东,著即派委妥员伴送,於本年封印前抵京。其该国大库所请将贡船先行回国修整,著照所请行。

咸丰三年谕:李僡奏参护送贡使各员,沿途骚扰,请交部严议一摺,广东潮洲府知府刘浔、惠州府知府苏学健、升补督标参将雷树勋护送暹罗贡使由山东进京,沿途需用车马人夫,较别项差使多至数倍。现当军务倥偬之时,岂容该委员等藉差骚扰,贻累地方。刘浔、苏学健、雷树勋均著交部严加议处,并著该部将该国使臣折回应用之车马人夫船只,核定数目,飞咨各省支应。其护送委员车马等项,均著自行发价,不准取给地方。

(同上书,卷五百十,页4)

顺治十六年题准,暹罗国再来探贡,所带压船货物,就地方交易。其抽丈船货税银清册,移送户部察核。

康熙三年定,凡外国进贡,顺带货物,贡使愿自出夫力,带来京城贸易者听。如欲在彼处贸易,该督抚委官监视,毋致滋扰。

康熙二十四年定,外国贡船所带货物,停其收税,其馀私来贸易者,准其贸易,听所差部员,照例收税。又定,番船贸易完日,外国夷人一并遣还,不得久留内地。又定,贡船回国,带去货物,免其收税。

康熙四十七年复准,暹罗国进贡驯象船,其压船货物,愿自出夫力,带来京城贸易者听。如欲在广东地方贸易,著该督抚委官监视。其交易货物数目,及监视官职名,造册报部。压船货物,照例停其征税。

康熙六十一年复准,暹罗国王进贡表文内,奏请海洋通舟,来往贸易,著遵五十六年定例行。

又奉旨:朕闻暹罗国米甚丰足,价亦甚贱,若於福建、广东、宁波三处各运米十万石来此贸易,於地方有益。此三十万石米,乃为公前来,不必收税。礼部问暹罗使臣,定议具奏,钦此。遵旨会问来使,据称该国米用内地斗量,每石价值二三钱,今议定运米到时,每石给价五钱。除为公运三十万石不收税外,其带来米粮货物,任从贸易,照例收税。

雍正元年复准,暹罗贸易船,被风漂至浙省,其贡使请遣贡伴赴浙,就便发卖。行令该抚委官监看,并将原船交贡伴领回。

雍正二年谕:暹罗钦遵圣祖仁皇帝谕旨运米,令地方官照粤省现在时价速行发卖,不许行户任意低昂。今部议每石定价五钱,贱买贵卖,甚非朕体恤小国之意。著行文浙闽,此次已到之米,及该国现今发运续到者,皆照粤省之例,嗣后令且暂停运米。俟有需米之时,降旨遵行。其压船随带货物,本应照例收税,但该国王实能输诚向化,冒险远来,此次应征税银,一概免征。

雍正四年复准,暹罗国前经奉旨停其运米,所差探贡二船带来米及货物,由该国起行时尚在未奉旨之先,既涉险远来,听其就近发卖,乘风信还国。

雍正五年,暹罗国商民运米至闽。奉旨:不必上税,永著为例。

雍正六年,暹罗商民运米至福建、浙江。奉旨:不必上税,永著为例。

乾隆八年谕：上年九月间，暹罗商人运米至闽，朕曾降旨免征货船税银。闻今岁仍复带米来闽贸易，似此源源而来，其加恩之处，自当著为常例。著自乾隆八年为始，嗣后凡遇外洋货船来闽粤等省贸易。带米万石以上者，著免其船货税银十分之五；带米五千石以上者，免其十分之三。其米听照市价公平发粜，若民间米多，不需籴买，即著官为收买，以补常社等仓，或散给沿海各标营兵粮之用，俾外洋商人得沾实惠，不致有粜卖之艰。

（同上书，卷五百十，页5）

乾隆二十七年议准，暹罗国上年贡物沉溺，免其补进。复遣探贡船，呈请代谢天恩。所有压舱货物，因多霉湿，准其先行发卖，免征税银。

（同上书，卷五百十，页6）

康熙六十一年复准，暹罗国奏称，彼国有二红皮船，前因禁洋被留，令广东督抚查明交贡使带回。其在广驾船水手人等，系内地者，各发原籍安插。系暹罗夷人，令随船回国。

雍正二年谕：暹罗国来船梢目，虽系广东、福建、江西等省人民，然住居该国已经数代，各有亲属妻子，实难勒令迁归，著照所请，仍令回国居住。

雍正七年，暹罗国贡使呈称，京师为万国所景仰，国王意欲令伊等观光上国，遍览名胜，回述以广见闻。奉旨：不必禁止，著贤能司官带领行走。仍赏银千两，若所喜物件，听其购买。又呈称，奉国王命，本国所产马匹甚小，久慕天朝所产马驼骡驴之高大，请各买三四匹回国。奉旨：著照所请，准其购买。所买价值，著内库支给。又福建抚臣奏称，暹罗国王令贡使采买京弓二十张、红铜线十担，应否准其采买。部议以违禁不准具奏，奉旨：暹罗远隔重洋，恭顺修职，历有年所。其请採买物件，该抚採买赏给。

（同上书，卷五百十一，页2）

乾隆元年，暹罗国贡使呈称，铜器自奉禁后，彼国乏用，恳恩许其赴粤採办。奉旨：该国王称，铜系造佛送寺之用。部议照例禁止固是，今特加恩赏给八百斤，后不为例。

（同上书，卷五百十一，页3）

嘉庆二十年奏准,暹罗国王请用内地商民代驾贡船,易滋流弊,未便允行。

（同上书,卷五百十二,页2）

道光三年谕:礼部奏,据暹罗国贡使吇雅唆㐲里巡叚呵排腊车突等来京,赍到公文一件,系该国大库府呈请代奏加赏通事翁日升顶戴等因。当传问翁日升,据称系福建汀州府永定县人,於嘉庆十八年往暹罗国贸易,此次奉国王差委等语。各国陪臣,从无具呈到部之例,今该国大库府为该国通事呈请加赏顶戴,殊属违例。其来文并无该国印信可稽,恐该通事别有捏饰情弊。且该通事既系内地民人,因何奉该国王差委？其所称嘉庆十八年往该国贸易之语,亦难凭信。著阮元、陈中孚於暹罗贡使到粤后,即向该通事翁日升严加查讯明晰,再行核办,以符体制而慎边防。

（同上书,卷五百十二,页3）

道光二十四年谕:程矞采奏,遵查暹罗接贡船只,请照成案办理一摺。暹罗国正副贡船所载货物,向免输税。至接贡船只,并无免税之例。惟念该国恪守藩封,输忱效顺,自应格外优恤,以示怀柔。著准其仿照琉球国成案,嗣后暹罗国接载贡使京旋之正贡船一只,随带货物免其纳税,其馀副贡船只,或此外另有货船,仍著照例收纳,以昭限制。

（同上书,卷五百十二,页5）

光绪五年奏准,暹罗国人阿山戳伤内地民人刘披身死,将该犯发还该国,自行办理。

（同上书,卷五百十二,页6）

嘉庆六年谕:暹罗国第二贡使帕窝们孙啈哆呵叭突在广州南海地方患病身故,情殊可悯,现已饬地方官妥为照料,著加恩再赏银二百两。遇有该国便船,即令先行带回,将银两给伊家属,不必等候此次贡船回国,转致稽缓,嗣后如遇有此等外国使臣在内地身故之事,著照比例办理。

嘉庆二十四年奏准,暹罗国贡使及通事等遭风漂没,照在京贡使例,给予织金罗三匹、缎八匹、罗五匹、绢五匹、里绸二匹、布一匹,赐银三百两;通事二名,各给缎五匹、罗五匹、绢三匹、发交两广总督转发该国,交伊家属。

道光十年奏准,暹罗国副使郎窝们孙哗霞呵勃突在安徽病故,赐银三百两。

康熙二年,暹罗国正贡船行至七洲海面,遇风飘失,止有护贡船一只来至虎门,仍令遣回。

(同上书,卷五百十三,页3)

嘉庆十五年谕:据百龄等奏,暹罗国赍贡使臣抵粤一摺,该国贡船在香山县属荷包外洋突遇飓风击坏,沉失贡物,此实人力难施,并非使臣不能小心防护。其沉失贡物不必另行备进,用昭体恤。所有郑佛恳请敕封之处,著该衙门照例查办。俟该使臣回国,即令领赍。

(同上书,卷五百十三,页5)

道光三年谕:阮元等奏,暹罗遣接使臣船只在洋遭风一摺,本年七月内,暹罗国遣来接载使臣回国正副船只行抵广东新安县属洋面遇风,将正贡船飘撞击碎,飘失公文货物,并沉溺舵水客民多名。现据该督等逐一查讯,著将水梢黄栋等安顿驿馆,妥为抚恤。其籍隶本省难民,即行饬令各回原籍。

道光五年谕:阮元奏暹罗国贡使在洋遭风一摺,暹罗国世子郑福应行承袭,现在权理国政,因值例贡之期,虔备方物,遣使入贡,并恳请敕封。该国使臣在洋遭风击碎船只,表文贡物尽行沉失,并淹毙水手多名,深堪悯恻。该国使臣万里航海,幸获生全,朕念其远道申虔,即与诣阙赍呈无异。自应优加抚恤,除该督业经照例犒赏,并丰给饮食,制备衣服,医药调理外,该使臣即令其在省休息调养,毋庸远道来京。应领诰敕,著该衙门照例撰拟,俟颁发到粤,该督抚等即交该使臣捧赍回国。其沉失贡物,免其另行备进。现在捞获桅木等件,并著变价发给该使臣收领。

道光十一年谕:广东巡抚朱桂桢奏据暹罗国大库呸雅打侃禀称,上年十二月,该国六坤洋面,捞救遭风厦门船一只,询系福建署台湾澎湖通判鸟竹芳眷属,报经该国王谕令迎接资赡。兹值例贡之便,附载送回粤省。并据南海县具报,该眷属附坐贡船,业已护送登岸等语。暹罗国远隔重洋,素称恭顺,今该国王因内地官员眷属遭风,飘收到境,拯救资赡,附载贡船到粤,诚款可嘉,著赏该国王蟒缎二匹、闪缎二匹、锦缎二匹、彩缎四匹、素缎四匹、以示嘉奖。其大库呸雅打侃、亦著该督抚优加赏赉,交该国王颁给。俱俟贡使回国之便带往。

(同上书,卷五百十三,页6)

康熙四年议准,暹罗正贡船二、令员役二十人来京。补贡船一,令六人来京。

康熙六年复准,暹罗国进贡,不得过三船,每船不得过百人,来京员役二十二人,存留边界梢目,给予口粮。其接贡,探贡等船,概不许放入。

(同上书,卷五百十四,页1)

十一、《嘉庆重修一统志》

本朝顺治十年,遣使请贡。康熙四年、七年、十一年皆入贡。十二年,暹罗国王森列拍腊照古龙拍腊马嗹陆坤司由提呀菩埃遣使来进贡,并请封典。奉旨给予诰命,并驼纽镀金银印,嗣后朝贡不绝。六十一年,谕令暹罗国,运米三十万石,於福建等处粜卖,免其收税。

雍正七年入贡,御书"天南乐国"匾额赐之。乾隆十四年入贡,御书"炎服屏藩"赐之。自后定例三年一贡。三十年,其国为花肚番所破,寻复。四十六年,该国郑昭立为国长,遣使入贡。四十七年,郑昭卒,子郑华嗣立。五十五年,暹罗国王郑华,以该国旧有之丹荖氏、麻叨、涂怀三城,现被乌肚占据(乌肚,即缅甸),表请谕令乌肚割回三城。上以从前缅甸与暹罗诏氏构兵,系已故缅酋懵驳,现缅甸已经易世,暹罗又系异姓继立。丹荖氏等三城被缅甸侵占,本非郑氏国土,相安已久,自应各守疆域,不当向其争论。移檄谕之。嘉庆二年,暹罗国王郑华以国庆重厘,倍进方物,奉旨褒奖,加赐文绮等物。十二年,有内地商民代驾暹罗货船,来粤贸易。特颁敕谕,永遵例禁。十五年,暹罗国世子郑佛,遣使表贡,恳请封袭王爵。上允所请,赐以诰命,即令该使臣领赉回国。二十四年,国王郑佛遣官表贺万寿,并进方物,宴赏如例。

(穆彰阿:《嘉庆重修一统志》,卷五五二,
暹罗,四部丛刊本,页2—3)

宋腒朥,在西南海中。

古无所考,今为暹罗属国。(按:暹罗国西南有大山延亘,由暹罗沿山海而南,为宋腒朥国。)其国人以耕渔为业,性情褊急,其斋僧饲象,与暹罗相类。

本朝雍正七年后来粤通市，距厦门水程一百八十更。旁有𬇕仔、六昆、大呢诸国，皆属暹罗。𬇕仔东北与宋腒膀接，六昆东与𬇕仔接。大呢一名大年，东北与六昆接。三国风俗、物产不殊。其来粤通市，距厦门水程，𬇕仔与宋腒膀同，六昆、大呢则一百五十更云。

风俗：男蓄发，去其髯，首插雉尾，腰束匹帛，短衣而窄袴，无屦袜，常佩刀剑。女椎髻，跣足，短衣长裙，披帛於肩，能知纺绩。

土产：牛、鹿、虾米、海参、番锡、象牙、棉花、黄蜡。

(同上书，卷五五七，页1)

十二、《皇清职贡图》

暹罗国在占城西南，即隋唐赤土国。后分罗斛、暹二国，暹复为罗斛所并。明洪武时封为暹罗国王，入国朝尤恭顺，国贡惟谨。其地方千里，有大库司九、府十四、县七十二。官制九等，其四等以上戴锐顶金帽，嵌以珠宝；五等以下，则以绒缎为之，衣锦绣及织金或花布短衣，系锦带。妇人以金银为簪钏约指，上衣披五色花缦，下衣五彩织金花缦，拖地长二三寸。足履红革靸鞋。其选举皆引至王前，咨以民事，应对得当，即授官服候用。文字横书，有事则具书文朗诵呈之。

暹罗地卑湿，民皆楼居，坐卧即以楼板，上藉以毡席。其风俗劲悍，习於水战。好崇佛斋僧，饲象取牙以奉夷目。男白布缠头，衣短衣，曳革履，常佩刀剑。妇女椎髻、上衣披青蓝布缦，下衣五色布短裙，性喜游冶，亦工纺织，俗重女轻男，家事皆取决於妇。

(清官修：《皇清职贡图》，乾隆刊本，卷一，页21—23)

宋腒膀乃暹罗属国，其人多以耕渔为业，性情褊急，其斋僧饲象与暹罗相类，男蓄发去其髯，首插雉尾，腰束匹帛。短衣而窄袴，无屦袜，常佩刀剑。女椎髻跣足，短衣长裙，披帛於肩，颇能知纺绩。

(同上书，卷一，页67)

十三、《史料旬刊》

暹罗国入贡案　阿里衮摺

臣阿里衮谨奏,为钦奉上谕事。乾隆十七年九月二十八日,承准大学士公傅恒字寄乾隆十七年九月初六日奉上谕:"前据阿里衮奏称,暹罗国贡使到粤,委员前往查验安顿,俟具复到日会同抚臣具题等语。今将及两月,何以尚未题到,可传旨询问。再,现今西洋波尔都噶尔亚国使臣到粤,已循照旧例派员会同西洋人前往接取。而暹罗等国贡使则向无自京差官接取之例,恐该使臣等同时入境,相形之下似觉有所区别者。可并传谕该督抚等,令将二国使臣酌量先后分起护送。其抵省进京总不必令在一处可也。钦此。"遵旨寄信到臣,伏查暹罗国贡使到粤之后,因该船在洋遭风发漏,先据呈请放空回国修理,继又因船货被潮,难於久贮,复请就地先行发卖,原船仍照例留粤等情,先后批查详复,往返需时,且进贡方物名色数目以及贡使、通事、商梢人等姓名,必待通事报名,方能据以造册(硃批:今报明乎,仍未报明乎,汝总不能明白决断,言事必要拖泥带尾,今亦不必再查矣),以致题报稍迟。今蒙谕旨询问,谨将情由据实奏复。至该国贡使,向例候部复至日始令进京。今岁有西洋波尔都噶尔亚国贡使在粤,不便同行。臣现在会同抚臣商酌,一面具题,一面即令暹罗国贡使先行起程进京,庶为妥便。合并陈明,为此恭奏,伏乞皇上睿鉴,谨奏。乾隆十七年十月初一日。硃批:知道了。

阿里衮苏昌摺

两广总督臣阿里衮

广东巡抚臣苏昌谨奏,为遵旨复奏办理暹罗入贡情由事,乾隆十七年九月二十八日,承准大学士公傅恒字寄内开乾隆十七年九月初六日奉上谕:"前据阿里衮奏称,暹罗国贡使到粤,委员前往查验安顿,俟具覆到日会同抚臣具题等语。今将及两月,何以尚未题到,可传旨询问。再,现今西洋波尔都噶尔亚国使臣到粤,已循照旧例派员会同西洋人前往接取。而暹罗等国贡使则向无自京差官接取之例,恐该使臣等同时入境,相形之下似觉有所区别者。可并传谕该督抚等,令将二国使臣酌量先后,分起护送,其抵省进京总不必令在一处可也。钦此。"钦遵寄信到臣等。伏查暹罗国向化天朝,本年六月间,该国王遣使赍表入贡,经臣阿里衮恭摺具奏,臣苏昌亦经附摺奏明,但未能迅速题报,致蒙谕旨询问,不胜惶悚。唯是臣等此番办理情形,与上届稍有不同。缘本年该国正贡船在洋遭风,先据呈请放空回国修理,嗣又因压舱货物被潮,难於久贮,复请就地先行发卖,原船仍留粤省等情,先后均须照例饬查。经臣等节次行司查议详复。且进贡方物名色数目及贡使、通事、商梢人等姓名,必须该通事查明汇报,然后可照造清册。因俟逐层查实方合定例,具题未免稍稽时日。今值大西洋国又慕义入贡,荷蒙皇上敕下臣等将二国使臣先后分起护送,抵省进京,不必令在一处。臣等现在遵旨将暹罗进贡情由一面照例具题,一面择於十月二十六日委员先将暹罗国贡使伴送入京。其大西洋国贡使此时尚留澳门,俟候钦差抵粤,再将该使臣接取来省,择期护送起程。在省,在途,先后相隔多日,两不觌面,自不致彼此相形。所有奉旨询问及臣等办理缘由,理合会同恭摺奏复,伏乞皇上睿鉴。再,大西洋国入贡之处,臣等先於九月初四日恭疏题报在案,合并陈明,谨奏。乾隆十七年十月初八日。硃批:览。

内务府摺

总管内务府谨奏,为奏闻事。准礼部咨称,暹罗国国王遣使恭进贡物,解交内务府查收等因移送前来,臣等谨将收到贡物缮写清单,恭呈御览,为此谨奏。

暹罗国恭进皇上方物

龙涎香一斤	藤黄三百斤
沉香二斤	桂皮一百斤
白檀香一百斤	甘蜜皮一百斤
白胶香一百斤	翠鸟皮六百张
降真香三百斤	孔雀尾十屏
金刚钻七两	象牙十二只,重三百斤
上冰片一斤	犀角六个
中冰片二斤	西洋毡二床
樟脑一百斤	西洋红布十匹
荜拨一百斤	乌木三百斤
大枫子三百斤	苏木三千斤
豆蔻三百斤	

暹罗国恭进皇宫方物

龙涎香八两	白胶香五十斤
沉香一斤	降真香一百五十斤
白檀香五十斤	金刚钻三两

上冰片八两	翠鸟皮三百张
中冰片一斤	孔雀尾五屏
樟脑五十斤	象牙六只，重一百五十斤
荜拨五十斤	犀角三个
大枫子一百五十斤	西洋毡一床
豆蔻一百五十斤	西洋红布五匹
藤黄一百五十斤	乌木一百五十斤
桂皮五十斤	苏木一千五百斤
甘蜜皮五十斤	

上谕：

嘉庆四年正月二十六日奉旨："金刚钻、翠鸟皮交造办处；上冰片、中冰片、樟脑、甘蜜皮、桂皮、荜拨、大枫子、豆蔻交药房；龙涎香、沉香、白檀香、白胶香、降真香、孔雀尾、犀角、象牙、西洋红布、西洋毡、藤黄、乌木、苏木交外库，钦此。"

(故宫博物院文献馆：《史料旬刊》，第十四期，
1920年京华印书局版，天499—天520页)

两广总督李侍尧奏复查明暹罗与花肚番构兵情形摺

两广总督臣李侍尧跪奏，为遵旨查明复奏事。窃臣於乾隆三十三年七月十七日承准军机处大学士公傅恒、大学士尹继善，大学士刘统勋字寄乾隆三十三年七月初二日奉上谕："去秋李侍尧奏闻，暹罗於前岁即与花肚番构兵，被花肚番将城攻破，该国王逃窜无踪。现令游击许全查探虚实等语。其探问如何，至今未据复奏。近又闻暹罗即为缅贼所并，昨缅贼递与将军文内亦有管理暹罗之语，是花肚番即系缅贼所属，因疆土毗连，肆其吞噬，亦未可知。但此时暹罗或偶被侵凌，或竟为缅匪蚕食，尚无确信。粤东澳门等处，向为外番贸易之所，该国商船来往必多，著传谕李侍尧留心密访该商内晓事之人，询问该国近日实在情形，该国王现在何处及暹罗至缅甸水程若干，陆程若干，远近险易若何，逐一详悉谘询。如能约略绘图，得其大概，亦可存备参酌。目下并非必欲由海道捷取，为此迂阔之计，且轻动舟师，经越外洋，恐岛外远夷妄生疑畏，自於事无济。若该国王尚有志於恢复，心存释怨而力不能支，欲求助天朝发兵策应，是即可乘之机，未尝不可酌调水师前往伙助，以期一举两得。但其事当出之审慎，办与不办尚在未定。李侍尧止宜善为

询访,密之又密,切不可稍露圭角,致涉张皇。仍将询得情由,即速据实奏闻。钦此。"

遵旨寄信到臣,伏查上年六月内钦奉谕旨,现在办理缅匪,恐其航海远飏,潜投暹罗境内,命臣行知该国王侦探追擒,迅行缚献。臣彼时即闻有暹罗被花肚番攻破之语。因事出传闻,未足遽信。经臣恭摺奏明,饬委游击许全赍文前往安南港口河仙镇目莫士麟处投交转递。该游击附搭商船於九月初九日起程,因洋面远隔,臣不时查探,并无船只信息回粤,是以未经复奏。迨本年七月初二日,有暹罗夷目昭丕雅甘恩敕差内地民人陈美生驾商船来广,赍有番字文三角投递。经臣传唤通事译出,一系甘恩敕投送礼部之文,其馀二角系昭丕拍叻唵呕吵大库各头目具禀臣与抚臣之文,核其情节,因暹罗国被乌肚番即花肚番攻破,甘恩敕领兵杀退(乌)肚番,众人推尊甘(恩)敕为王,因有扶世禄、禄坤、高烈三处大头目不服,欲求天朝敕封。又於七月十一日据游击许全跟兵麦森等回广,禀称跟随游击许全於上午十月初十日至安南所属之真薯山①洋面,船只遭风失椗,在洋飘泊。十一月初三日收入禄坤地方。游击许全在途患病,医治不效,於十一月十九日在禄坤身故。并将查访暹罗被花肚番攻破情形具禀。而河仙镇夷目莫士麟因麦森等向其查询,亦将暹罗与海外各夷地毗连形势绘图具文差夷官林义、通事莫元高等赍缴。并有暹罗使臣丕雅嵩统呵沛於乾隆三十一年赴京进贡,事竣回国,因该国已被花肚番攻破,兹将前奉敕书、御赐品物恭赍呈缴前来,臣在分析查办。兹奉谕旨,遵即传集贡使,夷官及甘恩敕差来之陈美(生)及通事人等细加查询。缘暹罗国在於粤东洋面之西南,环绕海滨。该国王城之外,尚有一十三府,分设夷目防守。暹之北面,漫麻、台崖、缅甸诸番杂处。正东一带,毗连安南,复有真腊甘浦寨即柬埔寨错杂其间。西南番夷罗列,金称花肚番,即系漫麻国②,王名芒龙③,住居央瓦城④。自乾隆二十五年即犯暹罗边界,二十九年,花肚番先攻同类之桃歪⑤,遂由桃歪而入暹罗境内。该国夷目怯懦走避,花肚番直抵望阁府。连岁侵扰,至三十二年三月初九日暹罗城陷,国王身故。花肚番掳

---

① 真薯山,即真屿山。
② 漫麻(Burma),即缅甸。
③ 缅暹战争期间,缅王分别是莽纪觉(Naungdawgyi. 1760—1763)和孟驳(Hsinbyshin, 1763—1776)。
④ 央瓦,即缅都阿瓦(Ava)。
⑤ 桃歪,即今缅甸的土瓦(Tavoy)。

其金帛及暹罗王之弟、和尚王等,焚其宫室城廓而去。维时暹罗之各府俱被抄杀,惟禄坤、高烈、扶世禄①三处相距遥远,未遭蹂躏。有暹罗王庶兄诏王吉逃至高烈府,依附该处夷目笼歹四帖居住。

　　花肚番既去之后,各处夷民日渐归复,现在仍系暹罗头目分踞管辖,而望阁府附近暹城,该地番民约有二万馀人,商贾辐辏。因被花肚番扰乱,驻守夷目逃亡。甘恩敕原系内地民人,郑姓,在彼娶有番妇。所生之子,番人呼为丕仔新。先为暹罗小夷目,官名丕雅达②。嗣望阁无人镇守,遂带兵占据其地,自称昭丕雅③,乃该国大头目名号。各处夷民与在彼贸易之内地人民咸皆归服,欲推甘恩敕为王。惟禄坤夷目丕雅那打里、扶世禄夷目丕雅一悉禄亦俱自称为王,各立门户,同高烈夷目笼歹四帖均与抗衡不服,是以甘恩敕欲求天朝敕封,藉图制服夷众。陈美(生)系粤省民人,往来暹罗贸易有年,与甘恩敕熟悉,是以令其赍文赴投。至暹罗既被花肚番侵扰有年,何以早不奏闻?据称相距内地海道遥远,是以未经求助天朝发兵策应。此现在暹罗情形及甘恩敕请封原委也。臣再四询问,据称止知暹罗被花肚番所破,是否即系缅甸,抑系所属部落,实在不知。自暹罗城以至花肚番,陆路约需七十余日,水路出海向西北行,须看风帆顺逆,一月两月不定,俱就平日所闻,约略言之,并未亲至其地。臣查河仙镇夷目莫士麟所缴舆图。花肚番在於暹罗西北,与游击许全跟兵麦森等所称花肚番附近云南之说殊属互异。即图内所绘地名与文内所叙亦有参差。复又诘询,据夷官林义等回称,土目莫士麟之图系从何处得来,实不知其根底。兵丁麦森等亦称,禀内情形系在禄坤地方遇见被难之内地民人谢开春等告知。臣复密询出海贸易商民,咸称止系往来安南、暹罗、柬埔寨等处,从未到过花肚番。缅甸於该处道里远近情形,均不深悉。第查花肚番所居之央瓦城,即与缅贼所驻阿瓦城地名相似。云南所绘图内,缅贼有普干城,又与花肚番之扶甘城语仿佛。而花肚番(王)名芒龙,亦与莽匪相似。又复界近云南,且上年攻破暹罗之后,并不踞其土地人民,仅止掳掠金币而去,显因天朝大兵进剿,急回顾守巢穴,无暇及此。以臣看来,花肚番似即系缅贼(硃批:是),而贡使人等或因其俗名花肚番,遂谓并非缅甸也。谨将查询情形,恭摺奏闻,伏乞圣鉴。

　　至于暹罗被贼攻破,国王虽故,现在有庶兄诏王吉在於高烈地方,

---

① 扶世禄,又作挟世禄,即今彭世洛。
② 丕雅达(Paya Tak),又称披耶·达信(P'ya Taksin)。
③ 昭丕雅,今译昭披耶(Chao Phraya)。

及该国王之孙诏萃、诏世昌分逃在外,乃该国各夷目并不扶助国王之子孙力图恢复,反各分踞土地,僭妄称王。甘恩敕以微末头人,乘乱占据其地,复捏称杀退花肚番,妄希请封,大乖义理。就臣愚见,似应严饬陈美(生),令其转谕该夷目(硃批:甚是)甘恩敕,伊既系暹罗臣子,当明大义,应即纠合众夷目,差寻该国王在逃子孙,继立为王。声明情节,具表恳乞大皇帝施恩,再行审度时势,为该国王图报复之举,方称臣职。乃该夷目辄敢乘危踞地,既置该国王子孙於不问,且欲自立为王,已属大干罪谴,岂得复希封赏?似此越理犯分之事,何敢转达天听?所有原呈番字文书,即行掷还(硃批:自应如此),是否有当,伏祈皇上训示。谨将河仙镇目莫士麟呈缴舆图原文及兵丁麦森等原禀并臣上年查询暹罗水程图形与译出甘恩敕文禀一并抄录,分绘恭呈御览。再,本案因奉谕旨,即速奏闻,是以由驿驰递。合并陈明,谨奏。乾隆三十三年八月初一日。

(《史料旬刊》,第三十期,1931年,地105—地107页)

十四、《清代外交史料》

两广总督百龄奏暹罗国遣使入贡摺

二品顶戴两广总督奴才百龄跪奏,为暹罗国王遣使赍贡祝嘏,行抵粤东,恭摺驰奏,仰祈圣鉴事。嘉庆十四年八月初四日,据暹罗国丕雅打侃大库府具禀,本年恭值大皇帝五旬万寿,中外咸欢。本国王虔具方物,特遣贡使拍簪鸶史藩攏扢哪车突、啷史滑厘迈知握不突偕通事黄青红恭赍表文贡品来粤,恳乞转奏赴京上祝,聊表悃忱。并恳准将正、副贡二船於年底随风返棹,以应修整,来年复接贡使旋归等情前来。奴才随饬司并派员将该使臣、夷船妥为照料供给。赍到贡品,敬谨验明,安顿怀远驿馆。奴才查该国王於十二年遣使入贡,该使臣旋国甫及一年,今该国王因职守海隅,不能亲身赴阙,泥首祝厘,复具表文贡品,遣使代躬叩祝万寿,情词恳挚,实出至诚,惟查每届该国贡使由粤赴京,计行走八十余日。今已八月初旬,扣算程期,该使臣赍贡行走,九月内不能到京。奴才现在传知该使臣等,以其航海来朝,仰体大皇帝怀柔远夷至意,暂令休息公所,恭候敕下遵行。至所请先令贡船回国之处,亦俟奉到谕旨办理。所有暹罗国王遣使赍贡祝嘏到粤缘由,理合恭摺具奏。其该国王郑华所具金叶夷字表文、汉字表文,应照例随同贡品恭进。谨先将译出表文及方物单照录敬呈御览,伏乞皇上睿鉴。再,广东巡抚系奴才兼署,毋庸会衔,合并陈明,谨奏。嘉庆十四年八月初七日。

嘉庆十四年八月二十六日,奉硃批:"另有旨,钦此。"

暹罗国王表文

(原件附十四年八月初七日两广总督百龄奏摺内)

臣暹罗国王郑华诚惶诚恐,稽首顿首百拜,上祝皇帝万岁,万岁、万万岁。伏以椿树千寻,桢干如松柏并茂,蟠桃几度,结实偕岁月长春。际一阳来复之辰,正万寿无疆之日,恭维大皇帝乾纲独揽,坤道咸宏,保民如同保赤,神武宛若神君,是以百工允厘,庶绩咸熙,非特华地涵濡圣泽,而海外亦沐帝恩,则德弥邵者年弥高,所谓一人有庆万民赖之者也。是日也,拜献称觴,万国之衣冠绕殿,行礼奏乐,三千之朱紫盈庭。咸进华封三祝,共赓天保九如。臣躬居异域,未获跻堂,虔具方物,特遣使臣拍簪鸞史藩撒扢哪车突、唧史滑厘迈知握不突偕正通事黄青红代躬俯首而上祝。心铭北阙,翘首观光,愧乏寿仪之进献,聊陈簿凯之俚言,惟愿圣寿长绵,俾嬉游於光天化日,帝龄悠远,应上召夫景星庆云。恪贡寿笺,希祈天鉴,谨祝。嘉庆十四年六月初二日。

暹罗国进贡方物单

(原件附十四年八月初七日两广总督百龄奏摺内)

恭进大皇帝方物:

汉字表文二套	象牙二百斤
番字金叶表文二套	犀角二十个
表文亭一座	豆蔻二百斤
大小寿烛十对,共重三百斤	藤黄二百斤
冰片二斤	紫梗一百斤
金刚钻一斤	西洋毡二张
沉香二十斤	翠皮五百张
檀香一百斤	孔雀尾五十屏
降真香一百斤	胡椒二百斤
燕窝十斤	砂仁米一百斤

两广总督百龄奏,暹罗贡使现已抵粤,候旨伴送进京片

奴才百龄跪奏,再,奴才到任后,卷查上年闰五月内,准云贵督臣伯麟咨开嘉庆十三年正月钦奉上谕:"暹罗与缅甸构衅已久,该二国俱臣

服天朝，将来设同时入贡，诸有未便。上年暹罗业经遣使朝贡，若明年为朕五旬万寿，暹罗、缅甸均欲遣使来京，则当传旨晓谕暹罗，以该国甫经入贡，不必复行来京，以示体恤。而缅甸使臣自不与暹罗贡使接晤，亦可泯其猜嫌，仍不致稍露形迹，钦此。"

查暹罗国入贡，向来由广东省行走，明年万寿圣节，如缅甸并不遣使诣阙，则暹罗来贡，仍照例准行等因，恭录谕旨，咨会前来。奴才伏思滇粤相距迢遥，本年缅甸曾否遣使赍贡祝嘏，必须先期确探，以便遵旨办理。因於本年四月初间由驿咨询云贵督臣查复，至今尚未准复到，而暹罗使臣现已抵粤。若遽遣送进京，诚恐缅甸贡使业蒙恩准诣阙，则暹罗使臣既未便令其接晤，转须中途旋返。是以奴才谕令该使臣等暂住夷馆，藉资休息，先行由驿奏请训示遵行。

再，恭查乾隆五十五年高宗纯皇帝八旬圣寿，该国使臣於是年七月内到粤，奏奉谕旨，於九月内自粤起程，十二月内抵京。此次该国来使如蒙允准进京，计奉到硃批在九月初旬，奴才当照例委员伴送起程，十二月内亦可到京（硃注：甚是），俾该国使臣於嘉庆十五年元旦令节随班庆贺，合并附片具奏，伏乞睿鉴，谨奏。嘉庆十四年八月初七日。

嘉庆十四年八月二十六日，奉硃批："览，钦此。"

两广总督百龄奏暹罗国王恳请商民代驾货船摺

二品顶戴两广总督奴才百龄跪奏，为暹罗国王恳请内地商民代驾货船缘由，据情恭摺具奏请旨事。窃据暹罗国丕雅大侃大库府禀称，嘉庆十三年贡使京旋，领奉大皇帝谕旨，敕禁内地商民代驾暹罗国货船等因钦此。窃本国历年运售往返，夷目不谙营运，又昧於驾驶洋船，不得已多倩天朝商民代驾，以通发售。并非冒捏，亦无夹带违禁货物。可否仰邀鸿恩，准令酌派亲行夷目，跟同内商来粤，以凭行验等情。并录送译出该国王奏恳表文一道，并该大库具申礼部公文一件前来。奴才伏查外洋诸国夷人自置货船来广贸易，均令其专差夷目亲身管驾，不得倩用内地商人代为贩运者，原所以防内地奸徒潜往外番赊欠诓骗，或竟冒为夷货，代盗销赃及接济洋匪诸弊。嘉庆十二年，有闽省商人金协顺等代暹罗国载货抵粤，经前督臣吴熊光奏奉谕旨，敕禁在案。今复据该国大库禀恳前情，奴才当即率同藩司衡龄、臬司陈若霖询问，该夷使等禀称，暹罗僻处海隅，民性愚蠢，与内地言语不通，驾船夷人一离暹界，即不谙河缐。且本国王原籍广东①,国内民人亦间有祖籍闽粤者。故闽粤之人乡情熟识,向皆倩令营运土产到粤发售。缘奉谕禁,此次即专差亲行夷目招纹、招吗等,倩同内地商民帮驾来粤,恳乞转请奏明,嗣后准令仍用内商代为驾运等语。查暹罗国夷人因言语不通,昧於贸易,又复不谙海洋河缐,不得不倩雇内地商人代为驾驶,其所请自系实在情形。据称酌派亲行夷目跟同往返,似亦足昭行验。惟是华夷交易,必须设法严密稽查,以杜流弊。应请嗣后受雇与暹罗运货之内地商人,令其报明地方官,每人给与印行腰牌一面,刊写该商姓名。每船给与执照一张,载明商人及货物名色数目,以便於内地出口时验放。驶回暹罗,该国即查明照内所载人货数目相符,於下届来粤时出具夷结,令夷目赍粤报查。其自该国载货来粤,亦备具汉字、夷字公文各一套,载明人货数目,於进口卸货时查验相符,地方官亦给与回照备查。并将每次所倩内地商人有无赊欠、诓骗、透漏情事,令该夷目按届结报。如此互相稽核,自可杜绝前项诸弊。该夷恭顺有年,且倚赖内商以通运售,亦断不敢故违敕令自断贸易之路。如蒙允准,恭候命下。此次该夷船回国,即照此办理。是否有当,谨缮摺奏请训示。并照录该国王表文一道,该国大库具申礼部公文一件恭呈御览,伏乞皇上睿鉴。再,广东巡抚奴才兼署,无庸会衔,合并声明,谨奏。嘉庆十四年八月初七日。

嘉庆十四年八月二十六日,奉硃批:"另有旨,钦此。"

暹罗国王表文

(原件附十四年八月初七日两广总督百龄奏摺内)

臣暹罗国王郑华诚惶诚恐,稽首顿首百拜,上奏皇帝万岁,万岁,万万岁。为遵奉谕禁内地商民代驾暹国货船进口贸易,令专差夷目亲身管驾事。窃臣国僻壤,全赖土产以资生。历岁运售,实藉天朝之福庇,巍巍圣治,万国感恩,俯念微区,屡承厚恤。曩者前代驾船,务贸易,适奉敕禁违例。但因臣国处夷不谙营运,又昧於海道,是以不得已多倩华地商客代驾,并非冒捏情弊,亦无夹带违禁货物,可否仰邀天恩,柔远怀来,准酌派亲信夷目跟同来粤,以凭信验,臣不胜悚慄,恭候训示遵行,伏乞睿鉴。嘉庆十四年六月初二日。

---

① 吞武里王朝创建者郑信原籍广东,曼谷王朝历代国王均是当地泰人。

暹罗国大库具申礼部公文

（原件附十四年八月初七日两广总督百龄奏摺内）

暹罗国丕雅侃打大库府顿首谨叩中堂大人阁下，为奉王命，乞恩遵例事。於嘉庆十三年贡使京旋，带领旨谕回国，内叙禁〔华〕地商民代驾暹国货船进口贸易，有违前例，嗣后自置货船务令专差夷目亲身管驾携带咨明等情。但敝国处夷不谙营运，又昧於驶船，不得已多倩天国商客代驾，以通贸易，并非私交冒捏等情，此天朝柔远怀来外夷，固蒙体恤。而事关夷商交易，则言语不通，颇难发售，是以敢倩华人代驾贸易，藉天朝之福庇，赖鸿恩之柔施，兹幸圣寿遐龄，中外咸知，吾敝国王特遣贡使哪车突握不突恭赍表文方物赴京上祝，伏乞鸿慈垂眷容纳，则国王与库等均沾荣施矣。恭候训示遵行。嘉庆十四年六月初二日。

（故宫博物院编：《清代外交史料》，1932年版，嘉庆朝三，页21—25）

军机处寄两广总督百龄，暹罗遣使赍贡祝嘏准其来京

其恳请内地商民代驾货船一事则不可行上谕

军机大臣字寄两广总督百，嘉庆十四年八月二十六日奉上谕："……又另摺奏，暹罗国王遣使赍贡祝嘏，於八月初旬已经抵粤一节。暹罗国王因万寿庆节，特遣使臣，情殷叩祝，出於至诚，自当准令来京。且现在并无缅甸入贡，沿途暹罗贡使自不能与之接晤。惟计算程期，由粤到京须八十馀日，十月前既不能赶来，著照例委员伴送，按站行走，於十二月抵京，令其於元旦令节随班庆贺。至该国恳请内地商民代驾货船一事，此则不可。向来诸国夷人货船，均令其专差夷目亲身管驾。若准倩用内地商民代为贩运，恐奸徒等从中诓骗，接济销赃，难以查禁。况暹罗国民人生长外夷，於洋面情形谅所熟悉。若云不谙河线，则伊等贡船并未倩用内地商民驶驾，何以能如期而至？所言不可信，所请不可行。嗣后该国货船不准倩雇商民，以杜流弊。将此谕令知之，钦此。遵旨寄信前来。"

（同上书，嘉庆朝三，页26—27）

兼署湖广总督、湖北巡抚同兴
奏报接护暹罗贡使过境日期片

本年暹罗国遣使进贡，先经两广督臣百龄咨会到臣，当经派委候补知府孙尔端，黄州协副将刘廷基前往交界处所接护。兹据禀报，该使臣

等由江西德化县入湖北黄梅县境,即於十一月十四日护送至安徽太湖县交替出湖北境。沿途供给等项,俱照例应付无误。该使臣等行程迅速,均极安静,除先已咨明前途省另饬属一体备办外,所有接护过境日期,理合附片奏闻,谨奏。嘉庆十五年十一月二十二日。

嘉庆十五年十二月初三日奉硃批:"览,钦此。"

山东巡抚吉纶奏报接护暹罗贡使过境日期摺

山东巡抚臣吉纶跪奏,为护送暹罗国使臣过境日期,恭摺奏闻事。窃照暹罗国遣使入贡,前准两广督臣咨会,臣先期委令兖沂道王如金,济东道保麟如於交界处所接护,并令沿途州县营汛逐程护送。兹该贡使於十一月二十九日入山东境,复经檄饬该道等妥为照料。今据接护之济东道保麟禀报,於十二月十一日护送该使臣出德州境,交与直省景州接护前进。该使臣情殷瞻觐,途次踊跃遄行,极为安静。而沿途各属应付亦无贻误,所有过境日期,理合恭摺具奏,伏祈皇上睿鉴,谨奏。嘉庆十五年十二月十四日。

嘉庆十五年十二月十八日奉硃批:"览,钦此。"

(同上书,嘉庆朝三,页34)

云贵总督伯麟等奏拟照会暹罗国王令其禁约外夷戛于腊摺

云贵总督臣伯麟、云南巡抚臣孙玉庭跪奏,为外夷戛于腊称为暹罗属夷,追逐缅甸目练,进至车里土司界内,业经谕撤退,拟照会暹罗国王,令其查明禁约,恭摺奏请圣训事。窃照普洱府思茅同知所属车里宣慰司地方界连缅甸及暹罗所属戛于腊住扎之地,缅甸与戛于腊连年构衅,蛮触相争,其接仗之整欠,大猛养地方即紧接车里土司之九龙江。臣等因江外一带并无关隘,处处可以阑入,屡饬土司率练严密防堵,不可稍有疏懈。

嘉庆十二年间,戛于腊被缅甸击败,窜入九龙江界内。缅甸头目带练追逐,至橄榄坝地方,戛于腊遁去。经臣伯麟督饬普洱镇道谕遣缅甸头目等带练出境,曾经照会缅甸国王,令其约束该头目等,勿许再行阑入,奏蒙圣鉴在案。比年以来,缅甸与戛于腊仍复构衅不已,臣等以外夷相争,天朝不值过问,常饬镇道转饬土司慎防边界,毋许稍有偏助,缅、戛各夷尚无窜扰土司界内情事。

本年四月中,据普洱镇珠勒什,迤南道存桂转据代办宣慰司刀太康禀报，有缅甸头目带领三百馀人被戛于腊打败，逃入江内，即寻觅小路逃回缅地。戛于腊亦随后追至，遂驻扎江干，向土司索借粮练。土司不允，戛于腊疑土司偏护缅甸，将缅目等藏匿，即驻扎在彼不肯即退等情。臣等飞饬该镇道前往思茅查明，土司如无偏护，即速谕遣戛于腊撤退，毋任逗留滋扰，并饬一面派拨兵练防守要隘。嗣据该镇道查明，土司并无偏护情事，缅甸人等实由别路逃归缅地。屡遣妥役札谕戛于腊速退出境，戛于腊仍复逗留，因派游击王荣带领弁兵前赴普藤一带地方，扬言剿捕，慑以声威。戛于腊闻知畏惧，即先行率众遁去。又声称欲与土司讲和，致送象只、礼物等情，由镇道具禀前来。臣等查夷情狡谲，戛于腊追逐缅目不获，心疑车里土司偏护藏匿，迨至发兵往捕，闻信后始行撤退，何以又有送礼、讲和之说？是否另有诡诈，既未可知。且恐土司一经收受礼物，则此后借粮借练旋踵即至，更难拒却。臣等已飞饬转谕该土司毋得收受，概行驳回。其土司所辖夷民，猝闻缅众戛夷入境，多被惊散逃避，有误耕作，并饬查明，妥为安辑，照例抚恤。前派弁兵，亦俱撤回归伍。臣等伏查车里土司所辖九龙江外，即紧接缅甸、戛于腊争战之地，并无关隘可守。现在内地虽已宁谧，而该夷等仍在土司界外相持，已严饬车里土司及毗连之孟连土司多集勇练，严密防堵，不可疏懈，亦不可稍有偏护。

至戛于腊一种，前据土司探闻禀称，本系缅甸所属摆夷头目，住扎整迈地方，后来叛投暹罗，屡与缅甸构衅。但暹罗国在缅甸东南，而戛于腊住居之整迈，地方在缅甸东北，相距尚遥。戛于腊是否投归暹罗，仅据车里土司禀报之言，实无从核其虚实。如果系暹罗所属，则暹罗为天朝贡国，素称恭顺，谅无任令属夷扰及天朝土司地方之理。或因相距遥远，暹罗不能知此情形，抑或竟系戛于腊假托暹罗之名，恫喝缅甸，皆未可定。臣等悉心商酌。拟作为臣等之意，照会暹罗国王，将戛于腊现在情形详细行知，向其询问。如果系其所属，即令其严饬该夷等，嗣后与缅甸攻击，不得擅入天朝土司地界，致多惊扰。若并非暹罗所属，竟系戛于腊假托，亦即自行查办，迅速回复。惟事关照会外藩，臣等未敢擅便，谨将照会文稿缮呈御览，如蒙允行，恭俟钦定发下照缮咨送两广督臣转发递交。理合恭摺，由驿具奏，伏乞皇上睿鉴，训示遵行，谨奏。嘉庆十七年九月初二日。

嘉庆十七年九月二十一日，奉硃批："另有旨，钦此。"

照会暹罗国王文稿

（原件附十七年九月初二日云贵总督伯麟等奏摺内）

天朝云贵总督、云南巡抚为照会事。查向来天朝与外藩疆域攸分，所有内地沿边各土司皆毗连外藩，外藩之人不得越境阑入土司界内，例禁綦严。天朝云南普洱府思茅同知所属之车里宣慰司管理九龙江等处地方，西连缅甸，东接南掌。其南有整迈、腊管等处，传闻本属缅甸地方，后为夷目戛于腊所据，投归贵国，渐将缅甸之整欠，孟勇等处夺获，仍复连年与缅甸构衅不已。其争战之地，即与内地土司毗连。查贵国与缅甸均为天朝藩服，俱极恭顺。大皇帝恩同覆载，一视同仁，断不肯偏助一国。本年四月中，有缅甸目练三百馀人被戛于腊击败，逃入车里土司界内，寻觅小路遁回缅地。戛于腊随后追至，竟驻扎江干，借粮借练。该土司因奉内地禁谕，不敢借给。而戛于腊辄疑土司将缅练藏匿，仍在彼驻扎，不肯撤退。迨内地文武官前往查明该土司并无偏护藏匿，叠发扎谕遣退，戛于腊仍复逗留，是以内地即派官兵前往驱逐，戛于腊闻知畏惧，始行率众遁去。似此不遵谕遣，本部堂院原应即时奏明大皇帝发兵剿捕。因念贵国恭顺天朝，每届三年航海入贡，仰蒙大皇帝恩赉至优极渥，断无令所属戛于腊扰及天朝土司地方之理。或因相距路远，贵国王未能知此情形，抑或戛于腊假托归附贵国之名，以为恐吓缅甸之计，均未可定。为此照会贵国王，务即查明，戛于腊如系贵国所属，迅速饬令该头目等，嗣后与缅甸争战，毋许再有一人擅入车里土司边界，致滋惊扰。倘戛于腊并非贵国所属，则假托贵国之名，惊扰天朝土司地方，是贵国王多年恭顺之诚，因若辈而失，尤应迅速查明，亟加惩办，以明心迹。至戛于腊与缅甸相争，则在内地境外，天朝原不过问也。本部堂院以贵国王久列藩封，夙昭诚悃，用是特为照会，竚候回复，以凭核办，须至照会者。

军机处寄云贵总督伯麟等严饬土司防守边界所拟照会暹罗国王文稿即照缮转发上谕

军机大臣字寄云贵总督伯，云南巡抚孙。嘉庆十七年九月二十一日奉上谕："伯麟等奏，外夷戛于腊追逐缅甸目练，进至车里土司界内，业经谕遣撤退，拟照会暹罗国王，令其查明禁约一摺。外夷蛮触相争，天朝原不过问。若阑入内地，则无论何国之人，皆应立时驱逐出境。此次戛于腊追逐缅甸目练，辄驻扎车里宣慰司境上，经派兵慑以声威，旋即退去。此时自应严饬该土司等於边界严密防守，如再有阑入内地者，立即查拿惩办。至夏于腊夷人，既据车里土司禀报，系暹罗所属，该督等拟檄询暹罗国王，其所拟照会文稿词严义正，即照缮转发。俟其复到日，再行酌办可也。将此谕令知之，钦此。"遵旨寄信前来。

（同上书，嘉庆朝四，页1—3）

两广总督蒋攸铦等奏暹罗国王恳请华民代驾贡船已遵前旨不准倩雇以杜流弊摺

两广总督臣蒋攸铦，广东巡抚臣董教增跪奏，为暹罗国王恳请中华商民代驾贡船缘由，据情恭摺具奏，仰祈圣训事。窃据暹罗国大库禀称，上年例贡，因为夷目等昧於船务，以致火灾，正贡人物烬溺，仅存副贡一船。以及副贡使等到粤禀报，正贡品物无存，前蒙准献馀物，深切怀来之至。切思皇仁不加谴责，欲将进献，似非献琛之诚，恐负藩封之职。兹奉王命，特遣使臣，虔备表文方物，谨赍来粤赴京，以补上年例贡，伏乞转奏天廷容纳睿鉴。并请代奏准用中华商民明於船务者代驾来粤，以免后端，善全人物，至期入贡，无有不顺奕世朝宗，永享无疆之福，不胜感激之至等情，并录送该国王奏恳表文一道前来。臣等伏查嘉庆十二年间，有闽省商民金协顺等代暹罗国载货抵粤，经前督臣吴熊光奏奉谕旨饬禁。嗣於嘉庆十四年，该国王遣使赍贡祝嘏，并恳请内地商民代驾货船贸易，又经前督臣百龄奏奉谕旨："暹罗国王因万寿庆节特遣使臣情殷叩祝，出於至诚，自当准令来京，著照例委员伴送，於十二月抵京，令其於元旦令节随班庆贺。至该国恳请内地商民代驾货船一事，此则不可。向来诸国夷人货船，均令其专差夷目亲身管驾。若准倩用内地商民代为贩运，恐奸徒等从中诓骗，接济销赃，难以查禁。况暹罗民人生长外夷，於洋面情形谅所素悉，所言不可信，所请不可行。嗣后该国货船不准倩雇商民，以杜流弊，钦此。"业经转饬，钦遵照办在案。

兹据该国王以夷目昧於船务，恳请仍用中华商民代驾贡船来粤入贡。臣等以贡船虽与货船不同，第一经准用内地商民代驾贡船（硃批：断不可准，此皆奸商欺弄矣），难保其不代运货物，致滋弊溷。至前次贡船失火，系一时失於检点所致，其在洋陡遇飓风，实属人力难施，并无华夷之别。查乾隆五十七年该国王雇用商民陈万来等载送使臣赍贡来粤，亦曾在洋遭风，可见非关驾驶之故。自应钦遵前奉谕旨，不准倩雇商民，以杜流弊。是否有当，伏候圣明训示遵行。臣等谨合词恭摺具奏，伏乞皇上睿鉴。

再，该国王奏恳复用内地商民代驾贡船表文已於另摺录呈，合并声明,谨奏。嘉庆二十年七月初六日。

嘉庆二十年七月二十九日,奉硃批:"所办甚是,钦此。"

两广总督蒋攸铦等奏暹罗缴还垫款,业已仍令带回,并该国大库禀缴呈复查询戛于腊一案公文一件片

臣蒋攸铦、臣董教增跪奏,再据暹罗国大库禀称,切奉敝国王命,因嘉庆十一年倩得中华商民徐茂、陈金代驾林泳发货船一只,言至上海售卖,殊料徐茂等即将国王货本银两置上海土产,驶回潮州,投王云记行内发售,两年不返。至嘉庆十三年陈金运货回暹,据称徐茂置货并所费外,尚有存银在云记行内。敝国王即令陈金回粤,与徐茂等质算。不料陈金去而不回,敝国王谕令前贡使呈控宪辕,蒙饬提追,因陈金在保潜逃,云记、徐茂互相推诿,蒙前督台於嘉庆十六年照会敝国王缉拏陈金解粤质讯,敝国王遵照查缉,年馀不获。於十七年遣使赍贡谢恩,又将情由备叙,禀复宪辕控追给领等情。今蒙大宪讯明,现获之徐茂售卖货本银两,除置货用费外,应存番银四千九百五十元,系徐茂、陈金花用,王云记讯无干涉。并饬将徐茂、陈金家产封变得银三百两,尚不足银三千馀两。蒙宪奏奉大皇帝恩旨,准饬垫出给发,贡使旋国领回垫项。

切思陈金逃匿,难以质审,蒙据徐茂供词核办,饬封家产,发充边远,极承宪意,敢不凛遵。伏念敝国僻远边夷,屡沐皇朝厚恤,偶因商民侵吞货本,岂敢上邀大皇帝垫给银两。兹特遣使等赍贡来粤,以补上年例贡,并将大宪奏奉垫项缴还,伏乞恩准,戴德靡涯等情。臣等查暹罗国僻处外夷,梯航涉海,纳赆抒忱,素著恭顺。前因陈金等於未奉饬禁之前代该国贸易,负欠银两,逃避远方,未能即时追缴,恐致该贡使等守候需时,经臣攸铦会同陞任抚臣韩封奏,蒙恩准在於司库间款内先行垫给该贡使领回。并钦遵谕旨,备录照会,发给该贡使赍交该国王查阅在案。兹据禀将垫项赍带缴还,固属该国王敬慎之诚,惟查此项银两系由司库充公间款内拨给,一俟缉获陈金到案,仍可讯追归款。且既经钦奉圣旨颁给,即系天朝恩赉,若又准缴还,转非仰体我皇上俯恤外夷之道。应请仍令该贡使赍带回国。并饬洋行商人传知该国通事,剀切晓谕,俟该贡使回国时再当照会该国王遵照,俾其凛感天恩,益深钦服。是否有当,臣等谨附片奏请圣鉴,伏候训示遵行。

再,暹罗国大库禀缴呈复云贵总督查询缉拿哑弥呐,即戛于腊未获,先行回复一案公文,臣等当即移咨云贵督臣伯麟查收核办,并将公文照录,恭呈御览,合并陈明,谨奏。嘉庆二十年七月初六日。

嘉庆二十年七月二十九日,奉硃批:"所办甚属得体,知道了,钦此。"

暹罗国大库呈复云贵总督公文
(原件附二十年七月初六日两广总督蒋攸铦等奏片内)

暹罗国大库奉王命,致书拜上奉制宪大人台前,为遵缉回复事。前年蒙仁宪缴寄公文一封,交敝国库,展读之后,方知查缉敝国人民。敝国王遵宪令查缉众目中有出役之目哑弥呐,巡守敝国地方,防虞缅甸国相侵陵之事,有致错扰夏界地方,致宪台究问,情词申达,皇仁宽恕其罪,又蒙解释仇国和好等语,真中夏之至仁至德也。敝国王登时遣人拿哑弥呐,要究其罪,於今逃窜未回,库先行回复,以赴上年贡船带书文赴台前回复,逐后拿获,自应重究其罪再复。於旧年已有致书回复,贡船火灾沉没,其息合应赴复仁台体本朝恤怜之深心,宽恕涵容,奕世藩宗,敝国不胜感激之至。

(同上书,嘉庆朝四,页30—32)

照会暹罗国文稿
(原件附道光二年七月十六日云贵总督史致光等奏摺内)

天朝云贵总督、云南巡抚为照会事。照得内地车里宣慰司边外有戞于腊部落,向据称为贵国所辖,与缅甸夙有仇怨。从前连年互相攻击,其接仗之处毗连车里边界,每易阑入内地。因缅甸与贵国同隶藩封,从不许该土司偏助一国,但令派练在边隘防守自己地方,此戞于腊所深知者。

近年以来,缅、戞尚俱安静。本年春间,戞于腊忽与南掌头目率练来至车里九龙江外,声称因车里土舍刀太康将南掌所送礼物转送缅国,又将南掌地土投附缅甸,欲与刀太康讲理,并称系贵国王遣令同来等语。当经内地镇道督查,刀太康送缅之礼在先,南掌答送刀太康之礼在后,并非转送。又刀太康前曾代办车里宣慰印务,自其侄刀绳武袭职后,早已退为土舍,何能将他国地土投附缅国?毫无情理。经将刀太康原禀发给南掌头目等阅看,并谕令查究造言生事之人,一面速行撤退回国。据南掌头目请俟禀明该国王,奉到批示,即当撤归。而戞于腊乃仍欲与刀太康面讲,且怂恿掌目潜赴车里漫满地方,逼近缅界,认致与莽子相遇,攻击失利而退。察戞于腊之意,不过欲藉此生端,与缅国仍寻前衅。惟据称系贵国王遣令同来,此语未知虚实。

查刀太康与南掌素本和好,无论其断(能)不能以南掌地土投附缅国,且亦与贵国无干,何以贵国王遣令戛于腊来至内地土司边界惊扰,本已可疑,况内地现经查有土弁召道族侄召士鼎与刀绳武、刀太康挟有夙怨,逃匿南掌地方。前项浮言,恐即系召士鼎所造。兹又据刀太康等查得召士鼎将旧存宣慰司钤印空白捏写刀绳武寄南掌缅文内系约攻刀太康及攻孟艮等语。此事更属荒诞,查刀绳武与刀太康系属叔侄,岂肯招令外人来攻,先扰自己疆土,其与孟艮更无仇隙,又何肯自启衅端?已据刀绳武剖辩甚力。除现经照会南掌国王,嘱将召士鼎查拿务获,缚送内地严究,明确按法惩治外,至贵国恭顺天朝,每届三年航海入贡,仰蒙大皇帝恩赉至优极渥,何致以不干已之事,遽令戛于腊来至天朝土司地方惊扰?抑或贵国王相距遥远,未能知悉情形,亦为讹言所惑,此则不可不早为解释者也。为此照会贵国王务即查明,如有遣令戛于腊与南掌同来之事,则系召士鼎造言播弄所致,速饬戛于腊等毋再轻听生衅。嗣后戛于腊如在边外与缅甸相争,内地仍不许土司稍有偏助。其戛于腊亦不得牵扯土司,惊扰边界。倘系戛于腊自行前来,假称贵国王之言,恐贵国王多年恭顺之诚,为戛于腊所累,尤宜速加查究,藉明心迹,是为至要。竚望回复,以凭核办,须至照会者。硃批:览。

(同上书,道光朝一,页28—29)

十五、《清季外交史料》

兵部尚书彭玉麟奏请商暹罗援越并筹越南善后片

再,密陈正封摺间,适道员郑官应从暹罗返粤,据称到彼晤该国君臣,相待甚恭,在彼华民亦欢跃相从,慨许密备相助。惟彼国素不准预蓄军械,枪炮须购於英法,而密谋辗转,必延至五六月之久方能成军。约计口粮、经费所需不过数十万两,该道正与彼国亲王、参赞军机大臣及领事陈金钟①等密为筹办。倏闻谅山、保胜我华军尽撤入关,全越皆为法有,彼都人士皆为短气,咸谓此举可作罢论。缘彼国出兵,须假道金边国②始达,越国以袭人,本为险事,我若以重兵向越,彼倚我声威,自可出偏师相助。今见滇桂各军一律调回内地,谓我已无保护越南之意,安能为彼声援?倘轻率举事,兵单势孤,不惟立见败衄,而国且危矣。

---

① 陈金钟,新加坡华侨领袖,当时任暹罗驻新加坡领事。
② 金边国,即以金边为中心的柬埔寨。

因悉劝该道速归，毋致招祸。查道员郑官应子身冒暑，远涉重洋，奔波七十馀日，往返一万馀里，出入惊涛骇浪，蛮烟毒瘴之中，可云不避艰险，奋发从公，乃事竟无成，惜哉！……（光绪十年七月十六日）

（王彦威辑：《清季外交史料》，卷四六，故宫博物院刊本，页3—4）

农工商部侍郎杨士琦奏，遵核暹罗订约通使事宜摺

农工商部侍郎杨士琦奏，为遵旨酌核暹罗订约通使事宜，恭摺具陈，仰祈圣鉴事。窃臣前准都察院咨称，光绪三十三年八月十九日，本院代奏陈发檀条陈一件，奉旨："着都察院咨行外务部暨杨士琦酌核办理，钦此。"恭录咨行钦遵等因前来。查原呈内称，暹罗一国，土地二十馀万方里，人口数百万，自宣布独立以来，法律、政治、教育、军备及农工商着着进步。顾其国上有贵族，下有奴隶，而无与国同休戚之中等人民，故识者皆知彼不足以图强，徒为英法各国所利用。彼所谓中等人民者，即我国旅居彼国之商民，全国商民、全国商业皆在吾民之掌握，以彼物产之丰富，供我人民之懋迁，此实中国天然之殖民地。近者，东西各国皆有驻暹使臣，故商业日见进步。吾民则既无国家保护之力，又无社会公共之心，羁旅海外，自谋生活，与政府绝无关系，种种邪说得乘间入之，於国民商业前途所关甚巨。拟请特谕外务部及出使大臣杨士琦考察旅暹商民情形，是否能仿各国派驻暹出使大臣或领事，以维商务而善邻交等语。臣维暹罗立国南微，互市之利，始自隋唐，流寓之人，多系闽粤，梯航通道，久被华风，系我朝属国。近岁锐意图强，严然独立，与各国订约通商，冠盖四出，西人咸目为东方比利时国，不以弱小而轻之。其全国户口不满千万，而华侨乃三百万人。人数之众，过於爪哇；商业之盛，过於西贡。惟我国尚未派有使臣、领事为之保护，势孤气馁，外人未免相轻。臣在暹时，商民等环诉吁求，殷殷仰望。窃以世界大势趋重商战，因国际贸易之交通发达，而国际之交涉由是而生，故两国通商，即互有缔结条约，派遣使臣之权利。初不以大小强弱为殊，况暹罗近居东亚，地接滇南，屡以缅越界务与英法相交涉，尤隐系中国边防，固圉保商，均关紧要。该生所呈各节，似属可行。拟请饬下外务部酌核情形，相机办理，以示朝廷惠保商民，怀柔远人之至意。所有遵旨酌核暹罗订约通使缘由，理合恭摺具陈，伏乞圣鉴，谨奏。光绪三十四年三月初四日。

奉旨：外务部知道。

（同上书，卷二一三，页1—2）

十六、《清宣统朝外交史料》

外部致刘式训,请商驻法暹使转暹政府除华侨苛禁电

洪,据旋暹侨商高和气等电禀,暹政府苛加身税,请免不得,复拘禁七八百人,欧毙十馀人,大商被押出境,冤惨万分等语。中暹虽尚未立约,谊切同洲,侨民甚众,自应一律善待,希设法切商驻法暹使转电暹政府速除苛例,以纾侨困而敦邻好,并电复。外务部。有。(宣统二年五月二十五日。华侨档)

(王彦威辑:《清宣统朝外交史料》,卷一五,故宫博物院刊本,页17)

外部致刘式训,法使密告革党由暹罗运械赴滇电

申艳电悉,法使密告,孙逸仙同党十八名,带有号衣枪弹等件欲由景东赴滇,现在暹罗孟波勒地方被拘。该党原有百名之多,其首领已逐出暹境,前往香港。又称华侨身税系与他国人一律,此次电诉苛待被拘,恐有该党从中煽动云云。所言未知确否,暹代使已否得复,情形如何,再催询电复。外。(宣统二年六月初十日,香河档)

(同上书,卷一五,页29)

使法刘式训复外部,暹使云华侨身税与他国一律电

申。初十日电悉。暹使接政府复云,华侨身税,与他国一律。上月有莠民发贴传单,煽诱罢市,当将为首及滋事者七十一名拘押出境,均属街市无赖,并无大商,亦无欧毙情事。暹素敦邻好,近在孟波勒截住赴华叛党,扣留军装,并将匪首驱逐出境,尤征友谊等语,与法使密告各节大致相同。训,覃。(宣统二年六月十四日,华侨档)

(同上书,卷一五,页32)

使法刘式训致外部,中暹立约事,暹使允转政府电

申,暹罗立约事,暹使允转达政府,俟得复电闻。训,皓。(宣统二年九月二十日,中暹通商档)

(同上书,卷一七,页38)

十七、《续修南海县志》

郭梦菊,棐,官云南布政使①,时值用兵缅甸无功,献策于督臣陈用宾,谓暹罗与缅甸为邻,恒为仇敌,而暹罗朝贡不绝。兹遣一介,奖其恭顺,俾兴师牵制,缅甸则首尾不能兼顾。我以偏师乘其弊,此汉人通西域以制匈奴之故智也。用宾迁其策,不用,论者惜之。

(郑梦玉等:《续修南海县志》,卷二五,留香斋本,页5)

怀远驿在西关十八甫。顺治十年,暹罗国有蕃舶至广州,表请入贡。是年,复有荷兰国蕃舶至澳门,恳求进贡。时盐课提举司白万举、藩府参将沈上达以互市之利说尚王②,遂咨部允行,乃仍明市舶馆地,而厚给其廪饩,招纳远人焉。

(同上书,卷二六,页4—5)

十八、《广东新语》

《林邑记》:有儋耳民以黑为美。《离骚》所谓玄国,即今儋州③也。……然儋州今变华风,绝无缓肩镂颊、耳穿绳为饰之状。独暹罗、满剌伽诸番,以药淬面为黑,犹与古儋耳俗同。……其曰犹者,出暹罗之崛垅,举族巢林樾中,有同猿猱。身短小精悍,圆目黄睛。性专蠢,不知金帛。夷獠谙其性,常驯扰以备驱使。蒙以敝絮,食以鲤鲅,饮以漓酒,即跃然欢喜,举族受役,至死不辞,虽历世不更他姓。尝使之採片脑、鹤顶,皆如期而获。授以毒镖,有犀象辄往刺之,升木而匿,犀象怒,索之弗得,移时毒发而毙。犹取其齿角以输主人,他姓夺之,亦至死弗畀也。有曰奴团者,出暹罗国。暹罗最右僧,谓僧作佛,佛乃作王。其贵僧亦称僧王,国有号令决焉。有罪者没为奴团,富豪畜奴团至数百口。粤商人有买致广州者,皆黳黑深目,日久亦能粤语。

(屈大均:《广东新语》,卷七,人语,中华书局,1985年版,页233—234)

---

① 郭棐,万历年间任云南政使,著有《炎徼琐言》一书。
② 尚王,指平南王尚可喜。
③ 儋州,故地在今海南省儋县。

东粤固多穀之地也,然不能不仰资于西粤,则以田未尽垦,野多汙莱,而游食者众也。又广州望县,人多务贾与时逐。以香、糖、果、箱、铁器、藤、蜡、番椒、苏木、蒲葵诸货,北走豫章、吴、浙,西北走长沙、汉口,其黠者南走澳门,至于红毛、日本、琉球、暹罗斛、吕宋,帆踔二洋,倏忽数千万里,以中国珍丽之物相贸易,获大赢利。农者以拙业力苦利微,辄弃耒耜而从之。

(上书,卷一四,食语,页371—372)

按烧酒之法自元始。有暹罗人,以烧酒复烧入异香,至三二年,人饮数盏即醉,谓之阿剌吉酒。元盖得法于番夷云。

(上书,卷一四,食语,页387)

大西洋天气寒时,荼蘼始花,露凝花上,晶莹芬郁若甘露,诸花木则否。暹罗、满剌伽人购以银钱,贮以玻璃瓶,携至占城,占城妇女以香蜡调之膏发,客至,则以发拂拭盃盘之属以为敬。澳门番女得之,以注饮馔,或以沾洒人衣。外有蔷薇水,暹罗、爪哇、满剌加三国曩以进贡。其蔷薇乃三佛齐所种,与中国蔷薇不同。广人多以土蔷薇浸水效之。试以琉璃瓶翻摇数四,泡周上下则真也。

(同上书,卷一四,食语,页390—391)

龙脑香,出佛打泥者良,来自番舶。粤人以樟脑乱之。……樟脑以人力,龙脑以天生者也。凡脑皆阳气所聚,阳香而阴臭,而龙者纯阳之精尤香。其脑与涎,皆香品之最贵者。

(同上书,卷一四,货语,页420)

诸番之直广东者,……曰狼牙修、……曰暹罗、……曰大泥、……曰投和、曰加罗希、……曰赤土;其直安南者,……曰州湄[①]、……是皆南海中大小岛夷,见于明祖训、会典者也。……暹罗在占城南。洪武四年,其王参烈昭毗牙,遣使奈思俚俦剌识悉替等来朝贡,进金叶表。……大坭称隶暹罗助贡国,其来贸易,有胡椒、乳香、血竭、……以上凡十二国,皆尝来往广东者。旧例贡舶三艘至粤,使者捧金叶表,入京朝贡,其舶市物还国,次年三舶复至迎敕,又市物还国。三年三贡,或五年一贡。

---

① 州湄,乃丹眉流之误。

一贡则其舶来往三度,皆以澳门为津市。黄文裕云:往者番舶通时,公私饶给。其贸易旧例,有司择其良者,如价给之,次则资民买卖。故小民持一二钱之货,即得握椒,展转交易,可以自肥。广东旧称富庶,良以此。助国供军既有赖,而在官在民又无不给,是因民之所利而利之者也。议者或病外番闯境之为虞。夫暹罗、真腊、爪哇、三佛齐等国,洪武初首贡方物,臣服至今。……南方蛮夷,大抵宽柔,乃其常性,百余年间,未有敢为寇盗者。……见今番舶之在漳闽者,亦未闻小有警动,则是决不敢为害,亦章章明矣。霍文敏云:东南番皆由广入贡,因而贸易,互为利市焉。中国不可拒之以自困。惟佛郎机则贼人之桀也,不可不拒。因拒佛郎机并拒诸番,非策也。为今之计,在诸番之来则受之,在佛郎机则斥之,否则厉兵以防之,示之必诛。

(同上书,卷一五,货语,页428—432)

吾广承平时,西南诸番尝至者有十五国。其安南、占城、暹罗、真腊斛①、锁里②五国,岁一朝贡,余则或至或不至。

(同上书,卷一八,舟语,页482)

入蚕蛊乡,饮食中以犀角搅之,有毒则白沫生,以煮毒药则无毒势也。犀角出暹罗者,内凹外凸,气微腥。出占城者,四周圆整,注沸酒且香,照之有血晕者,价两倍。

(同上书,卷二一,兽语,页532)

玃猱,似狸,高足而结尾,有黄、白、黑三种。其产于暹罗者尤善捕鼠,澳门番人能辨之,常以易广中货物。番人贵畜而贱人,视玃猱不啻子女,卧起必抱持不置。吾唐人因其所贵而贵之,亦何心哉!

(同上书,卷二一,兽语,页540)

槟榔,产琼州③,以会同为上,……以白心者为贵。暹罗所产曰番槟榔,大至径寸,纹粗味涩,弗尚也。

(同上书,卷二五,木语,页628—629)

---

① 真腊斛,斛为衍字。
② 锁里,即琐里。
③ 琼州,故地在今海南省琼山县。

洋舶所有番沉、药沉，往往腥烈，即佳者意味亦短，木性多，尾烟必焦。……

沉香有十五种。……海南香虽最下，皆气味清甜，别有醖藉。若渤泥、暹罗、真腊、占城、日本所产，试水俱沉，而色黄味酸，烟尾焦烈。

（同上书，卷二一，香语，页669—672）

十九、《粤海关志》

（雍正五年）世宗宪皇帝念中外一家，特弛海禁，于是东南舟楫之区鲸波不惊，商渔乐业。荷兰、暹罗等国矫首面内，不惮超数十更以来。其他小弱附景希光者，殆不可悉数。于是缘其职贡以通其货贿，立之期会以均其劳逸，宽减税额以丰其生息，厚加锡予以作其忠诚。而又核验官符，严诘奸宄，弛张互用，畏慕滋深，此我朝市舶之所以盛也。

（梁廷楠：《粤海关志》，卷一七，道光刊本，页1）

雍正六年，福建巡抚高其倬奏准定出口船只所带米石。暹罗大船三百石，中船二百石；噶喇巴大船二百五十石，中船二百石；吕宋等船（处）大船二百石，中船一百石；竦仔等处中船各一百石。如有偷漏，以接济外洋例论罪。

（同上书，卷一八，页1）

乾隆五十四年，总督福康安遵旨查禁大黄出洋，取有各国大班依结酌定章程奏言，伏查粤东地处海疆，多通洋面。若大黄任其出洋，势必辗转入于俄罗斯国内，自应亟为设法查禁。但民间疗疾在所必需，防范过严，又恐商贩裹足，以致内地药材短缺。诚如圣谕，不可因噎废食。查大黄出产川陕二省，商人运贩到粤，于省城、佛山两处售卖，每年约二十余万斤。其卖与洋行各国夷人约十余万斤，内地各府州地方，亦约销十余万斤。至外洋各国与俄罗斯海道一水可通，难保无偷漏之事。但各国疗疾亦所必需，似未便竟行禁绝。其西洋各国，应照琉球之例，每年每国贩买亦不得过五百斤。……至暹罗一国，与粤东向不通贸易，大黄一项，嗣后应行禁止。惟遇该国进贡之年，贡船回国时，每次准其买带五百斤，俾资疗疾。

（同上书，卷一八，页5）

乾隆二十九年，总督苏昌会奏言，粤省本港船户林长发等呈称，噶喇巴、暹罗、港口①、安南、吗哏②、叮叽哎③、旧港④、柬埔寨等处各国夷民呈恳配买丝斤绸缎，请令每船酌带土丝一千斤，二蚕湖丝六百斤，绸缎八折扣算，疏下部议。寻议内地丝斤，外洋势所必需，而海外铜斤，可资内地。应照商舶采办铜斤之例，准其配买丝斤绸缎，随带出洋易铜，既使海外属国同沐皇仁，而于内地鼓铸亦有裨益。其酌定数目，并立法稽查之处，行令该督等详议具奏。到日再议。

（同上书，卷一八，页7—8）

万历三年九月，国王昭华宋颁遣使握坤哪采思湾等来贡。先是有东牛国与暹罗国邻，因求婚王女不谐，遂拥众攻暹罗，陷其城，王普喇照普哑先自尽，掳其长子哪哼喇照为质，时隆庆三年七月也⑤。其次子昭华宋颁嗣为王，以印被兵焚，因奏请另给。礼部以印文颁赐年久，无凭查给，且表字译学失传，难以辨验，复题行彼国，查取印篆字样，并取精通番字人员赴京教习。五年八月，通事握文源同其使握闷喇、握文铁、握文贴赉原奉勘合赴京请印，并留教习番字，各赐冠带、衣服有差。六年十月，内阁大学士张居正题，据提督少卿萧某呈请於本馆添设暹罗一馆，考选世业子弟马应坤等十名送馆教习。

通事握文源言，其国东连大泥、南临东牛，西接兰场⑥，北界大海。由广东香山县登舟，用北风，下指南针向午行出大海，名七洲洋，十昼夜可抵安南。海次中有一山，名外罗，八昼夜可抵占城，海次十二昼夜可抵大昆仑山。又用东北风，转舟向未，兼申三分，五昼夜可抵大真树港，五昼夜可抵暹罗港。入港二百里，即淡水，又五日抵暹罗城，顺风四十日可至。若遇东风飘舟西行，即舟坏犹可登山。遇西风飘入东海中，有山名万里石塘，起自东海琉球国，直至南海龙牙山。潮至则没，潮退方见。舟飘至此，罕有存者。来贡必用五六月南风，还则用十一二月北

---

① 港口，指安南的河仙。
② 吗哏，(Bandjarmasin)，又作马辰、马神，位于印尼加里曼丹岛。
③ 叮叽哎，即今马来西亚的丁加奴(Trengganu)。
④ 旧港，即苏门答腊的巨港。
⑤ 1569年8月，缅军攻陷阿瑜陀耶城，同这里说的隆庆三年七月相吻合。暹罗国王查克腊帕在围城期间去世，马欣亲王在被俘往缅甸的途中死去，缅甸人立亲缅的彭世洛罗阁摩诃·坦马罗阁为王，这里所说的昭华宋颁，就是坦马罗阁，但他不是暹王次子。《明实录》称他为华拾朱。
⑥ 兰场，即南掌。

风,过此不敢行矣。境内有大司库九:曰暹罗、曰可剌细马、曰足曹本、曰皮细禄、曰束骨胎、曰果平匹、曰倒脑细、曰讨歪、曰六昆。大库司,犹华言布政司也。府十四:曰采纳、曰老无、曰比采、曰束板鲁、曰辣皮、曰疋皮里、曰采野、曰多饶、曰千无理、曰细辞滑、曰采欲、曰款细湾、曰沾奔、曰魁山。县七十二,分隶各府。土田东南平衍饶稻,西北多大山,产诸香木、苏木。城壕用砖砌,分八门。南北五里,东西十里。城中有小河通舟,城外西南民居辏集。有外城,周遭十余里。王居在城西隅,另建连一城约三里余,殿用金妆彩绘,复以铜瓦。室用锡瓦,皆用锡裹砖,栏杆用铜裹木。民楼居,不土处,上联槟榔片复之,亦有用陶瓦者。坐卧即于楼板上,藉以毡及藤席,无床桌椅凳之制。其服饰,惟王以受封故留发,冠金嵌宝石帽,制类兜鍪。上衣长三尺,用五彩缎,小袖左袵。下用五彩布幔,鞋袜用红缎。官及庶民俱剪发,官一等至四等,冠金嵌宝石帽。官五等至九等,冠五彩绒缎帽。庶民无帽,俱着两截衣袜,履用牛皮。妇人妆髻于后,饰用金银簪花、戒指、镯、钏、脂粉,贫者用铜。上衣披五色飞花布幔,下衣五彩织金花幔,拖地长二三寸。足着红黑皮靰鞋。

其官制有九等;一曰握哑往,二曰握步喇,三曰握蟒,四曰握坤,五曰握闷,六曰握文,七曰握板,八曰握郎,九曰握救。其选举由乡邻举于大库司,大库司审其堪用,以文达于王所,王为定期面试。至期大库司引至王前,咨以民事。应对得当,即授官服候用,否则逐出。考课亦以三年为期。人皆有名无姓,为官者称握某,民上者称奈某,最下称隘某。王出乘金妆彩轿,或乘象车。每日旦登殿,各官于台下设毡,以次盘膝而坐,合掌于顶,献花数朵,有事则具文书朗诵上呈,候王定夺。

习水战,煮海为盐,酿秫为酒。土产珍宝有:石榴子及猫儿眼、青红绿三色石、金刚钻、金、银、铅、锡、铁、玳瑁、象牙、犀角、珠母。食货有胡椒、沉香、速香、降香、木香、丁香、树香、金银香、大枫子、马前、白豆蔻、玉豆蔻、乌药、儿茶、阿魏、鸦片、冰片、紫梗、藤黄、破肚子、燕窝、沙囝米、黄腊、槟榔、椰子。布有西洋布,阔三尺余,长四五丈,染五色,花纹极工巧。花木有猫竹、黄竹、班竹、勒竹、根竹、崇竹、苏木、油木、花梨木、铁力木、樟木、松木、榕木、柏木、涂木、黄杨木、檀木、乌木、石榴、柑、桔、莲、茉莉、素馨、莺爪、月桂、绵、葵、葛、蒲萄、甘蔗、巴蕉、菱角、枣、蔷薇露、波罗蜜。兽有犀、象、虎、豹、熊、猴、猿、貂鼠、穿山甲、南蛇、山羊、山牛、山猪、海马、獐、鹿、兔、鹿、豺、狐狸、马、牛、羊、猫、鼠。禽有孔雀、锦鸡、鹇雉、鹳鹤、莺、燕、雁、鸦雀、鸠、翡翠鹭鸶、鸳鸯、水鸭、鸽、鸡、鹅、鸭、鹦鹉有五彩红绿白数色。鱼有鳄、鲲、沙鲤、脍鲫、斋、银、墨、章、蒲带、鲈、黄、乌边、鞋底、班宗、马母、大口白甲、笋谷、七星、三赖、鳅鳝、虾、螃蟹、蛤蚌。蔬有东瓜、西瓜、王瓜、甜瓜、木瓜、土瓜、苦瓜、瓠茄、葱、蒜、韭、芥、苋、萝葡、波凌、鹿角、油菜、藤菜、海菜、角豆、扁豆、菜豆、绿豆、黄豆、红豆诸物。亦海外一大都会也。

国朝定贡期三年一贡，由两广总督、广东巡抚代题，敕部议准后知照该督抚令其入贡。其贡使来，有正使、二使、三使、四使，其下为从人，赴京者不得过二十六人。其贡物为驯象、备象，龙涎香、幼噢香、犀角、象牙、豆蔻、降香、藤黄、大枫子、土桂皮、乌木、苏木、荜拨、樟脑、儿茶皮、树胶皮、硫磺、檀香、冰片、翠鸟皮、孔雀尾、阔红布、大荷兰毡、冰片油、蔷薇露。又贡物一分，其数咸半，或有加进之物，听其随宜进献，题准收受，交内务府，象交銮仪卫。表用金叶，贮以金筒锦袱锦袋。袋上有金纽，金圈，加盛以螺钿盒一、贴金盒一，并有花缎盒套，套上各有金圈。其颁赏，赐国王锦八匹，织金缎八匹，织金纱八匹，织金罗八匹，纱十二匹，缎十八匹，罗十八匹。赐王妃织金缎四匹，织金纱四匹，织金罗四匹，缎六匹，纱六匹，罗六匹。贡使各织金罗三匹、缎八匹，罗五匹，绢五匹，里绸二匹，布一匹。通事缎五匹，罗五匹，绢三匹。从人各绢三匹，布八匹。伴送官彭缎袍一件。如贡使系微员，视职分酌减，通事、从人等俱一例酌减。

赏给所赏国王，王妃物件及特恩加赐物件，俱礼部移内阁撰入敕内，交贡使赍回。

暹罗国入贡仪注事例：

一、贡使人等到省，委员妥办牛酒米面筵席等贡，俟起贮表文方物后前赴犒赏。

二、起货，通事、船主先期将压舱货物呈报广州府转报，委员查明其货物数目斤两，册汇同表文方物由司详候督抚会疏题报，俟题允日招商发卖。其应纳货饷，候奉部行分别免征。

三、贡使入京，通事将起程日期具报广州府转报布政司，移会按察司，颁发兵部勘合一道，驲传道路牌一张，督抚委送官三员，随同伴送。将进京贡使人员廪给口粮，夫船数目填注勘合内，经过沿途州县按日办应。其在省看守贡船人等，以奉旨准贡日移明粮道，每名每日支米八合三勺。

四、贡使入京，伴送文职应委道府大员，武职应委参将大员，并委丞倅一员随往，长途护送。自省起程，前抵韶州府，例委分巡广州府之督粮道护送弹压。自韶州府南雄州度岭,应委南韶连道护送弹压。出境仍饬各属照例应付,不准丝毫滥应。京旋之日,一体办理。

五、贡使进京,令通事先将起程日期报府转报上司,预行取办祭江猪只、吹手、礼生应用。

六、贡使京旋,委员自京护送敕书大典回广,船到河下迎请,安奉怀远驿馆,遵奉筵宴一次,候风讯便日起程。

七、贡使京旋,广州府即谕令各船修葺,俟风讯顺便回国。所买回国货物,一切违禁物件不许买带外,其应买货物,俱照定例听其买回。应委官一员监督盘运下船,并即令护送该船出口,俟其扬帆回报。

又定贡使京旋回国,在广东省筵宴一次,额支银一十七两五钱。其守候船只梢目、水手等额支口粮,于奉旨准贡之日起支,贡使回广之日住支。伴送之委员自省赴京往回额给盘费银五十两,均于广东存公银内并地丁项下额支米内动支。

会验暹罗国贡物仪注:

是日辰刻,南海、番禺两县委河泊所大使赴驲馆护送贡物,同贡使、通事由西门进城,至巡抚西辕门安放。贡使在头门外账房候立,俟两县禀请巡抚开中门,通事、行商护送贡物先由中门至大堂檐下陈列,通事复出。在头门外,两县委典史请各官穿公服至巡抚衙门,通事引贡使打躬迎接,候巡抚开门升堂。督抚各官正坐,司道官傍坐,通事带领贡使由东角门报门,进至大堂檐下,行一跪三叩礼,赐坐赐茶,各官即起坐。验贡毕,将贡物仍先从中门送出西辕门。通事引贡使由西角门出至头门外立候,送各官回。将贡物点交,通事、行商、贡使同送回驲馆贮放。

顺治九年十二月,遣使请贡,并换给印敕、勘合①。

顺治十六年,题准暹罗国探贡船压舱货物抽丈纳税②。

康熙二年,暹罗国正贡船行至七洲洋面遇风飘失,止有护贡船一只来至虎门,仍令遣回。

康熙三年七月,平南王尚可喜奏言,暹罗国来馈礼物,却不受。是年题准进贡,正贡船二只,令员役二十名来京。补贡船一只,令六人来京。准该国贸易一次。其年,暹罗国入贡方物凡十三种,有孔雀,六足龟。

谨案,是年定制,孔雀,六足龟后俱免进。

---

① 梁廷楠的《粤道贡国说》,在顺治九年十二月条后面,还有一段文字:"十年,广东巡抚奏,暹罗国遣使请贡"。

② 《粤道贡国说》,对这件事的记载是:"十六年,两广总督题准暹罗国再来探贡,所带压船货物就地方交易,其抽丈船货税银清册移送户部察核"。

康熙四年十一月，国王遣陪臣握坤司吝喇耶低迈礼等赍金叶表文航海入贡。其文曰：暹罗国王森列拍腊照古龙拍腊马嘑陆坤司由提呀菩埃诚惶诚恐稽首顿首谨奏大清皇帝陛下，伏以新君御世，普照中天，四海沾帲幪之德，万方被教化之恩。卑国久荷天朝皇渥，未倾葵藿之心，今特躬诚朝贡，敢效输款，敬差正贡使握坤司吝喇耶低迈礼、副贡使握坤心勿吞瓦替、三贡使握坤司敕博瓦绨，大通事揭帝典，办事等臣梯航渡海，赍奉金叶表文、方物、译书一道，前至广省差官伴送京师进献，用伸拜舞之诚，恪尽远臣之职，伏冀俯垂宽宥不恭，微臣瞻仰天圣，曷胜屏营之至，谨具表称奏。以闻，圣祖仁皇帝命从优赏赍。①

康熙六年，题定暹罗国贡期三年一次，贡道由广东。例于常贡外有加贡，无定额。又复准进贡船不许过三只，每船不许过百人，来京员役二十二名，其接贡、探贡船概不许放入。②

康熙七年十一月，遣陪臣握坤司吝喇耶低迈礼等来贡时，部议以所贡物与会典不符，应令后次补贡。得旨："暹罗小国，贡物有产自他国者，与会典难以相符。所少贡物，免其补进。以后，但以伊国所有者进贡。"是时，贡物内有神幔一条，非进天朝之礼，交来使带回。③

康熙九年入贡。

康熙十一年三月，遣使来贡。得旨："贡使所携货物，愿至京师贸易，则听其自运。或愿在广东贸易，督抚委官监视之"。

康熙十二年二月，遣使臣奉金叶表入贡。其表文云，"暹罗国王臣森列拍腊照古龙拍腊马嘑陆坤司由提呀菩埃诚欢诚忭，稽首顿首启奏大清皇帝陛下，伏以天生圣君嗣登宝位，刚明果断，国治民安，声闻海外，泽及诸夷。卑国世荷皇恩，微臣继袭践祚，远沾九重德化，莫能瞻仰天颜。幸遇贡期，敢效输款，专差正贡使臣握坤司吝喇耶低迈礼，二贡使臣握坤司殊葛喇耶西，三贡使臣握坤押派瓦耻，通〔事〕官握坤心物迈知理揭帝典，办事文司叨申理嘑等梯航渡海，赍捧金叶表文、方物、译书前至广省，差官伴送京师朝贡进献，代申拜舞之诚，恪尽远臣之职，恭祝

---

① 据《粤道贡国说》，该年的御前方物有："龙涎香、西洋闪金缎、象牙、胡椒、藤黄、豆蔻、速香、乌木、大枫子、金银香、苏木、孔雀，凡十有三种，皇后前方物并同，各减半。赐国王缎、纱、罗各六，织金缎、纱、罗各四，王妃各减二。正副使每人正赏彩缎、罗各四、绢二、布一，衣缎表里各一，加赏织金罗、彩缎各二、靴一双。通事、从人缎、罗、绢、布、靴有差。"

② 对此，作者在《粤道贡国说》有如下按语："是年，暹罗进贡，正贡船一支，护贡船一升，载象船一支，故有是议"。

③ 对此《粤道贡国说》还有如下记载："赐国王、王妃与四年同。正副使每人缎七、罗四、织金罗、绢各二、里绸一、布一、靴一双。通事，从人及留边人给赏各有差"。

皇图永固,帝寿遐昌。伏冀俯垂鉴纳,庶存怀远之义。微臣遵旨再陈,明季旧颁敕银印,卑国以凭进京朝贡。前因宫殿火煨烬无存,今进京朝贡无可为凭。微臣以表文内不敢琐渎,委握耶大库具文呈部转奏。"圣旨:特赐敕银印以便进京奉贡。康熙九年三月内,贡使回国,礼部奉旨咨文到暹罗,内开使臣具表题请,伏望圣恩颁赐敕印,以光属国,庶朝贡有凭。按古例,贡船三只到港,贡使捧表进京朝贡。其船置办国需,随汛回国,庶臣早知圣体兴隆,于次年再至广省迎接圣敕回国。伏乞谕旨,赐依古例,特敕礼部行文广省各衙门遵照施行。微臣不胜瞻天仰圣,欢忭踊跃之至。谨具表朝贡以闻。

后开方物:

皇帝方物:金叶表文一道,译字表文一道,龙亭一座(安奉金叶表文)、驯象一只、孔雀四只、六足龟四只、龙涎香一斤、盈石一斤、沉水香二斤、犀角六座、速香三百斤、象牙三百斤、安息香三百斤、白豆蔻三百斤、藤黄三百斤、胡椒三百斤、大枫子三百斤、乌木三百斤、苏木三千斤、胡椒花一百斤、紫梗一百斤、树皮香一百斤、树胶香一百斤、翠鸟毛六百张,孔雀尾十屏、儿茶一百斤、鲛绡布六匹、杂花色大布六匹、幔天四条、红布十匹、红撒哈喇布六匹、印字花布十匹、西洋布十匹、大冰片一斤、中冰片二斤、片油二十瓢、樟脑一百斤、黄檀香一百斤、蔷薇露六十罐、硫磺一百斤。

皇后方物一样,减半(内止少驯象)。

奉圣谕:"暹罗国航海远来,抒诚进贡,其虫蛀短少等物,免令补进,嗣后各国皆照此例。"

四月,册封暹罗国王,颁镀金驼纽银印,赐诰命,令使臣赍回。诰曰:来王来享,要荒昭事大之诚;悉主悉臣,国家著柔远之义。朕缵承鸿绪,期德教暨于遐陬,诞抚多方,使屏翰跻于康乂,彝章具在,涣号宜颁。尔暹罗国森烈拍腊照古龙拍腊马嗹陆坤司由提呀菩埃秉志忠诚,服躬礼义,既倾心以向化,乃航海而请封,砺山带河,克荷维藩之寄,制节谨度,无忘执玉之心。念尔悃忱,朕甚嘉焉。今封尔为暹罗国王,赐之诰命,尔其益矢忠贞,广宣声教,膺兹荣宠,辑乃封圻。于戏!保民社而王,纂休声于旧服;守共球之职,懋嘉绩于侯封。尔其钦哉,无替朕命。"①

康熙二十三年,遣正使王大统、副使坤孛述列瓦提、从人三十名进

---

① 对此次册封,《粤道贡国说》还记载说:"贡使事毕,礼部堂官司员朝服,在午门前恭设几案,鸿胪寺官引贡使等行三跪九叩首礼,跪领诰印。移咨该国王,令王出城恭迎诰印。"

金叶表文。奉旨："览王奏,航海远来,进贡方物,具见悃诚可嘉,知道了。馀著议奏。"又奉圣谕:"暹罗国进贡员役回国,有不能乘马者,官给夫轿,从人给舁夫。"

是年,暹罗国王奏言,贡船到虎跳门,地方官阻滞日久,迨进至河下,又将货物入店封锁,候部文到时方准贸易,每至毁坏。乞敕谕广省,嗣后贡船到虎跳门,具报之后即放入河下,俾货物早得登岸贸易。又本国采办器用,乞谕地方给照置办。部议准应如该国王所请。①

康熙二十四年十二月,阁部议准增赏暹罗缎币表里五十。

康熙四十七年,副贡船加进金线猴二只,又复准暹罗国进贡船压舱货物如愿在广东地方贸易,照例免其收税。②

康熙五十九年入贡方物,加进驯犀二只,西洋金缎二匹,大西洋阔宋锦一匹③。

康熙六十一年四月,遣使来贡。赐其国王及王妃纱缎。奉旨："朕闻暹罗国米甚丰足,价亦甚贱。若于福建、广东、宁波三处各运米十万石来此贸易,于地方有益。此三十万石米系为公前来,不必收税。礼部问暹罗使人,定议具奏。钦此。"遵旨会问来使,据称该国米用内地斗量,每石价值二三钱。今议定载米到时,每石给价五钱。除为公运三十

---

① 据《粤道贡国说》,在此还有一段记载："又奏准暹罗国照例颁赏,其靴皆折绢。又复准贡使回国,除护送来京官外,特差本部司官、笔帖式各一人伴送"。

② 关于康熙四十七年的中暹交往,《粤道贡国说》记载说:"四十七年,国王森列拍腊照古龙拍腊马嗹陆坤司由提呀菩埃遣陪臣恭进金叶表文,进到贡物外,加进贡物九件。其副贡船被风飘至安南地面,续到粤东,省仍差官伴送至京,进驯象二隻外,添进金丝猴二隻。赐国王、王妃及贡使均照二十四年议定之例。其副贡人员等,照从人赏例,绢各二,布各七。广东伴送经历亦照例赏彭缎袍一领。又复准暹罗国进贡船压仓货物如愿在广东地方贸易,照例免其收税。"

③ 对此,《粤道贡国说》记载说:"国王遣陪臣赍奉金叶表文,贮以金桶,裹以锦袱,上饰金珠三,金圈七。盒三重,内盒饰螺钿,外盒饰金。紫梗牌二,入贡驯象二隻。又贡使呈称,国王命加贡西洋金缎二匹,大西洋阔宋锦一匹。"

万石不收税外,其带来米粮,货物任从贸易,照例收税①。

雍正二年十月二十八日,广东巡抚年希尧题报暹罗国运米并进稻种、果树。奉圣谕:"暹罗国遵圣祖仁皇帝谕旨,不惮险远,进献稻种、果树及洋鹿、猎犬等物,最为恭顺,殊属可嘉。作何奖赏,著定议具奏。所奏谷种、鹿、犬已经差官送京,各种果树俟来岁春和,另行委解。运来米石,令地方官照粤省现在时价速行发卖,不许行户任意低昂。所奏每米一石定价五钱,则贱买贵卖,甚非朕体恤小国之意。著行文浙、闽,此次已到之米,与该国现经发运续到者,皆照粤省一体遵行。嗣后且令暂停,俟有需米之处,候朕降旨遵行。其压船随带货物,本当照例征税,但该国王既能输诚向化,冒险远来,此次应输税银著一概免征。来船梢目徐宽等九十六名,虽系广东、福建、江西等省人民,然居住该国历经数代,各有亲属妻子,实难勒令迁归。著照所请,免令徐宽等回籍,仍在该国居住,以示宽大之典。"赏船长罗缎共十三匹,加赏十匹。赏番梢每名绢布各十匹。特赐国王各色内缎二十匹、珐琅器一件、玉器七件、松花石砚二方、玻璃碗十件、各色磁器一百四十六件,差礼部司官一员赍送广东,交该督抚转付船长领回。

雍正四年,复准暹罗国前经奉旨暂停运米,所差探贡二船带有米石、货物,伊等由该国起行,尚在未奉旨之先,既已涉险远来,听其就近发卖,俟风讯回国。

雍正六年,礼部议复福建巡抚常赉疏言,暹罗国王诚心向化,遣该国商人运载米石货物直达厦门,请听其在厦门发卖,照例征税,委员监督。嗣后暹罗运米商船来广东、福建、浙江者,请照此一体遵行,应如所请。得旨:"依议。米谷不必上税,著为例。"

雍正七年六月,载米船艘因风飘泊,其捞回压船货物并免征税。七

---

① 关于康熙六十一年的中暹交往,《粤道贡国说》记载说:"国王遣使恭进金叶表文。於贡物外,献金筒一、螺钿盒一、贴金盒一、金珠三、金圈七、锦袱二、紫梗牌一、驯犀一。又贡使呈称,奉国王命,加贡大西洋金缎二、大西洋阔宋锦一,俱交总管内务府。奉旨:览王奏。倾心向化,遣使航海远来进贡方物,具见悃诚,历久弥笃,深为可嘉,钦此。又议准,暹罗国入贡,照安南国例,加赐国王缎八、纱四、罗八、织金缎、纱、罗各二;王妃缎、织金缎纱、织金纱罗、织金罗各二;贡使四人,每人加缎、罗、织金罗、绢各一,里一;通事四人,二人加缎、罗、绢各一,里一,二人加缎、罗,绢各一;从人二十一名,加绢布各一。又复准暹罗国王奏称,彼国有二红皮船,前因禁洋被留,令广东督抚查明,交贡使带回。其在广驾船水手人等,系内地者,各拨原籍安插。系暹罗夷人,令随船回国。又奏准贡使回国,遣礼部汉司官一人伴送。又复准,暹罗国进贡后补进犀牛,贡使颇微员,比具表进贡之使酌减,赏缎六、罗三、织金罗二、绢三、里二、布一;通事缎三、罗三、绢二;从人四名,绢各二匹,布各六,伴送驿丞赏彭缎袍一领"。关于进口大米的记述,与《粤海关志》同。

月,入贡方物①。加进宝剑一、仗剑一、金地交枝柳条版带二。世宗宪皇帝御书"天南乐国"扁额赐之。又奉圣谕:"暹罗国远隔重洋,输诚向化,恭顺修职,历有年所。其所请采买物件,著行令该抚采买赏给,以示朕嘉惠远人之意。"又奉圣谕:"该国远隔重洋,所进方物赍送不易,朕欲酌量裁减,以示恩恤远藩之意。但此次既已赍送,难以带回本国,著照往例收纳。其常贡土物内有速香、安息香等,嗣后免其入贡。"是年议准免贡安息香、速香、胡椒、紫梗、织金白袈裟,织金红袈裟、织金红幼布、阔幼花布、幼花布、花布幔等物十种,定如现额。是年,该国使臣请出馆观览京师之胜,特赏银一千两,听其购买物件。特赐国王与二年同,惟玉器增一件,玻璃碗减二件。赐贡使缎八匹,银一百两。又准暹罗国贡使购买驼马,并动用内库银给以价值。其年十一月,该国贡使复以采买京弓、铜线上请。奉旨:皆采买赏给②。

乾隆元年六月,国王森烈拍照广拍马嘽陆坤司由提呀菩埃以嗣立故,遣陪臣坤三立哇提等赍篆及方物例贡象一只,因航海故增一以备,又加进金缎二匹,花幔一条。并咨礼部言,往时钦赐蟒龙大袍藏承恩亭上,历世久远,难保无虞,恳再邀恩赐一二袭。得旨:"暹罗远处海洋,抒诚纳贡,除照定例给赏外,可特赏蟒缎四匹。"礼部言,暹罗国昭丕雅大库呈称,伊国造福送寺,需用铜斤。奉禁之后,无从采办,恳请准其赴粤

---

① 对此,《粤道贡国说》记载说:"七月,国王遣陪臣朗微述申黎呼等赍金叶表文,贮以金桶锦囊,与康熙五十九年同,入贡。御前方物:驯象、龙涎香、幼馔石、冰片、沉香、犀角、孔雀尾、翠鸟皮、象牙、速香、安息香、紫降香、豆蔻、藤黄、胡椒、大枫子、乌木、荜拨、紫梗、桂皮、儿茶皮、樟脑、硫黄、檀香、树胶香、织金头白袈裟、桃红袈裟、幼花布、阔幼花布、织金头白幼布、阔红布、花布幔、大荷兰毡、冰片油、蔷薇露。皇后前方物,不进象,余物减半。又加贡宝剑,仗剑、金地交枝柳条板带。奉旨:暹罗国王遣使臣远来贡献方物,具见悃诚。朕念该国远隔海洋,赍送不易,欲酌量裁减,以示恩恤远藩之意。但此次贡物既赍送前来,难以带回,著照往例收纳。其常贡内有速香、安息香、袈裟、布匹等十件无必须用之处,嗣后将此十件免其入贡,永著为例,钦此。遵旨,议定免贡速香、安息香、胡椒、紫梗、红白袈裟、白幼布、幼花布、阔幼花布、花布幔等物。皇后前照此免贡。又奏请召见贡使。奉旨:著大贡使于同来贡使内选一人,令二人进见。时贡使呈称,京师为万国所景仰,国王意欲令伊等观光上国,遍览名胜,回述以广见闻。奉旨:不必禁止,著贤能司官带领行走。仍赏银一千两,若所喜物件,听其购买,钦此。又呈称,奉国王命,本国所产马匹甚小,久慕天朝所产马驼骡驴之高大,请备买三四匹回国。奉旨:著照所请,准其购买。所买价值,著内库支给,钦此。照康熙六十年加赏例,赐国王缎、罗各十有八,纱十有二,锦缎、织金缎、罗纱各八;王妃缎、罗、纱各六,织金缎、纱、罗各四;来使四人,每人各缎八、罗、绢五、织金罗三、里二、布一;通事各缎、罗五、绢三;从人各绢三、布八。特赐国王御书天南乐国四字,内库缎二十,玉器八件,珐琅器一件,松花石砚二方,玻璃器一种共八件,瓷器十四种共有百四十六件。贡使内造缎八,银百两。"

② 《粤道贡国说》记载说:"十一月三十日奉上谕:暹罗国远隔重洋,输诚向化,恭顺修职历有年,其所请采买物件,著行令该抚采买赏给,以示朕嘉惠远人之意,钦此。"

采买。查铜斤关系鼓铸,禁止出洋,定例已久。今若准其采买,恐日后奸商藉此为由越境滋弊,应无庸议。得旨:"暹罗远处海洋,抒诚纳款。采买铜斤一项,该国王称系造福送寺之用,部议照例禁止,不许令其采买,固是。今特加恩赏给八百斤,后不为例"①。

乾隆七年,福建将军兼管闽海关事务新柱奏言,本年七月内,有暹罗国商人方永利一船,载米四千三百石零,又蔡文浩一船,载米三千八百石,并带有苏木、铅、锡等货,先后进口。查该番船所载米石,皆不足五千之数,所有船货税银未便援例宽免。得旨:"该番等航海运米远来,慕义可嘉。虽运米不足五千之数,著免船货税银十分之三,以示优恤。"

乾隆八年,奉圣谕:"上年九月间,暹罗商人运米至闽,朕曾降旨免征船货税银。闻今岁仍复带米来闽贸易,似此源源而来,其加恩之处,自当著为常例。著自乾隆八年为始,嗣后凡遇外洋货船来闽粤等省贸易,带米万石以上者,著免其船货税银十分之五。带米五千石以上者,免十分之三。其米听照市价公平发粜。若民间米多,不需粜买,即著官为收买,以补常社等仓。或散给沿海各标营兵粮之用,俾外洋商人得沾实惠,不致有粜卖之艰。该部即行文该督抚将军,并宣谕该国王知之。"

乾隆十三年入贡方物外,附洋船贡黑熊一只、斗鸡十二只、泰和鸡十六只。金丝白肚猿一只。

乾隆十四年入贡②,高宗纯皇帝御书"炎服屏藩"扁额赐之。又赐蟒

---

① 对此,《粤道贡国说》还有如下的记述:"又议奏,暹罗国陪臣朗三立哇提等四人入贡来京,或召见大贡使一人,或四人,或令其选一人同大贡使二人进见,或停其进见之处,请旨遵行。奉旨:皆令进见。又奏,朝鲜国来使召见赐坐、赐茶,原因其该国王族人称君者,与我国内大臣位次不甚悬,故相待如此之优。至琉球、安南、暹罗等国差来陪臣,若系该国王兄弟、世子来朝,自应如朝鲜之例。若寻常贡使,乃伊国陪臣,与内大臣相去悬远,其仪注似不宜照朝鲜国称君来使之例。今暹罗国贡使朗三哇提等召见之日,皇帝御乾清宫升宝座,应入班之内大臣,侍卫等照例排班序立,礼部堂官引来使随带通事一人由乾清门西门入,於丹墀西边行三跪九叩礼毕,礼部堂官由西阶引至乾清宫中门外跪,通事在来使西边稍后跪。皇帝慰问毕,引出候旨,赐茶或赐饭毕,引至午门外谢恩。其议政大臣等会集,赐坐、赐茶之处似应停止。嗣后琉球、安南等国来使皆照此例遵行。奉旨:所奏是。此次仍照世宗宪皇帝召见例行,钦此。"

② 关于十四年入贡,《粤道贡国说》有如下记述:"国王遣陪臣朗呵派提等赍奉金叶表文入贡。御前方物:象二、龙涎香一斤,犀角六、沉香二斤,土璇石十一两二钱,象牙、紫降香、大枫子、豆蔻、藤黄、乌木各三百斤,胡椒花、桂皮、盏朴肯舌皮、樟脑、檀香、硫黄各百斤,苏木三千斤,上冰片一斤,冰片二斤,冰片油二十瓢,翠毛六百副,孔雀尾十屏,红布幔十匹,荷兰毡二块。皇后前不贡象,余物俱减半。又附洋船贡到黑熊、斗鸡、金丝猿,令其进献。又奏准暹罗国使臣朗呵派提等奉表来京,恭遇圣驾巡幸,于启銮之日,礼部满堂官引来使等四人,并通事一人至圆明园宫门外,于圣驾启銮之先行三跪九叩礼。恩赏该国王物件于宫门前赏给,随率至王公百官送驾排班之末,跪候瞻仰。如蒙慰问,来使跪聆毕,礼部堂官领回。又是年照康熙六十一年加赐之例,特赐国王御书炎服屏藩四字。"

缎、片金妆缎、闪缎各二匹、锦四匹、缎八匹、玉器六件、玛瑙器二件、珐琅器四件、松花石砚二方、玻璃器十件、磁器一百四十六件。又因续进黑熊、白猿等物,加赏国王库缎十二匹。

乾隆十六年,奉圣谕:"朕阅潘思榘摺内称,本年六月内收入厦口暹罗商船一只,买回米四千石等语。闽浙等处现在需米孔殷,若官为办理,岂不于民食更有裨益。但虑官办或致外人多疑,或闻内地官为购觅,即乘势居奇,多方掯勒,必致价值日益昂贵,并使商船来往亦不能随便携带,著传谕喀尔吉善、潘思榘,令其会同酌量,若无此虑,可于暹罗等国产米之处官为购运,或先行试买,看其嗣后可以源源接济,不致启番人掯勒之弊,抑或应仍听商人陆续运带,一一详筹奏闻。"寻总督喀尔吉善等言,该国地土广不过百余里,户口无几,每年余米有无多寡,并无一定。官赴采买,番情趋利如鹜,难免居奇昂价,止宜听商自行买运,尚可资其缓急。官为购运,未便举行。得旨谕允。

乾隆十八年,喀尔吉善奏言,暹罗地方近年虽有商船带回米石,于民食不无裨济,但欲采买补仓,势须委员领帑前往买运。若向商船招买,过洋之米,止可随到随粜,不能日久贮仓。今复加筹酌,与其官买补仓,不如仍听商贩带运,随其多寡,皆足有济民食。得旨谕允。

是年二月入贡方物①,加进西洋金花缎、番袍、金花缎夹裤各一条,西洋金缎带三条。并恳赐人参、䍽牛、良马、象牙及通彻规仪、内监。部议不可,并饬使臣于归国后晓谕国王恪守规制,益励敬恭。得旨:"方物照例收受,其筵宴赏赉,著加恩照上次例行。"加赐人参四斤,锦缎共二十匹,及玉器、玛瑙器、珐琅器、玻璃器、磁器、铜暖砚。

乾隆二十二年入贡。特赐国王蟒缎、锦缎各二匹,闪缎、片金各一匹,八丝缎四匹,玉器、玛瑙器各一件、松花石砚二方、珐琅器十三件、磁器一百四件。

乾隆二十七年入贡②。

乾隆三十一年入贡,皆蒙特赏物件。后该国为花肚番即缅甸所破,

---

① 关于十八年遣使入贡,《粤道贡国说》有如下记述:"奏准暹罗国使臣郎损吞派沛等奉表来京,恭遇驾幸南苑,已令使臣道旁瞻仰,应照例停其召见。"

② 据《粤道贡国说》记载:"二十六年,议准暹罗国贡船在粤遭风飘失龙涎香、桂皮、豆蔻、儿茶皮、树胶香五件,免议。""二十七年,议准暹罗上年贡物沉溺,免其补进。复遣探贡船,呈请代谢天恩。所有余仓货物,因多霉湿,准其先行发卖,免征税银。特赐国王物件,与二十二年同"。

经两广总督奏明,将三十一年原颁赏赐缴进①。

乾隆四十六年正月,暹罗国长郑昭遣使臣朗丕彩悉呢霞握抚突等二人入贡,并奏称自遭缅匪侵陵,虽复土报仇,绍裔无人,兹群吏推昭为长,遵例贡献方物。得旨:"国长遣使航海远来,具见悃忱。该部知道,原表并发。"赐宴使臣于山高水长。所贡之物,赏收象一只,犀角一担。其象牙、洋锡、藤黄、胡椒、苏木,准其在广省自行变价,并压仓货物一体免税。特赏国长蟒缎、锦缎、闪缎、片金、八丝缎、玉器、玛瑙器、珐琅器、磁器、松花石砚。

乾隆五十年入贡。正月初二日,紫光阁筵宴,赏正使、二使、三使有差。②

乾隆五十一年奉圣谕:"据穆腾额奏称,暹罗国每年正副贡船到关,其随带之船至十余只之多。又有藉名探贡船只,俱属内地商船,所带货物甚多。该监督查明应征税银若干,报明该督抚具题。概行宽免,殊非杜弊防奸之道。请将正副贡船各一只,照例免其纳税。其余船只,俱按货征税等语。暹罗国修职输诚,遣使呈进方物。其正副贡船自应免其征纳税银,岂容内地商船藉名影射,希图免税?此等商船到关时,该监督原可逐船履勘,除贡物之外,若有私带船只,无难一望而知,自应按货征税。该监督即当商之督抚,分别办理,何得概予具题邀免?此系该督抚、监督等分内应办之事,何必形之章奏,候朕降旨始奉行耶!除就近传知穆腾额遵办外,著传谕富勒浑、孙士毅于该国贡船到关,所有正副贡船各一只仍照例具题免税,其余若果查系夹带客商私船,俱逐一查明,按货纳税,以杜奸商取巧,通同弊混之计。将此传谕知之。"

乾隆五十二年入贡,赐宴紫光阁,赏正副使有差。

乾隆五十三年,该国遣使入谢。

---

① 《粤道贡国说》记载说:"国王森列拍照广敕马啰陆坤司由提雅普埃遣陪臣奉金叶表文入贡。御前方物:驯象、犀角、沉香、上冰片、中冰片、降真香、大枫子、藤黄、乌木、象牙、豆蔻、土璁石、苏木、樟脑、檀香、硫黄、荜拨、儿茶皮、树胶香、土桂皮、翠毛、孔雀尾、龙涎香、冰片油、红布幔、荷兰毡凡二六种。中宫前不贡象,物减半。特赐国王物件与二十七年同"。

② 关于乾隆五十年暹使入贡,《粤道贡国说》有如下的记述:"暹罗国长郑华遣使奉金叶表文入贡。御前方物:龙涎香、金刚钻、沉香、冰片、犀角、孔雀尾、翠皮、西洋毡、西洋红布、象牙、樟脑、降真香、白胶香、大枫子、乌木、白豆蔻、荜拨、檀香、甘蜜皮、桂皮、藤黄、苏木、驯象二。中宫前方物,不贡象,余物减半。奉旨:览国长奏,继嗣父业,恪承先志,遣使航海,远来进贡方物,诚悃可嘉。知道了,该部知道,钦此。又正月初二日,紫光阁筵宴,赏暹罗正使锦缎四匹、绒缎四匹、各样花缎十匹、荷包大小十个。二使、三使、四使锦缎各二匹、花缎各六匹、荷包大小各六个。谨案:此次紫光阁筵宴,赏暹罗正副使,与五十二年悉同"。

乾隆五十四年入贡，赐宴紫光阁，赏正副使有差①。

乾隆五十五年入贡，恭祝万寿，赐宴紫光阁，赏正副使有差。加赏国王御书福字一个，玉如意一柄，玉器二件，磁器、玻璃器八件，福字方一百幅，大小绢笺四卷，砚二方，笔墨六匣，雕漆盘四件。②

乾隆五十六年入贡，赐宴紫光阁，赏赉有差。

乾隆五十八年入贡，赐宴紫光阁，赏正副使有差。加赏国王大缎福字笺、绢笺、雕漆茶盘、笔、墨、砚。

乾隆六十年贡方物：龙涎香、沉香、檀香、白胶香、降真香、金刚钻、冰片、樟脑、孔雀尾、犀角、象牙、西洋毡、西洋红布、翠鸟皮、甘蜜皮、桂皮、荜拨、大枫子、豆蔻、藤黄、乌木、苏木。皇宫方物，其数减半。除夕，赐宴保和殿。

嘉庆元年，恭进太上皇帝、皇上番字金叶表文、汉字表文并方物。正月初四日，举行千叟宴，赐正副使宴于宁寿宫，又宴于紫光阁、正大光明殿、山高水长，加赏有差③。

嘉庆二年入贡，赐宴如例。④

嘉庆四年入贡，赐宴如例。⑤

嘉庆六年入贡，赏使臣羊裘缨帽。又奉圣谕："暹罗国第二贡使帕窝们孙年哆呵叭突在广州南海地方患病身故，情殊可悯。现已饬地方

---

① 对此，《粤道贡国说》记述说："正月初五日，紫光阁筵宴，赏暹罗正使锦、漳绒各三匹、小卷八丝缎、五丝缎各五匹、大荷包一对，小荷包二对。"

② 对五十五年的朝贡，《粤道贡国说》记载说："暹罗国王具表遣陪臣进贡，并因庆祝万寿，加进寿烛、沉香、紫胶香、冰片、燕窝、犀角、象牙、通大海、哆啰呢凡九种。奉上谕：据奏，暹罗国王遣使进贡祝厘，于七月十一日正贡船甫到，副贡船尚未抵粤等语。该国王情殷祝嘏，恭进方物。阅其表文，欢欣踊跃，具见悃忱。但现届八月初旬，该国贡使抵粤较迟。既未能加如期到京，随班祝贺，自毋庸即令趱紧行程。著将该国前后抵粤贡使人等俱酌量令其缓程行走，於年底到京，随入宴赏，以示朕体恤远人至意，钦此"。

③《粤道贡国说》还有如下记述："特赐正使圣制千叟宴诗一章，玉如意、寿杖各一、锦缎、洋花缎、云缎、大卷缎各二、福字笺一卷、绢笺二卷、湖笔二十支、硃墨十锭、砚一、鼻烟一瓶、鼻烟盒、瓷牙签筒、洋漆茶盘各一；副使锦缎，洋花缎各一、绢笺一卷、湖笔十支、硃墨四锭、余赏与正使同。又宴于紫光阁、正大光明殿、山高水长，加赏有差。其年，又遣使赍金叶表文庆贺太上皇帝归政，恭进龙涎香、上冰片、中冰片、沉香、金刚钻、孔雀屏、犀角、象牙、荷兰毡、红毛厘布、翠鸟皮、白檀香、白胶香、樟脑、甘蜜皮、桂皮、荜拨、降真香、大枫子、白豆蔻、藤黄、乌木、苏木凡二十四种。恭进皇宫前贡物减半，又庆贺仁宗睿皇帝登极，并进皇后贡物，均与庆贺归政贡同"。

④ 对此，《粤道贡国说》还记："正月初十日，紫光阁筵宴，特赏暹罗使臣与元年同"。"三年，使臣在京，召入重华宫筵宴，赏正副使荷包、芽茶、鼻烟壶、火镰、玻璃碗、福桔等物"。

⑤ 在嘉靖四年条下，《粤道贡国说》还记："五年，国王遣使赍祭文，仪物恭诣高宗纯皇帝前进香，并进献方物。经广东巡抚遵旨：令该使臣毋庸进京，所有呈献仪物，方物赍回，钦此"。

官妥为照料,著加恩再赏银三百两。遇有该国便船,即令先行带回,将银两给伊家属,不必等候此次贡船回国,转致稽缓。嗣后如遇有此等外国使臣在内地身故之事,著照此例办理。"

嘉庆七年入贡,赏正副使有差。①

嘉庆九年入贡,重华宫筵宴,加赏使臣、通事有差。

嘉庆十二年九月,奉圣谕:"外洋诸国夷人自置货船来广贸易,自应专差夷目亲身管驾,不得令内地商人代为贩运。今金协顺、陈澄发皆以内地客商领驾暹罗国船只载货贩卖,虽询明委系该国王所遣,并无假冒捏饰及夹带违禁货物,但该国王何以遽肯造船交伊等管带?情节不无可疑,且恐日久相沿,必致奸徒僭往外夷,赊欠诓骗,或竟冒为夷货,代盗销赃,不可不防其渐。吴熊光请敕下礼部,于该国贡使到京时传知饬禁。恐该贡使回国传述未能详切,现已另降敕谕,申明内外体制。所有金协顺等船二只,既已驶至内地,姑准其起货纳税,另装新货,给照回帆。自此次饬禁之后,如再有代驾夷船进口,即查明惩办。"又敕谕暹罗国王郑华:"嘉庆十二年九月,据两广总督吴熊光奏称,有船商金协顺、陈澄发装载暹罗国货物来粤贸易,并请于起货后装载粤省货物回赴暹罗。经地方官查明,金协顺系福建同安县人,陈澄发系广东澄海县人。饬传暹罗国贡使丕雅史滑厘询问,据称金协顺、陈澄发二船委系由该国新造来粤,因该国民人不谙营运,是以多倩福、潮船户代驾,并非冒捏呈递译书禀结等情。天朝绥怀藩服,准令外域民人赴内地懋迁货物,惠逮远人,恩至渥也。惟是中外之限,申画厘然。设关讥禁,古有明训。我朝抚御诸邦,如朝鲜、越南、琉球等国,各以本地物产来中土贸易,皆系其本国民人附朝贡之便,赍带前来,从未有中国之人代彼经纪者。今金协顺,陈澄发以闽广商民代暹罗营运,即属违禁。中土良民,谨守法度,断不敢越制牟利。其私涉外域者,此中良莠不齐,设将贩运货物隐匿拖欠,致启讼端,亦于该国诸多未便。本应将金协顺等饬法治罪,念其船只系由该国制造,给令代驾,从前未经严立科条,此次且从宽免究,并施恩准其起货售兑,仍给照令其置货回帆。特降敕谕知该国王,宣明例禁,嗣后该国王如有自置货船,务用本国人管驾,专差官目带领同来,以为信验。不得再交中国民人营运。若经此次敕禁之后,仍有私交内地商民冒托往来者,经关津官吏人等查出,除不准进口起货外,仍将该奸

---

① 在嘉庆七年条下,《粤道贡国说》还记:"八年十二月二十八日,赏暹罗使臣四员,从人十九名衣帽靴袜均与六年同。通事二员,与赏贡使同。二十九日,重华宫筵宴,特赏三贡使,四贡使各磁盘一件,玻璃器二件,小荷包一对,茶叶一瓶,瓷器一件"。

商治罪,该国王亦难辞违例之咎。柔远能迩,宽既往以示含宏之义;宅中驭外,申明禁以严踰越之防。尔国王其凛遵毋忽,特谕。"

是年,贡使到京,重华宫筵宴,加赏有差。①

嘉庆十四年祝嘏,进贡寿烛十对、金刚钻一斤、冰片二斤、燕窝十斤、沉香二十斤、犀角二十斤、孔雀尾五十屏、翠鸟皮五百张、檀香一百斤、降真香一百斤、砂仁米一百斤、紫梗一百斤、象牙二百斤、豆蔻二百斤、胡椒二百斤、藤黄二百斤、荷兰毡二领。加赏正副使,筵宴重华宫如仪。其国王表请倩雇内商驾船,奉旨不准,表文给还夷目带回。

嘉庆十五年,暹罗国世子遣使进贡请封。在洋遭风,沉失贡物九种。奉圣谕:"据百龄等奏,暹罗国赍贡使臣抵粤一摺,该国贡船在香山县荷包外洋突遇飓风击坏,沉失贡物,此实人力难施,并非使臣不能小心防护。其沉失贡物,不必另行备进,用昭体恤。所有郑佛恳请敕封之处,著该衙门照例查办。俟该使臣回国,即令领赍。"十二月,贡使到京,宴赉如仪。②

嘉庆十七年十二月入贡。③

嘉庆十八年十二月,奉圣谕:"前据蒋攸铦奏,暹罗国正贡船只在洋失火,所载贡使人役及表文方物等件俱无下落,仅有副贡船抵粤。当经降旨将该国副贡使及所存贡品十种,派员送京,无庸补备正贡。今又据蒋攸铦奏,该副使唧拔察哪丕汶知突因在海船感冒风寒,又闻正贡船失

---

① 在嘉庆十二年条之前,《粤道贡国说》记述嘉庆十年的入贡情况:"十年正月初十日,特赏暹罗大贡使锦三匹,漳绒三匹,大卷八丝缎四匹,小卷五丝缎四匹,大荷包一对,小荷包四对;二贡使锦二匹,漳绒二匹,大卷八丝缎三匹,小卷五丝缎三匹,大荷包一对,小荷包四对;三贡使,四贡使各锦二匹,漳绒二匹,大卷八丝缎三匹,小卷五丝缎三匹,大荷包一对,小荷包二对;十年十二月二十九日,暹罗贡使于重华宫入宴。加赏贡使玻璃瓶二个、玻璃鼻烟壶一个,磁带钩一个,茶叶二瓶,桔子一盘,荷包二对。二贡使、三贡使、四贡使各玻璃椀二个、荷包一对,余俱正贡使同。"另还记:"十二年,暹罗贡使于重华宫入宴。加赏二贡使、四贡使各玻璃椀一对、玻璃鼻烟壶一个、磁带钩一个,茶叶二瓶,福桔五个,磁碟一个,荷包一对。副通事一员,荷包一对。"在嘉庆十二年条之后,又记:"十三年,暹罗贡使入蒙古包宴,加赏大贡使与乾隆六十年朝鲜正使同。二贡使、三贡使、四贡使与朝鲜副使同"。

② 据《粤道贡国说》,此次入贡,乃"暹罗国世子郑佛遣使进贡请封"。"十月初一日,暹罗贡使於重华宫入宴。加赏正使一员洋磁带钩一个,玻璃鼻烟壶一个,玻璃椀一对,红桔一碟,茶叶一瓶,荷包二对。副使一员,荷包一对,余与正使同。十五年,封世子郑佛为国王,照例给与诰命,银印,交该国使臣祗领恭赍回国。正月初十日,暹罗贡使入蒙古包宴,加赏正副使均与乾隆六十年朝鲜正副使同。十六年正月初四日,暹罗贡使于紫光阁入宴,加赏正副使四员,均与乾隆六十年朝鲜正副使同"。

③ 对此,《粤道贡国说》记述:"十七年十二月,暹罗国进贡方物,贡使于重华宫入宴,加赏正副使二员各玻璃瓶一对,茶锺一个,玻璃鼻烟壶一个,茶叶二瓶,大荷包二对。"

火焚烧,致受惊恐,现在患病,难以起程。请俟医治痊愈,再行护送入都等语。该副贡使患病受惊,正需调理。长途跋涉,甚非所宜。现已届年节,不必再令进京。著加恩令将所存贡品十种就近交贮粤省藩库,由该督委员解京。其副贡使令在粤休息,妥为调治。该国王忭忱纳贶,其正副贡使适因事故不能到京,而航海申虔,即与赍呈无异。所有例赏该国王及贡使人役物件,著礼部查明奏闻,将赏件发交该督转行颁给该副贡,令其于病痊之日赍领回国,并将此旨传知该国王,以示怀柔远人之意。"礼部遵旨将例赏物件并敕书交兵部发交该督颁给。

嘉庆十九年,该国遣使补贡。正贡船遭风,漂至越南,副使在粤患病。该国王闻遭风之信,复补备贡物,遣使来京。赐宴紫光阁,赏正副使有差。

嘉庆二十年九月,奉圣谕:"蒋攸铦等奏,暹罗国王闻上年贡船被风损坏,复备副贡船,遣使补备方物到粤一摺。暹罗国所进嘉庆十八年正贡船在洋焚烧,其副贡船所赍贡品业经进呈。十九年该国王敬补方物,分装正副船入贡,适遇飓风漂散。现在正副船已先后收泊,其表文方物由该贡使赍送赴京。该国王因闻贡船遭风之信,复备补贡物方物来粤,其恭顺实属可嘉。该国向系三年一贡,明年又届入贡之期,著加恩即将此次赍到方物作为嘉庆二十一年例贡,交粤省藩库存贮,俟明年委员解京。其使臣巧銮纹是通留于粤省,俟本年进京各贡使旋粤时一体筵宴,俾令回国。并传知该国王,明年无庸另备表文方物航海远来,以示怀柔至意。"贡使到京,同乐园听戏,赏正副使有差。暹罗国王复表请用内地水手①,礼部奏驳,奉旨依议。

嘉庆二十四年,副使到京,进万寿贡大寿烛五对、小寿烛五对、冰片二两、金刚钻一斤、沉香二十斤、燕窝十斤、犀角二十斤、檀香二百斤、荷兰毡二领、降真香一百斤、豆蔻二百斤、砂仁二百斤、胡椒二百斤、翠鸟皮五百张、孔雀尾五十屏、象牙二百斤、藤黄二百斤、紫梗二百斤、又贡方物如例。加赏副贡使玉如意、仙果、献瑞花、普洱茶膏、人参膏、蜜饯、荔枝、哈蜜瓜。赐宴正大光明殿,入同乐园听戏。

道光二年入贡方物。

道光三年进万寿贡。

道光七年入贡方物。

道光九年入贡方物。

---

① 《粤道贡国说》记为"国王复表请用内地水手驾驶船隻,经礼部奏驳。奉旨:依议"。

道光十年进万寿贡。

道光十一年入贡方物。

道光十四年入贡方物。

道光十七年入贡方物。

道光十九年三月奉上谕：向来暹罗三年一贡，著改为四年遣使朝贡一次，用示朕绥怀藩服之至意。

（同上书，卷二一，页5—41）

万历中，福建商人岁给引往贩大泥、吕宋及咬留吧者，荷兰人就诸国转贩，未敢窥中国也。

（同上书，卷二二，页1）

国朝设关之初，番舶入市者，仅二十余柁，至则劳以牛酒，令牙行主之。沿明之习，命曰十三行。舶长曰大班，次曰二班，得居停十三行，余悉守舶。……乾隆初年，洋行有二十家，而会城有海南行。至二十五年，洋商立公行，专办夷船货税，谓之外洋行。别设本港行，专管暹罗贡使及贸易、纳饷之事。

（同上书，卷二五，页1）

二十、《粤道贡国说》

暹罗贡使坤匣派拍纱来谒，列贡舶数以上，具言："船名乌头夹板舵，正贡船，长九丈九尺，中广二丈五尺三寸，深一丈五尺四寸，头广八尺，尾广一丈四尺。桅名打马树，大者长七丈五寸，围九尺；次长五丈九尺五寸，围七尺。象船，长八丈二尺四寸，中广一丈八尺，深一丈四尺，头阔四尺八寸，尾阔一丈。大桅长六丈六尺，围五尺五寸；次桅长五丈三尺八寸，围四尺。正船空时食水七尺，装载食水一丈一尺五寸；象船空时食水五尺，装载食水一丈二寸。以康熙二十二年五月初二日发本国，正船于闰六月二十日抵虎门，象船于六月初十日自广南外□□□①，漂至厦门，九月二十一日始至虎门。"

---

① 根据中华书局1993年出版梁廷楠《海国四说》一书所载，这里空缺三字为"暹失风"。

谨案:该国贡船大略如此。此见杜榛《粤闽巡视纪略》,附引之,俾得其概云。

（梁廷楠:《粤道贡国说》,卷二,道光刻本,页42）

二十一、《海国闻见录》

自柬埔寨大山绕至西南为暹罗,由暹罗沿山海而南为斜仔①、六坤、大哖②、丁噶呶③、彭亨。山联中国,生向正南,至此而止。又沿海绕山之背过西,与彭亨隔山而背坐为柔佛。由柔佛而西,为麻喇甲④,即丁噶呶之后山也。

（陈伦炯:《海国闻见录》,南洋记 艺海珠尘本,页17）

暹罗沿山海至柔佛诸国,各皆有王,均受於暹罗国所辖。古分暹、罗〔斛〕二国,后合为暹罗国。俗崇佛,王衣文彩佛像,肉贴飞金,用金皿。陆乘象亭、象辇,舟驾龙凤。分官属曰招诶,以裸体跣足俯腰蹲踞见尊贵。不衣裤而围水幔,尊敬中国。理国政,掌财赋。城廓轩豁,沿溪楼阁群居。水多鳄鱼。从海口至国城,溪长二千四百里。水深阔,容洋舶随流出入。通黄河支流,夹岸大树茂林,猿猴采雀,上下呼鸣。番村错落,田畴饶广。农时阖家棹舟耕种,事毕而回。无俟锄芸,谷熟仍棹收获而归。粟蒿长二丈许,以为入贡土物。因播秧毕而黄河水至,苗随水以长,水尺苗尺,水丈苗丈,无涝伤之患,水退而稻熟矣。干河入中国,势猛而急。支河入西域,归柬埔寨、暹罗以出海,势散而缓。田畴藉以肥饶,故产米之国,石可三星。俗语捕鹿枝头,牵牛上楼。盖鹿为水漂没,搁息於树梢。溪屋为水注浸,引牛於楼。

人有被虎唉鳄吞者,告於番僧,僧咒拘而虎自至;咒摅绵纱於水而鳄自缚。剖而视之,形骸犹存。有受蛊者,向僧求咒则解,是以俗重佛教。富者卒后葬以窊⑤,即释氏塔也。

又有一种男女,名谓尸罗蛮,与人无异,但目无瞳子,人娶之亦生男女。夜眠魂变为狸狗,率类向水厕嗜食粪秽,将明附魄,若熟睡。翻复

---

① 斜仔,指泰国万伦湾西岸的猜也(Chaiya)。
② 大哖,即大呢。
③ 丁噶奴,即丁加奴。
④ 麻喇甲,即马六甲。
⑤ 窊,音wā,为佛塔一词的音译。

其身，魂不得附归。女为经纪。人戏以酸相挤汁噀之，眼泪长流而不可忍。人染痢者，若不洗涤，夜为尸罗蛮舐食，化作小物入谷道而食肠腹，故居暹之人以近水搭厕，便於净涤。

又有一种共人。共者，咒法名也。刀刃不能伤，王养以为兵卫。犯事应刑，令番僧以咒劝化之，使其自退共法，方与受刑。国多崇魔，相传三宝到暹罗时，番人稀少，鬼祟更多，与三宝斗法，胜许居住。一夜各成寺塔，将明，而三宝之寺未及覆瓦，视鬼之塔已成，引风以侧之，用头巾顶插花代瓦幔覆。今其塔尚侧，三宝寺殿，今朽烂，棕绳犹存於屋瓦。洋艘於蓬顶桅上加一布帆以乘风力，船无欹侧而加快为插花。番病，每问三宝求药，无以济施。药投之溪，令其水浴，至今番唐人尚以浴溪浇水为治病。外洋诸番以汉人呼唐人，因唐时始通故也。

番俗死后焚而后葬，为消除罪孽。又一种生前发愿死后恬问饲鸟饲鱼者。恬问，即舍身也。恬问鸟，置之山石之上，群鸟翱翔毕集，然后内一鸟红咀足先下而啄，群鸟集下，顷刻仅存髅骨，收而埋之。恬问鱼，焚化存灰，和麵作块，投之溪。亦有先饲鸟后饲鱼，两者皆兼之矣。

国造巨舰，载万馀石，求桅木於深山大树。先以咒语告求，允许方敢下斧，不则树出鲜血，动手者立亡。用牛挽辇，沿途番戏以悦之，咒语以劝之，少有不顺，则拔木而自回旧地。挽至厂所，其灵方息。

产银、铅、锡、洋布、沉〔香〕、束〔香〕、象牙、犀角、乌木、苏木、冰片、降香、翠毛、牛角、鹿筋、藤席、佳文席、藤黄、大枫子、豆蔻、燕窝、海参、海菜。以银豆为币，大者重四钱，中者一钱，次者五分，小者二分五厘。其名曰泼，皆王铸字号，法不得剪碎，零用找以海螺巴。

厦门至暹罗，水程过七洲洋，见外罗山，向南见玳瑁洲、鸭洲①，见昆仑，偏西见大真屿②、小真屿③，转西北，取笔架山，向北至暹罗港口竹屿一百八十八更。入港又四十更，共水程二百二十八更。

（同上书，页 17—20）

由暹罗而南，斜仔、六坤、宋脚④皆为暹罗属国。大哖、吉连丹⑤、丁噶呶、彭亨诸国，沿山相续，俱由小真屿向西分往，水程均一百五六十更

---

① 鸭洲，又称玳瑁鸭，位于越南东南岸外平顺海岛附近。
② 大真屿，又称作大真树港，指越南南岸外的奥比(Obi)岛。
③ 小真屿，指今柬埔寨的福塞奥比(Fausse Obi)岛。
④ 宋脚，即今泰国的宋卡(Songkhla)。
⑤ 吉连丹，即吉兰丹。

不等。

（同上书，页20）

二十二、《海　录》

　　暹罗国在本底①西，纵横数千里，西北与缅甸接壤，国大而民富庶。船由港口入内河，西行至国都，约千余里。夹岸林木葱茏，田畴互错，时有楼台，下临水际。猿鸟号鸣，相续不绝。男女俱上裸，男以幅布围下体，女则被裙。官长所被衣，其制与中国雨衣略同。以色辨贵贱，红者为上。右臂俱刺文，形若任字。王则衣文彩，绣佛像其上，飞金贴身首。器皆以金。陆乘象辇，水乘龙舟。凡下见上，裸体跣足，屈腰蹲身。国无城廓，民居皆板屋。王居则以瓦覆其上，临水为之。土人多力农，时至则播种，熟则收获，无事耘锄，故家室盈宁，称为乐土。商贾多中国人。其酿酒，贩鸦片烟，开场聚赌三者，榷税甚重。俗尊佛教，每日早饭，寺僧被袈裟，沿门托钵。凡至一家，其家必以精饭肴蔬，合掌拜献，僧置诸钵，满则回寺奉佛。又三分之，僧食其一，鸟雀食其一，以其一饲虫鼠，终岁如是，僧无自举火者。出家为僧，谓之学礼，虽富贵家子弟，亦多为之。弱冠后，又听其反俗。其婚嫁，男家伴以男，女家伴以女，俱送至僧寺，令拜佛，然后迎归合卺焉。颇知尊中国文字，闻客人有能作诗文者，国王多罗致之，而供其饮食。国有军旅，则取民为兵。一月之内，其糇粮皆兵自备，越月然后王家颁发，四邻小国多属焉。土产金、银、铁、锡、鱼翅、海参、鲍鱼、瑇瑁、白糖、落花生、槟榔、胡椒、油蔻、砂仁、木兰、椰子、速香、沉香、降香、伽楠香、象牙、犀角、孔雀、翡翠、象、熊、鹿、水鹿、山马。水鹿形似鹿而无角，色青，其大者如牛。山马形似鹿而大，商贾常取其角，假混鹿茸。犀角有二种，色黑而大者为鼠角，价贱。极大者重二三斤，小者亦重斤余。其色稍白而旁有一涧直上者，为天曹角。其涧直上至顶者亦不贵，若顶上二三分无涧而圆满，色润而微红者，则贵矣。椰木如棕，直干无枝，其大合抱，高者五六丈，种七八年然后结子。每岁只开花四枝，花茎傍叶而生，长数尺，花极细碎，一枝只结椰子数颗，四花分四季采之。欲酿酒者是於花茎长尽花未及开时，用蕉叶裹其茎，勿令花开，再以绳密束之，砍茎末数寸，取瓦罐承之，其液滴於罐中。每日清晨及午、酉、亥三时则收其液，清晨所收味清酣，日出

---

① 本底，本书说它"介于越南暹罗二国之间"，应为Cambodia（柬埔寨）。

后则微酸,俱微有酒味,再酿之则酒矣。所砍处稍乾则又削之,花茎尽而止。椰肉可以榨油,壳可为器,衣可为船缆,故番人多种之,岁以土物贡中国。

(谢清高口述,杨炳南笔受:《海录》,冯承钧校注本,
中华书局,1955年版,卷上,页3—4)

宋卡①国在暹罗南少东,由暹罗陆路十七八日,水路东南行顺风五六日可到,疆域数百里。《海国见闻》②作宋脚,缘闽语谓脚为卡,故讹。土番名无来由③,地旷民稀。俗不食猪,与回回同。须止留下颔,出入怀短刀自卫。娶妻无限多寡,将婚,男必少割其势,女必少割其阴。女年十一二即嫁,十三四便能生产。男多赘於女家,俗以生女为喜,以其可以赘婿养老也。若男,则赘於妇家,不获同居矣。其资财则男女各半,凡无来由种类皆然。死无棺椁,葬椰树下,以湿为佳,不封土,不墓祭。王传位必以嫡室子,庶子不得立。君臣之分甚严,王虽无道,无敢觊觎者。即宗室子弟,国人无敢轻慢。妇人穿衣裤,男子唯穿短裤,裸其上。有事则用宽幅布数尺,缝两端,袭於右肩,名沙郎。民见王及官长,俯而进,至前蹲踞,合掌於额而言,不敢立,王坐受之。见父兄则蹲踞,合掌於额,立而言。平等相见,唯合掌於额。余与暹罗略同。山多古木。土产孔雀、翡翠、瑇瑁、象牙、胡椒、槟榔、椰子、银、铁、沉香、降香、速香、伽楠香、海参、鱼翅,贡於暹罗。

(同上书,卷上,页5—6)

太呢④国在宋卡东南,由宋卡陆路五六日,水路顺风约日余可到。连山相属,疆域亦数百里,风俗土产,均与宋卡略同。民稀少,而性凶暴。海艘所舶处,谓之淡水港⑤。其山多金,山顶产金处,名阿罗帅⑥(原注,阿,於何切,下同)。由淡水港至此,须陆行十余日。由咭囒丹港口⑦入,则三四日可至,故中华人到此淘金者,船多泊咭囒丹港门,以其易於

---

① 宋卡,指今泰国的宋卡(Songkhla)府一带。
② 应为《海国闻见录》。
③ 无来由,即马来人。
④ 太呢,又作大呢,指今泰国南部北大年(Pattani)一带。
⑤ 淡水港,指今北大年港口。
⑥ 阿罗帅,指泰、马边界的乌鲁默拉(Ulu Merah)山。
⑦ 咭囒丹港口,指今马来西亚的哥打巴鲁(Kota Bahru)。

往来也。国属暹罗,岁贡金三十斤。

(同上书,卷上,页7)

咭嚂丹国①在太呢东南,由太呢沿海顺风约日余可到。疆域风俗土产略同太呢,亦无来由种类,为暹罗属国。

(同上书,卷上,页8)

(咭嚂丹)俗淫乱,而禁妇女嫁中华人,故闽粤人至此鲜娶者,有妻皆暹罗女也。

(同上书,卷上,页10)

(咭嚂丹)亦以三十斤金为暹罗岁贡。

(同上书,卷上,页12)

(丁咖啰②)岁贡暹罗、安南及镇守噶喇叭③之荷兰。

(同上书,卷上,页12)

吉德④国在新埠⑤西北,又名计哒,由新埠顺东南风日余可到。后山与宋卡相连,疆域风俗亦与宋卡略同。土旷民稀,米价平减。土产锡、胡椒、椰子,闽粤人亦有至此贸易者。由此陆路西北行二三日,海道日余到养西岭⑥(原注读力养切),陆路又行三四日,水路约一日,到蓬呀⑦,俱暹罗所辖地。

(同上书,卷上,页18—19)

---

① 咭嚂丹国,在今马来西亚的吉兰丹(Kelantan)州一带。
② 丁咖啰,即今马来西亚的丁加奴(Trengganu)。
③ 噶喇叭,指荷兰人占领下的巴达维亚,今即为印尼的雅加达(Jakarta)。
④ 吉德,即今马来西亚的吉打(Kedah)州一带。
⑤ 新埠,即今马来西亚的槟榔屿(Penang)。
⑥ 养西岭,指今泰国的普吉(Puket)府一带。
⑦ 蓬呀,指今泰国攀牙(Ph angnga)府一带。

二十三、《圣武记》

明万历中，宣慰使莽体瑞①者吞诸部，并臣木邦、蛮莫、陇州、千厓②、孟密诸土司。独孟养再破缅，而卒亦并于缅。遂为贝叶书与中国，自称"西南金楼白象主。"与敌者惟南掌、暹罗、景迈、古剌诸国。及莽应里为刘綎、邓子龙捣阿瓦破降之，其后巡抚陈用宾又约暹罗夹攻，屡破之。由是不敢内犯，惟与暹罗及古剌、景迈世仇。明永历入缅时，其遗臣散入各国，李定国遣马九功约古剌，遣江国泰约暹罗，议犄角攻缅，裂其地，二国各遣使报诺。而大清兵取永明王于阿瓦，二国之师失望而返。既而三藩叛乱，缅益辽隔，竟国于西南，不臣不贡。

雍正九年，缅与景迈交哄，景迈使至普洱求贡，乞视南掌、暹罗，云贵总督鄂尔泰疑而却之。（景迈者，世所传八百息妇国也。居景迈城者为大八百，居景线城者为小八百，在缅甸国东，户十万。明世与缅同为宣慰司，中灭于缅，旋恢复，故世仇也。畏缅之逼，求通中国以自重。）缅密遣人至车里土司，探虚实，知景迈贡被却，则大喜，阳言缅来岁亦即入贡。旋兴兵二万攻景迈，而贡竟不至。

（魏源：《圣武记》，卷六，中华书局，1984年版，页262）

十一月，副将军阿桂至军，适有陷贼守备程辙密书至，言缅方与暹罗仇杀，可约以夹攻也。阿桂奏言："约暹罗必经缅地，若由广东往，则远隔重洋，军期难必。"诏两广总督李侍尧访察。侍尧奏言："暹罗被缅残破，国地为土酋割据。"由是用暹罗之议遂寝。

（同上书，卷六，页268）

（乾隆）三十五年，经略③还朝即病卒，鄂宁亦卒于永昌。老官屯目移书索木邦、蛮暮、孟拱三土司，阿桂遣都司苏尔相赉檄答之，复被留。上以缅负险，知我兵限于天时地利，故敢倔强。三十六年，敕阿桂於秋冬酌遣偏师扰之。阿桂奏言："蛮暮、木邦、孟密三土司外，始为缅地，距边已二千余里，偏师不可深入。若出近边，则所歼乃野人濮夷，与缅无损。不如休息数年，外约暹罗同时大举。"上以大举非计，乃罢阿桂，以

---

① 莽体瑞，应为莽瑞体（Tabinshwehti, 1531–1550）。
② 陇州，应为陇川；千厓，应为干崖。
③ 经略，即经略将军傅恒。

温福代之。明年,金川反,温福、阿桂皆赴四川。而缅亦方南西用兵暹罗,于是暹罗灭于缅。

(同上书,卷六,页 271)

四十七年,其酋孟鲁杀赘角牙而自立,国人又杀孟鲁而立孟云。孟云者,雍籍牙季子,少为僧,前此兵衅皆未预闻也,而值暹罗之难,乃思附中国。

暹罗者,居缅西南海,与缅世仇,缅酋孟驳于乾隆三十六年灭之。而缅自连年抗中国后,耗费不赀,又其土产木棉、象牙、苏木、翡翠、碧瑶玖及海口洋货、波竜厂铜,恃云南官商采买者皆闭关罢市。缅加戍东北而力战东南,其用日绌,既并暹罗,征取无艺。乾隆四十三年,暹罗遗民愤缅无道,推其遗臣郑昭为主,起兵尽复旧封,又兴师侵缅地,于四十六年航海来贡告捷,朝廷不使亦不止也。至是昭子华嗣立,亦材武,缅酋孟云不能支,乃东徙居蛮得①。五十一年,诏封华暹罗国王,于是缅益惧。五十三年,由木邦赍金叶表、金塔一、驯象八及宝石、番毯等款关求贡,并归杨重英等。表言:"已嗣国家,深知孟驳父子前罪,久欲进贡,因暹罗侵扰,是以稽迟。"乃谕暹罗罢兵。五十五年,遣使贺八旬万寿,乞赐封,并乞开关市。许之,遣使赐敕印,封为缅甸国王,定十年一贡。嘉庆十年秋,暹罗贡表,又言方出师攻缅获捷。复颁敕谕解之。

(同上书,卷六,页 271—272)

臣源曰:蛮夷之性,畏威甚于怀德;畏沿边土勇甚于官兵;畏邻部之强又甚于畏中国。……一闻两金川灭,而震叠求贡;再闻暹罗封,而稽首请臣;三闻暹罗见亲于中国,且非贡期而贡媚。盖前明万历中,滇抚陈用宾尝约暹罗夹攻缅,其国几覆,李定国又尝约暹罗、古剌将夹攻缅;是其伤弓覆车之戒,震邻切肤之灾,于以知暹罗之大可用也。次则腾越野人亦平缅劲旅,彼其水土气力皆同,非若中国之限于险远。又暹罗、景迈皆缅世仇。诚能水陆并举,新街则以野人土兵为前驱,海道则以暹罗、景迈为犄角,使首尾不顾,必可一举殄灭。鄂尔泰不知用景迈去缅所忌,始偃蹇于南徼;刘藻不知用桂家及茂隆厂,而缅送骏淫于近塞;及阿桂久习滇事,思用暹罗而又值朝廷厌兵之时;孙士毅复不知用暹罗而失安南於垂得。用兵者其可不中贼所忌,驭夷者其可不众建而分其

---

① 蛮得,指缅甸新都阿摩罗补罗。

势哉!

（同上书，卷六，页272）

　　礼部会同四译馆掌宾四夷之事。馆内存贮外国之书。回回、高昌、西番、西天为一处，曰西域馆；暹罗、缅甸、八百、苏禄、南掌为一处，曰百夷馆。凡十种皆译以汉文，分其门类，然皆不能全，仅存崖略而已。惟安南、朝鲜、琉球表章皆汉文。近则西洋英吉利亦能以汉字通於中国。夫制驭外夷者，必先洞夷情。今粤东番舶，购求中国书籍转译夷字，故能尽识中华之情势。若内地亦设馆於粤东，专译夷书夷史，则殊俗敌情，虚实强弱，恩怨攻取，瞭悉曲折，於以中其所忌，投其所慕，於驾驭岂小补哉！

　　朝鲜一年四贡，岁终并进。琉球间岁一贡，越南二年一贡，於四年遣使并进。南掌十年一贡。暹罗三年一贡，苏禄五年外一贡。缅甸十年一贡。外夷惟朝鲜、琉球最忠顺，然於中国无损益。其关系中国者，莫如暹罗。其地介安南之西南，缅甸之东北，而富强与之敌，又与二国世仇，且其国王郑氏本中国人，常存尉佗思汉之心。乾隆中，暹罗一封而缅甸稽首。阮光平之降，亦恐暹罗议其后，卒之灭阮光平者，暹罗力也。其国产米，甲南洋，岁济广东者数万石。兵既可御外侮，粟又可佐边氓，虽朝鲜莫逮焉。谈边防者，尚加意於兹。

（同上书，卷十二，页499）

　　西夷之海艘，坚驶巧习，以其恃贸易为生计，即恃海舶为性命也。中国之师船，苟无海贼之警，即终年停泊，虽有出巡会哨之文，皆潜泊於近吞内岛无人之地，别遣小舟携公文，往邻界交易而还。其实两省哨船相去数百里，从未谋面也。其船窳漏，断不可以涉大洋。故嘉庆中剿海盗，皆先雇同安商艘，继造米艇霆船，未有即用水师之船者。今即实估实造，而停泊不常驾驶，风浪无从练习，非若夷船之日涉重洋，则亦不过数年而舱朽柁敝矣。如欲练战艇，则必谋所以常用之法。常用如何？曰：以粮艘由海运，以师艘护海运而已。江苏战舰由吴淞出口，浙江战舰由镇海出口，皆护本省海运之粮以达於天津。钦派验米大臣莅津收兑后，并阅护运之水师，然后给咨回省。则师船无所巧遁，而必涉大洋；师船有所练习，而不致旷废。其造不敢不坚，其练不敢不熟，纵不足詟外夷，亦可备内盗矣。至福建战舰，则每年采买台湾米十万石，护至天津，验阅如前。广东战舰，或采买暹罗米数万石，护至天津，验阅如前。……台米运津,本近年恒事,而暹米采买济粤,亦康熙旧例。今但岁岁加运推广,且可酌减南漕,以纾江、浙民力之穷,非一举而备数善乎?总之,会哨必令收入内河,监验必由文吏,而不许会哨於海岛无人之地。承平则以虚文欺视听,有事则见轻於盗贼。

(同上书,附录卷十四,页 545—546)

阮惠既据安南,自知贾祸,大惧王师再讨,又方与暹罗构兵,恐暹罗乘其后,敏关谢罪乞降,改名阮光平,(明史安南国王皆有二名,以其一名事中国,列表奏。)遣其兄子光显赍表入贡。言守广南已九世,与安南敌国,非君臣,且蛮触自争,非敢抗中国。请来年亲觐京师,并愿立庙国中,祀死绥将士。又闻暹罗贡使将入京,恐媒蘖其短,乞天朝勿听其言。

(同上书,卷六,页 279)

初,阮氏世王广南,以顺化港为门户,与占城、暹罗皆接壤,西南濒海。有商舶飘入港者,非西风不得出,辄没其货,即中国商舶偶入,亦倍税其半,故红毛、暹罗、占城诸国商船,皆以近广南界为戒。阮光平父子以兵篡国,国用虚耗,商舶不至,乃遣乌艚船百馀,总兵十二,以采办军饷为名,多招中国沿海亡命,啖以官爵,资以船械,命使向导入寇闽、粤、江、浙。嘉庆初,各省奏禽海盗,屡有安南兵将及总兵封爵敕印。诏移咨安南,尚不谓国王预知也。暹罗既与广南积怨,会黎氏甥农耐①王阮福映者(本名种,此其改名。)奔暹罗,暹罗妻以女弟,助之兵,克复农耐,势日强,号"旧阮",屡以新阮战,夺其富春②旧都,并缚献海贼莫扶观等。

(同上书,卷六,页 279—280)

二十四、《海国图志》

暹罗建都於曼谷,两面皆山,一宽长之大谷也。山虽层叠,均不甚高,无过五百丈者。土沃产丰,为海舶市埠之最,附近各国皆不及。前被缅甸吞并,国人不服,且地势阻隔,故缅甸得之,旋失之,复为暹罗所

---

① 农耐,指今越南南部的堤岸(Cholon)及西贡(Saigon)一带。
② 富春,指今越南的顺化。西山起义后,阮惠在富春称帝,有学者把西山政权称为"新阮",以别广南的"旧阮"。

有。陆战木栅甚坚，步步为营，全同缅甸。国王临朝端坐，威仪甚尊。百官偏袒跣足，屈腰蹲身，尽礼致敬。称谓以金为尊，如称上则曰金首、金目、金鼻、金足之类。

缅甸、安南、暹罗三国，大都身短色黑，面扁颧高，绝少姣好，似顽实黠，似惰实勇。发多而黑，却少髯鬚，有即拔去，望若妇人，与阿细亚洲各国不同。然性善泛爱，一见甚殷勤，稍拂辄反目，不若印度之柔和。其居家治生，亦如中国、印度，惟不及两国人材技艺耳。

暹罗人游惰度日，不尚技艺，尤藐视外国人。有商舶至其地，辄待同蛮夷一似无能为役者，惟尊中国，而不知有他国也。

三国皆尊奉印度佛教，凡事苟且节俭，惟修建寺宇则穷极华靡。塑像有雕白石者，有镕赤铜者，或高丈，或高二丈余尺，金彩曜目，其工匠不亚于欧罗巴。并有铸像厂，其价值多寡，视像身之大小。出家为僧，终身不娶，惟暹罗人或为僧，或返俗，任意往还。且云人生不可不出家，不可久出家。不出家则不知规矩，久出家则虚度光阴。盖其出家，犹中国子弟之出外就傅，及冠有室，则不复从师。所习梵典梵字及术数之类，皆从僧师受之，实非终身披剃之比也。

暹罗文学亦同缅甸，大抵阐扬佛教。其赞颂四百，似有音律，须六礼拜之久始能诵毕。奉佛戒，禁肉食，然印度僧不尽守戒，或不食家牲而食野禽，谓不在律禁。其在家人并以虫蛇为美味，安南、缅甸亦然，盖近中国闽广之风矣。

暹罗城沿河而建，远观若筑栅于筏上，浮水而系诸岸。服色颇同东方，男女皆耳环手镯。地多金矿，凡酒杯、槟榔盒、器皿皆赤金。以绸缎为质，金绣为文，观其服可知其职之差等。女服宽长，而腋下叠褶，略同缅甸。男逸女劳，粗重工作悉委於女，贸易亦皆女为之。然谨守礼法，虽在市中，足不踰户。未嫁之贫女，有与外国人寓所佣工，支持家务，襄理贸易，虽俨如家室，不可干以非礼。此俗安南尤盛。

治丧亦各不同。缅甸贵人，棺柩停敛需时，庶人香膏涂尸而火化之。暹罗以尸饲飞禽，皆遵佛教荼毗之制。若安南国中遇丧，则庆贺燕宴十二日，奢华甲诸国。彼则失之过惨，此则失之太奢，与其惨又宁奢也。

三国皆重技艺，而庙寺中雕刻彩绘尤各殚其妙。官民俱嗜观剧，或在人家，或於稠众，动辄扮演，价值甚廉。非若欧罗巴人必有一定之戏台，昂贵之戏价也。音乐节奏和畅动人，女音娇柔，尤似中国。惟意大里①之音乐,三国皆不能学。

  暹罗国东界安南,北界中国,南界海,西界缅甸,以曼谷为国都。领部落二十有一,户口约百有三十万名。缅甸北隅之弥南河②,发源云南,历暹罗之曼谷国都出海。

曼谷　国都	义晒
依弥罗	巴于含
金都扁	曼士格
持厘巴戈腊	木底阿罗
麦尔古	松波
巴尔底阿	达阿依
特那色领	松波巴
青地	波颠
西宴	戈伦比
樟底目	叶希里
加磨阿	

  源案:二十一部落③,名目与官书四裔考不符,姑存备考。

(魏源辑:《海国图志》,卷七,古征堂本,页1—4)

  魏源曰:明万历中,平秀吉④破朝鲜时,暹罗自请出兵潜捣日本以牵其后,兵部尚书石星从之,而两广督臣萧彦尼之。滇抚陈用宾约暹罗夹攻缅甸,缅疲于奔命,遂不复内犯。永历困于缅甸,暹罗复与古剌起兵攻缅,以援李定国之师,其忠于胜朝若是。乾隆中,缅甸不臣,得暹罗夹攻屡捷,而缅甸始贡。阮光平父子篡黎氏,寇沿海,及暹罗助黎灭阮,俘献海盗而南洋息警,其忠于国朝又若是。

  其国每夏有黄水自海中来,以渐而涨,水尺苗尺,水丈苗丈,水退苗熟。其水将至,则倾国鼓乐仪仗以迎之。及秋水退,亦饯之如初。有播植无耘耔,有天工无人力,故谷丰而贱,甲乎南海。自康熙来,岁运洋米数十万石,以济闽粤之民食。近以免税不利粤海关,故关吏阴挠之。始则售米不许置货,继则置货不许免税。於是,观望不至。若不阴挠之,

---

① 意大里,今称意大利。
② 弥南河,即湄南河。
③ 文中列出21处地名,除曼谷、麦尔古(Mergui)、特那色领(Tenasserin)外,其他地名,一时未能考定。
④ 平秀吉,即日本的丰臣秀古,又称关白。

而且推广於天津,岁岁采买,积久并可减东南之漕,广天庾之积,其裨益中国,又若是。宜乎圣祖有"天南乐国"之褒,高宗有"炎服屏翰"①之额。视朝鲜、琉球,仅著恭顺,无裨边疆者。何如视西洋各夷,岁叨中国茶黄磁丝之益,反报以鸦片之毒者。更何如暹罗东境斗入大海,广袤数千里,而满剌加为海艘之都会,近日并为英夷割据,又移满剌加市埠于柔佛故地,改名新嘉坡。其入寇之兵食,皆恃新嘉坡接济。暹罗军栅坚壁,同于缅甸,战舰狭长,同于安南,专尊中国,藐英夷,英夷究不能患。诚使用明季夹攻日本之议,令暹罗出兵恢复满剌加、柔佛故地,而安南以札船助之,则英夷有内顾巢穴之忧。与驱策廓夷、鄂夷攻印度之策并行不悖。昔陈汤用西域破康居,王元策②用吐番以捣印度,皆洞地利,悉敌情,又皆决机徼外,不由中制,用能建不世非常之烈。不然,则筑室盈廷亦终尼於萧彦、王凝③之流而已。

(同上书,卷八,页3—5)

二十五、《瀛环志略》

暹罗,南洋大国也。北界云南,东界越南,南临大海,西南连所属各番部,西界缅甸,西北一隅界南掌。其地古分两国,北曰暹,南曰罗斛。暹多山,艰食;罗斛傍水,有余粮。暹乃降于罗斛,合为暹罗国。国有大水二:一曰澜沧江④,发源青海,历云南入暹罗之东北境,至柬埔寨入海;一曰湄南河,发源云南之李仙、把边等河,至暹北境,会诸水成大河,至罗斛南境入海。海口曰竹屿,由竹屿入内港,至曼谷都城,长一千数百里,水深阔,容洋艘出入。大城皆在河滨,最著者曰堪地门⑤,曰万巴晒⑥,故都曰犹地亚⑦。在湄南河上游沿河一带,居民皆架屋水中。华人构瓦屋,楼阁相望。土人所居皆芦寮。湄南河势缓而散,田畴藉以肥沃。农时棹舟耕种,插秧毕而河水至,苗随水长,不烦薅溉,水退而稻熟矣。米极贱,每石值银三星,时载往粤东售卖。王衣文彩佛像,体贴飞

---

① 应为"炎服屏藩"。
② 应为王玄策。
③ 王凝,万历间云南地方官。
④ 流入中南半岛的河段,称湄公河。
⑤ 堪地门(Chantabon),又称庄他武里(Chantaburi),也称尖竹汶。
⑥ 万巴晒,今地待考。
⑦ 犹地亚,即阿瑜陀耶。

金。用金皿,乘象辇。以闽粤人为官属,理国政,掌财赋。俗崇佛,僧沿门募食,各施精饭,食余则饷鸟雀,兰若无举火者。又信番僧符咒,一种人善咒法,刀刃不能伤,名为共人,王养以为兵卫。犯事应刑,令番僧以咒解之,方与施刑。西界有大城曰马耳大万[1],南界有大城曰剌郡[2],皆著名富庶之地。国之西南有斜仔、六坤、宋卡、大哖、吉连丹、丁噶奴诸番部,皆其属国。所产者银、铅、锡、沉香、束香、降香、象牙、犀角、乌木、苏木、冰片、翠毛、牛角、鹿筋、藤席、佳纹席、藤黄、大枫子、豆蔻、海参、燕窝、海菜。其入贡由海道抵粤东。

(徐继畲:《瀛环志略》,卷一,道光庚戌年版,页29—30)

由七洲洋过昆仑,越真腊之烂泥尾,趋暹罗内海之西岸,地形如股,由西北伸于东南,中有连山如脊,山之东有小国七。极北界暹罗者曰斜仔(一作埰仔),南为六坤(一作六昆),再南为宋卡(一作宋脚),再南为大哖(一作大年,又作大呢),再南为吉连丹(一作吉兰丹),再南为丁噶奴(一作丁加罗),皆暹罗属国。极南为彭亨,俱由小真屿向西分往。自厦门往,水程一百五六十更不等。诸国皆巫来由番族,裸体挟刃,下围幅幔。所产者黄金、铅、锡、翠毛、燕窝、海参、藤条、冰片,惟丁噶奴胡椒最良。贸易难容多艘,闽广贩洋之船,时有至者。

(同上书,卷二,页22)

二十六、《澳门纪略》

暹罗在占城西南,顺风十昼夜可至,即隋唐赤土国,嗣分为罗斛、暹二国。其后罗斛强,并有暹地,称暹罗斛国。明代敕封,赐印曰:"暹罗国王之印",始称暹罗。嘉靖中,为邻国东蛮牛所制。其嗣王励志复仇,大破东蛮牛,移兵攻降真腊,遂霸诸国。及日本破朝鲜,暹罗请潜师直捣日本,牵其后。中枢石星议从之,两广总督萧彦持不可,乃已。崇祯十六年犹入贡,入国朝尤为恭顺。康熙十二年,封为暹罗国王。贡多驯象、金丝猴。……今其国中多闽人,计赀授官,尤多仕者,往往充使来贡云。

(印光任、张汝霖:《澳门纪略》,澳蕃编,广东高教出版社,1988年版,页47)

---

[1] 马耳大万,指缅甸的马达班(Martaban)。
[2] 剌郡,似指越南的西贡,今称胡志明市。

二十七、《癸巳类稿》

暹罗国踦长，居缅西南海。其人裹人脑骨，曰圣铁，骑象而战。缅于乾隆三十六年灭之。郑昭者，中国人也。乾隆四十三年，暹罗遗民愤缅无道，推昭为王，乘缅抗拒中国，人伤财尽之后，尽复旧封，又兴师占缅地，赘角牙为所困者屡矣。暹罗于四十六年入贡，陈其事，不使亦不止也。四十七年，郑昭子华嗣。华亦有武略，孟云不能支，乃东徙居蛮得。五十一年，郑华受封，孟云惧。五十三年，由木邦赍金叶表入贡，送杨重英等出。高宗哀怜之，谕暹罗罢兵。

嘉庆十年秋，暹罗贡表又言方出师攻缅得胜，皇帝颁敕谕解之。

（俞正燮：《癸巳类稿》，卷九，商务印书馆，1957年版，页344）

二十八、《八纮译史》

其王受封故留发，民俱剪发，白布缠首，腰束青巾，王加锦绮，出入乘象。无姓有名，为官者称偓某，为民者称奈某，最下者称隘某。王死以水银灌腹，馀有鸟葬、火葬、水葬，随死者所欲。小罪桎梏游市，大罪杀之河畔，浮尸水中。好诵梵经，字皆横书横读。敬富笑贫，长于水战。市用海贝与银，银必用王篆印。妇人多智，有事夫决于妻。妻与中国人交，夫以为荣，愈多愈喜。男阳镶嵌铙铃珠玉，富贵金银，贫用铜锡，行则琅琅有声。婚娶群僧迎送，婿至女家，僧取女红贴男额称利市。其贡香布，气候常热。

（陆次云：《八纮译史》，卷三，暹罗条，说库本，页10）

奇木花鬚类黑漆，匙筯以之饮食，油不玷污。
暹罗酒，万国中推为第一。

（同上书，卷三，页10）

二十九、《广阳杂记》

康熙二十三年七月，暹罗国由广东进贡方物三十九种，内象二只，孔雀八只，毙其二，六足龟八只，毙其三，余莫能知。

（刘献廷：《广阳杂记》，卷一，丛书集成初编本，页13）

三十、《海上纪略》

　　林道乾,明季海寇哨聚,在郑芝龙、刘香老前,图据闽粤不遂,又遍历琉球、吕宋、暹罗、东京、交趾诸国,无隙可乘,因过大昆仑(山名,在东京正南三十里,与暹罗海港相近),见其风景特异,欲留居之。其山最高且广,四面平壤沃土,五谷俱备,不种自生。中国果木无不有,百卉烂熳,四时皆春。但苦空山无人,道乾率舟师登山结茅,自谓海外扶馀,足以据土立国。奈龙出无时,风雨倏至,屋宇人民多为摄去,海舟又倾荡不可泊,意其下必蛟龙窟宅,不可居,始弃去。复之大年(国名,在暹罗西南),攻得之,今大年王是其裔也。

　　　　(郁永河:《海上纪略》,小方壶斋舆地丛钞,第九帙,页163)

三十一、《粤东市舶论》

　　粤东滨海之区,耕三渔七,幅员辽阔,民食不敷,岁仰广西桂、柳、梧、浔诸府之接济。适遇粤西年荒,诸郡闭粜,则粤东米价翔贵,小民粒食维艰。……乾隆八年,钦奉谕旨,凡遇外洋货物来闽粤等省贸易,带米一万石以上者,免其船货税银十分之五;带来五千石以上者,免其船货十分之三,其米听照市价公平发粜。……嘉庆十一年以后,续来米舶粤关止于免钞,饬令空船出口,由是夷商无利,来米顿稀。道光四年,总督阮公[1]奏请各国夷船专运洋米来粤,免其丈输船钞。所运米谷起贮洋行粜卖,原船载货出口,一体征收税课。得旨允行,一时黄埔、澳门岁增米十余万石。然各国来粤米船均系零星小贩,并非资本充裕之夷,每船载米三四千石及一二千石不等,虽有出口货物,其数不甚相悬。洋米之获利既微,出口之税银仍纳,所免进口钞税始犹抵关敷费,渐且不足取偿。缘阮公入告之时仅据县禀议行其乾隆八年宽免米船货税之恩旨,未经查明声叙,是以但能导夷船之岁至,而不能使洋米之积余,可以收效于会城,而未得推行于全省。本年早稻收获仅六成,秋冬亢旱,晚稻不足三成,来岁青黄不接之际,即查照乾隆、嘉庆年间成案,饬商采买洋米回粤粜卖。将来平其市价,非不可转歉为丰,而暂时举行,究非永久之善策,似应奏援乾隆八年旧例,嗣后凡遇外洋夷船并无别货携带,专运洋米来粤,五千石以上者,免其出口货税十分之三,一万石以上者,免

---

　　[1] 指两广总督阮元。

其出口货税十分之五。载米不过五千石以上者,仍照道光四年成案,止免进口钞规,不宽出口货税,以广皇仁而昭限制。如此则外洋米谷进口愈多,以关市之征资积贮之益然。

(萧令裕:《粤东市舶论》,录自《小方壶斋舆地丛钞》再补编,第九帙)

三十二、《国朝柔远记》

先是康熙中虽设海关,与大西洋互市,尚严南洋诸国商贩之禁。自安南外,并禁止内地人民往贩。比因粤、闽、浙各疆臣以弛禁奏请,是年(雍正七年)遂大开洋禁,凡南洋之广南港口、柬埔寨及西南之崃仔、六坤、大呢、……诸国咸来通市。

(王之春:《国朝柔远记》,卷四,光绪十七年广雅书局本,页12)

闻中华人民在外洋者,暹罗约二十余万,吕宋二三万,新加坡七八万,槟榔屿五六万,……公使既出,于是复分设领事。大事由公使核办,而贸易讼狱之事则领事扶持调护之。商之害,官为厘剔;商之利,官不与焉。而后中国之人,不致为外邦所凌虐,仍为中国之民,内地富商大贾知朝廷设官外洋,不弃我辈,皆可广为招徕,丝茶大宗亦可自为运销,而中国之权既自操,斯外国之利亦得分矣。

(同上书,卷一八,页13—14)

三十三、《随使法国记》

(同治十年三月二十八日)
按各国旗帜形式不一,今将见闻所及者记之。……
暹罗国旗,长方正红,中一白象。

(张德彝:《随使法国记》,岳麓书社,1985年版,页445)

(同治十年十一月二十九日)
当晚正坐间,来一华人,年约二旬,着草帽单衫。自云浙江人,林姓,其父曾任游击,因殁于阵,荫袭世职,现食半俸。家有老母幼弟,因去岁其友粮商某约游西贡,以便购粮。不意来此,久不得归,不知其母倚门瞻望,几经寒暑矣。又云,黄浦胡璇泽,现在此地为英国知县,曾为暹罗老王义子,今王封为义弟,赠有府第象旗①。其楼舍颇大,古董甚多,并许游人赏之。

又,十日前暹王②来此,英官排列鼓吹,接待甚厚,言其将去英、法一游。又言英曾攻暹罗,约王登船议事。王去,立于船边,立则左倒,蹲则右欹,问其船系铁造者否?英众曰"然"。"然则如此非铁船也,何如此之轻耶?"英乃令其去,而与之和。

(同上书,页553—554)

三十四、《伦敦与巴黎日记》

(光绪二年十一月十八日)

德在初③开载各国旗式,略录其大概。……暹罗旗,长方正红,中一白象。

(郭嵩焘:《伦敦与巴黎日记》,卷二,岳麓书社,1984年版,页63—65)

(光绪三年九月初三日)

上海新报载《七历纪时考》一则,言历正者七家。……六曰暹罗、缅甸诸国历,又有国年、佛年之分。国年以暹罗勇士非雅克勒时为元,至今为一千三百三十八年;佛年以佛涅槃之年为元,至今为二千四百二十一年。

(同上书,卷十二,页320)

三十五、《南行记》

(光绪七年八月)

初六日,六点二刻,泊锡兰岛之伽兰口④。午后登岸散闷,往观一梵寺。适有沙门自暹罗迎贝叶经至,设花供养,男女蚁至,向佛像顶礼,并

---

① 关于胡璇泽与暹王的关系,未见其他著作述及。此处所载,是否与陈金钟的事迹相混,有待考证。
② 这位暹王,为拉玛五世,当年他经新加坡到英属印度考察。这是作者途经新加坡时写下的日记。
③ 郭嵩焘在日记中称使团的翻译官张德彝为德在初。张德彝,本名德明,字在初。
④ 伽兰口,指斯里兰卡的科伦坡。

环一窣堵坡罗拜,作祈福状。观其贝叶,视蒲叶加厚剪成笏形,叠叶成书,旁饰以金,中书古印度文,藏诸盒内。

(马建忠:《南行记》,
录自《小方壶斋舆地丛钞》,再补编,第十帙)

三十六、《　园文录外编》

顾今者,西土每变愈上,东方各国亦何为不一变哉？如越南、暹罗、缅甸皆思奋发有为,特惜为英、法之所制,国中亦无非常之人为之区画。至日本则骎骎乎日盛矣,一切举动,几有雄视欧洲之势,将来正未可量。如图富强之术,而使东西之同轨合辙者,要不外乎此。①

(王韬:《弢园文录外编》,卷五,亚洲半属欧人,
中华书局,1959年版,页135—136)

三十七、《郑观应集》

曩者,法、越多事,彭刚直公檄委潜赴越南、金边、暹罗、新加坡等处,侦探敌情,返粤后上书当道,略谓:法兰西侵占越南,其国危亡,已同朝露。然越南亡而暹罗、缅甸未即亡也。现在缅王暴虐,昆弟失和,英萌废立之心,缅不自安,转倚法援,为英所忌,恐愈速其亡。向闻暹、缅二国素称恭顺,附近各岛,如英、法、和、西等国之属土,华民流寓其间者不下数百万人。亟宜简派公使驻扎南洋,所有南洋各国,如越南、缅甸、暹罗、小吕宋及英、法各国属土之华民悉归管辖。即选各埠殷商,或已举为甲必丹②中外信服者为领事,联络声气,力求自强。仍仿西人在华训练民团,以资保护,令各埠商民捐资购置一、二兵船,公使乘之出巡各埠,庶信息灵通,邦交益固。声威既壮,藩属不敢有外向之心。以兵卫民,即以民养兵,一举两得,无逾于此。

(夏东元编:《郑观应集》,上册,
上海人民出版社,1982年版,页391—392)

---

① 1874年,王韬在香港创办《循环时报》,宣传变法自强。《弢园文录外编》为王韬自编的文集,1882年在港排印,收入文集的,多是在香港写的宣传变法自强的文章。

② 甲必丹,为葡语Capito,荷语Kapitein,英语Captain的音译,原义船长、陆军上尉和海军上校。在东南亚华人集中的地方,殖民者任命某些华人为"甲必丹",由他们去管理华人,是殖民者以华治华的一种策略。

光绪九年夏,法兰西欲兼并越南海防,因借端与越南开仗。我国念越为藩服,力与理论,不合,遂出师助越,法国亦使兵船扰我海疆。朝命兵部尚书彭玉麟宫保督办广东海防,奏调官应回粤差遣委用。时官应在沪,总办轮船、电报、织布三局,兼办神机营,採办军械及侦探军情。……十年正月望抵粤①,奉宫保扎委会办湘军营务处,旋奉督、抚宪张、倪②扎委赴香港与英兵总理论提炮事。……五月,宫保欲谋袭法属西贡,绝其储粮之区。密委官应潜住西贡等处察看地势民情,并委问暹罗国王,有无借兵助法。

(郑官应:《南游日记》,见同上书,上册,页946)

(光绪十年五月二十日)

余思法人如此居心叵测,尝闻其私议,欲先取安南、金边,蚕食暹罗、缅甸、滇、粤等处,成一外府,与英之印度争雄海外。惟恐中国兵多难胜,拟以水师扰我各口,分我兵力,即踞台、琼为取煤驻足之处。

(同上书,上册,页948)

(五月二十六日)

午正,抵新加坡。登岸入招商局,晤总办陈呟音(名金钟,伊祖福建漳州人,居此地三世,现为暹罗领事)。叙寒暄毕,余以来意告,呟音怃然曰:"越南亡矣,中国败矣,和议成矣,吾何知焉,吾何知焉。"余曰:"君不必为是悻悻之言也。君虽为暹罗之官,实中国之人也。中国受辱於西人,平心论之,君独不受辱乎?官应破浪乘风,不远万里而来,以为君识大体,力任时艰。今法人逞其强悍,据安南,灭金边;英人肆其阴鸷,踞印度,夺缅甸,并侵海疆南洋各岛。此皆假通商、传教为名,实则心怀叵测。越南已受其愚,须早合从以御暴。若暹罗犹迟疑瞻顾,不联缅甸以事中国,将来必蹈越南复辙,不为英乱,定为法灭。况中国现已励精图治,数年来,练水师,制铁舰,王师英武,何难远近交攻,四讨不庭?且计暹罗之罪有三:暹本中国藩属,多年不贡,其罪一;别国之人在暹不收身税,专收华商之税,其罪二;昔年暹王郑昭系中国人,已受中国敕封。今暹王之祖系其相臣,郑王误服蛊毒,不能保护,反弑以自立,其罪三。似此藐视中国,理宜兴师问罪。按照公法,有谁敢保护乎?君既食其

---

① 郑观应抵粤确切日期为光绪十年二月十八日。——原编者注
② 指总督张树声,巡抚倪文蔚。

禄,而不分其忧,乃如是悻悻以拒人哉!且君不有函以相召乎?曾几何时而前言之顿弃也。"呔音见余色厉,乃改容谢曰:"吾非不知尊中国也,但恨君民之气不达耳,富强之策不兴耳。如必欲图之,则吾有术也。然必蓄三年之艾,而后可起沉疴,且必有破格之酬而后可共大事。"余曰:"其术若何?"曰:"即与暹罗通商而已。诚能通商,则奇谋秘计可得而措矣。"余曰:"愿闻其详。"因屏左右,属耳约数百言,余心乃沛然莫御矣。余曰:"然则余其暹罗一行乎?"曰:"可。但不可以是告暹王也。告,则吾计破矣。明日有轮,可即行乎?"余曰:"君速具书为官应先达来意,余即往矣。"呔音即援笔草奏一通,余亦料理行装,嘱宇弥将一切情形禀达宫保。子正就寝,汗出不息。

(同上书,上册,页952—953)

(闰五月初二日)

寅正,潮涨,船遂鼓轮而进,江道纡曲,约四十余里,至孟角①,是为暹京。舟抵岸,振成栈郑庆裕以车马来迎,余即寓其栈。行李必须税关验看方准搬运。是处沿江两岸地势平衍低洼,居民多於水滨架屋,铺板为地,搭寮为栅,屋小如舟。曾阅《瀛环志略》所载,湄南河势缓而散,……今之所见,殆不谬也。

(同上书,上册,页954)

(初三日)

晨起,遍观振成火砻机器厂,颇宏敞。询庆裕:"资本几何?每日出若干米?"庆裕曰:"资本十万元,每日可出白熟米二千石。"工省而利多,足见机器之利溥矣。查暹罗火砻机器厂计有六处,出米之盛可知矣。

(同上书,上册,页955)

(初四日)

清检礼物分送暹罗国君臣。午正,邀庆裕往谒暹国王弟利云王沙(现官钦马门军机中书,兼管度支稽查银库事务)。延至申正始出,彼此握手为礼,以通事传话。余曰:"本道来此,奉我国兵部尚书彭命,问安贵王。现因法兰西并灭越南,我国恶其狼贪,出师伸讨。外间风闻有贵国助法攻越之说,其传言之误乎?抑确有是事乎?谨此致问。"彼复曰:

———

① 孟角,今译作曼谷。

"助法攻越,敝国实无此心。今春二月,法领事曾向敝国言,欲借兵偕往东京①助战,敝主已力邰之。其领事已复书法廷,上国可以无虑"。余曰:"贵国不助法人,本道佩甚。然贵国臣贡我朝,世已二百年,世守恭顺,中外皆知。今既不助法以攻越,其复修贡职乎?抑助中国以图法乎?"彼复云:"贡职不修,敝国无罪。在昔二十八年,敝国遣使修贡,入广东境,途中遇盗,劫掠我贡珍,杀伤我贡使,翻译国书又多删改,敝国之意无以上达伸诉。自是以来,不敢效贡,上国无得以此相责难。惟助中图法,敝国甚愿。然必须订立条约,方能措手。拟派敝领事陈金钟赴粤东、天津,与彭宫保、李傅相商议条约,上国其许我乎?"余曰:"贵国果能知几,我大臣必能体谅。"各相慰劳而别。

(同上书,上册,页955)

(初五日)

邀庆裕往谒总管华人事务刘乾兴(原籍广东嘉应州),示以来暹之意。言毕,邀乾兴同谒外部尚书公必达,递与陈金钟书,并请贵国君臣书复,以便我国施行。彼复云:"即刻不能定约,须禀敝君方可定见,君在此候数日,何如?否则我复书於金钟亦可也。"忽传英领事至,余不便多言,起身告别。

晚间庆裕邀宴,同席者吴明峰、梁松岩、蔡芝岩、吴镜轩、陈子华诸君,皆潮州人商於暹者。酒酣,俱以暹罗苛待华人相告,欲请中朝设立领事。余曰:"诸君既不堪其虐,可具禀来,俟回粤东,将请宫保代奏也。"

(初六日)

辰刻,刘乾兴来回拜。余以华事两端相询,所答皆非所问。意趣既不相投,衣冠悉更暹制。乾兴,广东嘉应州人,其父贸易暹罗致厚资,遂入暹籍。现官丕也②,总理华务。其二子亦居三、四品官,其女选为王妃,亦客民之桀黠者。语以华事,漠不关心,亦大可怪也。中国殷商在暹罗多承充巴士,巴士亦即包揽货捐之名。如富而有才者,愿改暹装,娶暹女为室,暹王方准予三品职官。闻昔年有福建富商黄多,改暹装,竟升至首相。今其孙亦官户部尚书,不自知其本来姓氏、籍贯矣。因暹

---

① 此处东京指越南北部地区。
② 丕也,现译为披耶。

俗有名无姓云。

（同上书，上册，页955）

（初七日）

　　吕成①到，谈暹事甚久。午初，乾兴以车马来迎，入佛寺观剧。皆番女所演，甚不耐观。佛寺左为戏台，右为经院，番僧诵经，约三四十人。询其故，曰："今有王宗室已故，停柩在此。一面请僧诵经，度亡魂升天；一面以番女演戏，使亡魂行乐。三昼夜后即将其柩焚化，拾其骨烬为立浮图"云。未初返寓。

（同上书，上册，页956—957）

（初八日）

　　晨起，倚楼见男女浴於河滨。盖南洋工人早晚必须沐浴，不然即病也。郑祥盛过谈暹事甚久，并云暹城之西有高塔，可以眺远，须有执照，方准登临，遂托领照，同往一游，以舒眼界。祥盛系公必达随员，五品职衔，开有机器踞木厂。凡富商大贾、暹相与之声气相通，备悉商情利弊也。申刻，赴王晋卿花园粤商公宴，同席者叶道昭、吕成、钟福如、龚佐良、陈子坡、冯勋南等。戌刻，席散回寓。

（同上书，上册，页957）

（初九日）

　　未初，福州郑长盛来见。余问暹地华人计有多少，郑曰："华人在暹罗纳身税者约六十万，不纳身税者约百二十万，其本国民亦不过二百万，华民约略与之相等。"因进言曰："华民如此其多，按照公法，定当设立领事保护华民。现在各国或数千人，或数十百人，无不设立领事，独我朝不设此官，是以华民受其苛虐，无处申诉，此亦中朝之缺事也。请为我民陈之。"余闻之，恻然曰："尔不必多忧，俟回广东，将力请宫保出奏也。"

　　暹罗地图甚少，数觅不得，因托振成洋匠美士坚代觅。是晚问伊领事借来暹图一幅，订以明日归赵，遂取纸笔照式模出，睡时已丑正矣。

（同上书，上册，页957—958）

---

① 据作者介绍，"吕成自少贸易南洋，往来暹越，豪侠仗义，徒党甚众，曾在西贡屡与法人为难，曾为陈说恢复之计，井井有条，余深契之，欲收为国家之用，厚赠资斧，使深入暹越扼要之地，探勘情形。"

(初十日)

郑庆裕、刘乾兴邀游王城。其中屋宇率矮小,仅容出入。朝外有兵房数处,循此前进是第一重门。左为刑部署,右为兵部署,养象所、铸银所均在。门高不过七尺。两署侧多兵房,兵约千人,悉效西装。乾兴引入博物院,所设山珍海错,古今器具,物类新加坡而不及香港之繁备。又导入佛寺,门外金塔林立,阶下列石人数十,肖各国官状,墙上悉绘古今战图。循阶上进佛殿,以铜砖甃地,顶上佛一躯,系水晶所镂。下二躯及左右佛俱金铸。凡窗壁墙柱,莫不以黄金涂饰。彼国富丽之观,於斯为极。由此而进,为第二重门,即朝房宫殿。非有宣召,不得擅入。余至此返。随适金和利机器砻米栈大宴,主人甚多,潮商公请也。子初归寓。

(同上书,上册,页958)

(十一日)

辰刻,刘乾兴、林遂昌(系乾兴副司)具帖请是晚饮宴。戌初往,肴核仿佛潮州风味。乾兴所居,楼房高敞,装饰辉煌,铺设台椅器具,皆仿西式。所用槟榔盒、茶壶、茶杯皆金制,盖暹俗凡三品以上官方许用也。暹王因地方荒寂,故广招富商入籍,以冀遍造屋宇,振兴商务,与其国计民生均有利益也。闻乾兴有轮船两艘,运货往来香港、石叻等处,并设米砻机器云。子初,返寓就寝,忽呕吐大作,兼腹痛,梦遗,辗转思之,余本无病,骤然得此,岂席间中蛊耶!

(同上书,上册,页958)

(十二日)

晨兴,强起作书,辞乾兴高塔之游,并谢公必达宴,皆昨夕所约也。辰刻,呕吐又作,精神困倦。刘乾兴、郑源盛来,以病不得见。庆裕见余病势,相谓曰:"莫是昨晚吃了降头(华人谓之蛊毒),请以符水化解何如。"余曰:"余来异乡,不悉土俗。如能起病,不须服药,任君为之。"少顷,邀一僧来,嘱随手摘一树叶,递彼相看。僧令盛清水一盆,对水画符诵咒,引余坐椅上,即将符水从头淋下,口中喃喃不绝。淋后顿觉身心爽然,不料符水之力有若是之效验也。明日欲返新加坡,随托庆裕觅舟。暹官闻余行,即晚利云王云沙致送程仪,多燕窝、象牙、豆蔻。公必达送燕窝、胡椒、砂仁。刘乾兴亦送胡椒、砂仁、黄蜡。

考乾隆五十六年，暹罗君为缅甸所杀，酋长郑明①（原籍潮州人）倡议起兵，恢复境土。寻前王子孙不得，暹人遂推郑明为王，在位十五年，一日误服番僧符水，忽发狂病，杀戮宫水毒责和尚，国人恶之。一酋官丕也，名放山②，将郑明囚禁，缢死於纲义劳，意欲自立。今暹王之祖，时拥重兵攻剿缅甸③，闻此逆耗，遂反兵孟角，诛放山，遂统有暹国。传三世，至光绪十年，共历一百零三载。又云郑明为今暹王祖所弑，二者未知孰是。

暹俗：凡王家之女不嫁外人，率以兄弟伯叔自相配耦。今暹王之后，乃其胞妹。二王之妃，乃其侄女。上有好者，下必有甚焉。窃不料其宜室宜家之好，竟纳同胞同气之亲，真谚所云，便宜不落外方矣。闻之不禁笑倒。

暹之博戏，有字花赌，约略与粤东白鸽票相似。其风甚盛，每年约规费九十五石，每石计八千钉，每钉四钱，合华银三十万零四千两。每日有两次，每次入注者可收七千钉或一万钉之多。

暹罗官分五品，一品官名丕也，二品官名怕，三品官名联、四器官名门，五品官名坤。其无品者，皆小官。国分东、西、北三大部。首相名札格里，俸五十勋，管北部（现为王叔纣花麻虾麻拉署理），如上河④、老仔⑤、八柳⑥、大城⑦、吧垄⑧、比沙绿⑨地方，共八十郡，约与缅甸、老挝相近。内相名加刺封，俸二十勋，管西部，如六坤、宋仔⑩、炸本⑪、马暖⑫地方，共五十二郡，约与槟榔屿、柔佛相近。外相名公必达，俸二十五勋，管东部，如针狄门⑬、蛮婆塞、东塞、北鸟⑭地方，共三十二郡，约与越南、金边相近。南面濒海，无属，故不设官，此全国规模之大略也。

---

① 清代载籍，多称为郑昭。
② 丕也放山，即暹罗史载所载之披耶汕。杀害郑信的是昭披耶却克里，不是披耶汕。
③ 昭披耶却克里当时率军攻打柬埔寨，不是攻打缅甸。
④ 上河，疑是素可泰（Sukhothai）。
⑤ 老仔，指今泰国黎府（Loei）。
⑥ 八柳，指今泰国拍府（Phrae）。
⑦ 大城，即阿瑜陀耶城。
⑧ 吧垄，指今泰国的那空帕浓府（Nakhon Phanom）。
⑨ 比沙绿，即今彭世洛府（Phisanurok）。
⑩ 宋仔，即今宋卡府（Songkhla）。
⑪ 炸本，即今春蓬府（Chumphon）。
⑫ 马暖，即今博他仑府（Phatthalumg）。
⑬ 针狄门，即今尖竹汶府（Chantabon）。
⑭ 蛮婆塞、东塞、今地待考。北鸟，指今泰国差春骚府（Chachoengsao），华侨称它为北柳。

查暹罗丁方通里二十五万迈①,平原四分之一,夏天多水,地土肥美,物产丰饶,层峦耸翠,花木时春,每年出口米三百三十余万担,估值银五百余万。又山产柚木,质具巨而坚,堪供造船及梁栋之选。运售东西两洋,销路颇广。并各木料,每年出口约值七十余万元。胡椒出口约二万余担,黄牛、水牛出口约五千余头,鱼干出口约值三十余万元,馀如燕窝、犀角、象牙、槟榔、椰子、黄腊、豆蔻、药材等物,难以悉计。物产日增,富强可致也。

暹罗天气,昼热夜凉,数日一雨,民多赤脚露身,惟腰围幅布,从脚膝裹紧,反束於后。男女皆截发,官束装,衣仿西式,裤样如民,鬼帽鬼鞋,不伦不类。平辈见,礼如西人。若卑辈见尊长,跪答或蹲伏而过,不敢与尊长抗行平立云。

孟角邻近地方,华人约六十余万人。迤西唐卞、西郎、孟邻、胡椒党②等处约二十余万人,迤东针狄门、孟去瑞③、北鸟、坤端、瑞西④等埠,约六七万人。南洋大横、小横等处约数千人,合计在百万外。

暹罗崇奉佛教,梵宇金塔,城市乡村无处不设。自王侯以至士庶,必以曾披剃为僧者方称为上等人。国俗:子午年二十一岁时即入寺为僧,或数年,或数月,然后返俗娶妻。如二十岁前已娶妻者,亦须为僧数月。其入寺之日,乘以龙椅,鼓吹前导,往来戚友,俱以重礼相遗,偕送入寺,就方丈落发。方丈问曰:"尔为僧,尔父母兄弟妻子愿否?"曰愿然后为之剃度。是日大具筵席,戚友俱欢呼畅饮,恍如中华夺得科甲之荣。落发后三日,黎明即起,沿门托钵。施舍之家,无不预储精饭以待僧领去。施者必合掌为礼,名曰敬佛。其贫寒子弟,无力为此者,则於七八岁时送入寺中,伺候方丈,兼习贝叶经典籍以读书。其还俗与否,听其自便。惟暹人性懒,和尚日多,国弱民贫,职是故欤?

暹罗与金边连界之处,大鱼湖侧有小部落号吴歌,饮食衣服悉同暹俗,惟元旦日父子兄弟仍说滇话。询其所自,则云吴逆世璠败后,部曲流亡於此,故度岁犹效滇音,示不忘本也。其生齿不甚繁衍,至今户口不过二三千云。

暹罗各货税厘,悉招在暹置有产业或有船往来暹地之华商承办,给以职衔,准其设立监房,惩治偷漏。其税之最重者,烟、酒二项。上年因

---

① 迈,mile,英里。
② 唐卞、西郎、孟邻、胡椒党,今地待考。
③ 孟去瑞,指今泰国春武里(Chonburi)华侨称它为"万佛岁"。
④ 坤端,瑞西,今地待考。

此而致富者均为暹官,近来饷重,承办者有亏至数十万,乃阴求相府设法弥缝之。按此法利少害多,如关税悉归西人承办,则将有印度公班衙之害,举国相授矣。

暹民凡归某部所辖者,於手腕上刺字以别之。每年须轮流到该部当差三月,或当兵,或服役不等。如出外佣工贸易者,即量其入息,酌捐免役之费。

暹罗在越南之西,向为中国藩属,与缅甸接界。数十年前,国本贫弱,较诸越南尤甚。自泰西通商中国之后,复在东路南洋各岛渐次开辟,暹王急与各国订约通商,又遣使臣往泰西修聘,欲联邦交,藉为援系。今王尤笃好西法,亲驾兵船巡视南洋叻屿、东印度诸处,以扩识见,并遣其弟、贵戚就学欧洲,有欲图自强之意。惟其赋性柔懦,难於振作,拘守旧制,位分过严,且王亲贵戚弄权纳贿,市恩私门,是以虽改从前之习,尚未见富强之效也。

（同上书,上册,页959—962）

柳①,老挝今名。柳国古名南掌,地方延长约二千余里,部分数种,有乌肚、红肚、白肚之异。乌肚者,以针刺肚,用墨涂之;白肚者,以针刺肚,用粉涂之;红肚者,以针刺肚,用朱涂之。红肚臣贡於暹,白肚为暹所并,乌肚分两部,一属缅,一属暹,总其数亦近百万人。……属暹之乌肚,地名长买,为柳番大都会,居暹北境,直接云南。去岁英吉利与暹罗立约,於此通商,距云境不过三四日。此外有长东,长生等处,皆乌肚地方。其红肚,白肚两部,则华人罕到,莫悉其名矣。

（同上书,上册,页962）

暹罗都城曰孟角②,坐轮船一日至针狄门,由针狄门坐牛车三日夜至八度茫③,由八度茫坐牛车四日夜至瓣南边④,是为金边都城。

暹罗南洋中所属之部直接新加坡。其部名有甲力⑤,有六坤。法人前与暹约,从甲力开通土腰⑥,以便轮船驶行西贡。近又改议,以甲力土

---

① 柳,今译为寮。
② 孟角,即曼谷。
③ 八渡茫,即今柬埔寨的马德望(Battambang)。
④ 瓣南边,今译作百囊奔。
⑤ 甲力,即马来半岛的克拉(Kra)地峡。
⑥ 甲力土腰,即克拉地峡,法国企图在此开运河,与英国控制下的马六甲海峡相抗衡。

腰太宽，必多经费，不如六坤地形仄狭，易於开通。暹罗又允其议，但不知何时兴工，果尔则法往来西贡、东京较由新加坡又近四五日路程。此虽不及苏彝士河擅地中海、红海之要，而南洋有埠，不买英煤，其利益正复不少矣。

（同上书，上册，页962—963）

（十三日）

辰刻，邀庆裕适影相馆，购暹王兄弟后妃及王城宫殿各图共二十余纸。归来整束行李，适吕成来送行，余嘱以尔由陆路往越南，会商金边二王、越南旧相如何，并可将所历途径逐一注明，到粤时详细告我。吕成允诺，余遂於午刻登舟。舟名"沙理王"，未刻开行。舟中一法人，询其所来，系西贡管理电线者。先是西至金边，法人设有电线。金边至暹罗，电线则暹人所设。此来盖为修理两国电线，彼此藉以通报云。

（同上书，上册，页963）

（二十九日）

辰到，抵新加坡。属宇弥书信四通，……一致暹罗亲王利云王沙，询其能否相助剿法。

（同上书，上册，页971）

（六月初十日）

酉初抵西贡，进宏泰昌。张沃生属耳曰："昨日陈金钟有函来，不知何事，君自启观之。"……余启陈函视之，则欲我返新加坡，有至要事相商云云。余闻法事既如此横逆，陈函又似有转机，只得再往新加坡，宇弥亦力为怂恿。

（同上书，上册，页975—976）

（十三日）

午正，抵坡。仍寓招商局，与金钟细谈。金钟曰如此如此可以设施，余即以电音禀宫保。电费虽昂，而神速无比，军务倥偬之时，万勿能废此也。

（同上书，上册，页976）

(十六日)

晨起,嘱友觅船回粤。致函金钟,邀其同往。金钟复云:"中法既已开仗,暹罗通商之事,南北洋大臣必无暇谋及,俟两国和议成后,再行来华。至相商之事,君以诚心相委,自必以诚心相报。"余深感之,惟十三日电报宫保,拟邀金钟同来,今既从缓图,恐劳宫保悬望。又前电传之意,语未详悉,不得不再禀报,使宫保早为筹防,因又以二十三字由电局飞达粤省。适仲哲来告,现有英公司船过本坡,专往香港,可速整束行李。余心绪茫茫,百端交集,各友处均不辞行,申刻迳行登舟,酉刻启轮。

(同上书,上册,页980)

暹罗

万里风涛势拍天,飞轮喜到湄江前。
激来断岸潮千尺,光涌平芜月一弦。
茅屋低依高树下,渔舟横傍小河边。
佛堂古塔无遮会,晓起斋僧结善缘。

(同上书,上册,页1007)

禀醇亲王为拟收复南洋藩属各岛华侨以固边围事(摘录)

官应于二月抵粤,办理营务处,旋奉檄委赴南洋侦探敌情,遂遍历越南之西贡、金边、暹罗、新加坡等处,踪迹所到,耳目所周,窃见各国狡黠之情实有可畏者。南服藩国有三:曰越南、曰暹罗、曰缅甸。三国疆土纵横迤逦约一万六七千里,东南尽海,西极印度、孟加拉,北与我广东、广西、云南三省襟带相依,绝无港汊之隔。我朝定鼎以来,奉朔称藩,未敢携贰。迨道光季年海疆事起,泰西各国竟以兵舰侵扰南洋,如缅属之仰江[1]、阿拉干[2]、麻塔班[3]、梯泥色领[4]等处,暹属之槟榔屿,巫来由之新加坡,南掌之长买,越属之南圻、北圻、金边等处,不为英侵即为法踞。数十年来,三国精华繁盛之区皆为他人所割,此迹之已形者也。若迹之未形者,云南、西藏、四川五金矿利实甲寰区,英、法、俄觊觎已非

---

[1] 仰江,今之仰光。
[2] 阿拉干,是缅甸境内的若开邦。
[3] 麻塔班,即今缅甸境内的莫塔马,又称马达班。
[4] 梯泥色领,又译作丹那沙林,即今缅甸的德林达伊省。

一日，特因三国蔽障其外未能径达耳。今或践其名都，或占其要隘，惟意所欲，竟肆鲸吞。……法兰西侵轶越南，其国存亡已同朝露。然越南亡，而缅、暹未即亡也。缅、暹未亡则其土地人民犹属二国，彼低首下心与各国通好者，亦非心折于西人也。特以势成孤立，外乏强援，不得不缔结诸邦偷安旦夕耳。……今之暹藩颇称明达，忿欧洲之背戾，思列圣之深仁，拟于法事平定后，遣巡视郡侯陈金钟来华，恳请通商修睦。顺其情而曲导之，自易措置。若拘泥成案，仍拒与通，彼更依附他邦，协以要我，则既损国体又失远人，似更非计。官应查暹罗国都孟角地方华民寓居者，约六七十万，西则唐卡、西郎、胡椒党等数处约二十万，东则针狄门、孟去瑞、坤西等处约十余万，南则大模、小模等处约八九千，统计已盈百万。吾民流寓，每被侵陵，莫不切齿痛心，思设领事以资保护。……况各岛寄寓华民，……棋布星罗环居散处，今惟无所禀命乃至受辖于西人。若分遣领事、参赞等官，自为保护，无事则抚循教诲摩义渐仁，有事则激励振兴云合响应，因之而阜通货贿开美利于东南，教习艺工扩聪明于机器，因利乘便，巩我皇图，虽觉虑始之难，实为当务之急。

（同上书，下册，上海人民出版社，
1988 年版，页 437—440）

禀督办粤防大臣彭宫保为陈法属各埠暹罗现在情形（摘录）

  暹罗，闽粤人寓居者数逾百万，每一人至其国须捐洋银三元三角，越三年又捐一次，亦有官于其国者二十余人，其待华人与土民无异。惟其国势甚弱，人多吸食洋烟，兵仅数千，炮船三号，小轮船数号，武备全弛。各国久与通商，英尤辑睦。然法人觊觎亦久，今秋占其属国高棉，在暹罗之东越南之西，番名金坡寨，为暹至越所必经。近各报纸又言法人现正招募暹罗、缅甸亚丁人为兵，其为法人所制固已日甚一日。今或不责其失贡之愆，晓以自强之道，阴为疏间，自是上策。在我无可凭借使之服从，但冀其稍自振作不敢助虐，亦聊固吾圉耳。

（同上书，下册，页 445—446）

禀报督办粤防大臣彭宫保在西贡金边
暹罗等处察探法人情形

  窃官应于五月十八日叩别，即偕文案罗宇弥、勇弁吕成，坐保安轮船赴港，过法公司轮船，二十日午刻开行，二十三日卯刻抵西贡，邀同罗文案登岸，寓中国轮船招商局。行当查探法人举动，随时用暗号禀报，并嘱吕成与其友分往各处，暗将该埠共有炮台几座？是何新式？每座有炮若干？是何等炮？能打多少远？有兵若干？药房在何处？并将由西贡至金边、由金边至暹罗水陆炮台、兵房均请逐一绘图贴说，以备查考。详询招商局总办张沃生此处风土民情，越人能知合群爱国否。……二十五早坐法公司轮船赴新加坡，二十七日抵埠，邀同罗文案寓中国轮船招商局。该局总办即暹罗领事陈金钟，相见即云："公来何迟也？越南亡矣，中国败矣，和议成矣，大局如斯，无能为矣！"官应对曰："君不必为是悻悻言也。君虽为暹罗之官，实中国之人也。中国受辱于西人，平心论之，君独不受辱乎？官应不远数千里而来，以为君识大体，力任时艰，将有利于吾国。今法逞其强悍，据安南，灭金边；英人肆其阴鸷，踞印度，夺缅甸，蚕食海疆南洋各岛，此皆假通商、传教为名，实则心怀叵测。越南已受其愚，须早合从以御暴。若暹罗犹思附从助纣为虐，不急联缅甸以事中国，将来必蹈越南、波兰复辙，不为英吞，定为法灭。况中国已联日本，励精图治，数年来练水师，制铁船，王师英武，何难远交近攻，四讨不庭。且计暹罗之罪有四：暹罗本中国藩属，不贡，其罪一；别国之人在暹不收身税，专收华商身税，其罪二；昔年暹王郑昭系中国人，已受中国册封，今暹王之祖，系其相臣。郑王误服蛊毒不能救护，反弑以自立，其罪三；近闻阴助法人以抗中国，其罪四。似此藐视中国，理宜事后兴师问罪，按照公法，谁复为之偏护？君既食其禄，而不分其忧，乃如是悻悻之拒人哉！且君不有函以相召乎？曾几何时，而前言之顿弃也。"金钟见官应色厉，乃改容谢曰："吾非不知尊中国，爱中国也，但恨君民之气不达，富强之策不兴。自是尊大，厚己薄人。如欲图之，则吾有术也。然必蓄三年之艾而后可起沉疴，且必有破格之酬方得有国土之报。先筹巨款，推诚布公，而后可共大事。"官应问其术若何，金钟曰："亟与暹罗通商而已。诚能通商，则奇谋秘计可得而措矣。"官应愿闻其详，因屏左右，属耳数百言，沛然莫御，惟不能形诸禀牍，容当面陈。金钟嘱不可以其言即告暹王，否则吾计破矣。次早出其所上摄政王利云王沙及相国公必达、总理华人事务三品官刘乾兴各函牍，罗文案畏难不敢同行。

五月二十七日，一主一仆坐轮船赴暹罗，沿途狂风骤雨，浪涌入舱，箱笼尽行翻倒，舟行如簸，搭客无不大呕，频闻叫喊之声。询知为机器已坏，停轮修整，数时始复开行。初二日抵孟角，是为暹京。振成栈郑庆裕乘马车来迎，官应入寓其栈。次早将礼物分送暹王，订期往谒。摄政王利云王沙握手为礼，官应曰："本道来此，奉我国督办粤防大臣、兵部尚书彭宫保之命，问贵国好。现因法兰西欲灭越南，我国恶其狼贪，出师伸讨。外间谣传有贵国助法攻越之说,其传言之误乎？抑确有其事乎？谨此致问,以释厥疑。"王答曰:"助法攻越,敝国实无此心。今春二月,法领事曾向敝国主言欲借兵往东京助战,敝国主已力却之,其领事已复书法庭,上国可以无虑,勿为谣言所疑。"官应云:"贵国不助法人,本道钦佩。然贵国臣贡我朝已二百年,世守恭顺,中外皆知。今既不助法以攻越,其复修职贡乎？抑助中国以图法乎？"王答:"贡职不修,敝国无罪。在昔二十八年,敝国遣使修贡,入广东境,途中遇盗,劫掠我贡珍物,杀伤我贡使臣,翻译国书又多删改,敝国之意无以上伸,自是以来,不敢效贡,上国无得以此相责。惟合从以拒外,敝国甚愿。然必须订立条约,彼此相通方能措手。拟派领事金钟陈君赴天津,谒北洋通商大臣李傅相商议,未悉上国其许我乎？"官应曰:"贵国固能知几,我国大臣必能体谅。俟回国禀商如何再复。"于是,慰劳而别。次日,偕总理华人事务官刘乾兴同谒尚书公必达。略道数语,即与金钟所致之信。公必达阅毕云:"俟奏请敝国主会商后方可定见,请候数日。如不能久候,我即函复陈金钟转致可也。"握手作别。

连日游览王宫、各处炮台、兵厂、佛寺,赴各处宴会。自公必达宴会返寓吐呕,精神陡惫。庆裕见官应病势似受蛊毒,即延僧来治。盛清水一盆,画符诵咒,将水自头淋下,呕出肉筋,顿觉身心爽快,方知蛊毒之说不虚也。

查华人在暹罗纳身税者约六十万,不纳身税者约有一百二十万,其本国民亦不过二百万。我华民如此其多,按照公法当设领事保护。况各国商民虽百数十人,无不设立领事,独我国未有。华侨之受苛虐,无处可伸,亦大憾事。祈我宫保奏请朝庭,仿照朝鲜,即与暹罗立约通商,速立领事,不但与国体有关,即华侨在暹感垂不朽矣。

各商代觅暹罗、金边地图不得,遂借英、法领事府所藏之图,即晚分人摹绘,次日送归。拟少候数日返港。前发电禀计已上达钧鉴。此行虽不能生致楼兰,幸不辱命。外人将来知之,不敢谓秦无人。所有往返旅费,一切用款,皆官应自出,不支公款,不用报销,早经禀明在案矣。

（同上书,下册,页448—451）

禀北洋通商大臣李傅相条陈历游南洋各岛要略（摘录）

据在暹罗作官之华人言,该国虽久失贡期,以从前贡使在海被劫[①],

---

① 暹罗贡使是在从北京南下广东途中在河南陆路被劫,不是海路被劫。

地方官不为究办，故视为畏途，其实非无内向之心，倘中国船到彼，必加意护持等语。查其埠孟角到香港之米甚多，亦其他货客位可以揽载，然市旺都在春夏，正局船运漕之时，恐难分拨。至彼中商官华人，颇有才望，足称为其王所信重者，职道偏为通谒，颇多投契，将来如有经营，自当加意联络。

（同上书，下册，页579）

禀两广督宪张香帅为陈南洋各岛华侨苦况（摘录）

窃见南洋诸岛棋布星罗，……闽粤之人涉风波，历险阻，二百年来往者日众，多有购田园，长子孙，建屋宇以为乐土。其散于暹罗者约百万，……顾其人虽日久不归，而犹奉中华正朔，服本朝衣冠，守礼乐制度，言语文字不改其常，虽居遐荒，眷怀故国，原有向化之诚。

然欲罗致人心，莫如我朝设立领事，藉以约束而维持之。……窃谓亟宜仿照西例，凡有华侨之埠均设立领事保护，维持商务。倘有不遵公法格外欺陵者，即电禀驻扎该国公使及京都外部大臣力争，争之不从即布告国会公订。……查东南洋各岛，英属则政宽法平，华民旅居入籍均无故乡之念，惟暹罗、荷兰、法兰西法严政苛，华民久望中国派放领事保护，以苏其困。暹罗本属中国藩封，地接滇南，旅居华人独收身税，可谓虐政。……当此国事多艰，南洋为诸国之逆旅，亟宜仿照朝鲜故事，奏派通商大员往暹罗、缅甸，又择商贾之公正者立为领事，收拾人心，集捐置舰，藉为保护，张我国威。如遇法人有事，由暹出师攻其柬埔寨；遇英人有事，由缅出师攻孟加拉等处，不令如入无人之境，来往海南毫无忌惮也。

（同上书，下册，页580—581）

暹 罗

万里沧溟望渺绵，湄江风景接川滇。诗心断岸潮千尺，酒梦深宵月一弦。胸荡烟云长扑地，目穷波浪远连天。独怜佞佛斋僧外，不究齐家治国篇。

（同上书，下册，页1259—1260）

三十八、《岑襄勤公奏稿》

遵查由暹罗进攻西贡窒碍难行摺（光绪十年十月二十六日）

奏为遵旨查明由暹罗进攻西贡窒碍难行，恭摺密陈，仰祈圣鉴事。窃臣於光绪十年十月十七日承准军机大臣密寄九月二十五日奉上谕："翰林院侍读龙湛霖奏请出奇兵以牵敌势，并募用云南夷人中之猁狠各摺片。据称，关外之师宜分两道：以苏元春等部作正兵，攻北宁、山西等省；以刘永福一军作奇兵，由云南假道暹罗，或水陆并征，或专用陆路，直趋西贡之西，则台湾、河内等处法兵自松等语。所筹固系出奇制胜之策，是否可行，著彭玉麟会商岑毓英，确探情形，妥筹具奏。其夷人猁狠能否招用，并著岑毓英酌度办理。原摺片均著钞给阅看，将此由六百里各密谕知之，钦此。"……今龙湛霖请假道暹罗直趋西贡，奉旨命臣侦探妥筹。谨按云南地图，由省至普洱府一千二百里，由普洱府至思茅厅百里，由思茅至车里土司驻扎直达交界处约八百余里，共计二千数百里始到南掌国，即俗名老挝。过南掌始到暹罗，该国居越南、缅甸之中，势若鼎足，前明巡抚陈用宾所以约暹罗夹攻缅甸也。暹罗、南掌在我朝久列藩封，常修职贡。自军兴道阻，不来贡者三十余年。闻该二国早有法人在彼通商传教，……今欲假道进兵，恐二国畏罪自危，拒而不纳，又增一敌。且今之用兵，与古迥异。古用戈矛弓矢，不虑其穷；今用枪炮药铅，每兵夹带二斤，只敷一两战之用。又有锅帐行李、口粮裹带，不易行外域数千里。开仗之后，有一缺乏，则全军必复。此百里趋利，兵家所忌也。……至云南夷民，种类甚多，有猓猡、摆夷、沙人、侬人、僰人、獽㺱、古猔、玀莎等类，统而名之曰夷，未闻有猁狠一种。臣所部各营勇丁，汉民居其半，回夷居其半。夷民多处深山，原冀其能耐烟瘴，讵料迁地弗良，自臣出师至今，一年之内已瘴故文武官弁二百余员，勇丁三千数百人，而夷勇更瘴故不少。犹幸臣在滇年久，呼应较灵，随时调换，尚不为难。若饬由南掌、暹罗进攻西贡，相距数千里，无兵更换，军火、粮饷不继，必误事机。昔汉臣赵充国云："百闻不如一见。"龙湛霖未在行间，不知其中有如许窒碍也。臣受恩深重，断不敢畏难苟安。论目下军情，若雇募得外洋兵轮水师塞海口以断敌援，则河内、西贡各城尚可设计次第恢复。若无兵轮，惟有分据险要，且守且战，相机进取以牵敌势。懔遵圣训，步步谨慎，庶免疏虞。臣庸愚之见是否有当，谨恭摺密陈，伏乞皇太后、皇上圣鉴训示。

再，此件奉旨，著兵部尚书臣彭玉麟会商臣妥筹具奏。臣因相距太远，军情紧要，谨就所见先行复奏。合并陈明，谨奏。

（岑毓英：《岑襄勤公奏稿》，卷二十二，
光绪刊本，页40—42）

三十九、《出使英法俄国日记》

（光绪八年十一月）

初四日，晴雨半。……未正，偕霭堂①至外部，坐候片刻，因有头等公使压班，出拜暹罗公使，不晤。

（曾纪泽：《出使英法俄国日记》，
岳麓书社，1985年版，页589）

（光绪十二年二月）

初一日，晨晴，午刻阴。……饭后偕清臣②拜暹罗驻英公使王爵□□□□，谈极久。

（同上书，页895）

（光绪十二年九月）

初七日，晴。……申初，暹罗所派驻马赛领事官吕惕也来，谈极久。③

（同上书，页956）

十一日，晴。……申正，暹罗领事吕惕叶、法茶商遮尔丹来，久谈。

（同上书，页957）

十三日，丑、寅间雨。……吕惕叶夫妇、遮尔丹夫妇均来送行，久立酬应。巳正三刻，轮船启碇。

（同上书，页958）

---

① 庆霭堂，即庆常，字霭堂，当时任驻法使馆参赞。
② 清臣，马清臣，即英国人马格里，当时为清朝政府驻英使馆英文参赞。
③ 这是作者在回国途中路过法国马赛时写的日记。

四十、《张文襄公全集》

续查未列各埠片

光绪十二年十月二十四日

再，上年奏派总兵衔副将王荣和、盐运使衔知府余瓗周历南洋有名诸岛，往返程期约须八阅月。……现据该委员等禀称，自上年七月起程，至本年七月初四日由新金山①折回粤省止，已逾期四月有余。所至各埠，如日里②、柔佛③、……九处，皆原案未及备载，而华民众多，商务紧要，不得不顺道一往，以致往返稽时，未能如期蒇事。先经禀准，展期六个月。综核支用，不敷已多，重洋未克随时请领，当由新金山折回。现拟续请经费，再往般鸟④、西贡、海防、暹罗各处查看等情。臣查王荣和等祗以远隔重洋，跋涉不辞劳瘁，所查各埠情形甚为详细。般鸟一岛地方广阔，距中华洋面不远，至暹罗、西贡、海防等处南洋近地华民极多，尤应体访明确，自应将前奏未历各埠仍由该委员等一律访查，以竟全局。当经咨会粤海关监督臣长有在於出使经费项下续拨六个月经费银八千二百八十两，发给该委员等收领，以便宜遄行。理合附片陈明，伏祈圣鉴，谨奏。

奉硃批：该衙门知道，钦此。

（张之洞：《张文襄公全集》，奏稿卷十六，
1920年许同莘编刊本，页6—7）

四十一、《三洲日记》

（光绪十四年六月十一日）查岛委员王荣和、余瓗会禀，客腊初六日自新架坡附太古轮船，初十日行抵暹罗。该国王派副外部刘乾兴率闽、粤商人到船迎迓，且备客馆。刘乾兴为潮州大埔人，生长於暹，女选为妃，得补今职，专管华商事务。越日，刘乾兴偕晤国王胞弟，现任宰相总理事务大臣，暹语称为琴麻二王底华王司罗布干。襄闻暹王深居重闭，不轻见人，故以王弟代面耶。

---

① 新金山，指澳大利亚。
② 日里（Deli），位于印尼的苏门答腊岛。
③ 柔佛（Johore），指今马来西亚的柔佛州。
④ 般鸟，指婆罗洲（Borneo），今称为加里曼丹岛。

刘乾兴述王意,告王、余以向来修贡,取道云南①,跋涉诚苦。往以滇中用兵,贡典久阙,可否量为变通,由海道抵津云云。此事关系旧制,该国既思改道修贡,应备文商榷。即由刘乾兴代达,亦应予王荣和、余瓅文牍,若泛泛一言,颇难措手。王、余禀末亦谓副外部一已之私言,非出自国王之口,未足执为实据,而请余察核变通。又不向该国索一文书以备核奏,为此神山缥缈之词,增闷而已。又请援照高丽办法,量为变通,一则谁由水路入贡,二则派立办事公使,兼设通商领事,三则设立公使之后,相机联约友邦,维持保护。所陈不为无见,但该国副外部有请由海道复贡之言,该员既不令具牍,且禀末又谓未足执为实据,而倏论遽事,猥欲中国准之,究凭何核准也。

据查暹地北通云南,西连缅甸,东接金边、安南,南至於海,东北距西贡英里八百三十迈,西南距新架坡英里亦如此数。间於英法之间,不受制於英,即受制於法。现允法国设副领事官於郎百蛮②地方,与云南毗近。又允英筑铁路,由滨角直通缅甸,至嘉厘加打③省,皆足为我边患。特该员倏议三端,不先与该国略示之意,且索取改道修贡实据,徒深南顾之忧耳。

今春,李傅相函言,暹罗自帝其国履霜致警,而该员禀内尚不知其窃号自娱,又不及见国王之面,然该国假馆相迓,似仍不失藩属之礼。该员有此一行,庶他国之耽耽虎视者不敢谓中国置之度外,未始无益。一切办法,当与津粤统筹之也。

该员又查,暹罗国王百年前系潮州郑氏,在位十数年,为妻兄弟所篡,传四代五王,以迄於今。以滨角城为国都,合土客之民,不过百万,华人居其大半。其入山种植之华人亦三十余万。暹於闰年,人抽身税四铢,伸洋银二元四角,他国商民则不抽,华人遂纷冒他籍,以图免。英、美、德、法、荷、丹、葡七国,均设总领事於暹都,兼办使事。德、英有巨商三两,法有巨商一,美商民寥寥。该国岁入之款,仅一千五百万元,官俸甚薄,非剥民不能自给。国俗淫情,以同胞姊妹为妃,以后族诸弟为相。寓暹华民,潮为最,闽次之,广肇,海南次之,惠州、嘉应又其次也。华民生计,大率开垦田园,其富商大贾,或设机器米厂,或置轮船航海,岁输暹税数百万。他事之不便者,亦自不免。既求设官保护,殊难恝置。

---

① 暹罗贡道由广东入,从广东到北京要走陆路。暹罗贡使不经云南入境。
② 郎百蛮,似是老挝的琅勃拉邦。
③ 嘉厘加打,指印度的加尔各答。

王荣和、余璃遥事查讫，即於本年正月八日赴西贡。十一日晚抵岸。

（张荫桓：《三洲日记》，卷六，光绪丙午，上海石印本，页43—45）

四十二、《中外述游》

己丑①，发兴泛南溟，道香港，……秋七月二十八日附高元发商轮，舟乘涛驾风直冲炎瘴，八日而至暹罗京城，所谓滨角埠者也。东道主潮人陈虎臣，巨商也，把臂言欢，情义殷渥，馆余於闽粤公所。一时吾华人中耆英俊流，干时之杰，如吴琼石、吴力馀、梁松岩、吴月槎、沈清流、刘根阳、余志卿诸君，海角相逢，谊均骨肉，纵横杯酒，淋漓而谈。诸君虽游於贾人乎而胆识坚卓，怀抱闳远，练习时务，领袖炎方。惟黉利陈子周司马适以养疴旋籍，不获一晤。侧闻其为人轩昂磊落，豪情遐举。凡务图其大者，好谋而必底於成。暹商诸长者，咸推君为第一人物。余心向慕之，惜缘分之悭薄也。嗣乃觐晤暹外部副大臣大埔人刘乾兴，问讯彼国近事。又访於诸贤者，因得尽知其土地、人民、政事之所在。

其地西界缅甸，东尽金边，北通滇南，南至中国海洋。长约三千里，横约千余里。土产鱼、盐、米谷、材木、金、锡诸物甚伙，国内丰饶。其全境分作十三纲，置官治民、政颇烦苛，暹人患苦之，而虐我华人为尤甚，惟外洋通商诸国人出入其境则不敢讥。以英、法、德、美、荷兰、葡萄牙、吕宋、那为然②、瑞国③、一爹里④皆各设有公使、领事官以保护之也，而中国独无之。中国人之旅居其地者，现计有百万之众。其中潮民最多，不下五十万人。闽省次之，广肇琼州又次之，嘉应、惠州为最少。其一年中往返经商者，又约二十余万人。重洋间阻，朝廷初不闻知，迄未设华官以领治其事。彼国君若臣以华人之可欺也，於岁税数百万外，加赋华人身税，人纳暹银四钵，实洋银二元四角，华银一两六钱也。闰年，又加取一次，违则系其人，罚作苦工，备诸楚毒，多有凌虐至死者。其有财产词讼，无论土人与华人，华人与华人，暹官祇以纳贿为事。禁系频年，断结无日，因而倾复瘐毙者比比皆是。於是华商之巨富及力能自立者，罔不输赀英法各领事官求其保护，以幸免於苛累。因而，各商轮之来往中国各埠及新加坡者，均须领外国保护牌，进口时俱不得升中国旗号。各

---

① 己丑，为光绪十五年（1889年）。
② 那为然，即今挪威。
③ 瑞国，即今瑞典。
④ 一爹里，即今意大利。

商为余言及,未尝不引以为深耻。华人之贫者,除开垦佣工外,余俱小负贩,而以贩酒为业者为最多。奸黠华商贿赂暹人,专以包揽内地各税为事,盘剥肥私。各小贩贸迁入境,外既输税海关,及至内地,奸商则指认为私贩。罹其害者,不知凡几。国人嗜赌,相习成风。赌场必设戏剧以诱赌。人又好佞佛,绀宇琳宫相望也。香花鲜果先奉僧,男女早暮跽进之。服饰下惟裳而上露肘。地蒸热,日必冷浴三数次,否则病。

其国王居处华侈,行宫有三,中国式者一,一英式,一本国式。楼阁园囿,卉木兽鸟之好,层叠骈阗。而护都城兵仅三千人,操仿泰西,统计全国胜兵者不过万人,防海小战舰仅四艘。武备不加修,政事尚苛刻,削夺土民,横敛华众,而贡典不修者三十年。华人居此日久,受困日甚。华官奉公至,止各商数请转乞闽广大宪,援照高丽设官成案,奏恳派员至暹领华民事,迄未有以上闻者。嗟乎华商来苏之望,其孰出而慰之也乎。暹罗蕞尔,从前境土尚非如今日之狭,使能立志自强,日新月盛,亦何致为他人窥伺,蚕食边疆,国势日即於不振。夫稼量庇能①,暹之菁华也,而为英所踞。法人有其西贡,又噬及金边土洲,所存者仅内地撮土之多耳。朝廷轸念藩封,自不忍置之度外。然则居暹华商之请设官以保卫吾民,其中得失之机所系诚非浅鲜矣。

暹罗地僻陋,人物山川无可观。经商而外,亦无可为之事。会重九,余置酒子周司马花圃中,大燕宾客,粤姬日妓、暹罗乐籍纷集於前,钗钿裙裾,别制分色,红颜黝黛,奇妍异媸,而歌声舞态之杂遝,余不能判其工拙何如,顾以人生难逢之境,吾自乐其乐而已矣,漏尽而散。久处炎燠之乡,不复可耐,乃与虎臣诸君子别。

(田嵩岳:《中外述游》,《小方壶斋舆地丛钞》,第九帙,页343—344)

四十三、《出使美日秘日记》

(光绪十六年正月十五日)

暹罗近准西人开矿。义人所开金矿,已成一公司,名"暹罗金矿有限公司"。金矿之外,又多宝石矿,红碧均备。其地在暹罗之西南,曼谷之东南二百四十英里,约一百见方英里。欢林矿为义人所开。迩楞矿与迩辣脱矿,一为入英籍之华人所开,一为英人所开。宝石产在地下黄沙层之中,其沙层深自数尺至二丈不等。更有金矿,一为英人所开,二

---

① 稼量庇能,指英国占领下的槟榔屿(Penang)。

为新加坡暹罗领事——入英籍之华人所开。来平省之金矿,亦英人所开。更有准法人所开者,皆纳租於暹罗焉。

因谨按:暹罗,旧国也。明时,其世子航海而来,爱安徽九华山之胜,遂结庐,终老不归,盖佛教也。世修职贡,今阙然矣。其地多矿,不自开,而假手他国,其无远图可知。闻英、法二国,均欲其地,将来终为分裂而已。

(崔国因:《出使美日秘日记》,卷二,
黄山书社,1988年版,页69)

(光绪十六年二月二十日)

闻暹罗京中,改设电灯。因由沪至日本,由日本至美,至法,舟中皆用电灯,美、法客栈亦电灯。盖其光清,其价廉,而又无火患。数十年后,地球当无非电灯矣。

(同上书,卷二,页87)

(光绪十六年四月初七日)

暹罗素多金矿,巫来由之东,约在北纬度十度,有地名朋得发者,尤为数百年来著名出金之处。该处产金甚多,英国公司开采,只以周围丛林瘴气伤人。又距曼谷之东七十五英里名凯平者,亦为著名出金之处。今英国新加坡某公司于彼得一地,有二百五十见方英里云。

(同上书,卷三,页112)

(光绪十六年十一月二十六日)

暹罗国定造铁路,每一中里合银四千两。

(同上书,卷五,页201)

(光绪十七年四月初一日)

英人闻德人欲于槟榔屿之北,暹罗与巫来由之间,请暹罗给一地屯煤。谓缅甸与新加坡等处,皆属英国。今德人所欲之地,横亘在英属地之中,英人当与彼处土人来往亲睦,以免他人鼾睡其间云云。

(同上书,卷七,页274)

(光绪十七年九月初二日)

仰光西报云:现法人已踞暹罗之吕旺及不林望两处地方。查法人久已垂涎越南、暹罗,越南已得,欲犹未厌。所踞之地,已逼近英之东印度。俄国又开拓至印度之西北,两强国由三面而来。为英国计,宜力助暹罗,无使他国踞暹以争印度。查该处有江枫地方,为暹罗要隘,英宜据此以阻法军。

　　因谨按:暹罗向贡献于中国,修藩属之礼,近年以来渐携贰矣。其地与越南、缅甸接壤,故英、法两国皆垂涎。英人则谓已入牢笼,不畏他国之攘夺,法国不甘心也。将来两虎争一羊,分裂不匀,其不免战争乎! 然而法固非英敌也,水师不如英也。

(同上书,卷八,页349)

(光绪十七年十月十五日)

闻暹罗朝廷新创一例,收中国人身税,现已议准。夫暹罗,中国之藩属也。中国以字小为心,而暹罗不以事大为礼,岂夜郎自大哉? 盖自日本并琉球,法人踞越南,英人取缅甸,暹罗知中国之兵力不行于四裔,故悍然自由耳。

(同上书,卷九,页364)

(光绪十九年四月二十六日)

伦敦来电,言法国加兵于暹罗,肆其蚕食。初意以为不血刃而可得地,先声所至,暹罗自然降服。不料屡次接仗,法人不敌暹罗而屡败,遂疑英国私助暹罗。前此法驻英使开缺,回法以后,至今尚未派使云。

　　因谨按:越南、缅甸、暹罗三国毗连,而缅甸、暹罗又与印度毗连。自法取越南,英取缅甸,而暹罗岌岌。惟暹罗向结好于英,故英迟迟未忍灭之。法亦以暹罗亲英之故,而未敢遽灭之。查地球小国,本有藉大国牵制而存者。……其不亡者,以此也。今法人垂涎暹罗内江之地,英恐其全折入于法,必蹈缅甸之故智,即不灭亡,暹罗断难自主矣。

(同上书,卷一五,页618—619)

(光绪十九年六月初八日)

法得越南未十年,今又与暹罗构兵。暹罗自知力不能敌,特派专使于五月到美,求美排解。美外部以为法、暹构兵,美居局外。若两国均愿局外之国判断,美国自可代为调处。兹仅暹罗一国相求,而法国并无愿请调处之意,未便与闻云。

(同上书,卷一五,页651)

（光绪十九年七月初一日）

柏林来电,言德国政府近接俄国来信,谓俄将调海军一队,赴德国之都伦海口暂泊,然后直往地中海之东岸各处游弋,与驻该处之法国海军联兵,遇事相助,以敦俄法友谊云。

因按:此必为法与暹罗构衅,而欲助法以制英也。夫前事之不忘,后事之师也。法人窥印度,则英以水师中途要之;俄人攻阿富汗,则英以陆军遏之。英人攻美,则法与和兰胁和以止之,所以防邻愈厚而我愈薄也。今法急图暹,暹不敌法,必灭于法。暹灭,而法逼缅甸,则印度之西多一强邻,此可危之势,英人所欲争也。英海军胜于法,可以阻法之兵力,使不灭暹。否则,亦可瓜分,尚不失便宜也。今俄助法,则英之海军以一敌二,遂不能当,法人庶可得志于暹。得志于暹,则英属印度之地,东逼于俄,而西逼于法,或可以望瓜分乎?

（同上书,卷一六,页664）

（光绪十九年七月初六日）

伦敦来信,言接加尔格搭信,法以兵力凌轹暹罗,暹罗自知不敌,求印度相助,并接济军械。印度政府不允,告以如暹罗属英,印度方允行云。

因尝料暹罗难于图存,今果然矣。查暹罗近年以来,颇结好于英,且易欧洲服色,自以为可无虞矣。而不知并吞之风气已开,弱小之国断不能久。……如今日之亚洲,则小国将必不免,即大国之凌替者,亦终不免。发难之国,其在俄乎?次则英也。

（同上书,卷一六,页666—667）

（光绪十九年七月十三日）

巴黎来电,言法国有事于暹罗,俄国政府将派水师一队,迅赴暹罗以助法人,而符联盟之意。英政府初有救暹之意,兹见俄、法两国联兵,不便妄动矣。

因按:俄、法联盟之举,诚得计矣。今犹小试其端耳,而英已畏之。

（同上书,卷一六,页670）

（光绪十九年七月十六日）

暹罗来电,言六月法人以兵船胁暹罗,索美江以东之地①,又银三百

---

① 美江以东之地,指湄公河以东之地。

万佛郎。限于两日内回复,迟则开仗。兹暹罗已从命,而法国使暹之专使,又令暹罗撤退所延丹国①人矣。

(同上书,卷一六,页 671)

四十四、《出使英法义比四国日记》

(光绪十六年正月二十二日)

　　丑正到新加坡停轮候潮。卯正进口,泊码头。……闽商,候选道兼暹罗领事官陈金钟来谒。金钟字咙音,原籍海澄,居新加坡数世矣,以商致富数百万金,其祖若父并受暹罗显职。金钟颇疏财好义,即创萃英书院者也。

(薛福成:《出使英法义比四国日记》,卷一,
岳麓书社,1985年版,页81)

(光绪十六年八月二十八日)

　　暹罗自乾隆以后入贡中国。咸丰年间,因道路梗塞,贡使被劫,遂不复入贡,然非暹王意也。顾以缺贡既久,恐被责问,故不敢来。光绪五年三月,接到中国催贡劄文,乃由驻暹英领事转递者。或曰,是年英官以战船假中国旗号,伪云责贡之师,以胁暹人,使之求助于彼。则劄文虚实,似尚未可知。然暹王②向其臣下,具道所以历年欠贡之故,因贡表内前用跪具字样,近已改用西礼,不无窒碍,盖其意未尝不思转圜也。然卒莫为代达于中国者,故不能不与英人倍加亲密云。先是,暹王因势孤意怯,下令臣民俱易西服,大臣日夜泣谏;王太后出为调停,许以下半体衣裳仍其旧制。今亚洲各国仿效西法者,东洋则有日本,南洋则有暹罗。暹罗王城在曼谷,亦曰船城,弹丸之地也。城外地名班考克③,为通商巨埠。十余年前,阖境华民约有三十万人,商务枢纽大半归之。其地每值夏令,有黄水自海中来,及时播种,水退苗熟,不事耕耘。谷米之丰,甲于南海,每米一石价银二三钱。故自康熙以来,闽粤等省皆赖暹米接济。其国史所纪,自鲁襄公时起迄于今日,凿凿可考也。

(同上书,卷四,页 223)

---

① 丹国,指丹麦。
② 指拉玛五世。
③ 班考克,为 Bangkok 的音译。

（光绪十六年九月十八日）

缅酋孟驳，于乾隆三十六年攻灭暹罗，国王诏氏窜迹他所。四十三年，暹罗遗民推其遗臣郑昭为王，起兵尽复旧封，进袭缅地。四十六年，航海来贡。缅酋孟云惧不能支，乃东徙居蛮得，即今所谓莽达拉城也。暹罗掣缅甸之肘，遏其方张之焰，实有功于中国。自是列于朝贡之国，至今王暹罗者尚属郑氏，实华种也。咸丰年间，因道路阻塞，贡使遂绝。数十年来，暹罗宗尚西法，与英法诸国交谊颇亲，国势尚称完固。盖东洋诸国力摹西法者，日本也；南洋诸国力摹西法者，暹罗也。南洋各邦，若缅甸，若越南，若南掌，或亡或弱矣；而暹罗竟能自立，不失为地球三等之国，殆西法有以辅之。然则今之立国，不能不讲西法者，亦宇宙之大势使然也。

（同上书，卷四，页231）

（光绪十六年十二月初六日）

驻扎巴黎之头等国使，凡八国：……二等公使，除中国外，共二十九国：曰比利时、……曰暹罗、曰日本、……

（同上书，卷五，页271）

（光绪十六年十二月二十六日）

暹罗为今自主之国，南掌亦归附之。麻剌甲之地，有数小国，亦为自主。其余或为暹罗属国，或为英国属部。兹将法人所表地面大小、民数多寡，摘其大略。……暹罗，七十二万六千八百方里，五百七十万人。

（同上书，卷五，页285）

（光绪十七年六月初八日）

《泰晤士报》论法国似蓄狡谋，颇有兼并暹罗全土之意，力斥暹罗优待法人之非，并劝暹廷预防法国新派华印总督①设谋暗害暹罗之事。

（同上书，出使日记续刻，卷一，页387）

（光绪十七年六月十七日）

暹罗由曼谷造一铁路，直抵八克那无②（一译作潘干）。遥京十一日

---

① 华印总督，应为印度支那总督。
② 八克那无（Paknam），今译为北榄，亦称为沙没巴干（Samut Prakan）。

来电云,是日暹王亲自兴工,观者甚众。

英相沙侯在议院宣议云:"谣传法人已占据暹罗之朗布拉班(译音)省①,却不甚确;余深望暹罗自主之权,毋为他人侵夺。然欲联欧洲各国,以保比利时之例保暹罗,尚恐不能也。"

(同上书,续刻卷一,页390)

(光绪十七年八月二十九日)

暹罗属国及进贡之国凡五:曰六昆,四万四千零三十启罗迈当方里②,居民五万;曰吉德,九千三百二十四启罗迈当方里,居民三万;曰大呢,一万二千九百五十启罗迈当方里,居民三万;曰吉兰丹,一万八千一百三十启罗迈当方里,居民二万;曰丁噶奴,一万五千五百四十启罗迈当方里,居民五万。

(同上书,续刻卷二,页423—424)

(光绪十七年十一月二十六日)

今暹罗国王,年三十八,在暹罗人中已称魁梧,其才德亦较前王为优。通国赋税,岁得英金二百万镑,又有杂税等项约百万镑。惟用款无多,除支销外,稍有盈余。通国人约十兆,而华人居其半,他籍人亦皆有之。国内敝俗甚多,必须设法革除,方能振兴国势。

(同上书,续刻卷三,页469)

(光绪十八年二月十三日)

法人欲得暹罗鲁万弗来拔③地方,今法兵已将踞之矣。法兵之在越南、暹罗交界者,又时越界以与暹罗人为难。鲁万弗来拔,在澜沧江之东,地名而亦省名也。

(同上书,续刻卷三,页513)

(光绪十八年三月初八日)

暹罗土地饶沃,每岁产米约可得一百二十万吨。除本国所销七十万吨外,尚有五十万吨贩运出口。

(同上书,续刻卷三,页527)

---

① 朗布拉班(Luang-Prabang),今属老挝,译为琅勃拉邦。
② 启罗迈当方里,意为平方公里。启罗迈当为 Kilometre 的音译,意为公里。
③ 鲁万弗来拔,似为琅勃拉邦的异译。

（光绪十八年四月初五日）

法人垂涎柬埔寨土地，已非一日。柬王世子见事势日去，出奔暹罗，法人因遂夺柬政权。

（同上书，续刻卷四，页541）

（光绪十八年七月十一日）

暹罗之地，自赤道北四度三十分至二十度，值京师西九度十七分五十八秒至十八度十七分五十八秒。按飞鸟道，东西一千六百十七里有奇，南北三千五十四里有奇。然论其国版图，只自赤道北十二度起，至十七度止，并有濒海各地。此外，掸人、老挝各部落，以及柬埔寨之西南，麻剌甲之东北，或土番，或小国，虽属于暹罗，不过一年一贡，而其地与民皆归土王及酋长管辖。迩者，英取缅甸，法取越南，土酋皆不能自主。暹人亦惧其逼也，乃遣官分驻其地，为之保护；所有公牍往来，皆由暹官与土酋会同商酌，加钤印信方可通行。每岁进款洋银一千万元，多则一千五百万元，有各属贡品、地丁、钱粮、房税、船税、杂税。综计居民有一千二百余万人，凡暹罗土著三百五十余万，华人及暹产华种亦三百五十余万，老挝人三百余万，缅甸、越南、柬埔寨、日本、印度、巫来由及各种土番共二百余万。

十二日记，暹罗于乾隆三十七年推郑昭为王，由犹地亚迁都曼谷（一作万国，今译作邦考克）。光绪十一年，暹罗入泰西各国之邮政会，安设电线，南始曼谷，北止景迈，中通各城，又东至西贡，西接下缅甸，共有电线五千一百四十里有奇。近且议造铁路，自曼谷至哥赖脱①，长四百九十余里。土地肥沃，尤宜稻而易熟。稻凡四十余种。湄南江之水，岁以五月涨，八月退，淤泥泛滥，粪田极肥。每岁出米九千一百万石，又产香漆、象牙、犀角、牛皮、茶叶、烟叶、藤黄、蓝靛、沙藤、木棉、苎麻、橡胶、包谷、芋薯、沙谷米、罂粟花、甜瓜、黄瓜、李、桔、荔枝、椰子、菜蔬。花生榨油，甘蔗制糖，竹器竹席，各物俱备。其树木质坚材巨，如柚木、乌木、文木、铁木、松柏以及苏木、黄木、染料之木皆有之。其矿产：铁、锡、宝石。鸟则孔雀、山鸡、野雉、鹰、鸦为多。沿海山洞，海燕造窝甚伙，多南海珍品。厥兽多象，调驯驱使，人家皆畜之，白者称灵兽。又有虎、豹、犀、熊、箭猪、水牛、红角野牛、狼、狐、猿、獾、狍、麂、黄羊、海骡、灰鼠之属。每岁曼谷出口货值洋银二千六百万元，进口货值一千六百

---

① 哥赖脱，又作哥拉脱，即泰国呵叻（Korat）。

四十四万元。

（同上书，续刻卷五，页607—608）

（光绪十八年十一月初三日）
景迈于乾隆三十九年归暹罗保护。

（同上书，续刻卷六，页677）

（光绪十八年十二月初十日）
《叻报》云，暹京邮信云，沙路云（或即萨尔温）之疆界，前日已经议定。暹国将新地一带多山之地，约长八百西里，广二十西里，让与缅甸管辖；缅人则将江镇①（或即江骐）一地，归之暹国。其他处毗连之区，亦陆续查勘，以期早日妥协。

（同上书，续刻卷六，页699）

（光绪十九年正月初四日）
暹罗庚寅年②出口货物，值英金三百二十万九千六百余镑，内出口之米实值二百五十万八千八百余镑。辛卯年③出口货物，仅值英金一百六十九万六千八百余镑，比之上年骤减其半，实以米谷无收之故（米价仅得一百零八万三千余镑）。是年铁栗木值二十万零七镑，胡椒、干鱼、牛与别物等，俱一律减少。

（同上书，续刻卷六，页712）

（光绪十九年三月初一日）
大呢，暹罗属国也。在赤道北五度三十分至七度，北京西十四度二十七分至十五度四十七分。北界宋卡，西界吉德④，南界白蜡⑤、吉兰丹，东界暹罗海湾。地有一万二千九百五十启罗迈当方里，居民三万人。昔系麻六甲最大之国。道光十二年，暹罗既胜大呢，恐其控制不易，分裂其地为九部，守以番酋，而总其事于暹罗所派之王。曰都寄、曰大呢、曰制令、曰煞伊，其在内地者，曰谛巴、曰丹奈、曰遮罗、曰阿勒忙、曰利

---

① 江镇（Keng Cheng），原为景栋的属地。
② 这里的庚寅年指1890年。
③ 这里的辛卯年指1891年。
④ 吉德，即吉打，今属马来西亚。
⑤ 白蜡，即霹雳，今属马来西亚。

汉。以阿勒忙地方为最大,以大呢居民为最多。尚佛教,大率畜象及水牛,地多矿产,开矿者皆华人。

初二日记,六昆,暹罗属国也。暹人称为蒙六昆,"蒙"者,译言王也,谓六昆,王所治地也。在赤道北七度至九度,长二百启罗迈当。其城东北距曼谷六百四十启罗迈当,在赤道北八度二十五分。明成化间,暹罗王始立六昆为国。今分两部,一曰打伦①,一曰宋卡,居民共十五万人,多暹罗种,间有华种、巫来由种、野番种。

(同上书,续刻卷七,页745—746)

(光绪十九年五月初七日)

暹罗来货值银三十三万余两。中国往暹,值银十万余两。出入相抵,中国亏银二十二万余两。

(同上书,续刻卷七,页783)

(光绪十九年六月十九日)

昨日曼谷电云:暹罗于十七日照会法使,愿悉依法人所索各款,并允尽割湄江以东越南、柬埔寨之旧地近属于暹罗者归法管辖。英法当即日会议界务矣,因越南、缅甸、南掌各边必有接界之处也。

(同上书,续刻卷八,页806—807)

(光绪十九年六月二十一日)

昨日英外部大臣劳偲百里②在上议院告沙侯③曰:暹罗两次答允法国两种战书。第一次战书(哀的美敦书)系西七月二十九日(即中六月十七日)所允,第二次战书即第一次战书之补编。今日下午始知暹罗均已答应,明日即撤去封口矣。

第一战书:一、认堪波提④及越南有统辖湄江(一名湄公江)左岸及各岛之权;二,限一月内,所有湄江左岸暹罗兵寨全行退出;三,暹罗侵陵在闵南姆江⑤之法船,并水手及寓暹法民,须惬意赔礼;四,赔银给受害者之家眷,并惩办罪人;五,各种受亏之法民,应赔补法银二百万佛

---

① 打伦,即今泰国的董里(Trang)。
② 英外交大臣劳偲百里(Rosebury)。
③ 沙侯,即英国首相沙力斯伯里(Salisbury)。
④ 堪波提,指柬埔寨。
⑤ 闵南姆江,今译为湄南河。

郎；六，担保照行第四条、第五条所开之事，暹罗立即出银三百万佛郎。如不能出银，即将先利泼①（一译作锡模立魄）及班德本②（一译作拔得模朋）两处归法收税，以作抵押。

第二战书：一，法国占据车德③、篷江④及湛地门⑤海口，至暹罗兵退出湄江左岸，然后让还；二，从柬埔寨边界起，距湄江二万五千法尺之内（合十六英里），不准暹兵入其地（派巡捕保护地方则可）；三，暹罗兵船不得入大湖⑥；四，法国有设立领事于孟范⑦（一译作模温）及哥拉脱⑧之权。

（同上书，续刻卷八，页808）

（光绪十九年六月二十七日）

余于二十二日电致总署云："法胁暹罗割澜沧江东岸地，与滇接壤，外部屡催分界。应电滇督勘查，非可猝议。外部告庆常，愿不稍侵滇属土司。彼因暹事未了，措词和顺。宜仿英廷办法，由使臣请外部依言写立凭据。如此，虽一两年后议界无妨。若暹事大定，彼必妄生觊觎，或致棘手。立据一节，拟请先告李梅⑨，再令庆常试办。万一未能办到，应由署与李梅早议，以弭后患。"

（同上书，续刻卷八，页813）

（光绪二十年正月初一日）

暹、法在巴黎所拟草约六条，又在网咯（即曼谷）所立新约十款，暹国割去之地几占全国二分之一。其中隆勃辣邦⑩（南掌都会），为暹国精华所萃。英商聚居于此，货物销流甚多。北境饶矿产，已近中国边界。英商务局禀求政府保护利权，所重实在此地。然此次新约，只言湄江左岸暹罗不得视为己有，并未言明归之法国。盖亦恐他国出而阻挠，故于

---

① 先利泼（Siemreap），指今柬埔寨的暹粒。
② 班德本（Battambang），指今柬埔寨的马德望。
③ 车德，今地待考。
④ 篷江，今地待考。
⑤ 湛地门，即尖竹汶。
⑥ 大湖（Great Lake），即柬埔寨的洞里萨湖（Ton le Sap）。
⑦ 孟范（模温），指泰国的难府（Nan）。
⑧ 哥拉脱，指泰国的呵叻（Korat）。
⑨ 李梅（V. G. Lemaire），当时为法国驻华公使。
⑩ 隆勃辣邦，即老挝的琅勃拉邦。

约中稍留余地也。

（同上书，续刻卷九，页 904—905）

四十五、《滇缅划界图说》

咨总理衙门　与法外部议保护暹罗并瓯脱之地

为咨呈事。窃照本大臣於十月二十五日承准贵衙门电开密英使言彼现与法在巴黎商湄江东岸局外地，愿归中国及保暹之策，欲中国亦助力向法商议以定三国共保之约，可免后患，希饬参赞思恭塞克与法外部言之，得复再商办法等因，本大臣查英法互商保暹之约，大致可望就绪，不至决裂。所议局外瓯脱之地，须由英法两国派员往勘情形，再行定夺。其归中国统辖一节，屡见法国新报，咸以中国并未用力，无端得此利益，众情颇为不悦，幸外部尚无异言。英外部亦以中国此次为之助力，屡持公论，谓此地归中国为最妥，且欲令其地形宽阔。本大臣所注意者，一则欲以南狐江，即大宣河为东界，可与法人界划清楚，即将来车里勘界，亦省无穷轇轕。一则英法派员，中国亦须派员同往，以免车里南界受彼朦混。已饬署理法馆参赞思恭塞克与法外部商议，法人未肯遽允，现托英外部代为磋磨，约须稍缓方有眉目。至英法两国互约不许因以瓯脱地归中国，藉此另图得中国利益，彼既互相猜防，中国尤隐受其益，此举为有利无弊矣。窃查英法现定瓯脱之地，可归中国者东西约一百四十五里，南北约三百余里，幅员不亚於帕米尔。西南两面皆据湄江形胜，其襟带之雄，人物之蕃，土脉之腴，似过於帕米尔远矣。除紧要机宜陆续电达外，兹将致英法外部照会，暨思恭塞克来函，法外部所印黄书并译稿及一切信函节略共十一件相应咨呈贵衙门，谨请察核，须至咨呈者，光绪十九年十一月十四日。

（薛福成：《滇缅划界图说》，藩属舆地丛书本，页 31）

与英外部愿收受缅越瓯脱之地并保护暹罗

光绪十九年十一月初九日

为照会事。照得本大臣奉总理衙门电信，告知贵爵部堂，中朝极愿暹罗恒为自主之国及完全之地。今闻英廷俱有此意，极为欣喜。英、法拟如何保护，中朝深愿帮助办理。至于湄江上段英、法地之中间，拟设一瓯脱之地，贵爵部堂前言愿将此地归中国大皇帝属下，兹本大臣告知贵爵部堂，倘能令该处地形宽阔，无碍于中国利益，议明送来，中朝亦甚愿接受。今查瓯脱地之北边与中国江洪毗连，江洪南边之疆界向未分划清晰，无论何事，如划界等情，中朝自应与闻。瓯脱地之疆界，揆之於理，应以南禹江（即南狐江）为东方之界限较妥，盖南禹江在江洪之猛禹（一名猛狐）府内者，既全系中国之江，即出猛禹境后，其西岸亦仍属中国。倘以南禹江为瓯脱地东边界线，将瓯脱地归中国，则江洪边界之难处可免矣。相应照会贵爵部堂，请烦查照，须至照会者。

（同上书，页69）

四十六、《李鸿章历聘欧美记》

（光绪丙申七月初六日）
又接新嘉坡电：暹罗王过此，华人宴之；新嘉坡华领事升擢回华，华人又宴之①。

（蔡尔康等：《李鸿章历聘欧美记》，
岳麓书社，1986年版，页120）

四十七、《欧洲十一国游记二种》

海程道经记
光绪三十年二月六日，康子再为欧美游。乘法国公司船自港行，二月十二日过安南，三月十二日适暹罗，以事少滞槟榔屿。至四月十二日，自槟榔屿乘英之"舟山"船。
十八日，至锡兰。

（康有为：《欧洲十一国游记二种》，岳麓书社，1985年版，页59）

四十八、《考察政治日记》

（光绪三十二年五月）
初五日，申初，至克伦坡②泊，……继游梅鞒开恩庙。庙距抚署甚

---

① 光绪丙申，为光绪二十二年（1896年）。是年，李鸿章作为钦差大臣，赴俄参加俄皇加冕典礼。访俄结束后，李鸿章还顺道访问了欧美各国。七月初六日，李鸿章正在伦敦。暹王拉玛五世出访欧洲国家，路过新加坡。
② 克伦坡，即斯里兰卡的科伦坡。

迹,有暹罗亲王卓锡于此,披袈裟出迎,白发童颜,译谈娓娓。自述幼习兵学,为陆军将,壮岁充英法各国公使,颇以外交才见称于欧人。老而为僧,栖迹此岛,作出世间想,亦东亚之畸人矣。赠予照相三:一陆军将服,一佩宝星使臣服,一僧服趺坐。

(载泽:《考察政治日记》,岳麓书社,1986年版,页680—681)

四十九、《暹罗考》

官民有银不得私用,皆送王所。委官倾泻成珠,用铁印印文其上,每百两入税六钱。无印文者以私银论罪,初犯断左指,再犯断右指,三犯者死。

(佚名《暹罗考》,录自《小方壶斋舆地丛钞》,第十帙)

五十、《暹罗考略》

俗尚佛教,男儿年十二三皆出家为僧,即天潢贵胄,在所不免。其时住居庙宇,学梵典梵字,僧师命其服役,驱策如奴仆。如是者七八年,八九年不等,始准还俗,各从所业。盖其出家如中国出外就傅,非终身披薙者比也。故其言曰:人生不可不出家,不可久出家。不出家则不知规矩,久出家则虚度光阴。究其所学,则空空洞洞,仍一名一物之不知,盖僧师怠荒有素,教诲无心,故其生徒返俗之年依然愚鲁,识字者仅十之一二,能书写、通经籍者更寥寥无闻。

人民多嗜野味,罕食家禽,更喜啖蛇虫。食槟榔以黑其齿,齿全黑者乃称美丽。人身多矮,面黄黑,少髯鬓,多发。性柔顺,凶殴斗杀之案鲜有见闻。土壤膏腴,民多游惰。居无床桌几凳,皆以藤席竹簟铺地而坐。食无箸,十指以代。

其地东西有重冈叠岭,中则平原坦阔,丘阜寥寥。有大水一曰湄南河,发源自云南,至暹罗北境会诸水成大河,迤逦至都城曼谷之南数十里达于海。水深而宽,缓而散,田畴藉以灌润。农时棹舟耕种,插秧既毕,水即泛涨,苗随水长,不烦戽运,待水退而稻熟矣。故米价极贱,岁有余粮运以出口。……又产罗斛香,味清远,似沉香,以地得名。

国中无论君民贫富,人死不葬,概以火焰山为藏骨地,国人毅然不为怪。绅富巨室人之将死,必预延亲戚故旧及黄冠羽客环绕讽经,梵呗之声不绝于耳。比气绝,相向号哭逾刻,将尸身洗濯洁净,衣以华服,然后舁尸入棺虚阖焉。棺饰以金,雕镂綦巧。停棺于室三日,乃穴壁舁出,谓不由户而由窦,恐鬼将迎门而返也。棺出,绕屋疾行三匝乃登舟。执绋送丧者咸服缟素,舣舟古刹前。送柩入至中庭,架薪木成阜,启棺置尸其上,举火焚之。送丧者绕立四围,各薙发以示哀。火烬,拾其残肢剩骨以归,酾酒宴客,豪兴飚举,无论家人亲友莫不终日酺啜,喜跃欲狂,三日乃已。

国君崩,则举国臣民咸惶惶若有所失,盖丧礼既盛则徭役亦多也。崩之日,将尸扶坐,令直如生人。先以水银由口灌入,乃铸黄金为盆,置坐椅下。椅之坐处本空,少顷,其腹中秽浊渣滓咸由下部泻入盆。令尽,尸顿枯瘪,复提尸,屈其两膝纳金匮中。于是,出令召工师入山伐巨木,择都城适中处筑台,高三十丈五,金镶嵌,穷极工丽。四周拱立神仙鬼怪牛马之属,均以巨材雕琢成像,或以纸帛糊之,斑驳陆离,狰狞可惧。布置既毕,前后各设布幔围作屋数十间,以备送丧文武臣工憩息。工既竣,乃择请举行火礼日期,然距君崩日已岁星终矣。届期奉金匮置御辇上,辇制炫丽夺目,以黄金为饰。一路仪仗鲜明,管弦嘈杂,国人聚观,几至空巷。行抵台所,将尸取出,纳台上,召梨园子弟开场演剧,连七日夜,然后举火焉。於是,金鼓大震,傀儡杂陈,有腾身纵舞者,有伸臂弄拳者,种种儿戏,不名一格。入夜,则哀丝惨竹,作悲怛之音。嗣位新主,每日必登台撒下银钱钞票数张,观人攘夺以为乐。至第七日,新主乃取收贮之雷火,由最下处燃起,烈焰漫天,尽成灰烬。复于焦炭中拾取残骨数茎携归,和入白泥,捣烂搏成小像一尊,藏之太庙,而台所已摧为平地矣。此其火葬之陋俗也。

(龚柴:《暹罗考略》,录自《小方壶斋舆地丛钞》,第十帙)

五十一、《暹罗政要》

暹罗如侯国规制,当一千八百六十九年前日本国势可与仿佛。岁款出世业地户主,议政行权有两主,今则父子同主政,名号以第一、第二相称。今第一名昭法聚拉浪刚①,一千八百二十三年生。第二即其世子,名克罗玛们排槐拉会拷,一千八百四十二年生,均六十八年即位。第二亦置部员兵卫,其体制与第一相埒。第二见第一不行式罗礼(欧洲尊敬之礼,伸右手去帽,自头斜从右下谓之式罗),亦不行拜跪礼,以两

---

① 即暹王朱拉隆功,曼谷王朝拉玛五世王。

手合拱向上过顶后为恭敬。第二需用库银必第一允准乃得领,度支出纳无清单可据。领事官在彼第即所闻知者合计之岁约钱粮三百十四万五千磅,内丁口捐,免徭捐合二百五十万磅,地捐二十八万七千磅,果树捐六万五千磅,椒捐五万磅,酒捐五万七千磅,赌规五万七千磅,关税三万三千磅。收捐者无辛工费,即与捐内扣十分之一以为薪水。

营制无常川屯驻者。民间壮丁,年二十一以上,岁给杂徭四阅月,惟传教之人,若暹罗和尚教及中国人出捐免佣,本地官府与夫为奴仆者均免之。若家有三子征役,则其父免徭。有捐免者,有以奴仆践更者。有谓武库,储八万杆洋枪,并多大炮。其炮船以小船充之,行篷划橹,如中国兵船。其行船之人,皆中国人与他国人为之。

暹罗疆界不一定,附属土司不尽为暹罗所有。以度线计之,自北纬线四度至二十度,东经线九十六度至一百二度,得二十五万方英里。人丁册登男,不登妇女、幼孩,约二百万人有奇。此外,中国民一百五十万人,雷斛斯①一百万人,湄来②一百万人,坑薄特③三十五万人,披古④五万人,若合妇女等倍计之,当得十一兆八十万人。地分四十一属,每属置一大僚。界限南北,一千四百年前,北路户口繁多,迨都城南迁曼谷,民稍稍南徙,南路编户亦盛。沿海地方皆为英有。

按:暹罗之名,国人不知,彼自号其国曰夋。或谓暹罗,黄色也,乃湄来旧号。一千八百六十七年前,商人贩米至中华居多,嗣渐贩往欧洲。六十八年,米装六十九船贩往美利坚旧金山、澳大利亚洲及马利休⑤(印度洋岛名,阿非利加洲东)。中华人寄籍在彼不少,用为粮食商贩亦中华人。土产梯勾木(一名体克),六十八年运售中国。其刊木者皆缅甸人,而木极轮囷离奇,较缅甸所出尤大而坚致。通商海口曼谷为大,七十年,出口货值一百十四万三千九百二十一磅,进口货值八十一万五千六百九磅。运货英船居多,是年进口英船一百六十二号,装七万三千一百三十四吨;出口英船一百七十三号,装八万一百五十五吨。出口米与蔗糖为多,英货机器、生熟铁。通用银钱曰体格,又名拔掇,值英银二喜林六本士。又用西班牙银钱(即中国所用之本洋银)。

(郑昌棪:《暹罗政要》,录自《小方壶斋舆地丛钞》补编,第十帙)

---

① 雷斛斯(Laos),指老挝人。
② 湄来,指马来人。
③ 坑薄特,即柬埔寨人。
④ 披古(Pegu),指缅甸白古地区的孟人。
⑤ 马利休,似是马尔加什(Malagasy)岛。

五十二、《暹罗近事末议》

今天下竞言变法矣,抑知有幸,有不幸邪。日本以变法而强,暹罗以变法而亡,岂暹不及日邪,亦暹之自阶其厉耳。暹有二王,事权不一,又夜郎自大,虽习西学,殊鲜实际。值法图霸东陲,故一经发难,拱手听命。英非坐视,危暹适以弱我。中国愿言变法者,以日本为师,尤当以暹罗为戒。虎豹在山,藜藿为之不采,国有人焉。绕朝赠策,即以寒敌士之心,慎毋拘拘以空言变法为也。

(王锡祺:《暹罗近事末议》,录自《小方壶斋舆地丛钞》,再补编,第十帙)

五十三、《海国公余辑录》

暹罗藉大国之牵制而存

《志略》云:……近闻法国加兵于暹罗,肆其蚕食。初意以为不血刃而可得地,先声所至,暹罗自然降服。不料屡次接仗,法人不敌暹罗而屡败,遂疑英国私助暹罗。前此法驻英使开缺回法以后,至今尚未闻派使。按越南、缅甸、暹罗三国毗连,而缅甸、暹罗又外与印度毗连。自英取缅甸,而暹罗岌岌。惟暹罗尚结好于英,故英迟迟未忍灭之,法亦以暹罗亲英之故而未敢遽灭之。……今法人垂涎暹罗内江之地,英恐其全折入于法,必踵缅甸之故〔智〕,即不灭亡,暹罗断难自主矣。

(张煜南辑:《海国公余辑录》,卷二,富文斋本,页7)

德皇子游历暹罗

时务大成云:德国皇子往游于暹罗国,藉以览其民俗,考其政治,非徒为寻常游历计也。未入境时,暹王命以罗多士花园为皇子小驻幨帷之所。园中珍禽诡兽,异草奇葩,莫可名状。亭台房屋,陈设辉煌。服役之人,足供使令,并有暹罗官数员为之指挥传命。盖以皇子远来,笃念邦交之义,礼隆谊厚,朝廷亦视为罕购之典也。暹王畜有马匹,购自新金山。蹶电追风,可称神骏。有巨象,性极驯扰,近人不惊。其马车则旋转轻灵,刻画工致。其马兵则衣甲鲜明,如荼如火。此外,有乐兵节奏锵鸣,悠扬入听。其随御之军,则意大利国人所管教,步伐整齐。今悉命陈列园中以壮观瞻焉。

方皇子将至之时,园中士女云集,或三人,或五人分坐一隅,鬓影衣香,时相接也。园中游客与裙钗款洽者尤极殷勤,往往兰麝甫亲,茗瓯先献。俄而众音毕作,人语喧传曰皇子至矣。于是鹄立环观,则见皇子偕先锋同至,暹罗官及各国绅商趋前迎之。有德国妇女并在其列,皇子相与叙谈。各操土音,虽在他乡,无殊故国。又片时,闻暹王亦将至矣。遥见马兵前驱,御林军拥其后。王至园前即下车而入,皇子及随员、各国绅商趋前迎迓。暹王颜色极为欣悦。园中有平地半弓,绿草如茵,葱茏可爱。循此而过,历数级则有小山,俯视园内人物,纵横宛然在目。暹王观览少顷,众乐齐鸣,而夕照西沉,暮烟四起矣。园中偏燃灯烛,火树银花,俨同白昼。有优人演剧,扮作文臣,趋跄朝右者;或作武将,戈矛驰骤者。宫移商引,剑响笳鸣。未几,而庖人以进膳告矣。暹王乃与众宾入席,来游士女,于是或并肩携手,或策马乘舆,兴尽而返。

暹王之待宾描写尽致,然来人游历之深衷则疑不在此也。

(同上书,卷五,页18—19)

五十四、《海国公余杂著》

论暹罗之筑铁路

近则讲求商务,铁路繁兴。自曼谷筑至考辣①之铁路,虽未告成,费已不赀。成后与掸人通商,必多由是路,所有筑至青免之铁路亦既兴工,是路成后,曼谷商务势必蒸蒸日上。夫使火车既行,河道亦濬,则暹罗产米之地出口之米必致大增,暹罗将顿改旧观矣。惟暹罗国小而民惰,所有商务之权尽归他国主持,与日本殊,殊无把握,苟其在民主者知米一项为土产大宗,善自为理,何难与亚洲诸国相颉颃哉。

(张煜南辑:《海国公余杂著》,卷一,富文斋本,页8)

暹罗勉以自存

其王系华籍,所用将相,汉人居多,闽粤两地之民护卫王者纷至数十余万,耕屯贸易,上下一心。近更广购兵轮,精枪快炮,延聘德人教练,增筑西式炮台。……岁收丰稔,出口米贩至闽粤及南洋各岛者常至七八百万石之多。民气绥静,国尚可为。乃法人因真腊边界未清,狡焉思逞,相持数月,卒能成和,不至如越南之灭亡一旦者。在法固虞英人之议其后也。盖英之国本在五印度,取缅甸即以保印度。彼暹罗者,又

---

① 考辣,指泰国的呵叻。

缅甸之屏藩也。苟归法人，必为俄有。纵横海上，权利已分。而新加坡一隅，英国经营百年，为南海往来之锁钥。暹为法灭，即由湄南颈地另凿新河，息力商途，将成虚设，不止暹京商务横被攘夺而已。故暹罗一国，中国边防所由，系亦英人大局所必争。况暹地华民极众，业已阴得英援，又闻暹王遣太子游历各邦，回国尽仿泰西兵法，思步日本后尘。彼鉴于缅越往事，唇亡齿寒，行将自及，不得不奋发图强也。

（同上书，卷二，页72）

五十五、《五洲属国纪略》

　　乾隆三十七年郑昭为王，恢复故土，迁都曼谷。旋与越南分柬埔寨地，服属老挝之隆勃剌邦①及掸人之景迈诸部。至咸丰时，始与欧美各国立约通商，惟北境为英荐食。光绪十九年，法又以兵取康岛②，索赔兵费三百万方③，并让澜沧江左岸之地，以和英法勘界定约，乃听暹罗自主，彼此不得侵犯暹地，亦不许他国侵犯，论者或拟之为东方比利时焉。

　　今王效法欧西，改装更制，遣其世子游英国，学水师，入万国邮政会，派员整理赋税，革包办浸渔之弊。设总局十七处，综核出入，增收渔税及树木、番薯、菜蔬、甘蔗等物皆值百而抽其九。学校向以祭司长为师，口授无书。近编小学读本，如算学、地志等类。国家供其费用，祭司长不得取脩，年终由官稽其勤惰。其宗室及贵爵子弟设学堂於宫中，又于宫外立女学堂，皆延英美博士为教习。刑狱参仿西制，江湄立会，审署用暹律断案，并教囚以攻金、攻木、制器、洗衣等艺。信任比官一员，暹王游历各国，并得留掌国政。设矿务局，以英人为总办，并准西人开矿而收其费，以矿产百分中之十分报效国家。各国公司咸集，义人在彼建立金矿公司，又开红碧宝石各矿。在曼谷东南二百四十英里名曰欢林英有二矿：曰尔伦、尔拉脱，金矿四：一在来平省，一为新加坡暹罗领事、入英籍之华人所开，更有法人开者，皆纳租税於暹。

　　其国王以下，旧有副王，体制相同，惟议政行权皆听命焉。官制仿中华，有饶斐亚之斐亚、阿利萨等官，如督抚。头目自治一邑一社者曰格南，曰哀方。特胜兵炮队四五千人，延英法人教习。海军轮船二十余

---

① 隆勃剌邦，今老挝之琅勃拉邦。
② 康岛（Khong），今老挝的孔埠。
③ 赔款三百万方，即三百万法郎。

艘,帆船五百余。电线始曼谷,北止景迈,又东接西贡,西接下缅甸。铁路自曼谷至哥拉脱,长二百六十八启罗迈当。岁入洋银一千万至千五百万元。钱法有金、银、铜。银钱三种,曰体格,值洋银六角。每体格分四色冷,每色冷分二飞阳。金钱分色与银钱同,而价十六倍。铜钱曰息克,值洋银一分八厘七毫五丝。每息克分二亚脱,每亚脱分二苏罗脱。各属多用洋银,番俗则用海贝或以货物交易。

国内土地肥沃,稻凡四十余种。湄南江水涨则种,水退则获。一握来地(暹罗亩名,合中二亩六分有奇)可得米九担,岁有九千一百万担。所产香、漆、象牙、犀角、茶、棉、藤、麻、橡胶、包谷、瓜、桔、荔枝、花生、竹蔗咸备。木则柚木、乌木、文木、铁木、松、柏。兽则多象,视为家畜,白者尤为灵兽。鸟则孔雀,山鸡,沿海燕窝尤伙,水饶鱼鳖。通国商务,恃湄南江为转运。每年出口货值二千万余元,进口货值一千五六百万元。民数一千余万,华人居三之一。

地势当湄公、萨尔温两江上游,中间层峰叠嶂,起自卫藏,经缅甸、掸人、老挝趋暹罗北境而下,分支展脉,及南而平,东尽柬埔寨,西尽麻六甲,其中皆平壤沃土也。湄南江发源老挝山中,在景迈、阿拉亨之间有三十二水交汇分注至曼谷,复曲折流三十启罗迈当至暹罗湾入海。全境地分四部,一京部,曼谷跨湄南江两岸为都,商市所聚也。二北部,三十二属,凡正北部五属,偏东六属,沙拉布利①为曼谷至哥拉脱之中路。偏西七属,阿拉布利②城濒湄格隆江③岸建有炮台。中间十属,拿公萨王④倚山为城,为著名旧都犹地亚,为暹旧都者四百年。城跨苏义河,老挝商货大栈所也。三西南部,二十属,地当麻六甲上游,羁縻各部,皆西南部长官辖。西南部九属,地当暹罗海湾,巴格囊⑤在湄南江右岸,海口稍进处有海关、炮台,湄格隆亦有炮台,有大盐池。

(沈林一:《五洲属国纪略》,卷四,
光绪戊戌练青轩本,页3—5)

---

① 沙拉布利,即沙拉武里(Saraburi)。
② 阿拉布利,即叻丕(Ratchaburi)。
③ 湄格隆江,即夜功河(Mae Klong)。
④ 拿公萨王,为 Nakhon Si 的译音,阿瑜陀耶城全称是 Phra Nakhon Si Ayutthaya。
⑤ 巴格囊,即北榄(Paknam)。

五十六、《五洲括地歌》

越南之西有暹罗，南临大海西番部，湄江东岸法凭陵，国弱犹幸王英武。

（蒋升：《五洲括地歌》，光绪二十四年，慈母堂印书局刊本，页4）

五十七、《五大洲百一十国秘笈》

暹　罗

位置：北上部缅甸，接支那，东安南，南暹罗湾，与马来半岛相对，西界下部缅甸。

面积：四一六六七方里。

人口：六百万人，南部人口稠密，北部渐稀疏。

地势：北部山岳多，南方濒海，地势平坦，且肥沃。湄南河、萨拉瓦河流驶。

政体：君主专制。政府分为六省，各大臣主之。有国务会议，自大臣、皇族六人及国王所指命二十人议之。

宗教：大半归依佛教，近与西洋交通，输入西洋之文明甚盛。

人种：蒙古人，情怠惰。物产甚多，且气候炎热，故自乏勤勉之象。

国防：常备兵不足，然备兵器有八万。自二十一岁，每年三月服国役，课义务，炮艇数只。

财政：岁入二百万磅，岁出未详，然超于岁入，无国债。近年纸币通行者少。

气候：炎热阴雨，湿气多，随处健康人民从事农业，每年收获两次。

物产：米、棉、烟草、胡椒、香料、竹、象牙、护谟砂糖、木材。输出米、麻栗、胡椒、锡、家畜；输入木棉、鸦片、绢、石油。

交通：铁道线路止测量，未敷设，电线三条通下都缅甸英属，法属柬埔寨亦通此国之北部。

都邑：开港国都磐谷[①]，六十万人；大邑阿由司亚[②]，三万人；大港司安达文[③]，三万人。

[①] 磐谷，即曼谷。
[②] 阿由司亚（Ayuttaya），现译作阿瑜陀耶。
[③] 司安达文（Chanthaburi），通译为尖竹汶。

度量衡：一启格罗六十钱五厘，一所克一尺五寸，一勒音三五三尺，一加治一六五勺。

（冰竹生：《五大洲百一十国秘笈》，卷一，光绪二十七年刊本，页7）

五十八、《中外大事汇记》

暹罗学制

暹罗旧制，教授掌于僧侣，且无竹帛书，惟口授而已。顷暹罗置书五种，如算学、地志及各种学堂肄业书，无不购备。僧侣不取脩，岁以重币赠之者再。学堂每年由地方官命题考试，评定优劣。其头等学堂，乃今王所创建，学生皆公族及膏粱之胄。其地居王宫中，名收滑痕克腊泼（即内宫花园名也）。教习美文者，即医生韄克否兰也。王於一千八百六十七年尝设大学堂王宫外，命曰申难痕台累涯，顷更为女学堂。教习半英处女，半暹罗人，亦皆尝学语言文字于英者也。又有而来桥乃学堂，亦系奉旨设立，以教头等著名学生。方创设时，学校规制未尽完善，欧人冒兰痕脱实赞成其议，故暹人至今严事之，其欲兴起人文之意，可谓盛矣。惜乎学舍骏材，今猝早夭，殊可悼也。是人名刘汇司，隶英籍，为头等学生，性豁达大度，办事能兼人，可谓国士无双矣（译书公会报、译伦敦东方报）。

（倚剑生：《中外大事汇记》，学术汇第一，戊戌广智报局版，页3）

暹罗世子入学

俄国消息，暹罗国王现命其次子前往俄国，入武备学堂肄业。虽暹王欲其王子兼通俄文，其心亦实假此以表感激之忱。缘暹王在欧洲时，俄王曾从旁调停彼与法国之事归于和好故也（闰三月官书局报，译英华新闻）。

（同上书，学术汇第一，页31—32）

暹罗新政

暹罗国将国内地段分为户、市、村、方，地方官各有专责。今改用新法任用地方官，由本地公举，大约以十人为户，十户为村，十村为市，十市为方。每村有村长，年不得在二十岁以内，免当兵差，由本地居民公举。市有市长，专管理所辖之十村事务。市长归村长公举。公举市长，应由方长经手。方长由市长公举，公举方长，应由省长经手。省长即将前三名开列咨送政府,由政府从中挑选一名,即以补授斯职。三等官员,应办各事,均有明条,不得僭越。村长之权不及市长,市长之权不及方长。三等地方官只有办事之权,而无行法之权。如遇有事,不能自了,即当禀报上游。虽无判断之权,却有调停之责。惟所准调停之事,亦有限制。田地房屋过手,均须报知地方官,由地方官存案(四月循环报)。

(同上书,掌故汇第二之一,页41)

暹王新政续述

暹罗消息云,近年暹王力图振作,事多步武泰西,此其志固不在小。查暹国向来刑罚苛重,兼以为官者又为之变本加厉,民不能堪。暹王稔悉其情,心生悯恻,故去年未整徂西之驾,先颁宽赦之文,并饬令各官无得滥用非刑,轻残民命。迨行旌返国,又拟轻徭薄税,以恤民艰。兹闻定议将杂物二十九等输运之税,悉行蠲免,订期自西七月一号起停止征收。查此等货物,多属人生日用所必需,故暹王特免其税。吾知此举一行,而小民之歌功颂德,定当口碑载道矣(五月华夏报)。

(同上书,掌故汇第二之二,页9)

俄人笼络暹罗

暹罗王游历俄京,俄皇暗施怀柔手段,以笼络中国之法,转而笼络暹罗。乃暹罗甘受其愚而不知觉,且感俄先施之惠。盖因暹廷但顾目前,不顾日后,但知近利,不知远害。噫!中国覆于前,暹罗蹈于后。因人成事,识见本卑,宜其同作一丘之貉也。缘暹王在俄时,俄皇曾许其代向法国索还江塔布裂地方。该地本系法国永远占据之区,今因碍于俄皇之面,故此许其归还。暹王则因失而复得,乐不可支,遂命内务大臣塔母伦亲王前往法国收地。按俄昔年使日本将辽东归还中国,未几即自行攫取。今暹王虽欣得地,窃恐亦蹈此辙,不过依样画葫芦而已(闻三月苏报)。

(同上书,交涉汇第四之二,页16)

暹法龃龉

前报暹法两国,近日又有龃龉之端。事缘法使所派招领苗人徙居法界之员,与暹廷所派之西员相争决裂之故。兹接前途来信,言及此中原委,所说较详,再度录之。

先是一千八百九十三年暹法所立之约内有言,凡诸苗人,有欲迁至暹罗前日割与法国之界内,即湄南港左岸者,暹廷不但不能阻止,且须为之照料,俾得妥迁等语。据法人谓此等苗人原系住居湄港左岸,前被暹人征获其地,乃将诸苗人迁于右岸云云。查此苗族,村落甚繁,而此次启衅之苗,系在越打拿地方居住。其地坐落由网咯以达金边大河适中之处。查湄南港水于每年西四月间必大涨溢,当是之际,法常遣员招抚诸苗归于法界,联群结队,负戴而行,暹官亦未尝敢预及之。盖法人以其界内地广人稀,故每欲招致诸苗以实其地。因常遣人至于苗所,煽动人心,俾弃暹而归法,历年亦均如是。但本年所派往招苗民之法员名勿尔多力,系属少不更事之流,且复资浅而任新,凡诸情事,均尚未尝熟悉。至暹廷所派办理此事之西员名曰罗敏,亦为新手,故两员相见之际,所议动多相阻,遂至结此不解之嫌。然据法员所云,则谓罗敏之待该员实有不堪之处。然暹廷则谓法员之无礼横行者共有八款。一则法员在罗敏之前以马鞭扑责暹民;二则该法员在罗敏宅内恃蛮胡行,罗命该员出宅,该员不允;三则法员于此擅作威福,视此地与法辖无殊;四则法员语诸苗谓汝辈欲迁则迁,无庸听候暹员给照;五则该员尝至罗敏宅内,乃故命通事向罗敏传语,而不与之面谈。据罗敏云,贵委员若亲身自来,与吾共谈,窃所甚愿。讵该法员谓吾所以待汝如斯者,汝当不言自喻云云;六则法员在于公众之前曾谓苗人,若不肯搬迁,则吾必多方设法使汝辈不能安处,不得不迁;七则该员语诸暹辖之人,谓汝辈俱为法籍之人,可以受我法人保护;八则法员每每欺辱暹廷所派之员。凡此八者,均属法员之不合,是以暹罗外部里华汪施亲王曾发照会十余次与法国驻居该处之公使,请为查办,讵法使恒以该委员勿尔多力尚未言旋,故来文所言各节无从查究云云。未几,该员已回使馆,故里亲王复将各情照会法使,请将该员撤退。讵法使复称,此事已由本大臣查明,所以有此龃龉之中,均属贵国委员之所自取云云。惟暹员罗敏,则已奉政府之命派往北境,暹廷待之甚优。然据罗敏所报,又有言谓该法员曾发执照约六百纸,给与诸苗,曰可迁至法界,以受法人保护。乃诸苗将其执照扯破,自愿居于本地,不愿入住法辖地方。又称该法员逼勒诸苗速行,而妇稚者流,仓皇就道。甚至产妇月婴,亦须长途奔走。似此景状,恐不免有死于中道之虞等语。然在法人则谓西本年内诸苗之迁居法界者,已约近四千名之数。因此之故,暹廷遂寻隙起而相争耳。但勿尔多力见法使诸事为之袒护,故更横行无忌。里亲王不复再能忍耐,乃照会法使云,贵使若仍不将该员撤退,则本国以后不再与该员交涉公事。又因该法员曾语诸苗,谓欲迁则迁,无须候暹官执照等语,故里亲王照会内并经言及所有诸苗越界而迁者,若无暹官之照,则我国必当严行究办云云。惟法使则始终固执,指此事为罗敏之咎,不肯将该员撤退,故该两国近日情形,颇有决裂之势云(六月星报)。

(同上书,交涉汇第四之二,页41—42)

暹罗借材外国

近十年来,暹罗国上下励精图治,革旧维新。但本国人才尚少,因借材异国。溯其初变法时,先聘欧洲之丹墨与比利时二国人相助,盖以其国小而无力以相牵制也。惟自千八百九十六年正月,沙士勃雷侯与暹国订立简明条约而后,暹人即转向印度聘请能员,以为彼国振兴之助,且不向他国聘请矣。印度政府加意鼓励其官员往助暹罗,凡愿往者,待至任满而还,仍许复旧职。故暹罗人能聘得印度至优等官员,今暹罗理财之部及掌山林之官,均以印度极精熟之人充之。暹国政务,得人助理,其兴盛也,可拭目待之矣(七月知新报,译伦敦商务报)。

(同上书,交涉汇第四之三,页8)

五十九、《云南通志》

进云南种人图说

伯麟[①]

郡之思茅厅东南界暹罗,西南界缅甸,缅甸之间为戛于腊。戛夷本属于缅甸,以其民万众弃缅归附暹罗,嘉庆壬申、癸酉之间,戛夷与缅相攻,扰及车里土司界内,暹罗恐犯天威,将戛夷迁徙东去数百里外,其余众二千余人惮于远徙,又复弃暹归缅。缅酋年已耄昏,其大目有四,曰四大万,互争权势,国事方淆,即以此戛人屯耕孟艮,密迩车里土境。

(阮元等纂:《云南通志》,卷二百八,道光刊本,页13—14)

[①] 伯麟,嘉庆年间任云贵总督。

附录一

地名索引

一画

一爹里	423

二画

丁噶奴	387,399,430
丁流眉	23
七洲洋	133,145,281,320,370,373,388,399
卜国	168
卜剌哇	81,107
九稚	3
九龙江	186,357-359,362
九华山	425
八百大甸	41,99,128,144,155-169,172-178,180,183-185
八百者乃	128,155-156,159
八百媳妇	28,35-43,128,155,175-178,180,183-186
八柳	410
八克那无	429
八寨	183
八度茫	412

三画

大埔	421,423
大城	21,398-399,410
大年	2,5,22,32,95,112,136,315,321,346,390,399,401
大泥	95,97-98,136-138,142,145,367,370,386
大湖	434
大宣河	435
大古喇	157,185
大葛兰	107
大琉球	58,68-69
大横山	135
大黑山	14
大八百	392
大猛养	357
大苏梅山	136
大真树港	145,320,370,388
大佛灵山	109,133,135
大昆仑山	135,145,320,370
土蕃	14
土雅	157,165
三水	278

三泊、三泺	21-23	马暖	410
三岛国	107	马军山	31
三佛齐	20, 22-23, 55, 58, 60, 62, 67-69, 102, 123, 142, 152, 367-368	马八儿	27
		马利休	439
		马耳大万	399
三角屿	98, 136-137	广州	3, 8-10, 12, 17, 22-23, 34, 52, 59, 111, 213, 264, 266, 271, 281, 285, 287-288, 291-292, 294-296, 303-306, 308-309, 313, 315, 343, 366-367, 372-373, 382
干达里	76		
土耳其	262		
不林望	425		
万巴晒	398		
万里石塘	18, 115, 141, 145, 370		
上水	34, 105, 109, 133, 153	广东	13, 25, 34, 52-54, 57, 62, 70, 72, 80, 82-83, 85-86, 88, 90-94, 97, 100-103, 105, 108, 112-115, 124, 125, 128-131, 133, 135, 138, 141, 144-145, 147, 149, 151, 181, 188, 192, 195-200, 202, 204, 207-213, 215, 217, 219, 223, 230, 232, 234, 236, 243-245, 250, 251, 253, 255, 258-261, 264-267, 270-276, 278, 280-282, 284-291, 293-296, 298, 301-314, 316, 318-321, 325-329, 332-334, 340-342, 344, 347, 353-
上河	410		
上海	13, 152, 154, 361, 403, 404, 415, 423		
山东	87, 135, 260, 340, 357		
山西	261, 419		
小海	7-8, 11		
小葛兰	107		
小柯兰	73		
小横山	108, 135		
小真屿	388, 399		
小吕宋	404		
小八百	158, 176, 185, 392		
小苏梅山	136-137		
千无里	13, 146, 317		
个罗	8		
女人国	25		
女王国	35		
已程不国	1		

	355, 360, 366-368, 370, 372-374, 376-377, 382-383, 392, 394, 399-400, 405, 407-408, 414, 417, 422
广西	23, 62, 88, 151, 158, 169-170, 181, 250, 266, 286, 304, 306-308, 310, 401, 414
广南	1, 171, 238, 317, 386, 395, 402
广海望峒	154

四画

夫甘都卢国	1
天方	107
天竺	3-4, 6, 11, 117, 120
木邦	42, 52, 155, 157, 160-161, 164, 166-167, 171, 175-178, 180, 183, 195, 198, 392-393, 400
木安	38, 42
木肯寨	43
木骨都束	81, 107
元江	41, 161-162, 171, 183
五屿	105, 114, 136-137
天津	260-261, 325, 329, 394, 398, 407, 417
太湖	357
太呢	390-391
太仓	52, 78, 107-108, 129
太平县	252
车里	36, 39, 41-42, 68, 90, 155-162, 164-171, 173-176, 178, 180-183, 185-186, 195, 357-360, 362, 392, 419, 435, 448
车里靖安	164-165
车厘	36, 39
车德	434
云南	28, 35-42, 52-54, 68, 75, 90, 96, 105, 109, 133, 142, 151, 155-162, 164-178, 180-185, 198, 200, 228, 237, 250, 261, 311, 313, 351, 357, 359, 362, 366, 393, 397-398, 412, 414, 419, 422, 437, 448
云山	194
云屯	53
开泰州	202
中国	1, 3, 8, 12, 16, 18, 20, 24, 29, 33, 35, 41, 52-54, 58-62, 64, 68-69, 71, 74, 77, 79, 85, 87, 96-97, 99, 105-106, 109-112, 114-115, 121, 123, 126-130, 133-134, 138, 141, 144, 146-147, 157,

	160, 165, 170-171, 175, 177-178, 184, 200, 202-203, 215-216, 220-222, 226-231, 246, 261-262, 279, 297, 317, 323, 325-326, 364, 367-368, 383, 386-387, 389-390, 392-407, 412, 415-418, 422, 424, 426, 428-429, 433, 435-437, 439-440, 442, 446	水真腊	7-8
		斗屿	136-137
		文单	9
		文莱	55, 195
		六昆	139, 145, 315, 317, 320-321, 346, 371, 399, 430, 433
		六坤	110, 117, 122, 125, 132, 136-137, 188, 210, 218, 220, 255, 267-268, 344, 387-388, 399, 402, 410, 412-413
		六坤下池	136-137
		巴黎	403, 427, 429, 434-435
日本	29, 52-53, 57-58, 62, 67, 70, 90, 96, 98-99, 103, 113, 120, 122-123, 128-129, 152, 195, 204, 232, 233, 262, 367, 369, 397-399, 404, 416, 425-426, 428-429, 431, 438, 440-442, 446	巴格囊	443
		巴喇西	152
		爪哇	17, 30, 32-33, 40, 52-53, 55, 58-60, 62, 67-70, 73, 75-76, 79, 84-86, 89, 92, 93, 97, 102, 107, 113, 123, 126, 142, 151, 211, 364, 367-368
日南	1	乌图	197
日里	73, 421	乌蒙	184
长本	312-313	乌肚番	201, 350
长沙	263, 367	乌猪洋	54, 117
长东	412	乌撒宣慰司	38
长生	412	比采	139, 146, 317, 371
长买	412, 414	比利时	364, 429-430, 442, 448
丹国	319, 428		
丹丹	7		
丹奈	432		
丹流眉	17, 20, 23		

孔格	203	龙牙加邈	107
		央瓦	350-351
五画		叮叽呶	370
甘毕	10, 315	四川	36, 41, 52, 181, 393, 414
甘巴里	73, 81		
石叻	409	占腊	17, 111
古里	73, 75-76, 81, 107, 123, 126, 263	占城	8, 16-23, 27-30, 40, 42, 52-60, 62, 64, 67-70, 73, 75, 82-86, 89-90, 93, 99, 102-109, 113, 123-126, 128-129, 131, 133, 138-145, 151-154, 158, 170, 238, 315, 320, 346, 367-370, 395, 399
古喇	54, 157, 185		
平缅	68, 159, 163, 174, 227, 393		
可剌	138		
打马	226-227, 386		
打伦	433		
本底	389		
东莞	59, 93, 109, 124, 133, 154		
		占泽问	219, 223
东埕	33	甲力	412
东京	401, 407, 413, 417	电白	59, 97, 313
东浦	103	旧港	53, 76, 78, 81, 107, 109, 133, 370
东塞	410		
东陇	297	旧明台	55, 62, 316
东董山	108	旧金山	439
东牛国	94, 115, 141, 145, 370	皮宗	1
		皮细禄	119, 145, 317, 371
东蛮牛	57, 118-119, 125, 132, 154, 399	永定	251, 343
		永嘉	16, 66
东印度	412, 426	永昌	176, 184, 311, 392
东冲古剌	31	头和国	4
龙溪	87, 277, 301	汀州	57, 114, 118, 125, 128, 133, 138, 141, 144, 154, 251, 343
龙屿	107		
龙陵	311-312		
龙牙门	136-137	汉口	367
龙牙山	145, 370	讨歪	139, 145, 317, 371

讨来思	115-116	西澜	152
宁波	52,194,199,207,232-233,269-270,314,319,341,376	西贡	261,364,395,399,402,405,408,412-416,419,421-424,431,443
兰场	138,145,370	西郎	411,415
必察不里城	26	西洋	23,29,46-48,52-55,58,60,62,67-72,74-76,78,82,85,97,100,102,104,106,108-109,111-112,117,123-126,130,140,142-143,147,159,168,186,195,200,206,214-217,263,275,288,292,299-300,316,318,323,325,327,330-332,347-349,353,367,369,371,374-377,380-382,394,398,402,444
加罗希	22,367		
加异勒	73,75,81		
加核蒙	203		
加尔格搭	427		
疋皮里	317,371		
疋曹本	317		
司安达文	444		
弘农	7		
白蜡	129,432		
台湾	195,255,261,310,344,394,419		
外罗山	135,145,388		
印度	1,3,5,7,17,20,25,27,33,52,55,58,73,75,99,107-108,113,262,396,398,403-405,412,414,416,422,426-427,429,431,439-441,448		
		西洋琐里	55,60,62,67,102,123
		吉德	391,430,432
		吉兰丹	5,7,75,136-137,388,391,399,430,432
北鸟	410-411		
北宁	261,419		
北圻	262,414		
		吉连丹	388,399
	六画	吉贝屿	136-137
		吉顿力	31
西天	17,52,102-103,150,194,214,394	吉里地闷	107
西棚国	21	吉里闷山	136-137

百花	58,67-68,106		151-152,156-158,
百夷	52-53,102-103,		160,169-170,173,
	149,156,158,175-		180-183,186,188,
	177,194,214,394		194-195,197,199,
老挝	5,8-9,35,42,138,		204-206,208,214,
	149,151,156-161,		219,225,230,238,
	163,165-166,168-		240,242,245,263,
	178,180-183,185-		269,271,278,289,
	186,193,203,410,		291,301,320,323,
	412,419,422,430-		327-328,334,336,
	431,434,439,442-		340,350-351,367-
	443		368,370,376-377,
老无	139,146,317,371		379,391,393-398,
老仔	410		402,405,416,422,
戎	30,60,84,106-107,		436,444
	131,154,181	安徽	234-235,252,344,
地盘山	136-137		357,425
考辣	441	江下	157,161
吕宋	103,123,195,209,	江西	40,42,91,128,
	367,369,386,401-		181,204,208,270,
	402,404,423		283,327,342,357,
吕旺	425		377
同安	195,245,279,301,	江洪	436
	383,394	江镇	432
交州	7-9,11,23,109,315	江宁	20,60
交趾	8,11-12,18,23,40,	江枫	426
	103,110,124,126,	江塔布裂	446
	131,133,142,153,	朱江	7
	171,181,401	合浦	1
交趾支那	326	师子洲	14
交栏山	107	师子石	6,12
安南	28,55-56,58,60,	伊赏那补罗	13
	62,67-70,73,89,	仰江	414
	102,123,142,145,	仰光	414,425

伦敦	326,403,426-427,436,445,448	苏义河	443
多饶	139,146,371	苏门答剌	56,58,59,68,70,73,75-76,78,81,89,107,123,263
竹步	81,107		
竹屿	108,119,388,398	花面王	107
先利泼	434	花肚番	198,200,219-222,224-225,230,241,284,290,345,349-352,380
色兰格耳	202		
红毛	9,97-98,332,367,382,395		
那为然	423	投和	4,8-9,12,116,315,367
农耐	395		
孙剌	57,75,86-87	坑薄特	439
孙姑那港	136-137	杜和罗	14-15
		杜和罗钵底	14-15
七画		灵山	107-109,133,135
扶南	2-3,5,7,10-11,13-14,19-20,28	吧垄	410
		吴歌	411
扶甘	351	邑卢没	1
扶世禄	350-351	宋卡	2,5,31,136,202,315,388,390-391,399,410,432-433
赤土	5-7,11-12,54,103-104,114-117,123,126,131,153,346,367,399		
		宋仔	410
		宋脚	388,390,399
赤坎山	135	沙哈鲁	116
巫仑	30,33	沙拉布利	443
束板普	139,146,317	沙丹格托伦格	203
束骨胎	139,145,317,371	没剌由	26
克伦坡	436	闵南姆江	433
麦尔古	397	阿瓦	125,200,221-222,226-229,312-313,350-351,392
苏禄	5,107,123,193-194,214,394		
		阿丹	78,81,107
苏门傍	32-33	阿鲁	73,75,81,107
苏门邦	32,33,55,62-63,66,68-69	阿可耳	201

阿南国	98		123, 126, 366
阿拉干	54, 414	环王	8-10
阿拉亨	443	青霾	225-228
阿勒忙	432-433	青兔	441
阿罗帅	390	青州岛	97
阿富汗	427	奔陀浪	7
阿由司亚	444	奔奚里	26
阿由提亚	200	英国	163, 181, 309, 325-326, 402, 412, 420, 424-426, 429, 433, 440, 442
阿拨把丹	73		
阿拉布利	443		
陀洹	8-9, 12, 21		
陆昆	110, 133	英圭黎	195
陆真腊	8-9	坤端	411
陈翁屿	135	披古	439
陇川	180, 392	拔得模朋	434
佛山	139, 369	昔里	32
佛屿	136-137	虎门	198, 219, 261, 266, 271, 308, 325-326, 329, 344, 373, 386
佛郎机	59, 93, 97, 120, 128, 368		
佛打泥	112, 367	虎跳门	59, 97, 187, 199, 206, 376
佐法儿	81		
伽喃模屿	135	虎头门	154
伽蓝儿	135	明州	24, 52, 195
针路	31, 133, 135-137	果平叱	317
针狄门	410-412, 415	典逊	3
犹地亚	398, 431, 443	咖喇吧	278
纲义劳	410	帕米尔	435
龟山	110, 133, 137	昆陵	9
龟龄港	285	罗刹	5, 11, 117, 126, 153
鸡笼岛	6, 11-12, 126	罗越	17, 241
		罗斛	16-17, 19-20, 22-23, 25-32, 34, 54-55, 58, 60-69, 100, 102-104, 106, 109,
八画			
林阳	2		
林邑	6-8, 11-13, 28, 117,		

	113-115, 117, 121, 124, 126, 130-131, 137, 139-143, 153, 314, 316-318, 326, 346, 367, 398-399, 437	沾奔	119, 139, 146, 317, 371
		波勒	42, 157, 159-160, 165, 175-178, 183, 185, 365
罗湾头	108, 135	波斯	17-18, 22, 52, 152, 262
罗汉屿	136	波斯兰	17-18, 22
采野	139, 146, 317, 371	波罗剌	5, 126
采欲	139, 146, 317, 371	波罗刹	11
采纳	132, 139, 146, 371	波尔都噶尔亚	347
和兰国	97	单马令	9, 22
制令	432	单马锡	32
金陈	2-3, 19-20	郎百蛮	422
金阵	13	定港	269-270
金齿	35, 37, 39, 166	迦罗舍佛	8
金边	363, 404-405, 410-417, 422-424, 447	迦摩浪迦	13
		屈都昆	3
金边国	363	孟杰	38, 42, 155
金坡寨	415	孟勇	359
忽南圭	31	孟艮	42, 157, 160, 165, 171, 173, 175-176, 178, 183, 185, 363, 448
忽鲁谟斯	75, 81, 107		
彻里	36-39, 41		
河内	7, 261, 419		
河仙	188-189, 219-226, 231, 284, 350-352, 370	孟琏	164, 173
		孟拱	392
		孟范	43, 434
河底	165	孟邻	411
河渡门	95	孟绢	155
法国	261-262, 402, 405, 412, 420, 422, 426-429, 433-436, 440, 445-447	孟密	392
		孟定	156, 159-160
		孟养	52, 156, 160, 174, 176, 180, 185, 392
沾泽	223	孟伴	171

孟角	406, 410-412, 415-416, 418	南澳	108, 296
孟去瑞	411, 415	南掌	138, 193-194, 214, 255-256, 337-338, 359, 362-363, 370, 392, 394, 398, 412, 414, 419, 429, 433-434
孟波勒	365		
孟加拉	69, 414, 418		
参半	7, 9, 20		
细辞滑	119, 139, 146, 317, 371		
		南巫里	73, 75
弥南河	397	南亭门	109, 133, 135-136
弥勒佛	31	柯枝	73, 75, 81, 120
		柳国	412
九画		柏林	427
茸里	34	剌郡	399
茶湾	281	剌撒	81, 107
南圻	7, 414	胡椒党	411, 415
南京	53, 57, 78-79, 92, 115, 125, 128-129, 138, 141, 144, 168	威远	41, 159-160, 165
		柬埔寨	5, 7-8, 17, 21-23, 108, 200-201, 203, 317, 326, 350-351, 363, 370, 387-389, 398, 402, 410, 412, 431, 433-434, 439, 442-444
南城	91		
南雄	373		
南海	3, 5-12, 14-15, 34, 73, 99, 109, 113, 115, 117-118, 124-127, 130-131, 138, 140-141, 144-145, 152-153, 187, 204, 218, 255, 278, 280-281, 287-288, 291, 294-296, 301, 304-306, 308-309, 315, 320-321, 343-345, 366-367, 370, 373, 382, 393, 397, 400, 405, 428, 431, 442		
		玳瑁洲	110, 135, 388
		玳瑁额	110, 133
		挟世禄	221, 351
		咬留吧	386
		哑鲁	73, 107
		毗兰	142
		思茅	357-359, 419, 448
		思明	195
		顺元	36, 39, 41-42, 49, 57, 87-88, 169, 184
		顺宁	167, 311

顺化	395	将军帽	136-137
临邑	14		
临安	42，165，171-172，182	**十画**	
		真腊	7-10, 12, 17-18, 20-23, 28-29, 33-34, 53, 55, 57-58, 60-62, 64, 66-70, 102, 107, 117, 119, 123-125, 131-132, 142, 154, 315, 350, 368-369, 399, 441
临安府	165，172		
览邦	67，123		
建水	42		
香港	365，404-405，409，414，418，423		
香山	59，97，115，138，141-142，145，154，211，247，285，298-299，320，344，370，384		
		真里富	16-20, 22-24, 34, 316
		真王屿	135
香山澳	97	真屿山	135，350
泉州	17，52	真薯山	350
急兰丹	75	哥罗	8-10，12，315
保胜	363	哥罗舍分	8，10，12，315
俄国	420，426-427，445	哥罗富沙罗	8，10
俄罗斯	369	哥拉脱	431，434，443
修罗分	10，315	哥赖脱	431
独和罗	9，21	速古台	16，26，139
饶平	313	速龙探	26
须文达那	56，67，84，123	速孤底	34
姚关	42，157，176，184-185	荷兰	97，193-195，205-206，211，265，305，330-333，366，369，372，378，379，381-382，384-386，391，418，423
贺兰国	211		
养西岭	391		
哀牢	156，158，170，181		
洋屿	108		
炸本	410	都伦	427
美国	426	都寄	432
柔佛	17，28，32，211，387，398，410，421，	都元国	1
		桐城	252

桃歪	350		130,154,181,208-
校杯屿	108,135		209,212,269-270,
耿马	198		297,341,377,394,
班考克	428		402
班德本	434	涨海	3
鸭洲	388	凌牙斯加	22
鸭墩	280-281	涂歪、涂怀	241,345
徐闻	1	高昌	52,102-103,129,
息力	442		194,394
狼牙修	2-4,6-8,10,12,22,	高丽	55,60,62,64-65,
	117,315,367		102,422,424
狼牙须	6,126	高烈	221,224,350-351
拿公萨王	443	高棉	415
倒脑细	119,139,145,317,	宾童龙国	107
	371	宾达椰国	18
秘得	152	旅宋	152

十一画

笔架山	108,119,135,137,	黄渡	52,129
	388	黄梅	357
般鸟	421	黄埔	401
唐卡	415	黄支国	1
谅山	363	菩提国	3
海南	10,12,22-23,26,	萨摩州	103
	31,54,61,108,	戛于腊	197,357-363,448
	121,126,135,137,	琉球	52,55-56,58-59,
	143,149,315,326,		62,64,67-72,75-
	366,368-369,386,		76,86,93,95,99,
	418,422		101,103,107,113-
海丰	226,284-285,308		115,118,123-125,
海宴	242,302		140,145,151-153,
海澄	277,428		191,193-195,204,
海阳	313		206,214,240,250,
海防	303,405,421		258,269,272,299,
浙江	16,29,52-53,70,		
	72,93,113,124,		

	325, 329, 334, 337-339, 343, 367, 369-370, 379, 383, 394, 398, 401, 426
琐里	55, 57, 60, 62, 67, 102, 108, 113, 123, 368
崛垅	111, 133, 366
堀沦国	15
教化	183, 198, 204, 318, 374
梯泥色领	414
昆仑山	135, 145, 320, 370
昆宋屿	136-137
崖门	299
曼谷	1, 135-136, 189, 200, 203, 323, 326, 355, 395, 397-398, 406, 412, 424-425, 428-429, 431, 433-434, 437-439, 441-444
舒城	252
得楞	54
得吉零国	152
象林	1
盘盘	2-4, 7-9, 11, 315
盘谷	200, 203
猛腊	195
猛养	195, 357
猛禹	436
斜仔	22, 387-388, 399
铜鼓山	108, 135
麻叨	197, 201, 241, 345
麻逸	41
麻六甲	123, 323, 432, 443
麻兰国	22
麻塔班	414
麻里予	28
婆利	7, 117
婆罗刹	117, 126, 153
婆罗娑	5, 117, 126
淡巴	67, 117, 123
淡洋	107
淡港	31
淡水港	390
淡水洋	320
清流	91, 133, 423
望阁	350-351
宿松	234
康岛	442
朗布拉班	430
谌离	1
谛巴	432
阎摩那洲国	13
隆拍拉朋	203
隆勃辣邦	434
堕和罗	8-10, 12, 21
堕婆登	9
堕罗	4, 7-8, 13
堕罗钵底	4, 8, 13

十二画

葡萄牙	59, 216, 423
厦门	195, 208, 232-233, 255, 283, 301, 314-315, 319, 321, 344, 346, 377, 386, 388,

	399	越打拿	447
斯吉丹	33	揭阳	313
朝鲜	33,53,57,67,70,72,74-75,81,95-96,99,102-103,113,119,123,131-132,152,160,164,187,190-191,193-194,204,206,214,240,245,259,269,272,287,294,308-309,336-340,379,383-384,394,397-399,417-418	堪地门	398
		堪波提	433
		琼州	54,82,91,264,285,303,368,423
		单马令	9,22
		喃渤利	75
		景东	176,185,365
		景坎	156,170,180-181
		景线	158,176,184-185,195,392
		景迈	41,158,176,180,184-185,392-393,431-432,442-443
彭亨	22,56,58,67-68,73,75-76,123,136,387-388,399	景州	357
		普干	351
彭坑	107,137	普洱	185,337,357,359,385,392,419
款细湾-	119,139,146,317,371	普藤	358
越里	31,142	普定路	42
越南	1,5-8,18-19,23,27,31,35,103,107-109,135,145,193,198,203,238,248,250,257,259,261-262,322,325-326,329,337-338,363,383,385,388-389,394-395,398-399,404-407,410,412-416,419,426,429-431,433,440-442,444	诃罗旦国	5,11,126
		蛮暮	392
		蛮得	200,393,400,429
		蛮得勒	200
		蛮婆塞	410
		温州	55,66
		溢亨	73
		湄江	203,414,418,433-435,444
		湄来	439
		湄公河	203,323,326,398,427
		湄南河	8,32,108,133,

	203,323,397-398, 406,433,437,444		354,356-359,362- 363,366,370,380,
湄格隆江	443		389,392-399,403-
渤泥	55,58-60,62,67- 68,93,107,142, 151,369		405,410,412,414- 416,418,419,422- 423,425-427,429,
湖北	40,252,356-357		431-433,439,440-
湖州	142		444,448
湛地门	434	锁里	62,108,368
善司板	31		
禄坤	220-221,224,350- 351	**十三画**	
富春	242,395	蒲甘	22-23,34,37
焦石山	6,11,126	蓬呀	391
程良	17	蒙样	36,42
程若	17,219,349	蒙自	171
登流眉	17-18,22-23,33-34	蒙庆宣慰司	38,42,155
番禺	264,280-281,287- 288,291,294-296, 304-306,309,373	雷斛斯 瑞西 瑞国	439 411 423
腊管	359	摆古	186
缅甸	1-3,7-9,17,21-22,	意大里	397
	31,37,42-43,52- 54,57,102-103, 119,125,133,139, 145,152,155,158- 159,165-167,174, 176-178,180,189- 191,193-198,200- 202,214,219,222, 226-231,237,239, 241,245-247,250, 311-313,323,326, 345,349-351,353-	福建	17,23,52-53,55, 62,70-72,78,86- 88,91,93,97-98, 103,112-114,125, 128,130,133,138, 140,144,181,195- 196,199,204,206- 208,212-213,245, 250-251,255,261- 262,270,277,300, 310,314,319-320, 325,327,341-345, 369,376-377,379,

	383,386,394,405,407	榜葛剌	69,107
福州	124,213,261,283,301,408	槟榔屿	391,402,410,414,424,425,436
新州	19,56,82	辣皮	139,146,317,371
新安	253,306,344	韶州	309,372-373
新宁	154,242,281,293-295	漳州	108,124,194,405
新会	196,233,299	满剌加	101,106
新埠	391	遮罗	432
新门台	32,104,108,133	豫章	177,367
新格拉	202		
新加坡	32,262,363,402-405,409,412-414,416,423,425,428,436,442	**十五画**	
		播州	40,99
		橄榄坝	357
		赭乐甸	176
		暹国	25-29,32,34,71,109,114,117,124,126,137,140,143,224,245,270,314,355-356,406,410,432,434,446,448
新架坡	421-422		
新嘉坡	398,436		
新金山	421,440		
溜山	75,81,107		
溜山洋	107	暹罗斛	29,54-55,60-69,102-104,113,117,126,131,137,139,143,367,399
滨角	422-423		
魁山	139,146,317,371		
煞伊	432		
锡箔	195	噶喇叭	391
锡兰	81,107,120,123,403,436	磐谷	444
		缘洋	23,283
锡兰山	81,107,123	摩诃瞻波国	13
锡模立魄	434	儋州	266
腾越	53,228,311,393	德化	29,221,357,374
		德州	357
	十四画	德国	203,427,440-441
嘉应	407,422-423	稼量庇能	424
嘉厘加打	422	镇沅	162,176,185

潮州	83，260，289，303，311-313，361，407，409-410，421，422	耨陀洹	9
		篷江	434
潮阳	95，313	**十七画**	
澎湖	97-98，255，310，344	壕镜	59
澳门	59，194，219，348-349，366-368，399，401	**十九画**	
		麓川平缅	68，159，163，174
澄海	188，233，245-246，297，312-313，383	瓣南边	412
		二十画	
		澜沧江	323，398，430，434，442
十六画			
整线	157，161	**二十二画**	
整欠	357，359	蘸八	27
整迈	358-359		

附录二

引用书目

1. 《汉书》　　　　　　　　班固　　　　　　中华书局1962年版
2. 《水经注》　　　　　　　郦道元　　　　　四部丛刊本
3. 《梁书》　　　　　　　　姚思廉　　　　　中华书局1973年版
4. 《陈书》　　　　　　　　姚思廉　　　　　中华书局1972年版
5. 《隋书》　　　　　　　　魏征等　　　　　中华书局1973年版
6. 《旧唐书》　　　　　　　刘昫等　　　　　中华书局1975年版
7. 《新唐书》　　　　　　　欧阳修、宋祁　　中华书局1975年版
8. 《通典》　　　　　　　　杜佑　　　　　　商务印书馆1935年版
9. 《岭表录异》　　　　　　刘恂　　　　　　广东人民出版社1983年版
10. 《艺文类聚》　　　　　　欧阳询　　　　　中华书局1965年版
11. 《大唐西域记》　　　　　玄奘　　　　　　上海人民出版社
　　　　　　　　　　　　　　　　　　　　　　1977年校点本
12. 《大唐西域求法高僧传》　义净　　　　　　中华书局1988年校注本
13. 《南海寄归内法传》　　　义净　　　　　　中华书局1995年校注本
14. 《蛮书》　　　　　　　　樊绰　　　　　　中华书局1962年版
15. 《宋史》　　　　　　　　脱脱等　　　　　中华书局1977年版
16. 《宋会要辑稿》　　　　　徐松　　　　　　中华书局1957年版
17. 《太平御览》　　　　　　李昉等　　　　　中华书局1960年版
18. 《玉海》　　　　　　　　王应麟　　　　　嘉庆丙寅江宁藩署刻本
19. 《册府元龟》　　　　　　王钦若等　　　　中华书局1960年版
20. 《岭外代答》　　　　　　周去非　　　　　丛书集成初编本
21. 《诸蕃志》　　　　　　　赵汝适　　　　　中华书局1956年
　　　　　　　　　　　　　　　　　　　　　　冯承钧校注本
22. 《云麓漫钞》　　　　　　赵彦卫　　　　　丛书集成初编本
23. 《文昌杂录》　　　　　　庞元英　　　　　中华书局1958年版

24.《桂海虞衡志》	范成大	广西人民出版社1986年版
25.《攻媿集》	楼钥	文渊阁四库全书本
26.《元史》	宋濂	中华书局1976年版
27.《新元史》	柯劭忞	开明书店版
28.《元风雅》	蒋易	宛委别藏钞本
29.《真腊风土记》	周达观	中华书局1981年校注本
30.《岛夷志略》	汪大渊	中华书局1981年校释本
31.《异域志》	周致中	中华书局1981年版
32.《大德南海志》	陈大震等	广东人民出版社1991年版
33.《招捕总录》	佚名	守山阁丛书本
34.《明史》	张廷玉等	中华书局1974年版
35.《明实录》	官修	江苏国学图书馆藏抄本
36.《国榷》	谈迁	古籍出版社1958年版
37.《明会典》	申时行等	万有文库本
38.《明会要》	龙文彬	中华书局1956年版
39.《续文献通考》	王圻	万历三十一年刻本
40.《瀛涯胜览》	马欢	中华书局1955年冯承钧校注本
41.《星槎胜览》	费信	中华书局1954年冯承钧校注本
42.《菽园杂记》	陆容	中华书局1985年版
43.《皇明纪略》	皇甫录	丛书集成初编本
44.《西洋朝贡典录》	黄省曾	中华书局1982年校注本
45.《海语》	黄衷	岭南遗书本
46.《筹海图编》	胡宗宪	明天启刻本
47.《皇明四夷考》	郑晓	商务印书馆国学文库1933年重印本
48.《咸宾录》	罗日褧	中华书局1983年版
49.《东西洋考》	张燮	中华书局1981年版
50.《皇明象胥录》	茅瑞征	国立北平图书馆善本丛书据明崇桢刻本影印
51.《殊域周咨录》	严从简	中华书局1993年校点本
52.《名山藏》	何乔远	明刻本
53.《万历野获编》	沈德符	中华书局1959年版
54.《四夷广记》	慎懋赏	玄览堂丛书本
55.《图书编》	章潢	万历四十一年刻本

56.《寰宇通志》	陈循	玄览堂丛书本
57.《皇舆考》	张天复	玄览堂丛书本
58.《裔乘》	杨一葵	玄览堂丛书本
59.《三才图会》	王圻	明万历刻本
60.《岭海舆图》	姚虞	守山阁丛书本
61.《荒徼通考》	佚名	玄览堂丛书本
62.《广志绎》	王士性	中华书局1981年版
63.《广舆记》	陆应阳	明万历刻本
64.《四夷馆考》	王宗载	东方学会1924年版
65.《增定馆则》	吕维祺等	玄览堂丛书本
66.《鸿猷录》	高岱	丛书集成初编本
67.《本草纲目》	李时珍	人民卫生出版社1975年版
68.《野记》	祝允明	历代小史本
69.《五杂俎》	谢肇淛	上海书店出版社2001年版
70.《罪惟录》	查继佐	浙江古籍出版社1986年版
71.《天下郡国利病书》	顾炎武	光绪癸卯上海益吾斋石印本
72.《大明一统志》	李贤	明万寿堂刻本
73.《云南志(正德)》	周季凤	云南图书馆藏抄本
74.《云南通志(万历)》	李元阳	1943年重刻本
75.《滇志》	刘文征	云南图书馆藏抄本
76.《全边略记》	方孔炤	北平图书馆1930年版
77.《蛮司合志》	毛奇龄	西河全集版
78.《驭交记》	张镜心	粤雅堂丛书本
79.《越峤书》	李文凤	中山大学1958年据旧抄本油印本
80.《读史方舆纪要》	顾祖禹	中华书局1957年版
81.《滇考》	冯甦	台州丛书本
82.《滇系》	师范	光绪丁亥云南通志局版
83.《清史稿》	赵尔巽等	中华书局1976年版
84.《清实录》	官修	沈阳崇谟阁本
85.《明清史料(庚编)》	台北	历史语言研究所1960年刊本
86.《清朝通典》	清官修	商务印书馆1935年版
87.《续通志》	纪昀	商务印书馆1935年版
88.《续文献通考》	纪昀	商务印书馆万有文库本

89.《清朝文献通考》	清官修	商务印书馆万有文库本
90.《清朝续文献通考》	刘锦藻	商务印书馆万有文库本
91.《清会典》	清官修	雍正十年武英殿本
92.《大清会典事例》	清官修	商务印书馆1909年版
93.《嘉庆重修一统志》	穆彰阿	四部丛刊本
94.《皇清职贡图》	清官修	乾隆刊本
95.《史料旬刊》	故宫博物院文献馆	京华印书局1920年版
96.《清代外交史料》	故宫博物院编	故宫博物院1932年版
97.《清季外交史料》	王彦威辑	故宫博物院刊本
98.《清宣统朝外交史料》	王彦威辑	故宫博物院刊本
99.《续修南海县志》	郑梦玉等	留香斋本
100.《广东新语》	屈大均	中华书局1985年版
101.《粤海关志》	梁廷楠	道光刊本
102.《粤道贡国说》	梁廷楠	道光刊本
103.《海国闻见录》	陈伦炯	艺海珠尘本
104.《海录》	谢清高	中华书局1955年冯承钧校注本
105.《圣武记》	魏源	中华书局1984年版
106.《海国图志》	魏源	古征堂本
107.《瀛环志略》	徐继畬	道光庚戌年版
108.《澳门纪略》	印光任	广东高教出版社1988年版
109.《癸巳类稿》	俞正燮	商务印书馆1957年版
110.《八纮译史》	陆次云	说库本
111.《广阳杂记》	刘献廷	丛书集成初编本
112.《海上纪略》	郁永和	小方壶斋舆地丛钞本
113.《粤东市舶论》	萧令裕	小方壶斋舆地丛钞本
114.《国朝柔远记》	王之春	光绪17年广雅书局本
115.《随使法国记》	张德彝	岳麓书社1985年版
116.《伦敦与巴黎日记》	郭嵩焘	岳麓书社1984年版
117.《南行记》	马建忠	小方壶斋舆地丛钞本
118.《弢园文录外编》	王韬	中华书局1959年版
119.《郑观应集》	郑观应	上海人民出版社1982年版
120.《岑襄勤公奏稿》	岑毓英	光绪刊本
121.《出使英法俄国日记》	曾纪泽	岳麓书社1985年版
122.《张文襄公全集》	张之洞	许同莘1920年编刊本

123.《三洲日记》	张荫桓	光绪丙午上海石印本
124.《中外述游》	田嵩岳	小方壶斋舆地丛钞本
125.《出使美日秘日记》	崔国因	黄山书社1988年版
126.《出使英法义比四国日记》	薛福成	岳麓书社1985年版
127.《滇缅划界图说》	薛福成	藩属舆地丛书本
128.《李鸿章历聘欧美记》	蔡尔康等	岳麓书社1981年版
129.《欧洲十一国游记二种》	康有为	岳麓书社1985年版
130.《考察政治日记》	载泽	岳麓书社1986年版
131.《暹罗考》	佚名	小方壶斋舆地丛钞本
132.《暹罗考略》	龚柴	小方壶斋舆地丛钞本
133.《暹罗政要》	郑昌棪	小方壶斋舆地丛钞本
134.《暹罗近事末议》	王锡祺	小方壶斋舆地丛钞本
135.《海国公馀辑录》	张煜南	富文斋本
136.《海国公馀杂著》	张煜南	富文斋本
137.《五洲属国纪略》	沈林一	光绪戊戌练青轩本
138.《五洲括地歌》	蒋升	光绪二十四年慈母堂印书局刊本
139.《五大洲百一十国秘笈》	冰祝生	光绪二十七年刊本
140.《中外大事汇记》	倚剑生	光绪戊戌广智报局版
141.《云南通志》	阮元	道光刊本